AF617458

La responsabilidad de los administradores de Sociedades de Capital

Departamento jurídico de **sepín**
Mercantil y Concursal

C/ Mahón, 8
28290 Las Rozas (Madrid)
Tel.: 91 352 75 51

www.sepin.es
sac@sepin.es

Precio: 34,90 euros (4 % IVA no incluido)

ISBN: 978-84-1053-893-1
Depósito legal: M-6455-2025

Producción gráfica: **sepín**, S. L.

Impresión: Service Point, S. A.

Presentación

Presentamos un compendio exhaustivo y actualizado de resoluciones sobre la responsabilidad de los administradores en las sociedades de capital, con las sentencias más relevantes dictadas por el Tribunal de Justicia de la Unión Europea, el Tribunal Supremo y diversas Audiencias Provinciales entre los años 2020 y 2024, manteniendo las resoluciones anteriores y respetando el índice inicial.

Este análisis incluye pronunciamientos fundamentales sobre la figura del administrador de hecho entendido como aquel que desempeña en la práctica las funciones propias de un administrador sin título válido o con un título nulo, extinguido, o que actúa bajo las instrucciones de terceros.

Profundizamos en la **acción de responsabilidad** en todas sus dimensiones: legitimación, presupuestos y plazos de ejercicio. Dedicamos otro apartado a la **acción individual de responsabilidad**, regulada en el art. 241 del mismo cuerpo legal, que permite a socios y acreedores reclamar contra actos de los administradores que lesionen directamente sus intereses. Este tipo de acción, que busca restaurar el patrimonio individual, exige cumplir con una serie de requisitos consolidados por la jurisprudencia del Tribunal Supremo.

Analizamos también la **responsabilidad solidaria o por deudas de los administradores**, regulada en el art. 367 LSC, como consecuencia del incumplimiento de su deber de instar la disolución de una sociedad cuando existen causas para ello. Este compendio contiene resoluciones en las que se analizan los presupuestos para la configuración de esta responsabilidad objetiva, incluyéndose casos en los que concurren múltiples causas de disolución, como la coexistencia de pérdidas cualificadas y la inactividad empresarial.

Hemos mantenido el apartado dedicado a las **cuentas anuales**, ya que el incumplimiento de realizarlas puede generar una presunción de pérdidas cualificadas, con implicaciones relevantes en el marco de la responsabilidad.

Sin olvidar las resoluciones donde los Tribunales determinan la inexistencia de responsabilidad del administrador, detallando los motivos que justifican dichas decisiones.

Finalmente, no podía faltar un análisis sobre el **levantamiento del velo societario**, herramienta fundamental para abordar situaciones de abuso de la personalidad jurídica. Este apartado examina casos en los que se crean sociedades para eludir responsabilidades, trasladando actividades o bienes con el propósito de evitar el cumplimiento de obligaciones contraídas.

Con esta actualización, incorporando resoluciones recientes y de alto impacto jurídico, ofrecemos al lector una visión completa y rigurosa de la jurisprudencia más relevante en torno a la responsabilidad de los administradores de sociedades de capital.

Adela del Olmo
Directora de Mercantil y Concursal

Ana Armijo Pliego
Redacción Jurídica de Mercantil y Concursal

Alejandra Barreno Fernández
Redacción Jurídica de Mercantil y Concursal

Sumario

La acción de responsabilidad

La acción de responsabilidad del administrador por deudas sociales prescribe según el plazo de la deuda garantizada; en este caso, no estaba prescrita al interponerse la demanda en 2019, aplicando el régimen transitorio de la Ley 42/2015

TS, Sala Primera, de lo Civil, 1492/2024, de 11 de noviembre. Recurso 4073/2020

SP/SENT/1238269

Respecto del plazo de prescripción de la acción de responsabilidad del administrador social por deudas sociales, prevista en el art. 367 LSC, en las sentencias 1512/2023, de 31 de octubre, 217/2024, de 20 de febrero, y 275/2024, de 27 de febrero, hemos considerado, sintéticamente, que: (i) la medida legal prevista en dicho precepto constituye a los administradores en garantes personales y solidarios de las obligaciones de la sociedad posteriores a la fecha de concurrencia de la causa de disolución; (ii) el plazo de prescripción no puede ser el del art. 241 bis LSC, previsto para las acciones individual y social, que se refieren a supuestos distintos; (iii) el art. 241 bis LSC se refiere exclusivamente a la acción social y a la acción individual de responsabilidad, no a la acción de responsabilidad por deudas sociales del art. 367 LSC, y está incluido en el Capítulo V (La responsabilidad de los administradores), del Título VI (La administración de la sociedad) de la LSC; mientras que el art. 367 LSC se inserta en el Capítulo I (La disolución), Sección 2.ª.

(Disolución por constatación de causal legal o estatutaria), del Título X (Disolución y liquidación); y (iv) las acciones individual y social tienen una naturaleza diferente a la de responsabilidad por deudas, puesto que las dos primeras son típicas acciones de daños, mientras que la tercera es una acción de responsabilidad legal por deuda ajena con presupuestos propios.

2. Como consecuencia de ello, en dichas sentencias concluimos que: (i) la acción de responsabilidad por deudas tiene el mismo plazo de prescripción que la deuda garantizada (la deuda social); (ii) se trata de una solidaridad propia, por su origen legal, por lo que son aplicables al administrador los mismos efectos interruptivos de la prescripción que le serían aplicables a la sociedad, conforme a los arts. 1973 y 1974 CC; y (iii) el *dies a quo* del plazo de prescripción de la acción contra el administrador será el mismo que el de la acción contra la sociedad deudora.

Asimismo, en las Sentencias 1512/2023, de 31 de octubre, 1517/2023, de 2 de noviembre, y 275/2024, de 27 de febrero, hemos declarado que, con posterioridad a la Ley 31/2014, de 3 de diciembre, el art. 949 CCom solo resulta aplicable a las sociedades personalistas reguladas en el CCom, y no a las sociedades de capital.

3. En el caso que nos ocupa, como quiera que la deuda proviene del impago del precio de una compraventa de mercancías, resulta aplicable el plazo de prescripción de las obligaciones personales del art. 1964 CC. Y puesto que nació en mayo y noviembre de 2013, debe tenerse en cuenta que la Ley 42/2015, de 5 de octubre, mediante su Disposición Adicional Primera, reformó el citado art. 1964 CC, en el sentido de reducir de quince a cinco años el plazo de prescripción de las acciones personales; y para las relaciones jurídicas nacidas con anterioridad, la propia Ley previó un sistema transitorio en los siguientes términos:

«Disposición transitoria quinta. Régimen de prescripción aplicable a las relaciones ya existentes».

«El tiempo de prescripción de las acciones personales que no tengan señalado término especial de prescripción, nacidas antes de la fecha de entrada en vigor de esta Ley, se regirá por lo dispuesto en el artículo 1939 del Código Civil».

4. A su vez, conforme a la interpretación que de dicha normativa ha hecho esta sala (por todas, sentencia 29/2020, de 20 de enero), las relaciones jurídicas nacidas entre el 7 de octubre de 2005 y el 7 de octubre de 2015, en aplicación de la regla de transitoriedad del art. 1939 CC, no prescribieron hasta el 7 de octubre de 2020 (si es que no ha habido actos interruptivos válidos).

En consecuencia, la acción ejercitada por la demandante no estaba prescrita cuando se interpuso la demanda el 14 de febrero de 2019.

5. En su virtud, el recurso de casación ha de ser estimado. Con la consecuencia de que, por los mismos fundamentos jurídicos expuestos, ha de estimarse el recurso de apelación y la demanda.

Responsabilidad solidaria del administrador, la falta continuada de presentación de cuentas durante varios ejercicios permite presumir pérdidas cualificadas, art. 363 LSC, que, al invertirse la carga probatoria aquel no desvirtúa

TS, Sala Primera, de lo Civil, 275/2024, de 27 de febrero. Recurso 2356/2021

SP/SENT/1212347

El tercer motivo de casación denuncia la infracción del art. 367.1 LSC.

2. En el desarrollo del motivo, la parte recurrente alega, resumidamente, que no consta probado que concurriera causa de disolución de la sociedad Coinse, sin que el mero hecho de no haber depositados las cuentas anuales constituya per ser esa causa.

Decisión de la Sala:

1. La responsabilidad solidaria de los administradores de la sociedad por todas las deudas sociales nacidas después de la aparición de la causa de disolución, se basa en el

incumplimiento del deber legal de promover la disolución de la sociedad cuando concurra alguna de las causas de disolución previstas en el art. 363 LSC. En este caso, la causa de disolución apreciada en la sentencia recurrida ha sido la de pérdidas que reducen el patrimonio de la sociedad por debajo de la mitad del capital social [art. 363.1 e) LSC; en la fecha en que ocurrieron los hechos, art. 104 e) LSRL].

El párrafo segundo del art. 367 LSC permite presumir que las obligaciones sociales son posteriores a la aparición de la causa de disolución, de forma que recae sobre el administrador la prueba de que la deuda social es anterior. Pero esta previsión legal presupone que antes se ha acreditado por el acreedor la aparición de la causa de disolución. En efecto, al tratarse de un hecho constitutivo de su pretensión, es el acreedor que ejercita esta acción de responsabilidad quien debe probar la concurrencia de la causa de disolución y desde cuándo concurre. Sin perjuicio de que cuando la sociedad no tenga depositadas las cuentas en el Registro Mercantil, y existan indicios de que se encuentra en esa situación de pérdidas, por ejemplo por el cierre de facto o por el impago generalizado de créditos, en esos casos cabe presumir la concurrencia de la causa de disolución.

Las deudas impagadas y el cierre de facto son indicios de que la sociedad debe encontrarse en una situación de pérdidas que habrían reducido su patrimonio por debajo la mitad de su capital social, y no puede acudirse al medio adecuado para verificarlo, que son las cuentas anuales del deudor, porque no han sido depositadas en el Registro Mercantil desde el año 2002, ni tampoco han sido aportadas por su administrador.

2. En este caso, se considera acreditado en la instancia, por el propio reconocimiento del demandado, que la sociedad dejó de tener actividad económica y desapareció del tráfico mercantil en el año 2002, que desde ese año dejó de depositar las cuentas y que se le cerró la hoja registral en el Registro Mercantil en el 2008.

Es decir, no constan las cuentas anuales desde el año 2002, que hubieran permitido corroborar si la sociedad se encontraba ya entonces en situación de pérdidas. Es el incumplimiento por parte del administrador del deber de formular las cuentas el que impide conocer con certeza si se daba ya esa situación de pérdidas cuando se contrajo la deuda, como presume la sentencia recurrida.

3. En las sentencias 652/2021, de 29 de septiembre, y 94/2024, de 25 de enero, hemos declarado que el incumplimiento de la obligación de depósito de cuentas en el Registro Mercantil no determina por sí solo la responsabilidad por deudas sociales, y en todo caso debe demostrarse la relación de causalidad entre esta omisión y el daño causado. Este incumplimiento provoca un doble efecto (el cierre registral y la aplicación del régimen sancionador legalmente previsto), pero no es causa legal de disolución, ni determina la obligación de los administradores de responder por las deudas sociales.

Pero también hemos aclarado que la falta de presentación de las cuentas no permite presumir la paralización de la sociedad, ni la imposibilidad de cumplimiento del fin social, si bien puede ser tenida en cuenta para probar el déficit patrimonial o la inactividad social, en cuanto que opera entonces una inversión de la carga probatoria y será el demandado quien deba acreditar que no hay situación de desbalance. Y eso es lo que sucede en este caso, ante la falta continuada de presentación de las cuentas durante varios ejercicios, el administrador demandado no ha probado, cual le competía, que la sociedad no estuviera incursa en la causa de disolución invocada. Por lo que la conclusión a la que llega la Audiencia Provincial es plenamente ajustada a Derecho.

4. Por las razones expuestas, el tercer motivo de casación también ha de ser desestimado.

La acción de responsabilidad por deudas deriva de la condición de garante solidario del administrador, mismo plazo de prescripción que el de la obligación garantizada, la deuda social y mismo *dies a quo* que la acción contra la sociedad deudora

TS, Sala Primera, de lo Civil, 1512/2023, de 31 de octubre. Recurso 4588/2020

SP/SENT/1199926

En este mismo orden de ideas, la Sentencia 532/2021, de 14 de julio (con cita de otras muchas) recalca que la atribución de la responsabilidad solidaria al administrador por el incumplimiento de su deber legal "*pretende garantizar los derechos de los acreedores y de los socios*". Y en la antes citada sentencia 586/2023, de 21 de abril, establecimos la semejanza entre la función de los administradores sociales en estos casos y los fiadores, al declarar:

"*La condición de los administradores de «garantes solidarios» de las deudas sociales, conforme al art. 105.5 LSRL (al igual que en el actual art. 367 LSC) guarda concomitancias con la posición jurídica del fiador solidario, al asumir una función de garantía del cumplimiento de una obligación ajena, si bien en el caso de los administradores esa situación no surge de un nuevo vínculo obligatorio de origen contractual sino legal, distinto aunque subordinado al que originó la deuda que sea causa de esa garantía, sometiendo al patrimonio del administrador (como el del fiador en la fianza) a la eventual reclamación del acreedor en caso de que el deudor principal no haya cumplido antes, sin perjuicio de que, al tratarse de una responsabilidad solidaria, el acreedor pueda dirigirse contra cualquiera de los responsables solidarios (arts. 1822 y 1144 CC)*".

En suma, la medida legal convierte a los administradores en garantes personales y solidarios de las obligaciones de la sociedad posteriores a la fecha de concurrencia de la causa de disolución.

3. En consecuencia, el plazo de prescripción no puede ser el del art. 241 bis LSC, previsto para las acciones individual y social, que se refieren a supuestos distintos.

La exclusión del art. 241 bis LSC queda abonada tanto por una interpretación literal de la norma como por una interpretación sistemática (art. 3.1 CC). En primer lugar, el precepto se refiere exclusivamente a la acción social y a la acción individual de responsabilidad, no a la acción de responsabilidad por deudas sociales del art. 367 LSC. Y en segundo término, está incluido en el Capítulo V (La responsabilidad de los administradores), del Título VI (La administración de la sociedad) de la LSC; mientras que el art. 367 LSC se inserta en el Capítulo I (La disolución), Sección 2.ª (Disolución por constatación de causal legal o estatutaria), del Título X (Disolución y liquidación).

A lo que debe añadirse, como dato más relevante, la diferente naturaleza de las acciones social e individual, que son típicas acciones de daños, y la acción de responsabilidad por deudas sociales, que es una acción de responsabilidad legal por deuda ajena con presupuestos propios (sentencia 532/2021, de 14 de julio, y las que en ella se citan).

4. En sintonía con lo expuesto, tampoco consideramos aplicable a la responsabilidad por deudas lo previsto en el art. 949 CCom, puesto que tras la introducción del art. 241 bis en la LSC por la Ley 31/2014, de 3 de diciembre, el ámbito de dicho precepto ha quedado circunscrito a las sociedades personalistas, reguladas en el Código de Comercio, sin que resulte de aplicación a las sociedades de capital.

La Ley 31/2014 introdujo el art. 241 bis LSC como norma especial para las sociedades de capital y estableció una conexión cronológica entre la producción del daño como consecuencia de una conducta del administrador social y el inicio del cómputo de las acciones para exigirle responsabilidad por ello, con independencia de si seguía o no en el desempeño cargo o del tiempo transcurrido desde que se desvinculó de él. Puesto que el art. 949 CCom, si bien ofrece la ventaja de la objetivación cronológica del plazo, presenta el inconveniente de que desconecta el momento de la producción de ese daño o de su manifestación externa del inicio del plazo de prescripción, hasta el punto de que puede darse la paradoja de que empiece a correr el plazo antes de que esto último ocurra.

5. Sobre esta base, el plazo de prescripción de la acción del art. 367 LSC es el de los garantes solidarios, es decir, el mismo plazo de prescripción que tiene la obligación garantizada (la deuda social), según su naturaleza (obligaciones contractuales, dimanantes de responsabilidad civil extracontractual, etc.). En el entendimiento de que la relación entre la sociedad y su administrador responsable es de solidaridad propia, porque nace de la aceptación del cargo de administrador y de la propia previsión del precepto –art. 367 LSC–, que le confiere carácter legal, aunque sea necesaria su declaración judicial. Y derivadamente, le son aplicables al administrador los mismos efectos interruptivos de la prescripción que le serían aplicables a la sociedad, conforme a los arts. 1973 y 1974 CC. Asimismo, el *dies a quo* del plazo de prescripción de la acción contra el administrador será el mismo que el de la acción contra la sociedad deudora.

6. En el caso que nos ocupa, como quiera que la deuda proviene del impago del precio de una compraventa de mercancía, resulta aplicable el plazo de prescripción de las obligaciones personales del art. 1964 CC. Y puesto que nació en noviembre y diciembre de 2009, debe tenerse en cuenta que la Ley 42/2015, de 5 de octubre, mediante su Disposición Adicional Primera, reformó el citado art. 1964 CC, en el sentido de reducir de quince a cinco años el plazo de prescripción de las acciones personales; y para las relaciones jurídicas nacidas con anterioridad, la propia Ley previó un sistema transitorio en los siguientes términos:

"Disposición transitoria quinta. Régimen de prescripción aplicable a las relaciones ya existentes".

"El tiempo de prescripción de las acciones personales que no tengan señalado término especial de prescripción, nacidas antes de la fecha de entrada en vigor de esta Ley, se regirá por lo dispuesto en el artículo 1939 del Código Civil".

Esta normativa fue interpretada por la sentencia de esta sala 29/2020, de 20 de enero, en la que establecimos lo siguiente:

"Como la Ley 42/2015 entró en vigor el 7 de octubre de 2015, si conjugamos lo previsto en su Disposición transitoria quinta con el art. 1939 CC, al que se remite, tendríamos las siguientes posibles situaciones (sobre la base de que no hubiera actos interruptivos de la prescripción), teniendo en cuenta que la prescripción iniciada antes de la referida entrada en vigor se regirá por el plazo anteriormente fijado (quince años), si bien, si desde dicha entrada en vigor transcurriese todo el plazo requerido por la nueva norma (cinco años) surtirá efecto la prescripción incluso aunque anteriormente hubiera un plazo de quince años:

(i) Relaciones jurídicas nacidas antes del 7 de octubre de 2000: estarían prescritas a la entrada en vigor de nueva Ley.

(ii) Relaciones jurídicas nacidas entre el 7 de octubre de 2000 y el 7 de octubre de 2005: se les aplica el plazo de 15 años previsto en la redacción original del art. 1964 CC.

(iii) Relaciones jurídicas nacidas entre el 7 de octubre de 2005 y el 7 de octubre de 2015: en aplicación de la regla de transitoriedad del art. 1939 CC, no prescriben hasta el 7 de octubre de 2020.

(iv) Relaciones jurídicas nacidas después del 7 de octubre de 2015: se les aplica el nuevo plazo de cinco años, conforme a la vigente redacción del art. 1964 CC".

7. En consecuencia, la acción ejercitada por la demandante, nacida en 2009, no habría podido quedar extinguida por prescripción hasta el 7 de octubre de 2020, por haber transcurrido ya entonces los cinco años del plazo residual de la ley nueva. Por lo que el recurso de casación debe ser desestimado, aunque a la confirmación de la sentencia recurrida se haya llegado por otros argumentos jurídicos.

Para juzgar sobre la acción de responsabilidad por deuda hay que estar a la fecha de los hechos y ley aplicable en ese momento sin que tenga carácter retroactivo la norma posterior que es una disposición sancionadora más favorable al administrador

TS, Sala Primera, de lo Civil, 669/2021, de 5 de octubre. Recurso 5486/2018

SP/SENT/1115902

La sentencia de esta sala núm. 414/2013, de 21 de junio, resume la doctrina jurisprudencial sobre esta cuestión, refiriéndola al art. 262.5 del Texto Refundido de la Ley de Sociedades Anónimas, equivalente a estos efectos al art. 105.5 de la Ley de Sociedades de Responsabilidad Limitada. Declara esta sentencia:

"La regla de retroactividad de las disposiciones sancionadoras favorables –que la sentencia del Tribunal Constitucional 8/1981, de 30 de marzo, declaró contenida, a sensu contrario, en el artículo 9, apartado 3, de la Constitución Española, expresamente referido al supuesto de irretroactividad de las disposiciones sancionadoras no favorables–, no es aplicable a la norma del artículo 262, apartado 5, del Texto refundido de la Ley de sociedades anónimas,

tal como fue reformada por la disposición final primera de la Ley 19/2005, de 14 de noviembre, por razón de que no es sancionadora, empleada la expresión en un sentido propio –que es el que utiliza el recurrente–.

Expresó el Tribunal Constitucional, en la Sentencia 164/1995, de 13 de noviembre –con reiteración de doctrina anterior– la improcedencia de extender el concepto de sanción con la finalidad de obtener la aplicación de las garantías constitucionales propias de ese tipo de normas a medidas que no responden, verdaderamente, al ejercicio del «ius puniendi» del Estado y que una cosa es que las sanciones tengan, entre otras, una finalidad disuasoria de determinados comportamientos y otra distinta que toda medida con tal finalidad disuasoria constituya una sanción.

En nuestra sentencia 953/2007, de 26 de septiembre, destacamos –en relación con el artículo 105, apartado 5, de la Ley 2/1995, de 23 de marzo, de sociedades de responsabilidad limitada– que el término sanción solo puede admitirse, respecto de esa norma, en un sentido impropio, por más que la medida que impone sea aflictiva para el administrador social, dado que no persigue, más que remotamente, la protección de un interés general, al dirigirse a amparar los intereses de los acreedores sociales, los cuales ven con ella ampliada la esfera de sus facultades de satisfacción mediante el incremento del número de sus deudores, solidarios, ante el peligro que representa para sus créditos el que la sociedad, sometida a la regla de limitación de responsabilidad característica de las de su tipo, subsista sin disolverse y liquidarse, siendo ello lo procedente.

En la sentencia 458/2010, de 30 de junio, destacamos, en el mismo sentido, que las peculiaridades de la responsabilidad regulada en el artículo 262 del Texto refundido de la Ley de sociedades anónimas, determinantes de que con frecuencia se halla calificado como fuente de responsabilidad abstracta o formal, no alteran su naturaleza para transformarla en una sanción, como lo prueba el hecho de que no solo determine un efecto negativo para el administrador, sino un correlativo derecho para los acreedores, así como el que la norma no impida al administrador subrogarse en la posición del acreedor y repetir contra la sociedad, con éxito, en el caso de que la misma, pese a estar incursa en causa de disolución, tenga bienes suficientes para atender su crédito".

Esta misma doctrina la hemos reiterado en un supuesto de infracción del art. 105.5 LSRL, en la sentencia 737/2013, de 28 de noviembre.

4. La seguridad jurídica, principio inspirador del ordenamiento y uno de los valores reconocidos por la Constitución Española (art. 9.3 CE), exige el conocimiento previo de la norma que va a aplicarse a las situaciones y relaciones jurídicas, de acuerdo con el viejo axioma *tempus regit actum*. Por ello, como declaramos en la sentencia 456/2015, de 4 de septiembre, *"la Ley 19/2005, de 14 de noviembre, sobre Sociedades Anónimas Europeas domiciliadas en España, al no disponer la retroactividad de las modificaciones de la normativa reguladora de la responsabilidad de los administradores societarios, no puede aplicarse con carácter retroactivo y, en consecuencia, hay que estar al texto vigente en el momento en el que se desarrollaron los hechos generadores de la misma (entre las más recientes, sentencias 826/2011, de 23 de noviembre, 923/2011, de 26 de noviembre; y 225/2012, de 13 de abril) [...]".*

5. Es cierto que la Disposición Transitoria Tercera del Código civil establece una excepción a la regla general, de forma que si bien prevé que cuando la nueva norma sanciona con penalidad civil o privación de derechos, actos y omisiones que carecían de sanción en las leyes anteriores no se aplicará al que, cuando estas se hallaban vigentes, hubiese incurrido en la omisión o ejecutado el acto prohibido, sin embargo, a continuación añade la siguiente excepción: "*cuando la falta esté también penada por la legislación anterior, se aplicará la disposición más benigna*" (sentencia 367/2014, de 10 de julio). Pero, como advertimos en esta misma sentencia, la jurisprudencia relativa al supuesto de responsabilidad de los administradores por deudas sociales "*ha sufrido una evolución, pasando de entender que tal responsabilidad suponía una suerte de «pena civil» a entender que se fundamentaba en un «hecho objetivo» (no convocar) lo que suponía una responsabilidad objetiva o cuasiobjetiva*". Y concluíamos:

"*Esta es la más reciente y uniforme jurisprudencia de esta Sala. Es una responsabilidad por deuda ajena «ex lege» que no tiene naturaleza de «sanción» o «pena civil», como señalan las STS 1063/2012, de 7 de marzo, de 14 de mayo de 2007, 13 de abril de 2012, 26 de noviembre de 2011, 30 de junio de 2010, 10 de noviembre de 2010, entre otras. Por ello, no cabe la retroactividad del precepto (art. 105.5 LSRL) tras la promulgación de la Ley 19/2005, de 14 de noviembre, siendo de aplicación la originaria*".

6. En consecuencia, la Audiencia incurrió en las infracciones denunciadas en los motivos cuando aplicó al caso una redacción del art. 105.5 LSRL que todavía no estaba vigente en la fecha de los hechos enjuiciados, por lo que procede estimar el recurso, casar la sentencia de apelación y, en su lugar, confirmar la de primera instancia.

El plazo de prescripción de la acción social de responsabilidad se interrumpió por el proceso penal en el que se denunció a la administradora por apropiación indebida, lo que constituye el objeto de la acción social

TS, Sala Primera, de lo Civil, 221/2018, de 16 de abril. Recurso 3050/2015

SP/SENT/948183

Conforme a la doctrina de esta sala contenida, entre otras, en la STS 657/2010, de 3 de noviembre, es suficiente con que el hecho objeto de investigación en el juicio penal pueda tener una influencia terminante en el juicio civil para que se produzca la interrupción del cómputo de la prescripción. No es necesaria la identidad de objetos entre ambos procesos (penal y civil), sino la conexión entre los hechos denunciados en la jurisdicción penal y el objeto del proceso civil.

En los procesos penales se denunció la intervención de la administradora en la apropiación indebida de fondos de la sociedad, hecho que constituye, en esencia, el objeto de la acción social de responsabilidad que se plantea en el procedimiento civil. Por lo que debe considerarse que el plazo de prescripción de dicha acción quedó interrumpido por la pendencia de las causas penales. En el presente caso, la notificación de la desestimación del recurso de apelación se realizó con fecha 14 de abril de 2008, por lo que aún no habían transcurrido los 4 años del plazo de prescripción de la acción en el momento de la interposición de la demanda.

No hay cosa juzgada, pues la acción civil por la que se exige responsabilidad civil al administrador por su falta de control como profesional especialista en contabilidad no es la misma acción civil del proceso penal y, además, se basa en más hechos

TS, Sala Primera, de lo Civil, 165/2017, de 8 de marzo. Recurso 356/2015

SP/SENT/892508

En relación con esto último, esto es con la no acreditación de su autoría, ni material ni por dominio funcional, la sentencia de 28 de noviembre de 1992 expresa que esta doctrina «no es aplicable cuando la sentencia penal, admitiendo la existencia del hecho y sin excluir categóricamente la posibilidad de que una persona haya podido ser la autora del mismo, declara que no existen en el proceso las pruebas concluyentes, categóricas e inequívocas de la referida autoría, que permitan pronunciar una condena penal contra ella, por lo que, en aplicación del principio *in dubio pro reo*, hoy constitucionalizado por el de presunción de inocencia (art. 24 nuestra Carta Magna), ha de inclinarse por la absolución del mismo, en cuyo supuesto queda abierta, sin efecto vinculante alguno, la posibilidad de que ante esta jurisdicción pueda ejercitarse, exclusivamente como es obvio, la acción civil correspondiente contra la misma persona y probarse en ella que dicha persona fue el autor de los hechos, que indudablemente existieron en la vida real y física.

4. Si se aplica esta doctrina al caso enjuiciado la sentencia penal absolutoria no puede vincular a la jurisdicción civil, pues la sentencia penal lo que afirma es que no existen pruebas «suficientes» para desvirtuar el principio de presunción de inocencia, y que en definitiva pudieran demostrar su participación en los hechos penales que se enjuician a título de autor material.

Y en cuanto a la coautoría de tipo intelectual y con dominio funcional razona la sentencia penal que «a pesar de algunos de los datos podrían constituir indicios importantes y serios acerca de la posible participación de Abelardo, lo cierto es que ninguno de ellos es concluyente como para afirmar dicha participación "intelectual" y de las pruebas que se han practicado en las actuaciones, entiende esta Sala que no existen datos suficientes ni elementos probatorios suficientes como para poder concluir de forma rotunda que el acusado Abelardo tuviera conocimiento exacto de las actividades que estaba realizando su hermano.

Se aprecia, pues, que se reiteran las expresiones de falta de pruebas "suficientes" o "categóricas" como para destruir la presunción de inocencia, pero no se afirma que categórica e inequívocamente sea autor de los hechos objeto de acusación que, como hechos probados, se declaran que existen.

A ello cabe añadir lo afirmado por la sentencia 383/2004, de 17 de mayo, que "*las sentencias absolutorias dictadas en procedimiento penal por imprudencia no empecen que se pueda entablar la correspondiente acción civil por culpa extracontractual porque esta tiene un radio de aplicación más amplio que la penal, por lo que hechos culposos que pueden dar lugar a la primera en cambio no pueden estar comprendidos en la segunda, habida cuenta su carácter más restrictivo debido a su naturaleza punitiva, y en atención a lo dicho ya en las sentencias de esta Sala en particular la de 10 de marzo de 1992, se sostiene que un mismo hecho puede ofrecer aspectos y valoraciones jurídicas distintas, unos de orden estrictamente civil, que determinan la falta de identidad de la causa de pedir en las respectivas jurisdicciones, excluyentes de la aplicación del art. 1252 del Código Civil".*

La sentencia del TC de 15/2002 declara que «*[l]a absolución fundada en no haberse probado que el acusado fuere autor de los hechos no impide que en un ulterior proceso civil se puedan "valorar las pruebas y apreciar los hechos nuevamente en el plano de la responsabilidad civil, en el que, junto al criterio estricto de la autoría material, pueden utilizarse otros elementos y criterios de imputación (teoría del riesgo, propiedad de las cosas, culpa* in vigilando o in eligendo, *etc.)".*

La sentencia de 30 de marzo de 2005 (rec. 4006/98) declara que la sentencia absolutoria "no prejuzga la valoración de los hechos que pueda hacerse en el proceso civil (SSTS de 26 de mayo y 1 de diciembre de 1994; 16 de noviembre de 1995; 14 de abril de 1998 y 29 de mayo de 2001), y que no impide apreciar imprudencia civil..., pues no significa más que la conducta no es sancionable de acuerdo con la ley penal, no que la misma no pueda ser estimada como fuente de responsabilidad por la ley civil, en su caso (STS de 31 de enero de 2000)"».

5. A lo expuesto se ha de añadir que, en contra de lo que sienta la sentencia recurrida, los hechos por los que se exige responsabilidad civil a Abelardo en la demanda civil son más amplios que los que fueron objeto de acusación en la sentencia penal, que fue absolutoria para él.

En la demanda civil se le imputa, a título individual, e independientemente de los hechos dolosos objeto de la acusación penal para ambos hermanos, su falta de diligencia, siendo el encargado de revisar las cuentas anuales, como profesional especialista en la materia que es, permitiendo que apareciera en las cuentas de las sociedades apuntes contrarios a su propia naturaleza, incluso con signo contrario al que le hubiera correspondido, y que no se corresponden con la definición legal de las mismas.

Apuntes correlacionados y opuestos entre las contabilidades de las dos empresas familiares, actuaciones todas ellas que favorecían el enmascaramiento de las cantidades que iban siendo detraídas.

Pues bien, la acción civil derivada de su falta de control como profesional especialista en la materia, resulta cuando menos dudoso que sea la misma acción civil ejercitada en el proceso penal. En tales casos la doctrina del Tribunal Constitucional (STC 17/2008), citada por la Sentencia 619/2016, de 10 de octubre se inclina por no apreciar la cosa juzgada en virtud del derecho fundamental de la parte demandante a la tutela judicial efectiva.

La STC 15/2002, de 28 de enero, FJ 4, señala [...] solo aquellas acciones que no fueron objeto de la sentencia penal, ya sea porque el perjudicado se las reservó para ejercitarlas en el posterior proceso civil, o porque no fueron ejercitadas en el proceso penal, son las que podrán ejercitarse y ventilarse en un posterior proceso civil y no quedarán afectadas por la cosa juzgada que produce la sentencia penal.

En el presente supuesto esta acción no fue ejercitada en el proceso penal, o al menos, según hemos dicho, resulta cuando menos dudoso, por lo que puede ventilarse en un proceso civil posterior. Por todo ello el recurso se ha de estimar.

La acción de responsabilidad por deudas contra los administradores, que solicitaron suspensión de pagos hallándose la Sociedad Anónima en pérdidas cualificadas, no estaba prescrita, pues, aunque su cese fue anterior, se inscribió después y no era oponible a terceros

TS, Sala Primera, de lo Civil, 8-6-2016. Recurso 79/2014

SP/SENT/857577

Al interpretar el art. 949 CCom, la jurisprudencia (verbigracia, sentencias de esta Sala núm. 669/2008, de 3 de julio; 240/2009, de 14 de abril; 402/2009, de 12 de junio; 415/2009, de 18 de junio; y 206/2010, de 15 de abril), ha declarado que la falta de inscripción del cese de los administradores en el Registro Mercantil no comporta por sí misma, en lo sustantivo, que el administrador cesado siga siendo responsable frente a terceros, salvo excepciones derivadas del principio de confianza, ni que asuma obligaciones sociales por incumplir deberes que ya no le incumben, dado que la inscripción no tiene carácter constitutivo, pero sí impide que el administrador pueda oponerle al acreedor social o al perjudicado la prescripción de la acción, salvo mala fe de estos o conocimiento efectivo por ellos del cese, porque solo a partir de la inscripción "*puede oponerse al tercero de buena fe el hecho del cese y, en consecuencia, a partir de ese momento el legitimado para ejercitar la acción no puede negar su conocimiento*".

La inscripción del cese de los administradores no es constitutiva, por lo que aunque no se haya inscrito, salvo excepciones derivadas del principio de confianza, como regla general, el administrador no responde frente a terceros de actuaciones u omisiones posteriores al cese aunque sean anteriores a su inscripción en el Registro Mercantil, ya que en tales supuestos no concurre el ineludible requisito de que la acción u omisión determinante de que surja en deber de responder pueda imputarse precisamente en condición de administrador a quien ha cesado (sentencias de esta Sala 123/2010 de 11 de marzo, 206/2010 de 15 de abril, 291/2010 de 18 de mayo, 96/2011 de 15 de febrero, y 184/2011, de 21 de marzo).

No obstante, si distinguimos el plano sustantivo del procesal, hay que tener en cuenta que la inscripción es obligatoria (arts. 22.2 CCom y 94.1 RRM); y mientras no se realice, no es oponible frente a terceros (arts. 21.1 CCom y 9.1 RRM). Por esta razón, los efectos de la publicidad material negativa implican que si no consta el conocimiento por parte del afectado del momento en que se produjo el cese efectivo del administrador, o no se acredita de otro modo su mala fe, el cómputo del plazo de cuatro años que comporta la extinción por prescripción de la acción no puede iniciarse sino desde el momento de la inscripción, dado que solo a partir de entonces puede oponerse al tercero de buena fe el hecho del cese y, en consecuencia, a partir de ese momento el legitimado para ejercitar la acción no puede negar su desconocimiento (SSTS 669/2008, de 3 de julio; 240/2009, de 14 de abril; 123/2010, de 11 de marzo; 96/2011, de 15 de febrero; y 184/2011 de 21 de marzo).

2. Respecto de la cita simultánea como infringidos de los arts. 24 LH y 55 RRM, debe advertirse que no cabe una traslación mecánica de los principios registrales que operan en un registro de bienes, como es el Registro de la Propiedad, a un registro de personas, como es el Registro Mercantil. La preferencia excluyente o en rango de derechos reales distintos

impuestos sobre una misma finca no es lo mismo que la contradicción que se ventila entre hechos registrables incompatibles (normalmente acuerdos y decisiones sociales) que se predican de un sujeto inscribible en el registro de personas. En un registro de personas, el llamado principio de prioridad no puede tener el mismo alcance que en un registro de bienes, donde los derechos que sobre ellos recaigan o bien son incompatibles o gozan entre sí de preferencia en razón del momento de su acceso al registro. Por ello, aunque el art. 10 RRM haga una formulación de tal principio, que no aparece con rango de ley, su aplicación ha de ser objeto de una interpretación restrictiva, atendida la naturaleza y función del Registro Mercantil y el alcance de la calificación donde los principios de legalidad y de legitimación tienen su fuente en la Ley, concretamente el Código de Comercio.

Conforme a tales consideraciones y a partir de los hechos declarados probados por la sentencia recurrida, dado que la inscripción del cese de los administradores tuvo lugar el 23 de septiembre de 2005 y la demanda se presentó el 22 de septiembre de 2009, no puede considerarse que la acción estuviera prescrita. A lo que no es óbice que el asiento de presentación de la escritura donde constaba el cese fuera anterior, porque la fecha de dicho asiento tiene importancia desde el punto de vista del principio de prioridad registral (art. 10 RRM), conforme al cual, los actos respecto de los que se ha solicitado la inscripción con anterioridad en el tiempo gozan de prioridad frente a aquellos otros actos opuestos o incompatibles cuya inscripción se ha solicitado posteriormente (*prior in tempore potior in iure*); y respecto de cuyos actos, si finalmente se realiza la inscripción, la fecha del asiento de presentación será la fecha desde la cual tenga efecto la inscripción (art. 55 RRM). Pero tal principio es ajeno a la oponibilidad a terceros, que únicamente se logra mediante la inscripción (*rectius*, desde su publicación en el BORME), según disponen expresamente los citados arts. 21.1 CCom y 9.1 RRM). A lo que no se opone la sentencia de esta Sala núm. 912/1999, de 6 de noviembre, pues como bien se dice en la sentencia recurrida, el supuesto enjuiciado era diferente, al referirse al plazo para una adaptación estatutaria impuesta legalmente.

Falta de competencia objetiva del juzgado de primera instancia para conocer de la demanda sobre responsabilidad administrador por disponer fraudulentamente del dinero obtenido por la venta de un bien de la sociedad, correspondiendo al juzgado de lo mercantil

AP Baleares, Sec. 5.ª, 236/2024, de 24 de abril. Recurso 68/2023

SP/SENT/1229499

La defensa del Sr. Piero así como el Ministerio Fiscal consideraron que la competencia objetiva para conocer los hechos de la demanda realizados por el demandado en el ejercicio de las funciones de administrador correspondía a los juzgados de lo mercantil.

11. Tal no fue el parecer de la defensa de la actora, la entidad KASTELL MALLORCA, S. L. Aunque la versión que se da en el escrito es contradictoria con el acuerdo que motivó la sentencia de conformidad (acontecimiento núm. 166 del juzgado de primera instancia), en el que se manifiesta que el pago de 120.000 euros es en contraprestación al reconocimiento de la validez del contrato de compraventa, en el escrito evacuado con ocasión

de la providencia se manifestaba que la constancia del saldo de 214.000 euros a favor de la sociedad en la cuenta corriente de socios que se reclama, no trae causa en actos ilícitos, sino de haber dispuesto de la cantidad de 214.000 euros de la sociedad, con deber de reintegrarlos a la sociedad.

12. Se afirma que "*el acto ilícito cometido por el demandado, Sr. Piero fue vender a bajo precio una vivienda a su esposa por un precio sustancialmente inferior al de mercado, lo cual fue objeto del procedimiento penal...*".

Y que, al margen de esto, el Sr. Piero dispuso el importe del precio "*lo que fue objeto de contabilización en la cuenta corriente de socios y administradores*". Y, por consiguiente, el objeto del proceso se conformaría por "*una simple reclamación de cantidad y se fundamenta en el hecho de la disposición objetiva de un dinero de la sociedad por un socio, sin reproche de ilicitud, ni atribución alguna de intención fraudulenta*". Y, por último, concluye que "*el tribunal podrá estimar o no la acción ejercitada, pero no puede variar ni la acción ni sus fundamentos fácticos, por lo que son los juzgados civiles los competentes para el conocimiento de la acción ejercitada*".

13. De ser estos los hechos que conforman la causa de pedir debiera apreciarse el error en la valoración de la prueba y, por consiguiente, estimar el recurso de apelación, revocar la sentencia de instancia y desestimar la demanda. El Sr. Piero ni fue parte compradora ni por su condición de socio tendría responsabilidad alguna con relación a la apropiación o desvío del precio de la compraventa. Ni mucho menos tendría obligación de devolver cantidad alguna por el mero hecho de ser socio.

14. En la demanda de forma impropia se alegan como fundamentos de Derechos preceptos relativos al cumplimiento de obligaciones contractuales y al fundamentar la legitimación pasiva se alude a que el demandado es responsable por ser la parte contratante. Sin embargo, también se aduce que la responsabilidad se justifica por ser el causante de los daños. Y además en la demanda se indica que el demandado, a pesar de existir un régimen de administración solidaria, era quien en realidad ejercía la función de forma efectiva. Y con relación al precio de la compraventa se indica que el demandado desvío la cantidad de 60.000 euros ingresada en la cuenta de la sociedad a través de varias transferencias y respecto de la cantidad restante de 154.000 euros se alude que según informa el demandado fueron ingresados en la cuenta de la sociedad e inmediatamente retirados o "*en el mejor de los casos*" (...) "*fue pasado por las cuentas de la sociedad y devuelto nuevamente a la familia Piero*".

15. Al margen de que pueda o no deslindarse la conducta de los hechos que se sustanciaron en el proceso penal, es decir, el acto ilícito de vender un bien inmueble por un precio inferior al del mercado sin consentimiento del otro administrador o autorización de la junta, del desvío del precio de la compraventa, la conducta que se describe no deja de ser un acto ilícito por disposición fraudulenta de bienes de la sociedad cometido por el administrador de la misma en ejercicio de sus funciones. Con independencia de la infracción del deber de lealtad, la conducta que se describe, que expresamente en la demanda se indica que ha causado un daño a la sociedad, no deja de ser un acto contrario a la ley o a los estatutos y realizado incumpliendo los deberes inherentes al desempeño del cargo

(artículo 236 de la ley de sociedades de capital). Conducta objetivamente ilícita causante de un daño al patrimonio social que es resarcible a través de la acción social prevista en el artículo 238 del indicado texto legal. Conclusión que se corrobora incluso por la argumentación de la sentencia de primera instancia, por la que se condena al demandado en atención a la condición de administrador de la sociedad e, incluso, por la propia postura procesal de la entidad KASTELL MALLORCA, S. L. que en el hecho segundo del escrito de oposición al recurso de apelación llega a indicar en el hecho segundo que *"el precio percibido por el administrador de la sociedad KASTELL MALLORCA, S.L. y no entregado a la misma, es lo que se reclama"*.

16. Al Sr. Piero no se le reclama el pago del precio de la compraventa de la vivienda, al no ser el comprador, sino que se le reprocha haber dispuesto fraudulentamente del precio que como contrapartida de la venta del inmueble le correspondía a la sociedad. En consecuencia, tanto se entienda que el perjudicado pudiera ser uno de los socios como la propia sociedad, que es lo correcto, estaríamos ante un supuesto cuyo reproche en Derecho al atribuirse al Sr. Piero en su condición de administrador de una sociedad de capital, debe ser realizado a través del ejercicio de las acciones de responsabilidad de los administradores.

17. Acción que al estimarse en la propia demanda que el legitimado es la propia sociedad, se correspondería con la acción social de responsabilidad de los administradores prevista en el artículo 238 del RDL 1/2020, de 2 de julio, por el que se aprueba el texto refundido de la ley de sociedades de capital. Siendo a su vez la acción que, aun no calificada correctamente, ejercita el liquidador de la sociedad.

18. El conocimiento de esta acción está atribuida a los juzgados de lo mercantil, como órganos especializados en asuntos mercantiles dentro del orden civil, por el artículo 86 bis.1 de la Ley Orgánica 6/1985, de 1 de julio, del Poder Judicial.

19. En consecuencia, entendiendo en segunda instancia que el juzgado que conoció en primera instancia carece de competencia objetiva para conocer de la pretensión ejercitada, procede decretar la nulidad de todo lo actuado, dejando a salvo el derecho de las partes a ejercitar sus acciones ante el tribunal que corresponda.

20. En atención a lo dispuesto en el artículo 48.4 de la LEC, se indica que, conforme a la especialización dentro del orden jurisdiccional civil de los juzgados mercantiles, de conformidad con lo previsto en el artículo 86.1 bis de la LOPJ al estar reguladas las acciones de responsabilidad de los administradores en la ley de sociedades de capital el conocimiento corresponde al juzgado de lo mercantil territorialmente competente que por turno de reparto corresponda.

La jurisdicción del juez del concurso no se extiende a acciones individuales, solo a las acciones sociales de responsabilidad de los administradores de la sociedad, pues va dirigida a recomponer el patrimonio por la conducta de estos, incompetencia

AP Barcelona, Sec. 15.ª, 145/2024, de 2 de abril. Recurso 196/2023

SP/SENT/1224134

Pues bien, el art. 59 TRLC, vigente cuando se presentó la demanda, establece que "*la jurisdicción del juez del concurso es exclusiva y excluyente para conocer de las siguientes materias*", entre ellas se incluye en su apartado 7 "*las acciones de responsabilidad contra los administradores o liquidadores, de derecho o de hecho; contra la persona natural designada para el ejercicio permanente de las funciones propias del cargo de administrador persona jurídica y contra la persona, cualquiera que sea su denominación, que tenga atribuidas facultades de más alta dirección de la sociedad cuando no exista delegación permanente de facultades del consejo en uno o varios consejeros delegados, por los daños y perjuicios causados, antes o después de la declaración judicial de concurso, a la persona jurídica concursada*".

9. Como podemos ver, la norma se refiere a la acción social de responsabilidad, "*los daños y perjuicios causados (...) a la persona jurídica concursada*". La jurisdicción del juez del concurso no se extiende, por lo tanto, a las acciones individuales, sino solo a las acciones sociales de responsabilidad de los administradores de la sociedad. La acción social va dirigida a recomponer el patrimonio de la compañía por la conducta del administrador social, por lo que es competencia del juez del concurso, mientras que las acciones individuales van dirigidas a indemnizar los daños producidos por el comportamiento del administrador social a terceros, como es el caso enjuiciado.

10. La acción individual puede ejercitarse ante el juez mercantil que corresponda por reparto, fuera del ámbito del concurso, ya que esta acción no se ve afectada por la declaración del concurso de la sociedad, como por el contrario sucede con la acción de responsabilidad de las deudas sociales por no disolver la compañía, acción prevista en el art. 367 TRLSC, conforme lo dispuesto en los arts. 136.2 y 139.1 TRLC.

11. El art. 138.1 TRLC, citado por el recurrente en su demanda, establece que "*los juicios en los que se hubieran ejercitado acciones de responsabilidad contra los administradores o liquidadores, de derecho o hecho; contra la persona natural designada para el ejercicio permanente de las funciones propias del cargo de administrador persona jurídica, contra la persona, cualquiera que sea su denominación, que tenga atribuidas facultades de más alta dirección de la sociedad cuando no exista delegación permanente de facultades del consejo en uno o varios consejeros delegados, y contra los auditores por los daños y perjuicios causados a la persona jurídica concursada, se acumularán de oficio al concurso, siempre que se encuentren en primera instancia y no haya finalizado el acto del juicio o la vista*". Nuevamente podemos ver que el precepto se refiere a los procedimientos en los que se haya ejercitado la acción social contra los administradores sociales, con la que se pretende resarcir los daños que se hayan causado a la concursada, no a los acreedores (terceros) de la concursada.

12. Todo ello nos lleva a desestimar el recurso y confirmar la desestimación de la demanda, pero con fundamentos diferentes de los utilizados en la sentencia de primera instancia. Precisamente, dado que los demandados no opusieron la falta de competencia del juez del concurso, no se debe imponer las costas, ni las de primera instancia ni las de segunda instancia.

Acumulación, acción reclamación de cantidad y responsabilidad individual de administrador siguiendo doctrina del TC, que acumula la primera a la de responsabilidad solidaria por deudas, puesto que de lo contrario sería carga injustificada para el acreedor

AP Madrid, Sec. 28.ª, 461/2023, de 19 de junio. Recurso 795/2022

SP/SENT/1194835

Jurisprudencia sobre la competencia objetiva en estos casos de acumulación de acciones. Para resolver este motivo debemos partir de la jurisprudencia de esta Sala sobre la procedencia de que se acumulen las acciones de reclamación de una deuda social contra la sociedad y de responsabilidad del administrador al pago solidario de esta deuda social.

Esta jurisprudencia se halla contenida en la sentencia de pleno 539/2012, de 10 de septiembre:

"*[L]a acción de reclamación de cantidad frente a una entidad mercantil y la acción de responsabilidad de los administradores por las deudas de la entidad mercantil pueden ser acumuladas para su tramitación y decisión en un mismo proceso ante los juzgados de lo mercantil*".

Nuestro caso es similar, en cuanto que junto a la acción de reclamación de deudas de la sociedad se acumularon dos acciones de responsabilidad contra la administradora de derecho y el administrador de hecho, por las que se pedía su condena solidaria, junto con la sociedad, al pago de una deuda social.

La singularidad del caso radica en cómo se ha planteado el conflicto, pues la demanda, que acumulaba estas acciones, fue planteada ante el juzgado mercantil y este tribunal se declaró incompetente, aplicando la doctrina que al respecto tenía la Audiencia Provincial, que venía permitiendo la acumulación de estas acciones, pero atribuía la competencia a los juzgados de primera instancia. Como consecuencia de ello, la demandante interpuso la demanda ante el juzgado de primera instancia, sin que las demandadas formularan objeción alguna que provocara el conflicto de competencia. Fue con motivo del recurso de apelación, cuando se planteó esta objeción, pues para entonces el Tribunal Supremo acababa de establecer jurisprudencia sobre la materia.

Para resolver la cuestión, es necesario traer algunas consideraciones que hacíamos en aquella sentencia 539/2012, de 10 de septiembre.

En primer lugar, la Sala consideró que el criterio de atribución de competencia del art. 86 ter.2 LOPJ, por el que se atribuye a los juzgados de lo mercantil la competencia para conocer de las cuestiones promovidas al amparo de la normativa reguladora de las sociedades mercantiles, es el propio de la competencia objetiva:

"[L]a competencia de los juzgados de lo mercantil está fundada en el art. 86 ter LOPJ, el cual contiene una regla de atribución de competencia objetiva, no una simple norma de reparto –cuya inobservancia, como ha declarado el Tribunal Constitucional (STC 37/2003, de 25 de febrero), no afectaría al derecho al juez ordinario predeterminado en la ley– sino una norma de carácter imperativo mediante la cual se asigna a esta clase de juzgados una determinada competencia en materia concursal y civil con exclusión de los juzgados de primera instancia".

Por esta razón, advirtió que, bajo la regulación del art. 73 LEC, en principio, no cabía la acumulación de acciones:

"[E]l art. 73 LEC exige, para que sea admisible la acumulación de acciones, entre otros requisitos, que el tribunal que deba entender de la acción principal posea jurisdicción y competencia por razón de la materia o por razón de la cuantía para conocer de la acumulada o acumuladas y este requisito no concurre en el supuesto examinado".

Pero, consciente de que la interpretación literal de los preceptos procesales sobre la acumulación de acciones llevaba a la prohibición de la acumulación, la Sala optó por admitirla en atención a la estrecha vinculación que existe entre ambas acciones (hay una indudable relación de prejudicialidad, pues el éxito de la acción frente a la sociedad es presupuesto para que proceda la acción de responsabilidad de los administradores), que determina en la práctica que no admitir la acumulación afecte al derecho a la tutela judicial efectiva:

"[E]n prácticamente todos los casos, si no se admite la posibilidad de acumulación, la exigencia de responsabilidad a los administradores por incumplimiento de deudas sociales comporta la exigencia de interponer una doble demanda ante los juzgados de primera instancia, competentes para conocer de la demanda frente a la sociedad, y ante los juzgados de lo mercantil, competentes para conocer de la responsabilidad de los administradores sobre la base del incumplimiento por la sociedad, si se pretende es el reintegro de las cantidades adeudadas por esta.

La carga injustificada de una duplicidad del proceso resulta desproporcionada; y este rasgo conlleva, según la jurisprudencia constitucional, que deba considerarse contraria al derecho a la tutela judicial efectiva. En efecto, supone imponer al acreedor la necesidad de interponer dos demandas ante órganos jurisdiccionales distintos para el ejercicio de una única pretensión de resarcimiento. Ambos procesos tienen la misma finalidad, son interdependientes y han de ser promovidos por un mismo acreedor frente a quienes son obligados solidarios. La desproporción de la carga impuesta se ofrece con especial claridad en los casos frecuentes en los que la situación de la sociedad impide al demandante, aun con una sentencia a su favor, obtener la efectividad de su crédito".

Por eso, entendimos que *"la regulación de la responsabilidad de los administradores sociales [...], en estrecha relación con la insolvencia de la sociedad y con el impago de sus deudas conlleva implícitamente el mandato, exigido por el respeto al derecho tutela judicial efectiva proclamado por la CE, de la posibilidad de acumulación de ambas acciones".*

De tal forma que en nuestro caso el problema no radicaría en la acumulación de las acciones, que bajo esta jurisprudencia ha sido admitida, sino en la determinación del tribunal competente para conocer de la acumulación de acciones.

En aquella Sentencia 539/2012, de 10 de septiembre, se optó por atribuir la competencia al tribunal que se consideró competente para conocer de la acción principal. En un caso en que se acumulaban la acción de reclamación de un crédito contra la sociedad deudora y la de responsabilidad de sus administradores por no haber promovido la disolución, se entiende que esta última es la acción principal y la de reclamación del crédito frente a la sociedad es accesoria, por constituir un presupuesto de la primera y tratarse, por ello, de una cuestión prejudicial.

En nuestro caso, la acción de responsabilidad ejercitada era la individual (*ex* art. 241 LSC), no la fundada en el incumplimiento del deber de promover la disolución (*ex* art. 367 LSC), pero en la medida en que el daño cuya indemnización se solicitaba era el importe del crédito adeudado a la demandante, cabría aplicar la misma doctrina.

La acción de responsabilidad individual contra el administrador está prescrita: al presentarse la demanda habían pasado más de 4 años desde la entrada en vigor de la reforma de la LSC

AP Ciudad Real, Sec. 2.ª, 182/2023, de 10 de mayo. Recurso 425/2021

SP/SENT/1190197

En lo que hace referencia a la prescripción de la acción esta Sala como ya puso de manifiesto en sentencias de 19 de junio de 2017 o en las más recientes de 27 de enero de 2020 (citada por la parte apelante) o de 13 de diciembre de 2021, por referirnos a la última, no comparte los argumentos de la sentencia impugnada en lo que hace al *dies a quo* para el inicio del cómputo del plazo de prescripción de cuatro años en lo que al ejercicio de la acciones de responsabilidad individual compete pues entendemos que, tras la reforma operada la Ley 31/2014, de 3 de diciembre, ha de situarse en el día de la entrada en vigor de la misma, sin que tenga virtualidad aplicativa el artículo 949 del CCo, de tal suerte que, al no haber cesado el administrador en su cargo, aún no se había iniciado el cómputo de dicho plazo, criterio que es el que asume la resolución de instancia para rechazar la prescripción.

Es verdad que en lo que hace referencia a la prescripción de la acción, la norma que resultaba de aplicación en el momento de los hechos (deuda de 2007 y 2009, no presentación de cuentas desde el año 2004 y cierre o desaparición de la sociedad de facto con posterioridad en concreto de baja en Hacienda desde el 24 de junio de 2011) era el art. 949 CCo a cuyo tenor "*La acción contra los socios gerentes y administradores de las compañías o sociedades terminará a los cuatro años, a contar desde que por cualquier motivo cesaren en el ejercicio de la administración*". Pero, tras la reforma operada en la Ley de Sociedades de Capital por la Ley 31/2014 vino a introducirse el nuevo art. 241 bis a cuyo tenor "*La acción de responsabilidad contra los administradores, sea social o individual, prescribirá a los cuatro años a contar desde el día en que hubiera podido ejercitarse*", reforma que mantiene el plazo prescriptivo de los cuatro años y que afecta tan solo al *dies a quo* para su cómputo, pues ahora se toma como día inicial aquel en que hubiera podido ejercitarse la acción. Por otra parte, la reforma de la Ley 31/2014 no contiene un régimen transitorio acerca del nuevo art. 241 bis LSC, debiendo por tanto interpretar con relación a las acciones que ya hubieran nacido en aquel momento pero que todavía no hubieran sido ejercitadas ante los Tribunales, que si el plazo prescriptivo todavía no había comenzado a correr porque no había tenido lugar el cese de los administradores, o porque el cese no fuera oponible frente a terceros, que el día inicial del plazo de cuatro años deberá contarse desde la fecha de entrada en vigor de la norma (24 diciembre 2014) por más que el conocimiento de los hechos que fundan la acción fueran conocidos con anterioridad, y ello por aplicación analógica de la Disposición Transitoria Cuarta del CC.

Sobre esa base que es el argumentario que, en esencia, se reflejan en las resoluciones a las que nos hemos referido y que es plenamente compartido por la mayoría de las Audiencias Provinciales, por citar algunas de ellas, las sentencias número 1/2019, de 8 de enero, y 267/2020, de 19 de junio, de la Sección 28.ª de la Audiencia Provincial de Madrid) que establece que el "dies a quo" para estas situaciones, en el caso de que ya se conociera el daño padecido con anterioridad, debe fijarse, cuando se aplique la nueva ley, en la fecha de la entrada en vigor del nuevo artículo 241 bis (lo que acaeció el 24 de diciembre de 2014), pues esa es la solución que guarda más sintonía con la regla contenida en el [*sic.*], o la sentencia de la Sección 15.ª de Barcelona, de 30 de julio de 2021, que establece que el régimen de responsabilidad previsto en el artículo 241 bis de la LSC es aplicable no solo a las acciones previstas en los art. 238, acción social, y 241, acción individual, sino también a la prevista en el, siendo aplicable a aquellas acciones de responsabilidad respecto de las cuáles, a la fecha de la entrada en vigor de la norma, el cómputo de la prescripción no se hubiera iniciado, mediante el cese del administrador en su cargo.

Pues bien, en el caso que aquí nos ocupa, al tiempo de presentarse la demanda, habían transcurrido ampliamente cuatro años desde la entrada en vigor de la mencionada reforma (24 de diciembre de 2014), por lo que había lugar a apreciar la prescripción de las acciones articuladas, salvo que se hubiese producido la interrupción de las mismas. Y el acto interruptivo se produce en abril de 2019, esto es, cumplida la prescripción. La anterior demanda de juicio verbal frente la sociedad no puede tenerse en consideración por cuanto hablamos de acciones independientes, al punto que, de forma sorpresiva, en este pleito se reproduce la reclamación frente a la mercantil, cuando tal deuda está reconocida en previo proceso verbal.

En definitiva y recapitulando, las acciones aquí ejercitadas están prescritas, ello conlleva estimar el recurso y confirmar la sentencia impugnada lo que hace improcedente entrar en el análisis del otro motivo al ser esa excepción un hecho excluyente de las acciones ejercitadas que, por tanto, no pueden estimarse.

En el planteamiento de la acción de responsabilidad individual no se probó el nexo causal entre la omisión antijuridica, al no haber solicitado el concurso a pesar de la insolvencia de entidad, y el daño producido, créditos impagados a los acreedores

AP Toledo, Sec. 1.ª, 355/2023, de 9 de mayo. Recurso 520/2021

SP/SENT/1191090

En orden al error en la valoración de la prueba, tiene declarado esta misma Audiencia en múltiples resoluciones como la de 21 de abril de 2021, citando una de las más recientes, que es jurisprudencia reiterada y consolidada la que establece que "*solo al Juzgador le compete apreciar y valorar las pruebas practicadas en el proceso bajo los principios de oralidad e inmediación, de suerte que cuando se interpone un motivo de impugnación de esta naturaleza al Tribunal de segunda instancia no le compete realizar una nueva valoración de la prueba practicada sino simplemente comprobar si existe un absoluto vacío probatorio o si, por el contrario, hay un mínimo de actividad probatoria racional de cargo, practicada con todas las formalidades legales que haya podido servir de base para formar la convicción del juzgador en ejercicio de la facultad soberana que le asiste para valorar las pruebas en conciencia, solo estando permitida la revisión de dicha valoración cuando del examen de lo actuado se evidencie con total claridad el error del juzgador al fijar el resultado probatorio de la sentencia recurrida o bien cuando se haya prescindido de alguna prueba de trascendencia manifiesta que aparezca reflejada con claridad o cuando se haya declarado probado un hecho importante a través de una interpretación ilógica*".

Asimismo tiene declarado el TS, en SS 418/2012, de 28 de junio, 262/2013, de 30 de abril, 44/2015, de 17 de febrero, 303/2016, de 9 de mayo, 411/2016, de 17 de junio, entre otras muchas, que para que exista error en la valoración con lesión del derecho a la tutela judicial efectiva es necesario: 1.º) que se trate de un error fáctico, –material o de hecho–, es decir, sobre las bases fácticas que han servido para sustentar la decisión; y 2.º) que sea patente, manifiesto, evidente o notorio, lo que se complementa con el hecho de que sea inmediatamente verificable de forma incontrovertible a partir de las actuaciones judiciales.

La parte recurrente denuncia la infracción del art. 241 LSC en relación con los arts. 236 y 237 LSC, al haber desestimado la sentencia recurrida la acción individual de responsabilidad interpuesta contra los administradores, considerando que del examen de las actuaciones y de la documenta obrante en la causa se debería haber concluido con una resolución estimatoria. Aduciendo además la vulneración del art. 24.1 de la CE porque, según la recurrente, a tenor de la existencia de arbitrariedad o error patente en la valoración de la prueba, no se han desvirtuado las alegaciones de la demanda, no existiendo razones para su desestimación. Finalmente añade, que la situación económica de los ahora recurrentes, no solo se ha visto mermada por la no devolución de las cantidades adeudas, y de los gastos judiciales de sendos procesos, sino por la condena en costas, con el correlativo enriquecimiento, en su opinión, de los administradores demandados.

Al objeto de determinar los aspectos controvertidos, debemos partir de los requisitos exigidos para la acción individual de responsabilidad de los administradores. A este respecto, tiene declarado el TS de modo reiterado (por todas, Sentencias 253/2016, de 18 de abril, 472/2016, de 13 de julio, 129/2017, de 27 de febrero, y 150/2017, de 2 de marzo) que dicha acción individual supone una especial aplicación de la responsabilidad extracontractual integrada en un marco societario, que cuenta con una regulación propia (art. 241 TRLSC), que la especializa respecto de la genérica prevista en el art. 1902 CC. Se trata de una responsabilidad por ilícito orgánico, entendida como la contraída por el administrador social en el desempeño de sus funciones del cargo. De ahí que, en principio, del daño causado a terceros responde la sociedad, sin perjuicio de que esta pueda repetir contra sus administradores una vez reparado, mediante el ejercicio de la acción social de responsabilidad (arts. 238 a 240 LSC).

Pero el art. 241 LSC también reconoce a los socios y a los terceros una acción individual contra los administradores, cuando la conducta de estos en el ejercicio de su función les hubiera ocasionado un daño directo, para lo que deben concurrir los siguientes presupuestos: (i) un comportamiento activo o pasivo de los administradores; (ii) que tal comportamiento sea imputable al órgano de administración en cuanto tal; (iii) que la conducta del administrador sea antijurídica por infringir la ley, los estatutos o no ajustarse al estándar o patrón de diligencia exigible a un ordenado empresario y a un representante leal; (iv) que la conducta antijurídica, culposa o negligente, sea susceptible de producir un daño; (v) que el daño que se infiere sea directo al tercero, sin necesidad de lesionar los intereses de la sociedad; y (vi) la relación de causalidad entre la conducta antijurídica del administrador y el daño directo ocasionado al tercero.

No obstante, como señala el TS (por todas, sentencia 274/2017, de 5 de mayo), no puede recurrirse indiscriminadamente a la vía de la responsabilidad individual de los administradores por cualquier incumplimiento contractual de la sociedad o por cualquier deuda social, ya que supondría violentar los principios fundamentales de las sociedades de capital, como son la personalidad jurídica de las mismas, su autonomía patrimonial y su exclusiva responsabilidad por las deudas sociales, u olvidar el principio de que los contratos solo producen efecto entre las partes que los otorgan, como proclama el art. 1257 CC. No puede identificarse la actuación antijurídica de la sociedad que no abona sus deudas y cuyos acreedores se ven impedidos para cobrarlas porque la sociedad deudora es insolvente, con la infracción por su administrador de la ley o los estatutos, o de los deberes inherentes a su cargo.

De este modo, la acción individual de responsabilidad de los administradores por actos llevados a cabo en el ejercicio de su actividad orgánica plantea especiales dificultades para delimitar los comportamientos de los que deba responder directamente frente a terceros, a fin de distinguir entre el ámbito de responsabilidad que incumbe a la sociedad, con quien contrata el tercero perjudicado, y la responsabilidad de los administradores que actúan en su nombre y representación. Cuando la ley ha querido imputar a los administradores la responsabilidad solidaria por el impago de las deudas sociales en caso de incumplimiento del deber de promover la disolución de la sociedad, ha restringido esta responsabilidad a los créditos posteriores a la aparición de la causa de disolución (art. 367 LSC). Fuera de estos casos, si se pretende reclamar del administrador la responsabilidad por el impago de sus créditos frente a la sociedad, debe hacerse un esfuerzo argumentativo por mostrar la incidencia directa del incumplimiento de un deber legal cualificado en la falta de cobro de aquellos créditos, tal como señala la STS 253/2016, de 18 de abril. En estos casos es necesario que se identifique bien la conducta del administrador a la que se imputa el daño ocasionado al acreedor (acto, acuerdo o mera omisión), que esta conducta pueda ser calificada como infractora de un "*deber cualificado*" del administrador, y que aquel daño sea directo, no indirecto como consecuencia de la insolvencia de la sociedad.

Examinadas las pruebas concurrentes, resulta que, de los argumentos expuestos por el juzgador de instancia en relación con las pruebas existentes, que son correctamente valoradas, no se desprende la existencia de nexo causal entre la conducta antijurídica y el daño causado que pueda fundamentar la responsabilidad individual de los administradores.

Así, por un lado, en la resolución recurrida, la Juez a quo considera que consta la existencia de un daño por importes de 18.000 € y 5.205,49 €, créditos vencidos y exigibles a favor de los actores, ahora recurrentes. También resulta acreditado, con la nota del registro mercantil, que los administradores no solicitaron la declaración de concurso a pesar de la insolvencia de la sociedad. Sin embargo, no considera acreditado que dicho daño sea consecuencia de una conducta del administrador que pueda ser calificada como infracción de un deber cualificado en el ejercicio de tal cargo, es decir, considera que no se ha acreditado el nexo de causalidad entre la omisión antijurídica y el daño producido. Así, por lo que se refiere a la deuda, consta en autos que se contrae en el año 2007, siendo que a esa fecha la empresa era solvente, ejercicio en el que se presentan cuentas (se realiza hasta el año 2010) y no se acredita la existencia de una situación deficitaria en la sociedad. Junto a ello, como declara el TS "*para que pueda imputarse al administrador el impago de una deuda social, como daño ocasionado directamente a la acreedora demandante, debe existir un incumplimiento nítido de un deber legal al que pueda anudarse de forma directa el impago de la deuda social*". Del hecho de no haber solicitado la declaración del concurso no puede deducirse que la situación de insolvencia le sea imputable al administrador. Como fundamenta la sentencia recurrida, en la demanda se reconoce que el procedimiento de ejecución resultó infructuoso, de lo que se colige que, aunque se hubiera producido la disolución ordenada de la sociedad, tampoco se habría obtenido pago alguno de la demandante, al no constar la existencia de bien alguno.

En definitiva, de los argumentos expuestos por el juzgador de instancia en relación con las pruebas existentes, esta Sala considera que son correctamente valoradas, por lo que procede mantener la decisión.

Desestimada acción de responsabilidad contra el administrador, no hay ningún acto ilícito que se le sea imputable ni tampoco daño al patrimonio social

AP Barcelona, Sec. 15.ª, 326/2023, de 28 de abril. Recurso 4612/2022

SP/SENT/1190084

Desestimada las acciones de nulidad se está en la necesidad de desestimar asimismo la acción de responsabilidad ejercitada frente al administrador de la sociedad, atendido que la misma estaba subordinada a la apreciación de que existía un derecho de crédito a favor de la sociedad y en contra de su administrador, derecho de crédito que se habría perjudicado como consecuencia de no haber sido objeto de reclamación antes de prescribir la acción oportuna. Las conclusiones a las que hemos llegado acerca de la inexistencia del referido derecho de crédito a favor de la sociedad determinan que no exista ni el acto ilícito que se imputa al administrador ni tampoco el daño al patrimonio social que constituye presupuesto para el éxito de la referida acción de responsabilidad.

En conclusión, el recurso debe ser estimado de forma que determina la íntegra desestimación de la demanda de la Administración concursal.

La prescripción de la acción, responsabilidad por deudas, no fue invocada por las partes; por ello no puede ser aplicada de oficio por el juez *a quo*, por lo que la excepción fue incorrectamente estimada

AP Ciudad Real, Sec. 2.ª, 173/2023, de 28 de abril. Recurso 423/2021

SP/SENT/1190191

Es opinión común que el Código civil adolece en materia de caducidad de cierta imprecisión técnica. No es solo que carezca de una regulación general sobre esta institución, sino también que no presenta un criterio uniforme al calificar los plazos de ejercicio de los derechos y de las acciones. Así en ocasiones utiliza el término de "caducarán", como en los arts. 719 y 730 respecto de los testamentos militar y marítimos, y en otras omite la utilización de ese término a pesar de referirse a plazos de esa naturaleza, como por ejemplo en el caso de los arts. 369 (en cuanto al plazo de los dueños para reclamar los árboles arrancados y transportados por la corriente de las aguas), 1299 (respecto de la acción de rescisión), o el 1524 (respecto del derecho de retracto legal). En otras ocasiones emplea el término de manera impropia, como en el art. 871 sobre el legado de crédito frente a tercero.

Este hecho y la proximidad entre la caducidad y la prescripción, instituciones ambas enmarcadas en el ámbito de los efectos del tiempo, como hecho natural, en las relaciones jurídicas, junto con el carácter relativamente moderno de las construcciones doctrinales sobre la materia, permiten explicar las dificultades de la delimitación entre los casos de caducidad y los de prescripción, así como la falta de una jurisprudencia uniforme en la materia.

(...)

3.3. En esa evolución jurisprudencial se observa una primera etapa en la que esta Sala Primera prescinde de la distinción entre ambas figuras y califica de prescripción, con admisión de la posibilidad de suspensión del plazo, casos más próximos a la caducidad, como el del art. 1490 CC sobre las acciones de saneamiento por vicios o defectos ocultos de la cosa vendida (en este sentido, sentencia de 11 de junio de 1926).

3.4. La distinción entre ambas instituciones aparece ya con claridad en algunas resoluciones de la década de los cuarenta del siglo pasado. Así, se califica de caducidad los plazos previstos en los siguientes preceptos: (i) art. 689 CC, sobre la protocolización del testamento ológrafo (sentencia de 27 de abril de 1940), (ii) art. 1524 CC, sobre el derecho legal de retracto (sentencia de 30 de abril de 1940); o (iii) art. 113 CC, sobre la antigua acción de impugnación de la legitimación de los hijos nacidos constante matrimonio (Sentencia de 24 de enero de 1947).

3.5. La citada sentencia de 30 de abril de 1940, al examinar el plazo para el ejercicio del derecho de retracto de colindantes, afirma que:

"*la caducidad y la prescripción, conceptos no bien diferenciados ni definidos, pero que, aun respondiendo ambos a la misma finalidad de que no permanezcan indefinidamente inciertos los derechos y fundándose en una común presunción de abandono, ofrecen la nota diferencial, entre otras, de que mientras la prescripción, es renunciable, por lo que solo cuando se alega puede ser estimada, la caducidad no requiere su alegación y opera por sí misma obligando al juzgador a declararla de oficio*".

La posterior sentencia de 25 de septiembre de 1950, continuando esta misma línea jurisprudencial, sistematiza las diferencias entre prescripción y caducidad que concreta en las tres siguientes:

"*a) La prescripción descansa no solo sobre la necesidad de poner término a la incertidumbre de los derechos, sino sobre una presunción de abandono por parte del titular; al paso que la caducidad se funda exclusivamente en la necesidad de dar seguridad al tráfico jurídico y ópera por el mero transcurso del tiempo. b) La prescripción es estimable solo a instancia de parte; la caducidad puede ser también apreciada de oficio por el Tribunal. C) La prescripción es susceptible de interrupción por acto del que por ella puede resultar perjudicado; mientras que la caducidad no admite, en ningún caso, la interrupción del tiempo, cuyo simple transcurso la origina*".

3.6. La caracterización jurisprudencial de estas notas diferenciadoras entre prescripción y caducidad se ha mantenido, en lo sustancial, sin cambios hasta el momento presente. A ella ha añadido la doctrina algunas otras notas distintivas que abundan en ideas concomitantes. Así se afirma que (i) el fundamento de la prescripción responde a la idea de un derecho que se supone abandonado por no haber sido ejercitado por su titular, en tanto que la finalidad de la caducidad sería fijar ab initio un tiempo durante el que el derecho o la acción puede ser ejercitado; (ii) la prescripción supone la existencia de un derecho ya adquirido que se extingue por su no ejercicio, en tanto que la caducidad se refiere a un derecho que no llega a ser adquirido.

En aplicación de las citada doctrina y encontrándonos ante una sentencia que fue dictada encontrándose el demandado en situación procesal de rebeldía, sin haber comparecido ni realizado alegación alguna, por lo que la prescripción no fue invocada, no cabe otra solución que concluir que la excepción ha sido incorrectamente estimada, pues el juez no puede apreciarla ni declararla de oficio.

Procede por tanto estimar el primer motivo y entrar a resolver sobre el fondo del asunto.

No existe prescripción de la acción de responsabilidad frente al administrador al suspenderse el plazo por la declaración del concurso hasta su conclusión, existiendo después proceso penal que suspendió también el referido plazo

AP Valencia, Sec. 9.ª, 246/2023, de 29 de marzo. Recurso 749/2022

SP/SENT/1186018

De este modo, no existe ninguna razón que impida una interpretación literal del precepto legal, y por lo tanto que pueda aplicarse la interrupción de la prescripción a cualesquiera acciones de responsabilidad susceptibles de ser ejercitadas frente a los administradores o auditores de la sociedad concursada. Los destacados son nuestros.

El art. 60 LC se regula actualmente en el art. 155 TRLC, que expresa:

"*1. Desde la declaración hasta la conclusión del concurso quedará interrumpida la prescripción de las acciones contra el deudor por los créditos anteriores a la declaración.*

2. La interrupción de la prescripción no producirá efectos frente a los deudores solidarios, así como tampoco frente a los fiadores y avalistas.

3. Desde la declaración hasta la conclusión del concurso quedará interrumpida la prescripción de las acciones contra socios y contra los administradores, los liquidadores, la persona natural designada para el ejercicio permanente de las funciones propias del cargo de administrador persona jurídica, y la persona, cualquiera que sea su denominación, que tenga atribuidas facultades de más alta dirección de la sociedad cuando no exista delegación permanente de facultades del consejo en uno o varios consejeros delegados, así como contra los auditores de la persona jurídica concursada y aquellas otras cuyo ejercicio quede suspendido en virtud de lo dispuesto en esta ley.

4. En caso de interrupción, el cómputo del plazo para la prescripción se iniciará nuevamente a la fecha de la concusión del concurso".

Observamos que se mantiene la misma regulación y es aplicable la doctrina resultante de la STS de 22 de diciembre de 2014. De esta forma, aunque la parte actora podría haber ejercitado la acción ex art. 241 LSC contra los demandados a pesar de la declaración y tramitación del concurso, el hecho que este se declarara dejaba en suspenso el plazo de prescripción de dicha acción, que no se reanudó hasta la conclusión del concurso, lo que tuvo lugar por auto de 3 de febrero de 2016 (documento 3 de la demanda).

Dado que el proceso penal se inició el mismo año 2016 —no ha sido un hecho controvertido—, recayó STSJCV el 13 de noviembre de 2018 y la STS el 18 de junio de 2020, no había transcurrido el plazo de prescripción de cuatro años previsto en el art. 949 CCom.

Estimamos este motivo de apelación, revocamos en este punto la sentencia recurrida y declaramos que la acción de responsabilidad *ex* art. 241 LSC ejercitada contra D. Arsenio no estaba prescrita.

Ahora bien, dado que la parte actora no ha presentado prueba de ningún tipo acreditativa de los presupuestos necesarios para la estimación de la acción de responsabilidad por culpa o negligencia ejercitada, con infracción del art. 217.2 LEC, debemos desestimar esta acción, sin necesidad de mayor motivación.

La acción de responsabilidad por deudas y la individual tienen régimen distinto de prescripción; en esta última el plazo comienza desde que la acción pudo ejercitarse, en la de deudas se computa desde el cese del administrador

AP Granada, Sec. 3.ª, 98/2023, de 17 de marzo. Recurso 1080/2022

SP/SENT/1190288

Se estima que debe seguirse el criterio expuesto por cuanto, siguiendo los razonamientos contenidos en la citada SAP de León, Sección 1.ª, n.º 245/2020, de 16 de abril, el artículo 241 bis introducido en la Ley de Sociedades de Capital por la Ley 31/2014 viene referido de manera exclusiva a las acciones de responsabilidad individual y social y no en cambio a las acciones de responsabilidad por deudas.

En primer lugar, el tenor literal del precepto contenido en el artículo 241 bis LSC que establece el artículo: "*La acción de responsabilidad contra los administradores, sea social o individual, prescribirá a los cuatro años a contar desde el día en que hubiera podido ejercitarse*". Parece que resulta aplicable exclusivamente a las acciones sociales e individuales frente a los administradores y no a la acción de responsabilidad por deudas a la cual no se refiere.

De otro lado cabe atender a la ubicación sistemática del precepto, y así el artículo 241 bis LSC está situado en el Capítulo V ("La responsabilidad de los administradores") del Título VI, bajo la rúbrica "La administración de la sociedad" de la LSC mientras que el artículo 376 LSC se inserta en el Capítulo I ("La disolución"), Sección 2.ª ("Disolución por constatación de causa legal o estatutaria") del Título X ("Disolución y liquidación").

El artículo 949 del Código de Comercio no ha sido derogado expresamente ni modificado por lo que debe entenderse que, en defecto de una previsión específica en la norma especial que es la LSC, sigue vigente para las acciones de responsabilidad por deudas frente a los administradores.

La aplicación del *dies a quo* recogido en el art. 241 bis LSC a las acciones de responsabilidad por deudas generaría dificultades en su aplicación. El conocimiento del acreedor de la sociedad del incumplimiento por el administrador del deber legal impuesto ante la concurrencia de causa de disolución o situación de insolvencia, determinaría el inicio del plazo de prescripción y ciertamente no parece fácil de concretar cual debe ser este momento.

Añadir que, como criterio relevante se considera importante destacar la diferencia de régimen jurídico de ambos tipos de responsabilidad de los administradores: por daño y por deuda. La Jurisprudencia del Tribunal Supremo (Sentencia de 13 de julio de 2016) diferencia el régimen jurídico de la responsabilidad por el impago de una deuda de la sociedad que no puede equipararse a la causación de un daño directo al acreedor del que sean responsables los administradores. La jurisprudencia recuerda constantemente cuestiones elementales en materia de responsabilidad de los administradores que define como una responsabilidad por deudas (SSTS de 21 de junio y de 15 de octubre de 2013, entre otras) o responsabilidad por deuda ajena "ex lege".

La Sentencia del TS de 16 de enero de 2020 cita la de 8 de noviembre de 2019 que aclara la responsabilidad de un nuevo administrador y sostiene: "*En el artículo 367 LSC la responsabilidad del administrador se anuda al incumplimiento del deber de promover la disolución. El reproche jurídico que subyace a la responsabilidad del artículo 367 LSC se funda en el incumplimiento de un deber legal (de promover la disolución de la sociedad o, en su caso, de instar el concurso de acreedores). La Ley en esos casos, estando la sociedad incursa en una de las causas legales de disolución, constituye al administrador en garante solidario de las deudas surgidas a partir de entonces, si incumple el deber legal de disolver dentro del plazo legal. La justificación de esta responsabilidad radica en el riesgo que se ha generado para los acreedores posteriores que han contratado sin gozar de la garantía patrimonial suficiente por parte de la sociedad del cumplimiento de su obligación de pago".*

En la responsabilidad por deudas, el nacimiento de la responsabilidad del administrador es como consecuencia del incumplimiento de un deber, pero no del general de lealtad o de diligencia, sino del específico de convocar la Junta General. Y responde de un daño, que ni es directo a la sociedad (acción social) ni a los socios, acreedores o terceros (acción individual) sino que es indirecto (generación de la deuda), y que no guarda relación causal con la conducta reprimida (deber legal de disolver dentro de plazo).

Esta diferente naturaleza jurídica de la responsabilidad por deudas justifica que se opte por entender que no debe mantenerse la unificación del régimen de prescripción de las tres acciones de responsabilidad frente a los administradores por el que había optado el Tribunal Supremo antes de la reforma y que se considere la norma aplicable a la acción que nos ocupa la del art. 949 Código de Comercio según el cual *"la acción contra los socios gerentes y administradores de las compañías o sociedades terminará a los cuatro años, a contar desde que por cualquier motivo cesaren en el ejercicio de la administración"*.

Es clara la vinculación de la responsabilidad exigible con la vigencia del ejercicio del cargo y así se justifica el inicio del cómputo del plazo desde la fecha del cese. El carácter de responsabilidad solidaria hace que además la reclamación dependa en primer lugar del propio plazo de prescripción de la deuda de la sociedad. La acción del artículo 367 del TRLSC es una garantía legal objetiva respecto de la deuda de la sociedad incumplidora y el plazo de prescripción el mismo que aquel al que está sujeta la acción principal contra la sociedad, de la que los administradores son *"responsables solidarios"*.

Si nos encontramos ante acciones de distinta naturaleza, cabe concluir que no están sometidas al mismo régimen en materia de prescripción. El cómputo del plazo desde que la acción hubiera podido ejercitarse que fija el vigente artículo 241 bis LSC se articula mal en el caso de una acción de responsabilidad por deudas del artículo 367 LSC que establece la responsabilidad solidaria del administrador respecto de la deuda impagada cuando incumple el deber legal de disolver la sociedad. Se opta ahora por la aplicación en estos casos del art. 949 del Código de Comercio que fija el *dies a quo* a partir del cual se puede ejercitar la acción en la fecha de cese del administrador en su cargo.

Por todo ello, la sentencia de instancia debe ser confirmada y desestimado el recurso interpuesto.

Se confirma el acogimiento de la acción de responsabilidad solidaria de los administradores: la deuda nació cuando se prestaron los servicios de asesoramiento y asistencia jurídica a la demandada, incursa, en tal momento, en causa disolución

AP Madrid, Sec. 28.ª, 176/2023, de 24 de febrero. Recurso 130/2022

SP/SENT/1178830

Al margen de la prescripción de la acción para reclamar la deuda social, el Sr. Pedro Jesús mantiene que la demanda contra él formulada habría de ser rechazada al no concurrir todos los requisitos que exige la acción ejercitada.

15. En primer lugar, entiende que no puede reclamársele la deuda en que incurrió MYCA porque (i) no se ha aportado factura definitiva, sino factura proforma; y (ii) la deuda no sería líquida, vencida ni exigible hasta que se sustanciase el procedimiento de jura de cuentas.

16. Tales descargos presentan muy corto recorrido. A los efectos que aquí interesan, la factura no pasa de ser un documento privado con un valor meramente probatorio (relativo) en orden a la acreditación de la realidad de un determinado suministro de mercancías o prestación de servicios y, en este sentido, de la existencia de una deuda a cargo del perceptor de los servicios o mercancías en cuestión. Ello, con independencia de los imperativos impuestos por la normativa fiscal y contable en relación con la obligación de emitir factura por la prestación de un servicio o la realización de un suministro y su correlativo reflejo en la contabilidad y declaraciones fiscales de los sujetos concernidos a los que se hace referencia en el escrito de interposición del recurso.

17. Por otra parte, es diáfano que la resolución que pone término al expediente de cuenta de abogado no hace nacer la obligación de retribuir los servicios prestados y que el hecho de que dicho expediente no se siguiese o, como es el caso, no hubiese culminado, no constituye óbice para la reclamación de los correspondientes honorarios en un juicio ordinario.

18. En relación con tal extremo, debemos rechazar también los alegatos del Sr. Pedro Jesús relativos a que la falta de sustanciación del expediente de cuenta de abogado se ha traducido en un menoscabo de sus derechos de defensa, habida cuenta que no descubrimos qué óbices le impiden hacer valer en este procedimiento cualesquiera objeciones que le alcanzaran en relación con la existencia, alcance o exigibilidad de la deuda cuyo pago se le reclama.

19. Como argumento subsidiario en pro de su posición, la parte apelante rechaza que concurra el requisito de la posterioridad de la deuda. El Sr. Pedro Jesús alega que no sería sino con el cierre del ejercicio de 2008, el 31 de diciembre, cuando comenzaría a correr el plazo para dar cumplimiento a las obligaciones que a los administradores impone el artículo 367.1 LSC, por lo que, habiéndose realizado el encargo a ACCIÓN LEGAL en el mes de mayo de ese mismo año, no cabría hablar de obligación social posterior al acaecimiento de la causa legal de disolución, como presupuesto del régimen de responsabilidad establecido en el precepto citado.

20. Estos otros alegatos se sustentan en determinadas asunciones sobre la fecha de nacimiento de la obligación que no podemos compartir, toda vez que en el presente supuesto la obligación debe entenderse nacida cuando se prestaron a MYCA los servicios de asesoramiento y asistencia técnica (sentencia del Tribunal Supremo de 1 de marzo de 2017, ECLI:ES:TS:2017:727). Según resulta de las actuaciones, la última actuación procesal en el marco del juicio que provocó que MYCA y ACCIÓN LEGAL entraran en relación se produjo en el mes de octubre de 2011 (sentencia de segunda instancia). Es este el referente temporal que debe tomarse para apreciar el requisito de posterioridad de la obligación, como acertadamente hace ver la sentencia recurrida. Con ello, los planteamientos del apelante caen por tierra.

21. La última parte del recurso parece estar dedicada a desvirtuar el análisis de la sentencia impugnada que sitúa la concurrencia de la causa de disolución en fecha anterior a la del nacimiento de la obligación que pretende hacerse efectiva a través de este procedimiento. La juzgadora de la anterior instancia alcanza tal conclusión a partir de los indicios constituidos por la falta de depósito de las cuentas de la sociedad de los ejercicios 2008 y siguientes, la desaparición de facto reconocida en prueba de interrogatorio de parte, el reconocimiento, también en la prueba de interrogatorio de parte, de que la sociedad quedó sin actividad, las dificultades para pagar los servicios de asesoría y la necesidad de dar en pago o para pago los inmuebles de la sociedad para saldar su deudas con los bancos. El Sr. Pedro Jesús niega que hubiera dejado de atender la sociedad y que esto fuera la causa del cierre de hecho, lo que resulta irrelevante a los efectos que aquí interesa. También alega el Sr. Pedro Jesús que la obligación legal de conservación de la contabilidad no alcanza más allá de seis años, observando que la demanda contra él se presentó diez años después del encargo realizado a ACCIÓN LEGAL, lo cual resulta irrelevante de igual modo, toda vez que con ello no se desvirtúa el hecho indiciario al que se hace referencia en la sentencia, a saber, la falta de depósito de cuentas, el cual, por lo demás, no es el único que en ella se maneja.

22. A la vista de cuanto antecede, es diáfano que el recurso ha de ser desestimado.

No hay prescripción de la acción de responsabilidad individual del administrador social al no pasar el plazo contado desde que pudo ejercitarse al conocer la desaparición de la sociedad. Cuestión distinta a la prescripción de la deuda social

AP Madrid, Sec. 28.ª, 125/2023, de 10 de febrero. Recurso 1238/2021

SP/SENT/1176720

De entrada, no cabe entremezclar dos planos distintos, el de la prescripción de la deuda social y el de la prescripción de la acción de responsabilidad contra el administrador social, que es aquí la única debatida. Respecto de esta, ha de determinarse, de un lado, el momento de generación de los hechos que justifican los presupuestos de la acción entablada y, de otro, el momento en que pudo se entablada por parte del interesado.

Este litigio tiene por exclusivo objeto, como se indicó antes, la acción prevista en el art. 241 TRLSC, esto es, la de responsabilidad individual de administradores sociales. Si bien es cierto que en el planteamiento de la demanda de TRANSPORTES BOYACA, S. L., el impago de la deuda social reclamada es el elemento que constituye el daño alegado sobre el patrimonio de la parte actora, tal impago no supone, por sí mismo, hecho generador de aquella acción. Es decir, ni la pendencia, ni siquiera el impago, de deudas sociales implica sujeción a ello de la responsabilidad del patrimonio del administrador social demandado, por ese solo hecho de contraer obligaciones la sociedad o de no atenderlas. La circunstancia relevante para esta acción de responsabilidad, tanto en lo alegado en la demanda de TRANSPORTES BOYACA, S. L., como lo recogido en la doctrina jurisprudencial, es el acto dañoso realizado por el administrador social como ilícito orgánico, el cual se conecta causalmente con el daño efectivo producido en el patrimonio del perjudicado, aun cuando dicho daño se equipare argumentalmente al impago de la deuda social. Aquel acto dañoso es el cierre de facto y desaparición del tráfico jurídico de la sociedad deudora, Ibérica de Grapa y Servicios Generales, S. L., sin acudir a las vías legales de disolución y liquidación social.

La Sentencia apelada desatiende por completo esa circunstancia y omite cualquier análisis sobre la cuestión en relación el momento de producción del hecho dañoso y la posibilidad efectiva de haber ejercitado la presente acción. La fijación temporal de ese hecho, como anterior o posterior a la entrada en vigor del cambio normativo que regula la prescripción de esta clase de acción, es lo que dotaría de sentido en examen contenido en la Sentencia recurrida, a partir de los cual, si se fija que era anterior a la reforma, tendría ya pleno sentido acudir a las soluciones de Derecho transitorio. Es más, si el acto dañoso que deriva del ilícito orgánico tuviera lugar después de la entrada en vigor de la reforma legal que introdujo el art. 241 bis TRLSC, no se estaría siquiera ante un problema de Derecho intertemporal, sino simplemente ante la aplicación de la norma vigente.

(8).- Entender que el inicio del cómputo del plazo de prescripción coincidiría con la realización del acto, ilícito orgánico societario, causante del daño supondría el acogimiento de la denominada doctrina de la *actio nata*. Esta doctrina, a diferencia de cómo suele invocarse en la práctica, se limita a indicar que el plazo de prescripción no puede empezar a correr antes del momento del nacimiento de la acción, determinado por el acontecer de los hechos que constituyen los presupuestos de dicha acción conforme a la configuración que le sea propia en Derecho sustantivo (*vid.* Bercovitz Rodríguez-Cano, Comentarios al Código Civil, 2008; Reglero Campos, Tratado de la Responsabilidad Civil, 2014; Diez-Picazo, Fundamentos del Sistema Civil, 2007; o Pantaleón Prieto, Comentarios al Código Civil, 1995). A partir de esa teoría de la *actio nata*, lo que se termina por elaborar y reconocer son doctrinas precisamente superadoras de la misma, que desplazan el día inicial del cómputo a un momento posterior del que ocurre el hecho generador de la acción, separándose de la esencia de aquella doctrina original, como se indica en las tradicionales SSTS de 10 de octubre de 1977; de 29 de enero de 1982; de 19 de abril de 2007 y de 16 de enero de 2015, al examinar la disposición del art. 1969 CC, el cual establece que "*el tiempo para la prescripción de toda clase de acciones, cuando no haya disposición especial que otra cosa determine, se contará desde el día en que pudieron ejercitarse*". Así, en rigor, la doctrina de la *actio nata* no fija el inicio del plazo de prescripción, sino solo un requisito más para su comienzo.

Con ello, superada la tesis original de la *actio nata*, el cómputo prescriptivo no se inicia ya al acontecer el acto dañoso del que nace la acción, sino eventualmente en un momento posterior, cuando el perjudicado pudo ejercitar la acción, al conocer o poder conocer con una diligencia razonable los elementos necesarios para entablar la acción. Esos dos momentos pueden o no coincidir temporalmente, para lo que debe atenderse al concreto supuesto de hecho y sus perfiles fácticos.

Como ya se ha indicado, según la formulación de la demanda de TRANSPORTES BOYACA, S. L., y la doctrina jurisprudencial invocada en ella, en el exacto marco de la acción del art. 241 TRLSC, el acto dañoso correspondiente al ilícito orgánico imputado a Rafael es el cierre de hecho y desaparición de la sociedad administrada por este, Ibérica de Grapa y Servicios Generales, S. L. En la contestación a la demanda de Rafael, ni en el apartado dedicado a sostener la alegación de prescripción, ni en ningún otro en cuanto a otras cuestiones de fondo, se precisa ni identifica en modo alguno cuál sería el tiempo de aquel cierre de hecho de la sociedad, evento mismo que no aparece siquiera expresamente negado.

Pero es que, además, por TRANSPORTES BOYACA, S. L., se invoca que, si bien conoció el impago de la deuda social en su momento, no tuvo conocimiento de la desaparición del tráfico jurídico, por pura vía de hecho, de la sociedad deudora sino con motivo de procedimiento arbitral interpuesto para la reclamación de la deuda, donde la citada sociedad no pudo ser emplazada. Es esta circunstancia la que permite revelar objetivamente al conocimiento de TRANSPORTES BOYACA, S. L., que puede haberse producido el hecho motivador de la responsabilidad del administrador demandado, al haber dejado desaparecer del tráfico, sin atender a las vías legales, aquella sociedad. Ese es el momento, a falta de toda otra alegación fáctica sobre esta cuestión, en que el perjudicado conoció o debió conocer razonablemente todos los elementos precisos para ejercitar la acción o realizar actos específicos para su conservación, en los términos del art. 241 bis TRLSC.

En este sentido, y respecto del objeto de esta litis, no cabe exigir al acreedor social más que los actos propios de conservación del derecho de crédito del que es titular, lo que no alcanza a un deber de diligencia sobre un hecho externo a la relación jurídica propia del derecho de crédito, como sería la comprobación sistemática o periódica de la presencia misma de la sociedad deudora en el tráfico mercantil, lo que resulta esperable conforme a criterios de normalidad social. Ni siquiera puede predicarse que el acreedor debió conocer, con el empleo de una diligencia razonable, los elementos precisos para el ejercicio de esta acción de responsabilidad, cuando la sociedad deudora puede haber dejado de depositar cuentas en el Registro Mercantil, ya que dicha circunstancia externa, por sí misma y sin más, no tiene por qué responder unívocamente al cierre de hecho de la sociedad. Ante ello, debe predicarse que corresponde a la diligencia razonable del acreedor conocer los posibles indicios de acto ilícito orgánico del administrador cuando ellos se revelan en el marco de aquello sobre lo que dicho acreedor sí tiene un deber de control, la exigencia del cobro de su crédito contra la sociedad. En tal momento, en este concreto supuesto de TRANSPORTES BOYACA, S. L., se revela que dicho acreedor tuvo conocimiento suficiente de los elementos que integran la acción entablada, a partir de cuyo momento, comienza a transcurrir el plazo de prescripción.

Hay prescripción de la acción ejercitada para exigir responsabilidad al administrador al pasar el plazo contado desde que la acción pudo ejercitarse, que es desde la inscripción del cese en el RM, deben añadirse al cómputo 82 días por incidencia de la COVID-19

AP Asturias, Oviedo, Sec. 1.ª, 45/2023, de 2 de febrero. Recurso 886/2022

SP/SENT/1178223

La reforma operada en la Ley Sociedades de Capital por la Ley 31/2014 vino a introducir el nuevo art. 241 bis a cuyo tenor "*La acción de responsabilidad contra los administradores, sea social o individual, prescribirá a los cuatro años a contar desde el día en que hubiera podido ejercitarse*". Esta reforma que mantiene el plazo prescriptivo de los cuatro años afecta tan solo al *dies a quo* para su cómputo, pues ahora se toma como día inicial aquel en que hubiera podido ejercitarse la acción. Esta Sala considera que el nuevo régimen (ante el silencio de la ley) resulta de aplicación no solo a la acción de responsabilidad social e individual sino también a la acción de responsabilidad por deudas del art. 367 LSC, pues es la solución que mejor se acomoda al criterio unificador que de una manera reiterada ha venido manteniendo nuestra jurisprudencia en esta materia (SSTS 26 junio 2006, 18 diciembre 2007, 4 septiembre 2008, etc.).

Por otra parte la reforma de la Ley 31/2014 no contiene un régimen transitorio acerca del nuevo art. 241 bis LSC, debiendo por tanto interpretar con relación a las acciones que ya hubieran nacido en aquel momento pero que todavía no hubieran sido ejercitadas ante los Tribunales, que si el plazo prescriptivo todavía no había comenzado a correr porque no había tenido lugar el cese de los administradores, o porque el cese no fuera oponible frente a terceros, que el día inicial del plazo de cuatro años deberá contarse desde la fecha de entrada en vigor de la norma (24 diciembre 2014) por más que el conocimiento de los hechos que fundan la acción fueran conocidos con anterioridad, y ello por aplicación analógica de la Disposición transitoria cuarta del C. Civil.

En el caso examinado concurre no obstante la circunstancia de que el cese del demandado en el cargo de administrador de la sociedad "TRABAJOS ESPECIALES MARÍTIMOS S. L." no fue inscrito en el Registro Mercantil hasta el 28 octubre 2016, con posterioridad por tanto a la primera fecha indicada.

El problema de la prescripción de la acción de responsabilidad de administradores en el caso que el cese no hubiera sido inscrito fue definitivamente resuelto por nuestro Alto Tribunal dando preferencia a la publicidad registral (vid. STS 19 noviembre 2013), de manera tal que el plazo de cuatro años para la prescripción de la acción se deberá computar desde que el cese se inscribe en el Registro Mercantil, salvo que el afectado tuviera conocimiento de ese hecho con anterioridad al cese.

En el caso presente no disponemos de dato alguno que permita inferir que la actora "ASTILLEROS ARMÓN GIJÓN, S. A." tuviera conocimiento con antelación a la repetida inscripción registral de que Don Bernardo había cesado como administrador de "TRABAJOS ESPECIALES MARÍTIMOS S. L.", por lo que el cómputo del plazo de cuatro años deberá comenzar a contarse desde el 28 octubre 2016, toda vez hasta ese momento no podía correr el plazo prescriptivo al encontrarse el acreedor amparado por la información registral.

Lo anterior supone que el plazo de cuatro años finalizaría el día 28 octubre 2020. A ello debe añadirse sin embargo el cómputo de otros 82 días naturales como consecuencia del estado de alarma por COVID (hay que recordar que los plazos de prescripción y caducidad quedaron suspendidos desde el 14 de marzo 2020, fecha en la que se publicó en el BOE el Real Decreto 463/2020, de 14 de marzo, hasta el 3 de junio 2020), lo que sitúa el *dies ad quem* definitivo en el 18 enero 2021.

La demanda fue presentada el día 20 enero 2021 por lo que estaría fuera del plazo señalado. Es cierto que se trata de una demora pequeña, pero también lo es que los plazos prescriptivos son improrrogables "*y sería contrario a la seguridad jurídica distinguir entre pequeñas y grandes demoras, algo que no tiene el mínimo apoyo legal ni jurisprudencial*" (STS 16 marzo 2010 con cita de las SSTS de 17 abril 1989, 26 septiembre 1997 y 26 de febrero 2002).

No se estima inadecuación del proceso ni cosa juzgada, en responsabilidad de administradores, las cuestiones ventiladas en concurso fortuito y en vía laboral no cierran las puertas a la jurisdicción civil

AP Vizcaya, Sec. 4.ª, 1262/2022, de 23 de diciembre. Recurso 821/2022

SP/SENT/1182876

En el recurso de apelación del apelante Sr. Germán se introduce *ex novo* la alegación de inadecuación de procedimiento y cosa juzgada en relación con este procedimiento de responsabilidad de administradores sociales al amparo de la LSC, tras haber existido un concurso fortuito sin culpabilidad y un procedimiento laboral, que no han extendido responsabilidad alguna al Sr. Germán.

2. Aducir la excepción de cosa juzgada por vez primera en esta segunda instancia, supone plantear una cuestión nueva, lo que en principio está vedado. No obstante, teniendo en consideración que se trata de una excepción que puede y debe estimarse de oficio (cuando la aprecia el tribunal aunque las partes no la planteen) si es evidente su existencia, toda vez que trasciende del mero interés particular de las partes para situarse decididamente en la esfera del interés público y constituir una manifestación el derecho fundamental a la tutela judicial efectiva (SSTS 411/2021, de 21 de junio; 574/2018 de 16 de octubre, 417/2018 de 3 de julio), procede su análisis a la hora de resolver el recurso.

3. Y, en base a las circunstancias concurrentes, debemos rechazar este motivo obstativo a la prosperidad de las acciones, que extemporáneamente es introducido por el Sr. Germán.

4. La presente demanda de responsabilidad de administradores *ex* art. 241 y 267 de la LSC fue instada el 2 de octubre de 2019, mientras que el Sr. Germán, administrador único de la mercantil Eryba, con posterioridad, el mismo día en que fue emplazado para contestar a la demanda de responsabilidad de administradores, el 28 de octubre de 2019, presentó concurso de acreedores de Eryba Estudios de Mercado SL, dictándose auto de 18 de noviembre de 2019 por el que se declara en concurso a la mencionada mercantil y su

conclusión por inexistencia de masa activa con los efectos previstos en el art. 178 de la LC, y se acuerda la extinción de la sociedad y la cancelación de su inscripción en el Registro Mercantil "folio 174 de autos".

Por lo que el concurso exprés de la mercantil Eryba Estudios de Mercados SL no cierra en ningún caso la vía de la declaración de responsabilidad de administradores por mor del art. 136 del TRLC, ya que solo contempla la no admisión a trámite las demandas que se presenten en las que se ejerciten acciones de reclamación de obligaciones sociales contra los administradores de las sociedades de capital concursadas que hubieran incumplido los deberes legales en caso de concurrencia de causa de disolución, desde la declaración de concurso hasta la conclusión del procedimiento; lo que no es trasladable al caso examinado, en que la demanda se formuló con anterioridad a la presentación del concurso y además este ha concluido.

5. Tampoco prospera el óbice procesal introducido por la parte apelante *ex novo* en su recurso en relación con los procedimientos laborales seguidos entre partes. La sentencia dictada por el Juzgado de lo Social de 14 de mayo de 2018 declaró la extinción de la relación laboral con fijación de indemnización y abono de salarios, vacaciones y complementos dejados de percibir, si bien se desestima la extensión de responsabilidad del Sr. Germán, pronunciamientos que se enmarcan dentro de la órbita de la jurisdicción social y, consiguientemente, quedan extramuros de nuestro ámbito jurisdiccional. Poco importa que la demanda presentada fueran dirigida contra la mercantil y contra el Sr. Germán por levantamiento de velo jurídico, Y desde esa perspectiva fue analizada exclusivamente la responsabilidad del Sr. Germán, lo que es ajeno a lo postulado en esta demanda formulada ante la jurisdicción civil con apoyatura jurídica *ex* art. 241 y *ex* 367 de la LSC, pedimentos que, al margen de no haber sido deducidos ante el Juzgado de lo Social, son ajenos a su parcela jurisdiccional, como es paladino.

No hay prescripción de la acción de responsabilidad dado que conforme al régimen anterior los cuatro años se computan desde el cese en el e ejercicio del cargo, cosa que no ha ocurrido

AP Badajoz, Sec. 2.ª, 937/2022, de 12 de diciembre. Recurso 660/2021

SP/SENT/1171498

El plazo de prescripción de esta acción es el de cuatro años computado desde que cesaron en el cargo los administradores conforme dispone el art. 949 Ccom. La responsabilidad de los administradores de la sociedad de responsabilidad limitada se regía por lo establecido para los administradores de la sociedad anónima. Esto es, por el art. 134 del RDLeg. 1564/1989, de 22 de diciembre, que aprobó el Texto Refundido de la Ley de Sociedades Anónimas. Dicha ley no contenía ninguna previsión específica respecto de la prescripción de la acción social de responsabilidad, razón por la cual se consideraba de aplicación el plazo general previsto en el art. 949 Ccom. Este precepto dispone lo siguiente: "*La acción contra los socios gerentes y administradores de las compañías o sociedades terminará a los cuatro años, a contar desde que por cualquier motivo cesaren en el ejercicio de la administración"*. Tal régimen de prescripción de la acción social de responsabilidad, que la jurisprudencia extendía también a la acción individual y a la acción de responsabilidad derivada del incumplimiento del deber de promover la disolución, ha sido alterado por la Ley 31/2014, de reforma de la Ley de Sociedades de Capital para la mejora del gobierno corporativo, que ha introducido en el art. 241 bis un plazo especial de prescripción: *"La acción de responsabilidad contra los administradores, sea social o individual, prescribirá a los cuatro años a contar desde el día en que hubiera podido ejercitarse"*.

Ahora bien, aquí resulta de aplicación el régimen anterior, el previsto para la prescripción de la acción del art. 949 Ccom. Según este precepto, la acción prescribe a los cuatro años desde el cese en el ejercicio de la administración (por todas, véase la Sentencia del Tribunal Supremo 281/2017, de 10 de mayo). Por lo tanto, no hay prescripción posible.

Hay prescripción de la acción de responsabilidad del administrador al pasar el plazo legal contado desde la entrada en vigor de la norma, aun cuando no hubiera sido inscrito el cese en el Registro Mercantil

AP Barcelona, Sec. 15.ª, 1253/2022, de 20 de julio. Recurso 2090/2022

SP/SENT/1158572

En este caso, no es controvertido que el demandado cesó como administrador en marzo de 2014, si bien el cese no se inscribió en el Registro Mercantil. En cuanto a la constancia registral del cese del administrador, criterio al que se acoge la sentencia apelada para rechazar la prescripción, la STS de 19 de noviembre de 2013 (ECLI: ES:TS:2013/5637), que recoge la doctrina jurisprudencial en torno al artículo 949 del Código de Comercio, señala que debe distinguirse *"entre los efectos materiales o sustantivos que se siguen de la falta de inscripción del cese del administrador en el Registro Mercantil y los efectos formales que afectan al cómputo del plazo de prescripción"*. En el plano material, la falta de inscripción del cese no comporta por sí misma que el administrador cesado siga siendo responsable frente a terceros, salvo excepciones derivadas del principio de confianza, ni que asuma obligaciones sociales por incumplir deberes que ya no le incumben, dado que la inscripción no tiene carácter constitutivo. A meros efectos formales, y en orden a dilucidar si la acción ejercitada está o no prescrita, el criterio seguido por esta Sala es que si no consta el conocimiento por parte del afectado del momento en que se produjo el cese efectivo por parte del administrador, o no se acredita de otro modo su mala fe, el cómputo del plazo de cuatro años que comporta la extinción por prescripción de la acción no puede iniciarse sino desde el momento de la inscripción, dado que solo a partir de entonces puede oponerse al tercero de buena fe el hecho del cese y, en consecuencia, a partir de ese momento el legitimado para ejercitar la acción no puede negar su desconocimiento.

Esta distinción nos llevó a concluir en tales sentencias que *"el* dies a quo *[día inicial] del plazo de prescripción queda fijado en el momento del cese en el ejercicio de la administración por cualquier motivo válido para producirlo, si bien no se ha de computar frente a terceros de buena fe hasta que no conste inscrito en el Registro Mercantil"*. De tal forma que, *"si no consta el conocimiento por parte del afectado del momento en que se produjo el cese efectivo por parte del administrador, o no se acredita de otro modo su mala fe, el cómputo del plazo de cuatro años que comporta la extinción por prescripción de la acción no puede iniciarse sino desde el momento de la inscripción, dado que solo a partir de entonces puede oponerse al tercero de buena fe el hecho del cese y, en consecuencia, a partir de ese momento el legitimado para ejercitar la acción no puede negar su desconocimiento"* (Sentencias núm. 184/2011, de 21 de marzo, recurso núm. 1456/2007, y núm. 810/2012, de 10 de enero, recurso núm. 2140/2010).

10. Por tanto, el plazo de cuatro años para la prescripción de la acción, conforme al artículo 940 del Código de Comercio, se computa desde que el cese se inscribe en el Registro Mercantil, salvo que el afectado tuviera conocimiento con anterioridad de la renuncia. En este caso, dado que el cese no llegó a inscribirse en el Registro Mercantil, la acción, mientras estuvo vigente aquel precepto (hasta el 24 de diciembre de 2014), no llegó a nacer. Ahora bien, con la entrada en vigor en esa fecha del artículo 241 bis se inició el cómputo del plazo de cuatro años, tal y como hemos señalado al analizar las situaciones de derecho transitorio, por lo que, interpuesta la demanda en diciembre de 2020 (seis años después), hemos de concluir que la acción está prescrita.

La acción de responsabilidad dirigida contra el administrador de la sociedad no está prescrita; el plazo debe empezarse a contar desde que se produjo su cese, aunque no existe inconveniente que se ejercita estando vigente su nombramiento

AP Toledo, Sec. 1.ª, 556/2022, de 27 de abril. Recurso 304/2020

SP/SENT/1154112

La mera lectura de la sentencia recurrida pone de relieve que la juez a quo no ha tenido en cuenta que el plazo de cuatro años, si es que se pretende de aplicación el art. 241 bis, se ha iniciar en el momento de su entrada en vigor y finaliza en la fecha en la que se interpone la demanda. O bien, siguiendo la normativa anterior, art. 949 del Código de Comercio, desde la fecha en la que se produjo el cese del demandado como administrador de la mercantil deudora y aquella en la que se formula la demanda en su contra.

Si examinamos la contestación a la demanda vemos que el apelado refiere que la acción está prescrita porque cesó en el ejercicio efectivo de la gestión por el cese de la actividad de la mercantil y que ello tuvo lugar en el año dos mil once.

Sin embargo, la sentencia lo que hace es entender prescrita la acción de responsabilidad por no haberse ejercitado dentro de los cuatro años desde que se produjo el hecho que motivaba la responsabilidad, y afirma que no es posible establecer tal hecho ante la falta de claridad de la demanda. Es decir, que la sentencia es incongruente porque resuelve sobre la base de una causa de pedir que no le ha sido alegada, y que tampoco puede apreciar de oficio, alterando así los términos del debate.

La razón escogida por al juez a quo, a tenor de lo que se ha dicho en anterior fundamento, no se comparte por esta Sala y ello porque, ante la falta de carácter retroactivo del art.

241 bis, presentada la demanda el 19 de diciembre de 2018 y partiendo de que la publicación de la reforma lo fue el 3 de diciembre, y que en ella se estableció el plazo habitual de *vacatio legis* de veinte días, no era hasta el día veinticuatro de diciembre cuando entraba en vigor la reforma, por lo que no fue extemporánea la interposición de la demanda.

Por lo que se refiere a las alegaciones del demando en torno al cese como administrador además de confundir los conceptos, puesto que una cosa es que la sociedad no ejerza materialmente ninguna actividad y otra que él haya cesado como administrador de la misma pues ello solo se produciría, de cara a terceros, cuando se liquidase la sociedad, no hay ninguna prueba de que la sociedad haya dejado su actividad en el año dos mil once.

Es un hecho que no se discute que no se ha procedido ni a liquidación de la sociedad ni al cambio de administrador, ya sea de manera formal ya de manera fáctica. Es un hecho que desde el año dos mil nueve se no se presentaron las cuentas para su inscripción en el Registro Mercantil. Si como se afirma es en el año dos mil once cuando se procede al cese de hecho, por la falta de actividad de la sociedad, hemos de convenir que desde dos mil ocho, fecha en la que se genera la deuda, a dos mil once existía actividad de la sociedad y, desde luego, que el apelado era su administrador. Siendo así la deducción que se puede obtener es que el solo hecho la no presentación de las cuentas no se puede considerar como suficiente para que se pueda tener por cierto el cese de la actividad cuando el demandado afirma que se produjo.

Ello supone que el apelado ha de cargar con las consecuencias de no acreditar el hecho en el que basa su oposición, más aún cuando, como recuerda el TS, al ser la prescripción una institución que afecta al derecho de terceros que tienen legítimamente una acción los hechos en los que se asiente la estimación han de quedar perfectamente acreditados.

Todo lo que se acaba de exponer conduce a la estimación del recurso pero a diferencia de lo que sucedía en el caso resuelto por la sentencia que se ha citado en el anterior fundamento no podemos examinar el fondo del asunto porque la juez se limitó a resolver sobre la concurrencia o no de la prescripción pero nada dice en lo relativo a si se dan o no los requisitos pasar la estimación de la acción que por la parte actora se ejercita, cuestión que ha de ser resuelta ahora en la instancia, lo que implica la devolución del procedimiento para que se dicte una nueva sentencia en la que se examine tal cuestión.

Habiendo transcurrido más de cuatro años desde que se pudo ejercitar la acción individual de responsabilidad del administrador demandado, se declara la prescripción de la misma

AP Ciudad Real, Sec. 2.ª, 28/2022, de 24 de enero. Recurso 590/2020

SP/SENT/1142915

SEGUNDO. En lo que hace referencia a la prescripción de la acción esta Sala como ya puso de manifiesto en sentencias de 19 de junio de 2017 o en las más recientes de 27 de enero de 2020 (citada por la parte apelante) o de 13 de diciembre de 2021, por referirnos a la última, no comparte los argumentos de la sentencia impugnada en lo que hace al diez a quo para el inicio del cómputo del plazo de prescripción de cuatro años en lo que al ejercicio de la acciones de responsabilidad individual compete pues entendemos que, tras la reforma operada la Ley 31/2014, de 3 de diciembre, ha de situarse en el día de la entrada en vigor de la misma, sin que tenga virtualidad aplicativa el artículo 949 del CCo, de tal suerte que, al no haber cesado el administrador en su cargo, aún no se había iniciado el cómputo de dicho plazo, criterio que es el que asume la resolución de instancia para rechazar la prescripción.

Es verdad que en lo que hace referencia a la prescripción de la acción, la norma que resultaba de aplicación en el momento de los hechos (deuda de 2007 y 2009, no presentación de cuentas desde el año 2004 y cierre o desaparición de la sociedad de facto con posterioridad en concreto de baja en Hacienda desde el 24 de junio de 2011) era el art. 949 CCo a cuyo tenor "*La acción contra los socios gerentes y administradores de las compañías o sociedades terminará a los cuatro años, a contar desde que por cualquier motivo cesaren en el ejercicio de la administración*". Pero, tras la reforma operada en la Ley de Sociedades de Capital por la Ley 31/2014 vino a introducirse el nuevo art. 241 bis a cuyo tenor "*La acción de responsabilidad contra los administradores, sea social o individual, prescribirá a los cuatro años a contar desde el día en que hubiera podido ejercitarse*", reforma que mantiene el plazo prescriptivo de los cuatro años y que afecta tan solo al *dies a quo* para su cómputo, pues ahora se toma como día inicial aquel en que hubiera podido ejercitarse la acción. Por otra parte, la reforma de la Ley 31/2014 no contiene un régimen transitorio acerca del nuevo art. 241 bis LSC, debiendo por tanto interpretar con relación a las acciones que ya hubieran nacido en aquel momento pero que todavía no hubieran sido ejercitadas ante los Tribunales, que si el plazo prescriptivo todavía no había comenzado a correr porque no había tenido lugar el cese de los administradores, o porque el cese no fuera oponible frente a terceros, que el día inicial del plazo de cuatro años deberá contarse desde la fecha de entrada en vigor de la norma (24 diciembre 2014) por más que el conocimiento de los hechos que fundan la acción fueran conocidos con anterioridad, y ello por aplicación analógica de la Disposición Transitoria Cuarta del CC.

Sobre esa base que es el argumentario que, en esencia, se reflejan en las resoluciones a las que nos hemos referido y que es plenamente compartido por la mayoría de las Audiencias Provinciales, por citar algunas de ellas, las sentencias número 1/2019, de 8 de enero, y 267/2020, de 19 de junio, de la Sección 28.ª de la Audiencia Provincial de Madrid) que establece que el "dies a quo" para estas situaciones, en el caso de que ya se conociera el daño padecido con anterioridad, debe fijarse, cuando se aplique la nueva ley, en la fecha de la entrada en vigor del nuevo artículo 241 bis (lo que acaeció el 24 de diciembre de 2014), pues esa es la solución que guarda más sintonía con la regla contenida en el artículo 1939 del C. Civil, o la sentencia de la Sección 15.ª de Barcelona, de 30 de julio de 2021, que establece que el régimen de responsabilidad previsto en el artículo 241 bis de la LSC es aplicable no solo a las acciones previstas en los art. 238, acción social, y 241, acción individual, sino también a la prevista en el art. 367 LSC, siendo aplicable a aquellas acciones de responsabilidad respecto de las cuáles, a la fecha de la entrada en vigor de la norma, el cómputo de la prescripción no se hubiera iniciado, mediante el cese del administrador en su cargo.

Pues bien, en el caso que aquí nos ocupa, al tiempo de presentarse la demanda, lo que ocurrió el 24 de octubre de 2019, habían transcurrido cuatro años desde la entrada en vigor de la mencionada reforma (24 de diciembre de 2014), por lo que había lugar a apreciar la prescripción de las acciones articuladas, salvo que se hubiese producido la interrupción de las mismas.

Así se invoca subrepticiamente en la impugnación al recurso como acto interruptivo el requerimiento que se realiza al administrador el día 14 de noviembre de 2018 en sede de la ETJ 1062/2010, procedimiento ejecutivo dimanante del monitorio 380/2010. Pero, dicho requerimiento no tiene la virtualidad pretendida en la medida en que basta con examinar su contenido para apreciar que se practica en la persona del administrador de la ejecutada para que informe de los bienes y derechos suficientes para cubrir la cuantía de la ejecución, en un procedimiento dirigido contra dicha sociedad. Nada se indica en el mismo de que se realiza el requerimiento en el sentido de intimarle para que satisfaga la deuda personalmente dado su condición de administrador y como paso previo al ejercicio de acciones contra él, de tal suerte que la citada comunicación no despliega la eficacia interruptiva que se le atribuye.

Tampoco tiene incidencia la referencia que realiza el apelado a la confusión que atribuye al recurso en orden a la caducidad y prescripción. Una cosa es que se siguiese un procedimiento de ejecución dirigido a la satisfacción de la deuda social y otra bien diferente es que ello tenga incidencia a los efectos de las acciones de responsabilidad contra los administradores que están sometidas al plazo de prescripción antes señalado.

En definitiva y recapitulando, las acciones aquí ejercitadas están prescritas, ello conlleva estimar el recurso y revocar la sentencia impugnada lo que hace improcedente entrar en el análisis del otro motivo al ser esa excepción un hecho excluyente de las acciones ejercitadas que, por tanto, no pueden estimarse.

Atendiendo a las fechas, no cabe concluir que la acción de responsabilidad individual por daño dirigida contra la administración esté caducada, pero no puede ser estimada, la actora no probó en qué consisten tales daños, ni el alcance de los mismos

AP Valencia, Sec. 9.ª, 1334/2021, de 17 de noviembre. Recurso 809/2021

SP/SENT/1136887

Aclarada esta cuestión, entiende el Tribunal que no debe recurrirse a la vía de la acción individual de forma indiscriminada por cualquier incumplimiento contractual, por ser contrario a los principios de personalidad jurídica de la sociedad, autonomía, responsabilidad exclusiva de las deudas sociales y relatividad de los contratos, aunque, en ocasiones, se ha admitido.

Y cuando por el acreedor se pretende atribuir la responsabilidad del impago de sus créditos al administrador de la sociedad deudora mediante el ejercicio de la acción individual, *"resulta conveniente realizar algunas matizaciones en relación con el daño directo y la relación de causalidad"*, como requisitos que deben concurrir, según la jurisprudencia, para el éxito de la acción entablada.

Así, respecto del daño directo, para que el ilícito orgánico que supone el cierre de hecho (incumplimiento de los deberes de disolución y liquidación de la sociedad) pueda justificar el recurso a la acción individual es necesario argumentar que el ilícito orgánico que implica el incumplimiento de los deberes legales relativos a la disolución y liquidación de la sociedad, incumplimiento que debe ser calificado de grave del administrador (o, en su caso, liquidador) incide de forma directa en la insatisfacción del crédito, esto es, *"debe existir un incumplimiento de un deber legal al que pueda anudarse de forma directa el impago de la deuda social"*. Por ello, no basta con alegar en la demanda que la sociedad deudora se hallaba incursa en causa de disolución y que el administrador incumplió con su deber de promover la disolución y ordenada liquidación de la misma, sino que es preciso acreditar que el cierre de hecho impidió el pago del crédito, esto es, que de haberse realizado la disolución y liquidación en la forma que marca la ley sí hubiera sido posible al acreedor percibir el importe de su crédito. Lo que implica, como se ha indicado con anterioridad, un mayor esfuerzo argumentativo, sin perjuicio de tener presentes las reglas de distribución de la carga de la prueba que recoge el art. 217 LEC (entre ellas, la relativa al principio de mayor facilidad probatoria).

Aplicando la jurisprudencia expuesta al caso concreto, si bien es cierto que el administrador de una empresa que cesa en su actividad sin hacer una liquidación ordenada debe probar la inexistencia de bienes y derechos o el destino de lo adquirido con la liquidación, previamente será necesario que el actor haga un mínimo de postulación y prueba previos de los presupuestos de responsabilidad de la acción ejercitada, y en este punto se comparte con el Juez de instancia que no se ha cumplido con ese mínimo esfuerzo argumentativo por la entidad actora, más allá de consideraciones genéricas sobre la base de la existencia de un activo en las cuentas anuales del ejercicio 2017, que posteriormente cuestiona aportando incluso un informe pericial para acreditar la falta de credibilidad de las mismas; por lo que tal esfuerzo argumentativo no solo es mínimo sino podríamos decir incoherente y contradictorio, y por lo tanto debemos concluir que inexistente.

Al no ostentar el actor la condición de socio ni de tercero perjudicado, no tiene legitimación para interponer la acción individual de responsabilidad

AP Barcelona, Sec. 15.ª, 476/2017, de 17 de noviembre. Recurso 330/2016

SP/SENT/934329

TERCERO. Controversia sobre el fondo del asunto.

7. De la lectura del recurso de apelación se colige que la parte actora únicamente muestra su disconformidad con la estimación de la falta de legitimación pasiva de la parte demandada al considerarla administradora de hecho de la entidad Iniciativas Tacamarca 21, S. L. El segundo punto de disconformidad es el relativo a la imposición de costas a la parte actora.

No obstante, la parte actora no muestra disconformidad ni impugna la falta de legitimación activa estimada por la sentencia recurrida, al entender que entablándose una acción individual de responsabilidad societaria al amparo del artículo 241 de la LSC, la sociedad Iniciativas Tacamarca 21 S. L. carece de legitimación activa para interponer la acción individual de responsabilidad societaria.

El artículo 241 de la LSC determina que "*quedan a salvo las acciones de indemnización que puedan corresponder a los socios y a los terceros por actos de administradores que lesionen directamente los intereses de aquellos*".

8. De los datos obrantes en autos se colige que la acción ejercitada es una acción individual de responsabilidad societaria al amparo del artículo 241 de la LSC. Así lo reitera la demandante en su recurso de apelación. No impugnando en momento alguno la estimación de la falta de legitimación activa de la entidad demandante para interponer dicha acción individual de responsabilidad societaria.

9. Para que dicha acción prospere, tal como sostiene el Tribunal Supremo (STS de 13 y 18 de junio de 2012, 19 de diciembre de 2011, 4 de octubre de 2011 o de 1 de junio, 22 de julio de 2010 y 4 de noviembre de 2010, entre otras), es necesario que el actor acredite la concurrencia de los siguientes requisitos:

1) Un comportamiento activo o pasivo desplegado por los administradores.

2) Que tal comportamiento sea imputable al órgano de administración en cuanto tal.

3) Que la conducta sea antijurídica por infringir la Ley, los estatutos o no ajustarse al estándar o patrón de diligencia exigible a un ordenado empresario y a un representante leal.

4) Que quien demandada haya sufrido un daño directo, cuyo contenido puede ser equivalente al de la cuantía de la deuda, pero puede ser distinto pues se trata de una acción de naturaleza resarcitoria.

5) Que exista relación de causalidad entre el actuar del administrador y el daño (entre otras, sentencia 477/2010, de 22 de julio, y 889/2011, de 19 de diciembre).

Dicho en otras palabras (STS de 13 de junio de 2012) "*La acción del art. 135 LSA (actuales arts. 236 y 241 LSC) exige culpa, daño y relación de causalidad, rigiendo un criterio de imputación de responsabilidad de índole subjetivo*".

10. La diferencia entre la acción social de responsabilidad de los actuales arts. 238 y 240 LSC y la individual del art. 241 LSC es que mientras que en la primera se trata de restablecer el daño causado al patrimonio de la sociedad, en la segunda se pretende resarcir el daño o perjuicio directo causado a un socio o tercero. A mayor abundamiento, dice la SAP de Barcelona, sección 15.ª, de 15 de junio de 2012, que la acción individual ex artículo 135 LSA es hábil para obtener el resarcimiento de los perjuicios que afectan de forma directa a los socios (o terceros), pero no para amparar pretensiones reequilibradoras del patrimonio social, por cuanto ello corresponde a la acción social que busca restablecer el patrimonio tras el daño social, entendido como el sufrido por la propia sociedad titular de la acción —aunque afecte indirectamente a sus socios y acreedores, a quienes también

se legitima para su ejercicio– (STS de 27 de noviembre de 2008, con cita de las sentencia de 12 de julio 1984, 211 de mayo 1985, 12 de abril de 1989, 4 de noviembre de 1991, 14 de marzo de 2007).

11. Ejercitando la parte recurrente una acción individual de responsabilidad, procede confirmar el pronunciamiento de instancia (por otra parte no recurrido en apelación) considerando que no concurren los presupuestos para la interposición de la acción individual, al no tener la parte actora ni la condición de socio ni la de tercero perjudicado que exige el artículo 241 de la LSC, alegándose un daño al patrimonio social.

La confirmación de la falta de legitimación activa de la parte demandante conlleva, de forma inevitable, la desestimación de la demanda interpuesta, por lo que no resulta necesario entrar en la valoración de la condición o no de administrador de hecho de la parte demandada.

La falta de presentación de las cuentas anuales y la desaparición *de facto* de la sociedad no tienen relación de causalidad alguna con la falta de pago de la deuda, por lo que no existe responsabilidad de los administradores

AP Toledo, Sec. 1.ª, 242/2017, de 2 de noviembre. Recurso 46/2017

SP/SENT/931609

Añade más adelante que con carácter general, debemos reiterar, como hicimos en la Sentencia 253/2016, de 18 de abril, "*que no puede recurrirse indiscriminadamente a la vía de la responsabilidad individual de los administradores por cualquier incumplimiento contractual. De otro modo supondría contrariar los principios fundamentales de las sociedades de capital, como son la personalidad jurídica de las mismas, su autonomía patrimonial y su exclusiva responsabilidad por las deudas sociales, u olvidar el principio de que los contratos solo producen efecto entre las partes que los otorgan, como proclama el art. 1257 CC (Sentencias 242/2014, de 23 de mayo, con cita de la anterior sentencia de 30 de mayo de 2008)*".

No obstante, en alguna ocasión, la Sala ha admitido que se ejercite la acción individual de responsabilidad para solicitar la indemnización del daño que suponía para un acreedor el impago de sus créditos como consecuencia del cierre de facto de la actividad empresarial de la sociedad (por ejemplo, la Sentencia 261/2007, de 14 de marzo)... pero añade más adelante que "*para que pueda imputarse al administrador el impago de una deuda social, como daño ocasionado directamente a la acreedora demandante, debe existir un incumplimiento nítido de un deber legal al que pueda anudarse de forma directa el impago de la deuda social*".

En el caso que nos ocupa, se alega por el recurrente que la falta de presentación de las cuentas anuales y la desaparición de hecho de la sociedad. Como acabamos de ver, dicha posibilidad queda limitada a los créditos posteriores a la aparición de la causa de disolución (art. 367 LSC), en tanto que para los anteriores como en este caso ocurre (deuda nacida por relaciones comerciales o de servicios en diciembre de 2008 que se extiende hasta principios de 2009), para poder reclamar al administrador la responsabilidad por el impago de la deuda debe hacerse un esfuerzo argumentativo, para acreditar la incidencia directa del incumplimiento del deber legal (en este caso no presentación de cuentas anuales) en la falta de cobro de dicha deuda, acreditación que en este caso no concurre. No se justifica en modo alguno que exista relación de causalidad entre la falta de presentación de las cuentas anuales a partir del año 2008 (insistimos una vez más que la sentencia ha considerado presentadas las cuentas hasta 2010 y la actora no aporta certificación registral que demuestre lo contrario) y la falta de pago de una deuda que no olvidemos, nace o se genera en el año 2008; ni siquiera se justifica que en caso de haber acudido a una disolución ordenada, la deuda se habría podido cobrar o cobrar en parte por ser preferente a otras de la sociedad que hayan resultado satisfechas, es decir, en el ámbito de la acción de responsabilidad individual se ha de acreditar que la omisión del administrador no presentando las cuentas o no disolviendo la sociedad ha sido causa o ha impedido o influido al menos en parte en el impago de la deuda reclamada, prueba que en este caso no existe.

No resulta prescrita la acción para exigir responsabilidad al administrador nacida antes de entrar en vigor la Ley de Sociedades de Capital cuando no se ha ejercitado en dicho momento; el plazo inicial será el día de su entrada en vigor

AP Barcelona, Sec. 15.ª, 383/2017, de 27 de septiembre. Recurso 377/2016

SP/SENT/923952

De tal suerte, en los supuestos, como el presente, en que la acción de responsabilidad por actos u omisiones cometidos con anterioridad a la entrada en vigor de la Ley contra el administrador con cargo vigente y que, por tanto, a la entrada en vigor de la Ley 31/2014 todavía no se ha iniciado el plazo de prescripción, queda sometida al nuevo día inicial del cómputo –día en que la acción hubiera podido ejercitarse–, desde la fecha de entrada en vigor de la citada Ley. Por consiguiente, con base en el art. 241 bis LSC, el *dies a quo* del plazo de prescripción de la acción ejercitada en el supuesto de autos lo es el de la entrada en vigor de la Ley y no el de la fecha en que pudo ser ejercitada la acción.

9. De lo que se sigue que no cabe estimar la excepción de prescripción de la acción ejercitada en la demanda rectora de las presentes actuaciones con fecha de entrada el 11 de marzo de 2015, por lo que procede revocar la sentencia de primera instancia y enjuiciar las acciones ejercitadas en la demanda.

Es competente el juzgado de lo mercantil para conocer de las acciones para exigir responsabilidad a los administradores sociales que se deban a las cantidades no pagadas y reconocidas por el juzgado de lo social

AP Madrid, Sec. 28.ª, 423/2017, de 26 de septiembre. Recurso 594/2015

SP/SENT/923935

La respuesta que se dio a esta cuestión en la primera instancia es acertada. Tratándose del ejercicio de las acciones contempladas en los artículos 105.5 de la Ley 2/1995, de 23 de marzo, de Sociedades de Responsabilidad Limitada y 69 de este cuerpo legal, en relación con los artículos 133 y 135 del Texto Refundido de la Ley de Sociedades Anónimas aprobado por Real Decreto Legislativo 1564/1989, de 22 de diciembre ("LSRL" y "LSA", respectivamente, debiendo aclarar que estos son los textos legales que, por razones temporales, resultan de aplicación al caso), que ningún distingo establecen por razón del concepto al que responda la obligación social o la indemnización imputable al proceder del administrador social que por ellas pretenda hacerse efectiva, la competencia de los Juzgados de lo Mercantil viene determinada rotundamente por lo dispuesto en el artículo 86 ter 2.a) de la Ley Orgánica del Poder Judicial.

6. El artículo 2 de la Ley 36/2011 no entraña conflicto alguno con la anterior conclusión. Resulta patente que el apartado b) del citado precepto, al residenciar en los órganos de la jurisdicción social "*las acciones que puedan ejercitar los trabajadores o sus causahabientes contra el empresario o contra aquellos a quienes se les atribuya legal, convencional o contractualmente responsabilidad, por los daños originados en el ámbito de la prestación de servicios o que tengan su causa en accidentes de trabajo o enfermedades profesionales [...]*", está haciendo referencia a un ámbito material distinto.

No cabe acción de responsabilidad individual contra la administradora social o el administrador de hecho de la sociedad por deudas reclamadas cuando ha pasado el plazo legal de cuatro años desde que el acreedor conoce la insolvencia y el cierre de la entidad

AP Alicante, Sec. 8.ª, 358/2017, de 7 de septiembre. Recurso 224/2017

SP/SENT/927862

Ninguno de los hechos base en que sustenta su recurso —en su día, su contestación— el demandado, es cuestionado fundadamente por la parte demandante al contestar, oponiéndose, en el recurso de apelación. Y por lo que aquí resulta relevante, no se contradice que en efecto se conociera desde la firma del reconocimiento de deuda en el año 2010 la situación económica de la sociedad, impeditiva del cumplimiento de sus obligaciones ni que se tomara —o hubiera podido tomarse— conocimiento del cese formal de las actividades de la sociedad con efectos de 16 de enero de 2012.

Es por ello y a la vista de la documental aportada que debemos tener por probado lo siguiente:

Primero, que el documento relativo a la declaración censal fue efectivamente aportado en el acto de la vista del juicio celebrado ante el Juzgado de Primera instancia número siete de los de Alicante —autos 2326/11—, procedimiento que dio lugar a la sentencia estimatoria de fecha 16 de marzo de 2012.

Segundo, que, conforme a dicho documento, la sociedad deudora había cesado en sus actividades en enero de 2012.

Tercero, que, con anterioridad a dicha fecha, y desde el año 2010, la sociedad estaba en situación de disolución por pérdidas en el patrimonio neto, siendo esta razón económica la causa del cese de la actividad societaria.

Pues bien, estos hechos, conocidos al menos desde el día 16 de marzo de 2012, ponen de relieve dos aspectos esenciales para resolver el recurso formulado, a saber. En primer lugar, que la acción de responsabilidad deducida contra la administradora de derecho y frente a su apoderado pudo ejercitarse, por lo menos, desde la fecha de la Sentencia referenciada y, por tanto, desde el día 16 de marzo de 2012.

(...) Consecuentemente con lo expuesto no cabe sino conferir razón jurídica al demandado cuando plantea la prescripción de la acción pues las partes demandante, a pesar de la concurrencia de las circunstancias expuestas, conocidas desde al menos el día 16 de marzo de 2012, no formulan demanda hasta el día 22 de marzo de 2016, dejando transcurrir con exceso el plazo de los cuatro años fijado en el art. 241 bis LSC como plazo de prescripción de las acciones de responsabilidad de administradores, incluida la relativa a la responsabilidad por deudas como resulta del tratamiento unitario dado a ambas en este aspecto por la jurisprudencia del Tribunal Supremo al interpretar el art. 949 CCo.

Hay mala fe en el ejercicio de responsabilidad por deudas cuando los administradores de la actora han sido socios mayoritarios y administradores de la deudora, conociendo la concurrencia de la causa de disolución desde antes del inicio de las relaciones

AP Barcelona, Sec. 15.ª, 293/2017, de 30 de junio. Recurso 288/2016

SP/SENT/915122

La actora no podía desconocer que la sociedad Penta se encontraba incursa en causa legal de disolución en los años 2009 y 2010 porque sus administradores, a su vez socios de Penta, debieron aprobar las cuentas del primero de esos ejercicios e incluso concurrieron a una ampliación del capital social cuyo objetivo fue remover la causa legal de disolución, lo que finalmente ni siquiera se consiguió. Lo que nos parece determinante es que tales socios mayoritarios tenían en sus manos remover la causa legal de disolución e incluso disolver la sociedad, en la misma medida que los administradores demandados, y no lo hicieron. Por consiguiente, si durante 2012 aún siguieron permitiendo que la sociedad de la que eran administradores (la actora) siguiera contratando con Penta, fue porque aceptaron los riesgos que de ello se derivaban. Por tanto, pretender luego hacer responsables a los administradores de Penta creemos que entraña un acto contrario a la buena fe.

(...) Desde otra perspectiva, algo distinta, hemos entendido que no procede declarar la responsabilidad por deudas del art. 367 LSC (antes del art. 262.5 TRLSA). Nos referimos a los supuestos en los que el acreedor reclamante tenía en su mano, por su especial condición de socio de la sociedad administrada por los demandados, haber instado la disolución. En tales casos estimamos que no pueden acudir a la acción de responsabilidad por deudas porque la finalidad de esta es tutelar los intereses de quienes no pueden instar la disolución y han de soportar la presencia en el tráfico de una sociedad que no tiene la solvencia necesaria para responder de las deudas que asume.

Aunque en nuestro caso no es la actora quien ostenta la condición de socia, creemos que tal doctrina también resulta de aplicación, atendido que esa condición la ostentan diversos integrantes del órgano de administración de la actora, razón por la que estimamos que concurre una identidad de posición.

Siendo la deuda reclamada anterior a la causa de disolución, procede desestimar la acción de responsabilidad ejercitada contra el administrador demandado

AP Burgos, Sec. 3.ª, 172/2017, de 15 de marzo. Recurso 3/2017

SP/SENT/902014

La fijación del momento temporal en que la sociedad debe considerarse deudora a los efectos de la aplicación del artículo 367 de la Ley de Sociedades de Capital es algo de crucial importancia desde el momento en que la ley exige que la deuda sea posterior a la causa de disolución para que surja la responsabilidad de los administradores. La razón de ser es bien simple y es que la sociedad contrae la deuda cuando ya está incursa en causa de disolución, por lo que una actuación prudente de sus órganos directivos hubiera sido la de no endeudarse nuevamente y en cambio disolverse o solicitar el concurso. Se trata también de no hacer responder a los administradores de obligaciones que se contrajeron cuando la sociedad funcionaba correctamente y no había razón para suponer su disolución posterior. Finalmente se trata de hacer responder a los administradores, no solo por no haber llevado a cabo la disolución de la sociedad, sino del pago de una deuda que no debiera haberse contraído en una sociedad avocada a la disolución.

La citada reforma legislativa ha dado lugar a una copiosa jurisprudencia, que tiene en cuenta la naturaleza de la deuda de que se trata. Lo que no han resuelto estos tribunales es fijar la fecha de la deuda con relación a la sentencia que declare la deuda contra la sociedad. No pudo ser esta la intención del legislador al realizar la modificación legislativa, pues de ser así le bastaría a cualquier acreedor reclamar judicialmente la deuda a la sociedad, que ya se encuentra en situación de disolución, para de esa forma contar con un título suficiente para accionar luego contra los administradores, que es lo que quiere hacer la parte apelante.

Esta solución contaría con la ventaja práctica de la seguridad que ofrece la existencia de una sentencia para fijar la fecha de la deuda, pero desnaturalizaría la finalidad de la reforma de tratar de evitar el endeudamiento de la sociedad en crisis, cuyo riesgo existe con independencia del dictado de una sentencia que declare la realidad de la deuda.

En el supuesto de autos la deuda de Proyser nace con una actuación concreta y puntual de la misma, más bien de un no hacer, consistente en no presentar el documento para solicitar la subvención ante la Junta de Castilla y León. Esta omisión, que posiblemente fue también la de uno de sus administradores si es que alguno de ellos fue el encargado de la presentación de la subvención ante la Junta, pudiera haber dado lugar a la acción individual de responsabilidad, pero lo cierto es que no es esta la acción que se ejercita sino la de responsabilidad por falta de disolución. La deuda entendida como obligación de indemnizar nace en ese momento, y la sentencia solo declara su existencia.

TERCERO. Quizá sea bueno precisar algo más sobre lo que debe entenderse por deuda a los efectos del artículo 367 de la LSC. En un sentido amplio deuda es toda obligación de la sociedad que se corresponde con el derecho de crédito del acreedor que ejercita la acción de responsabilidad. Sin embargo, creemos que debe precisarse algo más este concepto de deuda posterior a la causa de disolución, pues solo de esa forma se consigue la finalidad de la norma que es la de hacer responsables a los administradores de aquellas obligaciones sociales que, pudiendo no haberse contraído, sin embargo, se asumieron a pesar de que la sociedad estaba incursa en causa de disolución. La precisión que hacemos sobre la voluntariedad en la asunción de la deuda nos parece fundamental para salvaguardar la finalidad de la norma porque solo si se trata de una deuda asumida voluntariamente el administrador podrá decidir que la sociedad no se endeude, para salvar también su propia responsabilidad. Dicho de otra forma, a los administradores se les hace responder, no solo por haber contribuido al endeudamiento de la sociedad en crisis, sino por haberlo hecho en un determinado momento, y por esa razón resulta fundamental la libertad de elección del administrador, tanto para decidir sobre la deuda, como también para elegir la fecha de esta.

Por esta razón una sentencia que condene al pago de una deuda que ya existía con anterioridad no puede servir para datar la deuda en relación con la causa de disolución, porque se trata de una fecha —la de la sentencia— sobre la que los administradores no han tenido ningún poder de elección, al depender tanto de la diligencia del tribunal que pone la sentencia, como sobre todo de la decisión del acreedor de iniciar el procedimiento judicial.

No hay mala fe en el ejercicio de la acción de responsabilidad por deudas contra el administrador, porque no se prueba que el actor, al contratar con la sociedad demandada, conociese que se encontraba en causa de disolución

AP Asturias, Oviedo, Sec. 1.ª, 76/2017, de 10 de marzo. Recurso 19/2017

SP/SENT/901340

Señala el recurso para sostener la primera afirmación acerca de la prueba valorada que en el antecedente de hecho segundo de la resolución se dice que la única prueba practicada fue la documental de la actora cuando lo cierto es que en la audiencia previa la parte demandada pidió que se recibiera declaración al administrador de la empresa demandante, Blaster Televisión, S. L., bien como interrogatorio de parte o, subsidiariamente, como testifical, y se añade que la única prueba que se valora es la documental acompañada con el escrito de demanda.

Ciertamente se trata de un error pero que no permite concluir que haya sido la única prueba tomada en consideración. El magistrado acordó el interrogatorio de quien era administrador de la entidad demandante en el momento del contrato origen de la reclamación y como interrogatorio de parte y no como testifical, lo que se solicitaba subsidiariamente. Dicho interrogatorio fue practicado. Señalada tal circunstancia, la verdad es que la prueba esencial para acreditar el momento de la concurrencia de la situación de insolvencia de la mercantil de la que los demandados eran administradores sociales, Bocarte

Siglo XX, S. L., es la documental presentada con la demanda, como señala con claridad la sentencia; ahora bien, en el fundamento de derecho tercero, en su último párrafo se señala que no basta con el conocimiento de la insolvencia por parte de quien contrata con la sociedad, sino que se hace preciso que la reclamación frente a los administradores pueda declararse como de mala fe, lo que no ha sido acreditado. Pues bien, este inciso está determinando que también el interrogatorio de la parte actora ha sido tomado en consideración, conjuntamente con la amplia documental que se aportó junto con el escrito de demanda, y ello porque una de las cuestiones planteadas al contestar a la demanda, con cita de la sentencia de la Sala Primera del Tribunal Supremo (TS) de 12 de febrero de 2003, es el conocimiento que tenía la mercantil firmante del contrato con la sociedad que administraban los demandados de su difícil situación económica determinante de una conducta abusiva para el ejercicio de la acción de responsabilidad por deudas, señalando la sentencia discutida la ausencia de una mínima prueba de mala fe en la contratación por parte de la sociedad actora, exigencia reiterada por la jurisprudencia del TS, como se señala concretamente en el fundamento de derecho tercero.

TERCERO. El segundo motivo del recurso, el esencial, se refiere al momento en que surgieron las obligaciones sociales origen de las cantidades reclamadas para determinar si se trata de deudas posteriores al acaecimiento de la causa legal de disolución, conforme al artículo 367 de la Ley de Sociedades de Capital, debe tener en cuenta el esquema que determina la resolución para su conclusión: parte de la base de la falta de presentación de cuentas anuales desde el año 2010, señalando que las últimas debidamente presentadas en el Registro Mercantil fueron las del ejercicio 2009, y añade: "*en el caso de autos, los demandados no han intentado siquiera probar que no se hallaban en situación de pérdidas cualificadas, por lo que hemos de presumir, conforme a la jurisprudencia acotada, que en algún momento del ejercicio 2010 hizo su aparición tal causa de disolución impidiendo la opacidad que genera la omisión contable fijar con mayor precisión la fecha de aparición, lo que hace entrar en juego la presunción del apartado segundo del artículo 367, que permite presumir que la causa de disolución es previa al nacimiento de la deuda, presunción por otra parte, que aparece confirmada por los datos obrantes en autos*". No puede olvidarse que precisamente la falta de presentación de las cuentas determina una inversión de la carga de la prueba, por aplicación del principio de la facilidad probatoria, recogiendo un considerable número de sentencias que apoyan este criterio.

El apoyo para concluir que tales obligaciones nacieron antes de surgir la causa de disolución de la sociedad administrada por los demandados lo encuentra el recurso en la naturaleza del contrato firmado: la elaboración de una campaña publicitaria denominada "Saca tarjeta roja al maltratador", y una segunda identificada con el concepto "Clínica Dental Lucas", señalando la especificación en la primera de las facturas presentadas (folio 30) fechada el 7 de septiembre de 2010, de la siguiente expresión: "Digitalización y Edición FINAL CUT PRO"; en la segunda y tercera con fechas 7 de diciembre de 2010 (folio 36) y 24 enero 2011 (folio 38) "Edición FINAL CUT PRO HD" y en la última con fecha 1 de abril de 2011 (folio 40) "Edición FINAL CUT", habiendo señalado quien se sometió al interrogatorio de parte por la mercantil actora, D. Juan Enrique, que dicha indicación significa la labor última de editado de un material gráfico y audiovisual producido con anterioridad, la parte final o el montaje último, señalando que los encargos son anteriores, como consecuencia de lo cual la obligación nació antes de concurrir la causa de disolución de la empresa "Bocarte Siglo XXI, S. L.".

La sentencia señala la inexistencia de prueba alguna propuesta por los demandados para tratar de acreditar que en el momento en que surge la obligación, atendiendo las fechas de las facturas que se inician el 7 de septiembre de 2010, continúa el 7 de diciembre, pasa al 24 de enero de 2011 y termina el 1 de abril del mismo 2011, la situación de la mercantil estaba al margen de pérdidas cualificadas, lo que le hace presumir, con apoyo en jurisprudencia que cita, que en algún momento del año 2010 hizo su aparición la causa de disolución, lo que posibilita aplicar el párrafo segundo del artículo 367 de la Ley de Sociedades de Capital, que dice literalmente que *"las obligaciones se presumirán de fecha posterior al acaecimiento de la cusa legal de disolución de la sociedad, salvo que los administradores acrediten que son de fecha anterior"*. Debe señalarse que no es suficiente la existencia de dichas anotaciones en las facturas para concluir que la obligación nació con anterioridad una vez que 2009 fue la última anualidad en la presentación de las cuentas en el Registro Mercantil, debiendo ratificarse la idea contenida en la resolución discutida acerca de que la situación de la sociedad era de concurrencia de causa de disolución al no haber siquiera los demandados tratado de probar, como les es exigido, la correcta situación de la sociedad, es decir la no concurrencia de alguna de las circunstancias recogidas en el artículo 363 del mismo texto legal.

Carece de legitimación pasiva la administradora demandada, porque ya no lo era al estar nombrado un liquidador tras el acuerdo de la junta de disolver y liquidar la sociedad profesional

AP Asturias, Oviedo, Sec. 1.ª, 66/2017, de 3 de marzo. Recurso 451/2016

SP/SENT/900644

Precisamente, en virtud de este conjunto de circunstancias, se impone como la primera cuestión a resolver la excepción de falta de legitimación pasiva de la demandada puesto que la demanda, como se acaba de reseñar, se dirige contra ella como administradora de la sociedad profesional "Taller de Arquitectura y Urbanismo Avenida Fundación Príncipe de Asturias número 2" (TAU) en un momento en el que ya no lo es al haber dejado de desempeñar dicho cargo como consecuencia de la junta general extraordinaria celebrada el 22 de octubre de 2015, meses antes de presentarse la demanda, momento en el que continúa el designado liquidador realizando dichas labores. En este sentido, debe señalarse que no constituyó apoyo de su oposición a la demanda plasmada en la contestación (folios 125 a 154), que mostraba su conformidad a jurisdicción, competencia, legitimación, procedimiento y cuantía (en su página 21, folio 144 del procedimiento), sino que se ha planteado al interponer recurso de apelación; ahora bien, se formula no como excepción formal sino "ad causam", con apoyo en la convocatoria a los herederos del socio fallecido para la junta general extraordinaria que en su orden del día señalaba como primera cuestión a tratar la disolución de la sociedad, si bien renunciaron a hacer acto de presencia en la misma, y así se acreditó con el documento número 12 acompañado al escrito de contestación (folio 331 de los autos). Sabido es que la legitimación supone "*una posición o condición objetiva en conexión con la relación material objeto del pleito que determina una aptitud o idoneidad para ser parte procesal pasiva, en cuanto supone una coherencia o armonía entre la cualidad atribuida –titularidad jurídica afirmada– y las consecuencias jurídicas pretendidas*" (sentencias del Tribunal Supremo de 27 de junio y de 11 de noviembre de 2011). Y la propia doctrina del Tribunal Supremo ha señalado que dicha legitimación puede analizarse de oficio cualquiera sea el momento procesal en que se advierta, como ha señalado la sentencia de 24 de noviembre de 2015.

La consecuencia no puede ser otra, una vez declarada la falta de legitimación pasiva de Dña. Crescencia, que la desestimación de la demanda por falta de acción que, en su caso, podría haberse ejercitado frente al liquidador de la sociedad anteriormente reseñada. Naturalmente, esta respuesta no significa rechazar los derechos hereditarios de los actores, sobre los que no es posible hacer pronunciamiento alguno, sino declarar que la acción ejercitada no puede tener éxito dada la persona frente a la que se ejercita, quien no es administradora de la sociedad, habiéndose acordado ya su disolución, pudiendo plantearse en otros términos frente al liquidador quien desde el mes de octubre de 2015 está procediendo a ejecutar las labores de liquidación de la misma.

No existe acción de reclamación de cantidad frente a una mercantil acumulada a la de responsabilidad de sus administradores cuando en el suplico solo se pide la condena de los administradores por responsabilidad

AP Madrid, Sec. 28.ª, 100/2017, de 2 de marzo. Recurso 161/2015

SP/SENT/903058

Descendiendo al caso de autos, en el suplico de la demanda únicamente se solicitó condena respecto a los dos administradores de la mercantil Cristalería San Juan Glass, S. L., pero no respecto a esta última mercantil. Por este motivo el Decreto de admisión, que no fue recurrido, ordenó el emplazamiento como demandados de don Teodoro y doña Sabina, pero no el de la mercantil Cristalería San Juan Glass, S. L.

21. Contrariamente a lo que indica el apelante en su recurso, no se ejercitó acumuladamente las acciones de reclamación de cantidad frente a la sociedad deudora y de responsabilidad frente a los administradores. Únicamente se ejercitaron estas últimas, por lo que el fallo desestimatorio de los demandados es íntegramente congruente con el petitum y la causa petendi deducidas en la demanda.

Al no establecerse un plazo para el ejercicio de la acción social de responsabilidad contra el administrador, por legitimación subsidiaria del socio cuando no hay acuerdo de la Junta, no concurre caducidad

AP Baleares, Sec. 5.ª, 53/2017, de 20 de febrero. Recurso 568/2016

SP/SENT/890637

En la instancia excepcionó la caducidad de la acción social por haberse superado el plazo de 1 mes que, según defiende, confiere el legislador –art. 239.2 LSC– a la sociedad para la afirmación de su acción desde el acuerdo al efecto por la Junta General. En apoyo de lo anterior hicieron cita de la sentencia del Juzgado de lo Mercantil número 10 de Madrid, de fecha 12 de diciembre de 2011, dictada en el procedimiento 228/2010, que concluyó que transcurrido ese plazo legal caducaba a la sociedad su acción. La sentencia desestimó la caducidad.

El apelante entiende que procede revocar esta decisión porque la sentencia no confrontó el argumentario jurídico dispuesto por aquella otra sentencia de instancia.

Sobre ello manifiesta que la sentencia del Tribunal Supremo de 26 de diciembre de 2014 no aborda en pasaje alguno la cuestión debatida, pues, como bien dispone el Juzgador, "*el Tribunal Supremo no entra a valorar en su sentencia si el plazo de un mes del artículo 239 TRLSC 1/2010 es de espera o de caducidad*", toda vez que la caducidad no fue alegada por la parte recurrente en casación como uno de los motivos de su recurso; el recurrente afirma que el Tribunal Supremo sí abordó la cuestión en la sentencia de 9 de abril de 2003, también citada en su escrito de contestación, concibiendo que el plazo de 1 mes es de caducidad.

Analizados los argumentos del recurso y revisados los fundamentos de la sentencia apelada, la Sala asume esta última decisión. A los acertados razonamientos del Juez "a quo" que se explican suficientemente por la referencia y cita de la sentencia de Audiencia Provincial de Madrid (Sección 28) de 5 de diciembre de 2012 que la revocó, añadimos la cita de la sentencia del Tribunal Supremo dictada el 29 de junio de 2016 y que resuelve sobre el plazo de caducidad para el ejercicio de la acción para la expulsión de un socio. Este caso sí puede compararse con el resuelto el 9 de abril de 2003 pero ninguno resulta aplicable al ejercicio de la acción social.

En su fundamento jurídico tercero la sentencia dictada en 2016 razona: "2. *La Ley no establece expresamente en qué plazo debe ejercitarse dicha acción por legitimación subsidiaria. La sentencia de este Tribunal núm. 351/2003, de 9 de abril, al interpretar el art. 99.2 de la Ley de Sociedades de Responsabilidad Limitada, de igual contenido que el actual art. 352.3 LSC, estableció lo siguiente:*

«El art. 99.2 LSRL silencia el plazo en que aquellos socios pueden ejercitar la acción si transcurre el del mes sin que lo haya hecho la sociedad. Sí se tiene en cuenta que han de actuar por exigencia del susodicho precepto, 'en nombre de la sociedad', no es razonable sostener que la misma tiene un plazo muy reducido para actuar por sí misma, es decir, por sus propios representantes, pero en cambio, cuando actúa a través de los socios, tiene un plazo más extenso, que sería el del art. 947 Código de Comercio. Lógicamente, el plazo

debe ser el mismo. Ahora bien, el 'dies a quo' del cómputo debe ser el día en que los actores han tenido conocimiento de que la sociedad no ha ejercitado la acción de expulsión, por aplicación de la legislación común (art. 1969 Código Civil).

A este argumento de lógica deben añadirse las atinadas consideraciones de la sentencia de primera instancia, que destaca la impropiedad de fijar un largo plazo que permita que cuestiones fundamentales para la correcta marcha de la sociedad, como la de exclusión de un socio, queden en el régimen de transitoriedad e indefinición, en contraste con la celeridad que exige el tráfico jurídico y con su seguridad. En el fondo, se trata aquí de dar eficacia a un acuerdo social de expulsión de un socio, que debe seguir en cuanto al plazo para lograrlo el mismo espíritu restrictivo que el legislador muestra en la fijación de plazos para impugnar acuerdos sociales».

3. No se aprecia razón alguna para variar dicho criterio. El art. 352.3 LSC, al igual que el anterior art. 99.2 LSRL, no establece un plazo específico para el ejercicio de la acción por el socio porque es el mismo que el que señala para la sociedad. Solo en el caso de que se hubiera querido que los plazos fueran diferentes, tendría que haberse hecho una mención especial al plazo de ejercicio para el socio. A tal efecto, no cabe olvidar que el art. 352.2 LSC no confiere al socio una legitimación propia, sino una legitimación subsidiaria, al decir expresamente que la acción de exclusión por parte del socio se ejercitará «en nombre de la sociedad». Es decir, el interés legalmente tutelado no es el del socio, sino el de la sociedad.

Por eso, aunque no se diga expresamente, el plazo para ejercitar la acción de exclusión debe ser el mismo cualquiera que sea quien lo haga, la sociedad, –legitimada principal–, o el socio que votó a favor del acuerdo, –legitimado subsidiario–. Si bien, precisamente por la subsidiariedad de la legitimación, el plazo es sucesivo, lo que influye en la determinación del "dies a quo". En el caso de la sociedad, el plazo comienza en la fecha de adopción del acuerdo de exclusión y el mes se cuenta de fecha a fecha, como ordena el art. 5.1 CC. Mientras que, en el caso de los socios legitimados, el plazo se computará desde el día en que hubieran tenido conocimiento, o hubieran debido tenerlo, de que la sociedad no había ejercitado la acción".

Analizada la cuestión, esta Sala entiende que el plazo previsto en el art. 239 LSC es de espera, no de caducidad y actúa como mera contención de la minoría. En este punto y siguiendo tanto la tesis expuesta por la sentencia de la Audiencia Provincial de Madrid en sentencia 5 de diciembre de 2012 como su comentario por la doctrina, (Jesús Quijano en Revista del derecho mercantil n.º 290 octubre-diciembre 2013), hay una única acción que puede ser ejercida de manera sucesiva por los acreedores y añadida a la titularidad originaria y exclusiva.

Procede la distinción entre titularidad de la acción y la legitimación para ejercerla. Incluso ante la inactividad de la sociedad, esta no deja de ser titular de la acción porque la indemnización recibida irá destinada a reconstruir el patrimonio social.

La cuestión no es nueva en derecho español, se trataba de combinar los plazos con la aparición de las legitimaciones en el tiempo, pero la solución a este asunto no tenía por qué implicar necesariamente un efecto de extinción sucesiva de las legitimaciones preferentes ni su sustitución por las supletorias. Dicho, en otros términos, el transcurso de cada plazo no tenía por qué producir la caducidad de la respectiva legitimación, (en ningún caso de la acción) habiendo un plazo de prescripción expreso y conjunto.

En tanto no prescriba la acción los legitimados subsidiarios ejercen una acción propia de la sociedad.

Concordamos con la sentencia de la Audiencia Provincial de Madrid, (Sección 28), que no hay una doctrina jurisprudencial aplicable al supuesto controvertido, que no es otro que la pérdida de legitimación de la sociedad por la caducidad de la acción.

Como corolario de lo anterior, en la regulación vigente la acción ejercitada tiene un precepto, el artículo 241 bis que expresamente dispone: *"La acción de responsabilidad contra los administradores, sea social o individual, prescribirá a los cuatro años a contar desde el día en que hubiera podido ejercitarse"*.

El juez "a quo" razona expresamente que no resulta aplicable a nuestro caso, y así es, pero sí podemos acudir a los argumentos de la exposición de motivos porque dan respuesta a las cuestiones surgidas respecto a los plazos de impugnación de los acuerdos de la sociedad, y no parece identificar un problema que justifique un cambio en el plazo de ejercicio de la acción social. "Exposición de motivos de la ley 31/2014". (...) Por lo que se refiere al régimen jurídico de la impugnación de los acuerdos sociales, se han ponderado las exigencias derivadas de la eficiencia empresarial con las derivadas de la protección de las minorías y la seguridad del tráfico jurídico. En consecuencia, se adoptan ciertas cautelas en materia de vicios formales poco relevantes y de legitimación, para evitar los abusos que en la práctica puedan producirse.

Al mismo tiempo, se unifican todos los casos de impugnación bajo un régimen general de anulación para el que se prevé un plazo de caducidad de un año. La única excepción son los acuerdos contrarios al orden público, que se reputan imprescriptibles. En el caso de las sociedades cotizadas, el plazo de caducidad se reduce a tres meses para que la eficacia y agilidad especialmente requeridas en la gestión de estas sociedades no se vean afectadas.

Al no acreditarse que el actor conociese el cese del administrador demandado antes de inscribirse el mismo en el Registro, procede fijar esta fecha como el *dies a quo* para el cómputo del plazo para ejercitar la acción de responsabilidad

AP Valladolid, Sec. 3.ª, 314/2016, de 11 de noviembre. Recurso 352/2016

SP/SENT/882043

En el caso que nos ocupa, y con independencia de la circunstancia de no haber alegado este hecho en el momento de contestar a la demanda, resulta que la recurrente no ha acreditado en modo alguno que la actora hubiera actuado de mala fe, ni tampoco que conociera la circunstancia del cese acaecido el 30.12.2010, razón por la que procede fijar el *dies a quo* para el cómputo del plazo de prescripción en el momento en que el cese finalmente se inscribió en el Registro Mercantil (22.3.2011). En este sentido, conviene destacar que el hecho de que la actora pudiera tener conocimiento de la situación de insolvencia en que se encontraba la sociedad Construcciones y Rehabilitaciones Orpa, S. L. resulta del todo irrelevante a los efectos que ahora nos interesan, pues el propio art. 949 CCom identifica con el cese del administrador el inicio del plazo para el ejercicio de la acción, siendo perfectamente posible que la sociedad se encontrarse en una situación muy precaria financieramente hablando, y que el demandado continuara en el ejercicio de su cargo. Tampoco parece plausible imputar la condición de tercero de mala fe a la actora por el simple hecho de conocer la situación económica en la que se encontraba la mercantil administrada, pues el hecho de haber acudido a una acción de reclamación de cantidad frente al deudor principal (Construcciones y Rehabilitaciones Orpa, S. L., juicio cambiario 1855/2009 seguido ante el JPI n.º 7 de Valladolid), jamás puede interpretarse como un retraso malicioso e injustificado en el ejercicio de la acción frente a otros deudos responsables solidariamente.

2) Sobre la interrupción del plazo de prescripción

En relación con esta cuestión interpretativa, y como acertadamente apunta la actora en su escrito de oposición a la apelación, el Tribunal Supremo ya declaró en su sentencia de 8 de marzo de 2006 que "es evidente la diferencia existente entre los artículos 1973 del Código Civil y 944 del Código de Comercio respecto a las causas impeditivas de la prescripción: el primer precepto dispone que *"la prescripción de las acciones se interrumpe por su ejercicio ante los Tribunales, por reclamación extrajudicial del acreedor y por cualquier acto de reconocimiento de la deuda por el deudor"*; y el segundo establece que *"la prescripción se interrumpirá por la demanda u otro cualquier género de interpelación jurídica hecha al deudor, por el reconocimiento de las obligaciones, o por la renovación del documento en que se funde el derecho del acreedor"*.

En la regulación del Código de Comercio no figura la reclamación extrajudicial del acreedor como causa impeditiva de la prescripción de las acciones personales, y esta diferencia ha provocado un amplio debate en la doctrina científica.

Así, frente a los criterios de "especialidad", que resaltan las características singulares del Derecho Mercantil, como Derecho privado especial frente al Derecho Civil, con base en motivos históricos, se contraponen los juristas que sostienen que aquello que, en un principio, podía parecer la consecuencia de una mayor seguridad jurídica con el mantenimiento de las causas de interrupción de la prescripción extintiva en dos Códigos diferentes y dos soluciones distintas, en realidad produce un efecto práctico contrario, porque es esa duplicidad la que causa precisamente una manifiesta inseguridad jurídica.

Un sector relevante de la doctrina científica, consciente de este problema, al estudiar los requisitos de interrupción del artículo 944, ha mantenido que "las *especialidades técnicas jurídico-mercantiles y cambiarias, no deben llevar a olvidar los principios comunes y las exigencias de la equidad*", y, asimismo que *"no conviene potenciar estas especialidades más allá de sus justos límites, sobre todo, cuando de ellas pueden resultar consecuencias poco acordes, por su rigor, con aquellas exigencias de la equidad y aun de la ética, que el instituto de la prescripción puede vulnerar en mayor o menor medida"*; inclusive, con apoyo en el propio texto del artículo 943; igualmente, tomando como referencia la lejana STS de 23 de noviembre de 1917, respecto a la presentación de una factura, según la cual *"este acto representa y significa que el acreedor reclama el importe de su cuenta"*, se ha entendido que puede considerarse aplicable en el ámbito mercantil la interrupción de la prescripción extintiva mediante reclamación extrajudicial del acreedor; y, también, se sostiene que *"la remisión efectuada por el artículo 943 ha permitido entender de la existencia de un régimen jurídico unitario de las causas de interrupción de la prescripción de las acciones, en materia civil y mercantil"*.

Por otra parte, la doctrina jurisprudencial había declarado que, con dependencia de la calificación jurídica otorgada al contrato, como civil o mercantil, debía aplicarse el artículo 1973 del Código Civil o el artículo 944 del Código de Comercio, lo que, en muchas ocasiones, suponía una previa dificultad jurídica, habida cuenta de que el límite que separa estos contratos es difuso y complicado, y, una vez resuelta la calificación, podía afectar directamente a personas no comerciantes.

No resulta prescrita la acción para exigir responsabilidad a los administradores, pues la inactividad de la sociedad no supone el cese del administrador hasta que este inscrito y no se inicia el plazo hasta que se conoce la causa de disolución

AP Ourense, Sec. 1.ª, 369/2016, de 28 de octubre. Recurso 476/2015

SP/SENT/877919

Aplicando la anterior doctrina al supuesto de autos ha de concluirse que, a fecha de presentación de la demanda, la acción de responsabilidad ejercitada contra los aquí apelantes no estaba prescripta. Primero, porque la actora ha de ser considerada "tercero de buena" por lo que los administradores únicamente podrían oponer la prescripción de la acción, a partir de la inscripción del cese en el Registro Mercantil. Segundo, porque la simple inactividad de la sociedad o su infracapitalización no suponen por sí mismas el cese de sus administradores, de hecho, en el supuesto litigioso los apelantes actuaron como administradores en fechas posteriores a las indicadas como cese de la actividad, en el año 2013 al aprobar y presentar las cuentas del ejercicio 2012 y al representar a la sociedad en el procedimiento seguido ante el Juzgado número 3 de Vigo.

Si seguimos el mismo esquema argumentativo de la apelante, tampoco estaría la acción prescripta si utilizamos el criterio de la "actio nata", ya que la acción no nace hasta que pueda ser ejercitada, lo que conlleva que el acreedor tenga conocimiento de que la mercantil está incursa en causa de disolución o en el supuesto de la acción individual, se hubiese consumado el daño por insolvencia de la mercantil deudora, lo que en el supuesto de autos no aconteció hasta que se inició el procedimiento de ejecución de la sentencia dictada por el Juzgado número 3 de Vigo en el año 2014.

Declarado el concurso, el actor no puede entablar la acción de responsabilidad contra el administrador de la entidad concursada, debiendo remitirse a la pieza de calificación para exigirla

Juzgado de lo Mercantil Bilbao, n.º 1, 10/2017, de 10 de enero. Recurso 659/2015

SP/SENT/896403

Y, declarado el concurso de la mercantil, como es el caso, esta acción no puede admitirse a trámite (art. 50.2 LC). Porque el traslado de la responsabilidad por la deuda social al patrimonio del administrador se hará, entonces, por la vía de la responsabilidad concursal prevista en el art. 172 bis de la LC (en la pieza de calificación).

(3) Si el art. 50.2 de la LC, no ha previsto la paralización de la acción individual de responsabilidad (art. 241 LSC) es porque parte de una regla de principio: el daño reparable por esta vía no puede ser una deuda de la sociedad, sino algo distinto: un daño producido "directamente" (dice el precepto) por el administrador social, como consecuencia del ejercicio negligente de su cargo; daño este en el que no ha intervenido la sociedad.

(4) Y no es el caso: en la demanda se pretende el cobro de la deuda social impagada, de hecho, se ejercitan acumuladamente las acciones de responsabilidad contractual y la de responsabilidad de los administradores sociales, tanto por deudas como por actuación negligente. El daño que se reclama es directamente causado por la sociedad, es el impago de la deuda a la que venía obligada la propia mercantil a la que se suministraron los productos cárnicos. Si los administradores sociales incumplieron sus deberes en caso de concurrencia de causa disolución, retrasando la solicitud de concurso, o llevaron a cabo conductas que provocaron dolosamente la insolvencia (tal como se alega en la demanda, con apoyo en el informe del AC que se ha pedido precisamente como prueba por parte de la demandante), es una cuestión esta que debe ventilarse en el procedimiento concursal, en la pieza de calificación. Y allí, si a la postre resultan condenados los administradores sociales demandados en este pleito, deberán ingresar en la masa activa el déficit concursal insatisfecho, viendo así satisfecha su pretensión la mercantil hoy demandante.

(5) De lo contrario, bastaría con ejercitar la acción individual prevista en el art. 241 de la LSC, incluso con base en hechos que darían lugar a una calificación culpable del concurso (también basada en la dolosa o negligente actuación de los administradores sociales), para saltarse la prohibición prevista en el art. 50.2 de la LC de ejercicio separado de la reclamación por los acreedores, fuera del proceso concursal en curso.

Por estas razones, como se ha adelantado, la demanda debe ser íntegramente desestimada, remitiendo al acreedor a la pieza de calificación concursal para la exigencia de responsabilidad frente a los administradores sociales por la deuda social insatisfecha.

La acción social dirigida contra el codemandado se encuentra prescrita, por haber transcurrido más de cuatro años desde la fecha de su cese efectivo como administrador

Juzgado de lo Mercantil Baleares, n.º 2, 194/2016, de 30 de mayo. Recurso 496/2013

SP/SENT/856698

En nuestro caso, el órgano de administración de Invernostra S.L.U. estaba constituido por un Consejo de Administración, por lo que el cese Don Segismundo Baltasar es efectivo desde el momento en el que lo comunica a la entidad.

Pues bien, de la prueba obrante en autos, efectivamente, resulta acreditado que Don Segismundo Baltasar renunció a su cargo de consejero de Invernostra S. L. el 19 de junio de 2009, ya que, si bien es cierto que no consta la recepción por parte de Invernostra S. A. de la carta de renuncia que se aporta como documento n.º 1 de la contestación Don Segismundo Baltasar, fechada el 19 de junio de 2009, sin embargo, el documento n.º 2 de la contestación, consistente en una certificación del Banco de España, acredita: en primer lugar, que Don Segismundo Baltasar renunció a su cargo como Director General de La Caja de Ahorros y Monte de Piedad de las Baleares (S. A. Nostra) el 18 de junio de 2009 y a su cargo como consejero de Invernostra S.L.U. el 19 de junio de 2009 (segundo folio del documento n.º 2) segundo lugar, que antes de solicitar su baja como alto cargo de entidad de crédito ante el Banco de España comunicó su renuncia a La Caja de Ahorros y Monte de Piedad de las Baleares (tercer folio del documento n.º 2, en el que consta Caja de Ahorros y Monte de Piedad de las Baleares, el 24 de junio de 2009, a través del Secretario de su Consejo de administración, el Sr. Inocencio Victoriano –que firma el documento y se hace responsable de la veracidad de los datos consignados– si tuvo conocimiento de que Don Segismundo Baltasar había renunciado a su cargo de consejero de Invernostra S. L. el día 19 de junio de 2009); y en tercer lugar, que el Banco de España tuvo conocimiento de la solicitud Don Segismundo Baltasar para que se le diese de baja como alto cargo de entidad de crédito el 3 de julio de 2009 (que es la fecha del sello de entrada de la solicitud en el Banco de España).

Por tanto, en base a la doctrina jurisprudencial que hemos expuesto más arriba, para el cómputo del plazo de prescripción de cuatro años del artículo 949 Cdc debemos fijar como *dies a quo* el 19 de junio de 2009, ya que fue en ese momento cuando La Caja de Ahorros y Monte de Piedad de las Baleares tuvo conocimiento de que Don Segismundo Baltasar había cesado efectivamente en su cargo de consejero de Invernostra S.L.U., habiendo quedado "*bien demostrado tal hecho, o sea, su realidad y momento, objetivamente sin bastar las meras intenciones ni los actos equívocos o discutibles*" (SAP de A Coruña de 29 de julio de 2008), y al no existir ninguna prueba en autos que verifique que el Sr. Segismundo Baltasar hubiese seguido ejerciendo su cargo de consejero de Invernostra S. L. más allá fecha (asistencia a consejos de administración, firma de documentos, etc.), al contrario de lo que ocurría en el supuesto resuelto por la SAP de A Coruña de 29 de julio de 2008, citada la parte actora en la fase conclusiones.

En este punto, hay que recordar que la titular del 100 % de las participaciones sociales Invernostra S. L. era SA Nostra, de modo que en el momento en el que el socio único de

Invernostra S.L., SA Nostra, emite su voto para aprobar el cese Don Segismundo Baltasar como consejero de Invernostra S. L. en la Junta General de esta última de 31 de julio de 2009, ambas entidades ya debían ser conscientes de que Don Segismundo Baltasar había renunciado a su cargo de consejero de Invernostra S. L. el 19 de junio de 2009, por lo que Invernostra S. L. no puede alegar que en el momento de celebrarse la Junta el 31 de julio de 2009 no conociera el cese Don Segismundo Baltasar, y con mayor fundamento cuando el propio Don Segismundo Baltasar había sido al mismo tiempo: Director General de La Caja de Ahorros y Monte de Piedad de las Baleares (SA Nostra), hasta el 18 de junio de 2009; y consejero de Invernostra S. L., hasta el 19 de junio de 2009. En apoyo de lo que acabamos de decir, podemos citar la Circular del Banco de España 1/2009 de 18 de diciembre, la cual, dice en su norma cuarta.6 que "*No obstante, a efectos de evitar duplicidades en las comunicaciones, en aquellos supuestos en que una persona ostente cargos sujetos a declaración en más de una entidad de las citadas en los apartados 1 y 2 anteriores, bastará con que la comunicación de las variaciones de cualesquiera datos personales o de los datos referidos a cargos desempeñados en otras sociedades (es decir, en las no citadas en los indicados apartados) se efectúe a través de la entidad en que se ostente el cargo más antiguo o, en caso de que todas pertenezcan a un mismo grupo, a través de la entidad matriz*".

En virtud de lo expuesto, debemos declarar prescrita la acción ejercitada contra D. Segismundo Baltasar al haberse interpuesto la demanda (29 de julio de 2013) una vez transcurridos cuatro años desde la fecha de su cese efectivo como consejero de Invernostra S. L. (19 de junio de 2009), y al haber tenido esta última conocimiento de su renuncia en esa última fecha.

Administradores

Al ser deudas personales (art. 1964 CC), no prescribió la acción de responsabilidad solidaria por deudas de administradores (art. 367 LSC), pues se demandó en 2016 y las deudas salariales y por despido eran de 2009, 2010 y 2012

TS, Sala Primera, de lo Civil, 217/2024, de 20 de febrero. Recurso 4738/2020

SP/SENT/1211474

---

1. Las deudas consistentes en indemnizaciones por despido improcedente nacen cuando el juzgado dicta el auto en el denominado incidente de no readmisión, conforme al art. 56 del Estatuto de los Trabajadores y los arts. 280 y 281 de la Ley Reguladora de la Jurisdicción Social (sentencia 455/2017, de 18 de julio), porque el crédito de la indemnización por despido se devenga por la decisión del empleador de no readmitir al trabajador despedido una vez declarado improcedente el despido, o por su conducta que ha imposibilitado la readmisión. Lo que en este caso tuvo lugar el 28 de junio de 2012.

A su vez, la deuda por los salarios impagados nació con el impago de cada uno de los salarios, en 2009 y 2010, conforme al art. 29 del Estatuto de los Trabajadores.

2. Respecto del plazo de prescripción de la acción de responsabilidad del administrador social por deudas sociales, prevista en el art. 367 LSC, en la Sentencia 1512/2023, de 31 de octubre, consideramos que: (i) la medida legal prevista en dicho precepto constituye a los administradores en garantes personales y solidarios de las obligaciones de la sociedad posteriores a la fecha de concurrencia de la causa de disolución; (ii) el plazo de prescripción no puede ser el del art. 241 bis LSC, previsto para las acciones individual y social, que se refieren a supuestos distintos; (iii) el art. 241 bis LSC se refiere exclusivamente a la acción social y a la acción individual de responsabilidad, no a la acción de responsabilidad por deudas sociales del art. 367 LSC, y está incluido en el Capítulo V (La responsabilidad de los administradores), del Título VI (La administración de la sociedad) de la LSC; mientras que el art. 367 LSC se inserta en el Capítulo I (La disolución), Sección 2.ª (Disolución por constatación de causal legal o estatutaria), del Título X (Disolución y liquidación); y (iv) las acciones individual y social tienen una naturaleza diferente a la de responsabilidad por deudas, puesto que las dos primeras son típicas acciones de daños, mientras que la tercera es una acción de responsabilidad legal por deuda ajena con presupuestos propios.

Por lo que en dicha sentencia concluimos que: (i) la acción de responsabilidad por deudas tiene el mismo plazo de prescripción que la deuda garantizada (la deuda social); (ii) se trata de una solidaridad propia, por su origen legal, por lo que son aplicables al administrador los mismos efectos interruptivos de la prescripción que le serían aplicables a la sociedad, conforme a los arts. 1973 y 1974 CC; y (iii) el *dies a quo* del plazo de prescripción de la acción contra el administrador será el mismo que el de la acción contra la sociedad deudora.

Asimismo, tanto en esa Sentencia 1512/2023, de 31 de octubre, como en la Sentencia 1517/2023, de 2 de noviembre, hemos declarado que, con posterioridad a la Ley 31/2014, de 3 de diciembre, el art. 949 CCom solo resulta aplicable a las sociedades personalistas reguladas en el CCom.

3. Como quiera que las deudas objeto de este litigio tienen naturaleza personal, el plazo de prescripción es el previsto en el art. 1964 CC (actualmente, cinco años, quince cuando nacieron) y como tales deudas nacieron en 2009 y 2010 (las salariales) y en 2012 (la dimanante del despido) y la demanda se presentó el 10 de marzo de 2016, la acción del art. 367 LSC no estaba prescrita.

4. En consecuencia, aunque la declaración de no prescripción de la acción tiene su fundamento en argumentos distintos a los utilizados por la sentencia recurrida, el primer motivo de casación debe ser desestimado.

El segundo motivo de casación denuncia la infracción de los arts. 133, 135 y 262.5 de la Ley de Sociedades Anónimas de 1989, en relación con el requisito de la existencia de nexo de causalidad para estimar la acción individual del administrador social.

El tercer motivo de casación denuncia la infracción de los arts. 133 de la Ley de Sociedades Anónimas de 1989 y 105.5 de la Ley de Sociedades de Responsabilidad Limitada de 1995.

2. Aparte de que carece de sentido invocar preceptos de las derogadas Leyes de Sociedades Anónimas (LSA) y Sociedades de Responsabilidad Limitada (LSRL) cuando la responsabilidad ejercitada en la demanda nació estando ya en vigor el Texto Refundido de la Ley de Sociedades de Capital, la sentencia recurrida desestima la acción individual de responsabilidad y solo estima, en parte, la de responsabilidad por deudas. Por lo que estos dos motivos de casación no atacan la auténtica razón decisoria de la sentencia de la Audiencia Provincial.

3. Como consecuencia de ello, el segundo y el tercer motivo de casación deben ser desestimados sin más trámite.

Está prescrita la acción social de responsabilidad frente al administrador saliente al pasar el plazo legal contado desde el día de su cese conforme al art. 949 CCom

TS, Sala Primera, de lo Civil, 1517/2023, de 2 de noviembre. Recurso 4426/2020

SP/SENT/1200754

Este criterio legal del art. 949 CCom, que ofrece la ventaja de la objetivación cronológica del plazo, puede presentar el inconveniente de que desconecta el momento de la producción de ese daño o de su manifestación externa del inicio del plazo de prescripción, hasta el punto de que puede darse la paradoja de que empiece a correr el plazo antes de que esto último ocurra. Y a eso es a lo que respondió la reforma llevada a cabo por la

Ley 31/2014, de 3 de diciembre, que introdujo el art. 241 bis LSC, como norma especial para las sociedades de capital en cuanto a la prescripción de las acciones individual y social de responsabilidad de los administradores sociales, y que estableció una conexión cronológica entre la producción del daño como consecuencia de una conducta del administrador social y el inicio del cómputo de las acciones para exigirle responsabilidad por ello, con independencia de si seguía o no en el desempeño cargo o del tiempo transcurrido desde que se desvinculó de él. Mientras que, tras la mencionada reforma, el ámbito de aplicación del art. 949 CCom ha quedado circunscrito a las sociedades personalistas (sentencia 1512/2023, de 31 de octubre).

4. Pero en la medida en que, por razones cronológicas, el precepto aplicable era el art. 949 CCom y no el art. 241 bis LSC, la solución de la Audiencia Provincial es plenamente ajustada a Derecho.

Es cierto que la Sentencia 1049/2008, de 11 de noviembre, dejó la puerta abierta (para evitar situaciones paradójicas como la descrita más arriba) a posponer el día inicial del plazo del art. 949 CCom a una fecha posterior al cese del administrador en situaciones especiales en que los daños fueran continuados o se hubieran conocido con posterioridad al cese. Pero no es este el caso de autos, conforme a los hechos probados de la sentencia recurrida, que considera que Drago tuvo conocimiento del daño que considera haber padecido por la conducta del Sr. Marcelino (la exclusión de los negocios inmobiliarios en que participaba) en el año 2012.

No hay responsabilidad de la administradora al no darse cobro indebido de retribuciones, pues fueron aprobadas con vocación de continuidad en junta por mayoría, impugnar porque no se formalice la retribución de un solo ejercicio es abuso de derecho

TS, Sala Primera, de lo Civil, 330/2023, de 28 de febrero. Recurso 3742/2019

SP/SENT/1176052

La Audiencia Provincial no ignora que no hubo acuerdo sobre la retribución del administrador del año 2012, pero considera que, al sí haberlo respecto del año anterior y de los tres ejercicios posteriores, se debió a un mero olvido su falta de inclusión en el orden del día y su consiguiente falta de voto, aprobación y reflejo en el acta de la junta general de 2015, sin embargo, no hay tal afirmación de la existencia del acuerdo.

2. Es decir, la sentencia recurrida no cuestiona el régimen de control de las retribuciones de los administradores sociales por la junta general, en cuanto que no afirma que no sea necesario el acuerdo, ni permite que el administrador pueda retribuirse por sí mismo, por el simple expediente de retirar los correspondientes fondos del haber social; sino que, valorando que sí hubo acuerdos al mismo respecto de ejercicios anteriores y posteriores, considera que la falta de mención expresa dentro de tales acuerdos al ejercicio 2012 fue un simple olvido y que la voluntad de la mayoría social quedó clara en cuanto a su voluntad de que la administradora recibiera una retribución y el montante concreto de la misma. Y aunque haga mención de los actos propios de los demandantes (la minoría), lo relevante

son los actos de la mayoría, de los que entiende o deduce que si estaban conformes con las retribuciones del año antecedente y de los años posteriores, también lo estaban respecto del ejercicio 2012, aunque por olvido involuntario no lo reflejaron en los acuerdos sociales adoptados.

Por tanto, en relación con los preceptos legales que se citan como infringidos, no se discute que la retribución de los administradores deba formar parte del orden del día, deba ser objeto de deliberación y voto en la junta y que el respectivo acuerdo haya de constar en el acta de la junta general. Lo que está en cuestión en este concreto caso es si es posible entender que la falta de acuerdo sobre la retribución de un determinado ejercicio social fue involuntaria y puede interpretarse que hubo un acuerdo implícito no recogido en el acta de la junta.

3. La Audiencia Provincial no contradice los artículos de la LSC que regulan la convocatoria y desarrollo de la junta general. De hecho, el orden del día no desgranaba las distintas anualidades, sino que se refería expresamente a las retribuciones (en plural) que correspondían a la administradora cesante sin mención concreta de años.

Lo que hace la Audiencia Provincial es una inferencia fáctica, de orden valorativo, que atañe a la valoración de la prueba, que no es controlable en casación, donde únicamente se controla la recta aplicación de las normas sustantivas. El juicio de inferencia, en cuanto que atañe a la prueba de presunciones (la sentencia recurrida infiere la voluntad de los socios de aprobar las retribuciones de 2012 por la aprobación de la de los años anterior y posteriores) únicamente podría ser combatido en el recurso extraordinario por infracción procesal y con las limitaciones que hemos establecido en nuestra propia jurisprudencia (por todas, sentencia 517/2015, de 6 de octubre):

"[...] cuando el proceso deductivo no se ajusta a las reglas de la lógica por no ser el hecho deducido producto de una inferencia lógica desarrollada a partir de los hechos acreditados. En otras palabras, cuando falta un enlace preciso y directo entre el hecho base y el hecho deducido, según las reglas del criterio humano y siempre desde el respeto los hechos base de la deducción".

4. Incluso en el caso de que entendiésemos que la interpretación que hace la Audiencia Provincial es jurídica y no meramente fáctica, en cuanto que valora la voluntad presunta de la junta y justifica la falta de reflejo del acuerdo sobre retribuciones de 2012 en el acta (que no es un requisito de forma *ad solemnitatem* de las declaraciones de los socios ni de los acuerdos sociales, pero sí constituye el medio previsto en la ley para fijar y preservar la declaración ya formada, al tiempo que otorga ejecutividad a los acuerdos allí consignados, conforme al art. 202.3 LSC), no podemos obviar que el motivo basado en tales supuestas infracciones incurre claramente en el abuso de derecho y exceso de formalidad que se señalaron en la instancia (sentencias 411/2013, de 25 de junio, y 646/2018, de 20 de noviembre), al intentar eludir los recurrentes la voluntad mayoritaria de los socios de retribuir a la administradora y de hacerlo de forma continuada en un periodo prolongado de tiempo en el que se incluye el ejercicio controvertido.

Por lo que, en todo caso, no concurren los presupuestos legales para imputar la responsabilidad pretendía a la administradora, en cuanto que no puede afirmarse que hubiera un cobro indebido de retribuciones, que es lo que se le achaca.

5. Como consecuencia de ello, el recurso de casación debe ser desestimado.

Responsabilidad administradores: es necesario que exista causa de disolución de las sociedades de capital para que sea posible la derivación de responsabilidades a los administradores de las mismas

TS, Sala Tercera, de lo Contencioso-Administrativo, Sec. 3.ª, 556/2022, de 11 de mayo. Recurso 934/2020

SP/SENT/1147645

Finalmente, este es también el criterio general fijado por la TGSS para el ejercicio de la función inspectora, que se invoca en el recurso de casación. Así se desprende del Criterio Técnico 89/2011 dictado por la Autoridad Central de la Inspección de Trabajo y Seguridad Social al amparo del artículo 18.3.7 de Ley 42/1997, de 14 de noviembre, Ordenadora de la Inspección de Trabajo y Seguridad Social, que comprueba la necesidad de que exista causa de disolución de la sociedad para la derivación de responsabilidad a los administradores de sociedades de capital.

Responsabilidad individual del administrador societario no se discute la ilicitud de la venta apresurada de los dos activos y su incidencia en la causación de daño directo a los acreedores, pero sí la cuantificación de ese daño

TS, Sala Primera, de lo Civil, 809/2021, de 24 de noviembre. Recurso 3183/2018

SP/SENT/1121629

Tanto la sentencia de primera instancia como la de apelación han apreciado que la actuación llevada a cabo por los administradores de Motor Repris en relación con la venta apresurada de los dos únicos activos de la sociedad, a finales de abril de 2013, constituye un ilícito orgánico, imputable a ellos y no a la sociedad, que ha causado un daño a los acreedores demandantes, al impedirles el cobro de su crédito.

El juzgado entiende que el daño sería la imposibilidad de cobrar la totalidad del crédito de los acreedores frente a la sociedad, al considerar que de no haber existido esa actuación ilícita de los administradores tendente a impedir el cobro de los acreedores demandantes, estos hubieran podido satisfacerse totalmente su crédito. Y la Audiencia entiende que el daño sería solo la parte del crédito que considera hubieran podido llegar a cobrar en el curso de una liquidación dentro del concurso de acreedores.

Como advierte el recurrente, el comportamiento ilícito de los administradores demandados en relación con la venta de los dos inmuebles de la sociedad, que eran sus únicos activos, se produjo tanto por la forma apresurada de venderlos por un importe inferior al que se hubiera podido lograr en un liquidación ordenada, que cubriera justo lo que se necesitaba para pagar a todos los acreedores menos los demandantes, como por no haber optado por una venta ordenada dentro de un procedimiento de insolvencia, si es que con lo que se podía obtener de la venta de los inmuebles no era posible pagar a todos los acreedores.

De los hechos declarados probados, conviene resaltar lo siguiente: la sociedad Motor Repris, S. L., había transferido los activos vinculados a su actividad empresarial en el año 2011, por lo que en abril de 2013 estaba inactiva; tenía todavía dos activos, dos inmuebles hipotecados, que aparecían valorados en 5.802.000 euros y 3.059.667 euros, respectivamente; en el pleito que los demandantes tenían con Motor Repris y otros, la sentencia del Tribunal Supremo de 8 de abril de 2013 les reconoció un crédito frente a esa sociedad de 653.250 euros, más los intereses devengados desde la demanda; esta sentencia fue notificada a la sociedad Motor Repris, S. L., el día 28 de mayo de 2013; los administradores de Motor Repris conocían que la votación y fallo del recurso había sido fijada inicialmente para el día 14 de febrero de 2013 y después para el día 7 de marzo de 2013; los administradores vendieron los dos inmuebles, los días 26 y 30 de abril de 2013, por un importe total de 3.575.000 euros, que destinaron a pagar deudas sociales pendientes por un importe total de 3.568.868,82 euros, que eran todas salvo el crédito de los demandantes.

Es claro que los administradores de Motor Repris, S. L., realizaron la liquidación de sus dos activos antes de que los demandantes pudieran ejecutar su crédito sobre esos dos inmuebles; y lo hicieron de forma que pudiera obtenerse justo lo necesario para pagar antes a los restantes acreedores. Al respecto es muy significativo que los inmuebles se vendieran por 3.575.000 euros y el montante total de los créditos, descontado el de los demandantes, fuera de 3.568.868,82 euros. Es indudable que esta actuación iba encaminada a impedir el cobro del crédito que pudiera serles reconocido a los demandantes.

En realidad, no se discute la ilicitud de la conducta consistente en la venta apresurada de los dos activos y su incidencia en la causación de un daño directo a los acreedores, perseguido con esa actuación por los administradores, de impedir el cobro del crédito que pudiera reconocerse a los demandantes frente a la sociedad. Sí resulta controvertida la cuantificación del daño, representado por el importe estimado del crédito que hubiera podido satisfacerse de no haber existido esa conducta.

Si la conducta hubiera quedado reducida a que, considerado correcto el precio obtenido con la liquidación, no se procedió al pago ordenado de los créditos en un concurso de acreedores, el razonamiento de la Audiencia sobre lo que presumiblemente hubieran podido cobrar en el concurso los demandantes podría tener cierto sentido. Pero la conducta ilícita apreciada en la instancia abarcaba también que con la venta apresurada de los bienes se había obtenido un precio muy inferior al que se hubiera podido lograr de otra forma, y que hubiera permitido pagar el crédito de los demandantes.

Lo acreditado en la instancia permite inferir que tanto en una ejecución judicial como en una venta directa, se hubiera podido obtener dinero suficiente para pagar el crédito de los demandantes. En primer lugar, la diferencia entre la tasación de los dos inmuebles enajenados (en las escrituras de préstamo hipotecario de 2010), que suma un total de 8.861.667 euros, y el precio obtenido por la venta en abril de 2013, que suma un total de 3.575.000 euros, sin que se haya acreditado cómo unos locales sitos en la DIRECCIÓN000, NÚM003-

NÚM001, se habían devaluado en esos años más del 50 % de su valor. En segundo lugar, en relación con la venta de la finca núm. 000 (DIRECCIÓN000 NÚM001, de Barcelona), tasada en 5.802.000 euros, que generaba una renta arrendaticia de 360.000 euros, es razonable pensar que el precio obtenido en la subasta hubiera podido ser igual o superior al 70 %, que hubiera permitido el pago de todas las deudas sociales, incluido el crédito de los demandantes. Y, en cualquier caso, aunque conforme al art. 670 LEC fuera adjudicado por el 50 % (2.901.000 euros), seguiría siendo un importe muy superior al precio de venta (2.575.000 euros).

En consecuencia, procede estimar el recurso de casación, dejar sin efecto la sentencia de apelación y en su lugar acordar, por las razones ahora expuestas, la desestimación de la apelación y la confirmación de la sentencia de primera instancia. La estimación de este motivo hace innecesario entrar a analizar los restantes motivos de casación.

Deudas con la Seguridad Social y derivación de responsabilidad hacia los administradores. Doctrina de la Sala Tercera del TS sobre los requisitos del art. 367 TR de la Ley de Sociedades de Capital

TS, Sala Tercera, de lo Contencioso-Administrativo, Sec. 3.ª, 1158/2021, de 22 de septiembre. Recurso 3232/2020

SP/SENT/1116832

SEXTO. El análisis del referido artículo 367 del TRLSC permite concluir que para que los administradores puedan y deban responder por deudas de la sociedad es preciso que concurran los siguientes requisitos:

a) la existencia de alguna de las causas de disolución previstas en el artículo 363 del mismo Texto Refundido.

b) el incumplimiento por los administradores de la obligación de convocar a los socios a Junta general antes de los dos meses siguientes a la concurrencia de la causa y para adoptar el acuerdo de disolución.

c) o, el incumplimiento de la obligación de solicitar la disolución judicial o el concurso, en casos de insolvencia, en el plazo de dos meses a contar desde la fecha prevista para la celebración de la junta, cuando esta no se haya constituido, o desde el día de la junta, cuando el acuerdo hubiera sido contrario a la disolución.

d) la imputabilidad al administrador por su conducta omisiva.

Es decir, el primer presupuesto para exigir responsabilidad solidaria a los administradores de las sociedades de capital es claramente la concurrencia de una causa de disolución. Esta afirmación no puede ofrecer duda dado que el precepto anuda el nacimiento de la responsabilidad solidaria de los administradores con las *"(...) obligaciones sociales posteriores al acaecimiento de la causa legal de disolución (...)"*. No estamos ante la determinación de un mero límite temporal del alcance de la responsabilidad, sino ante un verdadero requisito de nacimiento de la responsabilidad.

También es esta la conclusión que alcanza la Sala Primera de este Tribunal en la citada sentencia de 15 de octubre de 2013 (recurso de casación 1268/2011), cuando dice: "*Para que un administrador de una sociedad anónima pueda ser declarado responsable solidario del pago de determinadas deudas de la sociedad [...] es preciso que concurran una serie de requisitos. Entre ellos que, mientras era administrador, la sociedad hubiera incurrido en una de las causas legales de disolución [...] y, consiguientemente*" [...] "*hubiera surgido el deber de convocar la junta general de accionistas para que adopte el acuerdo de disolución*".

Finalmente, este es también el criterio general fijado por la TGSS para el ejercicio de la función inspectora, que se invoca en el recurso de casación. Así se desprende del Criterio Técnico 89/2011 dictado por la Autoridad Central de la Inspección de Trabajo y Seguridad Social al amparo del artículo 18.3.7 de Ley 42/1997, de 14 de noviembre, Ordenadora de la Inspección de Trabajo y Seguridad Social, que comprueba la necesidad de que exista causa de disolución de la sociedad para la derivación de responsabilidad a los administradores de sociedades de capital.

El primero de los criterios que incluye es la "*necesidad de que concurra causa de disolución de la sociedad*" y, en su desarrollo se dice "*por tanto, la mera falta de pago de las cuotas a la Seguridad Social durante tres meses —o la existencia de cualquiera de los demás hechos contemplados en el artículo 2 de la Ley Concursal 22/2003, de 9 de julio— no autoriza por sí misma la derivación de la responsabilidad a los administradores, pues la simple insolvencia no supone la existencia de una causa de disolución de la sociedad.*

Según lo expuesto, el acta de liquidación o el informe en el que se derive la responsabilidad a los administradores por las deudas sociales deberá hacer constar en todo caso la existencia de una causa legal de disolución de la sociedad de las contempladas en el art. 363.1 de la LSC, que deberá justificarse por los medios apropiados.

En particular, la existencia de las pérdidas deberá considerarse acreditada mediante el examen del balance. En el muy frecuente supuesto de que ese examen no sea posible (por no haber sido localizada la empresa o los administradores, por incomparecencia de estos o por falta de depósito de las cuentas en el Registro), la insuficiencia patrimonial deberá justificarse por vías indirectas, bien por haber sido declarado el crédito incobrable por la Tesorería o bien acudiendo a lo declarado por los tribunales y exponiendo las circunstancias relevantes a estos efectos que hubieran podido observarse durante las actuaciones de comprobación".

En todo caso, este criterio de actuación deberá ser entendido como tal y sujeto, por su mera naturaleza, al propio precepto que interpreta —artículo 367 del TRLSC— y a su interpretación jurisprudencial, a la que está subordinado.

En definitiva, el artículo 363.1 e) de la Ley de Sociedades de Capital establece cuándo debe disolverse la sociedad de capital y el artículo 367.1 la consecuencia de cuando estando la sociedad en una causa legal de disolución los administradores incumplen su obligación de convocar junta para adoptar el acuerdo de disolución, surge, en caso de incumplimiento de dicha obligación, la responsabilidad solidaria de los administradores.

En consecuencia, es suficiente que la sociedad incurra en causa de disolución para que el administrador tenga la obligación de convocar en el plazo de dos meses la junta que adopte el acuerdo de disolución, siendo la consecuencia del incumplimiento de dicha obligación la responsabilidad solidaria de los administradores (fundamentos de derecho cuarto a sexto).

Las personas físicas representantes de personas jurídicas administradoras de unas sociedades no pueden ser calificadas de administradores de hecho, porque desarrollan las funciones de su cargo con representación expresamente prevista en la ley

TS, Sala Primera, de lo Civil, 104/2018, de 1 de marzo. Recurso 1878/2015

SP/SENT/942882

Administrador de hecho. Concepto y caracterización. Personas físicas representantes de personas jurídicas administradores de varias sociedades. Doctrina jurisprudencial aplicable.

1. En el motivo tercero, la demandante denuncia la infracción del art. 236 de la L.S.C. Argumenta que la sentencia recurrida se opone a la jurisprudencia de esta sala sobre la figura del administrador de hecho. Cita en apoyo de su tesis las sentencias de esta sala 924/2005, de 24 de noviembre, 55/2008, de 8 de febrero y 721/2012, de 4 de diciembre, así como la sentencia de la sala segunda de este Tribunal 816/2016, de 26 de julio.

2. El motivo debe ser desestimado.

En primer lugar, hay que señalar que la cita de una sentencia de la sala segunda del Tribunal Supremo no puede fundar un motivo de casación ante esta sala primera, pues la jurisprudencia de la sala segunda sobre el concepto de administrador de hecho no vincula a la sala primera.

En segundo lugar, hay que precisar que, por razón de su vigencia temporal, el precepto que resulta aplicable al presente procedimiento es el art. 133 L.SA, que presenta una distinta regulación de esta materia respecto del alegado art. 236 LSC.

Por último, con relación al fondo del asunto, hay que señalar que, por definición, las personas físicas representantes de personas jurídicas administradoras de unas sociedades no pueden ser calificadas de administradores de hecho, pues precisamente desarrollan las funciones de su cargo con arreglo a una representación expresamente prevista en la ley.

3. Por las razones expuestas la desestimación del motivo tercero comporta la innecesariedad del examen del motivo cuarto, que se sustenta en idénticas infracciones a las ya denunciadas.

En supuestos de deudas, la responsabilidad de los administradores de derecho se extiende a los de hecho cuando tengan las mismas facultades y atribuciones

TS, Sala Primera, de lo Civil, 455/2017, de 18 de julio. Recurso 1589/2014

SP/SENT/914337

Los recurrentes, al amparo del ordinal 3.º del artículo 477.2 LEC, interponen recurso de casación que articulan en tres motivos.

En el motivo primero, denuncian la infracción del artículo 367 de LSC y la existencia de interés casacional por oposición la jurisprudencia de esta Sala expresada en la STS de Pleno de 28 de abril de 2006 sobre la interpretación del citado artículo en relación con la legitimación pasiva del administrador de hecho para soportar el ejercicio de la acción de responsabilidad por deudas. En su desarrollo alegan que el administrador de hecho solo debe responder en relación con los casos de responsabilidad social e individual por daños, pero no en supuestos de responsabilidad por deudas que solo ha de ser exigida, por su propia naturaleza a los administradores de derecho. En el mismo sentido se citan las SSTS de 30 de julio de 2001, 8 de febrero de 2008 y 14 de octubre de 2010.

El motivo debe ser desestimado.

Esta sala ya se ha pronunciado sobre la cuestión debatida, en el sentido de hacer extensiva la responsabilidad de los administradores a los administradores de hecho, cuando en su actuación intervengan con las mismas facultades y atribuciones que los de derecho (STS 721/2012, de 4 de diciembre, así como en las más recientes 421/2015, de 22 de julio, y 224/2016, de 8 de abril).

Por otra parte, como alega la parte recurrida, hay que precisar que la sentencia de esta sala 417/2006, de 28 de abril, que citan los recurrentes en apoyo de su tesis, no resulta de aplicación al presente caso, con relación al motivo planteado.

En el ámbito societario, la persona física designada administrador por la persona jurídica tendrá el mismo régimen de responsabilidad que esta en el ejercicio del cargo

AP Murcia, Sec. 4.ª, 306/2023, de 9 de marzo. Recurso 610/2022

SP/SENT/1189091

La situación cambia con el nuevo apartado 5 del art 236 según el cual "*La persona física designada para el ejercicio permanente de las funciones propias del cargo de administrador persona jurídica deberá reunir los requisitos legales establecidos para los administradores, estará sometida a los mismos deberes y responderá solidariamente con la persona jurídica administrador*".

Por tanto, desde la entrada en vigor de esta Ley, se respeta la condición de administradora a la persona jurídica, pero se impone el mismo régimen de responsabilidad a la persona física designada para el ejercicio permanente de las funciones propias del cargo de administrador, sin que ello libere a la persona jurídica administradora, al establecerse su responsabilidad solidaria.

Los ocho administradores de la sociedad son personas afectadas, pero se modera la responsabilidad de alguno de ellos en atención al momento en que ejercieron de administradores y al alcance que tuvo su conducta en la insolvencia de la entidad

AP Cádiz, Sec. 5.ª, 468/2022, de 16 de mayo. Recurso 303/2021

SP/SENT/1158267

En cuanto a las personas afectadas por la calificación culpable, aunque de forma genérica en los recursos se hace referencia a que ser miembro del Consejo de Administración no es suficiente para merecer dicha calificación y a que no se ha acreditado la intervención en las respectivas conductas —cuestión esta segunda más propia de la responsabilidad concursal—, en el recurso de Don Benigno se impugna expresamente dicha atribución alegando no ser concejal ni político, derivando la designación de la propia labor desempeñada en el Ayuntamiento y, en el recurso de Don Bruno, se alega que los hechos que han servido para la calificación culpable se produjeron con anterioridad a la entrada en el cargo de consejero.

En la sentencia apelada se argumenta para determinar las personas afectadas por la calificación, que se ha solicitado dicha afectación de los administradores de derecho, miembros del Consejo de Administración, que lo fueron en los dos años anteriores a la declaración de concurso, esto es, a partir del 4 de junio de 2010, aunque no a los inmediatamente anteriores a la solicitud, al haber existido un cambio en la composición como consecuencia del cambio de gobierno municipal y de la corporación, atendiendo a que todos los hechos que determinaron la insolvencia lo fueron en época anterior a 2011, en que entró el nuevo Consejo de Administración, incluso el retraso en la solicitud de concurso presentada el 25 de abril de 2012, que provocó la agravación de la insolvencia, que era evidente en 2009, atendiendo al importe de las deudas y al incremento que experimentó por la gestión de los afectados. Y, sentado lo anterior, en la sentencia apelada se declaran personas afectadas por la calificación a los hoy apelantes, porque se estima que todos ellos tenían conocimiento de las gestiones de la entidad y aprobaban las actuaciones del Consejo, como consta en las actas aprobadas, la mayoría por unanimidad, sin que pueda admitirse que el nombramiento era meramente formal, teniendo todos ellos intervención en la toma de decisiones, en su mayoría miembros de la corporación local, que tomaba también las mismas decisiones de actuación respecto de la hoy concursada.

En cuanto a las alegaciones de Don Bruno, que aduce que los hechos se produjeron antes de su entrada en el cargo, que tuvo lugar en agosto de 2009, estimamos que dado que la insolvencia continuó en el periodo en el que fue consejero, aunque se iniciara antes, procede mantener su afectación, e incluso el Ministerio Fiscal interesa expresamente respeto de este consejero la responsabilidad en un 35 % del sobrecoste generado por la renovación de un pagaré y por el traspaso injustificado de fondos al Ayuntamiento, por lo que debe mantenerse la afectación teniendo en cuenta su intervención en las actuaciones que han agravado la insolvencia por incumplir con el deber de solicitar el concurso.

Y en cuanto a Don Benigno, tampoco procede dejar sin efecto la afectación por no ser político, teniendo en cuenta el tiempo que permaneció en el cargo, desde el 14 de febrero de 2000 al 14 de julio de 2011, debiendo ser conocedor de la operativa y situación patrimonial de la sociedad y de su evolución y agravación de la insolvencia, sin que estimemos que podamos desafectarlo por ello.

Debe tenerse en cuenta que los administradores societarios no es que tengan un derecho de información, sino que es también un deber que les incumbe conforme al art. 225 TRLSC, que recoge el deber general de diligencia, estableciendo:

"1. Los administradores deberán desempeñar el cargo y cumplir los deberes impuestos por las leyes y los estatutos con la diligencia de un ordenado empresario, teniendo en cuenta la naturaleza del cargo y las funciones atribuidas a cada uno de ellos.

2. Los administradores deberán tener la dedicación adecuada y adoptarán las medidas precisas para la buena dirección y el control de la sociedad.

3. En el desempeño de sus funciones, el administrador tiene el deber de exigir y el derecho de recabar de la sociedad la información adecuada y necesaria que le sirva para el cumplimiento de sus obligaciones".

Ahora bien, como se recoge en la sentencia apelada y se aduce en los recursos de Doña Antonieta, Don Constancio y Don Jacobo, solo pueden ser consideradas personas afectadas por la calificación culpable los que fueran administradores en los dos años anteriores a la declaración de concurso, que tuvo lugar por Auto de 4 de junio de 2012, esto es, los que lo fueran a partir del 4 de junio de 2010, y habiendo cesado Don Constancio y Don Jacobo, el 26 de agosto de 2009, procede dejar sin efecto su declaración como personas afectadas por la calificación, absolviéndolos de los pedimentos deducidos en su contra, por lo que este motivo de sus recursos ha de tener favorable acogida, de acuerdo con las SSTS 574 y 575/2017, de 24 de octubre. La estimación de este motivo recurrente hace innecesario entrar a analizar la pretensión de nulidad por falta de emplazamiento alegada por Don Constancio, con carácter subsidiario, para el caso de no ser apreciado el anterior motivo. Y, respecto de Doña Antonieta, manifiesta que cesó como Alcaldesa el 28 de mayo de 2010 y, que conforme al artículo 18 de los Estatutos de la concursada, se aduce que ello conlleva el cese automático como miembro del Consejo de Administración, por lo que se accede igualmente al motivo de recurso de dicha parte.

En cuanto a la sanción de inhabilitación impuesta a todos los afectados por la calificación culpable de cinco años, se impugna por Don Benigno que alega falta de motivación y de concreción de la causa o motivo de los contemplados en los artículos 164 y165 que se le atribuyen a apelante, obviando que estuvo en el cargo desde el 14 de febrero de 2000 al 14 de julio de 2011, permanencia que justifica la sanción impuesta y que en el informe de la administración concursal se le imputan todas las conductas alegadas por la administración concursal y, pese a que se solicitan sanciones de inhabilitación por diferentes periodos para cada administrador en su informe, y en el dictamen del Ministerio Fiscal, en concreto para este apelante el administrador concursal solicitó 10 años, y en la sentencia apelada se estima pertinente imponer una sanción de 5 años a todos, como sanción básica o respuesta que da el ordenamiento dada la forma de aceptación de los acuerdos, atendiendo para fijar este límite temporal a las circunstancias concurrentes en el procedimiento, en especial la acción de los afectados en la culpa grave con la que actuaron, sin que haya diferencia entre ellos, y a la dimensión temporal de la insolvencia. Por ello, no puede apreciarse falta de motivación, resultando proporcional la sanción a la gravedad de los hechos y, además, teniendo en cuenta el tiempo en que este apelante permaneció en el cargo, debiendo ser confirmada la sanción.

Se ha de analizar a continuación el motivo unánime de todos los recursos en los que se aduce la incongruencia de la sentencia e infracción del art. 218 LEC, al no haber sido solicitada la condena a la cobertura del déficit de las personas físicas ni por la administración concursal ni por el Ministerio Fiscal. Efectivamente, la única consecuencia pecuniaria respecto de las personas físicas, se contiene en el dictamen del Ministerio Fiscal que solicita se condene a Don Gabriel, que ha sido absuelto en la instancia, a Don Benigno y a Don Luis, a responder del sobrecoste por renovación de pagarés y por el traspaso injustificado de fondos al Ayuntamiento, si bien, aunque no se especifique expresamente, ha de entenderse como una indemnización de daños y perjuicios, no como responsabilidad concursal, como así resulta de la oposición del Ministerio Fiscal a los recursos y, dada la diferente naturaleza de ambas responsabilidades, hemos de concluir que la condena a la cobertura del déficit de las personas físicas no fue solicitada, y es un pronunciamiento que incurre en incongruencia extra petita, debiendo ser revocado.

Por último, en los recursos de Don Ceferino y Don Bruno, se alega e interesa la condena del Ayuntamiento de Los Barrios como cómplice en un 100 % a la cobertura del déficit, motivo improsperable por un doble motivo. En primer lugar, porque el cómplice no puede ser condenado a la cobertura del déficit de forma solidaria con la persona afectada por la calificación, conforme ha corroborado el Tribunal Supremo en la Sentencia 726/2021, de 26 de octubre, pues el cómplice no puede ser sujeto pasivo de esta responsabilidad *ex* art. 172 bis LC, si bien, no habiendo sido impugnada la condena al 50 % del déficit del Ayuntamiento de los Barrios, no procede hacer pronunciamiento. Y, en segundo lugar, porque carecen de legitimación los apelantes para solicitar la condena a una mayor responsabilidad de un codemandado.

Aunque no conste inscrito en el Registro Mercantil, el administrador demandado había renunciado a su cargo en el momento de generarse la deuda reclamada, no pudiendo estimarse la acción de responsabilidad por deudas contra él ejercitada

AP Barcelona, Sec. 15.ª, 486/2017, de 20 de noviembre. Recurso 331/2016

SP/SENT/934958

El análisis conjunto de la documental obrante en autos, permite aseverar que Don Sergio no tenía la condición de administrador societario de la entidad Gabinete Jurídico Fernández

Zamora S. L. en el momento de generarse la deuda reclamada por la actora a la entidad Gabinete Jurídico Fernández Zamora S. L. y en el de incurrir esta sociedad en causa de disolución legal *ex* artículo 363 de la LSC (anterior artículo 104 de la LSRL).

El cese como administrador societario de la entidad Gabinete Jurídico Fernández Zamora debe situarse el 30 de diciembre de 2007, mientras que la deuda con la entidad Eurofirms S. L. se contrajo entre el 31 de marzo de 2009, 31 de mayo de 2009, 30 de junio de 2009 y 31 de Julio de 2009. Habiendo sido contraídas por tanto con posterioridad a que se produjese el cese como administrador de Don Sergio.

9. La falta de inscripción del cese no comporta por sí misma que el administrador cesado siga siendo responsable frente a terceros, ni que asuma obligaciones sociales por incumplir deberes que ya no le incumben, dado que la inscripción no tiene carácter constitutivo.

La responsabilidad derivada del artículo 367 de la LSC (anterior 104 de la LSRL) no alcanza a las obligaciones sociales posteriores al cese de los administradores. Esto es, los administradores sociales, aunque hubieran incumplido el deber de promover la disolución, una vez cesados de su cargo, no responden de las deudas que pudiera contraer la sociedad con posterioridad a su cese, sino tan solo de las deudas que existían mientras eran administradores (tras la reforma de la Ley 19/2005, de 14 de noviembre, esta responsabilidad se limita, además, a las deudas posteriores a la aparición de la causa de disolución).

La renuncia a la condición de administrador impide una actuación eficaz desde la fecha en que se produce, que en este caso ha de tenerse por cierta. La oponibilidad a terceros de los actos sujetos a inscripción y no inscritos, por otra parte, se presenta, en punto al cese de los administradores (artículos 21.1 CCom. y 9 RRM), como un problema de eficacia respecto de la sociedad de actuaciones o gestiones realizadas por los administradores no inscritos o que permanecen inscritos después de su cese, cuestión distinta de la que aquí se está contemplando sobre todo cuando, como ocurre en el caso, la permanencia de la inscripción registral del administrador que ya ha cesado no ha sido determinante ni influyente en la relación entre la sociedad y el acreedor que reclama. Teniendo reiterado el Tribunal Supremo el referido criterio en numerosas Sentencias (de 10 de mayo de 1999, 23 de diciembre de 2002, 24 de diciembre de 2002, 16 de julio de 2004, y de 28 de mayo de 2005), en las que se declara que las inscripciones registrales de los acuerdos de cese de los administradores de las sociedades mercantiles no tienen carácter constitutivo, al no imponerlo así precepto alguno, correspondiendo, en su caso, el deber de inscribir a los nuevos administradores, sin que ninguna responsabilidad por falta de inscripción pudiera exigirse a los cesados.

El artículo 1227 del Código Civil establece que la fecha de un documento privado no se contará respecto de terceros sino desde el día en que hubiese sido incorporado o inscrito en un registro público, desde la muerte de cualquiera de los que lo firmaron, o desde el día en que se entregase a un funcionario público por razón de su oficio.

La comunicación a la Seguridad Social de la baja de Don Sergio a finales del año 2007 data de fecha 14 de febrero de 2008, por lo que debe contar frente a terceros con anterioridad a que se produjese el nacimiento de las deudas más arriba referenciadas. El cese como administrador debe contar frente a terceros por tanto desde el 14 de febrero de 2008, que se corresponde con la fecha en la que fue presentada en la Seguridad Social la comunicación de baja de Don Sergio.

10. Por todo ello debemos revocar la sentencia apelada. No pudiendo exigir responsabilidad a Don Sergio.

No exime de responsabilidad al administrador social imputar el impago de la deuda reclamada a la crisis económica, pues, concurriendo causa de disolución, no procedió conforme a la ley

AP Barcelona, Sec. 15.ª, 454/2017, de 9 de noviembre. Recurso 56/2017

SP/SENT/931409

El segundo de los motivos del recurso no creemos que tenga contenido razonable. Alegan los concurrentes falta de negligencia por su parte e imputan a la crisis económica el impago de la deuda social. No podemos compartir tal alegación pues la única falta de diligencia que funda la condena por la acción el art. 367 LSC consiste en no haber disuelto la sociedad cuando la misma se encontraba incursa en causa legal de disolución. El recurso no discute ni que la sociedad se encontrara incursa en causa legal de disolución ni tampoco que no haya sido disuelta, ni ningún otro requisito de la acción de responsabilidad, razón por la que también debe ser desestimado este motivo y con él el propio recurso.

Hay responsabilidad del administrador social, porque no se acredita que la renuncia al cargo sea anterior a la concurrencia de la causa de disolución

AP Barcelona, Sec. 15.ª, 284/2017, de 28 de junio. Recurso 304/2016

SP/SENT/915826

El apelante, en definitiva, sostiene como principal motivo de oposición que cesó en el cargo y, en consecuencia, que no puede imputársele la deuda social, cuando menos la nacida tras el cese, pues es irrelevante que la escritura de renuncia haya accedido al Registro Mercantil. Pues bien, es cierto, en un plano puramente material, que la falta de inscripción del cese no comporta por sí misma que el administrador cesado siga siendo responsable frente a terceros, salvo excepciones derivadas del principio de confianza, ni que asuma obligaciones sociales por incumplir deberes que ya no le incumben, dado que la inscripción no tiene carácter constitutivo. Ahora bien, en este caso no consta acreditado el cese, tal y como señala la sentencia apelada. En el Registro Mercantil consta como administrador único el Sr. Matías desde su nombramiento el 31 de marzo de 2011 (folio 47). También resulta de la nota registral que el último asiento inscrito es de 12 de mayo de 2011 y que las últimas cuentas depositas son las del ejercicio 2011.

12. El demandado afirma que cesó el 12 de abril de 2013 y aporta la escritura de esa misma fecha, otorgada ante el notario de esta ciudad Francisco Palop Tordera, que eleva a público el acuerdo del socio único de aceptación de la renuncia de Íñigo Sala y nombramiento

como administrador de Luis (documento cuatro de la contestación, al folio 139). Es decir, quien renuncia al cargo es una persona distinta del demandado. En el recurso se aduce que todo ello obedece a un error, dado que el mismo 12 de abril de 2013 el Sr. Íñigo vendió todas sus participaciones al Sr. Luis (documento de la contestación, al folio 121). Ahora bien, en respuesta a esa alegación, no podemos desconocer las circunstancias que rodearon la venta de las participaciones de Dirtaway, S. L. En efecto, las 32 participaciones de la demandada, representativas del 100 % del capital social, se transmitieron por el precio simbólico de 1 euro. En ese momento, además, la sociedad estaba inactiva y con su hoja registral cerrada por la falta de depósito de las cuentas anuales, situación que todavía perdura (la sociedad ha desaparecido de facto). En este contexto no podemos atribuir la renuncia del Sr. Íñigo al Sr. Matías y, en definitiva, que el acta de 12 de abril de 2013 contenga el error que se denuncia en el recurso.

Al momento de generarse la deuda reclamada, el actor había transmitido las participaciones sociales a un tercero, cesando como administrador, luego, al no tener obligación de instar la disolución, se desestima la acción de responsabilidad

AP Valencia, Sec. 9.ª, 369/2017, de 12 de junio. Recurso 155/2017

SP/SENT/921723

Sin embargo, lo cierto es que, en cuanto se refiere a la deuda que determinó que, finalmente, los demandantes tuvieran que atender las cuotas del préstamo impagado (préstamo mercantil para la compra del vehículo para prácticas de la autoescuela), en su condición de avalistas de aquel, la primera cuota no atendida por la sociedad fue la de abril de 2013, y, hasta marzo de ese mismo año —en que se rescindió el contrato de arrendamiento del local, uno de cuyos arrendadores era el propio demandante y hoy recurrente— no existe prueba de que la actividad de la mercantil codemandada no fuera regular, siendo indudable que, desde la rescisión de aquel contrato y la venta del vehículo, ambos producidos en marzo de 2013, la situación de la sociedad, tal y como recoge el demandante, era la propia de disolución, lo que, en ninguno de tales aspectos era desconocido para los demandantes, si atendemos al contenido del correo de 10/4/13, remitido por el hijo de aquellos a la entidad prestamista, en que se da cuenta de todas las circunstancias concurrentes y, en particular, muestra su preocupación sobre la deuda con la entidad bancaria y su cancelación.

Puesto que a principios de abril de 2013 el Sr. León, aquí demandado, transmite las participaciones sociales a un tercero, que aquí no es parte, y cesa como administrador, su obligación sobre la posible convocatoria de junta para disolución de la sociedad también resulta transmitida al nuevo adquirente, con lo que, evidentemente, mal puede exigirse responsabilidad por la deuda que aquí se reclama, que deriva, como hemos dicho, de los impagos del préstamo desde el momento de su cese —en abril de 2013—.

El pago por los avalistas se produce en mayo de 2014, por lo que desde este momento pueden repetir frente al deudor principal y el administrador que, a la sazón, ya no era el demandado. Por tanto, no existe ningún error en la valoración de la prueba, y la conclusión obtenida por el Juzgado es correcta.

TERCERO. Incide la parte recurrente, sin embargo, en otros elementos que, necesariamente, exigen un pronunciamiento de esta Sala, para modificar la conclusión que resulta de lo anterior, que son, de un lado, la posibilidad de estimar la demanda con fundamento en el artículo 236 LSC, partiendo de los hechos indicados en la demanda, al haberse producido, de hecho, una liquidación social al margen de las normas de aplicación, en perjuicio de los acreedores y, de otro, la consideración de que la transmisión de la sociedad efectuada por el demandado fue fraudulenta, que el negocio fue una simulación o estratagema para eludir su responsabilidad, ya que, desde el principio, aunque no llegara a plasmarse documentalmente, el demandado era consciente de que asumía en su totalidad el pago del préstamo, ya que así se expresaba en el contrato suscrito entre los demandantes y el demandado y su esposa en 7 de octubre de 2011, elevado a público por escritura de 14 de octubre en cuya estipulación cuarta se expresaba literalmente que "*Los adquirentes por efecto de la compra, se subrogan desde hoy en la parte adquirida en la situación de los socios vendedores, tanto en el activo como en el pasivo social de dicha parte del cedente, debiendo practicarse los asientos correspondientes en los documentos sociales*".

Sin embargo, ninguna de tales consideraciones ha de llevarnos a una conclusión distinta, por cuanto:

No es viable la modificación de la acción ejercitada, pues, en tal caso, se incurriría en vicio de incongruencia. La finalidad de una y otra acción y su fundamento es distinta, y, en este caso, aun admitiendo teóricamente la viabilidad de lo pretendido (ciertamente discutible), puesto que la acción con fundamento en el artículo 236 y ss. LSC no fue ejercitada, faltaría la relevante relación de causalidad, necesaria en cualquier caso para la estimación de la acción individual de responsabilidad, puesto que la deuda que se reclama es muy posterior al cese del demandado como administrador de la sociedad.

En cualquier caso, ello no altera el hecho esencial, en este caso, cual es que la deuda que reclama el demandante nace en momento muy posterior al cese como administrador del demandado, por las razones y circunstancias ya expuestas.

Al momento de generarse la deuda reclamada, el administrador demandado todavía no había asumido su cargo, motivo por el cual se desestima la acción contra él ejercitada

AP Palencia, Sec. 1.ª, 112/2017, de 20 de abril. Recurso 29/2017

SP/SENT/907094

Nada de lo alegado por la recurrente ha sido acreditado. Las ventas de productos por la actora Segopi, S. L., a la demandada Geloval, S. L., comienzan en octubre de 2003 y finalizan en marzo de 2004, remitiéndole la última factura el día 31 de marzo de 2004, mientras que las últimas cuentas anuales que Geloval presenta en el Registro Mercantil de Palencia son del año 2003, a partir de lo cual dejan de presentarse, no siendo lógico ni creíble que los materiales adquiridos se empleen en reformar una nave industrial, cuando ya no se desarrolla ninguna actividad social, tal como así hizo constar la madre del codemandado y ex suegra de la apelante, D.ª Reyes, en la diligencia de notificación llevada a cabo por el Servicio Común de Notificación de los Juzgados de Palencia el 26 de febrero de 2010 manifestando que Geloval, S. L., que la sociedad dejó de tener actividad hace más de 7 años, lo que nos situaría en el año 2003. Este particular del recurso se desestima.

2.º Infracción de lo dispuesto en los artículos 104, 105 LSRL de 23 de marzo de 1995. Alega la recurrente que cuando se producen las compras y se genera la deuda ella no era Administradora de Geloval, S. L., cargo que empezó a ostentar en el mes de noviembre de 2004, siendo que la última compra se realizó el 25 de marzo de 2004 y la última factura girada el 31 de marzo de ese año.

El juzgador de instancia, atendiendo a la fecha en que las partes tuvieron relaciones, ha estado a la disciplina legal vigente antes de la entrada en vigor del actual Texto Refundido de la Ley de Sociedades de Capital, aprobado por el Real Decreto Legislativo 1/2010 de 2 de julio. Sobre la responsabilidad por negligencia la misma venía contenida en el art. 69.1 LSRL, que remitía al art. 135 de la LSA y en cuanto a la llamada responsabilidad por las deudas sociales derivada de no promover la disolución de la mercantil mediando causa para ello, en el art. 105.5 LSRL.

A la acción individual de responsabilidad se refiere la STS de 18 de abril de 2016. Esta Sala viene entendiendo que la acción individual de responsabilidad de los administradores supone una especial aplicación de responsabilidad extracontractual integrada en un marco societario, que cuenta con una regulación propia (art. 135 TRLSA, y en la actualidad art. 241 LSC), que la especializa respecto de la genérica prevista en el art. 1902 CC (SSTS de 6 de abril de 2006, 7 de mayo de 2004, 24 de marzo de 2004, entre otras). Se trata de una responsabilidad por ilícito orgánico, entendida como la contraída en el desempeño de sus funciones del cargo (Sentencias 242/2014, de 23 de mayo, y 737/2014, de 22 de diciembre).

Para su apreciación, la jurisprudencia requiere del cumplimiento de los siguientes requisitos: Un comportamiento activo o pasivo del administrador/es; que tal comportamiento sea imputable al órgano de administración en cuanto tal; que la conducta del administrador sea antijurídica por infringir la ley, los estatutos o no ajustarse al estándar o patrón de diligencia exigible a un ordenado empresario y a un representante leal; que la conducta antijurídica, culposa o negligente, sea susceptible de producir un daño; el daño que se infiere sea directo al tercero que contrata, sin necesidad de lesionar los intereses de la sociedad; y la relación de causalidad entre la conducta antijurídica del administrador y el daño directo ocasionado al tercero. El daño cuya indemnización se pretende se suele corresponder con el importe de la deuda que la sociedad regida por el administrador demandado mantiene con la parte actora. (SSTS 131/2016, de 3 de marzo y 396/2013, de 20 de junio, entre otras).

En el caso que examinamos la Sala no comparte el criterio del juez a quo para declarar responsable a la hoy apelante en cuanto administradora mancomunada de la sociedad deudora, pues según certifica el Registro de lo Mercantil de Palencia, fue nombrada administradora mancomunada de Gelaval, S. L., mediante escritura notarial el 12 de marzo de 2004, mientras que las compras y la deuda generada son anteriores a esa fecha, cuando el único administrador de la sociedad deudora era el codemandado Alejo, por lo que a la apelante no se le puede imputar ninguna responsabilidad por deudas sociales y menos por incumplir sus obligaciones como tal administradora de la sociedad pues no era quien tenía que promover la disolución y posterior liquidación de la mercantil al tiempo de concurrir la causa de disolución, y por ello al resultar condenada se ha infringido lo dispuesto en los artículos 104, 105 LSRL de 23 de marzo de 1995. El motivo debe estimarse.

El administrador demandado solo debe responder solidariamente de las deudas generadas hasta el cese de su cargo en Junta General extraordinaria, aunque el mismo no estuviese inscrito en el Registro Mercantil

AP Barcelona, Sec. 15.ª, 99/2017, de 16 de marzo. Recurso 12/2016

SP/SENT/902067

Responsabilidad del demandado por las obligaciones anteriores al cese como administrador

13. En este caso, no se discute en el recurso que Mobles Singla S. L. se encontraba incursa en la causa de disolución del artículo 363.1, apartado e), del Texto Refundido de la Ley de Sociedades de Capital –pérdidas que dejan reducido el patrimonio neto contable a menos de la mitad del capital social–, que hemos de presumir de la falta de depósito de las cuentas anuales desde el ejercicio 2006. Tampoco se cuestiona que la deuda reclamada es posterior al acaecimiento de la causa de disolución. El demandado opone, sin embargo, que todas las obligaciones son posteriores a su renuncia al cargo de administrador y, en consecuencia, que no pueden imputársele. La fecha relevante, a estos efectos, es el 28 de abril de 2009, cuando se eleva a público el acuerdo adoptado en Junta General Extraordinaria en la que se dispone el cese de Gustavo como administrador único de la sociedad y se designa como nueva administradora a Cecilia (documento uno de la contestación, al folio 282).

14. Como hemos adelantado, la falta de inscripción del cese perjudica la prescripción de la acción, salvo que el demandante tuviera conocimiento de este con antelación. Por el contrario, la falta de inscripción no comporta que el administrador cesado siga siendo responsable frente a terceros ni implica que asuma obligaciones sociales por incumplir deberes que ya no le incumben, dado que la inscripción no tiene carácter constitutivo.

15. Por tanto, de las distintas obligaciones reclamadas, hemos de distinguir entre las anteriores y las posteriores al 28 de abril de 2009, respondiendo el demandado únicamente de las primeras. De este modo, por lo que se refiere a las rentas pendientes del contrato de arrendamiento, únicamente son anteriores a dicha fecha la de los meses de febrero, marzo y abril (4.200,01 euros). Sin embargo, dicha obligación quedó saldada en el propio proceso de desahucio, en el que Mobles Singla efectuó un ingreso de 6.000 euros "*a cuenta del principal*" (documento ocho de la demanda), por lo que debe excluirse de la reclamación.

16. Siguiendo con los gastos judiciales, las costas del juicio de desahucio seguido ante el Juzgado de Primera Instancia 7 de Martorell (3.498,24 euros), las del procedimiento de reclamación de daños del Juzgado de Primera Instancia 6 de Martorell (3.551,38 euros) y las del recurso de apelación contra la sentencia dictada por este Juzgado (2.507,12 euros) son muy posteriores al cese del demandado como administrador, por lo que tampoco le son imputables.

17. Resta por analizar los daños causados por la arrendataria en la nave propiedad de Afilats Horts, S. L., que fueron reconocidos en sentencia del Juzgado de Primera Instancia 6 de Martorell de 26 de octubre de 2010 (documento 13 de la demanda) y que ascienden a 14.287,78 euros. En este caso, aunque la condena a Mobles Singla es posterior al cese, hemos de presumir que los daños se causaron siendo el demandado administrador. Ha de tenerse presente que las llaves de la nave se entregaron a la actora apenas dos meses después de que Gustavo renunciara al cargo, por lo que podemos presumir que los daños se ocasionaron durante la vigencia del arrendamiento (desde el año 207) y siendo el demandado el administrador de la arrendataria.

Por lo expuesto, con estimación parcial del recurso, debemos revocar en parte la sentencia apelada, limitando la condena al demandado al pago de 14.286,78 euros.

Teniendo en cuenta que el nombramiento del administrador demandado fue años después de generarse la deuda reclamada, procede desestimar la acción de responsabilidad por deudas

AP Asturias, Oviedo, Sec. 1.ª, 75/2017, de 10 de marzo. Recurso 13/2017

SP/SENT/901751

Llegados a este punto, deberán analizarse las circunstancias concurrentes para averiguar si puede tener éxito la única acción ejercitada.

Como señala la sentencia del Tribunal Supremo de 3 de marzo de 2016, que resume la jurisprudencia sobre esta materia: la "acción individual de responsabilidad de los administradores por actos llevados a cabo en el ejercicio de su actividad orgánica –y no en el ámbito de su esfera personal, en cuyo supuesto entraría en juego la responsabilidad extracontractual, del art. 1902 CC– plantea especiales dificultades para delimitar los comportamientos de los que deba responder directamente frente a terceros, a fin de distinguir entre el ámbito de responsabilidad que incumbe a la sociedad con quien contrata el tercero perjudicado y la responsabilidad de los administradores que actúan en su nombre y representación. Y aclaramos que la acción individual de responsabilidad, como modalidad de responsabilidad por ilícito orgánico, entendida como la contraída por los administradores en el desempeño de sus funciones del cargo, constituye un supuesto especial de responsabilidad extracontractual integrada en un marco societario, que cuenta con una regulación propia (arts. 135 LSA-241 LSC), que la especializa respecto de la genérica prevista en el art. 1.902 CC (sentencias de esta Sala de 4 de marzo y 7 de mayo de 2004 y 6 de abril de 2006, entre otras)". Y continúa: "«La responsabilidad de los administradores en ningún caso se puede conectar al hecho objetivo del incumplimiento o defectuoso cumplimiento de las relaciones contractuales, convirtiéndolos en garantes de las deudas sociales o en supuestos de fracasos de empresa que han derivado en desarreglos económicos que, en caso de insolvencia, pueden desencadenar otro tipo de responsabilidades en el marco de otra u otras normas. Pero en el presente caso, la responsabilidad directa de los administradores proviene del carácter imperativo de la norma que han incumplido y de la importancia de los intereses jurídicos protegidos por dicha norma. Ello supone que incumbe a los administradores asegurarse del cumplimiento de esta exigencia legal, y que su incumplimiento les sea directamente imputable». La conclusión de todo ello es que "*A tal efecto, ha de tenerse presente y resaltarse que la conducta imputable a los administradores sociales demandados no es el incumplimiento de una obligación contractual de la sociedad que administran, sino la infracción de un deber legal de carácter imperativo*".

Pues bien, debe tenerse en cuenta que en el caso presente se desconoce el deber legal imperativo cuyo incumplimiento se atribuye a la conducta del administrador, y que no puede ser el hecho de no haber disuelto la sociedad concurriendo causa para ello, pues estaríamos de nuevo hablando de la acción no ejercitada. El desconocimiento absoluto respecto a la situación de la sociedad de la que era administrador el demandado a lo largo del tiempo determina necesariamente que se desestime la demanda por no haberse siquiera intentado probar la conducta del administrador que haya podido incumplir un deber legal imperativo, y todo ello sin tener en cuenta que el nombramiento como administrador del demandado tuvo lugar el 18 de diciembre de 2008 (folio 88 de los autos), años después de las deudas por vicios constructivos que constituyen la base de la reclamación de responsabilidad.

Una vez acogido el recurso, debe rechazarse la demanda con la consiguiente absolución del demandado.

Es responsable el administrador de la deuda social reclamada cuando hay causa de disolución y contrae nuevas deudas sin proceder conforme a la ley y no siendo eximente que se encuentre gravemente enfermo para ejercer el cargo

AP Alicante, Sec. 8.ª, 146/2017, de 6 de marzo. Recurso 483/2016

SP/SENT/901293

La sentencia recurrida ha estimado la demanda y ha condenado al demandado, en los términos interesados en ella, al considerar que incurrió en responsabilidad, en su condición de administrador de una mercantil, por no promover su disolución (art. 367 de la Ley de Sociedades de Capital), al concurrir varias causas de disolución, que ya existían antes del 2008, dándose el resto de los requisitos legales para el nacimiento de dicha responsabilidad.

El muy breve escrito de interposición del recurso de apelación no discute la concurrencia de tales presupuestos legales; simplemente esgrime la concurrencia de una causa de exoneración de responsabilidad, por haber sufrido el administrador una grave enfermedad que lo inhabilitó para el desempeño de sus funciones empresariales. Aparte de que tal extremo no ha sido debidamente acreditado, lo cierto es que la ley no prevé que tales circunstancias puedan interferir en el régimen de responsabilidad que tal precepto establece, por lo que, sin necesidad de mayores disquisiciones, se desestimará el recurso interpuesto.

Al haber asumido su cargo en el año 2012, no procede imputar responsabilidad al administrador por actos o acciones ejercitadas por el administrador único anterior a su nombramiento

AP Valladolid, Sec. 3.ª, 75/2017, de 16 de febrero. Recurso 495/2016

SP/SENT/900385

En el caso de autos resulta que la administradora cesó en su cargo por acuerdo de 2.4.2012 (doc. 2 de la contestación), y ninguno de los hechos imputados a los administradores está basado en el principio de confianza (por ejemplo, que la Sra. Modesta hubiera generado la apariencia frente a terceros de continuar siendo administradora), por lo que ningún tipo de responsabilidad podrá serle imputada respecto de acciones u omisiones negligentes del administrador único desde esa fecha (Sr. Adriano), sin perjuicio de la dilación del plazo para computar la posible prescripción de la acción, circunstancia que no ha sido alegada en el presente procedimiento.

2) Análisis de la responsabilidad de la Sra. Modesta en los concretos hechos imputados

En segundo lugar, hemos de examinar si concurre o no responsabilidad de la codemandada en los hechos que la parte demandante identifica como causantes del daño en el patrimonio de la sociedad por ella administrada, y durante el tiempo en que ostento dicha administración y gestión. Para ello, debemos considerar la concurrencia de los elementos necesarios para este tipo de responsabilidad por daño: acción u omisión negligente, causación de un daño en el patrimonio de la sociedad administrada, y relación causal entre ambos.

2.1. Respecto a la actuación negligente, en la demanda se diferencian dos comportamientos de los administradores causantes del daño: por un lado, la falta de cumplimiento de las obligaciones legales para disolver/ instar concurso de acreedores, dejando la sociedad inactiva y descapitalizada; y, por otro, se denuncia la constitución de otras sociedades por los administradores con el propósito de descapitalizar la sociedad y vaciarla de su actividad mercantil.

Pues bien, respecto a la segunda de las acciones imputadas, conviene aclarar que la constitución de una sociedad por el administrador no supone, en sí misma, un supuesto de actuación negligente o dolosa que suponga un perjuicio para la sociedad administrada, siendo preciso, para poder determinar el fraude o perjuicio a terceros y a la propia mercantil, acreditar la existencia de una desviación ilícita de fondos (capital) y clientes (actividad, fondo de comercio...). En el caso que nos ocupa, nada de lo esgrimido por la actora ha sido objeto de prueba, sin que la simple constatación de la constitución de otras sociedades mercantiles, aun con el mismo objeto social, pueda ser suficiente para acreditar un comportamiento jurídicamente reprochable.

Por otra parte, en relación con el incumplimiento de las obligaciones como administrador relacionadas con la disolución societaria o solicitud concursal, sostiene la actora que concurrían las causas de disolución societaria relativas a la infracapitalización de la sociedad, así como insolvencia actual de la sociedad desde al año 2011, todo ello de conformidad con el informe del Registro Mercantil sobre la presentación de las cuentas anuales (doc. 1), y la contestación de la AEAT sobre el estado de las cuentas bancarias (doc. 4). Sin embargo, un correcto análisis de la prueba documental permite colegir que no existen elementos suficientes para concluir que la sociedad se encontraba incursa en causa de disolución o en estado de insolvencia durante el año 2011, como denuncia la demandante.

Así, se señala que la sociedad no había presentado las cuentas anuales del ejercicio 2012, y que su patrimonio neto y su capital social eran negativos. Sin embargo, no se aportan las cuentas anuales efectivamente depositadas (ejercicio 2011), lo que impide valorar correctamente el estado del patrimonio neto a fecha de cierre del ejercicio 2011, siendo imposible concluir que en el ejercicio 2011 la sociedad se encontraba incursa por este motivo en causa de disolución societaria. Es cierto que no constan depositadas las cuentas anuales del 2012, pero no le correspondía a la recurrente su formulación al haber cesado en el ejercicio de su cargo, ni tampoco estaba compelida a convocar junta general con fines solutorios, por lo que no podrá imputársele negligencia por este motivo.

En relación con la situación de insolvencia denunciada por la actora, tampoco el estado de las cuentas bancarias a fecha de cierre del ejercicio 2012 (fs. 42 y 43) es relevante a los efectos que ahora nos interesan. Por lo demás, no se acredita la concurrencia de ninguno de los "hechos reveladores" que se enumeran en el art. 2.4 LC, lo que hace realmente difícil considerar un estado de insolvencia actual, especialmente si únicamente se fundamenta en la baja en la actividad mercantil a efectos tributarios (f. 44), la inexistencia de vehículos (no consta que anteriormente los tuviera), o en el estado de las cuentas bancarias en fecha muy posterior al cese (diciembre de 2012).

En conclusión, a la vista de la prueba practicada esta Sala estima que no puede imputársele a la recurrente ninguna de las actuaciones u omisiones negligentes o dolosas denunciadas por la sociedad demandante.

Dado que el administrador demandado cesó en su cargo antes de que se generase la deuda reclamada, no puede prosperar la acción de responsabilidad por la misma

AP Madrid, Sec. 28.ª, 57/2017, de 10 de febrero. Recurso 129/2015

SP/SENT/898365

Determinados impagos a otros proveedores a partir de mayo de 2006 tampoco manifiestan la situación de pérdidas cualificadas y menos cuando la sociedad deudora abonó a la demandante 495.099,04 euros en los meses de septiembre y octubre de 2006 por los suministros efectuados en julio y agosto de ese año, tal y como se admite en la propia demanda.

La deuda de la sociedad cuyo pago se reclama a los administradores deriva de suministros efectuados en los meses de noviembre y diciembre de 2006, al margen de dos reducidos importes por gastos de devolución que en la propia demanda se afirma que se generaron los días 23 y 27 de octubre de 2006. Esto es, aun cuando se admitiera, quod non, que esos impagos determinaban la concurrencia de la causa de disolución por pérdidas cualificadas, el demandado Sr. Marcelino no habría incurrido en responsabilidad al cesar como administrador el 20 de diciembre de 2006 y, por tanto, antes de que pudieran entenderse incumplidos sus deberes en orden a la disolución de la sociedad por el transcurso del plazo de dos meses desde que hubiera tenido o debido tener conocimiento de la causa de disolución.

Por último, como consta en el rollo de apelación, no ha podido practicarse la prueba pericial contable acordada por este tribunal en segunda instancia, indebidamente denegada en la primera, con el objeto de determinar, entre otros extremos, si las cuentas anuales formuladas por el órgano de administración correspondientes a los ejercicios 2004 a 2006 (con fondos propios por encima de la cifra de capital social) reflejaban la imagen fiel de la sociedad, y ello al no haberse podido facilitar al perito designado la documentación necesaria para emitir su dictamen.

Ahora bien, la imposibilidad de practicar la prueba no puede imputarse a don Marcelino, que fue cesado como administrador el día 20 de diciembre de 2006 y al que no cabe reprochar que no dispusiera, nueve años después de tal cese, de los libros y soportes contables de la sociedad.

En consecuencia, no puede hacerse recaer sobre el citado codemandado las consecuencias negativas derivadas de la imposibilidad de practicar la prueba pericial acordada por este tribunal.

Teniendo la actora la condición de administradora, sin que conste que fuese un mero título formal, debe responder solidariamente de la deuda reclamada, por no haber instado oportunamente la disolución social

AP Lleida, Sec. 2.ª, 77/2017, de 9 de febrero. Recurso 785/2015

SP/SENT/904574

CUARTO. Se insiste también en el recurso en la aplicación al caso de la doctrina de la verwirkung. Decíamos en nuestra Sentencia de 22 de julio de 2013 y en relación a este instituto lo siguiente: "*Este Tribunal en ciertos casos de excesiva demora en el ejercicio de acciones, ha resuelto apreciando la doctrina alemana denominada "Verwirkung" que proclama la inexigibilidad del crédito o no admisión de la pretensión ejercitada por el retraso desleal en el ejercicio de los derechos y en este sentido hay que citar las Ss 21 de abril de 1993, 9 de diciembre de 1998 y 27 de junio de 2001.*

Dichas resoluciones llegan a la conclusión que el ejercicio abusivo de un derecho existe cuando habiéndose generado cierta confianza al deudor de que ya no se llevará a término el mismo, se ejercita tal derecho en un plazo de tiempo que puede considerarse abusivo y contrario al principio de buena fe y además, tal retraso supone el pago de unos intereses que superan con mucho el capital debido.

Esta doctrina, de índole excepcional, procede en los casos en que resulte manifiesto y patente que, a causa de tan dilatada inacción en el tiempo, se ha generado en la otra parte la confianza fundada de que el derecho no será ya ejercitado, ejercitándose en un plazo de tiempo que puede considerarse abusivo y contrario a la buena fe (S 20.06.2002).

No obstante, este Tribunal ha establecido también que el mero transcurso del tiempo sin ejercitar los derechos no es per se una conducta contraria al principio de buena fe y que el simple transcurso del tiempo, en los plazos fijados por el legislador, desembocará en la prescripción o caducidad de los derechos, pero no necesariamente en la Verwirkung (S 4.4.2003).

Esta última sentencia enumera los requisitos para la aplicación de dicha doctrina y refiere los siguientes: El transcurso de un período de tiempo significativo; la omisión del ejercicio de un derecho; la confianza legítima derivada de dicha omisión, que el derecho ya no se ejercitará y el perjuicio resultado del ejercicio retardado.

Y es claro que en el caso de autos no es en absoluto aplicable atendido a que no ha podido generarse en el deudor esa confianza fundada en que no se procederá a la reclamación de la deuda ya que en realidad ha habido reclamaciones previas e incluso negociaciones de cómo podría pagarse la deuda por lo que no hay dejadez alguna ni retraso desleal en la reclamación".

QUINTO. también se alega que la parte actora conocía perfectamente la situación de la demandada a pesar de la cual contrato con ello asumiendo los riesgos que ello comportaba. Al respecto hay que señalar que tampoco es aplicable a este caso la teoría de la asunción del riesgo que por cierto está claramente superada por la última jurisprudencia y como consecuencia de la modificación legal sufrida en la regulación de la responsabilidad de los administradores por deudas sociales. Así como recogíamos ya en nuestra Sentencia de 1 de julio de 2013, *"(...) Hemos de advertir, no obstante, que esta doctrina jurisprudencial tuvo su enmarque legal en la redacción del art. 105.5 LSRL anterior a la modificación operada por la disposición final 2 de la Ley 19/2005 de 14 de noviembre, y que expresamente establecía que la responsabilidad se extendía a todas las deudas sociales. Con la nueva redacción, los administradores responderán solidariamente de las obligaciones sociales posteriores al acaecimiento de la causa legal de disolución, por lo que con esta limitación de la responsabilidad, entendemos que el conocimiento previo por el acreedor de la situación social, constitutiva de causa de disolución, no es suficiente per se para erigirse en una suerte de abuso de derecho y enervar la responsabilidad social de los administradores por el incumplimiento de su obligación de solicitar la disolución judicial, el concurso de la sociedad o de convocar la junta general para que adopte, en su caso, el acuerdo de disolución. Es más, con la advertencia legal del vigente art. 105.5 LSRL de que las obligaciones sociales reclamadas se presumirán de fecha posterior al acaecimiento de la causa legal de disolución de la sociedad, se exigirá al administrador demandado que acredite que la deuda social es de fecha anterior".*

SEXTO. Finalmente se alega que no era repercutible el IVA ya que la actora puede deducírselo. Respecto a ello no podemos por más que remitirnos a los acertados argumentos que al respecto se contienen en la sentencia apelada. Hay que recordar que en este caso la parte actora actúa como vendedora y según el artículo 92 de la Ley del IVA quien puede deducirse el IVA no es quien vende sino quien compra. De hecho, la parte actora para poder recuperar el IVA que ha tenido que ingresar como consecuencia de su factura impagada debe de efectuar una reclamación previa al deudor vía judicial o notarial, como prevé el artículo 80.4.ª de la Ley cuando señala que: "*La base imponible también podrá reducirse proporcionalmente cuando los créditos correspondientes a las cuotas repercutidas por las operaciones gravadas sean total o parcialmente incobrables. A estos efectos: A) Un crédito se considerará total o parcialmente incobrable cuando reúna las siguientes condiciones: (...) 4.ª Que el sujeto pasivo haya instado su cobro mediante reclamación judicial al deudor o por medio de requerimiento notarial al mismo*".

No es responsable el que fue administrador social por deudas posteriores, cuando cesó en su cargo, al ser despedido de la sociedad y vendió sus títulos, dedicándose a la misma actividad por cuenta propia, aunque el cese del cargo no se haya inscrito

AP Salamanca, Sec. 1.ª, 506/2016, de 14 de diciembre. Recurso 402/2016

SP/SENT/885596

Pues bien, el hecho de que este recurrente pudo ser administrador de derecho de la dicha sociedad (primero anónima, después limitada) más allá de 1990 (fecha de su despido laboral) y de que, asimismo, aceptó su aceptación como tal, a partir del 23-12-1992, no encuentra en este proceso otro apoyo probatorio, prácticamente, que el que pueda derivar del nominalista contenido de la tantas veces repetida escritura de dicha fecha otorgada por el fallecido Sr. Ángel Daniel, eso sí, inscrita registralmente, pero cuyo contenido, en razón de otros contundentes elementos probatorios documentales (algunos de naturaleza pública) no valorados debidamente por la juzgadora a quo, puede afirmarse que es inexacto, cuando no, claramente, inveraz, por encontrarse huérfano de cualquier refrendo documental que lo corrobore.

Nos estamos refiriendo no ya a certificaciones bancarias que puedan resultar más o menos trascendentes, o testificales que puedan ponerse en solfa, sino a la Resolución de la TGSS (unida al folio 146), que lo exime de responsabilidad alguna de deudas con la seguridad social vinculadas a su presunta condición de administrador de la sociedad deudora, al informe de vida laboral y hoja de alta como autónomo, (folios 133, 134 y 136), documentos con la suficiencia fuerza probatoria y alcance expresivo para cuestionar seriamente la premisa de que parte la sentencia de instancia referida a que, también este recurrente, antes y después de diciembre de 1992 no solo mantuvo vinculación y conexión con la sociedad deudora, sino que aceptó el cargo de administrador de la misma y lo ejerció en los años siguientes.

Repugna a una apreciación de la prueba presidida desde el puro sentido común, –aunque se impugne y demos por dudoso o incierto el hecho de la venta, en 1990, por el Sr. Dimas de las escasas acciones que poseía en 1990, y aunque dudemos de la autenticidad del certificado emitido por el demandado rebelde–, concluir que aquel, inobjetablemente despedido el 14-11-1990 como trabajador de la empresa (hecho muy relevante y no inocuo), e inobjetablemente comprobado que inició, de inmediato, –el 24-1-1991–, como autónomo, una actividad empresarial y profesional de asesoramiento fiscal y laboral, etc., idéntica a la de la sociedad que le despide como trabajador, con el nombre y denominación de "Asfer" y con un domicilio y sede propio, en clara colisión y competencia, no tuviera problema y reparo, tras todo ello, año tras año y durante décadas en seguir vinculado con la tal sociedad asumiendo funciones de administración de derecho o de hecho, cuando tanto él como los restantes demandados eran conscientes de la incompatibilidad del primero para tal cargo, por clamoroso conflicto de intereses y de competencia, sancionada en los propios Estatutos sociales (art. 17, folio 446).

Sin duda, tal despido o baja como trabajador en la empresa no tenía por qué suponer el cese automático en dicho cargo de administrador, pero, pidiera o no pidiera su cese como tal al salir de la empresa, y caducara el mismo, en todo caso, en diciembre de 1997, lo que la prueba que se dice muestra, —si no se quiere, infundadamente, avasallar las reglas de la lógica— es que frente a la realidad registral de la inscripción de la escritura de 23-12-1992, se superpone y se impone la realidad de los hechos demostrada por otras vías, sin que la decisión de este o el otro apelante de no ejercitar acciones civiles o penales contra el otorgante de tal escritura o el otro codemandado constituya signo de fraude alguno, porque puede venir explicada por muchas otras alternativas al *consilium fraudis*.

La constancia registral no puede fundamentar por si sola la exigencia de responsabilidad a personas que, como mínimo, ponen en cuestión y llevan a vislumbrar el extremo fáctico de que muchos años antes del hecho generador de aquella, dejan de ser considerados administradores de derecho y de hecho de la sociedad "Asesores".

Se puede figurar o parecer durante décadas, como administrador de una sociedad, en la anotación correspondiente del Registro Mercantil, pero esa apariencia que protege a terceros, con independencia de las consecuencias que conlleve para quien no la desvaneció oportunamente, no obliga a pasar por alto y desconocer aquellas pruebas que la contradicen y desvirtúan, de modo y manera que las mismas razones que la juzgadora a quo explicita en la sentencia para no otorgar ninguna credibilidad y eficacia probatoria a la escritura de 10-12-2012 son extrapolables al caso de la escritura de 23-12-1992.

Y si de la real desvinculación de este recurrente de la sociedad, lo único que puede extraerse es el desconocimiento de su marcha y su funcionamiento y la nula intervención en su gestión desde antes de la generación de la deuda y de la causa de disolución, en último término, sería imperativo tener en cuenta la jurisprudencia consolidada, atinente a que el desconocimiento absoluto de la situación económica y marcha de la sociedad por parte del administrador es causa de exclusión de la responsabilidad, porque la falta de disolución puede no resultarle imputable (SSTS de 1-3-2001, 16-2-2006, 28-4-2006, 20-2-2007, entre otras).

Todas y cada una de las alegaciones del recurso de este apelante, asimismo, por las razones ya expuestas al examinar el otro recurso apelatorio han de venir acogidas por este Tribunal, sin que se precise incidir e insistir más en ellas.

Que el administrador demandado suscribiera un préstamo personal para intentar pagar las deudas sociales no le exoneraba de instar la disolución una vez acaecidas las pérdidas cualificadas, estimándose la acción de responsabilidad por deudas

AP Alicante, Sec. 8.ª, 310/2016, de 15 de noviembre. Recurso 406/2016

SP/SENT/884240

En el caso que nos ocupa, no se discute la concurrencia de la causa de disolución, más que con breves y estereotipadas frases ("*en primer lugar entendemos de forma contraria a lo establecido en el apartado 16 que la causa de disolución no ha sido acreditada de contrario...*") que no discuten ni rebaten ninguno de los argumentos vertidos en la resolución recurrida en orden a considerar la concurrencia de la causa de disolución en que se encontraba inmersa la sociedad, y que se han referido en el fundamento anterior. Incidir, si acaso, en el aspecto relativo a la carga de la prueba y la facilidad probatoria (art. 217 LEC), pues es la administradora demandada la que, con mayor facilidad, puesto que tiene a su disposición la fuente de la prueba, podría haber probado que no concurre la causa de disolución que nos ocupa, por no existir las cualificadas pérdidas previstas en el art. 363.1 c) LSC. La ocultación absoluta de la situación patrimonial de la mercantil, tanto extraprocesalmente como en el presente procedimiento, ha sido absoluta y ello, que podría haber sido disipado con suma facilidad, no puede perjudicar a la sociedad demandante. Máxime cuando, como se ha dicho, a la falta de depósito de las cuentas anuales se ha unido el cierre de hecho de la sociedad y la consiguiente inactividad de esta, durante años.

Otro argumento recurrente en la apelación, y que carece de trascendencia, es que la deuda se originó, aun parcialmente, cuando la demandada no era todavía administradora de la sociedad. Y ello porque, como ha razonado la reciente STS de 4 septiembre 2015 (que cita otra anterior, la STS núm. 246/2015, de 14 de mayo), la responsabilidad de los administradores por las deudas sociales nace cuando concurre una causa de disolución y no cuando nace la deuda, aunque tal deuda origine posteriormente la causa de disolución por pérdidas. Debiendo añadirse que la atribución al administrador de la responsabilidad por las deudas de la sociedad se realiza "ope legis" (esto es, por ministerio de la ley), sin necesidad de una relación de causalidad directa entre la omisión del deber de promover la disolución y las deudas sociales. Lo relevante es, por tanto, que la obligación sea posterior al acaecimiento de la causa de disolución, sin que sea preciso que sea posterior al nombramiento del administrador que incurre en responsabilidad.

De otra parte, compartimos los razonamientos vertidos en la resolución recurrida en torno a la realidad del crédito de la actora, nacido con posterioridad al acaecimiento de la causa de disolución, sin que se haya destruido la presunción establecida en el número 2 del mencionado art. 367.

Que la demandada intentara remediar, con su esfuerzo y peculio particular, "reflotar" la sociedad, suscribiendo en julio del 2008 un préstamo personal para pagar las deudas contraídas por el anterior órgano de administración de la sociedad, no la exoneraba de cumplir el deber que el citado precepto le imponía, una vez acaecida la causa de disolución por pérdidas que, reiteramos, la parte ahora apelante no ha mostrado el menor esfuerzo a disipar.

En definitiva, ninguno de los argumentos vertidos en el escrito de interposición del recurso de apelación tiene entidad para que este Tribunal modifique el criterio y resolución adoptados por el juzgador de instancia, razón por la que, sin necesidad de mayores disquisiciones, se desestimará el recurso interpuesto.

Al no poder demostrar la demandada que el puesto de administradora que ocupaba era meramente nominal y que los poderes decisorios correspondían a otra persona, debe responder del pago de la deuda reclamada como responsable solidaria

AP Burgos, Sec. 3.ª, 382/2016, de 7 de noviembre. Recurso 306/2016

SP/SENT/881438

Segundo. A pesar de lo expuesto en esta sentencia el recurso debe desestimarse porque se exige una prueba cumplida para demostrar, no solo la falta de un ejercicio efectivo del cargo de administrador, sino que verdaderamente los poderes decisorios corresponden a otra persona.

En este caso se predica el carácter de administrador de hecho de don Ginés porque en la contratación llevada a cabo con la actora fue este don Ginés el que contrató directamente con el legal representante de ELTEC. Así lo dice este en la prueba testifical, destacando que hasta ahora no había conocido a doña Mercedes. Se trata sin embargo de una sola prueba, referida a una sola de las contrataciones llevadas a cabo por la sociedad, que al parecer estaba llevando a cabo una promoción de viviendas en Aranda, desconociéndose si se habían llevado a cabo otras promociones. La atribución de la dirección efectiva de la sociedad a otra persona que no es el administrador legal exige algo más que la declaración de uno de los proveedores. Con seguridad la sociedad habrá tenido otros ingresos y gastos, beneficios derivados de la posible venta de las viviendas, cuentas con firmas autorizadas, etc. Desde luego si en todas y en cada una de estas operaciones hubiera sido don Ginés el interviniente directo su condición de administrador de hecho aparecería clara.

En segundo lugar, los casos de administrador meramente formal o aparente se resuelven normalmente en el sentido de atribuir la condición de administrador al verdadero propietario o titular de las acciones, mientras que el administrador aparente suele ostentar una participación minoritaria. Sin embargo, en este caso es doña Mercedes la que tiene el 100 por cien del capital social. Ni tan siquiera por la vía del carácter ganancial de la propiedad de las acciones se podría reconocer a don Ginés la condición de propietario, pues lo único que se ha dicho es que don Ginés y doña Mercedes eran pareja, no que estuvieran casados, y mucho menos en régimen de gananciales. En caso de que no fuera así, y de que el verdadero propietario fuera don Ginés, estaríamos en presencia de una sociedad ficticia, creada solo para exonerar de responsabilidad al verdadero titular, y ello con la indudable aquiescencia de la demandada, la cual habría accedido a figurar ella como dueña y administradora, dando lugar a una situación que puede calificarse de abusiva y fraudulenta, no pudiendo evitar su responsabilidad. Por todo ello se confirma la sentencia apelada.

La deuda reclamada ha nacido el día que expiró el pagaré reclamado; no ostentando en dicho momento el demandado la condición de administrador de la sociedad demandada, procede desestimar la acción de responsabilidad

AP Madrid, Sec. 28.ª, 370/2016, de 4 de noviembre. Recurso 605/2014

SP/SENT/883094

CUARTO: Fecha de nacimiento de la deuda.

14. La sentencia de instancia estimó la falta de legitimación pasiva de Serafín porque la fecha de su cese como administrador único de Construcciones (7 de agosto de 2009) fue anterior al de nacimiento de la deuda, que se identifica con el momento de suscripción del pagaré (4 de diciembre de 2009).

15. El apelante sostiene que la deuda nació en el día 13 de marzo de 2009, es decir, al día siguiente de expirar el plazo para el otorgamiento de la escritura de compraventa. En esa fecha, Don Serafín todavía era administrador de Construcciones, por lo que, según el apelante, no puede ser excluida su responsabilidad.

16. El planteamiento del apelante parte de la idea de que el contrato de arras objeto del litigio contempló una condición resolutoria expresa, que desplegaba sus efectos automáticamente cuando el día llegue (artículo 1.125 del Código Civil).

17. Sin embargo, el contrato no dice que se resolverá automáticamente cuando el día llegue, sino que "si por causas ajenas a la parte compradora, no se pudiera llevar a cabo la firma de la escritura pública de compraventa en la fecha señalada, la parte vendedora se compromete a entregar a la parte compradora la cantidad de cuarenta y dos mil euros (42.000 euros)".

18. La interpretación de la cláusula que la Sala considera más conforme con la voluntad de las partes, nos lleva a concluir que tal cláusula no contiene una condición resolutoria que opere automáticamente, sino una facultad resolutoria a favor del comprador que lleva aparejada la entrega de cierta cantidad con cargo al vendedor. Es decir, el contrato no se resolvería automáticamente con la llegada del día máximo previsto para otorgar la escritura, sino cuando, una vez llegado ese día, el comprador ejercite su facultad resolutoria.

19. Así lo entiende el Tribunal Supremo en recientes sentencias como la de 10 de marzo de 2016, que contempla un supuesto de opción de compra con anticipo de precio, en el que el vendedor incumple su obligación de otorgamiento de la escritura por problemas de edificabilidad y de inscripción de la vivienda. Según el Alto Tribunal, en el caso de una obligación restitutoria derivada del ejercicio de una facultad resolutoria, tal obligación no nace cuando se celebra el negocio que se pretende resolver, por más que tenga una

relación directa con el mismo, sino del acaecimiento del hecho resolutorio y del ejercicio por el interesado de la facultad resolutoria derivada del mismo. Es ese el momento temporal que debe tomarse en consideración para determinar si la obligación es o no posterior al acaecimiento de la causa legal de disolución.

20. En el caso que nos ocupa, el hecho resolutorio tuvo lugar el 12 de marzo de 2009, pero no consta requerimiento resolutorio alguno posterior, por lo que mostramos nuestra conformidad con la sentencia de instancia en el particular relativo a que la fecha de nacimiento de la obligación restitutoria sea el momento de entrega del pagaré como devolución de las arras entregadas. En consecuencia, el recurso no puede prosperar.

21. Señala el recurrente que incluso habría que considerar incumplido el contrato desde la fecha de su celebración, pues cuando se otorgó, el 26 de enero de 2009, era ya evidente que no podrían solventarse los problemas de legalidad de la vivienda en la fecha final señalada (12 de marzo de 2009).

22. Aunque a efectos dialécticos pudiéramos pensar que eso era así, nos encontraríamos con el mismo problema, pues en este caso hubiera sido necesario ejercer la facultad resolutoria tácita que contempla el art. 1.124 del Código Civil para considerar nacida la obligación restitutoria, lo que no tuvo lugar.

El administrador responde de las deudas sociales al concurrir causa de disolución de fondos negativos anteriores, pero no responderá de las posteriores al cese de su cargo y venta de sus participaciones sociales

AP Barcelona, Sec. 15.ª, 152/2016, de 30 de junio. Recurso 285/2015

SP/SENT/871674

Que la sociedad está incursa en causa de disolución a partir, cuando menos, del cierre del ejercicio contable 2008 está acreditado con los documentos aportados junto con la demanda. Los fondos propios estaban ya en negativo al cierre de 2008 −128.589,58 euros y lo siguieron estando al cierre de 2009 (−155.345,52 euros) y no se presentaron las cuentas de 2010. Por tanto, no tenemos duda alguna de que antes de enero de 2011 la sociedad estaba incursa en causa legal de disolución, de forma que los administradores deben responder de las deudas generadas más tarde.

9. No obstante, los administradores recurrentes han acreditado que cesaron en el cargo en mayo de 2011, razón por la que no se les puede imputar las deudas posteriores a ese momento, salvo en el caso de que se hubiera acreditado que continuaron en el cargo como administradores de hecho. No podemos considerar que así hubiera sido cuando no solo cesaron en el cargo, sino que transmitieron la totalidad de sus participaciones. Por tanto, es preciso estimar en parte el recurso para excluir de la condena las deudas sociales reclamadas por Materiales, que corresponde a suministros de agosto y septiembre de 2011.

El cese de los administradores referidos era una circunstancia que podían conocer las demandantes, al constar el cese inscrito en el Registro, según se desprende de la propia certificación aportada junto con la demanda.

Existe legitimación pasiva del administrador social por la reclamación de deudas impagadas nacidas antes de su cese en el cargo

Juzgado de lo Mercantil Baleares, n.º 2, 306/2016, de 7 de octubre. Recurso 236/2016

SP/SENT/877926

El demandado niega, en primer término, legitimación pasiva por haber cesado como administrador de la deudora en fecha de 11 de febrero del año 2014, como así resulta del documento n.º 2 de la contestación, cese que no fue presentado para su acceso al Registro Mercantil hasta mayo del año 2016 como pudo constatarse en sede de medidas cautelares. En cualquier caso, como señala la SAP Barcelona 17 julio 2013, "*En este sentido se debe recordar que para incurrir en la responsabilidad establecida en el art 105 LSRL (hoy en día art. 367 Ley de Sociedades de Capital), el administrador ha de haber ejercido el cargo al tiempo de manifestarse la causa de disolución y dos meses más (plazo dentro del cual ha de convocar junta general para disolver la sociedad) y alcanzará a las deudas sociales ya generadas al tiempo de nacer su responsabilidad y las que se contraigan hasta su cese, si es que la causa de disolución obligatoria subsiste. Y también se hace responsable al administrador de las deudas contraídas por la sociedad con anterioridad a su nombramiento pues, a tenor del art. 105 LSRL (art. 367 LSC), lo relevante es que cuando esté en posesión de su cargo concurra la causa de disolución y no promueva la disolución social en el plazo establecido, ex lege, se le hace responsable de las deudas sociales posteriores al acaecimiento de la causa de disolución por lo que deben incluirse aquellas contraídas por la sociedad con anterioridad a su nombramiento*".

Habrá de examinarse, en consecuencia, si la deuda existía mientras el demandado ostentó la condición de administrador social y si durante este período concurrió causa de disolución.

En lo que se refiere al primer aspecto, del documento n.º 1 de la contestación se infiere que el demandado ostentó el cargo desde la constitución de la entidad (6 agosto del año 2013) hasta que cesa el 11 de febrero del año siguiente. La factura en que se documenta el crédito de la actora aparece fechada el 31 de enero del año 2014, habiendo reconocido el demandado en sede de medidas cautelares que los trabajos se realizaron durante la apertura del negocio, teniendo, entonces, origen anterior a su cese como administrador.

Es responsable el administrador por las deudas sociales de la UTE, integrada por dos entidades de las que también es administrador, cuando concurre causa de disolución, patrimonio inferior a la mitad del capital y no insta la disolución ni el concurso

Juzgado de lo Mercantil Zaragoza, n.º 2, 229/2016, de 3 de octubre. Recurso 438/2015

SP/SENT/875496

Se ejercita en el presente caso acción de responsabilidad frente al administrador demandado, Salvador. De los documentos aportados se desprende que la entidad deudora está formada por las sociedades Makugo Hostelera, S. L. y El Montecito 2012, S. L., de las que el demandado es administrador (documentos 2 y 3), uniéndose ambas y dando lugar a UTE

Makugo-Montecito, que resultó adjudicataria de la gestión del centro musical y artístico Las Armas, que contrató a su vez con la actora para la prestación de servicios de mantenimiento de las instalaciones de climatización, electricidad, iluminación e incendios, lo cual es origen de la deuda que se reclama.

Las UTE están reguladas por la Ley 18/1982, de 26 de mayo, sobre Régimen Fiscal de Agrupaciones y Uniones Temporales de Empresas y sociedades de Desarrollo Industrial Regional. Las UTE carecen de personalidad jurídica propia distinta de la de sus miembros, de ello se deriva que las empresas miembros responden de forma subsidiaria de las deudas de la UTE, y solidaria e ilimitadamente entre ellas. Es decir, los acreedores de la UTE deben dirigirse, en primer lugar, contra los posibles saldos y bienes existentes a nombre de esta. Si el crédito no es satisfecho podrían dirigirse contra cualquier empresa asociada, a la que podrán exigir el pago de la totalidad de la deuda, dada la solidaridad existente, y siempre teniendo en cuenta el régimen propio (societario o no) de la empresa asociada.

Sentado lo anterior, si bien la rebeldía no supone la aceptación de los hechos de la demanda sino su oposición tácita, lo cierto es que, de las pruebas practicadas, en particular, de la documental de autos, no desvirtuada por la parte contraria, debe tenerse por probado, en primer lugar, la existencia de la deuda que se reclama por principal y sin que hubiera sido desvirtuada por la demandada con prueba alguna.

La acción de responsabilidad objetiva entablada, basada en la existencia de un patrimonio neto inferior a la mitad del capital social de la sociedad Makugo Hostelería, S. L., en el ejercicio 2010-2011 y posterior falta de presentación de cuentas supone la concurrencia de una responsabilidad solidaria del administrador de carácter legal y meramente objetiva, basada en la concurrencia de las causas de disolución social y la no convocatoria de junta de disolución en plazo legal o de la solicitud concursal, esto es, su concurrencia obvia cualquier estudio de la diligencia o no del administrador a los efectos de los artículos 236 y ss. de la LSC, responsabilidad subjetiva que también se invoca. De la documental presentada, en particular cuentas anuales correspondientes al ejercicio 2010 y 2011 (documento 11), se desprende que el patrimonio neto es inferior al capital social, por lo que concurre la causa de disolución recogida en el art. 363.1 e) de la LSC respecto de dicha sociedad (*"Por pérdidas que dejen reducido el patrimonio neto a una cantidad inferior a la mitad del capital social, a no ser que este se aumente o se reduzca en la medida suficiente, y siempre que no sea procedente solicitar la declaración de concurso"*), sin que conste que se hubiera articulado un procedimiento de disolución en la forma prevista en el artículo 367 de dicho texto legal. La causa de disolución concurriría con anterioridad a haberse contraído la deuda reclamada, sin que se haya propuesto medio de prueba acerca de la capacidad patrimonial de la sociedad. Por todo ello, deberá ser estimada la demanda, dada la responsabilidad de la mencionada sociedad en relación con la UTE (subsidiaria de las deudas de la UTE, y solidarla e ilimitadamente entre las que la integran), acogiendo la fundamentación jurídica alegada por la demandante. Siendo la condena en el presente caso relativa a cantidad de dinero líquida, la misma devengará los intereses correspondientes calculados desde la interposición de la demanda sin perjuicio de lo dispuesto en el artículo 576 de la LEC.

El administrador único de la sociedad limitada incumplió el deber de convocar la junta para disolver, lo que ocasionó un agravamiento de las causas de disolución ya presentes, responde solidariamente de la promesa de venta y demás deudas de la sociedad

Juzgado de lo Mercantil Asturias, n.º 1, 75/2016, de 11 de julio. Recurso 43/2015

SP/SENT/869201

Delimitado el margen legal aplicable según el momento en que haya tenido lugar el incumplimiento de los administradores, resta examinar la naturaleza de la responsabilidad que proclaman dichos preceptos. A este respecto es suficientemente expresiva la sentencia del TS de 23-2-2004, que recalca que *"la acción* ex *art. 265 no requiere ninguna culpa en el administrador, ni relación de causalidad alguna con el daño, basta el hecho objetivo del incumplimiento de las obligaciones que la LSA impone específicamente al administrador social para que se desencadene el efecto sancionador"* (en idéntico sentido, SSTS de 29-4-99, 20-7-2001, 14-11-2002).

SEGUNDO. En el caso de autos la deuda deriva de la sentencia dictada por el Juzgado de Primera Instancia n.º 2 de Laviana de fecha 21-4-2010 por el que declara resuelto el contrato de promesa de venta de fecha 15 de mayo de 2007, condenando a la mercantil administrada por el demandado a la devolución del importe de 24.000 euros más los intereses legales a partir de aquella fecha.

De la documental obrante en autos resulta que la sociedad administrada por el demandado no presente cuentas anuales desde el ejercicio 2006 y sucesivos, lo que ha originado el cierre de su hoja registral; consta asimismo la declaración de baja en el índice de Actividades por la AEAT, sin que haya constancia de bienes a su nombre, de donde podemos deducir la existencia de las causas de disolución por imposibilidad manifiesta de realizar el fin social, parálisis de los órganos sociales y pérdidas cualificadas (pues es criterio jurisprudencial presumir su existencia a falta de depósito de cuentas). En tal coyuntura, el administrador debió, tan pronto como le constó su existencia, convocar Junta para acordar la disolución, cosa que no consta que hiciere en el plazo fatal de 2 meses que prescribe la LSC, inactividad que le ha de hacer responder solidariamente con la sociedad de las deudas sociales existentes, como la reclamada a través de los presentes autos, pues tanto la normativa derogada como el actual art. 367 presumen que las deudas son de fecha posterior al acaecimiento de la causa de disolución salvo que el administrador demandado acredite lo contrario, lo que en el caso de autos no ha acontecido.

Procede, en suma, la condena de los demandados al pago del principal adeudado, no así de los intereses —tal y como son reclamados— como exponemos a continuación.

Existe responsabilidad por daño del administrador de hecho cuando por falta de diligencia en su cargo no adopta la ordenada liquidación de la sociedad provocando el impago de las facturas reclamadas

Juzgado de lo Mercantil Valladolid, n.º 1, 476/2016, de 29 de junio. Recurso 114/2016

SP/SENT/868154

En el caso que nos ocupa, no se cuestiona la legitimación pasiva por cuanto no se niega que el demandado actuó en la firma del contrato como administrador de hecho de la sociedad al ser apoderado de la misma.

De la documental obrante en autos, aplicando los preceptos y doctrina antedichos, se aprecia no concurre la responsabilidad por deudas toda vez que se la sociedad no estaba incursa en causa de disolución en la fecha en que comenzaron los impagos a la vista del posterior depósito de las cuentas anuales de 2008 en el año 2010 y a la vista de la documental acompañada con la contestación a la demanda en el sentido de que consta la existencia de trabajadores a los que se practicaban retenciones del IRPF, resultando que, si bien la actividad de la sociedad podría calificarse como residual, no existía una inactividad total de la misma.

Ahora bien, sí concurriría la responsabilidad por daño puesto que a la vista de la posterior evolución de la sociedad en el sentido de que las últimas cuentas anuales depositadas son de 2008, no existiendo cuentas depositadas con posterioridad, unido a la baja en la TGSS aducida y probada, así como de las averiguaciones patrimoniales infructuosas del procedimiento de ejecución cuya copia se acompaña y no habiendo revertido la situación ni formulado más cuentas anuales, se desprende una dejación en los deberes propios de un ordenado empresario, sin que exista más prueba en contrario que las retenciones de IRPF de 2009 y 2010, dejando morir de facto la sociedad del tráfico jurídico, produciendo un daño a los acreedores, en este caso, a la parte actora consistente en el impago y respecto del que existe una evidente relación de causalidad entre el impago y la falta de diligencia en la gestión de la sociedad puesto que, no depositando cuentas anuales durante varios ejercicios, no se procedió a la ordenada disolución y liquidación de la sociedad.

La obligación de pago se fue devengando a lo largo de los distintos períodos no pudiendo acogerse favorablemente la argumentación de la parte demandada de que la fecha determinante sea la del primer impago, teniendo en cuenta además que solo se efectuó un pago de los 36 acordados, lo que supondría un claro fraude de ley, no amparado en derecho.

Existe responsabilidad del administrador por deudas sociales anteriores a la causa de disolución, lo que se presume por la falta de depósito de las cuentas, aunque haya cesado en el cargo posteriormente

Juzgado de lo Mercantil Zaragoza, n.º 1, 138/2016, de 25 de mayo. Recurso 432/2014

SP/SENT/869459

El segundo presupuesto es que las deudas sociales sean posteriores a la causa de disolución, circunstancia que también se da ya que las facturas reclamadas son agosto a diciembre de 2012 y la causa de disolución concurre en todo el ejercicio 2012, existiendo en el artículo 367 de la LSC la presunción legal de que las deudas son posteriores, presunción que no se desvirtúa con prueba alguna. Debemos distinguir en este aspecto dos circunstancias: Una es el momento en que debe el administrador conocer la existencia de la causa de disolución a los efectos de cumplir con el plazo legal de dos meses para la convocatoria de junta (el *dies a quo* para el cómputo del referido plazo de dos meses no se inicia cuando el administrador tuvo conocimiento de la concurrencia de la causa legal de disolución sino cuando debió haber tenido conocimiento de la misma) y otra muy distinta si las deudas son anteriores o posteriores a la causa de disolución, siendo necesario probar para liberarse de la obligación que las deudas sean anteriores a dicha causa, prueba que no se practica en este acto, justificando que en julio de 2012 no concurría la causa de disolución.

El tercer presupuesto es que la deuda social se haya generado durante la gestión del administrador demandado, requisito que se entiende implícito ya que la base de la presente responsabilidad es evitar que se generen obligaciones estando en causa de disolución, por lo que no habrá responsabilidad por esta vía para un administrador si, a pesar de incumplir su obligación de convocatoria, no hubiese contraído obligación alguna en su mandato. Ello implicaría que, en este caso, donde las deudas se generan entre agosto y diciembre de 2012, solo puede imputarse la responsabilidad por esta vía a la Sra. Josefa, que es quien ostenta el cargo de administradora social, pero nunca a Octavio ya que cuando accede al cargo las deudas ya existen. Debe ponerse de manifiesto que no puede liberarse de su responsabilidad la codemandada por el hecho de que la contabilidad la pueda llevar una gestoría dado que el control contable constituye una de las funciones esenciales del administrador que no puede delegarse en terceros. Un administrador puede desconocer la forma de llevar la contabilidad y encargar la gestión a un profesional pues son materias de especial complejidad, pero nunca puede olvidarse del cumplimiento de la obligación de que se realicen los apuntes contables y se elaboren y depositen las cuentas anuales cada ejercicio, debiendo supervisar siempre el cumplimiento de dicha tarea.

Existe responsabilidad subjetiva del administrador de sociedad, nombrado liquidador, por deudas sociales, puesto que no informó al acreedor de que la sociedad carecía de fondos antes de contratar

Juzgado de lo Mercantil Zaragoza, n.º 2, 130/2016, de 23 de mayo. Recurso 66/2016

SP/SENT/869443

Ha quedado probado con la documental aportada por la actora que José María constaba como administrador único de la mercantil Sucesores de Confrías, S. L. (documento número once: información del registro mercantil) a la fecha en que se contrajo la deuda (año 2011) así como que la parte actora ejercita acción de responsabilidad subjetiva al amparo del artículo 236 en relación artículos 375 y siguientes del Real Decreto Legislativo 1/2010, de 2 de julio por el que se aprueba el texto refundido de la Ley de Sociedades de Capital, con fundamento en la disolución y responsabilidad del liquidador.

En el supuesto de autos no acredita José María atendiendo al artículo 217.6 LEC y, dada la facilidad probatoria para la demandada se produce una inversión de la carga de la prueba correspondiendo a la parte demandada acreditar que al tiempo de acordarse la disolución de la sociedad y, por tanto, de inicio del cargo de liquidador, esta tenía bienes suficientes para atender la deuda cuyo impago ha determinado la demanda por lo que ha de responder solidariamente con la sociedad de la deuda dado que es el liquidador de la mercantil demandada según el documento número once y ha incumplido el deber de informar a la parte actora de la iniciación de la liquidación, del curso de la misma y del pago de los créditos que ostenta pese al requerimiento practicado por la actora ya en el año 2014 (documento número ocho de la demanda) lo que le ha obligado a reclamar judicialmente la deuda y lo que conlleva a la estimación total de la demanda.

Responsabilidad derivada de la acción social

No procede el ejercicio de la acción social porque no hay ilícito orgánico ni daño al patrimonio de la sociedad, sino un pacto parasocietario para pagar a administradores y socios que prestasen alguna clase de servicios para la actividad social

TS, Sala Primera, de lo Civil, 889/2021, de 21 de diciembre. Recurso 986/2019

SP/SENT/1124255

La acción social de responsabilidad fue interpuesta por la ahora recurrente, Carlota, junto con otros socios, que sumaban la participación social exigida por el art. 239 LSC para tener legitimación activa. Ni el juzgado ni la Audiencia han negado esta legitimación activa a los socios minoritarios demandantes.

En el planteamiento del motivo parece como si la sentencia de apelación hubiera apreciado la ilicitud de la conducta de los administradores demandados, pero no hubiera estimado la acción por considerar que los demandantes estaban deslegitimados para accionar por haber sido participes de los actos denunciados o destinatarios de los pagos.

Este planteamiento no se acomoda a la realidad. La Audiencia no ha llegado a calificar de ilícito orgánico el comportamiento de los administradores demandados. Es cierto que considera que "*el modo en el que se han gestionado los pagos en el seno de la entidad GEDOENSA puede no resultar modélico, pues las cosas podrían haberse hecho de un modo más ortodoxo (a través de la fijación de las correspondientes reglas estatutarias y deslindando, mejor y con más claridad, entre pagos por prestación de servicios, pluses justificados por determinadas circunstancias y puro reparto de beneficios sociales)*". Pero, a renglón seguido, sin perder de vista la práctica societaria, los acuerdos entre socios y los adoptados por la junta de socios, la Audiencia advierte:

"*tampoco cabe obviar cuál era la realidad social subyacente, proclive a la realización de los pagos a administradores y a socios que prestasen alguna clase de servicios para la actividad social. Si el problema estribase en que los demandantes considerasen que, en su condición de socios minoritarios, han sufrido algún agravio o discriminación, la respuesta no podría serlo el ejercicio de la acción social de responsabilidad, pues ello no habrá conllevado daño para la sociedad, sino, en su caso, para socios concretos*".

De tal forma que la sentencia recurrida aprecia que el comportamiento de los administradores demandados, en la medida en que se acomodaba a lo convenido por los socios y a los acuerdos sociales adoptados por unanimidad, no había lesionado el interés social. Lo que, por otra parte, no es objeto de este motivo, que se limita a denunciar la contradicción entre haber apreciado la existencia de un comportamiento de los administradores demandados antijurídico, y al mismo tiempo haber negado legitimación a los socios minoritarios por haber participado de una u otra forma en esa actuación.

Sin perjuicio de que la sentencia recurrida, además, afirme que los demandantes no pueden escudarse en la defensa del interés social, en la medida en que el comportamiento imputado a los administradores demandados respondía al modus operandi anterior, en el que habían participado algunos de los demandantes, y cuya continuación había sido "*consensuada en sucesivos acuerdos sociales y de socios, en los que los propios demandantes fueron partícipes y que éstos no han cuestionado en la medida en que les han beneficiado*". Esta descalificación de los demandantes se suma a lo argumentado antes por la Audiencia cuando aprecia que los pagos realizados "*no responden a una mera derivación dineraria por una libérrima voluntad de los demandados con el fin de distraer activo del patrimonio social, sino que existen poderosas razones que explican que se haya podido producir esa disposición de fondos con destino a pagar a administradores y socios*".

No hay responsabilidad solidaria del administrador, la deuda social afianzada es anterior a la aparición de la causa de disolución, el posterior pago por el fiador no supone que la sociedad contraiga una nueva deuda estando ya en causa de disolución

TS, Sala Primera, de lo Civil, 22/2020, de 16 de enero. Recurso 1520/2017

SP/SENT/1031807

La responsabilidad de los administradores de una sociedad de capital prevista en el art. 367 LSC, que se anuda al incumplimiento de los deberes legales de promover la disolución de la sociedad, estando esta incursa en causa legal de disolución, lo es respecto de las deudas sociales posteriores a la aparición de la causa de disolución. Como hemos recordado en otras ocasiones, "*se entiende por deudas posteriores, las que hubieran nacido después del acaecimiento de la causa de disolución*" (Sentencia 716/2018, de 19 de diciembre).

En nuestro caso, la causa de disolución surgió con posterioridad a mediados de 2007. La póliza de crédito concedida a la sociedad y afianzada por la Sra. Lucía es de enero de 2005, por lo tanto anterior a la aparición de la causa de disolución. El pago al acreedor principal hecho por la fiadora (Sra. Lucía), como consecuencia del incumplimiento de la sociedad, es posterior a la aparición de la causa de disolución.

La cuestión controvertida gira en torno a la determinación de cuándo se entiende que nació la deuda social reclamada por la fiadora: con la póliza de crédito afianzada o con el pago del fiador al acreedor principal.

Para su resolución no cabe, como pretende la recurrente, aplicar la misma solución adoptada por la Sentencia 151/2016, de 10 de marzo, respecto de la obligación de indemnización de daños y perjuicios consiguiente a la resolución por incumplimiento contractual, pues no existe una identidad de razón. En ese caso, es claro que la obligación de resarcimiento nacía de la resolución de un contrato por incumplimiento, era una deuda social nueva y no una modificación o trasformación dineraria de una obligación anterior de distinta naturaleza.

De ahí que tengamos que atender a la singularidad propia de la fianza y, más en concreto, a las relaciones entre el deudor y el fiador, para proyectar las consecuencias del pago por el fiador sobre este régimen de responsabilidad *ex* art. 367 LSC.

3. En la sentencia 601/2019, de 8 de noviembre, declaramos que "*el reproche jurídico que subyace a la responsabilidad del art. 367 LSC se funda en el incumplimiento de un deber legal (de promover la disolución de la sociedad o, en su caso, de instar el concurso de acreedores). La Ley en esos casos, estando la sociedad incursa en una de las causas legales de disolución, constituye al administrador en garante solidario de las deudas surgidas a partir de entonces, si incumple el deber legal de disolver dentro del plazo legal. La justificación de esta responsabilidad radica en el riesgo que se ha generado para los acreedores posteriores que han contratado sin gozar de la garantía patrimonial suficiente por parte de la sociedad del cumplimiento de su obligación de pago*".

Esta justificación no se cumple en un supuesto como el presente. La fiadora asumió sus obligaciones de garante cuando no había causa de disolución. Si la deuda social afianzada es anterior a la aparición de la causa de disolución, el posterior pago por el fiador no supone contraer una nueva deuda por la sociedad estando ya incursa en causa de disolución que justifique la responsabilidad solidaria del administrador que incumple el deber legal de disolver. A estos efectos, el derecho del fiador a reclamar de la sociedad deudora lo pagado no es propiamente una nueva deuda social, sino una modificación subjetiva de la obligación originaria, un cambio de acreedor. Esto que resulta muy claro en el caso de la acción subrogatoria del art. 1839 CC, también lo sería cuando en la acción de reembolso se reclama la deuda satisfecha por el fiador y los intereses (ordinales 1.º y 2.º del art. 1838 CC).

4. Como recuerda la Sentencia 761/2015, de 30 de diciembre, el fiador que paga la obligación garantizada dispone de dos acciones para hacer efectiva la vía de regreso frente al deudor principal: un derecho de reembolso (art. 1838 CC) y una facultad de subrogarse en los derechos del acreedor (art. 1839 CC):

"*El Código Civil reconoce al fiador que paga una doble facultad, derivada de su condición de acreedor del deudor principal que adquiere al pagar la deuda garantizada, con una misma finalidad (que el cumplimiento de la obligación de fianza no le suponga un quebranto patrimonial) pero de contenido diverso, entre las que el fiador puede elegir.*

(...) tanto la acción de reembolso o regreso como la acción subrogatoria son mecanismos previstos por el ordenamiento jurídico para la efectividad de un principio básico de la regulación de las garantías otorgadas por terceros, como es que el tercero que paga, y se convierte por ello en acreedor del deudor principal, no sufra, en lo posible, un quebranto patrimonial y pueda resarcirse con cargo al deudor principal, que no pagó".

Aunque el fiador asuma la condición de acreedor frente a la sociedad deudora principal, respecto de lo pagado al acreedor principal, como consecuencia de la fianza, a los efectos previstos en el art. 367 LSC no cabe hablar del nacimiento de una nueva deuda social, sino más bien de que la existente persiste, sin perjuicio de que ahora sea el fiador el legitimado para reclamarla. Cuando menos por lo que respecta al importe de la deuda satisfecha y sus intereses. Cuestión distinta podría ser en lo que respecta al eventual crédito de indemnización de daños y perjuicios, al que legitima también la acción de reembolso.

5. La solución alcanzada guarda relación lógica con el tratamiento concursal del crédito garantizado con fianza en el concurso del deudor, previsto en el art. 87.6 LC, primer inciso:

"Los créditos en los que el acreedor disfrute de fianza de tercero se reconocerán por su importe sin limitación alguna y sin perjuicio de la sustitución del titular del crédito en caso de pago por el fiador".

El pago del fiador, con posterioridad a la declaración de concurso, le legitima para sustituir al acreedor originario como titular del crédito, que seguirá siendo concursal, sin que el hecho de gozar el fiador, no sólo de la acción subrogatoria (art. 1839 CC), sino también de la de reembolso (art. 1838 CC), permita concluir que la obligación frente al deudor nació con el pago posterior a la declaración de concurso y por ello su crédito es contra la masa. En todo caso, el fiador que paga con posterioridad a la declaración de concurso del deudor, se subroga en la titularidad del crédito, que mantiene la consideración de concursal.

Si a los efectos del concurso del deudor, donde resulta relevante la fecha del nacimiento del crédito para considerarlo concursal o contra la masa, el pago del fiador, de un crédito concursal, con posterioridad a la declaración de concurso no hace nacer un crédito nuevo merecedor de la consideración de contra la masa, sino que simplemente se prevé la sustitución del acreedor por el fiador en la titularidad del crédito; en el caso de la acción de responsabilidad *ex* art. 367 LSC, en que también es relevante la fecha del nacimiento de una deuda social para determinar si queda cubierta por esta responsabilidad, el pago por el fiador de una deuda social con posterioridad a la concurrencia de la causa de disolución tampoco supone el nacimiento de una nueva deuda social para hacer responsable de ella al administrador que incumplió los deberes de disolución, sino, en su caso, la legitimación del fiador para reclamar frente a la sociedad la deuda social satisfecha y sus intereses.

Legitimación del socio para instar la responsabilidad social, pues la administradora no atendió el requerimiento para convocar la junta y autorizar su ejercicio y, además, concurren todos los requisitos de antijuridicidad, daño y relación causal para ello

TS, Sala Primera, de lo Civil, 221/2018, de 16 de abril. Recurso 3050/2015

SP/SENT/948183

Conforme a los hechos acreditados en la instancia, la administradora mancomunada de la sociedad no atendió el válido requerimiento que le hizo el demandante, por acta notarial de 11 de abril de 2011, para que convocase la junta general de la sociedad a los efectos de autorizar el ejercicio de la acción social de responsabilidad frente a la demandada en su condición anterior de administradora solidaria de la sociedad, por lo que concurren las circunstancias previstas en el art. 239.2 LSC para entablar la acción de responsabilidad de los administradores.

A su vez, conforme al contenido y desarrollo de la demanda interpuesta no cabe duda de que la acción ejercitada es la acción social de responsabilidad. Acción que en el presente caso, y de acuerdo con la doctrina jurisprudencial de esta sala (entre otras, STS 281/2017, de 10 de mayo) cumple con los requisitos exigidos para su aplicación, esto es, la existencia de un comportamiento activo o pasivo desarrollado por los administradores; que el mismo sea imputable al órgano de administración en cuanto tal; que la conducta del administrador merezca la calificación de antijurídica, por infringir la ley, los estatutos o no ajustarse al estándar o patrón de diligencia exigible a un ordenado empresario y un representante leal; que la sociedad sufra un daño; y que exista una relación de causalidad entre el actuar del administrador y el daño.

Si nos ajustamos a los hechos declarados probados, se aprecian cumplidos estos requisitos, tal y como fue declarado por el juzgado de lo mercantil.

Las conductas de la Sra. Salome fueron realizadas en su calidad de administradora solidaria de la sociedad. Dichas conductas, apropiación de fondos de la sociedad sin justificación alguna, merecen la calificación de antijurídicas por infringir la ley y, además, han producido, con relación de causalidad, un indudable daño patrimonial a la sociedad, concretado en 62.408 euros.

No hay responsabilidad social por el hecho de que la AEAT no diera un trato favorable a la venta de las parcelas y al pago mediante cesión de los derechos de suscripción preferente, pues no hay daño patrimonial causado por dolo ni por negligencia grave

TS, Sala Primera, de lo Civil, 14/2018, de 12 de enero. Recurso 751/2015

SP/SENT/934080

En la propia demanda se explica que la transmisión de las parcelas que eran propiedad de FAHSA a través de una compleja operación tuvo por finalidad aprovecharse del régimen fiscal previsto en la legislación vigente en aquel momento (en concreto, en el apartado A del núm. 8 del artículo 20 de la Ley 44/78), que eximía de tributación las cesiones de los derechos de suscripción preferente. De ahí que la transmisión de las parcelas se articulara a través de una serie de operaciones en las que los compradores pagaban su precio fundamentalmente a través del pago de la cesión de los derechos de suscripción preferente del aumento de capital de la sociedad, Hotel Golf Descubrimiento S. A., a la que, por un precio sensiblemente menor, se transmitían las parcelas, cuyos socios, a quienes se pagó el precio de la cesión de los derechos de suscripción preferente que les correspondían en el aumento de capital, eran los mismos que los de la sociedad transmitente, Fahsa.

2. Que posteriormente las autoridades tributarias no dieran a la operación el trato tan favorable que habían pretendido los demandados, porque la Agencia Tributaria consideró que la primera operación de transmisión era una operación vinculada que debía tributar

por el valor real de lo transmitido (que, aun así, fue tasado en un valor inferior al precio realmente pagado por los derechos de suscripción preferente sobre el aumento de capital de la sociedad adquirente), no constituye un daño para el patrimonio social causado por malicia o negligencia grave, tal como exigía el art. 79 de la Ley de Sociedades Anónimas de 1951 en su redacción anterior a la Ley 19/1989.

3. Además de lo anterior, que los beneficios obtenidos por una sociedad sean repartidos entre sus socios no constituye un "expolio" al patrimonio social, como de un modo simplista se contempla en la demanda y se acepta por la Audiencia Provincial.

Las sociedades mercantiles son entidades con ánimo de lucro en las que sus socios buscan la obtención de un lucro personal, que pueden obtener porque los beneficios obtenidos por la sociedad den lugar al reparto de dividendos, o porque, de no repartirse esos dividendos, el valor de su participación en el capital social aumente proporcionalmente y obtengan la plusvalía correspondiente si deciden enajenar sus acciones o sus participaciones.

No es admisible que se presente como un daño al patrimonio social que los beneficios obtenidos por la sociedad se hayan hecho llegar a todos sus socios, ni que cuando cambia la composición del accionariado, los nuevos accionistas, que han adquirido su participación en el capital social por un precio acorde al valor que tenía el patrimonio social una vez que esos beneficios habían sido repartidos a los socios, acuerden que la sociedad ejercite una acción social en la que se reclame, como reparación del daño a la sociedad, que se reintegren a esta los beneficios obtenidos por los socios, catorce años antes en el caso de este litigio.

4. Por último, la decisión de repartir entre todos los que en aquel momento eran socios el beneficio obtenido por la sociedad, siquiera sea de una manera atípica, para beneficiarse de un régimen fiscal favorable, no es tanto una decisión propia de la actuación orgánica de los administradores sociales como una decisión de los socios. Dado que en aquel momento existía una coincidencia entre unos y otros, pues los tres únicos socios eran a su vez los tres administradores sociales, lo que de irregular pudiera haber existido en la decisión de enajenar las parcelas propiedad de la sociedad del modo en que se hizo para que los socios pudieran repartirse los beneficios obtenidos por la sociedad con la menor carga fiscal, no es tanto un ilícito orgánico atribuible a los administradores como una decisión adoptada por los socios.

5. Por estas razones, este motivo de casación debe ser estimado, lo que excusa de entrar a analizar el resto de los motivos formulados. La sentencia de la Audiencia Provincial debe ser revocada, y la sentencia del Juzgado de Primera Instancia debe ser confirmada.

Es obvio el perjuicio derivado de haber quedado privada la sociedad de la explotación del local, por ello, existe responsabilidad derivada por daño patrimonial

TS, Sala Primera, de lo Civil, 281/2017, de 10 de mayo. Recurso 2379/2014

SP/SENT/902545

El daño en el primer caso resulta fácil de apreciar y de determinar: es la parte del préstamo que la administradora no aplicó a los fines e intereses de la sociedad (32.197 euros).

La relación de causalidad es también muy clara, pues quien podía disponer y disponía del dinero prestado en representación de la sociedad, privó de aquella cantidad a la sociedad.

El daño respecto de las facturas cargadas a la sociedad también se aprecia y determina con claridad, pues alcanza al importe de lo pagado por la sociedad, respecto de lo que ella no se benefició y sí la administradora demandada, que era quien en su propio interés explotaba el local. La relación de causalidad se advierte porque si en un primer momento la demandada no hubiera actuado bajo la ficción de que continuaba siendo administradora de la sociedad, los proveedores no hubieran seguido cargando las facturas a la sociedad.

Y, por lo que respecta al perjuicio derivado de haber quedado privada la sociedad de la explotación del local durante 71 meses, es obvio que con ello se le privó de un rendimiento económico, cuando menos el que aprecian los tribunales de instancia, el importe de las rentas que aparecían en el contrato de arrendamiento concertado por la demandada: 1.400 euros mensuales, que aplicados al tiempo en que se prolongó la privación del local (71 meses), suman un total de 99.400 euros. La relación de causalidad entre este perjuicio, que no deja de ser un lucro cesante derivado de no haber podido explotar el local, y la conducta de la demandada también es clara: con su comportamiento, al concertar esas relaciones arrendaticias, valiéndose de su condición de administradora de hecho de la sociedad, la Sra. Natividad impidió que la sociedad pudiera obtener rendimientos económicos de la explotación del local durante los 71 meses. De hecho, la sociedad no pudo recuperar el local hasta que la demandada lo devolvió ante la amenaza de lanzamiento, en ejecución de la sentencia obtenida en contra de ella.

Se confirma la estimación de la acción de responsabilidad social promovida contra el administrador social, además de por la conducta irregular respecto a la motocicleta por cargar gastos en restaurantes en perjuicio de la sociedad, no hay cosa juzgada

AP A Coruña, Sec. 4.ª, 187/2024, de 21 de marzo. Recurso 534/2023

SP/SENT/1224323

El gasto de 6.812,50 €; en restaurantes cargado a la sociedad durante el periodo comprendido entre julio de 2017 y mayo de 2018, coincidiendo con una baja del demandado por enfermedad común (el Sr. Elías era también trabajador comercial de la empresa), se asienta en facturas que expresan conceptos reconocidamente inexistentes (actos de presentación de vehículos, cena de Navidad con la plantilla). La insistencia del apelante en argumentar que se trataba de encubrir gastos en comidas y regalos ofrecidos en interés del grupo a los representantes de la marca BMW, con los que se estaba negociando para conseguir la acreditación como taller oficial reparador, no está asentada en pruebas que lo acrediten. Ninguno de los supuestos representantes de la marca que supuestamente habrían asistido a esas comidas o cenas o que habrían recibido regalos ha sido llamado a declarar como testigo, así como tampoco el dueño o el encargado del restaurante que emitió las facturas y que, acaso, podría dar noticia de la naturaleza de los servicios proporcionados. Según las respuestas que BMW Group España remitió al Juzgado, los contactos con la sociedad 123

BETMÓVIL S. L. (no, por lo tanto, con FERROLTERRA MÓVIL S. A.) se iniciaron con una solicitud de 27 de febrero de 2018, lo cual sitúa fuera del contexto en el que el apelante ubica el gasto cuatro de las seis facturas de comidas aportadas, puesto que solo dos –una de 935,00 €; y otra de 764,00 €–; son del año 2018; las otras cuatro son de 2017. BMW Group España también confirma que la elección de una empresa como taller reparador autorizado no depende de ninguna negociación, sino del cumplimiento objetivo de los estándares aplicables, y que en el caso de 123 BETMÓVIL S. L. "*únicamente existió una solicitud por parte de dicha mercantil*" y que después del envío por parte del representante de BMW de la documentación correspondiente "*no se tuvieron noticias de 123 BETMÓVIL S.L., ni esta impulsó de ninguna manera el proceso de auditoría del cumplimiento de los estándares*". No le consta a BMW Group España, además, que alguno de sus empleados viajase a Betanzos o a Ferrol para tratar con la solicitante. Así las cosas, nuestra valoración probatoria coincide necesariamente con la de la sentencia apelada en cuanto a este extremo.

10. Lo mismo ocurre con la compra de la motocicleta por la sociedad y su casi inmediata venta al Sr. Elías, con manifiesta infracción del deber de lealtad que le imponía actuar siempre en el mejor interés de la sociedad y anteponerlo al interés propio o de terceros (art. 227 TRLSC), evitando incurrir en situaciones en las que sus intereses, sean por cuenta propia o ajena, pudiesen entrar en conflicto con el interés social y con sus deberes para con la sociedad (art. 228 letra e). Aunque fuese cierta la explicación de la decisión empresarial de comprar la moto en mayo de 2017 –*y no lo es, porque ni siquiera consta que los operarios de la empresa la hayan desmontado o la utilizasen de algún otro modo para familiarizarse con su mecánica*–, es inexplicable que la sociedad decidiera venderla por 9.000,00 €; apenas dos meses después de adquirirla por 20.482,00 €; IVA incluido, e injustificable que la venta a pérdida consciente se hiciese en beneficio del administrador único de la sociedad, el Sr. Elías. Como es evidente, por último, la supuesta autorización del otro socio para llevar a cabo el negocio –en modo alguno demostrada– no podría eximir de responsabilidad a quien, por su condición de administrador, está particularmente obligado por el deber de lealtad. Así pues, también en cuanto a este extremo coincidimos con la valoración y las conclusiones de la sentencia apelada, de modo que el recurso debe ser desestimado.

La acción social de responsabilidad ejercitada para reparar patrimonio social no es como la individual que, exige daño directo al acreedor que la ejercita, por eso las referencias a su crédito son aquí irrelevantes

AP Barcelona, Sec. 15.ª, 325/2023, de 26 de abril. Recurso 50/2023

SP/SENT/1190080

La sociedad actora, ahora recurrente, ejercita una acción social por unos hechos que delimita a partir del año 2014, fecha de constitución de la sociedad, puesto que mantiene que, desde esa fecha, el demandado y administrador social no ha procedido a la disolución de la sociedad estando incursa en causa de disolución por haber cesado en la actividad [art. 363.1 a) de la LSC], por lo que finalmente la disolución tuvo que ser instada por la socia mayoritaria y ahora liquidadora, Sra. Elisabeth, y acordada judicialmente por auto de 8 de enero del 2021 dictado por el Juzgado Mercantil 12 de Barcelona (doc. 29 de la demanda). Que durante todo este tiempo el demandado no ha procedido como un diligente administrador ni en la llevanza de la contabilidad ni en la liquidación ordenada de la misma por lo que ha generado la desaparición del patrimonio social fundacional valorado en su momento en 70.000 euros además de haber aportado a la sociedad una participación de un inmueble con una finalidad ilícita y que era inhábil para la explotación del objeto social (pág. 22 de la demanda).

12. Recordemos que el demandado Sr. Fausto constituyó Talleres Solarort, S.L. junto con su esposa en enero de 2014 siendo administrador único hasta el año 2021, fecha en la que se acuerda la disolución judicial de la sociedad. Consta que la sociedad Talleres Solarort, S.L. tuvo actividad como taller mecánico hasta el año 2015 (doc. 5 de la contestación), fecha en la que por motivos personales (doc. 8 de la contestación) el demandado no pudo seguir trabajando por lo que dio de baja la sociedad en ese año. Talleres Solarort, S.L. permaneció inactiva, sin que el demandado cumpliera con las obligaciones de disolución ni presentación de cuentas —tal y como él mismo reconoce en el acto de juicio— hasta que la Sra. Elisabeth, socia mayoritaria, instó la disolución judicial que se acuerda en el año 2021. El patrimonio fundacional de la sociedad, valorado en 70.000 euros, estaba formado por el 1/3 indiviso del inmueble aportado por el Sr. Fausto, valorado en 33.200 euros, dos motocicletas valoradas en 800 euros, a través de Talleres Pelayo aportó la maquinaria de trabajo valorada en 23.600 euros y su esposa, la Sra. María Esther, aportó mobiliario de oficina y el traspaso del contrato de arrendamiento del local, todo ello valorado en conjunto en 14.000 euros.

13. En el recurso, la recurrente insiste en que la conducta negligente que se imputa al demandado no es la ilicitud de la aportación de 1/3 de una vivienda de su propiedad a la actora, sino la falta de disolución en forma de la sociedad que ha ocasionado la desaparición del patrimonio social. Indicar que la referencia a la ilicitud de la aportación se menciona a lo largo de la demanda tanto en los hechos como en los fundamentos de derecho (pág. 22) para fundamentar la acción ejercitada, razón por la cual la sentencia de instancia se pronuncia al respecto apreciando de forma acertada la concurrencia de cosa juzgada. Este hecho ya ha sido resuelto en dos procedimientos anteriores.

14. Por un lado, consta la sentencia de 12 de marzo del 2020 del juzgado de lo penal n.º 28 de Barcelona (Doc. 20) donde se ha condenado en firme al administrador demandado junto a su esposa, la Sra. María Esther, por el delito de alzamiento de bienes al haber aportado la participación indivisa de su propiedad en el inmueble de la CALLE000 de Barcelona con la finalidad de frustrar la ejecución judicial que se seguía frente a él en la ETJ 102/2014 del juzgado de primera instancia número 57 de Barcelona.

15. Por otro lado, consta la sentencia del Juzgado de Primera Instancia n.º 42 de Barcelona de 21 de diciembre de 2017 (JO 919/2015), confirmada por la AP de Barcelona en sentencia de 21 de octubre del 2019, en la que se estima parcialmente la demanda interpuesta por la Sra. Elisabeth contra el Sr. Fausto y el Sr. Eduardo. En aquella demanda se interesaba la nulidad absoluta: (i) de la aportación de la participación indivisa del demandado Sr. Fausto a la sociedad Talleres Solarort, S.L.; (ii) del préstamo entre los Sres. Fausto y Eduardo; (iii)

de la escritura de pignoración; y (iv), de la subasta y adjudicación a Eduardo de las participaciones de Talleres Solarort y Talleres Pelayo. Se estimaron todas las pretensiones salvo la primera, es decir, se declara la validez de la aportación llevada a cabo por el demandado a la sociedad actora.

16. En atención a lo ya resuelto, no podemos entrar a valorar la licitud de la aportación del demandado, que ya ha sido declarada licita por otro tribunal, sino que nos debemos limitar al estudio de las conductas imputadas al margen de la aportación y de la finalidad de la misma –conducta analizada y condenada penalmente–. Por ello, la cuestión estriba en si la falta de liquidación en plazo de la sociedad tras haber transcurrido más de un año de inactividad [art. 363.1 a) LSC] y la falta de llevanza de la contabilidad y aprobación de cuentas anuales ha generado el daño identificado por la actora consistente en la desaparición del patrimonio social.

17. Debemos precisar que la acción social está destinada a la reparación del patrimonio social, por lo que debe existir una relación de causalidad directa entre la conducta imputable y el daño causado, daño que se delimita en este caso de forma genérica haciendo referencia a una pérdida del patrimonio social sin una cuantificación. En cuanto a la desaparición del patrimonio social debemos indicar que la parte indivisa de la vivienda no ha desaparecido, continúa en el patrimonio social, el inmovilizado material se quedó en local el tras la resolución del contrato de arrendamiento y, en cuanto a la maquinaria, el demandado manifestó en juicio que la dejó en el local por no poder ejercer la actividad, sin que se haya procedido a una valoración aproximada de ésta en el momento del abandono que se pudiera identificar como daño causado.

18. Nos encontramos, por tanto, ante una indeterminación, cuando no una completa falta de prueba, del daño ocasionado que nos impide estimar la acción social ejercitada, aun y en el caso de que las conductas imputadas puedan ser calificadas de negligentes. Lo que sí se ha identificado en la demanda es el crédito que tiene reconocido la Sra. Elisabeth en varias resoluciones (crédito que ya pertenecía a su padre por importe de 83.389,79 euros y que procede del procedimiento de desahucio seguido ante el Juzgado n.º 57 de Barcelona (JV 849/2013) y la imposibilidad de su efectividad teniendo incoada la ejecución de título judicial) y se insiste en que la conducta del demandado ha impedido a la Sra. Elisabeth hacer efectivo su crédito. En este punto debemos recordar que no podemos confundir la aquí ejercitada con la acción individual de responsabilidad que presupone, en contraposición con la acción social de responsabilidad, la existencia de un daño directo al tercero que la ejercita, en este caso un acreedor, por lo que las referencias al crédito de la Sra. Elisabeth carecen de relevancia en el presente procedimiento.

Por todo lo expuesto procede desestimar el recurso de apelación y confirmar la sentencia de instancia en este extremo.

La responsabilidad del administrador por deudas sociales se aprecia desde el momento en que la sociedad estaba incursa en causa de disolución, por desbalance patrimonial, cuando se dejaron de pagar las rentas, el cual no fue corregido

AP Las Palmas, Sec. 4.ª, 184/2023, de 7 de febrero. Recurso 251/2022

SP/SENT/1179077

En primer lugar debemos acotar el recurso de don Luis Alberto, administrador social, puesto que la sentencia recurrida no declara que concurran todas las causas de disolución del art. 363 de la LSC, ni declara la responsabilidad del administrador por daños del art. 241 LSC.

En consecuencia, por aplicación del art. 456.1 de la Ley 1/2000 solo debemos analizar la posible infracción cometida por la sentencia, y por ende sólo debe ser analizado el recurso respecto a la causa de disolución invocada en la sentencia: la prevista en la letra "e" del art. 363.1 de la LSC.

El art. 363.1 e) de la LSC dispone:

"*1. La sociedad de capital deberá disolverse:*

e) Por pérdidas que dejen reducido el patrimonio neto a una cantidad inferior a la mitad del capital social, a no ser que este se aumente o se reduzca en la medida suficiente, y siempre que no sea procedente solicitar la declaración de concurso".

2. Sobre esta causa de disolución [la del art. 363.1 e) de la LSC] señala el recurrente que al ser una empresa dedicada a la construcción, los ejercicios 2015 y 2016, periodo en que se ejecutan las obras del hotel la inversión realizada no tiene retorno. Reconoce los resultados negativos de 2015 y 2016, pero niega que la empresa tenga pérdidas que dejen reducido el patrimonio neto a una cantidad inferior a la mitad del capital social ni tampoco concurre el presupuesto para solicitar la declaración de concurso.

Añade la solvencia de la empresa a partir de abril de 2018, fecha en la que entró en vigor el contrato de arrendamiento del hotel y acuerdos con tour operadores para la explotación.

3. Además dos notas de la doctrina de la Sala Primera en cuanto a la responsabilidad por deudas del art. 367 de la LSC son relevantes para resolver el recurso:

* La causa de disolución recogida en la demanda es de constatación cuasi objetiva con arreglo a los parámetros contables fijados legalmente, pues es el balance de la sociedad el que muestra si el patrimonio neto de la sociedad es inferior a la mitad del capital social. Así lo ha reflejado la Sala Primera, quien concretamente en la sentencia n.º 215/2020 de 1 de junio puntualizó:

"*3.1. Como dijimos en la sentencia 363/2016, de 1 de junio, la valoración del patrimonio de la sociedad, a efectos de compararlo con la cifra del capital social y determinar si concurre la causa legal de disolución, no puede quedar al libre arbitrio de los administradores sociales, sino que ha de realizarse conforme a unas determinadas reglas y principios, de carácter homogéneo, que son los de la contabilidad tal como viene determinada por las normas que la regulan.*

Solo la situación patrimonial fijada en base a estos criterios contables puede tomarse en consideración para decidir si concurre la causa legal de disolución por pérdidas agravadas".

Es decir, en el caso de reflejarse este estado contable, se produce por imperativo legal la causa de disolución, a no ser que éste no se corrija en medida suficiente, y siempre que no sea procedente solicitar la declaración de concurso. Así, si concurre la causa debe el administrador social convocar la Junta para diluir la causa, y al no hacerlo deviene en responsable objetivamente de las deudas generadas con posterioridad, al disponerlo el art. 367 de la LSC.

* La doctrina contenida en las sentencias de la Sala Primera n.º 585/2013 y n.º 777/2022, la responsabilidad por deudas del administrador surge cuando existe la causa de disolución, de tal modo que si posteriormente se corrige, solo responderá por aquellas deudas que nacieron durante el estado de la sociedad en causa de disolución.

La sentencia n.º 777/2022 declara:

"Debemos reiterar la doctrina contenida en la Sentencia 585/2013, de 14 de octubre, de que la remoción de la causa de disolución, en este caso porque se supera la situación de pérdidas que reducen el patrimonio neto por debajo de la mitad del capital social, no exime al administrador de la responsabilidad por las deudas sociales surgidas antes de la remoción de la causa y mientras él era administrador".

4. Por tanto, por el tipo de responsabilidad imputada al administrador (art. 367 de la LSC); la fecha de presentación de la demanda (marzo de 2018); las rentas (deudas) reclamadas (desde 2015 hasta septiembre 2018); los motivos del recurso; y la doctrina contenida en las sentencias de la Sala Primera n.º 585/2013 y n.º 777/2022 el recurso debe solventarse en dos hitos temporales: periodo de 2015 y 2016, donde sí constan depositas las cuentas anuales, y un segundo periodo de 2017 hasta septiembre de 2018.

A) Período de 2015 y 2016: con cuentas anuales elaboradas y depositadas.

5. En este caso, del recurso no se desvirtúan las razones dadas en la sentencia de 1.ª instancia, cuya causa de disolución se constata por un hecho objetivo, cual es el desbalance patrimonial en los términos previstos legalmente.

Como bien valora la sentencia de instancia las cuentas señalan un patrimonio neto negativo, tanto para el año 2015, -83.337,81 euros, como para el ejercicio 2016, -118.855,04 euros.

6. Además, todas las excepciones vertidas por el recurrente para desvirtuar la sentencia tienen tintes subjetivos: esperar el retorno de la inversión una vez finalice la reforma del hotel, contrato de arrendamiento con un tour operador o la ausencia de insolvencia que le obligue a pedir el concurso. Se añade que en abril de 2018 las obras estaban ejecutadas al 74,37 %. Es decir, sigue irrefutable el hecho objetivo de un balance con patrimonio neto no corregido.

Por todo ello, las rentas de 2015 y 2016 reclamadas deben ser asumidas por el administrador tal y como mantiene la sentencia recurrida.

B) Período de 2017 hasta septiembre de 2018.

7. Ya hemos declarado que la deuda incluye rentas hasta septiembre de 2018. Así, como ya hemos señalado por doctrina de la Sala Primera, la responsabilidad del administrador deviene por concurrir en este periodo la causa de disolución.

Sin embargo, la cuestión jurídica se suscita en que durante periodo no constan que se hayan elaborado las cuentas anuales.

8. Concurre un hecho objetivo, que a fecha de presentación de la demanda, marzo de 2018, todavía no había obligación de estar depositas las cuentas anuales ni de 2017 ni de 2018.

9. Y sobre esta base fáctica dos hitos nos llevan a desestimar el recurso del administrador, y estimar el de la sociedad demandante:

– La facilidad probatoria que impone a las partes el art. 217.7 de la Ley 1/2000 debía comportar que la sociedad demandada aportara las cuentas de los ejercicios 2017 y 2018, para verificar que la causa de disolución estaba solventada. Al no probar el cese la situación de un patrimonio neto negativo, o cuando menos dentro del límite legal (superior a la mitad del capital social) debe soportar la carga de falta de prueba en cuanto al cese de la causa de disolución.

– Pero además, el propio demandado en sus alegaciones fía la rentabilidad de la sociedad a la finalización de las obras de remodelación y comienzo de la explotación del negocio. Y es hecho probado que esas obras han coincidido con la devolución del andamio en septiembre de 2018.

10. Por todo lo expuesto el administrador social es deudor de las deudas de las sociedad en los términos reclamados en la demanda.

No hay responsabilidad social, no se acredita en qué consiste el daño; subyace un conflicto entre los 2 socios, titulares del 50 % de las participaciones, que genera paralización de órganos societarios y que es causa de disolución social *ex* art. 363

AP Barcelona, Sec. 15.ª, 1080/2022, de 22 de junio. Recurso 1922/2022

SP/SENT/1155785

El punto de partida de nuestra exposición ha de ser recordar al recurrente que está ejercitando una acción de daños, concretamente, la acción social de responsabilidad prevista en el art. 238 de la Ley de Sociedades de Capital (LSC). Y, como acción de daños que es, resulta indispensable para su éxito que la demanda hubiera expresado con la necesaria claridad, cosa que no ha hecho, en qué ha consistido el daño sufrido por la sociedad, más allá de una vaga invocación de que el demandado extraía dinero de las arcas sociales sin título para ello. Los esfuerzos que hacía la demanda y que reitera el recurso por expresar las presuntas irregularidades en las que habría incurrido el administrador demandado son baldíos si esas presuntas irregularidades no se ponen en relación con un concreto daño. Y la concreción de ese daño no puede quedar para la fase de ejecución, como pretendía la demanda, sino que ha de hacerse durante la fase declarativa. Lo único que puede dejarse para la ejecución es la liquidación del mismo pero no su concreción o determinación. Por tanto, ya por esa razón la demanda no merecía otra suerte que la de ser desestimada íntegramente.

7. A ello debemos añadir que el único hecho presuntamente ilícito susceptible de originar daño para las arcas sociales, el pago de retribuciones al demandado, no podemos considerar que sea ilícito cuando se ha estimado acreditado y no se cuestiona la veracidad de ese hecho, que el demandado percibía retribuciones en su calidad de trabajador por cuenta de la sociedad. Por tanto, no las percibía como administrador, a lo que no tenía derecho porque los estatutos no establecen que el cargo fuera retribuido, sino que lo hacía por prestar servicios de forma efectiva para la sociedad, un hecho que no era desconocido para el demandante y que lo había venido consintiendo durante años.

8. Las anteriores consideraciones determinan que resulten irrelevantes el resto de los motivos del recurso. No existe incongruencia omisiva aunque el juzgado mercantil no se haya referido en su resolución a todas las cuestiones expuestas en la demanda cuando las mismas resultan irrelevantes para la suerte de la acción ejercitada, lo que ocurre en un número muy considerable de alegaciones, por las razones que hemos expuesto.

9. Es muy poco consistente que se pretenda fundar la existencia del daño en conjeturas como las que hace el recurso, esto es, en presumir que el Sr. Gerardo y su esposa se estaban apropiando del contenido de las arcas sociales porque vivían de la actividad de la sociedad. El ejercicio de una acción precisa mucho más que esas conjeturas y no se puede pretender que la prueba de esos hechos se deba dejar a cargo del administrador demandado o de la sociedad. Le corresponde a quien ejercita la demanda y el ordenamiento pone a disposición del socio instrumentos suficientes para que pueda proveerse de los medios de prueba necesarios.

10. Por lo demás, parece claro que el objeto de este proceso viene mediatizado por el conflicto que enfrenta a los dos socios, titulares al 50 % de las participaciones, por no haberse puesto de acuerdo sobre la forma de poner fin a su relación societaria. Pero ello no es razón suficiente para que la demanda pueda prosperar.

El administrador demandado dispuso de parte de los fondos obtenidos por la venta del despacho para fines propios, se estima la acción social de responsabilidad

AP Barcelona, Sec. 15.ª, 800/2022, de 13 de mayo. Recurso 841/2022

SP/SENT/1154237

La sentencia declara la responsabilidad del demandado por la venta del principal activo de la sociedad —el despacho de la CALLE002, NÚM001. NÚM005—, si bien limita el daño a la parte del precio de la que dispuso el demandado en su propio provecho, que cuantifica en 593.355,64 euros. No es controvertido, en este sentido, que dicho inmueble, cuyo valor representaba un porcentaje superior al 25 % del total de los activos de la sociedad, se transmitió por escritura pública de 11 de abril de 2019 por 1.875.000 euros (documento nueve de la demanda), en la que se hizo constar, a los efectos establecidos en el artículo 160 de la Ley de Sociedades de Capital, que la venta había sido aprobada en junta universal de socios celebrada el 30 de marzo de 2019. El propio demandado admitió en el juicio que esa junta no se llegó a celebrar (minuto 8). Ello no obstante, en junta general celebrada el 17 de mayo de 2019, esto es, con posterioridad a la escritura de compraventa, los socios aprobaron la venta por acuerdo que no ha sido impugnado.

9. La sentencia, que acoge en este punto los argumentos de la demandante, considera que la venta debió contar con la previa autorización de la junta, de conformidad con lo dispuesto en el artículo 160, apartado f), de la LSC , habiendo sido realizada por el administrador sin competencia para ello. El juez de instancia llega a señalar que se trata de un acto nulo de pleno derecho. Y condena al administrador al pago de las cantidades que tuvieron un destino ajeno al interés social, en concreto, a la parte del precio que fue transferida a una cuenta del demandado o que fue aplicada a sus gastos personales.

10. El recurrente alega que la compraventa fue autorizada en una junta posterior y, por tanto, que el acto quedó convalidado (artículo 204.1.º LSC), por lo que no puede declararse la responsabilidad de Leovigildo por ese acto. Además, insiste en que el demandante no impugnó la junta de 17 de mayo de 2019 y que tampoco solicitó en la demanda la nulidad de la venta.

11. El artículo 160, apartado f), de la Ley de Sociedades de Capital, establece que es competencia de la junta general, entre otros asuntos, la "*adquisición, la enajenación o la aportación a otra sociedad de activos esenciales*". La norma presume el carácter esencial del activo "*cuando el importe de la operación supere el veinticinco por ciento del valor de los activos que figuren en el último balance aprobado*".

12. La sentencia interpreta dicho precepto en el sentido de que la autorización ha de ser previa a la enajenación y, por tanto, que la convalidación posterior en la junta de 17 de mayo de 2019 es irrelevante, argumento que no podemos compartir. En efecto, el artículo 160 no exige que la aprobación sea anterior a la enajenación. Cabe perfectamente en la norma —y así ha sido interpretada por la doctrina— que la aprobación de la junta se obtenga con posterioridad al acto de disposición, en cuyo caso la junta ratifica la previa actuación de los administradores. En este punto, por tanto, hemos de estimar los argumentos de la recurrente.

13. Ahora bien en la demanda (página 14), al delimitar el acto ilícito llevado a cabo por el administrador, sostiene que Leovigildo no ha dado cuenta del destino dado al precio obtenido con la venta, apuntando a que el demandado se "apropió" o "sustrajo" todo o parte del precio, remitiéndose a lo que resulte de la prueba practicada (la cantidad máxima reclamada por este concepto es el precio íntegro de la venta con excepción de la cantidad retenida para liquidar las cargas previas). El argumento se reitera en la oposición al recurso. Y es esta segunda parte la que estima en último término la sentencia apelada, pues, aunque considera ilícita la enajenación sin la previa autorización de la junta, únicamente condena por la parte del precio que fue distraída de los fines sociales. El ilícito, por tanto, generador de responsabilidad, radica en la disposición del precio por el administrador, que lo destinó en parte a atender gastos personales. En concreto, la sentencia concluye, a partir de la prueba practicada, que 191.308,66 euros fueron transferidos directamente a una cuenta

del demandado; 100.355,17 euros, fueron retirados en metálico por el Sr. Mariano de una cuenta de la sociedad; 191.612,81 euros se emplearon para gastos del demandado; y 100.059 euros tuvieron por destino tributos propios del Sr. Mariano. El perjuicio para la sociedad, en definitiva, ascendió a 593.335,64 euros.

14. El recurso no cuestiona ninguna de esas partidas aplicadas en beneficio exclusivo del demandado. Este, además, reconoció en la vista (minuto 26 y siguientes del primer vídeo) que, del precio de la venta, le fueron transferidos 191.612,81 euros, que retiró 100.059 euros de cuentas de la sociedad y que esta atendió otros tributos y gastos personales, alegando, en su descargo y de forma algo confusa, que esos gastos de disposición quedaron contabilizados en la cuenta de socios como anticipo de la liquidación o de eventuales reducciones de capital. No podemos aceptar esta explicación ofrecida por el demandado en el interrogatorio de parte. La disposición de fondos de la sociedad en provecho exclusivo del administrador es un acto ilícito por el que debe responder, restituyendo al patrimonio social la cantidad indebidamente dispuesta. El recurso sostiene que el demandante incurre en abuso de derecho, pues también él percibió de la sociedad hasta 700.000 euros en concepto de remuneración sin acuerdo previo de la junta mientras se mantuvo como administrador de la sociedad (abandonó la sociedad para continuar por separado su actividad profesional en septiembre de 2013), alegación que no podemos compartir, dado que una cosa es la remuneración como administrador o por servicios profesionales prestados y otra bien distinta la disposición de fondos procedente de activos de la sociedad sin justificación alguna.

Por lo expuesto, debemos desestimar el recurso del demandado.

Si bien existe un incumplimiento de contrato, no se acredita que estemos ante un ilícito orgánico imputable a los administradores, por lo que se desestima la acción social de responsabilidad

AP Barcelona, Sec. 15.ª, 490/2017, de 23 de noviembre. Recurso 72/2017

SP/SENT/933704

---

15. En nuestro caso, no solo no se citaba como hecho ilícito la falta de liquidación ordenada, sino que, en lógica consecuencia, tampoco existía en la demanda ninguna justificación añadida que permitiera establecer ese punto de partida a partir del cual aplicar las reglas sobre la carga de la prueba. Por tanto, el error cometido por el juzgado mercantil ha sido doble: (i) apreciar un acto ilícito que no se le había invocado; y (ii) considerar acreditado un nexo que no podía estarlo.

SEXTO. 16. La cuestión que plantea el ilícito invocado en la demanda consiste, en primer lugar, en si puede ser considerado como un ilícito orgánico. Como hemos visto en el fundamento anterior, la STS de 13 de julio de 2016 exige que el ilícito invocado en la demanda pueda ser considerado como "orgánico", es decir, como un acto del administrador en cuanto tal. Lo que con ello se trata es de deslindar la responsabilidad del administrador de la responsabilidad de la sociedad; no todo acto ilícito de la sociedad es susceptible de generar la responsabilidad del administrador sino solo aquellos que tengan la condición de actos propios del administrador, es decir, actos realizados como administradores no como simples representantes de la sociedad.

17. El Tribunal Supremo lo expresa en la Sentencia de 18 de abril de 2016 en los siguientes términos:

"Con carácter general, debemos recordar que no puede recurrirse indiscriminadamente a la vía de la responsabilidad individual de los administradores por cualquier incumplimiento contractual de la sociedad. De otro modo supondría contrariar los principios fundamentales de las sociedades de capital, como son la personalidad jurídica de las mismas, su autonomía patrimonial y su exclusiva responsabilidad por las deudas sociales, u olvidar el principio de que los contratos solo producen efecto entre las partes que los otorgan, como proclama el art. 1.257 CC (sentencias 131/2016, de 3 de marzo; y 242/2014, de 23 de mayo)".

Y en la Sentencia 242/2014, de 23 de mayo, el TS afirmaba lo siguiente:

"La responsabilidad de los administradores en ningún caso se puede conectar al hecho objetivo del incumplimiento o defectuoso cumplimiento de las relaciones contractuales, convirtiéndolos en garantes de las deudas sociales o en supuestos de fracasos de empresa que han derivado en desarreglos económicos que, en caso de insolvencia, pueden desencadenar otro tipo de responsabilidades en el marco de otra u otras normas. Pero en el presente caso, la responsabilidad directa de los administradores proviene del carácter imperativo de la norma que han incumplido y de la importancia de los intereses jurídicos protegidos por dicha norma. Ello supone que incumbe a los administradores asegurarse del cumplimiento de esta exigencia legal, y que su incumplimiento les sea directamente imputable".

18. Por tanto, no basta con un incumplimiento contractual, que solo podría determinar la responsabilidad de la sociedad, sino que hace falta un plus que permita imputar el incumplimiento de forma directa a los administradores. No creemos que en el caso enjuiciado concurra ese plus que permita justificar la idea de que estamos ante un ilícito orgánico imputable a los administradores, particularmente cuando la deuda procede de un contrato civil que es cierto que resultó incumplido, aunque no que constituyera un simple instrumento para defraudar los derechos del demandante. La resolución firme que declaró la existencia del crédito del demandante frente a la sociedad también refiere que el contrato se inserta dentro de unas relaciones más complejas entre la sociedad y el Sr. Balbino y con sociedades de este en situación de concurso que podrían explicar razonablemente la existencia de ese contrato más tarde incumplido. Por tanto, estamos ante un simple incumplimiento contractual que determinó la devolución de prestaciones. De manera que ello puede justificar la responsabilidad de la sociedad, pero no la de los administradores.

Ello determina que debamos estimar el recurso interpuesto por el demandado Sr. Urbano y revocar la resolución recurrida desestimando íntegramente la demanda.

19. La estimación del recurso del Sr. Urbano no solo le aprovecha a él personalmente, sino que también aprovecha a los demás deudores solidarios con él, esto es, al Sr. Eulogio, a pesar de que personalmente no recurriera. La razón se encuentra en la propia naturaleza de la obligación, que es común a todos ellos, de manera que no puede declararse existente respecto de uno y no del otro. La doctrina ha entendido que el principio de unicidad del

fallo, que tiene su apoyo en el derecho material, impide que sea distinta la solución que se dé en el proceso para cada uno de los deudores solidarios, cuando es contraria a la naturaleza propia de la obligación. De manera que, para evitarlo, se ha considerado que los actos de un litisconsorte pueden aprovechar a los demás y los actos perjudiciales pueden resultar ineficaces incluso para su autor.

Acción social de responsabilidad: es manifiestamente perjudicial para la sociedad gravar su patrimonio con hipotecas y constituir fianza personal para garantizar las deudas de la sociedad del administrador, pagar el IBI y la limpieza de la nave

AP A Coruña, Sec. 4.ª, 369/2017, de 7 de noviembre. Recurso 419/2017

SP/SENT/932319

Con carácter previo es necesario destacar que es persona jurídica vinculada al administrador de la entidad Talleres Hermanos Novo, S. L., la mercantil Hermanos Novo, S. L. Unipersonal al ser titularidad única de D. Luciano, por la que concurre en su persona un indiscutible conflicto de intereses, que le obligaba a priorizar los correspondientes a la primera de las mentadas mercantiles, en cuanto a los actos jurídicos celebrados en su condición de administrador mancomunado de aquella, así como a abstenerse de intervenir en los acuerdos o decisiones relativos a la operación a la que se refiera el conflicto (art. 229.1 II LSC). Es necesario tener en cuenta también que nos encontramos ante dos sociedades distintas, toda vez que, con respecto a Talleres Hermanos Novo, S. L., sus socios, en la proporción indicada son los tres hermanos Bárbara Luciano Estrella, mientras que la otra mercantil Hermanos Novo, S. L. corresponde exclusivamente al demandado D. Luciano. Poco importa que en vida de los padres de los litigantes las mentadas mercantiles estuvieran interrelacionadas, ahora bien, tal situación ha cambiado radicalmente a partir del momento del fallecimiento de la madre y del otorgamiento de la precitada escritura de partición y adjudicación parcial de sus bienes entre sus tres hijos litigantes en este proceso. Es por ello, que constituye un acto jurídico manifiestamente perjudicial para la sociedad Talleres Hermanos Novo, S. L. gravar su patrimonio con hipotecas y constituir una fianza personal para garantizar las deudas de la sociedad unipersonal de D. Luciano, la mercantil Hermanos Novo, S. L., como igualmente constituye un perjuicio, sin justificación, que Talleres se haga cargo del pago del IBI y de los gastos de limpieza de la nave que tiene arrendada a la precitada sociedad, en contra de las condiciones contractuales del vínculo arrendaticio, que las vincula, al que precedentemente hicimos referencia, en los apartados I) y II) de la declaración de hechos probados de esta sentencia y lo dispuesto en la legislación arrendaticia. En relación con la alegada autorización de la Junta General de Socios para avalar a Hermanos Novo, en la escritura de 12 de diciembre de 2011, según Junta Universal de 9 de diciembre de dicho año, no consta la asistencia a la Junta de la actora, que la niega, y la sociedad es incapaz de aportar su libro de actas, al manifestar que se extravió a consecuencia de un robo. En cualquier caso, el codemandado no debería de votar tal hipotético acuerdo, dado su evidente conflicto de intereses con Talleres como resulta de lo normado en el art. 190.1 de la LSC e igualmente con la obligación de abstenerse de participar en tal autorización como administrador (art. 229.1 II LSC). Por otra parte, el art. 236,2 señala que "*en ningún caso exonerará de responsabilidad la circunstancia de que el acto o acuerdo lesivo haya sido adoptado, autorizado o ratificado por la junta general*". Ni tampoco la circunstancia de la aprobación de las cuentas anuales (art. 238.4 LSC).

La conducta del consejero delegado, plenamente diligente y prudente ante la situación irregular de los terrenos que estaba ocupando la sociedad, descarta la estimación de la acción social de responsabilidad

AP Girona, Sec. 1.ª, 270/2017, de 18 de julio. Recurso 699/2016

SP/SENT/928741

A la vista dels antecedents que acabem de relatar, coincidim plenament amb el jutge d'instància que la conducta del conseller-delegat de SEMURSA no ha estat il·lícita, sinó que ha estat plenament diligent i prudent davant la situació irregular dels terrenys que estava ocupant la dita societat. Així, a la vista del clar informe dels serveis jurídics de la Diputació als quals ens hem referit, la situació en aquell moment era indiciària d'una clara ocupació (total o parcial), segons hauria de determinar l'amidament d'un perit expert.

La desviación injustificada de fondos sociales realizada por parte del administrador demandado ha generado graves perjuicios a la sociedad y justifica la estimación de la acción social de responsabilidad

AP Guipúzcoa, Sec. 2.ª, 195/2017, de 30 de junio. Recurso 2139/2017

SP/SENT/919549

En efecto, el Juzgador de instancia ha examinado el informe obrante en los autos y aportado por la entidad Tornillería Oruesagasti, S. A., pues ningún otro informe contradictorio ha sido aportado a los autos por el apelante, ha analizado dicho informe que ha sido emitido por el perito D. Valeriano, que ha intervenido en el procedimiento y que lo ha ratificado en el acto del juicio, ha tomado en consideración lo que en el mismo se expone, dados los conocimientos técnicos que tiene el mismo acerca de la materia que le ha sido sometida a su consideración y la circunstancia de que ha examinado toda la documentación que a él le ha sido entregada al efecto, y ha estimado razonables las consideraciones que ofrece en él y las conclusiones que alcanza, teniendo en cuenta, como muy bien se indica en la citada resolución, que el mencionado perito ha sido incluso cauteloso en el momento de emitir su informe, eliminando del mismo cualquier importe que no se encontrase adecuadamente justificado mediante la documental de la que ha dispuesto.

Y, dado que con las alegaciones vertidas por D. Diego en su escrito de recurso no se ha desvirtuado, como ya se ha indicado previamente, la valoración verificada de esa prueba en la sentencia de instancia, dado que el mismo tan solo ha pretendido sustituir el objetivo criterio expuesto por el Juez a quo en esa resolución por el suyo propio y subjetivo, no puede por menos que concluirse que ha de ser aceptada dicha valoración en todos sus extremos y, por ello, sin introducir en la misma modificación alguna, y ha de ser confirmado el pronunciamiento contenido al respecto en la sentencia de instancia.

OCTAVO. Y, precisamente por todas esas razones expuestas, tampoco puede tomarse en consideración la alegación que el mencionado apelante efectúa en su escrito de recurso, en el sentido de que se ha producido la infracción de las normas reguladoras de las sentencias y vulneración del artículo 217 de la LEC y de la carga de la prueba, pues en la sentencia se le imputa la cantidad de 137.600 € en concepto de cheques, cobrados supuestamente por él, pero la demandante no ha presentado ni una sola prueba que demuestre que dichos cheques han sido cobrados por su parte, y lo mismo ocurre con la imputación de una disposición en efectivo por importe de 12.000 €, y de que la sentencia establece que no se ha justificado de la prueba practicada el pago de horas extraordinarias después de 2008, pero quedó claro en el acto de juicio que las formas de pago de las horas extras era en metálico, sin reflejo en la nómina, no solo debido a que nada se ha justificado en cuanto a tales extremos por parte del apelante D. Diego, sino, además, por cuanto que dichas alegaciones han quedado totalmente desvirtuadas con la prueba pericial aportada por la parte actora y obrante en el procedimiento, a la que ya se ha aludido.

En efecto, el importe a que ascienden las cantidades desviadas por D. Diego desde las cuentas de la sociedad a cuentas propias y dispuestas por él y de las que se ha beneficiado, con el consiguiente perjuicio de la sociedad, sin que se haya acreditado el pago de horas extraordinarias al año 2008, pues ni siquiera se ha justificado la realización de las mismas con posterioridad a esa fecha, ha quedado perfectamente determinado de la prueba pericial a la que ya se ha hecho mención en forma suficiente en los anteriores Fundamentos de Derecho y que, como ya se ha precisado, ha sido analizada con toda corrección por el Juez a quo en su resolución, siendo así que en la misma ya se hace referencia a que las cantidades abonadas por él por medio de cheques ya han sido debidamente descontadas del montante reclamado.

NOVENO. Y tampoco puede tomarse en consideración la alegación que D. Diego ha efectuado en su escrito de recurso, en el sentido de que se ha procedido a ocultar prueba de forma deliberada, ya que no se ha aportado toda la documentación solicitada, y que no parece casual que únicamente se aporten documentos del período en el que ya no era administrador de la empresa, y, a mayor abundamiento, tampoco han aportado ningún justificante de destrucción de documentos por una empresa especializada, por lo que se le ha producido una clara indefensión, vulnerando su derecho a una tutela judicial efectiva, por cuanto que no solo se da la circunstancia de que la mencionada documental ha sido aportada a los autos por parte de la entidad Tornillería Oruesagasti, S. A., a instancia del mismo, sino, además, por cuanto que se da la circunstancia de que, curiosamente, no se ha verificado prueba pericial alguna por su parte en relación a ella, tendente a justificar sus aseveraciones, y ni siquiera tendente a justificar, de alguna forma, esa supuesta imposibilidad de emitir el oportuno informe sobre ella y sobre su contenido.

Desde luego, se ha sostenido por D. Diego, para justificar su recurso, que la documentación aportada es insuficiente, dado que no contiene todos los datos por él solicitados, habiéndose procedido a la ocultación de los mismos de forma deliberada y vulnerando su derecho a la tutela judicial efectiva, lo cual le ha ocasionado indefensión, pero tal alegación ha de ser terminantemente rechazada, por cuanto que no se ha justificado en modo alguno por su parte qué tipo de indefensión ha podido ocasionársele en el curso del procedimiento con la entrega, verificada a su instancia, por parte de la entidad Tornillería Oruesagasti, S. A., de más de 2.000 documentos de que disponía la misma en sus dependencias, según reconoce en su escrito de fecha 29 de Diciembre de 2016, máxime si se tiene en cuenta que no consta en los autos que en relación a cualesquiera de los referidos documentos haya verificado consideración alguna, ni que haya efectuado una prueba pericial, encaminada a desvirtuar la contundente prueba pericial aportada a los autos y que justifica, sin paliativo alguno, la reclamación verificada en su contra, a lo que ha de añadirse el dato ya mencionado de que tampoco se ha justificado que los documentos que le han sido entregados hayan de reputarse, de alguna forma, insuficientes para defender, si lo hubiera estimado oportuno y mediante el oportuno informe pericial, sus alegaciones, contrarias a la reclamación que le ha sido formulada.

En consecuencia con todo lo expuesto, y dado que, con las alegaciones ya referidas y que han sido vertidas por el citado apelante D. Diego en su escrito de recurso no se ha desvirtuado, como ya se ha indicado, la valoración que de toda la prueba practicada en el acto del juicio y que ha sido mencionada ha llevado a cabo el Juez a quo, valoración que, por el contrario, resulta de todo punto acertada, no puede por menos que concluirse que la misma ha de ser aceptada, no procediendo introducir en ella modificación alguna y procediendo, por el contrario, mantenerla en toda su extensión, con la consiguiente confirmación íntegra que ello ha de conllevar de todos los pronunciamientos contenidos en la sentencia dictada en la instancia y con la lógica desestimación del recurso de apelación que ha sido interpuesto en su contra.

Los administradores demandados transmitieron los activos de la sociedad por un precio notablemente inferior al del mercado, causando un grave daño, por lo que se estima la acción social de responsabilidad

AP Valencia, Sec. 9.ª, 393/2017, de 22 de junio. Recurso 126/2017

SP/SENT/922537

Sobre el primero de los requisitos precisos para imputar responsabilidad, existencia de un comportamiento antijurídico imputable al órgano de administración.

El comportamiento de los consejeros demandados debe de integrase por lo siguiente:

1.º Don Patricio (persona que representaba a Ocio Los Monteros, consejero delegado en su día y liquidador de la sociedad), reconoció su condición de empleado del grupo Bankia, y era *"director de liquidación en participadas"*.

2.º El socio mayoritario de Marenys era Urbanizadora Madrigal, S. A., sociedad participada únicamente por Cisa 2011, S. A., y esta, a su vez al 100 % por Banco Financiero de Ahorro, S. A., Integrada en grupo Bankia.

3.º Cuatro de los seis miembros del Consejo de administración (Encina Monteros, S.L.U., Ocio Los Monteros, S.L.U., Fincas Gestión Inmobiliaria 26001, S.L.U., y Costa Eboris, S.L.U.) son sociedades participadas por Bankia Habitat, S. L., y Bankia, S. A.

4.º Las personas que representaban a tales cuatro consejeros, tal y como señala Don Patricio, eran miembros de su equipo.

5.º La comunicación del deber de desprenderse de activos, se le comunicó al Don Patricio en "algún comité del banco", por BANKIA HABITAT.

Pese a que se sostiene por el testigo que no recibió orden alguna de BANKIA, lo cierto es que, como consejero de Marenys se limitó a cumplir de manera acrítica lo que se la había comunicado por el grupo del que era *"director del departamento de liquidación en participadas"*.

Se advierte por tanto que, lo que se llevó a cabo fue el cumplimiento de la función que tenía encomendada su departamento: la liquidación de la sociedad participada.

Trata de amparar su comportamiento (por los cuatro miembros del consejo demandados) en el cumplimiento de una orden de FROB (derivada de la DA 9.ª de Ley 9/12) que se dirigía a Bankia, no directamente a la mercantil participada.

En esta tesitura y en esta concreta operación, no se puede sostener que los integrantes del consejo de administración no actuaban bajo instrucciones del director del grupo en que estaban integrados.

Las instrucciones se recibieron y se cumplieron. Sin duda fueron muy claras para sus representantes en el consejo: vender determinados activos y por un precio concreto.

Así fue para ellos, pues no se ha mostrado en este pleito la orden de FROB ni la intervención del Banco de España.

La decisión se adoptó cumpliendo un mandato dirigido a la entidad matriz del grupo Bankia. Y el "interés del grupo" no era una decisión económica estratégica, sino el cumplimiento del deber impuesto por la normativa de urgencia.

Ello no les eximía, como administradores de Marenys, de su deber de haber explorado alternativas y acciones que hubieran pasado, en cualquier caso, por ajustar el precio de venta que, como se ha visto: i) no se ha acreditado que se estableciera por el Banco de España (no es suficiente presumirlo de la propia formalización de la compraventa); ii) es notablemente inferior al valor que le habían asignado los administradores en las cuentas del ejercicio 2011.

El propio Sr. Patricio, reconoce que *"con ojos de ahora"*, hubiera sido más sencillo disolver la sociedad y atribuir los activos a cada socio. Y reconoce que, *"a lo mejor"*, hubiera sido conveniente actualizar la tasación de activos.

Es cierto que los acontecimientos se desarrollaron rápidamente desde la primavera de 2012, pero también lo es que no costa que se exploraran otras alternativas a la vista de las graves consecuencias para la sociedad que implicaba el cumplimiento de tales instrucciones.

Este comportamiento es contrario al deber de lealtad de los administradores, comportamiento antijurídico y culposo que sirve para fundar la acción. Ese comportamiento ha sido causa directa de la salida de los activos de la sociedad por un precio notablemente inferior a su valor, lo que supone, sin duda, un daño a esta, que debe resarcirse.

No procede la acción social de responsabilidad contra administrador por mala fe de la actora cuando conoce la retribución que ha venido recibiendo y el concepto y la ha aceptado con la aprobación de las cuentas a lo largo de los años

AP Alicante, Sec. 8.ª, 138/2017, de 2 de marzo. Recurso 21/2017

SP/SENT/901296

El apelante niega tal aprobación y trae a colación tres actas que obran en autos. Y aunque es cierto que tales documentos constatan que los demandantes se han mostrado reticentes en distintos aspectos de las retribución de la administradora (en el acta de 16 de diciembre de 2015 pidiendo información en relación a los puntos del orden del día sobre la aprobación de la retribución de la administradora) es lo cierto que la cuestión sobre la retribución está en parte cuestionada por las demandantes pues, por un lado, conocen y aceptan la retribución y por otro cuestionan sin embargo la naturaleza de la misma, estando impugnados, como reconoce la apelada, los acuerdos adoptados el 16 de diciembre de 2015. Sin embargo no consta sin embargo que se hayan impugnado los acuerdos adoptados el día 17 de diciembre de 2014 que consolidan la aprobación de las cuentas correspondientes al ejercicio 2012, como tampoco los aprobatorios de las cuentas correspondientes al ejercicio 2013, hechos de los que cabe deducir que forma parte de un debate jurídico abierto el hecho de la retribución de la administradora, cuya existencia no se cuestiona pero sí su origen jurídico y por consecuencia, el cumplimiento o no de las condiciones legales previstas, según su origen, en los artículos 220 (para el caso de retribuciones por razón de servicios a la sociedad), que requiere aprobación de Junta y 217 LSC (para el caso de retribución del cargo de administrador) que exige mención estatutaria y, tras la Ley 31/2014, aprobación cuantitativa de la Junta.

Y ello es relevante, tanto para el análisis sobre la concurrencia de la buena fe [y recordemos que la jurisprudencia reconoce la incidencia de la buena fe en el ejercicio de acciones, siendo buen ejemplo la STS de 13 de abril de 2012 que señala que la buena fe es exigible en el ejercicio de la acción prevista en los artículos 262.5 de la Ley de Sociedades Anónimas y 105.5 de la de Sociedades de Responsabilidad Limitada (hoy en el 367 de la Ley de Sociedades de Capital)] como de la calificación antijurídica de la conducta de la administradora al percibir tales remuneraciones pues, respecto de lo primero (buena fe), no solo hay conocimiento de la retribución, hecho por sí solo insuficiente para apreciar mala fe o ausencia de buena fe si se prefiere en tanto no releva a la administradora de cumplir con los deberes legales en cuanto a tal aspecto, sino también aprobación, como resulta de lo antedicho, lo que ya sí es relevante; y, en cuanto a lo segundo (calificación de la retribución), por aquietamiento a una parte y pendencia a otra de la cuestión, no es dable aquí apreciar como probada la realidad de tal base antijurídica en la conducta de la administradora en lo que hace a su retribución, lo que supone negar la concurrencia de uno de los presupuestos de la acción de responsabilidad social.

No cabe la acción social de responsabilidad de la administradora social cuando no se acredita daño patrimonial con una actuación dolosa o culposa, no existiendo perjuicio por vivir consentidamente en el inmueble de la sociedad sin pagar la renta

AP Baleares, Sec. 5.ª, 20/2017, de 25 de enero. Recurso 528/2016

SP/SENT/895224

De los escritos de alegaciones (de la demandada/apelada) y de las cuentas anuales correspondientes al ejercicio 2012 (doc. 6 de la contestación) subyace que la aplicación del resultado en el primer año de la nueva gestión dio lugar al reparto de dividendos por importe de 1.101.104 euros. Se hacía imprescindible el análisis de los concretos actos en relación con el resultado de la gestión anterior para acreditar el daño al patrimonio social.

La demandada además de administradora (con intervención judicial de sus facultades por los Sres. Juan Antonio y Sr. Apolonio en extensos períodos de dicho cargo) era la esposa del tío del actual accionista único, que lo es por título sucesorio.

El causante era socio y administrador único de Sa Pleta Gran, S. A.; manifestó su voluntad de constituir en usufructuaria universal a Doña Débora. Si el usufructo de las acciones de SA PLETA GRAN, S. A. daba derecho al uso de la vivienda en el inmueble cuya titularidad pertenece a la sociedad ha sido puesto en cuestión por el heredero en las distintas instancias judiciales que han conocido este asunto.

Que por ese uso debía abonarse una renta derivado de la decisión de los órganos de gobierno de la sociedad anónima no ha sido probado, no se corresponde con la génesis de la sociedad ni con el objeto social.

El ahora administrador societario y socio reclama (a través de la sociedad anónima) a la que fue administradora el importe derivado de utilización de la propiedad, pero entre la abundante documental que aporta no inferimos dicha obligación arrendaticia como finalidad de la construcción de dicho inmueble.

El pretendido daño, cuya partida más importante la calcula por la imposibilidad de percibir rentas, no fue acreditado, porque lo cierto es que la Sra. Débora vivía en esa casa por voluntad de su esposo, y respecto a la extensión de la titularidad del derecho de usufructo, como bien resalta la sentencia apelada, dio lugar a numerosos pleitos cuya reseña es innecesaria en esta alzada por la naturaleza de la acción que se ejercita.

Esta acción requiere la acreditación de concretos hechos constitutivos omitidos en la demanda y que no resultan acreditados de la prueba practicada.

No se ha razonado sobre la disminución del valor del patrimonio social. La suma aritmética de los conceptos que pretendidamente minoran el mismo no suple la identificación de esa merma. En cuanto a la partida de mayor importancia como se ha expuesto, ni siquiera consta establecido con carácter previo la voluntad societaria de arrendar la propiedad ni en consecuencia el derecho pretendidamente perdido por las rentas reclamadas.

Aunque el resultado de las operaciones inmobiliarias realizadas por los administradores sociales no haya dado los beneficios esperados, no se aprecia una falta de diligencia que justifique la estimación de la acción social de responsabilidad

AP Madrid, Sec. 28.ª, 397/2016, de 18 de noviembre. Recurso 620/2014

SP/SENT/884613

COLONIAL sostiene que los demandados incurrieron en esta práctica proscrita por entender que la asistencia para la adquisición de sus propias acciones estaría representada por el exceso de precio que dicha entidad satisfizo al adquirir los bienes ya referenciados. Pues bien, tampoco compartimos este argumento. En efecto, sin perjuicio de no haber quedado acreditado, de acuerdo con lo razonado en los precedentes ordinales, que el precio satisfecho incurriera en el exceso que se denuncia, lo cierto es que en el caso de que tal cosa se considerase cumplidamente demostrada nos encontraríamos ante auténticos actos de liberalidad que resultarían reprochables a los demandados a título de dolo o culpa (de acuerdo con la tercera de las fuentes de ilicitud que enuncia el Art. 133-1 LSA) pero que, en la medida en que, por ello mismo, no comportaban la obligación de restituir el exceso, integrarían un tipo de asistencia que nunca podría conceptuarse como financiera. Por otro lado, la circunstancia de que se contemplase contractualmente la restitución de una parte del precio satisfecho en el supuesto de que no se cumpliesen determinados hitos urbanísticos no puede considerarse como una hipótesis de anticipo de fondos sino, de acuerdo con lo razonado en el ordinal 5.º de la presente resolución, como el fruto o resultado de una negociación que resuelve de un determinado modo la tensión existente entre los contrapuestos intereses de las partes y donde la obligación de restituir en todo o en parte los fondos recibidos no tendría –como en cualquier anticipo de fondos– carácter incondicional sino que estaría sometida al advenimiento de sucesos futuros e inciertos no dependientes de la voluntad de ninguna de las partes (frustración de las expectativas urbanísticas). En suma, es lícito examinar el eventual exceso en el precio o los pagos al contado desde la perspectiva de la diligencia de un ordenado empresario. Pero si, analizadas ambas cuestiones desde dicha óptica, no se aprecian méritos para fundar la responsabilidad invocada por la demandante, carece de sentido contemplar ambos fenómenos desde el prisma de un tipo de conducta prohibida –la asistencia financiera– que no solo sería menos lesiva para la sociedad (la asistencia financiera exige siempre y por definición la restitución por parte del asistido de la ayuda recibida, mientras que el exceso de precio comporta una auténtica liberalidad no restituible y, por su parte, las garantías acompañadas a los pagos al contado supondrían una obligación restitutoria no incondicional), sino que, además, ni siquiera se adecúa conceptualmente a las características de tales fenómenos.

DÉCIMO. Consideraciones finales.

Para concluir, dos últimas reflexiones:

1. La parte demandada ha reiterado en esta segunda instancia su punto de vista con arreglo al cual, en la medida en que las ventas litigiosas estaban funcional e inescindiblemente conectadas con segundo aumento de capital, y, en la medida en que los fondos extraídos para el pago de los bienes ingresaron en la tesorería de COLONIAL en la misma fecha en que salieron de ella (o con tan solo cuatro días de diferencia en uno de los casos), dicha mercantil no habría padecido quebranto patrimonial aun en la hipótesis de que los precios hubieran incurrido en exceso, ya que el perjuicio lo padecerían los restantes accionistas, quienes verían mermar así su participación en la riqueza latente de la sociedad en una medida no correspondiente con el contravalor real de los bienes adquiridos, todo ello en provecho de los vendedores de estos. Ahora bien, cualquiera que fuere el grado de acierto del que pudiera estar revestida esa reflexión, a través de ella nunca podría quedar cubierto el daño eventualmente derivado del incremento del impuesto sobre actos jurídicos documentados ni tampoco del daño atribuible a los pagos contractualmente diferidos que, lógicamente, no ingresaron en COLONIAL como contravalor del aumento (v. gr., los vencimientos, posteriores al aumento, de las hipotecas asumidas por COLONIAL que gravan los bienes de la operación SANCTI PETRI). De ahí que haya sido imprescindible, en todo caso, abordar el estudio completo de las cuestiones planteadas en los términos en que lo hemos hecho a través de los precedentes ordinales.

2. El fracaso del recurso de apelación, que es el resultado al que inequívocamente conducen los anteriores planteamientos en su conjunto, nos dispensa de dirimir la disquisición relativa a la concurrencia de la condición de administradores de hecho en las personas de Don Conrado y Doña Coro o la de su legitimación pasiva por aplicación de la doctrina del levantamiento del velo de la persona jurídica, toda vez que un hipotético posicionamiento favorable a las tesis de la demandante en torno a dichas cuestiones no alteraría el resultado del litigio, forzosamente adverso a sus pretensiones.

El demandado adquirió un vehículo nuevo particular entregando a cambio otro de la sociedad, pero sin ingresar correlativamente su valor, generando un claro daño a aquella que justifica la estimación de la acción social de responsabilidad

AP Huesca, Sec. 1.ª, 167/2016, de 17 de noviembre. Recurso 225/2014

SP/SENT/882299

NOVENO: 1. Respecto a la acción de responsabilidad social y comenzando por el vehículo marca BMW propiedad de NEVADOS 2001, S. L., la factura de su venta lleva fecha de 22/3/2010 (documento número 43 de la demanda –f. 565 vuelto–), un día antes de la firma del contrato privado de compraventa de las participaciones sociales. No obstante, como se aduce en el escrito de oposición al recurso (página 14), la fecha de la factura es de 22/3/2010, pero el ingreso de 10.500 euros en la cuenta contable facilitada por el concesionario de BMW data del 26/3/10 (folio 566), después de la fecha del documento privado de las participaciones, 23/3/2010. El precio total fue de 10.500 euros y una base imponible de 9.051,73 euros, lo que supuso una pérdida para NEVADOS 2001, S. L., según su propia contabilidad, de 14.574 euros, en los términos indicados en el informe pericial del Sr. Cándido (f. 366), en el que constan los siguientes conceptos:

– vehículo BMW, 32.812 (baja del coste del vehículo);

– amortización acumulada vehículos, 19.687 (estimación amortización acumulada);

– precio obtenido sin IVA, 9.051 (ver factura de venta en Anexo n.º 9);

– pérdida generada por la venta del vehículo, 4.074;

– tesorería no registrada, 10.500 (ver factura de venta en Anexo n.º 9).

2. Entendemos que la pérdida aludida en el informe pericial de 14.574 euros debe de resultar de la siguiente fórmula: 32.812 - 19.687 = 13.125; 13.125 - 9.051 = 4.074; y 10.500 + 4.074 = 14.574. Es decir, el perito suma la cantidad de 10.500 euros no ingresada en la sociedad por parte del Sr. Lucas y la pérdida contable por la propia venta del vehículo, 4.074 euros. Lo que ocurrió es que el Sr. Lucas, apoderado y administrador de hecho de la sociedad NEVADOS 2001, S. L., adquirió un vehículo nuevo particular entregando a cambio el BMW de la sociedad, pero sin ingresar correlativamente la cantidad de 10.500 euros. Los demandados deben responder de esta suma frente a NEVADOS 2001, S. L., pues no es propio de un administrador diligente aprovechar el valor de un bien propio de la sociedad.

3. En respuesta a los concretos argumentos desarrollados en el recurso, podemos añadir que es indiferente que la venta del vehículo se hubiera producido antes de la venta de las participaciones sociales y que no aparezca en el inventario de bienes de la sociedad previamente entregado, puesto que no consta que la que luego fue nueva administradora y representante de las sociedades compradoras de las participaciones hubiera consentido que el precio de la venta del automóvil no se ingresara en las arcas sociales y que, en su lugar, se compensara con el precio por la compra de un vehículo nuevo particular del Sr. Lucas.

4. En cuanto a los argumentos relativos a la existencia de un crédito o una cuenta de socios por importe de 29.629,87 euros y de un saldo en las cuentas bancarias de 47.512,79 euros, nos remitimos a lo que hemos indicado al rechazar la compensación de créditos, tanto desde el punto de vista formal como material.

5. Por otro lado, tampoco puede aceptarse la ausencia de perjuicio efectivo a la sociedad con fundamento en que "*se genera un crédito fiscal favorable a la misma al poder compensar costos fiscales por Impuesto sobre Sociedades futuros*" (página 10 del informe pericial emitido por el Sr. Roberto –f. 1052–), es decir, que se pagaría menos cantidad por el impuesto de sociedades en el futuro. Tal razonamiento no tiene en cuenta la realidad de la pérdida económica, contraria al ánimo de lucro con que las sociedades mercantiles deben actuar, al no haber ingresado el dinero correspondiente por la venta del vehículo, y tampoco tiene en cuenta que esa eventual compensación es futura e hipotética.

6. Lo expuesto solo es aplicable a la cantidad no ingresada en la tesorería de la sociedad, 10.500 euros, por la venta del coche, pero no a la pérdida contable valorada en 4.074 euros, la diferencia entre el valor inicial del vehículo, 32.812 euros, menos la amortización acumulada, 19.687 euros, y el precio del automóvil obtenido sin IVA, 9.051 euros, de acuerdo con

la fórmula antes expresada. Los 4.074 euros no suponen sino una pérdida contable que se corresponde con la realidad de la venta, pese a que su precio no fue ingresado en la sociedad, por lo que los demandados no deben responder de esos 4.074 euros y sí solo de 10.500 euros. Procede, en consecuencia, estimar parcialmente el recurso sobre el motivo analizado.

No se aprecia el supuesto daño sufrido por la sociedad actora a causa del cambio de régimen del administrador, quien pasó de ser trabajador autónomo a trabajador por cuenta ajena asimilado, debiendo desestimarse la acción social de responsabilidad

AP La Rioja, Sec. 1.ª, 181/2016, de 29 de julio. Recurso 398/2015

SP/SENT/873516

QUINTO: En cuanto al resto de alegaciones, dados los términos de las mismas, procede conocer la segunda y la tercera (folio 412 vuelto y 416), respecto al cambio régimen operado por la actora en el año 1999, pasando del régimen RETA al régimen general (especial) para trabajadores por cuenta ajena o asimilados, con referencia a diferentes años 1996, 1998, 1999, 2007, prueba practicada y falta de requerimiento de la Seguridad Social, (primero), y respecto a la argumentación esgrimida en la sentencia recurrida, en el sentido de considerar que el cambio no había supuesto daño alguno para la sociedad, (segundo), por cuanto que esta, según la sentencia, había modificado la retribución del señor Alexis para, supuestamente, computar tales cotizaciones, de lo que se discrepaba, por cuanto que no era correcto decir que la sociedad hiciese tal o cual cosa con el salario o las cantidades a percibir por el señor Alexis, pues la fijaba él como administrador, vistos los testimonios obrantes y, en concreto, de la persona, abogado laboralista, que se exponía y la discrepancia con la supuesta reducción proporcional de la retribución del señor Alexis para computar las cotizaciones.

A) Respecto a estas alegaciones, procede poner de relieve que, conforme a documentales expuestas, el demandado don Alexis, después de haber estado de alta como trabajador autónomo en fecha 1 enero 1998 pasó a encuadrarse en el Régimen General para trabajadores por cuenta ajena o asimilados situación que duró hasta enero de 2013, cuando quedó desvinculado con la empresa reclamante.

Asimismo, ha quedado acreditada la adquisición de participaciones en la entidad por parte del trabajador en el número que se ha expuesto con anterioridad.

Respecto al régimen o situación laboral debe hacerse referencia a STSJ Cataluña, Social sección 1 del 05 de noviembre de 2002, Sentencia: 6998/2002, recurso: 888/2002, conforme a la cual "... Con independencia de que el recurso no está correctamente formulado, procede entrar a su resolución, este es un tema que por lo demás la Sala ha tratado ya en varias ocasiones y la más reciente en sentencia de 20.3.02 en la que se citan otras, concluyendo al resolver sobre este tema y tratando el motivo planteado por la Tesorería General de la Seguridad Social, recurrente en ese caso contra un alta a tiempo parcial de administrador, que no procedía, expresándose en los siguientes términos:

"Son de reproducir aquí las razones que se dieron en la sentencia de esta Sala de suplicación n.º 9391/2001 de 29 de noviembre (rollo 3068/2001). En el sentido de que, en primer lugar, son conocidas las últimas reformas legislativas –con el antecedente evidente de determinadas sentencias de la Sala 4.ª del Tribunal Supremo: de 4 y 6 de junio de 1996 y 29 de enero de 1997, entre otras– sobre los problemas del encuadramiento en la S.S. de los cargos de las sociedades de capital: Ley 66/1977, de 30 de diciembre (disposición adicional 43.º, modificando la LGSS (de 1994) en su art. 97; e introduciendo la disposición adicional 27.ª). Y la Ley 50/1998, de 30 de diciembre (art. 34, uno), que modificó el art. 97, 1, letra K y adicional 27.ª de la LGSS.

Pues bien, de tal normativa resulta que, partiendo de la no exacta coincidencia del trabajo por cuenta ajena («estatutario» o no) con el ámbito de aplicación del régimen general, una determinada relación jurídica, la cual es la que liga al órgano (y sus componentes para su caso, en caso del Consejo de Administración) con la sociedad –y calificable de mercantil–, puede considerarse actividad comprendida en el sistema de la Seguridad Social. En el caso enjuiciado, «como asimilados a trabajadores por cuenta ajena», los Administradores societarios, pasan a encuadrarse en el Régimen General: cumplidas determinadas condiciones –en su caso, encuadrables en el RETA–.

Es por ello por lo que la demandada Tesorería procedió a excluir al demandante individual de la posibilidad de estar encuadrado en el Régimen General, como contratado «a tiempo parcial».

Posibilidad que como entendió no está prevista legalmente –Ex actual art. 12 del Estatuto de los Trabajadores– para aquella relación que vincula al administrador societario con la correspondiente sociedad de capital.

Debe advertirse, además, que una cosa es la referida relación «orgánico-social» y otra la propia del personal de alta dirección, regida por el Real Decreto 1382/1985, de 1.º de agosto.

Es por ello por lo que entendemos que las razones expuestas no contradicen la doctrina sentada por la sentencia de la Sala 4.º del Tribunal Supremo de 4 de febrero de 1997, resolviendo un recurso de casación para la unificación de doctrina (recurso 2277/1996): admitiendo la posibilidad de contrato a tiempo parcial del gerente de una empresa. Posibilidad asimismo reconocida en sentencias de esta Sala de suplicación; entre otras, en sentencia n.º 5705/93, de 8 de octubre (rollo 1486/93) y en sentencia n.º 7751/96, de 26 de noviembre (rollo 2470/96)".

En este caso concreto, de los incombatidos hechos declarados probados se desprende que la actora era consejero administrador de la sociedad... (hecho probado primero), de manera que resulta totalmente aplicable la doctrina expresada por la Sala y que se reitera, en consecuencia, procede la confirmación de la sentencia de instancia, y la desestimación del recurso.

Conforme a STSJ Cataluña, sección primera social, del 9 de mayo de 2016, número 2850/2016, recurso 2019/2016, *"(...) relativa un supuesto en el que la parte del titular del 90 % de las participaciones sociales de la empresa ..., de modo que contó participación en la Sociedad, se había de entender que tenía el control efectivo de la sociedad, faltando los rasgos de dependencia y ajenidad típicos de la relación laboral, por lo que no debería haberse causado alta en el régimen General de trabajadores por cuenta ajena sino en el RETA".*

STS, Civil sección 991 del 13 de julio de 2016 (ROJ: STS 3433/2016 - ECLI:ES: TS:2016:3433) Sentencia: 472/2016 | Recurso: 2307/2013.

Como resumen de lo expuesto, cuando la actuación ilícita del administrador social ha perjudicado directamente a la sociedad, produciendo un quebranto en su patrimonio social o incluso su desaparición de hecho, la acción que puede ejercitarse es la acción social del art. 134 del Texto Refundido de la Ley de Sociedades Anónimas, dirigida a la reconstitución del patrimonio social, en los términos previstos en tal precepto legal en cuanto a legitimación activa, esto es, legitimación directa de la sociedad y subsidiaria, cumpliéndose ciertos requisitos, de la minoría social o de los acreedores.

La no infracción del deber de lealtad implica desestimar la acción social dada la falta de concurrencia del presupuesto habilitante para su ejercicio de modo directo

Juzgado de lo Mercantil Baleares, n.º 1, 340/2017, de 21 de julio. Recurso 919/2015

SP/SENT/921576

En el presente caso se ha determinado la no infracción del deber de lealtad, por ello no ha lugar a la acción directa de acción social dada la falta de legitimidad, o mejor dicho de concurrencia del presupuesto habilitante para su ejercicio de modo directo.

A mayor abundamiento, tampoco concurre en la legitimación subsidiaria, no ya solo la solicitud a la junta general a los efectos de someter a decisión de esta, sino que no resultando necesario ya, tampoco se solicitó de los administradores la convocatoria de la Junta para debatir sobre este extremo. Lo cual implicaría que, si el administrador no convoca, es decir, no somete la decisión a la Junta General, nace la posibilidad de ejercicio directo por los socios, al margen de lo que la mayoría pudiera haber decidido en caso de haber sido convocada.

Se hace hincapié en ello, pues en las actuaciones la parte actora aporta documentos, en virtud de los cuales requirió información al administrador y solicitó la convocatoria de junta general. Si bien, observados dichos documentos en los mismos no se refieren en modo alguno la voluntad de someter el ejercicio de la acción social a la junta, pues ni tan siquiera se deja señalada tal posibilidad. Ello inhabilita tales requerimientos de información como habilitantes para el ejercicio de la acción social.

Por lo expuesto no ha lugar entrar a valorar si concurren los presupuestos de la acción social.

Acciones derivadas del deber de lealtad.

Como establece el artículo 232 TRLSC "*El ejercicio de la acción de responsabilidad prevista en los artículos 236 y siguientes no obsta al ejercicio de las acciones de impugnación, cesación, remoción de efectos y, en su caso, anulación de los actos y contratos celebrados por los administradores con violación de su deber de lealtad*".

En el presente caso, no ha lugar a las acciones ejercitadas como consecuencia de la no consideración de la infracción del deber de lealtad.

Sin perjuicio de ello, no obsta que se haya de realizar una precisión respecto la legitimación activa para el ejercicio de las acciones de cesación, remoción y enriquecimiento injusto ejercitadas por el actor, pues la legitimación para ejercer la acción de cesación, remoción y enriquecimiento injusto a falta de norma especial, como indica el Profesor Juste Mencía, corresponde a la sociedad, como titular de la relación jurídica sobre la que versa la disputa (artículo 11 LEC) y, a falta de norma, sin necesidad de observar ningún requisito especial, como sería el previo acuerdo de ejercitarla adoptado en junta general. Por ello, en defecto disposición que se la atribuya directamente, los socios carecen de legitimación para el ejercicio de estas acciones de modo directo. Es decir, la posibilidad de ejercicio directo de la acción de responsabilidad tiene un carácter excepcional, no ya solo por su regulación específica sino porque no se ha habilitado la excepcionalidad para supuesto como el de acción de enriquecimiento injusto.

Los administradores sociales, aprovechando su condición de accionistas mayoritarios, se adjudicaron elevadas sumas de dinero en concepto de dietas y salarios, estimándose la acción social de responsabilidad

Juzgado de lo Mercantil Bilbao, n.º 1, 132/2017, de 25 de abril. Recurso 483/2016

SP/SENT/911228

La demandante dice, y prueba (con el informe pericial aportado, doc. 57 y el bloque documental 48 a 55), que los demandados cobraron en concepto de "dietas y salarios" la suma aproximada de 1.8 M de euros, cuando (i) ninguno de ellos, salvo doña Dolores (cuyos salarios cobrados no se reclaman en este pleito), lleva a cabo ninguna otra función o servicio distinto del propio de su cargo de administradores, y (ii) cuando, según el art. 21 de los estatutos sociales, la retribución de los administradores sociales, concretada en el 10 % del beneficio social, no es procedente cuando, como ha ocurrido, el resultado de todos los ejercicios sociales fue negativo.

Los demandados, que no discuten estos datos económicos, sostienen en su contestación, para defender la legalidad de las retribuciones percibidas, (i) que las cuentas anuales nunca han sido impugnadas, (ii) que el propio Sr. Gustavo (el fallecido padre de la demandante) percibía similares conceptos retributivos, y (iii) *"que lo cierto es que (los demandados) prestan servicios para la sociedad y por ello son remunerados"*.

Estas alegaciones defensivas no pueden ser acogidas: es irrelevante que las cuentas no fuesen impugnadas (cuentas que, por otro parte, parece que reflejan la imagen fiel de la sociedad, por lo que ningún motivo de impugnación existía); como también es irrelevante que otro administrador social, previamente haya cobrado retribuciones ilegales, si es que lo hizo (lo que no se demuestra); como tampoco se demuestra de ninguna forma por quien correspondía hacerlo (a los demandados), que, como dicen, presten servicios a la mercantil que deban ser retribuidos.

3. Las cantidades retiradas por los administradores demandados "a cuenta" del patrimonio social, más de 1.8 m de euros, suponen una actuación dolosa perjudicial para el interés social.

Tampoco es discutido que, como sostiene la demandante, durante años van siendo retiradas por los administradores sociales demandados distintos importes procedentes de la tesorería de la mercantil, que suman una cifra total superior a 1.8 M de euros (conclusión 6.ª del informe pericial de la actora, doc. 7).

La disposición de este efectivo por parte de los demandados no está justificada, por lo que deberán restituir estas sumas con los intereses correspondientes.

La defensa técnica de los demandados dice que se trata de *"préstamos debidamente documentados"*, sin que se *"alcance a ver dónde radica el perjuicio al patrimonio social cuando tales cuantías son perfectamente reintegrables a la sociedad y devenga un interés de mercado"*. Tampoco puede admitirse: aún sin entrar a discutir la realidad o simulación del documento privado aparecido (en las cuentas anuales de los ejercicios 2013 y 2014 siguen reflejándose los pagos "a cuenta", sin mención alguna a plazo de devolución ni intereses, según la demandante, y no ha sido cuestionado este dato), lo cierto es que ninguna amortización de tales "préstamos" ni pago de intereses se ha realizado, venciendo los mismos el 31.12.15. Y como reconoce el propio Letrado de los demandados, a "efectos dialécticos" en el trámite de conclusiones, si vencido este plazo se hubiese demostrado el impago, entonces sí que podría hablarse de perjuicio social. Correspondía a los demandados (no a la actora) probar dicho pago. Y no lo han hecho. Y no lo prueban porque no han abonado nada de las cantidades detraídas a "cuenta" que reflejan las cuentas anuales, en otro caso, hubiese sido fácil demostrarlo.

Acreditado que el administrador demandado utilizó fondos sociales para fines ajenos al objeto social, perjudicando a la sociedad, se estima la acción social de responsabilidad

Juzgado de lo Mercantil Gijón, n.º 3, 227/2016, de 8 de noviembre. Recurso 97/2016

SP/SENT/897172

Es incuestionable, que dada las singularidades y especificidades que supone el examen de la contabilidad de una persona jurídica (que es de lo que ha partido el informe pericial aportado junto con la demanda para calcular el perjuicio), al ser cuestiones técnicas, ineludiblemente hace necesario contar con el oportuno informe pericial, cuya finalidad es aportar determinados conocimientos técnicos de los que carece el tribunal, en orden a dilucidar la controversia. Esta prueba supone, como señala la doctrina, esas máximas de experiencias que son necesarias para facilitar la percepción y apreciación de hechos concretos del debate, esenciales para dilucidar la cuestión controvertida. Es esa sabiduría, experiencia y habilidad en una ciencia o arte que es necesaria para facilitar la percepción y apreciación de hechos concretos del debate, nucleares para dilucidar la cuestión controvertida. Su valoración por parte del Tribunal, de conformidad con lo establecido en el artículo 348 de la Ley de Enjuiciamiento Civil, se realizará según las reglas de la sana crítica, es decir, mediante la realización de una valoración reflexiva crítica, teniendo en cuenta los razonamientos que contengan. Si ha habido varios informes, se estará a las conclusiones mayoritarias. En el curso de esa valoración, se examinarán las operaciones realizadas por los peritos y los datos en que sustenten sus dictámenes, su competencia profesional, y las circunstancias que permitan presumir su objetividad.

Por lo tanto, dentro del conjunto probatorio, dada la índole de la cuestión objeto de debate, debe de considerarse que la prueba pericial es esencial, porque estamos ante una cuestión estrictamente de determinación probatoria, aunque no puede dejarse de vista los aspectos jurídicos de la misma. Básicamente se trata de probar los hechos que alega la actora, que entiende que el demandado, con su actuación antijurídica y negligente ha ocasionado un perjuicio calculable a la sociedad, el cual es negado por la parte demandada. Cuestión que, no es necesario recordar, exige tener en cuenta la regla de la carga de la prueba, no tanto a efecto de realizar una distribución del esfuerzo probatorio entre las partes, sino en orden a clarificar y determinar quién ha de soportar las consecuencias negativas de la falta de prueba de un hecho que sea trascendente y decisivo para resolver la contienda litigiosa, dada la vigencia del principio de adquisición procesal, en cuanto a que lo determinante es que un hecho quede acreditado con independencia de quien haya aportado el material probatorio.

Con independencia de los otros medios de pruebas aportados por las partes, importantes, pero en inferior importancia a la prueba pericial, la única practicada es la practicada a instancia de la entidad demandante. La parte demandada, que viene a reconocer la existencia de transferencias y disposiciones de dinero, se ha limitado a alegar hechos excluyentes del perjuicio alegado que no ha acreditado en absoluto y, por tanto, en nada desvirtúan lo que resulta del informe pericial que en base a la contabilidad de la empresa, apoyada en la documentación que le sirve de soporte ha calculado con prudencia valorativa un perjuicio derivado de disposiciones y gastos que no tienen relación con la actividad de la empresa y que han sido realizados directamente por el administrador demandado. La parte demandada ha tenido en su mano elaborar otra pericial o proponer que por el Juzgado se nombrara un perito que viniera a realizar el mismo análisis que ha realizado el perito nombrado por la actora, profesional del área económica contable y con suficiente formación para que su informe revista de la credibilidad necesaria en cuanto a la obtención de un determinado resultado económico y su origen.

En definitiva, dentro de las reglas de la carga de la prueba y facilidad probatoria del art. 217 de la LEC, debemos de considerar que la parte actora ha realizado la prueba que estaba en su mano para obtener el convencimiento del tribunal en cuanto a la generación de un perjuicio por la actuación del demandado: se han acreditado unas disposiciones irregulares no solo extraídas de la contabilidad, sino validadas mediante sus soportes; esa irregularidad se deriva del simple hecho de que en dicha contabilidad no consta el empleo en actividades, gastos o fines propios de la sociedad y el demandado no ha acreditado esta circunstancia que ha sido alegada por él y a él le correspondía acreditarla; por lo demás, el cálculo efectuado deriva del examen contable y su validación con la documentación, ha sido objeto de deducciones con los conceptos que suponen pagos que si se pueden considerar correctos o devoluciones de capital y ha sido determinado de forma prudente, excluyendo todo aquello que no tuviera el correspondiente reflejo documental, por lo cual ha de considerarse correcto.

Por último, y en lo que respecta al cálculo del lucro cesante se realiza con arreglo a aplicar el interés legal del dinero de las sumas dispuestas irregularmente, cálculo que también se puede considerar prudencial y que tampoco ha sido objeto de impugnación especifica en la contestación a la demanda.

Por lo expuesto, se puede considerar acreditado todo lo alegado en la demanda, en cuanto a la utilización en beneficio propio por el demandado del efectivo de la sociedad y el correlativo perjuicio para la misma, así como su cuantificación.

Aun sabiendo que adeudaba la cantidad reclamada, el administrador no lo admitió en el acto de conciliación, provocando un posterior procedimiento judicial que dañó claramente a la sociedad, estimándose la acción social de responsabilidad

Juzgado de lo Mercantil Gijón, n.º 3, 227/2016, de 8 de noviembre. Recurso 97/2016

SP/SENT/880947

Se generaron con posterioridad al dictado de la Sentencia que reconoció al actor la existencia del crédito y que no son objeto de reclamación en la presente litis. Pero lo que sin duda no se habría generado serían las costas de un procedimiento declarativo para obtener el reconocimiento de un crédito que el actor ya no se vería abocado a interponer al disponer ya de un título ejecutivo para su reclamación. Por ello, la conducta del demandado al no reconocer el crédito del actor en el acto de conciliación formulado al respecto a pesar de que era plenamente consciente de su existencia, la cual había incluso reconocido en un informe emitido como administrador de la conciliada, no se ha ajustado al Asimismo, y frente lo afirmado por la parte demandada tampoco puede admitirse que en el acto de conciliación quepa únicamente avenirse o no a lo solicitado de contrario. El artículo 471 de la Ley de Enjuiciamiento Civil de 1881, que regulaba los actos de conciliación en la fecha en la que tuvo lugar el que es objeto de juicio, permite al demandado contestar lo que crea conveniente y exhibir cualquier documento en el que funde sus excepciones. Por ello, si el demandado era consciente de que el actor ostentaba contra la mercantil que administra un crédito por el importe que reclamaba lo lógico hubiera sido reconocer expresamente dicho crédito en el acto de conciliación y, en su caso, poner de manifiesto la imposibilidad de dicha mercantil para satisfacerlo íntegramente de forma inmediata. Es decir, lo lógico y correcto sería hacer lo que tan solo dos meses después y sin que la situación económica de la sociedad hubiera experimentado alguna mejoría se realizó al allanarse a la demanda presentada por el ahora actor en lugar de contestar a la misma oponiéndose. Si el crédito del actor era indiscutido lo que procede ante una reclamación de este es reconocer su existencia. De esta manera si tras ese reconocimiento la sociedad no puede hacer frente al pago de la suma reclamada y reconocida lo más que pueden generarse son unas costas de un ulterior procedimiento de ejecución, costas que también estándar o patrón de diligencia exigible a un ordenado empresario y a un representante leal, pues no puede considerarse propio de un ordenado empresario no reconocer adeudar lo que sabe con certeza que adeuda, habiendo generado esta conducta un daño concreto a la sociedad a la que administra, que se corresponde con el importe reclamado en la litis, siendo más que previsible que si uno no se aviene a lo que se le reclama en un acto de conciliación el conciliante interponga una demanda posterior, sancionando la Ley con la imposición de costas a quien se allane a una demanda si la misma ha sido precedida de un acto de conciliación o de un requerimiento fehaciente y justificado de pago. Es decir, el demandado debía haber sido consciente de que su actuación iba a generar un daño a la sociedad que administra que se concretaría en la condena en costas de un procedimiento declarativo que contra la misma iba a interponer el actor al no haber visto estimadas sus pretensiones en el acto de conciliación celebrado a su instancia.

Las consideraciones precedentes conducen a la íntegra estimación de la demanda presentada debiendo declararse la responsabilidad del demandado como Administrador único de la mercantil SOMIO PARK, S. L., condenándole a reintegrar al patrimonio de la mercantil que administra la cantidad de once mil cuatrocientos veintiséis euros con treinta y ocho céntimos de euro (11.426,38 €), importe de los daños causados a la misma por su negligente actuación.

No procede la acción social de responsabilidad contra el administrador cuando el acuerdo de la junta de socios solo dispone ejercitar la misma y no establece las concretas conductas del administrador que se van a perseguir con la acción

Juzgado de lo Mercantil Baleares, n.º 2, 273/2016, de 1 de septiembre. Recurso 348/2015

SP/SENT/873427

Pues bien, si examinamos el acuerdo de la Junta General de ELEFANTORRE, S. L., de 17 de abril de 2015 que autoriza para el ejercicio de la acción social (documento n.º 39 de la demanda), comprobamos que si bien es cierto que identifica a la Sra. Mariana como destinataria de la acción, sin embargo, no concreta respecto de que determinada conducta o conductas antijurídicas se pretende ejercitar la acción para exigirle la reparación del daño patrimonial causado a la entidad en el ejercicio de su cargo de administradora, ya que se limita a señalar de un modo genérico e indeterminado "*Los socios acuerdan por unanimidad instar la demanda contra la entidad Ayurveda Mallorca, S. L., y la Sra. Mariana con el fin de que se declare la nulidad/resolución de los contratos suscritos entre las partes, así como ejercitar las acciones de responsabilidad contra la Sra. Mariana por la gestión y desempeño del cargo de administrador en ELEFANTORRE, S. L.*", de modo que el acuerdo así planteado permitiría que fuera el órgano de administración de la sociedad el que llenase de contenido el acuerdo, saltándose la voluntad de la Junta, que es la única con competencia para adoptarlo por haberlo querido así el legislador con arreglo a lo preceptuado en el artículo 238 TRLSC 1/2010.

En base a la doctrina expuesta en la sentencia del Tribunal Supremo que hemos transcrito más arriba, procede la desestimación de la demanda en su integridad, sin que sea necesario entrar a valorar las demás cuestiones planteadas.

Existe responsabilidad del administrador por el daño causado a la sociedad y a los socios cuando conoce y consiente operaciones de venta a precio de coste en perjuicio de la primera y a favor de su hijo

Juzgado de lo Mercantil Zaragoza, n.º 2, 178/2016, de 1 de julio. Recurso 55/2015

SP/SENT/867881

Existe una relación de causalidad entre la conducta de la demandada y el perjuicio sufrido por la sociedad que genera la obligación de resarcimiento consecuencia de la acción ejercitada en el presente caso. Como señala el TS en Sentencia de 3-9-2014: *"El art. 133.1 LSA (acción de responsabilidad de los administradores, actualmente arts. 236 y 238 LSC) que es la norma por la que han sido condenados los administradores, exige la concurrencia de distintos presupuestos: 1) una acción u omisión, causante del daño; 2) imputabilidad de dicha acción u omisión en base al ejercicio del cargo; 3) la antijuridicidad por ir su conducta en contra de las leyes, los estatutos o sin la diligencia debida; 4) la culpabilidad que se presume una vez probados los anteriores presupuestos, sin que sea necesaria la tipicidad de una norma concreta; y 5) el daño causado por la acción u omisión y su relación de causalidad (SSTS 242/2014, de 23 de mayo, 396/2013, de 20 de junio, 395/2012, de 18 de junio, entre otras)"*. La acción social de responsabilidad ejercitada tiene por finalidad el resarcimiento del patrimonio social, en tanto que la acción individual de responsabilidad busca el resarcimiento del patrimonio del acreedor (tercero) cuando se lesionan directamente sus intereses (art. 135 LSA-241 LSC). Sin embargo, los presupuestos de ambas acciones de responsabilidad son los mismos, solo cambia la finalidad de la acción. Expuestos sucintamente los presupuestos de la acción de responsabilidad de los administradores, la acción u omisión origen de responsabilidad no debe suponer siempre una violación de una norma legal concreta, pues basta que se dé el presupuesto del apartado 4) anterior, esto es, que no se actúe con la diligencia exigible de acuerdo con un ordenado empresario, y conforme a las exigencias de la buena fe, actuación que en el presente caso resulta acreditada de conformidad con lo expuesto en relación al resultado de la prueba practicada, de la que deriva el perjuicio patrimonial ocasionado a la sociedad actora, por lo que es procedente la estimación de la demanda formulada. Siendo la condena en el presente caso relativa a cantidad de dinero líquida, la misma devengará los intereses correspondientes calculados desde la interposición de la demanda sin perjuicio de lo dispuesto en el artículo 576 de la LEC.

El administrador codemandado embarcó a la sociedad en un proyecto de alto coste sin cerciorarse de que el mismo pudiese llevarse a cabo, originando a la sociedad importantes pérdidas, estimándose la acción social de responsabilidad

Juzgado de lo Mercantil Baleares, n.º 2, 194/2016, de 30 de mayo. Recurso 496/2013

SP/SENT/856698

De lo expuesto en los fundamentos anteriores se concluye que existe relación de causalidad entre la actuación negligente del Sr. Arsenio Iván en el desempeño de su cargo como administrador y el daño causado a Invernostra, S.L.U., ya que el Sr. Arsenio Iván fue la primera persona de Invernostra, S.L.U., que tuvo conocimiento del "Proyecto Brickell", fue él quien (como máximo responsable en materia de participadas) hizo posible que el proyecto se presentara en el seno de Invernostra, S.L.U., y finalmente, que fuera aprobado por los diferentes órganos de Sa Nostra e Invernostra, S.L.U., hasta su aprobación definitiva en el Consejo de Administración de Invernostra S.L.U. de 21 de septiembre de 2007.

Y todo lo anterior, lo llevó a cabo sin realizar las actuaciones que en este caso eran exigibles conforme a la diligencia que debe observar un ordenado empresario, y que es inherente al cargo, esto es: no se aseguró de que la sociedad a la que Invernostra, S.L.U., iba a comprar el 25 % de sus participaciones por 50.000.000 dólares, 1201 BBD, fuera en realidad titular de los tres solares donde se proyectaban construir los edificios; no comprobó que sociedades estaban gestionando los tres proyectos inmobiliarios que en teoría debían ser gestionados 1201 BBD o filiales de esta última; no hizo nada para saber si 1201 BBD contaba con la financiación propia y ajena suficiente para poner en pie los tres proyectos inmobiliarios; no comprobó que el patrimonio personal de los Sres. Florentino Amador y Felicísimo Nicolás fuera suficiente para responder de la garantía personal que iban a prestar por valor de 50.000.000 dólares; y no ordenó que se hiciera una *due dilegence* sobre el "Proyecto Brickell" para conocer el grado de viabilidad del mismo.

Es obvio que si el Sr. Arsenio Iván hubiera llevado a cabo estas actuaciones Invernostra S.L.U. nunca habría aprobado la inversión en el "Proyecto Brickell" en los términos en los que lo hizo. Sin embargo, estas actuaciones no se llevaron a cabo, lo que determinó que Invernostra S.L.U. aprobara la inversión sobre la base de supuestos de hecho que eran distintos de la realidad, y que además no se correspondían con lo expuesto en las presentaciones del proyecto en la reunión de 3 de agosto de 2007 (documentos 6 a 8 de la demanda). En consonancia con lo anterior, Invernostra, S.L.U., aprobó la inversión en la creencia de que "*La citada sociedad es propietaria a su vez de 3 sociedades las cuales gestionan cada una su respectiva promoción y tiene capitales de USD 26 millones (Emeraude I), 74 millones (Emeraude II) y 24 millones (Residences Las Vegas). La sociedad matriz es propietaria al 100 % de la torre Emeraude II y de la promoción en Las Vegas y de un 66,67 % de la torre Emeraude I*" (documento 45 de la demanda), y ello dio lugar: a que se firmaran los contratos de adquisición de las participaciones sociales de 1.201 BBD por las sociedades americanas constituidas por las sociedades españolas de Invernostra, S.L.U., (documentos 56 a 58 de la demanda) y los contratos de opción de compra y opción de venta (documentos 66 y 67 de la demanda); a que se librasen los correspondientes pagarés para el pago del precio del 25 % de las participaciones de 1.201 BBD (documento 59 de la demanda); a que estos pagarés fueran avalados (documentos 60 de la demanda); a que SA Nostra emitiera cartas de patrocinio o confort letters asegurando que Invernostra, S.L.U., asumiría el pago de los pagarés librados por las compañías norteamericanas compradoras del 25 % de 1201 BBD (documentos 80 A 82 de la demanda); y finalmente, a que los pagarés fueran abonados por Invernostra, S.L.U., una vez que habían sido descontados de diferentes entidades bancarias, y una vez llegada la fecha de su vencimiento, tal y como hemos visto en el fundamento anterior, en el que también hemos visto como la inversión realizada por Invernostra ha devenido irrecuperable.

Responsabilidad derivada de la acción individual

No existe responsabilidad individual del administrador por la contratación con marcas punteras en el sector antes de instar el preconcurso cuando al saber que no se pagaran las facturas tomó las medidas pertinentes, se trata de una mala decisión

TS, Sala Primera, de lo Civil, 679/2021, de 6 de octubre. Recurso 5882/2018

SP/SENT/1116014

La Audiencia Provincial cifra la responsabilidad del administrador en el hecho de que realizó el pedido de las mercancías, por importe de 215.776,60 €, en fecha muy próxima a la comunicación de negociaciones para evitar el concurso, por lo que no podía desconocer que no se podrían pagar, lo que constituyó, cuando menos, una conducta gravemente culposa. Y que, en el año 2014, en que se realizaron las primeras compras, el déficit patrimonial era ya de tal magnitud que podía aventurarse fácilmente que sería imposible el cumplimiento de las obligaciones contraídas.

Dicha interpretación no es acorde con la expuesta jurisprudencia de esta sala.

No consta que la operación que dio lugar a la deuda, aun siendo de un elevado importe económico, fuera fraudulenta, extraordinaria o se alejara de las pautas habituales de contratación de la sociedad; antes al contrario, la propia argumentación de la sentencia recurrida relativa a que las marcas proveedoras obligaban a comprar un gran número de género induce a pensar lo contrario.

Tampoco puede considerarse que la conducta del administrador fuera negligente en cuanto al cumplimiento de sus obligaciones legales: cuando tuvo noticia de la existencia de graves dificultades económica acudió al mecanismo preconcursal procedente y ante la inviabilidad de este, instó el concurso voluntario de la sociedad, que fue declarado fortuito.

Que a posteriori pueda considerarse que la decisión del administrador de optar por marcas punteras que le obligaban a comprar un stock de mercancía elevado fue desacertada y no atajó la situación de insolvencia de la sociedad, que acabó en su declaración de concurso, no puede derivarse en una responsabilidad individual del administrador social. Debemos recordar que la responsabilidad del administrador no se genera por el hecho de que se haya incumplido el contrato, ni tampoco por el fracaso de la empresa.

Hay responsabilidad individual de administrador porque su conducta antijurídica ocasionó un daño directo al patrimonio del banco, mediante la contravención de la obligación legal del deber de diligencia del art. 225 LSC

TS, Sala Primera, de lo Civil, 665/2020, de 10 de diciembre. Recurso 2877/2018

SP/SENT/1076528

La Audiencia Provincial, si bien parte de esta jurisprudencia, no la ha aplicado correctamente. En el caso de la litis no hay duda de que el daño causado a BBVA por el doble pago del mismo crédito a favor de Alaska, que generó a su favor un enriquecimiento injusto correlativo al empobrecimiento de la demandante, es un daño directo a esta, y no indirecto o reflejo como consecuencia del causado en el patrimonio de Alaska. Esta ha experimentado un enriquecimiento injusto y no un daño patrimonial. Es igualmente pacífica la conclusión sobre la existencia de una relación de causalidad directa entre el doble pago y el daño patrimonial sufrido por BBVA, y así se ha declarado al estimarse la acción por enriquecimiento injusto.

2. No ofrece duda tampoco la antijuridicidad de la propia situación del enriquecimiento injusto. Como declaramos en nuestra sentencia 387/2015, de 29 de junio, la razón jurídica del principio de proscripción del enriquecimiento injusto, el fundamento de que sea fuente de obligaciones (de restitución o resarcimiento), es la "*atribución patrimonial sin causa*": el que se ha enriquecido, lo ha hecho sin causa y, por ello, debe restituir al empobrecido aquello en que se enriqueció. Precisamente este fundamento justifica que los cuasicontratos (gestión de negocios y pago de lo indebido) sean considerados como una expresión del principio del enriquecimiento injusto. Manifestación de esta regla en el ámbito del Derecho positivo es el art. 1895 CC, conforme al cual "*cuando se recibe alguna cosa que no había derecho a cobrar, y que por error ha sido indebidamente entregada, surge la obligación de restituirla*".

De esta forma, su función de cláusula general de cierre parece clara, pues si, pese a que el Derecho de obligaciones aparece estructurado de tal modo en orden a impedir que no tenga lugar un desplazamiento o enriquecimiento injusto, no obstante, este se produce, entonces el alcance sistemático y complementario del principio permite que la prohibición del enriquecimiento injusto se convierta en regla sancionadora de la atribución realizada determinando la correspondiente restitución (sentencias de 21 de octubre de 2005 y 467/2012, de 19 de julio).

3. Lo que la Audiencia niega es que el hecho causal del daño responda a una conducta propia del administrador que resulte distinguible conceptualmente de la que pueda atribuirse a la sociedad representada, y que haya sido realizada con infracción de los deberes legales, estatutarios o de diligencia exigibles. Conclusión que no podemos confirmar.

Como sostiene la recurrente, la pasividad del administrador, al omitir adoptar las medidas necesarias para restituir el cobro de lo indebido por parte de la sociedad, supone un incumplimiento de su obligación de desempeñar su cargo con diligencia, que se agravó al disponer o permitir que otros dispusieran de los fondos recibidos. No es preciso para sostener esto, alterar la base fáctica del proceso y dar por probado que el beneficiario de los fondos fue el propio administrador. Sin necesidad de afirmar tal cosa, que la Audiencia no estima como hecho probado, lo relevante no es que los fondos se desviasen del propio patrimonio social (que de hecho es donde se residencia el enriquecimiento sin causa), sino que a consecuencia de este enriquecimiento, derivado de un doble pago de un mismo crédito, el administrador, a tenor de las particulares circunstancias concurrentes, incumplió su deber de diligencia, con arreglo al estándar exigible a un ordenado empresario (art. 225 LSC).

4. Es cierto que de la prueba practicada resulta que el Sr. Eusebio fue ajeno al hecho determinante del origen del segundo pago que ocasionó el enriquecimiento injusto. Hecho cuyo origen se sitúa en el error cometido por empleados del banco demandante (BBVA) al proceder al pago, a través de distintas transferencias (como banco emisor del crédito documentario) a favor de la productora Alaska (como beneficiaria de dicho crédito), de las cantidades correspondientes a las facturas emitidas por esta en el marco del contrato de producción que tenía con la Televisión Valenciana, en un momento en que Bankia ya había anticipado el abono de tales cantidades, de acuerdo con lo previamente pactado con BBVA. En la demanda se sostuvo que el Sr. Eusebio demandó expresamente en la oficina del BBVA el abono en la cuenta de la sociedad; pero este hecho no se declaró probado en la instancia, de la que resulta que fue la esposa de dicho administrador y encargada del departamento financiero de Alaska la que propició el error en el personal de la oficina bancaria, motivada por sus prisas.

No es esta, pues, una conducta a la que se pueda anudar directamente la responsabilidad del administrador, pues no es una conducta propia, ni hay constancia de que la actuación de su esposa respondiese a un mandato o instrucción de aquel. Pero, en el contexto de este enjuiciamiento, esa actuación de la directora del departamento financiero de la sociedad no puede ser ignorada como factor coadyuvante de la conclusión a que conduce la que se analiza a continuación, máxime al tener en cuenta que esa directora era la esposa del Sr. Eusebio.

5. En efecto, distinta es la consideración que debe merecer la actuación del Sr. Eusebio posterior al requerimiento notarial que le dirigió BBVA, junto con Alaska. De ese requerimiento, que ha quedado transcrito supra, resulta que el administrador demandado conoció la existencia de la situación de doble pago, y del carácter indebido del mismo. Previamente, ya tuvo conocimiento de esa misma situación a través de la comunicación que, a instancias de BBVA, le realizó Bankia para cancelar el crédito que anticipadamente esta entidad le había efectuado. Consta ya una primera negativa a dicha cancelación que, a la vista del resultado de proceso en cuanto a la acción de enriquecimiento injusto, fue injustificada. La nueva negativa a efectuar la restitución de las cantidades abonadas indebidamente (por error) no han podido justificarse ni en la existencia de alguna relación jurídica habilitadora de tales pagos, ni en una imposibilidad de afrontar el reembolso con cargo de los fondos de la sociedad.

6. Es indudable que al no realizarse el reembolso se ha producido un incumplimiento de una obligación extracontractual de restitución del enriquecimiento injusto (art. 1895 CC y sentencia 352/2020, de 24 de junio). Este incumplimiento es imputable no solo al titular de la obligación (la entidad Alaska). En las circunstancias de la litis, también es imputable a la referida conducta del administrador, pues no estamos en el caso de un mero incumplimiento de las obligaciones contractuales o legales de la sociedad administrada, sino

ante un incumplimiento vinculado a una conducta del administrador (al obviar un requerimiento claro de restitución de un pago indebido que imponía, cuando menos, una revisión de su realidad y justificación), que se traduce en una infracción nítida del deber general de diligencia que le impone la ley, pues sin causa justificada (ni de carácter jurídico, ni de imposibilidad fáctica) se niega reiteradamente a efectuar el reembolso de las cantidades cobradas indebidamente por la sociedad que administra. Y esta situación se mantiene durante un plazo de tiempo dilatado, más allá del que se pueda considerarse razonable para realizar las averiguaciones de las circunstancias concretas que permitieran, a un administrador diligente, recabar la información precisa para constatar el hecho del cobro indebido.

La antijuridicidad de esta conducta no se ve paliada (al modo de una improcedente compensación de culpas), por el hecho de que el origen del enriquecimiento injusto se sitúe en un pago indebido, realizado por error, por empleados de la propia entidad perjudicada (que, además, pudo haber sido propiciado por la directora financiera de la sociedad). En el marco negocial al que estaban vinculadas las partes (como emisor y beneficiario, respectivamente, del crédito documentario), tal conducta es contraria a las exigencias de buena fe (arts. 7.1 y 1897 CC), exigencias que se proyectan también sobre el comportamiento de quien ostenta la representación orgánica de la sociedad que obtuvo aquel lucro indebido. El principio de la buena fe no solo constituye un límite al ejercicio de los derechos, sino que también es fuente de deberes de conducta, cuya infracción es un ilícito y, como tal, fuente de responsabilidad (arts. 1101 y 1902 CC).

7. Como hemos dicho más arriba, la responsabilidad de los administradores de que trata el art. 241 LSC no es una responsabilidad objetiva, ni aquellos se convierten por méritos de ese precepto en garantes de la sociedad. Pero en el presente caso ha quedado acreditada una conducta específica y propia del administrador que ha ocasionado un daño directo al patrimonio de la demandante, y cuya antijuridicidad deriva del hecho de constituir una contravención a una obligación legal, la del deber de diligencia del art. 225 LSC, que, en consecuencia, permite apreciar en el caso la concurrencia de todos los presupuestos legales para exigir la responsabilidad directa del administrador, conforme al art. 241 LSC, según los ha interpretado la jurisprudencia de esta sala.

No hay responsabilidad individual porque se imputa al administrador la misma conducta que la AC, en sección de calificación, no consideró como irregularidad contable relevante para el conocimiento de la situación patrimonial de la sociedad

TS, Sala Primera, de lo Civil, 571/2019, de 4 de noviembre. Recurso 4162/2016

SP/SENT/1023911

Estimación del motivo. La sentencia recurrida ha estimado una acción individual de responsabilidad, ejercitada por un acreedor de la sociedad, y ha condenado al administrador a la indemnización del daño sufrido por el acreedor, que es el impago de su crédito.

Debemos reiterar la misma advertencia que hicimos en las sentencias 150/2017, de 2 de marzo, y 274/2017, de 5 de mayo:

"No puede identificarse la actuación antijurídica de la sociedad que no abona sus deudas y cuyos acreedores se ven impedidos para cobrarlas porque la sociedad deudora es insolvente, con la infracción por su administrador de la ley o los estatutos, o de los deberes inherentes a su cargo. Esta concepción de la responsabilidad de los administradores sociales convertiría tal responsabilidad en objetiva y se produciría una confusión entre la actuación en el tráfico jurídico de la sociedad y la actuación de su administrador".

A la vista de lo anterior, es necesario identificar un comportamiento propio del administrador, distinto del mero acto de no pagar el crédito, que constituya un ilícito orgánico (conducta antijurídica por infringir la Ley, los estatutos o no ajustarse al estándar o patrón de diligencia exigible a un ordenado empresario) al que pudiera imputarse la causación directa del perjuicio sufrido por el tercero, que es la falta de cobro de un crédito.

3. En el presente caso, el ilícito orgánico que se imputa al administrador no guarda tanto relación con una actuación propia del administrador que hubiera frustrado el cobro del crédito, como con una actuación dolosa o negligente que propició la generación del crédito que luego ha resultado impagado. En concreto, como afirma la sentencia recurrida, el ilícito orgánico que se imputa al administrador es:

"Una conducta de incumplimiento del deber legal de formular unas cuentas que representaran una imagen fiel de la sociedad que sirve de guía a sus clientes, también la demandante, para seguir contratando con ellos y en la confianza de que estaba en situación equilibrada sin dudas de futuro, que afectaran a la posibilidad de que el crédito generado con motivo de esa actividad resultara impagado, como de hecho lo ha sido".

Se imputa al administrador la incorrecta formulación de las cuentas anuales de los ejercicios 2007, 2008 y 2009, al haber mantenido en el activo unos créditos muy relevantes frente a otras sociedades del grupo, sin haber realizado las dotaciones o provisiones por deterioro.

Dejando a un lado el otro requisito cuestionado en el recurso, la relación de causalidad entre este comportamiento y el daño (la falta de cobro de un crédito), el recurrente niega que lo realmente ocurrido pueda calificarse de irregularidades contables que hubieran impedido conocer la situación patrimonial de la compañía.

4. A este respecto resulta muy relevante la valoración realizada por el juez del concurso de la sociedad en la sentencia de calificación, aportada durante la tramitación del recurso de casación.

Ante la pretensión de que esa misma conducta se incardinara en la tipificada en el art. 164.2.1.º LC (irregularidades en la llevanza de la contabilidad relevantes para la comprensión de la situación patrimonial y financiera de la entidad concursada) para calificar culpable el concurso de NEOC, la sentencia de calificación analiza lo realmente ocurrido y no aprecia la concurrencia de esta causa de calificación culpable. Parte de la base de que en ese tiempo (2007-2009), las sociedades deudoras iban haciendo pagos a NEOC, que se imputaban a los créditos más antiguos, y por ello los créditos contabilizados en el activo no eran tan antiguos y "*esa antigüedad no se iba arrastrando*" de año en año, con lo que concluye:

"*La base de la imputación de la irregularidad quiebra, pues se debería haber acreditado si aun contabilizando los pagos e imputándoselos a la deuda más antigua, seguía existiendo deuda de tanta antigüedad que hubiera conllevado la necesidad de realizar el correspondiente ajuste contable antes de cuando se hizo, pues recordemos la base principal de este deterioro se centra en la antigüedad de la deuda que es lo que marca su probabilidad de cobro (...). Pero es más (...), cualquier tercero que analice las cuentas de la concursada y observe como su patrimonio se compone casi en exclusiva de créditos con terceros, debe alertarse que dicho activo puede ser sumamente «volátil» ya que dependerá obviamente de la calidad del deudor, por tanto, a nadie se le puede llevar a error sobre la situación patrimonial, pues en las cuentas se observa que en definitiva el activo de la sociedad está en manos de terceros y de su capacidad de pagar lo que se le debe a la concursada*".

5. El ilícito orgánico que, en el presente caso, la sentencia de apelación imputa al administrador de NEOC coincide con la misma conducta que la administración concursal, en la sección de calificación del concurso de NEOC, pretendía fuera considerada como irregularidad contable en la llevanza de la contabilidad relevante para el conocimiento de la situación patrimonial de la sociedad, para que se declarara culpable el concurso. Conviene advertir que en este procedimiento de calificación fue parte la demandante, F. Cortés, quien llegó a apelar esa sentencia que calificaba fortuito el concurso de NEOC, aunque luego desistió del recurso.

De tal forma que si la conducta que se enjuició en la sentencia de calificación coincide con el ilícito orgánico que se le imputaba en la presente acción individual de responsabilidad al administrador de la sociedad, aquel pronunciamiento de la sentencia de calificación que no aprecia que hubiera habido irregularidad contable relevante para el conocimiento de la situación patrimonial y financiera de NEOC, afecta a un presupuesto lógico de la acción individual de responsabilidad, en la medida en que impide apreciar el ilícito orgánico que se imputaba al administrador, que el recurrente cuestiona en su recurso.

Además sobre la base de los hechos acreditados, los razonamientos de la sentencia de calificación corroboran la razonabilidad del motivo de casación. En la medida en que los créditos pendientes de cobro (frente a sociedades del grupo) que se contabilizaban en el activo no eran los mismos durante los sucesivos ejercicios económicos 2007 a 2009, pues se iban recibiendo pagos que se imputaban a los créditos más antiguos, aunque en cada ejercicio económico surgieran otros nuevos derivados de las obras que se iban realizando, no consta que existieran créditos que por su antigüedad o por su deterioro fuera necesario provisionar. Por lo que no existió un ilícito orgánico consistente en un defecto grave en la llevanza de la contabilidad susceptible de haber provocado que naciera el crédito de la demandante que luego resultó impagado.

6. La estimación del motivo conlleva la estimación del recurso de apelación en el sentido de que se tenga por desestimada la acción individual de responsabilidad y se absuelva al administrador Cornelio de las pretensiones contra él ejercitadas en la demanda.

Responsabilidad individual del administrador social, puesto que el abono injustificado de una elevada cantidad en metálico impidió al acreedor el cobro de la deuda

TS, Sala Primera, de lo Civil, 274/2017, de 5 de mayo. Recurso 3298/2014

SP/SENT/900321

No puede identificarse la actuación antijurídica de la sociedad que no abona sus deudas y cuyos acreedores se ven impedidos para cobrarlas porque la sociedad deudora es insolvente, con la infracción por su administrador de la ley o los estatutos, o de los deberes inherentes a su cargo. Esta concepción de la responsabilidad de los administradores sociales convertiría tal responsabilidad en objetiva y se produciría una confusión entre la actuación en el tráfico jurídico de la sociedad y la actuación de su administrador: cuando la sociedad resulte deudora por haber incumplido un contrato, haber infringido una obligación legal o haber causado un daño extracontractual, su administrador sería responsable por ser él quien habría infringido la ley o sus deberes inherentes al cargo, entre otros el de diligente administración.

La objetivación de la responsabilidad y la equiparación del incumplimiento contractual de la sociedad con la actuación negligente de su administrador no son correctas, puesto que no resulta de la legislación societaria ni de la jurisprudencia que la desarrolla. Esta sala ha declarado que el impago de las deudas sociales no puede equivaler necesariamente a un daño directamente causado a los acreedores sociales por los administradores de la sociedad deudora, a menos que el riesgo comercial quiera eliminarse por completo del tráfico entre empresas o se pretenda desvirtuar el principio básico de que los socios no responden personalmente de las deudas sociales. De ahí que este tribunal exija al demandante, además de la prueba del daño, tanto la prueba de la conducta del administrador, ilegal o carente de la diligencia de un ordenado empresario, como la del nexo causal entre conducta y daño, sin que el incumplimiento de una obligación social sea demostrativo por sí mismo de la culpa del administrador ni determinante sin más de su responsabilidad.

4. La sentencia recurrida no se aparta de tales requisitos jurisprudenciales, sino que, por el contrario, se adapta plenamente a los mismos. Identifica la conducta negligente en la salida injustificada del activo social de una elevada suma (en relación con la cuantía del patrimonio de la sociedad), razona que, en un contexto de liquidación de hecho, dicho abono inexplicado privó de facto a la sociedad de cualquier posibilidad de pagar el crédito de la demandante y, como veremos al resolver el segundo motivo de casación, establece la relación de causalidad entre la distracción de un activo para eludir el pago a los demás acreedores (la mencionada liquidación por vía de hecho) y el daño sufrido por la acreedora reclamante.

5. Como consecuencia de lo cual, este primer motivo de casación ha de ser desestimado.

SEXTO. Segundo motivo de casación. Nexo causal.

Planteamiento:

1. Se formula al amparo del art. 477.2.3.º LEC, por infracción de los arts. 133 y 135 LSA y de la jurisprudencia que exige un nexo causal entre la conducta negligente del administrador

y el daño producido al reclamante. Se citan como infringidas las sentencias 55/2008, de 8 de febrero, y 1311/2002, de 30 de diciembre.

2. Al desarrollarse el motivo, se aduce, sintéticamente, que la sentencia recurrida no solo no establece el nexo causal entre la conducta que se imputa a la administradora social y el perjuicio patrimonial de la demandante, sino que ni siquiera hace mención de dicha relación de causalidad.

Decisión de la Sala:

1. Ya hemos dicho que la jurisprudencia de esta Sala exige la acreditación de una relación de causalidad entre la conducta negligente imputada al administrador social y el daño producido al demandante, en este caso una acreedora de la sociedad. De acuerdo con lo cual, basta con leer el extenso tercer fundamento jurídico tercero de la sentencia recurrida para comprobar que la Audiencia Provincial sí hizo mención del nexo causal entre la conducta antijurídica del administrador y el daño directo ocasionado al tercero, que, como hemos visto, es un requisito necesario para la estimación de la acción individual de responsabilidad.

En dicho fundamento, se argumenta que el pago injustificado e inexplicado de 83.000 € a un cliente supuso un perjuicio para los demás acreedores sociales (entre ellos, la demandante), pues privó a la sociedad de un activo (una elevada cantidad de numerario, como dice textualmente la sentencia) que podría haberse empleado en pagar el crédito de la demandante y que, al haber salido indebidamente del haber social, a modo de liquidación desordenada y por vía de hecho, impidió dicho abono.

2. Como consecuencia de lo cual, la sentencia recurrida no infringe ni los preceptos legales invocados, ni la jurisprudencia citada. Por lo que este segundo motivo de casación debe seguir la misma suerte desestimatoria que el anterior.

No hay responsabilidad individual del administrador al no existir conductas imputables, puesto que el incumplimiento de los contratos de arrendamiento que generaron la deuda lo causó la insolvencia de la sociedad limitada, tras la que se declaró concurso calificado como fortuito

TS, Sala Primera, de lo Civil, 150/2017, de 2 de marzo. Recurso 2118/2014

SP/SENT/890584

Esta objetivación de la responsabilidad y esta equiparación de incumplimiento contractual de la sociedad con la actuación negligente de su administrador no es correcta, puesto que no resulta de la legislación societaria ni de la jurisprudencia que la desarrolla. Esta sala ha declarado que el impago de las deudas sociales no puede equivaler necesariamente a un daño directamente causado a los acreedores sociales por los administradores de la sociedad deudora, a menos que el riesgo comercial quiera eliminarse por completo del tráfico entre empresas o se pretenda desvirtuar el principio básico de que los socios no responden personalmente de las deudas sociales. De ahí que este tribunal exija al demandante, además de la prueba del daño, tanto la prueba de la conducta del administrador, ilegal o carente de la diligencia de un ordenado empresario, como la del nexo causal entre conducta y daño, sin que el incumplimiento de una obligación social sea demostrativo por sí mismo de la culpa del administrador ni determinante sin más de su responsabilidad.

5. La recurrente pretende atribuir a los administradores la responsabilidad por el impago de las deudas sociales de una sociedad que ha entrado en una situación de insolvencia que impide a sus acreedores cobrar sus deudas. Pero la ley, cuando ha querido imputar a los administradores la responsabilidad solidaria por el impago de las deudas sociales, ha exigido el incumplimiento del deber de promover la disolución de la sociedad o solicitar el concurso, y ha restringido esta responsabilidad a los créditos posteriores a la aparición de la causa de disolución (art. 367 LSC).

En el presente caso, en que los administradores sociales promovieron el concurso de la sociedad administrada y el concurso fue declarado fortuito, se pretende hacer responsables a los administradores de las deudas sociales, con independencia de cuál es la fecha de la deuda.

6. La sentencia recurrida ha interpretado y aplicado correctamente los preceptos legales cuya infracción se alega.

Quien ha causado el quebranto patrimonial de la demandante, al no pagar las rentas del arrendamiento, no finalizar el período pactado para el arrendamiento y no devolver las fincas arrendadas en el estado en que se encontraban cuando se inició el arrendamiento (sin entrar en si se produjeron realmente estos incumplimientos o su alcance), ha sido la sociedad Eurovalls, no sus administradores sociales. El argumento que sustenta la pretensión de la demandante, que si los administradores hubieran dado las instrucciones adecuadas tales daños no se habrían producido, es inconsistente puesto que haría en todo caso responsable a los administradores sociales del pago de las deudas que resultaran impagadas por la sociedad.

Como afirma la sentencia recurrida, la actuación antijurídica, por negligente o contraria a la diligencia exigible, de los administradores no puede consistir en el propio comportamiento, contractual o extracontractual, de la sociedad que ha generado un derecho de crédito a favor del demandante.

7. Incluso en el caso de que los administradores sociales no hubieran sido diligentes en la gestión social y hubieran llevado a la sociedad a la insolvencia (por ejemplo, con los préstamos concedidos a la filial), el daño directo se habría causado a la sociedad administrada por ellos, que habría incurrido en pérdidas, no a los acreedores sociales, que solo habrían sufrido el daño de modo indirecto, al no poder cobrar sus créditos de la sociedad. Así pues, los daños sufridos por la demandante no serían daños directos, "primarios", sino reflejos, "secundarios", derivados de la insolvencia de la sociedad Eurovalls.

8. Para que el administrador responda frente al socio o frente al acreedor que ejercita una acción individual de responsabilidad del art. 135 TRLSA, es necesario que el patrimonio receptor del daño directo sea el de quien ejercita la acción. Y no es directo, sino indirecto, el daño sufrido por el patrimonio de la sociedad que repercute en los socios o acreedores.

En este sentido, la sentencia 417/2006, de 28 de abril, declaró:

"Y ese daño directo no puede consistir en la insolvencia de la sociedad (Sentencias de 11 de octubre de 1991, de 10 de diciembre de 1996, de 21 de noviembre de 1997), pues, como ha señalado la doctrina, estos preceptos no convierten a los administradores en garantes de la sociedad, a diferencia de lo que se obtendría de una de las lecturas posibles de la acción ex artículo 262.5 LSA.

La viabilidad de la acción individual de responsabilidad requiere, pues, una lesión directa en los intereses del acreedor reclamante derivado de un acto o acuerdo (o una mera omisión, aunque más difícilmente), y exige la relación de causalidad entre daño y actuación, suponiendo una culpa, aunque bajo la presunción, que puede destruir el afectado (133.3 LSA)".

En caso de que el acreedor haya sufrido daños como consecuencia de la insolvencia de la sociedad deudora, la acción que puede ejercitarse no es por regla general la individual, sino la social, que permite reintegrar el patrimonio de la sociedad.

9. Es cierto que la jurisprudencia del Tribunal Supremo ha considerado, en determinados supuestos, que la imposibilidad del cobro de sus créditos por los acreedores sociales es un daño directo imputable a los administradores sociales.

Pero para ello es preciso que concurran circunstancias muy excepcionales y cualificadas: sociedades que por la realización de embargos han quedado sin bienes y han desaparecido de hecho, pese a lo cual los administradores, en su nombre, han seguido contrayendo créditos; concertación de servicios económicos por importe muy elevado justo antes de la desaparición de la empresa; desaparición de facto de la sociedad con actuación de los administradores que ha impedido directamente la satisfacción de los créditos de los acreedores; vaciamiento patrimonial fraudulento en beneficio de los administradores o de sociedades o personas con ellos vinculados que imposibilitan directamente el cobro de los créditos contra la sociedad, etc.

10. Ninguna de esas circunstancias excepcionales concurre en este supuesto. Como expuso la audiencia en su sentencia, los administradores demandados no actuaron con la intención de causar daño a la demandante, ni los préstamos que Eurovalls hizo a su sociedad filial, Isomat, fueron fraudulentos. Sencillamente, Eurovalls cayó en situación de insolvencia y fue declarada en concurso, que fue declarado fortuito. Como consecuencia de ello, Eurovalls no pudo cumplir sus obligaciones derivadas de los contratos de arrendamiento (continuar en el arrendamiento durante el tiempo pactado, pagar las rentas, retirar los residuos y reparar los desperfectos para entregar las fincas en buen estado a la finalización del arrendamiento).

Ni tales hechos se deben a conductas que puedan imputarse a los administradores, ni la actuación de estos, de haber sido negligente y haber llevado a Eurovalls a la insolvencia, habría causado un daño directo al acreedor, ni existe relación de causalidad entre conductas como las supuestas irregularidades contables y el quebranto patrimonial sufrido por la demandante por no poder hacer efectivos sus créditos contra la sociedad arrendataria.

Responsabilidad individual de los miembros del Consejo Rector de la Cooperativa, pues el cierre *de facto*, sin acordar disolución ni ordenada liquidación, impidió el pago de la deuda contraída con la aseguradora

TS, Sala Primera, de lo Civil, 129/2017, de 27 de febrero. Recurso 2604/2014

SP/SENT/889941

Cuando la actuación ilícita del administrador social ha perjudicado directamente a la sociedad, produciendo un quebranto en su patrimonio social o incluso su desaparición de hecho, la acción que puede ejercitarse es la acción social del art. 134 del Texto Refundido de la Ley de Sociedades Anónimas, dirigida a la reconstitución del patrimonio social, en los términos previstos en tal precepto legal en cuanto a legitimación activa, esto es, legitimación directa de la sociedad y subsidiaria, cumpliéndose ciertos requisitos, de la minoría social o de los acreedores.

De acuerdo con la reseñada distinción lógica, para que el ilícito orgánico que supone el cierre de hecho (incumplimiento de los deberes de disolución y liquidación de la sociedad) pueda dar lugar a una acción individual es preciso que el daño ocasionado sea directo al acreedor que la ejercita. Esto es: es necesario que el ilícito orgánico incida directamente en la insatisfacción del crédito.

3. En este contexto, como ya hemos adelantado al resolver el recurso extraordinario por infracción procesal, para que pueda imputarse al administrador el impago de una deuda social, como daño ocasionado directamente a la acreedora demandante, debe existir un incumplimiento nítido de un deber legal al que pueda anudarse de forma directa el impago de la deuda social.

Es indudable que el incumplimiento de los deberes legales relativos a la disolución de la sociedad y a su liquidación, constituye un ilícito orgánico grave del administrador y, en su caso, del liquidador. Pero, para que prospere la acción individual en estos casos, no basta con que la sociedad hubiera estado en causa de disolución y no hubiera sido formalmente disuelta, sino que es preciso acreditar algo más, que de haberse realizado la correcta disolución y liquidación sí hubiera sido posible al acreedor hacerse cobro de su crédito, total o parcialmente. Dicho de otro modo, más general, que el cierre de hecho impidió el pago del crédito.

Como ya hemos adelantado en el fundamento jurídico anterior, esto exige del acreedor social que ejercite la acción individual frente al administrador un mínimo esfuerzo argumentativo, sin perjuicio de trasladarle a los administradores las consecuencias de la carga de la prueba de la situación patrimonial de la sociedad en cada momento (sentencia 253/2016, de 18 de abril).

En el presente caso, la sentencia recurrida sustenta la *ratio decidendi* de un modo concorde con la doctrina jurisprudencial expuesta. En este sentido, considera que la demanda no se limita a fundar la responsabilidad de los consejeros respecto del impago del crédito de la demandante en la falta de disolución y liquidación de la sociedad cooperativa, sino que anuda directamente dicho fundamento al cierre de facto que impidió el pago requerido.

Responsabilidad individual del administrador, porque el incumplimiento orgánico de los deberes de disolución y liquidación, mediante cierre *de facto*, impidió al acreedor social, al que se demoró el crédito con pagarés impagados, hacerlo efectivo

TS, Sala Primera, de lo Civil, Pleno, 472/2016, de 13 de julio. Recurso 2307/2013

SP/SENT/862988

De acuerdo con la reseñada distinción lógica, para que el ilícito orgánico que supone el cierre de hecho (incumplimiento de los deberes de disolución y liquidación de la sociedad) pueda dar lugar a una acción individual es preciso que el daño ocasionado sea directo al acreedor que la ejercita. Esto es: es necesario que el ilícito orgánico incida directamente en la insatisfacción del crédito.

3. En este contexto, como ya hemos adelantado al resolver el recurso extraordinario por infracción procesal, para que pueda imputarse al administrador el impago de una deuda social, como daño ocasionado directamente a la acreedora demandante, debe existir un incumplimiento nítido de un deber legal al que pueda anudarse de forma directa el impago de la deuda social.

Es indudable que el incumplimiento de los deberes legales relativos a la disolución de la sociedad y a su liquidación, constituye un ilícito orgánico grave del administrador y, en su caso, del liquidador. Pero, para que prospere la acción individual en estos casos, no basta con que la sociedad hubiera estado en causa de disolución y no hubiera sido formalmente disuelta, sino que es preciso acreditar algo más, que de haberse realizado la correcta disolución y liquidación sí hubiera sido posible al acreedor hacerse cobro de su crédito, total o parcialmente. Dicho de otro modo, más general, que el cierre de hecho impidió el pago del crédito.

Como ya hemos adelantado en el fundamento jurídico anterior, esto exige del acreedor social que ejercite la acción individual frente al administrador un mínimo esfuerzo argumentativo, sin perjuicio de trasladarle a los administradores las consecuencias de la carga de la prueba de la situación patrimonial de la sociedad en cada momento (sentencia 253/2016, de 18 de abril).

4. En nuestro caso, la demanda no se limita a fundar la responsabilidad del administrador demandado respecto del impago de los créditos de la demandante en la falta de disolución y liquidación de la sociedad deudora. Aduce que el cierre de hecho iba ligado a una demora en la exigibilidad de los créditos de la demandante, mediante la emisión de unos pagarés, y la desaparición de los activos de la sociedad, que ha impedido la satisfacción de los créditos del demandante.

Como hemos dejado constancia en el primer fundamento jurídico, consta acreditado que la sociedad Cepys cesó en su actividad, cuando menos al comienzo del año 2009, tal y como se afirma en la demanda y no ha quedado contradicho por el demandado, que era quien tiene mayor facilidad para acreditar lo contrario. Durante el año 2008, la sociedad demoró el pago de las deudas que tenía con la demandante, mediante la entrega de unos pagarés que vencían a final de año, y que resultaron impagados.

El administrador demandado no ha procedido a la disolución de la sociedad ni a la consiguiente liquidación de sus activos. Y el propio administrador, en su contestación, reconoce que la sociedad tenía cuatro vehículos susceptibles de ser embargados. Por lo que, cuando menos estos bienes debían haber sido liquidados, para hacer pago de las deudas sociales.

Frente a la alegación contenida en la demanda de que el administrador no ha procedido a la liquidación ordenada de los activos de la sociedad y que ello ha impedido el cobro de los créditos de la demandante, máxime cuando se demoró su exigibilidad mediante la emisión de unos pagarés que resultaron finalmente impagados, correspondía al administrador justificar que la disolución y liquidación ordenada de la sociedad no hubiera servido para pagar los créditos de la demandante, ordinariamente por la insuficiencia de activo.

Si partimos de la base de que el administrador venía obligado a practicar una liquidación ordenada de los activos de la sociedad y al pago de las deudas sociales pendientes con el resultado de la liquidación, y consta que existían algunos activos que hubieran permitido pagar por lo menos una parte de los créditos, mientras el administrador no demuestre lo contrario, debemos concluir que el incumplimiento de aquel deber legal ha contribuido al impago de los créditos del demandante.

En consecuencia, resulta procedente la estimación la acción de responsabilidad y condenar al administrador demandado al pago del perjuicio sufrido por la demandada como consecuencia del cierre de hecho de la sociedad deudora, que ha supuesto el incumplimiento de los deberes de liquidación ordenada de la sociedad. Perjuicio que, en este caso, a falta de prueba en contrario, viene representado por el importe de los créditos que, como consecuencia de aquel ilícito orgánico, la demandante no pudo cobrar.

Responsabilidad individual por daños como consecuencia del incumplimiento de la obligación de formular y depositar las cuentas anuales y de proceder a convocar la Junta para que adoptare el acuerdo de disolución o, en su caso, instar el concurso

AP Salamanca, Sec. 1.ª, 181/2024, de 12 de abril. Recurso 128/2022

SP/SENT/1227052

No puede eximirse de tal responsabilidad el administrador demandado tratando de derivar la misma al gestor, argumentando que no presentó este las cuentas anuales en el Registro Mercantil, pues es al administrador social y no al gestor a quien incumbe la obligación de formular las cuentas anuales y su depósito en el Registro Mercantil en plazo legal (arts. 253 y 279 TRLSC). En este caso ni siquiera acreditó el ahora apelante haber formulado las cuentas correspondientes a los ejercicios de 2016 en adelante, ya que solo se acredita la formulación de las correspondientes a los ejercicios 2014 y 2015 incorporadas al Anexo del informe pericial.

Carece de fundamento legal alguno la solicitud del apelante que se declare por este Tribunal la responsabilidad del gestor según insta de forma subsidiaria en el suplico de su recurso, la cual en modo alguno podría declararse cuando en el proceso que ha dado lugar a la sentencia apelada, únicamente se ejercitan acciones de responsabilidad frente al administrador social fundadas en el TRLSC y en el que no es parte ni puede serlo el gestor, quien carece de legitimación pasiva para soportar referidas acciones al ser únicamente legitimado pasivamente el administrador social, sin perjuicio de las acciones de repetición que pudieran corresponderle a este si considera que el gestor incurrió en mala praxis determinante de alguna responsabilidad profesional.

Tampoco puede eximirse de responsabilidad el ahora apelante, tratando de imputar la responsabilidad a quien dice que era el administrador de hecho de la sociedad, Sr. Gabriel, pues en el hipotético caso de que este fuera el administrador de hecho de la mercantil Tierra y Costa, S.L., siendo el demandado quien aparece como administrador único de la sociedad en la hoja registral de referida mercantil Tierra y Costa, S.L., es este como administrador formalmente designado quien debe asumir las obligaciones legales en orden a la convocatoria de la junta general (arts. 166 y 167 LSC), según establece la STS 420/2019, de 15 de julio, con cita de la misma Sala 721/2012, de 4 de diciembre, habiéndose declarado en esta última que: "*[a]unque no cabe descartar la posible coexistencia de administradores de derecho puramente formales con otro u otros de hecho —singularmente cuando se acredita que la designación formal tiene por objeto eludir la responsabilidad de quien realmente asume el control y gestión de la sociedad bajo la cobertura del apoderamiento—, como regla quien debe responder de los daños derivados de la administración lesiva es el administrador de derecho (Sentencias 261/2007, de 14 marzo; 55/2008, de 8 de febrero), ya que, como afirman las Sentencias 509/1999, de 7 de junio, y 222/2004, de 22 de marzo, «al existir un administrador nombrado legalmente es el auténtico responsable de la marcha de la sociedad». Máxime cuando la responsabilidad pretende derivarse de la omisión de una conducta cuyo cumplimiento no está al alcance del administrador de hecho [...]*". Todo ello, sin perjuicio de las acciones de repetición que pudieran corresponder al administrador formal frente al supuesto administrador de hecho.

Por todo lo expuesto, procede desestimar el recurso de apelación y confirmar la decisión alcanzada en la sentencia apelada por los razonamientos expuestos en la presente.

Acción individual de responsabilidad de administradores, si la sociedad se hubiera disuelto y liquidado de forma ordenada los acreedores hubieran tenido una masa activa relevante para poder satisfacer sus créditos, inversión de carga de la prueba

AP Madrid, Sec. 28.ª, 92/2024, de 8 de marzo. Recurso 706/2022

SP/SENT/1225033

La Sala considera que la sentencia de primera instancia no aplica correctamente la jurisprudencia existente sobre la materia. Es cierto que el Tribunal Supremo señaló que debe exigirse un esfuerzo argumentativo al actor para justificar la conexión causal entre el cierre de hecho y el impago de la deuda (STS 253/2016 de 18 de abril y 472/2016 de 13 de julio, invocadas por otras posteriores, como la sentencia 665/2020 de 10 de diciembre). Eso se traduce en la necesidad de alegar que, si no se hubiera producido el cierre de facto, el acreedor hubiera tenido posibilidad de cobrar con el activo existente.

3. En este caso, el actor constató en su demanda lo que tenía a su alcance: que las últimas cuentas depositadas reflejaban un activo superior a 700.000 € y que ese activo superaba al pasivo. En el escrito rector también indicó que si la sociedad se hubiera disuelto y liquidado de forma ordenada los acreedores hubieran tenido una masa activa relevante para poder satisfacer sus créditos. El demandante argumentó que nos encontramos en una situación en que, debido a la conducta del demandado, se ignora qué destino ha dado al activo.

4. El Tribunal Supremo resalta en las sentencias ya mencionadas que, una vez efectuado el esfuerzo alegatorio exigible al actor, la carga de la prueba sobre la situación patrimonial exacta al tiempo del cierre de facto debe desplazarse hacia el demandado, debido a su mayor facilidad probatoria respecto a extremos que resultan ajenos al acreedor. El demandado no ha cumplido en este caso con esa carga, dada su situación de rebeldía, por lo que la acción debe ser estimada.

Hay responsabilidad individual del administrador por liquidar de hecho la sociedad de modo no ordenado, además la hace desaparecer y deja inactiva sin seguir el proceso de liquidación legal

AP Barcelona, Sec. 15.ª, 405/2023, de 3 de julio. Recurso 100/2023

SP/SENT/1194365

En nuestro caso, la conducta antijurídica que se imputa al administrador societario consiste en no haber procedido a una liquidación ordenada de la sociedad y haber llevado a cabo una liquidación de hecho, esto es, haber procedido a hacer desaparecer la sociedad y su patrimonio sin llevar a cabo un pago ordenado de sus deudas. Hemos de compartir con la recurrente que el invocado es un ilícito orgánico del administrador susceptible de generar su responsabilidad tanto frente a la propia sociedad como frente a terceros.

8. No existe duda alguna de que tal conducta es susceptible de producir daño al acreedor en forma de insatisfacción de su crédito. En nuestro caso, eso es lo que afirma la demanda.

9. Más dudoso es si existe nexo causal. Esta exigencia se descompone en un doble requisito: de una parte, la existencia propiamente dicha de nexo; de otra, la exigencia de que se trate de un curso causal directo, esto es, no indirecto, a través de la directa lesión al patrimonio de la sociedad. Para que el ilícito orgánico que supone el cierre de hecho (incumplimiento de los deberes de disolución y liquidación de la sociedad) pueda dar lugar a una acción individual es preciso que el daño ocasionado sea directo al acreedor que la ejercita. Esto es: es necesario que el ilícito orgánico incida directamente en la insatisfacción del crédito.

Responsabilidad individual de administrador, la acreedora aporta saldos en bancos, bienes y 1 Mercedes de la sociedad deudora, si el administrador hubiera realizado ordenada disolución y liquidación, podría haber cobrado su deuda

AP Madrid, Sec. 28.ª, 461/2023, de 19 de junio. Recurso 795/2022

SP/SENT/1194835

Como ya hemos adelantado en el fundamento jurídico anterior, esto exige del acreedor social que ejercite la acción individual frente al administrador un mínimo esfuerzo argumentativo, sin perjuicio de trasladarles a los administradores las consecuencias de la carga de la prueba de la situación patrimonial de la sociedad en cada momento (sentencia 253/2016, de 18 de abril).

Si partimos de la base de que el administrador venía obligado a practicar una liquidación ordenada de los activos de la sociedad y al pago de las deudas sociales pendientes con el resultado de la liquidación, y consta que existían algunos activos que hubieran permito pagar por lo menos una parte de los créditos, mientras el administrador no demuestre lo contrario, debemos concluir que el incumplimiento de aquel deber legal ha contribuido al impago de los créditos del demandante.

En la misma línea debemos citar la sentencia del Alto Tribunal de 14 de noviembre de 2019, que señala lo siguiente: "*(...) cuando un acreedor ejercita una acción individual de responsabilidad frente al administrador de una sociedad en la que el daño o perjuicio cuya indemnización se pretende es el impago de un crédito, es muy fácil caer en el riesgo de identificar «la actuación antijurídica de la sociedad que no abona sus deudas y cuyos acreedores se ven impedidos para cobrarlas porque la sociedad deudora es insolvente, con la infracción por su administrador de la ley o los estatutos, o de los deberes inherentes a su cargo. Esta errónea concepción de la responsabilidad de los administradores sociales convertiría tal responsabilidad en objetiva y se produciría una confusión entre la actuación en el tráfico jurídico de la sociedad y la actuación de su administrador» (sentencias 150/2017, de 2 de marzo, y 274/2017, de 5 de mayo).*

Por eso venimos insistiendo que «para que pueda prosperar la acción individual es necesario identificar una conducta propia del administrador, distinta de no haber pagado el crédito, que pueda calificarse de ilícito orgánico y a la cual pueda atribuirse la causa de no haber sido satisfecho el crédito» (sentencia 580/2019, de 5 de noviembre).

Es desde esta perspectiva, desde la que la jurisprudencia ha admitido el impago de un crédito como daño o perjuicio susceptible de ser indemnizado por una acción individual. En este caso el ilícito orgánico denunciado ha sido realizar un cierre de hecho sin practicar operaciones de liquidación y una denuncia genérica de distracción de activos. En un supuesto como este la dificultad radica en apreciar una relación de causalidad entre esta conducta y el impago de la deuda, pues se precisa la constatación de la existencia de concretos activos cuya realización hubiera permitido abonar total o parcialmente la deuda. Algo que realizado hubiera servido para pagar el crédito".

En el supuesto de autos, la actora ha realizado el esfuerzo alegatorio que exige la jurisprudencia en tanto que identifica, como se pone de relieve en el propio escrito de recurso, información económica del deudor a fecha 31 de diciembre de 2012 (doc. n.º 9 de la demanda) en la que se puede observar que la entidad deudora mantenía saldos de 173.617,44 €, en Kutxabank (cuenta NÚM000) y de 1.172.174,90 €, en Caixabank (cuenta NÚM001) entre otros, aparte de un vehículo marca Mercedes del año 2006, además del índice de bienes (doc. n.º 10 de la demanda), cuando ya se había dictado la sentencia del Juzgado de 1.ª Instancia n.º 67 el 29 de noviembre de 2011, de modo que si el administrador demandado hubiera procedido a la ordenada disolución y liquidación de la sociedad, la actora hubiera podido cobrar en todo o en parte el importe de su crédito.

En lugar de proceder a la ordenada disolución y liquidación de la sociedad, que además no puede obviarse se encontraba incursa ya en el ejercicio de 2010 en causa de disolución conforme resulta del informe pericial aportado con la demanda, sustentado en el análisis de las propias cuentas presentadas en el Registro Mercantil y que además da cuenta de irregularidades contables vulneradoras de los principios de prudencia e imagen fiel con grave alteración de la situación patrimonial de la sociedad en perjuicio de terceros, al hacer desaparecer la deuda de 600.000 euros contabilizada en 2009, se abandona la sociedad a su suerte con el cese del administrador ahora recurrente, que no es inscrito sino en abril de 2013, dejándola en mano de persona que, conforme resulta del procedimiento penal, ni siquiera es consciente de haber adquirido participaciones sociales y ser administrador, resultando por lo demás inocuas la simples manifestaciones del recurrente tratando de achacar a la propia demandante el no haber cobrado la deuda, bien en función de no haber instado con prontitud una ejecución provisional o bien por no aceptar daciones en pago, que se desconoce si han sido ofrecidas y en todo caso ciertamente irrealizables sobre bienes hipotecados y embargados por terceros.

Procede en consecuencia la desestimación del recurso sin necesidad de abordar cuestión alguna sobre la acción de responsabilidad por deudas.

El impago por parte de la sociedad de sus deudas no supone que proceda la acción de responsabilidad individual frente al administrador, pues ello haría a estos responsables de las deudas sociales automáticamente, no siendo ellos los incumplidores

AP Ciudad Real, Sec. 2.ª, 206/2023, de 12 de junio. Recurso 175/2022

SP/SENT/1190210

Con carácter general, no puede recurrirse indiscriminadamente a la vía de la responsabilidad individual de los administradores por cualquier incumplimiento contractual de la sociedad o por el impago de cualquier deuda social, aunque tenga otro origen. Lo contrario supondría contrariar los principios fundamentales de las sociedades de capital, como son su personalidad jurídica diferenciada, su autonomía patrimonial y su exclusiva responsabilidad por las deudas sociales, u olvidar el principio de que los contratos solo producen efecto entre las partes que los otorgan, como proclama el art. 1257 CC.

De ahí que resulte tan importante que se identifique bien la conducta del administrador a la que se imputa el daño ocasionado al acreedor, y que este daño sea directo, no indirecto como consecuencia de la insolvencia de la sociedad.

4. No puede identificarse la actuación antijurídica de la sociedad que no abona sus deudas y cuyos acreedores se ven impedidos para cobrarlas porque la sociedad deudora es insolvente, con la infracción por su administrador de la ley o los estatutos, o de los deberes inherentes a su cargo. Esta concepción de la responsabilidad de los administradores sociales convertiría tal responsabilidad en objetiva y produciría una confusión entre la actuación en el tráfico jurídico de la sociedad y la actuación de su administrador: cuando la sociedad resulte deudora por haber incumplido un contrato, haber infringido una obligación legal o haber causado un daño extracontractual, su administrador sería responsable por ser él quien habría infringido la ley o sus deberes inherentes al cargo, entre otros, el de diligente administración.

Esta objetivación de la responsabilidad y la equiparación del incumplimiento contractual de la sociedad con la actuación negligente de su administrador no son correctas, puesto que no resultan de la legislación societaria ni de la jurisprudencia que la desarrolla.

5. El impago de las deudas sociales no puede equivaler necesariamente a un daño directamente causado a los acreedores sociales por los administradores de la sociedad deudora, a menos que el riesgo comercial quiera eliminarse por completo del tráfico entre empresas o se pretenda desvirtuar el principio básico de que los socios no responden personalmente de las deudas sociales. De ahí que se exija al demandante, además de la prueba del daño, tanto la prueba de la conducta del administrador, ilegal o carente de la diligencia de un ordenado empresario, como la del nexo causal entre conducta y daño, sin que el incumplimiento de una obligación social sea demostrativo por sí mismo de la culpa del administrador, ni determinante sin más de su responsabilidad.

Asimismo, como regla general, no cabe atribuir a los administradores la responsabilidad por el impago de las deudas sociales de una sociedad que ha entrado en una situación de insolvencia que impide a sus acreedores cobrar sus deudas. Por el contrario, cuando la LSC ha querido imputar a los administradores la responsabilidad solidaria por el impago de las deudas sociales, ha exigido el incumplimiento del deber de promover la disolución de la sociedad o solicitar el concurso, y ha restringido esta responsabilidad a los créditos posteriores a la aparición de la causa de disolución (art. 367 LSC).

Quien ha causado el quebranto patrimonial del acreedor, al no pagar su crédito, ha sido la sociedad, no sus administradores sociales. La actuación antijurídica de los administradores, por negligente o contraria a la diligencia exigible, no puede consistir en el propio comportamiento, contractual o extracontractual, de la sociedad que ha generado un derecho de crédito a favor del demandante.

La acción de responsabilidad social cuando hay insolvencia de la sociedad es para responder de los daños causados a los acreedores al darse los requisitos legales

AP Ciudad Real, Sec. 2.ª, 206/2023, de 12 de junio. Recurso 175/2022

SP/SENT/1190210

En caso de que el acreedor haya sufrido daños como consecuencia de la insolvencia de la sociedad deudora, la acción que puede ejercitarse no es por regla general la individual, sino la social, que permite reintegrar el patrimonio de la sociedad.

Es cierto que, en determinados supuestos, hemos considerado que la imposibilidad del cobro de sus créditos por los acreedores sociales es un daño directo imputable a los administradores sociales. Pero para ello es preciso que concurran circunstancias muy excepcionales y cualificadas, que en este caso no costa que se hayan producido.

Responsabilidad individual de administrador societario pues antes de declararse concurso. concluyó por insuficiencia de masa activa, había un activo que desapareció y hubiera permitido pagar el crédito del acreedor

AP Madrid, Sec. 28.ª, 327/2023, de 14 de abril. Recurso 802/2022

SP/SENT/1190790

Para seguir un orden lógico y ordenar las alegaciones efectuadas, debemos referirnos en primer lugar a la acción individual de responsabilidad, que es la que se estima en la resolución recurrida, sin necesidad de examinar la pretendida responsabilidad por deudas.

La sentencia recurrida sustenta la desaparición de hecho en una de las circunstancias alegadas en la demanda:

Del documento 4.2 de la demanda resulta que se produjeron notificaciones negativas en el domicilio social de 14 incidencias publicadas en boletines oficiales.

El recurso prescinde de lo que la sentencia considera acreditado, sin desvirtuar el hecho que permite apreciar la desaparición de facto.

Debemos recordar que la demanda contempla el hecho que considera acreditada la sentencia como elemento determinante de la desaparición de facto:

4. Imposibilidad de notificación en el domicilio social de 14 incidencias publicadas en boletines oficiales. Esta imposibilidad de notificación por los organismos oficiales acredita el cierre de hecho sin acudir a los mecanismos legales. Se adjunta informe Insight View de la compañía Iberinform (Crédito y Caución) con el resumen de incidencias como documento n.º 4.2.

Y la demanda añade además otro hecho:

6. Imposibilidad de notificación en el domicilio social en el procedimiento judicial previo al producirse la notificación negativa. Esta imposibilidad de notificación por el Juzgado

acredita el cierre de hecho sin acudir a los mecanismos legales. Se adjunta notificación negativa como documento n.º 3.4

Estas alegaciones no tuvieron respuesta en la contestación a la demanda, que se refería en realidad a la diligencia en el cumplimiento de las obligaciones legales en orden a la disolución (responsabilidad por deudas sociales).

Lo que se alegó en la contestación a la demanda respecto a la acción individual es lo siguiente:

Esto es, no corresponde aplicarle responsabilidad subjetiva, en tanto en cuanto el administrador de la sociedad tal y como quedó acreditado en el procedimiento concursal analizado, estudiado y resuelto por la correspondiente Autoridad Judicial, determinó que no existía nexo causal entre las actuaciones llevadas a cabo por el Administrador y la causa de la insolvencia. Es decir, no existe dolo, culpa o negligencia en las causas que desembocaron en la liquidación y extinción de la mercantil.

Es decir, la contestación a la demanda mezcla el presupuesto de la acción individual de responsabilidad con la insolvencia y la calificación del concurso.

Ni siquiera el concurso excluye la interposición de acción individual de responsabilidad contra el administrador social. La Ley Concursal no prevé ningún efecto de la declaración de concurso respecto de la acción individual (a diferencia de la acción de responsabilidad por deudas sociales, artículo 136.1.2.º TRLC), de tal forma que puede ser ejercitada por los terceros perjudicados, ante el juez mercantil que corresponda, al margen del concurso de acreedores.

Por otra parte, la valoración que se efectúe –únicamente a efectos de conclusión del concurso, artículo 470 TRLC, anterior a la reforma operada por la Ley 16/2022, de 5 de septiembre, actual artículo 37 ter.1.3.º TRLC– sobre la hipotética calificación, no constituye más que una previsión, sin incidencia en los presupuestos de la acción de responsabilidad individual de los administradores sociales. Lo único que podría tomarse en consideración a efectos prejudiciales son hechos que fueran declarados probados en una sentencia de calificación e incidiesen en los presupuestos de la acción de responsabilidad.

Pero es que, además, en el momento en que se declara el concurso y se procede a su simultánea conclusión estaba en vigor el artículo 176 bis.4 LC, que no contemplaba la previsión sobre la calificación culpable:

4. También podrá acordarse la conclusión por insuficiencia de masa en el mismo auto de declaración de concurso cuando el juez aprecie de manera evidente que el patrimonio del concursado no será presumiblemente suficiente para la satisfacción de los previsibles créditos contra la masa del procedimiento ni es previsible el ejercicio de acción de reintegración, de impugnación o de responsabilidad de terceros.

Y este es el precepto que reproduce el Auto por el que se declara el concurso y que acuerda, simultáneamente, su conclusión. Por lo tanto, dicha resolución ni siquiera efectuaba previsión alguna respecto a la calificación.

Lo cierto es que el recurso no se desvirtúa el hecho en el que la sentencia recurrida sustenta la desaparición de facto, por lo que debemos considerar acreditado el presupuesto de la responsabilidad individual.

El recurso se limita a alegar (apartado sexto) que la sociedad no desapareció de hecho y que fue extinguida por los mecanismos concursales. En definitiva, simplemente contradice lo que la sentencia declara probado sin desvirtuar el fundamento de la resolución y pretende justificar la inexistencia de desaparición de hecho por la solicitud de concurso cuando la solicitud no implica que la sociedad no hubiera desaparecido de hecho con anterioridad.

Por otra parte, la demanda justifica que al cierre del ejercicio 2016/2017, en fecha 31 de marzo de 2017, existían unos activos que ascendían a 5.737.449,54 euros.

Y al momento en que se declara a KARPE DEAL, S. L. en concurso (06/03/2019) se acuerda la simultánea conclusión por inexistencia de activo.

Desconocemos el destino del activo de la sociedad. Esto permite apreciar la existencia de nexo causal entre la desaparición de hecho y el daño ocasionado a la actora, pues una ordenada liquidación en lugar de la desaparición hubiera al menos permitido satisfacer parte de la deuda generada con anterioridad a la declaración de concurso, momento en que se constata la inexistencia de activo. Desde luego el hipotético deterioro de los créditos —que tampoco se justifica convenientemente— no permite sin más excluir la responsabilidad de los demandados cuando no sabemos qué ha ocurrido en concreto con activos —no solo créditos— contabilizados por más de cinco millones de euros. El recurso se limita a afirmar que, en su gran mayoría, (más de 3 millones) el efectivo cobro de los créditos dependía de terceros y que dichos activos resultaron finalmente de imposible cobro. Pero esto no se acredita, ni sabemos qué ha ocurrido con el resto del activo de la sociedad.

Por esta razón, el escrito de oposición al recurso manifiesta lo siguiente:

Sobre ello ha de decirse, en primer lugar, que no ha hecho por supuesto ni el más mínimo esfuerzo probatorio la contraparte para acreditar que los mismos no fuesen realizables. Pero es que, en segundo lugar, debemos recordar que existían otros muchos activos con los que poder responder de una deuda de 15.300 €.

Visto lo expuesto, el recurso debe ser desestimado, sin necesidad de analizar la acción de responsabilidad por deudas que se acumulaba a la demanda.

No prospera la acción de responsabilidad individual frente al administrador al no realizarse esfuerzo argumentativo sobre el nexo causal para probar que con una liquidación ordenada se habría cobrado en todo o en parte la deuda

AP La Rioja, Sec. 1.ª, 112/2023, de 24 de marzo. Recurso 373/2022

SP/SENT/1183673

En nuestro caso concreto, sentada la anterior doctrina y en orden a examinar lo alegado y probado en el presente juicio por la representación procesal de Torcuato sobre el nexo causal preciso para estimar la acción individual, hemos de señalar que no podemos considerar que la actora haya cumplido con el esfuerzo argumentativo que la exige la jurisprudencia del Tribunal Supremo, en las sentencias arriba referidas, en orden a alegar la existencia de circunstancias de las cuales se derive que existía una expectativa razonable de cobro de parte o todo de su crédito, en caso de haberse disuelto la sociedad deudora y procedido a la liquidación ordenada de su patrimonio, pues la actora se ha limitado a constatar que: "*La entidad dejó de tener actividad, pero no se disolvió. Ello, lógicamente, impidió que pudiera seguir produciendo bienes con lo que hacer frente a sus responsabilidades*".

Sin embargo al margen de alegar la desaparición de hecho de la sociedad y de afirmar la existencia de otros acreedores de la sociedad, como la Agencia Tributaria, nada se alega en la demanda sobre la existencia en el momento en que se produce la causa de disolución, que como hemos visto es junio de 2018, de activos realizables, ni de su desaparición, ni se alega nada respecto de actos de liquidación irregular por parte de los administradores, ni se nos dice en que consistió el vaciamiento patrimonial de la sociedad deudora, ni cuáles son los actos dolosos que de forma totalmente gratuita e injustificada se habrían realizado por los demandados y que habrían impedido el cobro del crédito por la actora.

Por todo lo expuesto no cabe sino concluir que la actora no cumplió con la exigencia que marca el Tribunal Supremo de efectuar un esfuerzo argumentativo sobre la concurrencia de razones específicas que justifiquen la existencia de una expectativa razonable de cobro, en el caso que se hubiera producido tras la disolución formal una liquidación ordenada de activos sociales, y por ello no puede tenerse por acreditada la concurrencia del requisito del nexo causal entre el impago de la deuda social y la falta de disolución y consiguiente liquidación ordenada.

En base a ello, procede la estimación de este segundo motivo de los recursos de apelación interpuestos.

No prospera la acción individual de responsabilidad por falta de prueba sobre la existencia de un patrimonio social que en el caso de liquidarse podría dar lugar al pago de todo o parte del crédito del actor

AP Murcia, Sec. 4.ª, 231/2023, de 2 de marzo. Recurso 113/2022

SP/SENT/1185640

La resolución apelada no aprecia esa relación de causalidad porque la parte actora no constata la existencia de patrimonio en ningún momento que pudiera dar lugar a una liquidación que hubiera procurado cuanto menos una satisfacción parcial del crédito. Ello no se ataca en el recurso, que insiste en reproducir hasta la extenuación la doctrina general centrada en el ilícito orgánico imputado (cierre de hecho) lo cual resulta prescindible, dado que no es negado por el juez a quo. Al no desvirtuar que no hubiera activos que, realizados en debida y ordenada forma, hubieran servido para pagar el crédito, ni proponerse prueba al efecto, la desestimación de esa acción es correcta.

Responsabilidad individual del administrador, cuando contrajo la deuda la sociedad gozaba de buena economía, pero al desaparecer repentinamente del tráfico mercantil, impidió al deudor la mínima posibilidad de ver satisfecho su crédito

AP Ciudad Real, Sec. 2.ª, 8/2023, de 23 de enero. Recurso 631/2021

SP/SENT/1184993

En efecto, tal y como señala la entidad apelante, en las últimas cuentas presentadas en el año 2012 de la entidad deudora, presentaba ese a tener una situación de balance equilibrado, figuraban unos activos por importe de más de seiscientos trece mil euros, de los que más de quinientos veintiocho mil lo eran en existencias, sin que con posterioridad se presentaran nuevas cuentas, desapareciendo de hecho la sociedad, a partir de finales del año 2012, como lo demuestra el bloque documental que acompaña a la demanda, sin proceder a una liquidación ordenada en la que hubiera podido hacer frente, en todo o en parte, a las deudas contraídas, entre ellas las adquiridas con la actora con anterioridad al año 2011, cuando la sociedad seguía funcionando, pero sin que se tenga un conocimiento más claro de su situación económica ni el destino de los activos mencionados máxime cuando el citado demandado paralelamente pasó a ser administrador de otra sociedad con idéntico objeto social.

En ese contexto, hemos de concluir en la responsabilidad del demandado que con una actuación poco diligente por su parte en su condición de administrador (en orden a cumplir su obligación de proceder a la liquidación ordenada de la sociedad), impidió que con el remanente del activo que restara, se atendiera en todo o en parte la deuda que mantenía frente a la demandada, concurriendo todos los requisitos exigidos en el art. 236 de la LSC Legislación citada LSC art. 236 Real Decreto Legislativo 1/2010, de 2 de julio, por el que se aprueba el texto refundido de la Ley de Sociedades de Capital. Ley 26/2003, de 17 de julio, por la que se modifican la Ley 24/1988, de 28 de julio, del Mercado de Valores, y el texto refundido de la Ley de Sociedades Anónimas, aprobado por el Real Decreto Legislativo 1564/1989, de 22 de diciembre, con el fin de reforzar la transparencia de las sociedades anónimas cotizadas. Real Decreto Legislativo 1564/1989, de 22 de diciembre, por el que se aprueba el texto refundido de la Ley de Sociedades Anónimas. (actuación culpable de los administradores –incumplimiento de su obligación de liquidación de la sociedad–, generación de un daño –el impago total de la deuda– y la relación de causalidad entre la actuación y el daño –pues con la liquidación se debía de haber abonado todo o parte de la deuda).

La estimación de la acción de responsabilidad individual contra la administración debe confirmarse por impago de deuda contenida en título judicial; hicieron desaparecer la sociedad del tráfico y sus activos sin someterse a una liquidación ordenada

AP Ourense, Sec. 1.ª, 588/2022, de 29 de julio. Recurso 811/2021

SP/SENT/1160496

El artículo 236 LSC dispone que: "*Los administradores responderán frente a la sociedad, frente a los socios y frente a los acreedores sociales, del daño que causen por actos u omisiones contrarios a la ley o a los estatutos o por los realizados incumpliendo los deberes inherentes al desempeño del cargo, siempre y cuando haya intervenido dolo o culpa.*

La responsabilidad de los administradores se extiende igualmente a los administradores de hecho. A tal fin, tendrá la consideración de administrador de hecho tanto la persona que en la realidad del tráfico desempeñe sin título, con un título nulo o extinguido, o con otro título, las funciones propias de administrador, como, en su caso, aquella bajo cuyas instrucciones actúen los administradores de la sociedad".

Señala la sentencia apelada que la deuda con la actora se había generado durante el año 2016, como en efecto resulta del período de rentas impagado (mayo a noviembre de 2016) cuya realidad no vino sino a reconocer la sentencia dictada en 7 de marzo de 2019. Pese a ello, y pese a existir unos fondos propios negativos por importe de 21.625 euros ya desde el ejercicio 2017, los administradores no convocaron la junta pertinente para acordar la disolución de la sociedad, sino hasta enero de 2019. Además de tal retraso y de la falta de viabilidad de la empresa que constituía su objeto, decidieron, de modo unilateral, abonar las deudas que mantenían con otros acreedores antes de acordar la disolución o instar el concurso de acreedores, dándoles preferencia en el cobro, en perjuicio de la actora, sin hacer reserva o provisión alguna respecto del crédito que estaba siendo judicialmente controvertido en el juicio ordinario 42/2017, tal como les constaba. Pero es que además, tal actuación de los administradores, contraria al principio de prelación de créditos, solo resulta de sus manifestaciones, sin prueba alguna que las avale, de modo que tampoco consta el destino de los fondos obtenidos mediante la explotación del negocio que constituía su objeto, en contra de una correcta administración.

En consecuencia, los administradores al acordar la disolución de la sociedad deudora, sin satisfacer el crédito que mantenían con la demandante, ni reservar fondos suficientes para hacerlo efectivo y sin dar razón del destino de los fondos sociales y haciendo pagos a otros acreedores de su elección, según alegaron, con vulneración de la "pars conditio creditorum", incurrieron en una conducta negligente que no se ajusta a las pautas de una ordenada administración y tuvo incidencia causal en la falta de satisfacción de tal obligación societaria, por lo que el pronunciamiento de la sentencia apelada debe ser confirmado.

Resulta de aplicación, como ya argumenta la sentencia apelada, la doctrina recogida en la sentencia de la Audiencia Provincial de Navarra de 13 de diciembre de 2013, conforme a la cual "*la falta de liquidación en forma del patrimonio social cuando se encuentra en situación de insolvencia es indicativo de negligencia grave de los administradores en el cumplimiento de sus deberes, que causa daño directo a los acreedores*".

La conducta de un administrador societario que hace desaparecer del tráfico a la mercantil que gestiona, volatilizando sus activos sin someterse a ningún procedimiento reglado de liquidación concursal o extraconcursal, es un claro caso de negligencia grave que lesiona los intereses de los acreedores, que tienen derecho a que sus créditos sean atendidos, en la medida de lo posible y en cualquier caso de modo ordenado bastando con demostrar además el daño sufrido por el acreedor que insta la acción individual de responsabilidad, consistente en la imposibilidad de cobrar su crédito, más el cierre de facto del establecimiento en el que radicaba la empresa deudora para que el nexo causal entre uno y otro se presuma, salvo prueba en contra del administrador demandado.

No se puede recurrir a la vía de la responsabilidad individual del administrador por el simple impago de la deuda sin demostrar una relación de causalidad con su actuar negligente, desestimándose la demanda

AP Ciudad Real, Sec. 2.ª, 242/2022, de 2 de mayo. Recurso 475/2020

SP/SENT/1156220

TERCERO. Entrando ya en el estudio del motivo impugnativo antes señalado, constituye ciertamente doctrina pacífica y constante, de la que son claro ejemplo las Sentencias del Tribunal Supremo de 31 de enero y 8 de marzo de 2007, mencionadas por la más reciente de 11 de julio de 2008, "*que la acción y por ende, la responsabilidad que prevé el artículo 262.5 LSA y 104.1 e) LSRL, es distinta en sus presupuestos y en su regulación legal a la contemplada en los artículos 135 y 133 del citado texto legal», presentando aquella un carácter abstracto o formal, o, más propiamente, «una naturaleza objetiva o cuasi objetiva*" (Sentencias TS de 25 de abril de 2002, 14 de noviembre de 2002, 6 y 28 de abril de 2006 –esta última de Pleno–, y 26 de mayo de 2006, entre otras), que determina, por regla general, que no sea preciso para apreciar la responsabilidad del administrador demandado ni la concurrencia de un reproche culpabilístico que hubiera que añadir a la constatación de que no ha habido promoción de la liquidación mediante convocatoria de la Junta o solicitud judicial de disolución, en su caso –y ahora también la solicitud de la declaración de concurso, cuando concurra su presupuesto objetivo–, ni una estricta relación de causalidad entre el daño y el comportamiento concreto del administrador, por bastar el enlace causal preestablecido en la propia norma (Sentencia TS de 28 de abril de 2006).

Asimismo y respecto a la acción cuya falta de análisis se denuncia en el recurso, siguiendo la doctrina emanada de la STS, de 18 de abril de 2016, viene entendiéndose que la acción individual de responsabilidad de los administradores supone una especial aplicación de responsabilidad extracontractual integrada en un marco societario, que cuenta con una regulación propia (art. 135 TRLSA, y en la actualidad art. 241 LSC), que la especializa respecto de la genérica prevista en el art. 1902 CC (SSTS de 6 de abril de 2006, 7 de mayo de 2004, 24 de marzo de 2004, entre otras). Se trata de una responsabilidad por "ilícito orgánico", entendida como la contraída en el desempeño de sus funciones del cargo (Sentencias 242/2014, de 23 de mayo, y 737/2014, de 22 de diciembre). Por otra parte y ello es decisivo, con carácter general, debemos recordar que no puede recurrirse indiscriminadamente a la vía de la responsabilidad individual de los administradores por cualquier incumplimiento contractual de la sociedad. De otro modo supondría contrariar los principios fundamentales de las sociedades de capital, como son la personalidad jurídica de las mismas, su autonomía patrimonial y su exclusiva responsabilidad por las deudas sociales, u olvidar el principio de que los contratos solo producen efecto entre las partes que los otorgan, como proclama el art. 1257 CC (sentencias 131/2016, de 3 de marzo; y 242/2014, de 23 de mayo). De ahí que resulte tan importante, en un supuestos como este, de impago de deudas contraídas en ejercicio ordinario del objeto social de la entidad mercantil a cuyo administrador se reclama la responsabilidad individual, que se identifique bien la conducta del administrador a la que se imputa el daño ocasionado al acreedor, y que este daño sea directo, no indirecto como consecuencia de la insolvencia de la sociedad, cosa que en el presente caso no se realiza por la parte apelante con la necesaria y suficiente concreción, al margen de la habitual referencia a los procesos de degradación patrimonial impeditivos del hallazgo de patrimonio para la satisfacción de su crédito.

En este contexto, para que pueda imputarse al administrador demandado el impago de una deuda social, como daño ocasionado directamente a la sociedad acreedora, no basta con afirmar genéricamente el impago de la deuda, deviniendo a partir de 2010 la sociedad en estado de insolvencia y dejando de cumplir con el deber de liquidar de forma ordenada la sociedad. Debe existir un incumplimiento más nítido de un deber legal al que pueda anudarse de forma directa el impago de la deuda social, máxime cuando como en el presente caso acontece la sociedad vino a depositar sus cuentas anuales hasta las correspondientes al ejercicio social de 2.017, habiendo legalizado sus libros con franca posterioridad temporal a contraer las deudas de referencia (hasta el año 2014), y no pudiéndose tampoco desconocer como durante la ETJ 726/2011 de Tomelloso 3 se vino a cobrar de la entidad ejecutada la suma total de 1.590 euros aproximadamente, de los inicialmente debidos 6.127,52 euros, todo lo que mal casa con la existencia de actos concretos y expresivos de una supuesta culpa del administrador, y ello con independencia de la final situación de insolvencia societaria enmarcada en una época de grave crisis del sector de la construcción en el que se desenvolvía la actividad societaria. De otro modo, si los tribunales no afinan en esta exigencia, corremos el riesgo de atribuir a los administradores la responsabilidad por el impago de las deudas sociales en caso de insolvencia de la compañía, cuando no es esta la *mens legis*. La ley, cuando ha querido imputar a los administradores la responsabilidad solidaria por el impago de las deudas sociales en caso de incumplimiento del deber de promover la disolución de la sociedad, ha restringido esta responsabilidad a los créditos posteriores a la aparición de la causa de disolución (art. 367 LSC y 104 y 105 LSRL). Si fuera de estos casos, se pretende, como hace la demandante en su demanda, reclamar del administrador la responsabilidad por el impago de sus créditos frente a la sociedad, debe hacerse un esfuerzo argumentativo, del que carece la demanda, por mostrar la incidencia directa del incumplimiento de un deber legal cualificado en la falta de cobro de aquellos créditos, como se acaba de argumentar.

El recurso ha de claudicar pues, en última instancia, no se evidencia la concurrencia de serias dudas de hecho o de derecho que pudieran venir a justificar un pronunciamiento distinto a la correcta aplicación del criterio del vencimiento objetivo llevada a cabo en la sentencia recurrida.

No existe responsabilidad individual por el impago de préstamo hipotecario cuando no se acredita que el perjuicio sea ocasionado por acto del administrador, sino más bien por la crisis o falta de liquidez de la sociedad

AP Girona, Sec. 1.ª, 456/2017, de 28 de diciembre. Recurso 570/2017

SP/SENT/936087

En el presente supuesto, no se acredita ningún acto de los administradores Sres. Severiano Luis Carlos que sea la causa del perjuicio del demandante por impago de su deuda.

Debe empezarse diciendo que el incumplimiento de una obligación contractual, como sería el pago de una deuda, en el presente caso, derivada de un préstamo hipotecario no es un acto ni ilegal ni contrario a los estatutos, ni siquiera infringe como tal acto la obligación de un ordenado empresario. Y ello porque el incumplimiento de tal obligación puede deberse a múltiples circunstancias, algunas de ellas derivadas de causas ajenas al funcionamiento normal de la sociedad. Así puede haber ocurrido que, como consecuencia de la crisis económica, la sociedad se encontrase con falta de liquidez para poder pagar a sus acreedores, falta de liquidez que podía derivar del incumplimiento de sus obligaciones por parte de terceros deudores de la sociedad. Nuevamente hubiera sido relevante que se hubieran aportado, por lo menos, las últimas cuentas anuales de la sociedad a fin de comprobar cuál era su balance de situación en el año 2008 así como la cuenta de pérdidas y ganancias.

Por otro lado, debe tenerse en cuenta que cuando se suscribió el contrato de préstamo se dio en garantía una finca que por su valor de tasación en el año 2008 garantizaba suficientemente el préstamo concedido, por lo que, aunque pudiera encontrarse en difícil situación económica, que la entidad crediticia podía haber comprobado debidamente si le hubiera solicitado su balance y la cuenta de resultados (y que presumiblemente solicitó), entregaba una finca que cubría el préstamo concedido. Que, o bien, porque la finca perdió valor a lo largo del tiempo, o bien, porque la ejecutante se adjudicase la finca por el 50 % del valor de tasación, al permitírselo así la Ley, ello no significa actuación negligente del administrador. Debe señalarse que no se ha acreditado que realmente el valor de la finca en la fecha de adjudicación fuera el 50 % del valor de tasación. Cierto es que legalmente al acreedor se le permite solicitar la ejecución contra el deudor por la parte del crédito no percibida, sin cuestionarse el valor real de la finca. Pero, si se pretende dirigir la acción contra el administrador de la sociedad debe probarse un perjuicio real, aparte de la relación de causalidad. Y para ello no basta con alegar que no ha podido cobrar el resto del capital prestado, los intereses y las costas.

Por último, indicar, que es cierto que no consta que los administradores hubieran realizado una liquidación ordenada de la sociedad o hubieran solicitado el concurso. Pero, aunque, así fuera, tampoco puede deducirse que por el incumplimiento de tales obligaciones el demandante no ha cobrado la parte de su crédito que dejó de percibir tras la ejecución de la finca. Y como se ha indicado, entre el incumplimiento de las obligaciones del administrador y el daño, debe darse la relación de causalidad. Para poder afirmar que existe relación de causalidad era necesario que los administradores hubieran actuado negligentemente ocultando o sustrayendo el patrimonio de la sociedad. Y al respecto debe destacarse que el demandante no aportó las últimas cuentas anuales, por lo que se ignora si en las última presentadas tenía o no patrimonio. Es cierto que desde la presentación de las última cuentas hasta que resultó impagado parte del crédito tras la adjudicación de la finca hipotecada transcurrieron varios años, sin embargo, debe destacarse que durante más de tres años se estuvo devolviendo el préstamo y que pudiera ser que también se pagaran otras deudas (aunque se ignoran si las había o no, pero podía haberse conocido si se hubieran aportado las últimas cuentas anuales) y que tras pagarlas no hiciera falta ni liquidar la sociedad ni solicitar el concurso, pensando que con la garantía hipotecaria se podía pagar el capital prestado y, nuevamente, debe reiterarse que formalmente el valor de la finca garantizaba la totalidad del préstamo y que no se ha demostrado que realmente el valor de la misma fuera el 50 % del valor de tasación por el que el BBVA se la adjudicó.

No hay responsabilidad de los administradores por vender un inmueble social y destinar el precio a levantar embargos y pagar deudas a sociedades y personas vinculadas cuando no se prueba un ánimo dilatorio o de fraude en perjuicio del acreedor

AP Valladolid, Sec. 3.ª, 385/2017, de 13 de noviembre. Recurso 306/2017

SP/SENT/931641

Sobre la operación de venta del inmueble sito en la calle000 propiedad de Camlo, S. L., y el destino del precio obtenido.

Por lo que se refiere a la primera actuación (o conjunto de actuaciones) a la que la parte actora imputa la responsabilidad de los administradores por daño causado a su patrimonio, hemos de hacer las siguientes consideraciones:

En primer lugar, ninguna intención de causar un daño se aprecia, en principio, por la venta del inmueble que constituía la sede de la sociedad el 8.5.2009 a la sociedad TESTA CALIDAD Y MEDIO AMBIENTE, S. L., por importe de 575.000 € más IVA, pues ha resultado acreditado que parte del precio obtenido fue destinado al levantamiento del embargo trabado sobre dicho inmueble en marzo de 2009 en el seno del procedimiento de ejecución provisional, mediante la consignación de la cantidad de 111.861,60 € por parte de la sociedad compradora en el JPI n.º 4 de Valladolid.

El perjuicio que denuncia la actora es que con el precio obtenido con la venta del inmueble (y de las transmisiones de acciones posteriores) se procedió a pagar a Ucamlo, S. L. y a otras personas vinculadas, tales como los administradores sociales y a los hijos de los demandados Doña Piedad, Don Isidro, Don Cipriano y Don Germán, en perjuicio de la actora y del crédito que tenía a su favor procedente del derecho a la entrega de las retenciones a cuenta practicadas por el comitente CAMLO, S. L., por importe de 143.605,61 € que fue reconocido judicialmente por sentencia de 23.11.2010 dictada el JPI n.º 2 y ratificada por la Audiencia Provincial en sentencia de 19.5.2011.

Ahora bien, la prueba pericial contable del perito Sr. Raúl (doc. 26 de la demanda) es contundente al certificar la existencia en la contabilidad de la sociedad CAMLO, S. L., de deudas reales con sociedades y personas vinculadas, fruto de diferentes operaciones (anticipos para adquisición de inmuebles, operaciones por cuenta corriente y certificaciones de obra derivadas del contrato de ejecución celebrado entre Camlo, S. L. y Ucamlo, S. L., de fecha 1.2.2006). De lo actuado no puede concluirse que las cantidades abonadas a las empresas y personas vinculadas con Camlo, S. L., en concepto de "devoluciones" no fueran debidas, pues el cuadro 5.4 a) denominado "anticipos para la adquisición de inmuebles" concreta las fechas en las que cada una de esas personas físicas y jurídicas realizaron aportaciones, las cuales fueron cotejadas con los justificantes de ingreso o pago (como en el caso de las operaciones realizadas a través de la cuenta en Bankinter), o bien encuentran su explicación por ser contrapartida de la cuenta corriente 553 (apartado 5.4.b), o se trata de operaciones con cargo en cuenta de cliente (como en el caso de Ucamlo).

Lo anterior contrasta con las meras afirmaciones carentes de sustento probatorio introducidas por el recurrente en su apelación. Resulta llamativo que el actor, a pesar de ser perfecto conocedor de la pericial del Sr. Raúl practicada en la jurisdiccional penal, no consideró necesario requerir a los demandados documental acreditativa de los pagos que el perito examinó (arts. 327 y 328 LEC), o que no encomendara a un perito auditor contable un informe sobre las cuentas de la sociedad deudora que contribuyera a soportar el fundamento de su demanda: que los pagos a las personas vinculadas carecían de causa y se ejecutaron en fraude de sus acreedores.

Debe añadirse que tampoco se acredita suficientemente que la oposición realizada por la sociedad deudora a la devolución de la retención del 5 % del precio haya respondido a una estrategia exclusivamente dirigida a retrasar su pago y, de esta manera, posibilitar la satisfacción preferente de los acreedores vinculados frente al resto. Lo cierto es que, de la lectura de las sentencias aportadas se concluye que, en el primer procedimiento (JO 1058/2007 ante el JPI n.º 4), no se llegó a debatir propiamente los posibles defectos en la ejecución del contrato y su liquidación, pues únicamente se plantearon las cuestiones relativas a la existencia de una unión temporal de empresas y los acuerdos económico contables habidos entre las partes, pero sin profundizar en las posibles deficiencias en la ejecución, pues la reclamación fue presentada por la actora antes del transcurso del plazo de un año que contemplaba el contrato.

Por otra parte, en el segundo de los procedimientos, esto es, aquel que pretendía la devolución de dichas cantidades del 5 % (JO 1875/2009 del JPI n.º 2), el debate se vio en parte cercenado por el efecto de cosa juzgada acogido por el Tribunal (véase FD 2.º in fine, sentencia JPI n.º 2 de Valladolid de 23.11.2010), así como por el análisis de las facturas aportadas por reparaciones realizado por el mismo juzgador en el FD 3.º de la citada resolución.

En definitiva, se carece de elementos de juicio bastantes para deducir un ánimo dilatorio y exclusivamente encaminado a perjudicar los intereses de la actora, pues bien pudo el actor haber aguardado a la finalización del plazo contractual de retención para la interposición de la demanda, lo que seguramente hubiera evitado la duplicidad de procedimientos y costas judiciales, así como la dilación excesiva en la obtención del título judicial ejecutable. En todo caso, conviene recordar que es perfectamente lícito el pago de créditos de acreedores vinculados, sin que opere ningún tipo de preferencia o prelación extraconcursal fuera de los casos legalmente previstos (arts. 1.921 y ss. CC, art. 77 LGT, o art. 32 ET), todo ello sin perjuicio de que si la deuda no estuviera vencida o no fuera exigible (en este último supuesto, conforme a las normas de préstamos mercantiles del art. 313 CCom), tales pagos pudieran ser objeto de acciones de rescisión en un eventual escenario de concurso de acreedores (art. 71.3.1.º LC).

La acción individual de responsabilidad por el incumplimiento del contrato en el que interviene el administrador de la sociedad limitada conlleva el deber de acreditar el nexo causal entre el resultado y los actos de este

AP Palencia, Sec. 1.ª, 255/2017, de 16 de octubre. Recurso 199/2017

SP/SENT/926542

Infracción del art. 236 de la de Sociedades de Capital. El artículo 236 del Texto Refundido de la Ley de Sociedades de Capital (LSC) dispone que los administradores de derecho o de hecho como tales, responderán frente a la sociedad, frente a los socios y frente a los acreedores sociales, del daño que causen por actos u omisiones contrarios a la ley o a los estatutos o por los realizados incumpliendo los deberes inherentes al desempeño del cargo. Por su parte el artículo 241 del mismo cuerpo legal establece que "*Queda a salvo las acciones de indemnización que puedan corresponder a los socios y a terceros por actos de administradores que lesionen directamente los intereses de aquellos*", disciplina legal que no es aplicable a los hechos enjuiciados ya que no se trata de restaurar el patrimonio individual de los socios o de terceros que hayan resultado directamente dañados por un acto u omisión imputable a título de dolo o de culpa al administrador, sino del incumplimiento parcial de un contrato en el que interviene directamente el legal representante de una sociedad de responsabilidad limitada, bastando en su caso con acreditar el incumplimiento parcial del contrato y la realidad de la deuda, nada que ver con una acción resarcitoria, para la que estarían legitimados los acreedores sociales (Sentencias de 21 de septiembre de 1999 y 30 de enero de 2001), que exige una conducta o actitud —hechos, actos u omisiones— de los administradores carente de la diligencia del ordenado comerciante (basta la diligencia simple, sin que sea necesaria, como en cambio ocurría en la legislación anterior, la malicia o negligencia grave) que dé lugar a un daño, de tal modo que el accionante perjudicado ha de probar también que el acto se ha realizado en concepto de administrador y existe un nexo causal entre el mismo y el resultado dañoso. Se desestima.

B) Error en la valoración de las pruebas. Ello referido a que quien ejercita la acción individual de responsabilidad debe probar los incumplimientos y la concurrencia de dolo o culpa. Remitimos al apelante al apartado anterior del presente fundamento en cuanto a la acción individual de responsabilidad y en cuanto a la valoración de la pruebas realizada por la juez a quo, tuvo en cuenta la juzgadora la documental aportada junto con la demanda, no impugnada de contrario, las reglas de la carga de la prueba del art. 217 de la LEC, así como las contenidas en los art. 326 y 319 ambos de la LEC, desplegando a continuación las razones técnico jurídicas por las que consideró acreditados los hechos constitutivos de la demanda.

El administrador de la sociedad incumplió su deber de declarar la disolución y proceder a la correcta liquidación, lo que supuso un perjuicio para los acreedores y ahora debe responder por los daños causados

AP Madrid, Sec. 28.ª, 440/2017, de 6 de octubre. Recurso 598/2015

SP/SENT/927716

Una vez demostrado por la acreedora demandante que tenía un crédito a su favor y que se había producido el cierre de facto de una entidad que era su deudora, y que en su momento tuvo indicios de tener patrimonio y actividad mercantil, incumbía al administrador de la sociedad deudora no solo haber alegado sino también demostrado, entre otras razones porque dispondría de más facilidad para ello (artículo 217.7 de la LEC), que la situación no era tal o que la parte actora tenía a su disposición activos sociales con los que poder hacer efectivo el cobro de su derecho. El demandado no ha satisfecho, sin embargo, esta exigencia.

La escasa información económica vertida en autos desvela, cuando menos, que la entidad PINAREJOS URBANA S. L. declaró a Hacienda en 2006 y 2007 el IVA (modelo 390) con unas bases imponibles superiores al millón de euros y tributó por el impuesto de sociedades en 2005 (modelo 201) contabilizando un activo superior a los 4.600.000 euros. Se trata de los únicos datos de los que disponemos en las fechas más próximas a la contratación con la actora, que se produjo a mediados de 2006. Pues bien, ninguna explicación satisfactoria nos ha brindado la parte demandada de qué pasó luego con ese activo y cuál fue el fruto ulterior de ese volumen de actividad social. Incumbía al administrador demandado haber proporcionado las pruebas pertinentes para comprobar que todo ello se aplicó a una finalidad correcta, pues de lo contrario la volatilización del patrimonio social, prescindiendo de una liquidación en legal forma de la entidad administrada, resulta sospechosa. Como señala la sentencia del Pleno de la Sala 1.ª del TS de 13 de julio de 2016 "*para que pueda imputarse al administrador el impago de una deuda social, como daño ocasionado directamente a la acreedora demandante, debe existir un incumplimiento nítido de un deber legal al que pueda anudarse de forma directa el impago de la deuda social. Es indudable que el incumplimiento de los deberes legales relativos a la disolución de la sociedad y a su liquidación, constituye un ilícito orgánico grave del administrador y, en su caso, del liquidador. Pero, para que prospere la acción individual en estos casos, no basta con que la sociedad hubiera estado en causa de disolución y no hubiera sido formalmente disuelta, sino que es preciso acreditar algo más, que de haberse realizado la correcta disolución y liquidación sí hubiera sido posible al acreedor hacerse cobro de su crédito, total o parcialmente. Dicho de otro modo, más general, que el cierre de hecho impidió el pago del crédito (...) esto exige del acreedor social que ejercite la acción individual frente al administrador un mínimo esfuerzo argumentativo, sin perjuicio de trasladarle a los administradores las consecuencias de la carga de la prueba de la situación patrimonial de la sociedad en cada momento (sentencia 253/2016, de 18 de abril)*". A lo que añade dicha doctrina jurisprudencial lo siguiente: 1.º) "*correspondía al administrador justificar que la disolución y liquidación ordenada de la sociedad no hubiera servido para pagar los créditos de la demandante, ordinariamente por la insuficiencia de activo*"; y 2.º) "*Si partimos de la base de que el administrador venía obligado a practicar una liquidación ordenada de los activos de la sociedad y al pago de las deudas sociales pendientes con el resultado de la liquidación, y consta que existían algunos activos que hubieran permito pagar por lo menos una parte de los créditos, mientras el administrador no demuestre lo contrario, debemos concluir que el incumplimiento de aquel deber legal ha contribuido al impago de los créditos del demandante".*

Tales consideraciones jurisprudenciales son trasladables al presente caso (se ha volatilizado, sin justificación suficiente, el acervo empresarial y se ha dejado en la estacada a acreedores, como la demandante, sin dar un trato ordenado a la liquidación de la sociedad deudora), por lo que consideramos que debe ser avalado el pronunciamiento de la primera instancia.

QUINTO. También asevera el apelante que las dificultades económicas que atravesaba PINAREJOS URBANA, S. L., ya eran conocidas por la parte demandante al tiempo de contratar con ella. Entendemos que, con ello, aunque no lo explicite así el recurrente, estaría tratando de reprochar a la contraparte una maniobra de abuso de derecho (artículo 7.2 del C. Civil) al demandar ahora al administrador, olvidándose de que ya sabía de la dificultad que iba a tener para cobrar su crédito de la sociedad deudora.

Somos conscientes de que existió un pretérito criterio jurisprudencial (acogido, entre otras, en las sentencias de la Sala 1.ª del Tribunal Supremo de 16 de febrero de 2006, 31 de enero de 2007 y 23 de noviembre de 2011) aunque referido el ámbito de la responsabilidad por deudas sociales (que, además, no es precisamente el respaldo jurídico que ha motivado la condena que aquí nos ocupa), que fue proclive a tomar en cuenta circunstancias de esa índole como un límite en el ejercicio de los derechos con arreglo a la buena fe (artículo 7 del C. Civil). Pero tal postura ha sido superada por pronunciamientos posteriores del Tribunal Supremo (sentencias de la Sala 1.ª de 27 de septiembre de 2010, de 17 de marzo de 2011, de 23 de noviembre de 2011; de 29 de diciembre de 2011, de 13 de abril de 2012, de 18 de junio de 2012 y de 4 de diciembre de 2013) que señalan que el que se tenga noticia de que una sociedad con la que alguien se relaciona esté sumida en una crisis o atraviese problemas no resulta incompatible con que luego pudiera llegar a demandarse al administrador social. Como señala la jurisprudencia (sentencia del TS de 13 de marzo de 2012) el principio de seguridad, especialmente exigible en el tráfico mercantil, ha de permitir confiar en que el administrador cumplirá los deberes preconcursales que el sistema le impone o, cuando menos, los que exige la norma concursal.

Hemos, además, de señalar que, si bastase con que el acreedor simplemente pudiera tener algún grado de conocimiento de la mala situación económica de una sociedad al relacionarse con ella, para que eso sirviese como causa de exclusión a ultranza de la posibilidad de exigir luego responsabilidad al administrador social de la misma, se podría incidir negativamente en el tráfico mercantil. No es infrecuente que los proveedores, aun teniendo alguna noticia de las dificultades económicas por las que pueda atravesar una sociedad, no se nieguen a suministrarle porque se suscite una expectativa, más o menos fundada, de que la misma cumplirá con sus obligaciones (no hay que olvidar que en la práctica las empresas también se financian mediante el aplazamiento de los pagos a sus proveedores y un criterio jurisprudencial muy riguroso con el acreedor a este respecto puede suscitar alarma y acabar por ahogar a aquellas que podrían pervivir).

Por otro lado, la condena ha sido fundada en este caso por la juzgadora en la acción individual de responsabilidad (cuyo fundamento jurídico se asienta en los artículos 69 de la LSRL y 241 del TRLSC) y no en la acción de responsabilidad por deudas, para la cual lo relevante es que la conducta del administrador hubiese resultado, desde el punto de vista causal, dañosa para el acreedor, tal como hemos analizado antes. El hecho de que la entidad demandante pudiera haberse arriesgado a contratar con PINAREJOS URBANA, S. L., en una situación problemática, de lo que aquella, por otro lado, niega haber tenido nunca conocimiento, no supondría que el administrador de esta sociedad dispusiera de carta blanca para hacer desparecer a la misma del tráfico mercantil, cuando tuviera por conveniente, a espaldas de los acreedores sociales.

Como consecuencia del cierre *de facto* de la sociedad, el actor se vio claramente perjudicado al no poder cobrar su crédito por incumplir el administrador sus deberes de liquidación ordenada, estimándose la acción individual de responsabilidad

AP Girona, Sec. 1.ª, 271/2017, de 19 de julio. Recurso 314/2017

SP/SENT/925311

Pero, además, si se examina la cuenta de pérdidas y ganancias del año 2014, en el que se generó la deuda, se aprecia que se produjo un descenso considerable en el importe neto de la cifra de negocios, pues pasó de 102.679 euros a 30.821 euros, reduciéndose los aprovisionamientos a casi la mitad y con unos gastos de explotación superiores a los ingresos netos, lo cual produjo unas pérdidas de 29.530 euros, que si bien, seguían permitiendo un patrimonio neto positivo, ello ya evidenciaba que la sociedad tenía una actividad mínima o casi nula.

Y si se analiza el balance, unido a la cantidad de impagos realizados con las Administraciones Públicas se desprende claramente una situación de insolvencia, tanto en el año 2014, como en el año 2013, en los que el pasivo corriente era muy superior al activo corriente, pues en el año 2014 era de 555.037 euros y de 487.016 euros, frente a un activo corriente 245.306 euros en el año 2014 y de 206.824 euros.

Sigue diciendo el Tribunal Supremo en la sentencia referida que:

3. En este contexto, como ya hemos adelantado al resolver el recurso extraordinario por infracción procesal, para que pueda imputarse al administrador el impago de una deuda social, como daño ocasionado directamente a la acreedora demandante, debe existir un incumplimiento nítido de un deber legal al que pueda anudarse de forma directa el impago de la deuda social.

Es indudable que el incumplimiento de los deberes legales relativos a la disolución de la sociedad y a su liquidación, constituye un ilícito orgánico grave del administrador y, en su caso, del liquidador. Pero, para que prospere la acción individual en estos casos, no basta con que la sociedad hubiera estado en causa de disolución y no hubiera sido formalmente disuelta, sino que es preciso acreditar algo más, que de haberse realizado la correcta disolución y liquidación sí hubiera sido posible al acreedor hacerse cobro de su crédito, total o parcialmente. Dicho de otro modo, más general, que el cierre de hecho impidió el pago del crédito.

Como ya hemos adelantado en el fundamento jurídico anterior, esto exige del acreedor social que ejercite la acción individual frente al administrador un mínimo esfuerzo argumentativo, sin perjuicio de trasladarle a los administradores las consecuencias de la carga de la prueba de la situación patrimonial de la sociedad en cada momento (sentencia 253/2016, de 18 de abril).

La sentencia desestimó la acción fundamentalmente en considerar que no se ha practicado prueba que demuestre que de haberse procedido a la disolución y liquidación de la sociedad de forma ordenada se hubiera podido cobrar la deuda. De acuerdo a las consideraciones que realiza dicha sentencia del Tribunal Supremo cuando resuelve el recurso extraordinario por infracción procesal, si bien es cierto que las cuentas anuales que aporta la demandante no las ha obtenido directamente del Registro Mercantil, sino que lo ha hecho a través de la entidad "Axesor", no hay razón para dudar de que no se correspondan con las depositadas en el Registro Mercantil, pues resulta conocido que tal entidad es una de las utilizadas en Internet para acceder a las cuentas de sociedades, pudiendo el demandado haber comparecido en el proceso a fin de impugnar la documentación aportada por la demandante.

Y examinado el balance del año 2014, en el que se generó la deuda con la demandante se aprecia un asiento relevante y perturbador del mismo, así, en el año 2014 se produjo un aumento muy considerable de la cuenta de "*otros acreedores*" que pasó de 15.478 euros en el año 2013 a 365.508 euros, reduciéndose en contrapartida tanto las deudas con entidades de crédito, pues pasaron de 261.005 a 75.938 euros y las deudas con proveedores a corto plazo que se redujeron a casi la mitad. Ello solo puede tener una explicación, que alguien vinculado a la sociedad (administrador o socios) o personas relacionados con estos prestaron una cantidad considerable para pagar a bancos y proveedores. En un proceso concursal, y obviamente sin poder en estos momentos afirmarlo, tales acreedores quedarían pospuestos al crédito de la actora. Por lo tanto, el pasivo no corriente más el pasivo corriente, descontando dichos créditos no alcanzaría los 300.000 euros.

Examinado el activo, la sociedad tenía un inmovilizado material de 392.744 euros, unas inversiones financieras a largo plazo de 102008 y créditos de clientes de 200.232 euros. Por lo tanto, teóricamente, de haberse liquidado de una forma ordenada la sociedad o se hubiera acudido al proceso concursal, a pesar del coste que ello hubiera supuesto, no puede descartarse que la demandante hubiera podido cobrar su crédito, salvo que dichos activos fueran irreales, pero debió haber sido el demandado el que hubiera comparecido en el proceso a fin de demostrar tal circunstancia.

Y señala el Tribunal Supremo en la sentencia que estamos siguiendo que:

Frente a la alegación contenida en la demanda de que el administrador no ha procedido a la liquidación ordenada de los activos de la sociedad y que ello ha impedido el cobro de los créditos de la demandante, máxime cuando se demoró su exigibilidad mediante la emisión de unos pagarés que resultaron finalmente impagados, correspondía al administrador justificar que la disolución y liquidación ordenada de la sociedad no hubiera servido para pagar los créditos de la demandante, ordinariamente por la insuficiencia de activo.

Si partimos de la base de que el administrador venía obligado a practicar una liquidación ordenada de los activos de la sociedad y al pago de las deudas sociales pendientes con el resultado de la liquidación, y consta que existían algunos activos que hubieran permitido pagar por lo menos una parte de los créditos, mientras el administrador no demuestre lo contrario, debemos concluir que el incumplimiento de aquel deber legal ha contribuido al impago de los créditos del demandante.

En consecuencia, resulta procedente la estimación la acción de responsabilidad y condenar al administrador demandado al pago del perjuicio sufrido por la demandada como consecuencia del cierre de hecho de la sociedad deudora, que ha supuesto el incumplimiento de los deberes de liquidación ordenada de la sociedad. Perjuicio que, en este caso, a falta de prueba en contrario, viene representado por el importe de los créditos que, como consecuencia de aquel ilícito orgánico, la demandante no pudo cobrar.

Por lo tanto, en atención a la prueba practicada y que ha sido analizada no puede más que concluirse que el cierre de facto de la empresa ha producido un perjuicio a la demandante, el cual no ha podido cobrar su crédito a pesar de que en el activo del balance aparecen bienes suficientes como para pagar las deudas a los proveedores y otros acreedores preferentes.

Al no apreciarse relación de causalidad entre el impago del crédito del actor y la conducta negligente del administrador, se desestima la acción individual de responsabilidad ejercitada

AP Baleares, Sec. 5.ª, 209/2017, de 11 de julio. Recurso 177/2017

SP/SENT/918733

El administrador demandado no ha procedido a la disolución de la sociedad ni a la consiguiente liquidación de sus activos. Y el propio administrador, en su contestación, reconoce que la sociedad tenía cuatro vehículos susceptibles de ser embargados. Por lo que, cuando menos estos bienes debían haber sido liquidados, para hacer pago de las deudas sociales.

Frente a la alegación contenida en la demanda de que el administrador no ha procedido a la liquidación ordenada de los activos de la sociedad y que ello ha impedido el cobro de los créditos de la demandante, máxime cuando se demoró su exigibilidad mediante la emisión de unos pagarés que resultaron finalmente impagados, correspondía al administrador justificar que la disolución y liquidación ordenada de la sociedad no hubiera servido para pagar los créditos de la demandante, ordinariamente por la insuficiencia de activo.

La parte actora no ha hecho tal esfuerzo argumentativo (vid. alegación segunda de la demanda) y en cuanto a las demandadas, en fase de interrogatorio Doña Virginia relató las circunstancias que motivaron el desahucio del restaurante por lo que mal podemos inferir que había bienes para pagar las deudas.

La falta de convocatoria de junta para la disolución y/o la omisión de la solicitud de concurso unido al hecho de que las últimas cuentas anuales depositadas corresponden al ejercicio del año 2010 no justifican la estimación de la acción ejercitada.

En este mismo sentido la reciente sentencia del Tribunal Supremo de 5 de mayo de 2017 (ROJ 1660/2017) con cita de la anterior resolvió. "*Recurso de casación. QUINTO. Primer motivo de casación. Jurisprudencia sobre la acción individual de responsabilidad.*

Decisión de la Sala: 1. Hemos declarado de modo reiterado (por todas, sentencias 253/2016, de 18 de abril, 472/2016, de 13 de julio, 129/2017, de 27 de febrero, y 150/2017, de 2 de marzo, por citar solo algunas de las más recientes) que la acción individual de responsabilidad de los administradores supone una especial aplicación de la responsabilidad extracontractual integrada en un marco societario, que cuenta con una regulación propia (art. 135 TRLSA, y en la actualidad art. 241 TRLSC), que la especializa respecto de la genérica prevista en el. Se trata de una responsabilidad por ilícito orgánico, entendida como la contraída por el administrador social en el desempeño de sus funciones del cargo.

Para su apreciación, la jurisprudencia requiere el cumplimiento de los siguientes requisitos...

2. Con carácter general, no puede recurrirse indiscriminadamente a la vía de la responsabilidad individual de los administradores por cualquier incumplimiento contractual de la sociedad o por cualquier deuda social, aunque tenga otro origen, que resulte impagada. Lo contrario supondría contrariar los principios fundamentales de las sociedades de capital, como son la personalidad jurídica de las mismas, su autonomía patrimonial y su exclusiva responsabilidad por las deudas sociales, u olvidar el principio de que los contratos solo producen efecto entre las partes que los otorgan, como proclama el art. 1.257 CC.

De ahí que resulte tan importante, en un supuesto como este, que se identifique bien la conducta del administrador a la que se imputa el daño ocasionado al acreedor, y que este daño sea directo, no indirecto como consecuencia de la insolvencia de la sociedad.

3. No puede identificarse la actuación antijurídica de la sociedad que no abona sus deudas y cuyos acreedores se ven impedidos para cobrarlas porque la sociedad deudora es insolvente, con la infracción por su administrador de la ley o los estatutos, o de los deberes inherentes a su cargo. Esta concepción de la responsabilidad de los administradores sociales convertiría tal responsabilidad en objetiva y se produciría una confusión entre la actuación en el tráfico jurídico de la sociedad y la actuación de su administrador: cuando la sociedad resulte deudora por haber incumplido un contrato, haber infringido una obligación legal o haber causado un daño extracontractual, su administrador sería responsable por ser él quien habría infringido la ley o sus deberes inherentes al cargo, entre otros el de diligente administración.

La objetivación de la responsabilidad y la equiparación del incumplimiento contractual de la sociedad con la actuación negligente de su administrador no son correctas, puesto que no resulta de la legislación societaria ni de la jurisprudencia que la desarrolla. Esta sala ha declarado que el impago de las deudas sociales no puede equivaler necesariamente a un daño directamente causado a los acreedores sociales por los administradores de la sociedad deudora, a menos que el riesgo comercial quiera eliminarse por completo del tráfico entre empresas o se pretenda desvirtuar el principio básico de que los socios no responden personalmente de las deudas sociales. De ahí que este tribunal exija al demandante, además de la prueba del daño, tanto la prueba de la conducta del administrador, ilegal o carente de la diligencia de un ordenado empresario, como la del nexo causal entre conducta y daño, sin que el incumplimiento de una obligación social sea demostrativo por sí mismo de la culpa del administrador ni determinante sin más de su responsabilidad.

4. La sentencia recurrida no se aparta de tales requisitos jurisprudenciales, sino que, por el contrario, se adapta plenamente a los mismos. Identifica la conducta negligente en la salida injustificada del activo social de una elevada suma (en relación con la cuantía del patrimonio de la sociedad), razona que, en un contexto de liquidación de hecho, dicho abono inexplicado privó de facto a la sociedad de cualquier posibilidad de pagar el crédito de la demandante y, cómo veremos al resolver el segundo motivo de casación, establece la relación de causalidad entre la distracción de un activo para eludir el pago a los demás acreedores (la mencionada liquidación por vía de hecho) y el daño sufrido por la acreedora reclamante.

5. Como consecuencia de lo cual, este primer motivo de casación ha de ser desestimado".

En aplicación de la jurisprudencia expuesta a los hechos acreditados procede desestimar la acción individual y estimar el recurso revocando la sentencia en este punto.

La omisión de la entrega del aval bancario comprometido es un incumplimiento imputable a los administradores, que, al no obrar con la debida diligencia y actuar dolosamente, deben responder por los daños causados

AP Burgos, Sec. 3.ª, 351/2017, de 23 de junio. Recurso 4/2017

SP/SENT/917394

Sentado que la omisión de la entrega del aval bancario comprometido es un incumplimiento imputable personalmente a los administradores demandados, debe señalase que tal omisión debe reputare como una actuación culposa o negligente de tales administradores, que en tal actuación no obraron con la diligencia que es exigible a un ordenado empresario en la administración de la sociedad, pues tal diligencia les exigía haber gestionado el otorgamiento del aval y su entrega a los demandados con cumplimiento del compromiso contractual, no habiéndose justificado que se haya realzado gestión alguna al respecto, de donde la evidente falta de diligencia.

Se nos dice que el aval bancario comprometido no puedo entregarse porque el BBVA, S. A., se negó a otorgarlo, pero lo cierto es que nada de ello se ha probado, ni tampoco que en tal caso se realizasen gestiones ante otras entidades financieras para lograr que se otorgase tal aval, dado que a los ahora actores les era indiferente como es e obvio que fuese al entidad vizcaína la que otorgase el aval o que fuera cualquier otra entidad. Pero es más, de ser cierto que el banco se negó a otorgar el aval y que no había la posibilidad de que otras entidades financieras lo otorgasen, también cabe apreciar culpa en los administradores demandados, pues debe considerase que intervinieron de forma personal en la negociación del contrato de cesión de suelo por obra futura que luego concertó la sociedad por ellos demandada, contrato en el que se asumió el compromiso de entregar el aval bancario en el plazo de un mes desde su fecha, plazo evidentemente corto que implicaba que se tenía certeza de que el aval iba a ser otorgado, pues en caso de no tenerse tal certeza o conocerse ora la imposibilidad de su otorgamiento ora las dificultades para el mismo, los administradores que intervinieron en la negociación debieron haber advertido de ello a los hermanos ahora demandantes, pues así lo exigía la buena fe y una actuación diligente, dado que en caso de ser advertidos tales hermanos de que había dificultades para otorgar dicho aval los mismos podían haber optado por no firmar el contrato de cesión de los solares, dado que no estaba garantizado el pago de la indemnización pactada como cláusula penal para el caso de incumplimiento del contrato por no entrega de las viviendas en el plazo de tres años previsto. En definitiva, si los demandados negociaron un contrato en el que se asumió el compromiso cierto de entregar en el plazo de un mes desde su firma un aval bancario solidario y pagadero al primer requerimiento por el BBVA, S. A., por importe de 240.0000 euros para cada hermano cedente, la buena fe y el deber de actuación diligente exigía que los citados administradores se hubieran cerciorado de que el otorgamiento de tal aval era posible y no entrañaba dificultades, o en caso de que tales dificultades existían haber advertido de ellas a la contraparte para que así con conocimiento de causa pudiera decidir si firmaba o no el contrato.

Por todo lo expuesto, no cabe sino concluir que se ha probado la concurrencia de todos los requisitos de la acción individual de responsabilidad de los administradores ejercitada en esta litis, habida cuenta que la falta de entrega del aval bancario pagadero a un primer requerimiento es una omisión antijurídica, pues incumple un compromiso contractual asumido, que puede imputarse personalmente a los administradores demandados, quienes de modo personal negociaron tal compromiso y debían realizar las gestiones precisas para cumplirlo, que implica la existencia de culpa o negligencia en los administradores, ora por no haber gestionado con diligencia el cumplimiento del compromiso ora por no haberse cerciorado que era posible cumplirlo y que no había dificultades en que el banco otorgase el aval, y cuyo incumplimiento supuso que se causara de modo directo un perjuicio o daño en los intereses de los demandantes, quienes al no disponer del aval comprometido quedaron privados del instrumento que les hubiera permitido cobrar la indemnización de 240.000 euros para cada uno pactada como cláusula penal en el contrato para el supuesto, finalmente producido, de no recibir en el plazo pactado las viviendas comprometidas como contraprestación a la cesión de los solares.

Teniendo en cuenta que el administrador cesó antes de emitirse la factura que fue objeto de impago, no cabe imputar responsabilidad individual a este

AP Vizcaya, Sec. 4.ª, 437/2017, de 20 de junio. Recurso 802/2016

SP/SENT/919521

---

22. Tampoco acredita la presentación al pago el doc. n.º 17 de la contestación a la demanda, folio 601 del tomo II de los autos, que es una factura de Instelek en "*concepto de facturas no abonadas, pagarés devueltos y gastos no ocasionados*", por importe de -30.250 €. De

tal documento pretende extraer el apelante que los pagarés entregados para pagar la cantidad reducida con la quita fueron devueltos. Pero su literalidad en absoluto lo recoge, ni tampoco la redacción citada permite atisbar algún indicio de esa devolución.

23. Considera también el apelante que el hecho de conservar los pagarés evidencia que la deuda existe. Pero lo que argumenta la sentencia que se recurre es que no hay deuda social porque se pactó una forma de pago, al endosarse los pagarés, y no se presentaron al cobro, por lo que no concurre el presupuesto para que pueda valorarse el daño causado, en el caso de la acción individual del arts. 236 y 241 LSC, o la deuda social, en el caso de la responsabilidad del art. 367 LSC.

24. Resta, sin embargo, una última factura de 29 de diciembre de 2012, la que recoge el doc. n.º 14 de la demanda, folio 48 del tomo I de los autos, por 4.719 €, que fue impugnada por la otra parte y que no pudo ser, por su fecha, objeto de la quita habida el 5 de octubre anterior.

25. En consecuencia, aunque se comparta que la prueba ha sido correctamente valorada, y que no hay deuda social que permita sostener las acciones que se ejercitan, ha de analizarse respecto de esta última factura si las mismas pueden prosperar.

TERCERO. Sobre la acción individual.

26. El art. 236.1 LSC establece que "*los administradores responderán frente a la sociedad, frente a los socios y frente a los acreedores sociales, del daño que causen por actos u omisiones contrarios a la ley o a los estatutos o por los realizados incumpliendo los deberes inherentes al desempeño del cargo, siempre y cuando haya intervenido dolo o culpa*".

27. El actor afirma ser acreedor social, esgrime la factura que consta como doc. n.º 14 de la demanda, y mantiene que el apelado, en tanto administrador social, le habría ocasionado daño por importe equivalente a la misma por el incumplimiento de los deberes que le incumben en virtud de tal condición.

28. Explica la STS 3 marzo 2016, rec. 2330/2013, que para que prospere esta acción deben concurrir los siguientes requisitos: 1) comportamiento activo o pasivo desplegado por los administradores; 2) que sea imputable al órgano de administración; 3) que la conducta del administrador merezca la calificación de antijurídica, por infringir la Ley, los estatutos o no ajustarse al estándar o patrón de diligencia exigible a un ordenado empresario y a un representante leal; 4) que el acreedor sufra daño; y 5) que exista una relación de causalidad entre el actuar del administrador y el daño.

29. Además la STS 11 diciembre 2015, rec. 2141/2013 declara que "*El deber de actuar como un representante leal en defensa del interés social, entendido como interés de la sociedad, que tiene el administrador social, supone la obligación de desempeñar las funciones del cargo anteponiendo siempre el interés de la sociedad de la que es administrador al interés particular del propio administrador o de terceros*".

30. El daño esgrimido, sin embargo, no pudo ser ocasionado por el administrador apelado, puesto que cesó el 25 de septiembre de 2012, y la factura cuyo impago se pretende es del 29 de diciembre siguiente. Cualquiera de los reproches que se explicitan en la demanda

carecen de justificación, porque las primeras deudas ya se han dicho no existen, porque los pagarés endosados no constan presentados al cobro, y la última surge con posterioridad a que el administrador social cese, y por tanto no puede haber contribuido, con el incumplimiento de sus deberes, a ocasionar un daño que no había aflorado cuando abandonó el cargo.

31. En consecuencia, como señala la resolución recurrida, no hay base fáctica para analizar siquiera la acción individual que se ejercitaba en la demanda y que reitera el recurso de apelación, que en este aspecto será desestimado.

Al no acreditarse el nexo causal entre el impago de la deuda del actor y la conducta del administrador demandado, se desestima la acción individual de responsabilidad

AP Barcelona, Sec. 15.ª, 247/2017, de 12 de junio. Recurso 765/2015

SP/SENT/912387

Sobre el nexo causal en la acción individual de responsabilidad.

7. En la Sentencia del Tribunal Supremo de 13 de julio de 2016 (ECLI:ES:TS:2016: 3433) se han precisado los perfiles de la acción individual y se han realizado algunas consideraciones respecto de las cargas probatorias, precisiones todas ellas que tienen incidencia en un supuesto como el de autos.

8. Respecto de la distinción entre la acción individual el Tribunal Supremo considera que: «*para que pueda imputarse a la administradora el impago de una deuda social, como daño ocasionado directamente a la sociedad acreedora, [...] debe existir un incumplimiento más nítido de un deber legal al que pueda anudarse de forma directa el impago de la deuda social.*

De otro modo, si los tribunales no afinan en esta exigencia, corremos el riesgo de atribuir a los administradores la responsabilidad por el impago de las deudas sociales en caso de insolvencia de la compañía, cuando no es esta la mens legis. *La ley, cuando ha querido imputar a los administradores la responsabilidad solidaria por el impago de las deudas sociales en caso de incumplimiento del deber de promover la disolución de la sociedad, ha restringido esta responsabilidad a los créditos posteriores a la aparición de la causa de disolución (art. 367 LSC). Si fuera de estos casos, se pretende, como hace la demandante en su demanda, reclamar de la administradora la responsabilidad por el impago de sus créditos frente a la sociedad, debe hacerse un esfuerzo argumentativo, del que carece la demanda, por mostrar la incidencia directa del incumplimiento de un deber legal cualificado en la falta de cobro de aquellos créditos. [...]*» (la cita es de la sentencia 253/2016, de 18 de abril, realizada por la sentencia de 13 de julio de 2016).

9. Por lo tanto, afirma el Supremo, "*no puede recurrirse indiscriminadamente a la vía de la responsabilidad individual de los administradores por cualquier incumplimiento contractual. De otro modo supondría contrariar los principios fundamentales de las sociedades de capital, como son la personalidad jurídica de las mismas, su autonomía patrimonial y su*

exclusiva responsabilidad por las deudas sociales, u olvidar el principio de que los contratos solo producen efecto entre las partes que los otorgan, como proclama el art. 1.257 CC".

10. En la sentencia de 13 julio de 2016, con referencia a constante jurisprudencia, se identifican los elementos que integran la acción individual: *"Para su apreciación, la jurisprudencia requiere del cumplimiento de los siguientes requisitos: i) un comportamiento activo o pasivo de los administradores; ii) que tal comportamiento sea imputable al órgano de administración en cuanto tal; iii) que la conducta del administrador sea antijurídica por infringir la Ley, los estatutos o no ajustarse al estándar o patrón de diligencia exigible a un ordenado empresario y a un representante leal; iv) que la conducta antijurídica, culposa o negligente, sea susceptible de producir un daño; (v) el daño que se infiere debe ser directo al tercero que contrata, sin necesidad de lesionar los intereses de la sociedad; y (v) la relación de causalidad entre la conducta antijurídica del administrador y el daño directo ocasionado al tercero (SSTS 131/2016, de 3 de marzo; 396/2013, de 20 de junio; 15 de octubre de 2013; 395/2012, de 18 de junio; 312/2010, de 1 de junio; y 667/2009, de 23 de octubre, entre otras)".*

11. La STS de 13 de julio de 2016 considera que: *"es indudable que el incumplimiento de los deberes legales relativos a la disolución de la sociedad y a su liquidación, constituye un ilícito orgánico grave del administrador y, en su caso, del liquidador. Pero, para que prospere la acción individual en estos casos, no basta con que la sociedad hubiera estado en causa de disolución y no hubiera sido formalmente disuelta, sino que es preciso acreditar algo más, que de haberse realizado la correcta disolución y liquidación sí hubiera sido posible al acreedor hacerse cobro de su crédito, total o parcialmente. Dicho de otro modo, más general, que el cierre de hecho impidió el pago del crédito".*

12. En el supuesto de autos ni se constata prueba alguna respecto del nexo causal, ni se acredita que la parte demandante haya realizado el esfuerzo argumental que exige el Tribunal Supremo y que determinaría la imputación de los daños por el cierre de hecho de la compañía. No hay ni elemento de prueba ni elemento argumental que permita considerar que las expectativas de cobro de la actora se hubieran frustrado como consecuencia del cierre de hecho.

No se acredita relación alguna entre el impago de la deuda y la actuación imprudente del administrador de no solicitar la disolución de la sociedad, por lo que no cabe responsabilidad individual

AP Sevilla, Sec. 5.ª, 211/2017, de 23 de mayo. Recurso 3770/2016

SP/SENT/931634

Y es que, a diferencia de la responsabilidad por no disolución, que supone una sanción civil con un carácter marcadamente objetivo, que surge de modo automático u "ope legis", por la simple la concurrencia de los presupuestos objetivos que señala el artículo 367 de la Ley de Sociedades de Capital, como son, la existencia de un crédito contra la sociedad, la concurrencia de alguna de las causas de disolución legalmente previstas y la omisión por los administradores de su obligación de convocar la junta general, en el plazo de dos meses, para que adopte el acuerdo de disolución, o de solicitud, en su caso, de disolución judicial, la de responsabilidad individual, en cambio, tiene un carácter subjetivo, precisando para que pueda prosperar la acreditación de una actuación imprudente por parte de los administradores y la existencia un nexo causal directo entre ella y el impago de la deuda, circunstancia esta última carente de la más mínima prueba en este pleito.

QUINTO. Y es que, si siempre que no se pagara una deuda de la sociedad surgiera la responsabilidad de sus administradores, se vaciaría de sentido principios fundamentales de las sociedades de capital, como el de la personalidad jurídica de la sociedad, con plena autonomía patrimonial y exclusiva responsabilidad por las deudas sociales, y el de la no responsabilidad de los administradores en cuanto órgano de gestión y representación de la sociedad, y, por descontado, que nadie querría ostentar dicho cargo. Y, por otra parte, el que no se hubiera hecho lo procedente para conseguir la disolución de la sociedad, habiendo causa para ello, no supondría, necesariamente, que por tal motivo no vaya a cobrar la deuda la demandante, siendo preciso, como hemos dicho, la prueba de la existencia de un nexo causal directo entre la actuación imprudente del administrador y el impago de la deuda, que no existe en este caso.

SEXTO. Consecuentemente, y sin necesidad de entrar en más consideraciones, procede desestimar el recurso de apelación interpuesto y confirmar la sentencia de instancia, imponiendo a la apelante, como no podía ser de otra manera, conforme a lo dispuesto en el artículo 394, al que remite el 398, ambos de la Ley de Enjuiciamiento Civil, el pago de las costas causadas en esta alzada.

No consta acreditada la necesaria conexión causal entre el impago de la deuda reclamada y las conductas imputadas al administrador demandado, de modo que no puede apreciarse responsabilidad individual

AP A Coruña, Sec. 4.ª, 157/2017, de 4 de mayo. Recurso 119/2017

SP/SENT/908040

Igualmente es necesario tener en cuenta, como advierten las precitadas SSTS 253/2016, de 18 de abril y 472/2016 de 13 de julio, "*que no puede recurrirse indiscriminadamente a la vía de la responsabilidad individual de los administradores por cualquier incumplimiento contractual. De otro modo supondría contrariar los principios fundamentales de las sociedades de capital, como son la personalidad jurídica de las mismas, su autonomía patrimonial y su exclusiva responsabilidad por las deudas sociales, u olvidar el principio de que los contratos solo producen efecto entre las partes que los otorgan, como proclama el art. 1.257 CC (SSTS 242/2014, de 23 de mayo, con cita de la anterior sentencia de 30 de mayo de 2008)*".

Según reza el art. 225.1 de la LSC, "*los administradores deberán desempeñar el cargo y cumplir los deberes impuestos por las leyes y los estatutos con la diligencia de un ordenado empresario, teniendo en cuenta la naturaleza del cargo y las funciones atribuidas a cada uno de ellos*".

Pues bien, en el caso, se mantiene que la actora ejecutó toda la obra contratada, sin percibir todo el precio, pese a haber cobrado la mercantil demandada del ayuntamiento de Masnou toda la obra ejecutada, lo que no puede ser bastante para estimar la acción individual de responsabilidad ejercitada de forma subsidiaria en demanda, ni por el retraso en la formulación de las cuentas del ejercicio 2014, que se mantiene que pudo ser a los efectos de cuadrar cuentas, sin prueba que lo corrobore, ni la trascendencia de la irregularidad contable, tal como se afirma.

En definitiva, no consta acreditada la necesaria conexión causal entre el impago de la deuda reclamada y las conductas imputadas al administrador demandado, sin que para ello pueda presumirse dicho nexo causal o proceda, en orden a su acreditación, la inversión de la carga de la prueba.

Debemos recordar que no puede recurrirse indiscriminadamente a la vía de la responsabilidad individual de los administradores por cualquier incumplimiento contractual de la sociedad. De otro modo supondría contrariar los principios fundamentales de las sociedades de capital, como son la personalidad jurídica de las mismas, su autonomía patrimonial y su exclusiva responsabilidad por las deudas sociales, u olvidar el principio de que los contratos solo producen efecto entre las partes que los otorgan, como proclama el art. 1.257 CC (SSTS 253/2016, de 18 de abril, 131/2016, de 3 de marzo, y 242/2014, de 23 de mayo).

Al no acreditar el actor cuál fue la conducta antijurídica del administrador que causó el impago de su crédito, se desestima la acción individual de responsabilidad ejercitada contra él

AP Asturias, Oviedo, Sec. 1.ª, 110/2017, de 24 de abril. Recurso 410/2016

SP/SENT/906497

De lo anterior se deriva que no cabe reclamar sin más a los administradores de la sociedad deudora, y por la vía de la acción individual de responsabilidad prevista en el art. 241 LSC, el importe de las obligaciones impagadas pues ello conduciría a su confusión con el ámbito propio de la acción de responsabilidad por deudas específicamente prevista en el art. 367 LSC.

En este sentido nuestro Alto Tribunal ha venido paulatinamente a limitar los contornos exigibles al ejercicio de la acción individual y así la STS 3 marzo 2016 señala que "*No obstante, como hicimos en la sentencia 242/2014, de 23 de mayo, debemos advertir que no puede recurrirse indiscriminadamente a la vía de la responsabilidad individual de los administradores por cualquier incumplimiento contractual. Porque, como habíamos afirmado en la sentencia de 30 de mayo de 2008, ello supondría contrariar los principios fundamentales de las sociedades de capital, como son la personalidad jurídica de las mismas, su autonomía patrimonial y su exclusiva responsabilidad por las deudas sociales, u olvidar el principio de que los contratos solo producen efecto entre las partes que los otorgan, como proclama el art. 1.257 CC*".

Y con mayor precisión la más reciente STS 18 abril 2016 viene a perfilar los requisitos exigibles para el ejercicio de la acción prevista en el art. 241 LSC diciendo que "*En este contexto, para que pueda imputarse a la administradora el impago de una deuda social, como daño ocasionado directamente a la sociedad acreedora, no basta con afirmar que se demoró la exigibilidad del pago de la deuda mediante el endoso de unos pagares, mientras la sociedad era insolvente y la administradora dejó de cumplir con el deber de liquidar de forma ordenada la sociedad. Debe existir un incumplimiento más nítido de un deber legal al que pueda anudarse de forma directa el impago de la deuda social. De otro modo, si los tribunales no afinan en esta exigencia, corremos el riesgo de atribuir a los administradores la responsabilidad por el impago de las deudas sociales en caso de insolvencia de la compañía, cuando no es esta la* mens legis. *La ley, cuando ha querido imputar a los administradores la responsabilidad solidaria por el impago de las deudas sociales en caso de incumplimiento del deber de promover la disolución de la sociedad, ha restringido esta responsabilidad a los créditos posteriores a la aparición de la causa de disolución (art. 367 LSC). Si fuera de estos casos, se pretende, como hace la demandante en su demanda, reclamar de la administradora la responsabilidad por el impago de sus créditos frente a la sociedad, debe hacerse un esfuerzo argumentativo, del que carece la demanda, por mostrar la incidencia directa del incumplimiento de un deber legal cualificado en la falta de cobro de aquellos créditos".*

Finalmente, el Pleno de la Sala Primera en STS 13 julio 2016 ha resumido su postura declarando que "*Es indudable que el incumplimiento de los deberes legales relativos a la disolución de la sociedad y a su liquidación, constituye un ilícito orgánico grave del administrador y, en su caso, del liquidador. Pero, para que prospere la acción individual en estos casos, no basta con que la sociedad hubiera estado en causa de disolución y no hubiera sido formalmente disuelta, sino que es preciso acreditar algo más, que de haberse realizado la correcta disolución y liquidación sí hubiera sido posible al acreedor hacerse cobro de su crédito, total o parcialmente. Dicho de otro modo, más general, que el cierre de hecho impidió el pago del crédito. Como ya hemos adelantado en el fundamento jurídico anterior, esto exige del acreedor social que ejercite la acción individual frente al administrador un mínimo esfuerzo argumentativo, sin perjuicio de trasladarle a los administradores las consecuencias de la carga de la prueba de la situación patrimonial de la sociedad en cada momento (sentencia 253/2016, de 18 de abril)*".

La demanda que nos ocupa no cumple con las exigencias señaladas para que pudiera prosperar la acción individual que en ella se ejercita. De ello se deriva por tanto que cabe solicitar ahora en el recurso de apelación que se extienda la condena sobre nuevos conceptos que no fueron recogidos en la primera instancia, procediendo por tanto el rechazo del recurso y con ello la confirmación de la Sentencia apelada.

Según el convenio colectivo aplicable, el administrador demandado no estaba obligado a suscribir un seguro de responsabilidad civil para indemnizaciones por accidentes laborales, desestimándose la acción individual de responsabilidad

AP Toledo, Sec. 1.ª, 88/2017, de 29 de marzo. Recurso 265/2016

SP/SENT/904077

Recuerda la Sentencia 253/2016, de 18 de abril: "*Para su apreciación, la jurisprudencia requiere del cumplimiento de los siguientes requisitos: i) un comportamiento activo o pasivo de los administradores; ii) que tal comportamiento sea imputable al órgano de administración en cuanto tal; iii) que la conducta del administrador sea antijurídica por infringir la Ley, los estatutos o no ajustarse al estándar o patrón de diligencia exigible a un ordenado empresario y a un representante leal; iv) que la conducta antijurídica, culposa o negligente, sea susceptible de producir un daño; (v) el daño que se infiere debe ser directo al tercero que contrata, sin necesidad de lesionar los intereses de la sociedad; y (v) la relación de causalidad entre la conducta antijurídica del administrador y el daño directo ocasionado al tercero (SSTS 131/2016, de 3 de marzo 6); 396/2013, de 20 de junio; 15 de octubre de 2013; 395/2012, de 18 de junio; 312/2010, de 1 de junio; y 667/2009, de 23 de octubre, entre otras)".*

Por su parte las SSTS 13 de julio y 18 de abril de 2016 respecto de la acción individual de responsabilidad del administrador de la sociedad deudora, basada en el cierre de hecho de esta que ha impedido el cobro del crédito del demandante, señalan que "*para que pueda imputarse a la administradora el impago de una deuda social, como daño ocasionado directamente a la sociedad acreedora, [...] debe existir un incumplimiento más nítido de un deber legal al que pueda anudarse de forma directa el impago de la deuda social.*

De otro modo, si los tribunales no afinan en esta exigencia, corremos el riesgo de atribuir a los administradores la responsabilidad por el impago de las deudas sociales en caso de insolvencia de la compañía, cuando no es esta la mens legis. La ley, cuando ha querido imputar a los administradores la responsabilidad solidaria por el impago de las deudas sociales en caso de incumplimiento del deber de promover la disolución de la sociedad, ha restringido esta responsabilidad a los créditos posteriores a la aparición de la causa de disolución (art. 367 LSC). Si fuera de estos casos, se pretende, como hace la demandante en su demanda, reclamar de la administradora la responsabilidad por el impago de sus créditos frente a la sociedad, debe hacerse un esfuerzo argumentativo, del que carece la demanda, por mostrar la incidencia directa del incumplimiento de un deber legal cualificado en la falta de cobro de aquellos créditos [...].

Añade más adelante que con carácter general, debemos reiterar, como hicimos en la Sentencia 253/2016, de 18 de abril, "que no puede recurrirse indiscriminadamente a la vía de la responsabilidad individual de los administradores por cualquier incumplimiento contractual. De otro modo supondría contrariar los principios fundamentales de las sociedades de capital, como son la personalidad jurídica de las mismas, su autonomía patrimonial y su exclusiva responsabilidad por las deudas sociales, u olvidar el principio de que los contratos solo producen efecto entre las partes que los otorgan, como proclama el art. 1.257 CC (Sentencias 242/2014, de 23 de mayo, con cita de la anterior sentencia de 30 de mayo de 2008)".

No obstante, en alguna ocasión, la Sala ha admitido que se ejercite la acción individual de responsabilidad para solicitar la indemnización del daño que suponía para un acreedor el impago de sus créditos como consecuencia del cierre de facto de la actividad empresarial de la sociedad (por ejemplo, la Sentencia 261/2007, de 14 de marzo) ... pero añade más adelante que "*para que pueda imputarse al administrador el impago de una deuda social, como daño ocasionado directamente a la acreedora demandante, debe existir un incumplimiento nítido de un deber legal al que pueda anudarse de forma directa el impago de la deuda social*".

En el caso que nos ocupa, se alega por el recurrente que la falta de presentación de las cuentas anuales y la desaparición de hecho de la sociedad sin proceder a una disolución ordenada y pago de créditos en la misma forma constituye negligencia del administrador que le hace responsable del impago. Como acabamos de ver, dicha posibilidad queda limitada a los créditos posteriores a la aparición de la causa de disolución (art. 367 LSC), en tanto que para los anteriores como en este caso ocurre (deuda nacida en accidente laboral en 2006 e inactividad de la empresa a partir de 2008), para poder reclamar al administrador la responsabilidad por el impago de la deuda debe hacerse un esfuerzo argumentativo, para acreditar la incidencia directa del incumplimiento del deber legal (en este caso no presentación de cuentas anuales) en la falta de cobro de dicha deuda, acreditación que en este caso no concurre. No se justifica en modo alguno que exista relación de causalidad entre la falta de presentación de las cuentas anuales a partir del año 2008 y la falta de pago de una deuda que no olvidemos, nace o se genera en el año 2006 aunque no se declare hasta la sentencia de 2011; ni siquiera se justifica que en caso de haber acudido a una disolución ordenada, la deuda se habría podido cobrar o cobrar en parte por ser preferente a otras de la sociedad que hayan resultado satisfechas, es decir, en el ámbito de la acción de responsabilidad individual se ha de acreditar que la omisión del administrador no presentando las cuentas o no disolviendo la sociedad ha sido causa o ha impedido o influido al menos en parte en el impago de la deuda reclamada, prueba que en este caso no existe.

CUARTO. Respecto a un segundo incumplimiento consistente en la falta de concertación de un seguro de responsabilidad civil que derivaría según el demandante de la obligatoriedad impuesta por el art 24 del convenio colectivo de la construcción para la provincia de Toledo de 2002, examinado dicho convenio colectivo no se encuentra referencia alguna a la obligatoriedad de un seguro de responsabilidad civil obligatoria para las indemnizaciones derivadas de accidentes laborales en el ámbito de la empresa.

La sentencia de la jurisdicción social que cita el recurrente hace responsable al administrador en un caso en el que al no comparecer en el proceso, priva incluso al trabajador de conocer si la sociedad tenía o no algún tipo de seguro que cubriera la contingencia acaecida, lo que unido a la falta de seguro que considera probada ante dicha incomparecencia, determina la obligación de indemnizar, pero para esta Sala la mera ausencia de una póliza de seguro en una actividad en que este no es obligatorio, no puede ser considerada como una omisión negligente, porque no es negligente quien actúa conforme a derecho, y sui la ley no exige concertar un seguro, su no concertación no puede ser considerada negligente.

Procede en consecuencia desestimar este segundo recurso por considerar que no ha existido conducta negligente en el administrador demandado a la que se pueda anudar mediante la precisa relación de causalidad, el impago de las indemnizaciones que nos ocupan.

La compra del gasóleo por el actor fue parte de su actividad ordinaria, no habiendo indicios en ese momento de que luego no podría pagar la correspondiente factura, desestimándose la acción individual de responsabilidad

AP Madrid, Sec. 28.ª, 160/2017, de 24 de marzo. Recurso 297/2015

SP/SENT/903741

Pues bien, la aseveración por parte de la actora de que los demandados pudieran haber concertado las compras de combustible del 2008 (lo que solo podría haberse predicado de D. José, pues el codemandado D. Gerardo accedió al cargo a finales de julio de 2009, según consta en el Registro Mercantil) a sabiendas de que la sociedad BOMBEOS DEL TAJUÑA, S. L., no iba a poder pagar su precio no ha rebasado el rango de mero alegato interesado de parte, pues no se ha visto refrendado por prueba alguna ni tampoco por ningún dato de carácter objetivo. Lo cierto es que la información vertida en autos permite concluir que alrededor del 75 % de la facturación del año 2008 correspondiente a GASÓLEOS ALCORCÓN, S. L., contra BOMBEOS DEL TAJUÑA, S. L., (que ascendió a un total de 224.654,74 euros) resultó satisfecha, por lo que no se advierte la razón para introducir distinciones entre la disposición a pagar con la que se habrían podido efectuar sucesivos pedidos de la misma clase de material en una época temporalmente muy próxima. Lo que no tiene sentido como fundamento de la pretensión resarcitoria es que se alegue en el recurso que los demandados ocultaron a la suministradora las pérdidas padecidas en 2008, cuando las acumuladas al final de ejercicio no se tenían necesariamente que conocer ya a mediados de año y además no fueron determinantes ni de la incursión en causa de disolución, ni de tampoco de una insolvencia definitiva, sino incidental, pues las partes siguieron contratando en fechas sucesivas y mediaron pagos a la actora en 2009 y 2010. Tampoco sirve como respaldo al planteamiento de la actora el que reproche de que los demandados no le informaran de los beneficios conseguidos en 2009, pues ese dato posterior no pudo ejercer influencia alguna sobre la decisión de contratación adoptada en 2008; por otro lado, de las contrataciones que se efectuaron en 2009 y 2010 también se benefició la propia demandante, que suministró y cobró el precio del producto que así tuvo la oportunidad de colocar en el mercado, aunque quedase todavía pendiente de pago, y era muy consciente de ello dicha parte, el precio de una partida anterior. Tampoco es de recibo que se les reproche el incumplimiento de determinadas promesas de pago aplazado (en la audiencia previa se dijo que por ese medio la entidad demandante habría sido engañada por la parte demandada) que ni tan siquiera se alegaron, en tiempo y forma, en la demanda como motivo de la exigencia de responsabilidad (y que no pueden integrar el objeto del debate procesal —artículo 412 de la LEC—).

Resulta asimismo insostenible el reproche de que los demandados no realizaron una liquidación en forma regular de la sociedad, pues está demostrado que en 2009 y 2010 la sociedad BOMBEOS DEL TAJUÑA, S. L., siguió operando, contratando y pagando (y entre los beneficiarios de los pagos estuvo la propia demandante, aunque todavía se le debiera lo pendiente de 2008), y finalmente, transcurrido el primer trimestre de 2011, ante los problemas de insolvencia que le aquejaban, que le habían llevado a generalizar las situaciones de impago, el órgano de administración decidió solicitar el concurso de BOMBEOS DEL TAJUÑA, S. L. A este respecto hemos de subrayar que cuando la jurisprudencia, y este mismo tribunal, ha considerado que podría haber base para una imputación de responsabilidad por permitir la liquidación del patrimonio social sin someterse a un proceso reglado de control de tales operaciones en garantía de sus acreedores, lo ha hecho bajo la premisa de que habría operado una mera dilución de la misma al margen de la legalidad (cerrando su sede, resultando ilocalizable, etc.) que tenía como resultado el desentendimiento de la suerte de aquellos con los que se hallaba endeudada. Poco tiene que ver eso con una situación en la que se ha negociado con el acreedor, se han puesto a su disposición, con mayor o menor fortuna, los activos sociales para intentar satisfacer sus intereses e incluso se ha acudido a un concurso de acreedores para intentar atender ordenadamente los impagos con el conjunto de todos los acreedores implicados. No estamos ante una desaparición de facto de la entidad administrada a costa del desentendimiento de los derechos del acreedor reclamante.

Lo que ocurre, y la parte recurrente debería ser consciente de ello, es que no cabe construir la responsabilidad del administrador social sobre el mero hecho de que se haya producido el impago a un acreedor de la deuda que la sociedad administrada tenía contraída con él. No resulta admisible confundir la responsabilidad de la sociedad por sus posibles incumplimientos contractuales con la responsabilidad de su administrador, porque ello implicaría obviar las consecuencias inherentes a que aquella tenga una personalidad jurídica y un marco de responsabilidad propios. Es necesario distinguir entre el ámbito de responsabilidad de la sociedad frente a los terceros y el de la responsabilidad propia del administrador social. La exigencia de responsabilidad a este último no puede confundirse con la vulneración por la sociedad de sus obligaciones contractuales o las derivadas del "alterum non laedere", sino que ha de fundarse en un concreto reproche por una actuación del administrador (que no la de este imputable a la sociedad) contraria a la ley o a los estatutos o realizada incumpliendo los deberes inherentes al desempeño del cargo. El daño por el que la parte demandante pretende ser indemnizada, si admitimos como tal, y que además mereciera el carácter de directo (porque ningún esfuerzo argumental se efectuó al respecto en la demanda), el impago de su crédito por la sociedad, tendría que derivar de un concreto comportamiento ilícito del administrador realizado durante el desempeño de su cargo y no meramente de la imposibilidad del acreedor de cobrar una deuda social por causa de una situación de insolvencia de la sociedad deudora (hay que tener en cuenta que las responsabilidades derivadas de haber llevado a la entidad a tal situación pueden además ventilarse en sede concursal, si es que ello procediese). En este sentido, las sentencias de la Sala 1.ª del TS de 18 de abril de 2016 y de 13 de julio de 2016.

El administrador ha realizado una gestión arbitraria y contraria a la actuación de un ordenado empresario, causando directamente que el actor no cobrara su deuda, debiendo estimarse la acción individual de responsabilidad

AP Guadalajara, Sec. 1.ª, 54/2017, de 15 de marzo. Recurso 38/2017

SP/SENT/904603

En este contexto, para que pueda imputarse al administrador recurrente el impago de esa deuda social, como daño ocasionado directamente a la entidad acreedora, debe existir un incumplimiento nítido de un deber legal del mismo al que pueda anudarse de forma directa el impago de la deuda social. De otro modo, corremos el riesgo de atribuir al administrador la responsabilidad por el impago de la deuda social en caso de insolvencia de la compañía, cuando no es esta la *mens legis*. La ley, cuando ha querido imputar al administrador la responsabilidad solidaria por el impago de las deudas sociales en caso de incumplimiento del deber de promover la disolución de la sociedad, ha restringido esta responsabilidad a los créditos posteriores a la aparición de la causa de disolución (art. art. 367 LSC), no siendo esta la acción ejercitada en el presente pleito. Si, fuera de estos casos, se pretende, como hace la entidad demandante, reclamar del administrador la responsabilidad por el incumplimiento del contrato de suministro de materiales por parte de la sociedad Razbona S. L., debe hacerse un esfuerzo argumentativo por mostrar la incidencia directa del incumplimiento de un deber legal cualificado del administrador en la falta de cumplimiento del referido contrato.

(iii). Así pues, habrá que examinar, si la sentencia recurrida ha examinado las actuaciones que se imputan al administrador y si existe prueba para acreditar que las mismas incidieron directamente en el incumplimiento de la obligación contractual por la sociedad administrada por él, pues solo en tal caso podremos confirmar la estimación de la pretensión efectuada por la Juez a quo.

– La sentencia recurrida señala, en primer lugar, que existió una falta de control en la formulación de las cuentas anuales del ejercicio 2013 por parte del administrador (doc. n.º 12 de la demanda), pues en la memoria no consta la existencia de la deuda de la sociedad Razbona S. L. con la entidad Baxi Calefacción SLU. Es cierto, como señala el recurso, que por sí solo este hecho no genera la responsabilidad del administrador; sin embargo, el hecho de que no comprobase, como reconoció en el acto del juicio, que la gestoría a la que Razbona S. L. encargaba la redacción de sus cuentas anuales no hiciera constar el retraso en el pago de la deuda que la actora ya le estaba ejecutando, y que no advirtiese tal omisión en la memoria, a diferencia de lo indicado en el recurso, hizo, como señala la sentencia recurrida, que se diese una imagen de solvencia de la empresa que no se tenía, mostrándose como empresa que estaba al corriente en el pago de sus deudas, siendo ello una situación ficticia. Como señala la sentencia recurrida, "*las cuentas no reflejan la situación contable y patrimonial de la empresa con grave perjuicio para los socios de la misma y para los acreedores, infringiendo lo establecido en el artículo 34 del Código de Comercio, teniendo la obligación el Sr. Juan Manuel de comprobar la correcta formulación de las mismas aún en el caso de que sean preparadas por una gestoría tal y como él mismo afirmó (...), máxime si se tiene en cuenta que se trata de una deuda que está reconocida, como él mismo afirmó, y cuya inclusión no debe pasar desapercibida por su cuantía, cuantía que supera en tres veces el capital social de la empresa que según el documento n.º 2 de la demanda se cifra en 3.005,06 €*".

Resultando acreditado que las cuentas del año 2013 no incluían ni hacían referencia a la deuda de la actora que se estaba ejecutando, le correspondía a la parte demandada acreditar que la misma estaba contabilizada en el pasivo, de conformidad con el art. 217 de la LEC, en cuanto hecho impeditivo de su responsabilidad, utilizando para ello los medios probatorios que hubiera considerado oportunos, bien pericial contable bien a través del interrogatorio del demandado, lo que no hizo.

Así pues, con dicha conducta del administrador, se impidió que se pusiera de manifiesto la situación de insolvencia de la sociedad deudora y, en consecuencia, que se exteriorizase la obligación legal del administrador de adoptar aquellas medidas tendentes a poner fin a dicha situación, perjudicando con ello a los acreedores de la sociedad, entre ellos a la actora. En consecuencia, ha resultado acreditada la relación directa entre esa conducta del administrador y el impago a la actora de la deuda que ya se estaba ejecutando judicialmente.

– El segundo de los incumplimientos que la sentencia recurrida imputa al administrador, es el impago del crédito a la entidad actora cuando cobró cantidades que le hubieran permitido saldar la deuda, aunque solo hubiera sido en parte. Esto no es negado por la parte recurrente, pero alega que ello no afectó a la entidad actora ya que pudo embargar esas cantidades antes y conservaba intacto su derecho de crédito, teniendo la entidad en el año 2015 más fondos propios (6.452,74 euros) que en el año 2012 (4.857,67 euros).

No se puede aceptar tal argumentación, pues el recurrente olvida que la ejecución contra la sociedad Razbona S. L., para cobrar la deuda que ahora se reclama al administrador, lleva iniciada desde el 1 de junio de 2012, siguiéndose el procedimiento de Ejecución de Títulos Judiciales 206/2012, en el Juzgado de Primera Instancia n.º 3 de Guadalajara, y a pesar del tiempo transcurrido y haber intentado embargar todos los bienes e ingresos que le constan oficialmente a dicha empresa, únicamente se ha obtenido el importe de 425,17 euros, sin que, por otra parte, la sociedad o su administrador hayan procedido a realizar ningún abono extrajudicialmente con las cantidades que han ido obteniendo con la actividad que se dice sigue desarrollando, imputándolas a otras deudas discrecionalmente, como reconoce el demandado, sin que se haya acreditado por la misma que se tratasen de créditos preferentes o más gravosos.

De conformidad con lo expuesto, es evidente que esa gestión arbitraria y contraria a la actuación de un ordenado empresario desarrollada por el demandado, ha contribuido directamente a que la sociedad actora no haya cobrado su deuda.

Los administradores hicieron desaparecer la sociedad, tras vender su único activo a un precio inferior al del mercado, repartiéndose el dinero obtenido y dejando impagada la deuda del actor, estimándose la acción individual de responsabilidad

AP Madrid, Sec. 28.ª, 138/2017, de 13 de marzo. Recurso 217/2015

SP/SENT/903739

Considerando la sentencia apelada plenamente acreditado que la sociedad LIMIA S. A. desapareció de su domicilio social incurriendo así en cierre "de facto", los apelantes, si bien dicen disentir de dicha apreciación, no niegan la realidad del hecho como tal, sino que se limitan a aducir que ellos mismos sí podían ser localizados en sus domicilios particulares. Ahora bien este alegato no desmiente el hecho de que la sociedad hubiera desaparecido de su domicilio a no ser que el domicilio de la sociedad fuera coincidente con el de alguno de los administradores, lo que no sucede en el caso por cuanto, estando domiciliada la sociedad en el Paseo de La Habana 11 de Madrid (así se desprende de la certificación registral obrante al folio 84), el Sr. Amadeo lo estaba en la Calle Mesoncillos 74 de Alcobendas y el Sr. Germán en la Calle Villanueva 29 de Madrid. En otras palabras, el hecho de que los administradores de una sociedad no hayan pasado a adoptar un modo de vida clandestino y puedan ser localizados en sus residencias personales no es incompatible con el hecho —que la sentencia considera probado— de que la sociedad que administran haya desaparecido de su domicilio social y resulte ilocalizable en cuanto tal.

2. Se dice que la sentencia vulnera la reiterada doctrina jurisprudencial con arreglo a la cual el simple impago de las deudas por la sociedad no puede identificarse con el daño directo que exige el Art. 135 LSA para originar en el administrador societario el tipo de responsabilidad que contempla. Sin embargo, no vemos como podría la sentencia apelada contrariar dicha doctrina cuando lo que en ella se razona es, precisamente, que, además del impago de la deuda, los demandados llevaron a cabo conductas antijurídicas determinantes de la frustración del derecho de crédito de la demandante (cierre "de facto" previo vaciado patrimonial de la sociedad en provecho de los demandados).

3. Se argumenta que la deuda insatisfecha surgió en una época muy anterior en el tiempo al momento en que pudieron producirse los actos lesivos, con lo que la sentencia apelada no estaría respetando el apartado 2 del Art. 262 LSA (debe querer decir apartado 5 del Art. 105 LSRL al ser la sociedad que administraban una sociedad limitada) que limita la responsabilidad de los administradores a las obligaciones sociales posteriores a la causa de resolución. No parecen reparar, sin embargo, los apelantes en que la expresada limitación temporal se encuentra prevista exclusivamente para el régimen de responsabilidad por deudas del Art. 105-5 LSRL pero no para el de responsabilidad por daños del Art. 135 LSA, que es el tipo de responsabilidad que la sentencia apelada ha apreciado y en cuyo ámbito carece de relevancia la fecha de la deuda insatisfecha.

4. Se invoca la inexistencia de los actos lesivos atribuidos a los demandados en la sentencia. Sin embargo, a la hora de desarrollar este apartado, los apelantes se desentienden de los actos lesivos en que se funda la resolución apelada (venta a bajo precio del único bien valorable de la sociedad y reparto de su precio entre los demandados con carácter previo a la desaparición "de facto" de la sociedad), actos a los que ni siquiera mencionan, para pasar a sostener que por su parte nunca concurrió mala fe y que ellos no son "morosos contumaces", apreciaciones estas que, aunque suscribiéramos plenamente, no vemos qué clase de relación puedan guardar con los actos lesivos mencionados en la sentencia.

TERCERO. Ha venido siendo doctrina jurisprudencial reiterada la de que constituye un comportamiento negligente de los administradores el limitarse a eliminar a la sociedad de la vida comercial o industrial sin liquidarla en cualquiera de las formas prevenidas legalmente (sentencias de la Sala 1.ª del TS de 4 de noviembre de 1991, 22 de abril de 1994, 6 de noviembre 1997, 4 de febrero de 1999 y 14 de marzo de 2007). Y esta Sala (Sección 28.ª de la Audiencia Provincial de Madrid) ha indicado también con reiteración que la imputación al administrador de responsabilidad por permitir la desaparición por vía de hecho de la entidad que administra está justificada al amparo de la acción prevista en el Art. 135 LSA, y ello por entender que el cierre "de facto" constituye una conducta de desarreglo generalizado en el que la sociedad deudora no solo se hace deliberadamente ilocalizable para sus acreedores sino que omite la adopción de las más elementales medidas tendentes a propiciar una liquidación ordenada –en su caso de carácter concursal– de su patrimonio. Y hemos venido considerando que es posible establecer el vínculo causal entre tal conducta y la frustración del derecho de crédito del acreedor por un procedimiento de análisis meramente comparativo: deduciendo que esa frustración no se hubiera producido verosímilmente, o hubiera sido de menor entidad, en el caso de que los administradores de la sociedad hubieran adoptado la conducta alternativa y correcta, a saber, la liquidación ordenada de la sociedad.

Obviamente, tal deducción no podría alcanzarse en el caso de que en el proceso existiera cumplida prueba de que en el momento en que la deuda devino exigible la sociedad deudora carecía de forma absoluta de patrimonio para afrontarla. Sin embargo, las recientes SSTS de 18 de abril de 2016 y 13 de julio de 2016 nos indican que "*la prueba de la inexistencia de bienes y derechos o el destino de lo adquirido con la liquidación de los existentes corresponde al administrador y no puede imputarse al acreedor demandante, en aplicación de la regla contenida en el apartado 7 del art. 217 LEC. Frente a la dificultad del acreedor demandante de probar lo contrario (que había bienes y que fueron distraídos o liquidados sin que se destinara lo obtenido al pago de las deudas), dificultad agravada por el incumplimiento del administrador de sus deberes legales de llevar a cabo una correcta liquidación, con la información correspondiente sobre las operaciones de liquidación, el administrador tiene facilidad para probar lo ocurrido, pues se refiere a su ámbito de actuación...*". Pues bien, lo único que exige esa doctrina jurisprudencial para proyectar la carga probatoria sobre el administrador demandado es que el acreedor demandante haya llevado a cabo en su demanda un "*mínimo esfuerzo argumentativo*" mediante el cual haya introducido por vía simplemente alegatoria aquellos planteamientos mediante los cuales se nos transmita la idea de que la sociedad disponía, antes del cierre "de facto", de recursos cuya desaparición o cuya anárquica liquidación hayan podido determinar causalmente la frustración de su crédito.

En el caso que nos ocupa, la parte actora no solo cumplió holgadamente con esa carga alegatoria o esfuerzo argumentativo (invocó la existencia del inmueble, su venta apresurada en presencia de la demanda de la actora y el reparto de su precio, todo ello con carácter previo al cierre "de facto") sino que, además, a pesar de no incumbirle la carga de hacerlo, suministró también prueba de tales extremos. Ninguna actividad probatoria llevó a cabo los demandados con el fin de justificar la inexistencia de bienes sociales en el momento de nacimiento de la deuda.

Hay responsabilidad individual del administrador social por el daño causado cuando se procede a la desaparición *de facto* de la sociedad sin liquidar ordenadamente privando al acreedor de la posibilidad de cobrar con el activo

AP Madrid, Sec. 28.ª, 76/2017, de 17 de febrero. Recurso 309/2015

SP/SENT/899756

La sentencia apelada estima la acción de responsabilidad individual con fundamento en la desaparición de facto de la sociedad deudora en el año 2010, sin que el administrador demandado promoviera la ordenada liquidación del patrimonio social con daño para la actora consistente en el importe de la deuda impagada.

La parte demandada rechaza su responsabilidad con fundamento en la acción individual alegando que, al tiempo de la contratación, la sociedad estaba saneada sin que concurriera causa de disolución. Añade que los ingresos en el año 2008 fueron importantes, siendo la facturación en ese ejercicio (764.003,76 euros) superior a los gastos (694.101,62 euros). Destaca también que la facturación de la sociedad en el cuarto trimestre de 2008 se elevó a 203.380,26 euros.

No se discute que la sociedad entró en una grave crisis en el ejercicio 2009, cerrando de facto inmediatamente después durante el ejercicio 2010, todo ello como consecuencia de la crisis económica, lo que se reconoció por el demandado en la prueba de interrogatorio de parte (00:08:27 y ss. de la grabación del acto del juicio).

La acción individual de responsabilidad presupone la concurrencia de los siguientes requisitos: a) comportamiento, activo u omisivo, de los administradores contrario a la Ley, a los estatutos sociales o realizado incumpliendo los deberes inherentes al desempeño del cargo; b) que la conducta activa u omisiva sea imputable al administrador, al menos, a título de culpa; c) producción de un daño al socio o acreedor, consistente en una lesión directa a su patrimonio, lo que la diferencia de la acción social que se ejercita por los legitimados para resarcir un daño sufrido directamente en el patrimonio de la sociedad; y d) existencia de relación de causalidad entre la conducta antijurídica que se imputa al administrador y el daño. En este sentido, sentencias del Tribunal Supremo de 7 de marzo de 2006, 28 de abril de 2006 y 14 de marzo de 2007.

La jurisprudencia más reciente se ha tornado más exigente en lo que se refiere al examen de los requisitos señalados.

Así, tal y como destaca la sentencia del Tribunal Supremo de 18 de abril de 2016: "*(...) no puede recurrirse indiscriminadamente a la vía de la responsabilidad individual de los administradores por cualquier incumplimiento contractual de la sociedad. De otro modo supondría contrariar los principios fundamentales de las sociedades de capital, como son la personalidad jurídica de las mismas, su autonomía patrimonial y su exclusiva responsabilidad por las deudas sociales, u olvidar el principio de que los contratos solo producen efecto entre las partes que los otorgan, como proclama el art. 1.257 CC (sentencias 131/2016, de 3 de marzo; y 242/2014, de 23 de mayo).*

De ahí que resulte tan importante, en un supuesto como este, que se identifique bien la conducta del administrador a la que se imputa el daño ocasionado al acreedor, y que este daño sea directo, no indirecto como consecuencia de la insolvencia de la sociedad.

Añade la referida sentencia que para apreciar la responsabilidad debe existir un nítido incumplimiento de un deber legal al que pueda anudarse de forma directa el impago de la deuda social pues, de otra forma, se corre el riesgo de atribuir a los administradores la responsabilidad por el impago de las deudas sociales en caso de insolvencia de la compania, cuando no es esta la mens legis. *La ley, cuando ha querido imputar a los administradores la responsabilidad solidaria por el impago de las deudas sociales en caso de incumplimiento del deber de promover la disolución de la sociedad, ha restringido esta responsabilidad a los créditos posteriores a la aparición de la causa de disolución (art. 367 LSC). Si fuera de estos casos, se pretende, como hace la demandante en su demanda, reclamar de la administradora la responsabilidad por el impago de sus créditos frente a la sociedad, debe hacerse un esfuerzo argumentativo, del que carece la demanda, por mostrar la incidencia directa del incumplimiento de un deber legal cualificado en la falta de cobro de aquellos créditos".*

La anterior doctrina ha sido reiterada por la sentencia del Alto Tribunal de 13 de julio de 2016 que, con relación al cierre de hecho, señala que: "*Es indudable que el incumplimiento de los deberes legales relativos a la disolución de la sociedad y a su liquidación, constituye un ilícito orgánico grave del administrador y, en su caso, del liquidador. Pero, para que prospere la acción individual en estos casos, no basta con que la sociedad hubiera estado en causa de disolución y no hubiera sido formalmente disuelta, sino que es preciso acreditar algo más, que de haberse realizado la correcta disolución y liquidación sí hubiera sido posible al acreedor hacerse cobro de su crédito, total o parcialmente. Dicho de otro modo, más general, que el cierre de hecho impidió el pago del crédito.*

Como ya hemos adelantado en el fundamento jurídico anterior, esto exige del acreedor social que ejercite la acción individual frente al administrador un mínimo esfuerzo argumentativo, sin perjuicio de trasladarle a los administradores las consecuencias de la carga de la prueba de la situación patrimonial de la sociedad en cada momento (sentencia 253/2016, de 18 de abril) (...).

Si partimos de la base de que el administrador venía obligado a practicar una liquidación ordenada de los activos de la sociedad y al pago de las deudas sociales pendientes con el resultado de la liquidación, y consta que existían algunos activos que hubiera permito pagar por lo menos una parte de los créditos, mientras el administrador no demuestre lo contrario, debemos concluir que el incumplimiento de aquel deber legal ha contribuido al impago de los créditos del demandante".

Aun cuando la demanda no destaca por el esfuerzo argumentativo para fundar la acción individual de responsabilidad, sí identifica con precisión la conducta del administrador a la que se imputa el daño ocasionado al acreedor, señalando como tal haber procedido al cierre de facto de la sociedad, sin proceder a su ordenada liquidación, añadiendo que ello ha propiciado la desaparición de los bienes de la misma, los cuales podían haber permitido hacer frente a las responsabilidades existentes con los proveedores... (folio 16 de los autos).

Por lo demás, es el propio demandando el que admite que la situación de la sociedad en el ejercicio 2008 fue muy positiva (página 8 de su recurso) y que fue la crisis padecida en el ejercicio 2009 la que llevó al cierre de la sociedad en el año 2010, pero no da ninguna explicación sobre qué ocurrió con los activos de la sociedad, cuya situación, al cierre del 2008, era, según se admite, muy positiva.

No se aprecia relación de causalidad entre la falta de depósito de las cuentas y el impago al acreedor, por lo que no procede la responsabilidad individual del administrador

AP Madrid, Sec. 28.ª, 51/2017, de 3 de febrero. Recurso 92/2015

SP/SENT/895880

Atendiendo a los alegatos vertidos en el escrito de recurso que, bajo la invocación de error en la valoración de la prueba, no viene sino a insistir en la tesis en torno a la negligencia del administrador demandado con base en la situación de absoluta inviabilidad de la compañía "ILUMINATI BEPEN, S. L.", en tanto que sería ya conocida para el demandado en el mes de septiembre de 2011 (según se consigna en la sentencia, aunque en el escrito de recurso se introduzca, no sabemos si deliberadamente, el mes de abril de 2011), así como a la imposibilidad y falta de voluntad de hacer frente a los pagos de los suministros por parte del administrador, aludiendo igualmente a la deliberada ocultación por el administrador demandado de la situación económico-financiera y a la inobservancia del deber de cuidado y negligencia en la llevanza de las obligaciones formales de la sociedad, necesariamente hemos de considerar, en atención a los elementos de prueba que señaladamente destaca el Juzgador de primera instancia y que se ponen de relieve en el fundamento jurídico precedente, que nada de ello se infiere de la situación fáctica que ha de tenerse en cuenta o bien los incumplimientos que pretenden atribuirse al administrador demandado carecen de relevancia para llevar a adoptar una decisión distinta a la adoptada, pues no puede obviarse que el simple hecho de haber mantenido relaciones negociales con otro cuando se atravesaba una situación de dificultades no debe implicar necesariamente la incursión en responsabilidad del administrador cuando, por el contexto en el que ello se hace, la conducta desplegada puede considerarse inserta en la normalidad comercial (Sentencia de la Sala 1.ª del TS de 16 de febrero de 2004). Las entidades "ILUMINATI BEPEN, S. L." e "INNOVA OBRADOR, S. L." mantenían una relación de negocio durante determinado tiempo, consistente en el suministro de productos alimenticios para un negocio de hostelería, y el endeudamiento de aquella para con esta no es, como resulta de la prueba aportada, fruto de un aprovisionamiento relevante durante una situación de insolvencia u otro comportamiento de esa índole, sino el resultado de un trato comercial sostenido en el tiempo que desemboca, finalmente en el impago de cierta parte de las mercaderías suministradas, habiéndose abonado previamente por la deudora gran parte de lo efectivamente suministrado. No puede detectarse por tanto que estemos ante un caso de endeudamiento imprudente que pudiera justificar una reclamación contra el administrador de la entidad deudora, sino ante un caso más de mal resultado empresarial fruto de las situaciones de riesgo que entraña el tráfico mercantil, ni se detecta esa falta de voluntad de hacer frente a los pagos de los suministros por parte del administrador a la que se alude en el recurso.

Finalmente, en cuanto al reproche acerca de negligencia en la llevanza de las obligaciones formales de la sociedad, en relación con la invocación que se hace al respecto de la presentación de las cuentas anuales, debe indicarse que la Sala 1.ª del Tribunal Supremo (sentencias de 26 de abril y de 20 de junio de 2005) recuerda que el reproche de la falta de presentación de las cuentas anuales en el Registro Mercantil solo podría sustentar la acción individual de responsabilidad si estuviera causalmente conectada con el daño que se afirma haber sufrido. El impago de deudas no necesariamente equivale a un daño directamente causado a los acreedores sociales por los administradores de la sociedad deudora y el incumplimiento de una obligación social, como lo es la de depositar las cuentas, no puede ser un dato determinante de la responsabilidad del administrador cuando no se ha puesto de manifiesto, como ocurre en el presente caso, que pueda establecerse relación causal alguna entre el incumplimiento de las obligaciones de depósito contable, que verdaderamente no se sostiene, y el daño por el que se está reclamando (el impago de deudas contraídas por la sociedad). Subrayamos que el éxito de la acción individual de responsabilidad exige que medie un nexo causal entre el daño imputado y la acción u omisión del administrador demandado. Pues bien, no vemos cuál pudiera ser tal en el caso del mero incumplimiento de las obligaciones de formulación contable y depósito en el Registro Mercantil porque, con independencia de su irregularidad y de la posibilidad de que de ello derivase a la imposición de la sanción correspondiente en el ámbito oportuno, ni tan siquiera nos ha sido puesto de manifiesto en la demanda la trascendencia dañosa real de tal conducta para la parte demandante. Además, como señala la STS de 18 de abril de 2016 (ROJ: STS 1650/2016) *"La ley, cuando ha querido imputar a los administradores la responsabilidad solidaria por el impago de las deudas sociales en caso de incumplimiento del deber de promover la disolución de la sociedad, ha restringido esta responsabilidad a los créditos posteriores a la aparición de la causa de disolución (art. 367 LSC). Si fuera de estos casos, se pretende, como hace la demandante en su demanda, reclamar de la administradora la responsabilidad por el impago de sus créditos frente a la sociedad, debe hacerse un esfuerzo argumentativo, del que carece la demanda, por mostrar la incidencia directa del incumplimiento de un deber legal cualificado en la falta de cobro de aquellos créditos".*

Se estima la acción individual de responsabilidad, debiendo responder los demandados por los daños y perjuicios que le generaron al actor por no suministrarle el pedido concertado y obligarle a recurrir a otro proveedor

AP Madrid, Sec. 28.ª, 8/2017, de 13 de enero. Recurso 42/2015

SP/SENT/894156

Por lo que se refiere al primer aspecto, se aduce que el incumplimiento contractual que se imputa a AGISOL no podría considerarse acreditado por las contestaciones dadas por el testigo examinado a instancia de la parte contraria, pues en este punto solo podría ser tenido como testigo de referencia; que no ha resultado probada la urgencia en la contratación de un nuevo suministro a partir de la demanda del cliente final; que la comunicación resolviendo el contrato y reclamando perjuicios solo se produjo una vez efectuado el pedido al nuevo proveedor, sin previa anulación del hecho a AGISOL; que la aprobación de la factura girada por AGISOL con fecha 17 de noviembre de 2010 (esto es, con posterioridad a las fechas de entrega comprometidas por AGISOL) y la falta de constancia de comunicación alguna poniendo de manifiesto el incumplimiento de AGISOL previa al requerimiento resolutorio permitirían concluir que no hubo por parte de esta última entidad incumplimiento alguno; que AGISOL cumplió con la obligación de entregar el material que aparece reflejado en la factura datada en noviembre de 2010 a la que antes hicimos referencia. De todo ello concluyen los apelantes que no ha resultado acreditada causa resolutoria que fundamentase la reclamación formulada por SUMINISTROS.

11.2. En cuanto al segundo extremo, cuestionan los recurrentes la realidad del perjuicio. En este punto, ponen en duda que el material suministrado por el tercer proveedor corresponda al comprometido en su día por AGISOL, a partir de la discordancia de las referencias identificativas reflejadas en factura y pedido, respectivamente, y de la eventualidad de que los destinatarios finales fuesen distintos. En la misma línea, se subraya que SUMINISTROS no ha aportado justificante del pago de las facturas que totalizan el perjuicio reclamado. Por último, los apelantes postulan que, en todo caso, debería descontarse el importe de los suministros efectivamente realizados por AGISOL, reflejados en la factura de 17 de noviembre de 2010 que quedó identificada en anteriores líneas.

12. Ninguna acogida merecen los alegatos de los recurrentes.

12.1. El incumplimiento de AGISOL puede quedar perfectamente establecido a partir de datos que resultan de documentos obrantes en actuaciones frente a los que los apelantes no han manifestado rechazo. Así, en contraste con el volumen del pedido contratado (documento número 2 de la demanda), solo hay constancia de la entrega de un volumen inferior (el reflejado en la factura de 17 de noviembre de 2010). De igual modo, en el pedido se señalan unos plazos de entrega, luego especificados en la factura proforma emitida por la propia AGISOL (documento número 3 de la demanda), los cuales, según resulta del documento de condiciones generales de compra, habían de entenderse improrrogables salvo causa de fuerza mayor, habilitando su inobservancia a SUMINISTROS para resolver el contrato. Por otra parte, consta que SUMINISTROS pagó en su integridad del importe de la factura proforma con anterioridad a la fecha de entrega consignada en ella (documentos 4 y 5 de la demanda).

12.2. Que el pedido al tercero fuese anterior al requerimiento resolutorio, que la facturada girada por AGISOL con fecha 17 de noviembre de 2010 fuera aprobada por SUMINISTROS después de vencido el plazo marcado en el pedido o la falta de constancia de comunicaciones previas a aquel requerimiento resolutorio no son circunstancias que desvirtúen la lectura reflejada en el apartado precedente. Desconocemos cuál sea la razón (desde luego, no se encuentra en el clausulado general) por la que SUMINISTROS debiera necesariamente proceder a resolver el contrato antes de adoptar las prevenciones necesarias para hacer frente a los perjudiciales efectos derivados de la desatención de sus compromisos por la contraparte. La aprobación de la factura de 17 de noviembre de 2010, pese a su posterioridad al hecho esgrimido como causa resolutoria, encuentra explicación plausible en que ya se había producido el pago a cargo de la factura proforma. Finalmente, la no aportación de ninguna comunicación previa al requerimiento resolutorio no es circunstancia de la que quepa extraer la conclusión de que no hubo incumplimiento, ni opaca el análisis en signo contrario recogido en líneas precedentes a partir de la prueba documental obrante en las actuaciones.

12.3. Los descargos relativos al perjuicio no merecen mejor suerte. No encontramos en el discurso de los recurrentes ningún elemento objetivo que aliente mínimamente las sombras de duda que pretenden arrojar sobre las facturas del tercer proveedor y del transportista acompañados con la demanda como documento número 7. En este sentido, el énfasis sobre la falta de identidad de las referencias de producto apreciables en el pedido a AGISOL y en las facturas emitidas por el tercer proveedor se presenta, a falta de otra justificación que corrobore la conclusión que la parte pretende extraer del dato, como mero pretexto. Finalmente, tampoco encontramos en el hecho de que parte del suministro comprometido se hubiese entregado motivo para reducir la suma solicitada en la demanda, cuando lo que se reclama es el perjuicio ocasionado a SUMINISTROS, constituido por importe al que hubo de hacer frente por tener a su disposición lo que AGISOL no había entregado pese a haberlo ya cobrado.

13. En el apartado segundo del recurso se achaca al anterior juzgador haber infringido el artículo 326 LEC en aquel particular en el que, cuando la autenticidad de un determinado documento privado, tras haber sido impugnada por una de las partes, no ha podido quedar determinada por el cotejo pericial de letras u otra prueba practicada a tal efecto, establece que el tribunal habrá de valorarlo conforme a las reglas de la sana crítica. En concreto, se atribuye al juez a quo haber faltado a las reglas de la sana crítica en relación con el documento de reconocimiento de deuda incorporado al bloque documental aportado como documento número 8 de la demanda.

Que el administrador demandado se haya abstenido de pagar la deuda avalada por el actor no es motivo suficiente para estimar la acción individual de responsabilidad

AP Madrid, Sec. 28.ª, 437/2016, de 19 de diciembre. Recurso 670/2015

SP/SENT/887232

Ahora bien, consciente tal vez de que era ese modo de plantear su acción lo que determinó el fracaso de esta, el apelante ha pretendido en esta segunda instancia alterar su inicial planteamiento. En efecto, de manera un tanto confusa y reiterando incluso ocasionalmente su planteamiento primitivo (en la pág. 30 del recurso se vuelve a insistir en que "*Si los administradores no se hubiesen llevado los bienes y el dinero podría haberse atendido el crédito*"), lo que ahora nos explica el Sr. Bruno en la página 27 de su recurso (último párrafo) es que la conducta de los administradores que generó directamente el daño fue la consistente en abstenerse de pagar la deuda bancaria avalada. Solo de ese modo puede entenderse que se diga actualmente que la conducta censurable de los demandados no generó daño alguno para la sociedad y sí únicamente para el demandante en su condición de avalista.

Pues bien, con independencia de que el carácter novedoso de este planteamiento nos excusaría de comentarlo al encontrarse al margen de la segunda instancia (Art. 456-1 LEC), no está de más indicar que el impago de una deuda consecutivo a la imposibilidad material de hacerlo por razón de iliquidez no es, "per se", una conducta censurable (piénsese en el caso de que la iliquidez haya sobrevenido a consecuencia de infortunios no imputables al administrador diligente). Si, como se razona por el apelante, la iliquidez sobrevino a consecuencia del comportamiento antijurídico de los demandados, es ese comportamiento lo que resultará reprochable, pero tal comportamiento no origina el daño consecutivo al impago: lo que determina es un quebranto patrimonial –despatrimonialización en la terminología del actor– a la sociedad administrada, y solo a través de tal quebranto se ocasiona el daño al que se hace referencia en la demanda, daño que, por ello mismo, solo puede ser considerado como indirecto o reflejo.

CUARTO. Así las cosas, carecen por completo de utilidad cuantos alegatos se han utilizado en el recurso para poner de relieve que los demandados llevaron a cabo los actos de despatrimonialización que se les atribuye porque, aun asumiendo que ello fuera efectivamente así, la acción individual de responsabilidad nunca podría prosperar (sin perjuicio del éxito que pudiera eventualmente alcanzar una acción social de responsabilidad).

Por similares motivos, resultan también inoperantes todos aquellos argumentos por los que el apelante ha tratado de llevar al ánimo de este tribunal la idea de que él nunca contribuyó con su conducta a la despatrimonialización de la sociedad, toda vez que el razonamiento por el que la sentencia apelada le atribuye algún grado de corresponsabilidad en ese adverso resultado constituye un argumento expuesto "ex abundantia" cuyo eventual desacierto nunca podría privar de fundamento al motivo ("ratio decidendi") por el que desestima la demanda, a saber, el carácter no directo del daño que se atribuye a la conducta de los demandados.

El administrador, sin ajustarse a las exigencias de lealtad y posicionándose a favor de su madre, privó al actor de los ingresos periódicos que percibía por su colaboración en el negocio familiar, estimándose la acción individual de responsabilidad

AP A Coruña, Sec. 4.ª, 402/2016, de 25 de noviembre. Recurso 177/2016

SP/SENT/885318

La actuación del administrador único está, por otra parte, conectada con la simultánea decisión de incrementar su propia retribución en novecientos euros mensuales y, en nuestra valoración, ordenada a reforzar su propia posición y la de su madre y hermana frente a la de su padre en el conflicto societario y matrimonial que arrancaba de octubre de 2013. Al privar a don Modesto de los ingresos periódicos que percibía por su colaboración en el negocio familiar, don Carlos Ramón se posicionó con claridad a favor de su madre en el conflicto matrimonial que poco después se judicializó, y así lo confirma su decisión posterior –julio de 2014– de incrementar la retribución de su madre en la misma medida –350,00 € mensuales– de la obligación de pago que quedó fijada en el auto de medidas provisionales del proceso matrimonial, con una justificación tan incoherente como la que implica la referencia a una cuenta –la de retribuciones pendientes de abono– que la propia sociedad cuestionó en el juicio sobre disolución de la compañía y que, de hecho, se demostró ficticia (y, si fuera cierta, nada justificaría que no se propusiera al menos pagar también el saldo acreedor que el propio Sr. Modesto mantenía en la misma cuenta, la de retribuciones pendientes de abono, y que ascendía a más de sesenta y ocho mil euros). De esta manera, la actuación del administrador único demandado, en cuanto que hizo uso de sus facultades con una finalidad distinta de la que legalmente justifica su atribución, que es la defensa del interés social, y lo hizo además en beneficio propio y de terceros, no se ajusta a las exigencias que le imponía su deber de lealtad (artículo 226, en su redacción anterior a la Ley 31/2014, de 3 de diciembre).

6. En función de las consideraciones a que se refieren los dos apartados anteriores concluimos que el administrador demandado debe responder frente al actor por el daño directamente ocasionado. Como por otra parte es obvio que el demandante no puede esgrimir un derecho incondicionado e ilimitado a mantener su relación de servicios con la compañía y a la detracción mensual de parte de los ingresos sociales en forma de retribución (ni, por supuesto, a que sea la compañía la que atienda a sus propias cotizaciones como autónomo, cuyo devengo a partir de marzo de 2014 pudo y debió evitar que el Sr. Modesto comunicando a la TGSS el cese de su relación de servicios), tampoco hay razones que amparen el cálculo de la indemnización que en la audiencia previa quedó acotado en función de la retribución dineraria y en especie (cotizaciones a la Seguridad Social) por todo el tiempo transcurrido entre el cese y el momento a partir del cual el Sr. Modesto emprendió una nueva andadura profesional.

Nos sirve, en cambio, prudencialmente de guía para calcularla la que correspondería a un trabajador por la extinción de su contrato de trabajo por despido improcedente y así, sobre las mismas bases que el propio Sr. Modesto esgrimió en la jurisdicción laboral (retribución bruta, incluidas las pagas extras, de 1.449,89 € al mes y una duración de la relación de doce años y ocho meses, entre el 1 de julio de 2001 y el 2 de marzo de 2014) podemos fijar el daño en veintiún mil ciento treinta y un euros con cincuenta céntimos (21.131,50 €). En esta medida, incluidos los intereses legales devengados desde la interposición de la demanda, será esta parcialmente estimada y, con ella, el recurso.

El pagaré que se reclama a la sociedad carece de antefirma, no pudiendo tenerse como emitido en nombre de esta y a falta de prueba en contrario procede desestimar la acción individual de responsabilidad contra los administradores

AP Alicante, Sec. 8.ª, 312/2016, de 18 de noviembre. Recurso 432/2016

SP/SENT/885694

La realidad de ese pacto no resulta de ninguna de las pruebas practicadas. En el caso, la excepción a la doctrina jurisprudencial expuesta sobre la falta de antefirma en el pagaré del administrador no puede ser aplicada pues el pagaré, con la literalidad del derecho incorporado al título, no aparece firmado por quien, teniendo poder representación, lo hace actuando con él, no apareciendo tan siquiera la estampilla de la razón social en cuya representación actúa, razón por la que quien queda obligado cambiariamente es el firmante, que aparece y solo él, como titular pasivo del crédito incorporado al pagaré. No cabe aquí plantear la citada hetero eficacia de la representación directa porque esta actúa solo en el marco de la relación jurídica bilateral que podría haber motivado la emisión del pagaré.

Esta circunstancia hace de tal título valor un documento de todo punto insuficiente para acreditar la deuda de la mercantil, lo que a su vez transforma los documentos de que dice la demandante trae causa el pagaré en documentos, no en meramente complementarios o secundarios diferibles en lo que hace al momento de su aportación, a la negación de la deuda por parte del demandado, sino en esenciales para sostener el derecho cuya tutela se impetra en la demanda, que es el caso contemplado en el art. 265.1 LEC como bien señala el apelante.

Afirmar por ello que su importancia dependía de las alegaciones del demandado –art. 265-3 LEC– resulta justificación de imposible acogimiento pues quien debía probar en lo esencial la deuda reclamada era quien la reclamaba y para su probanza debería aportar con la demanda o un documento casi-indubitable de la existencia de la deuda o la documentación mercantil que en general se produce con ocasión de las relaciones comerciales entre empresarios.

No habiéndolo hecho así, la aportación de la más documental debió ser rechazada por preclusión conforme a lo dispuesto en los artículos 265-1 en relación con el art. 443-1 LEC lo que, desde el punto de vista del recurrente, implica la estimación de la pretensión de que no sea objeto de valoración por este Tribunal a los efectos de tener por acreditada la deuda.

TERCERO. Excluida la valoración en el examen de la realidad de la deuda reclamada de la documental aportada en el acto del juicio verbal con ocasión de la proposición de la prueba, resulta más que evidente que la pretensión contenida en la demanda ha de decaer pues en absoluto queda acreditada la deuda que se reclama con el pagaré que carece de antefirma y que no está reconocido como emitido por o en nombre de la sociedad, derivándose por el principio de carga de la prueba y además, del de facilidad probatoria –art. 217-1-7 LEC– la imputación del deber de la acreditación de la deuda al demandante que debió probar la vinculación del citado pagaré con la existencia de relaciones comerciales con la demandada y fruto de estas, la pendencia de pago reflejada en el pagaré en cuestión.

Pero no queremos dejar de abundar el hecho de que incluso con la documental indebidamente aportada, con su valoración, la decisión habría sido la misma pues en efecto, hay evidente error en su valoración en tanto, primero, se trata de documentación unilateral de la parte –facturas y recibos– que en absoluto vincula a terceros en tanto no se ha aportado ni un solo documento que acredite la realidad de tales relaciones comerciales, ni siquiera curiosamente de los pagos parciales que incluso se alegan, ausencia documental que incluye albaranes o cualquier documento con intervención de la sociedad demandada, no habiéndose ni tan siquiera solicitado una prueba bancaria, contable o tributaria de Nevada para probar si la cuenta contra la que se libraba el pagaré estaba a nombre de la mercantil, si en sus libros oficiales y en su contabilidad se reflejaba la relación comercial afirmada o si se había declarado, a los efectos del IVA, el resultante de las operaciones con la actora.

En conclusión, la inconsistencia tanto procesal como probatoria de la pretensión esencial de las deducidas en la demanda, la realidad de la deuda implica que, estimándose el recurso de apelación, deba desestimarse la demanda, absolviendo a los demandados de las pretensiones deducidas.

Se estima la acción individual de responsabilidad, por no proceder el administrador a realizar una ordenada liquidación de los activos de la sociedad, no pudiendo justificar el destino de estos e impidiendo al actor el cobro del crédito

AP Zaragoza, Sec. 5.ª, 528/2016, de 9 de noviembre. Recurso 446/2016

SP/SENT/883385

Frente a la alegación contenida en la demanda de que el administrador no ha procedido a la liquidación ordenada de los activos de la sociedad y que ello ha impedido el cobro de los créditos de la demandante, máxime cuando se demoró su exigibilidad mediante la emisión de unos pagarés que resultaron finalmente impagados, correspondía al administrador justificar que la disolución y liquidación ordenada de la sociedad no hubiera servido para pagar los créditos de la demandante, ordinariamente por la insuficiencia de activo.

Si partimos de la base de que el administrador venía obligado a practicar una liquidación ordenada de los activos de la sociedad y al pago de las deudas sociales pendientes con el resultado de la liquidación, y consta que existían algunos activos que hubieran permitido pagar por lo menos una parte de los créditos, mientras el administrador no demuestre lo contrario, debemos concluir que el incumplimiento de aquel deber legal ha contribuido al impago de los créditos del demandante.

Por tanto, en el presente caso es cuestión distinta es la de si, con arreglo a la acción de responsabilidad del art. 236 de la LSC, podía imputarse a su actuar anterior al cese como administrador actos culposos con trascendencia en el impago posterior de la deuda reclamada.

Está acreditado que:

– La deuda se contrae en el tercer trimestre del año 2009.

– En enero de 2010 se libró un pagare que vencía en febrero de 2010.

– A finales de 2010 la sociedad administrada por el demandado cesó en sus actividades.

– La demandada ni solicitó el concurso de la sociedad ni procedió a su ordenada liquidación.

– La demandada afirma en sede de recurso que la sociedad todavía tiene bienes y derechos como son la existencia de un cultivo de plantas ornamentales.

La actora argumentó que la demandada incumplido sus obligaciones aparentando la sociedad administrada por ella solvencia en el tráfico jurídico, que el impago de la deuda, unido al incumplimiento de sus obligaciones, la ocultación de la verdadera situación económica de la misma y la apariencia de solvencia producida están en relación de causalidad con el daño que no es sino el importe de la deuda.

La demandada alega que aun contrataba en julio de 2010, que cesó en su actividad a finales de 2010, que no tuvo fondos para solicitar el concurso de la sociedad, que el actor no sufrió perjuicios, que la no disolución social no le perjudicó y que había otros bienes o derechos (los indicados cultivos) en el patrimonio social, así como que existen otros acreedores preferentes.

Atendiendo a los razonamientos de una y otra parte, lo cierto es que, vencida la deuda en 2009, se aplazó su pago mediante un pagaré a muy corto vencimiento –apenas un mes–. Que la sociedad siguió en actividad hasta su cese a finales de dicho año, que no solicitó el concurso, ni procedió a la ordenada liquidación.

Sin embargo, la demandada no acredita ni qué destino dio al activo existente en diciembre de 2009 en el patrimonio social –sus fondos propios eran positivos– ni siquiera que en la actualidad los bienes que se dice subsisten en su poder lo están realmente –no ha podido ser citada en el domicilio social–, ni consta si mantiene propiedades, –tal carga era del demandado–. De otra parte, también la prueba de la existencia de acreedores preferentes a la vista de las circunstancias referidas correspondía a la demandada.

En definitiva, la actora contrató con la sociedad cuando esta tenía los fondos propios positivos, el retraso producido en el pago, no consta por qué causa, le ha perjudicado. La demandada no explica el destino de los 270.000 euros en que su activo consistía en diciembre de 2010, ni la existencia de otros acreedores preferentes.

Por ello, se estima se dan los requisitos referidos de acción dañosa –incumplimiento de obligación de presentar cuentas en el Registro Mercantil desde 2008 y de disolver y liquidar a partir de enero de 2011–, lo que unido al aplazamiento inicial e impago ulterior de la deuda ha determinado el daño, el incumpliendo de la deuda que dado el momento en que fue contraída y si se hubiera pagado a su vencimiento no hubiera ocasionado el daño reclamado, el fracaso total en su cobro.

En definitiva, el recurso ha de ser desestimado y mantenida la resolución recurrida.

Existe responsabilidad personal de los administradores cuando con la descapitalización e inactividad de la sociedad, constituyendo una nueva, se impide al acreedor cobrar su crédito, existiendo nexo causal entre dichos actos y el daño causado

AP Ourense, Sec. 1.ª, 369/2016, de 28 de octubre. Recurso 476/2015

SP/SENT/877919

Es cierto que el incumplimiento de la obligación de promover la disolución de la sociedad no se halla en relación causal con el daño aquí reclamado, pero en la demanda la actora alude a otras actuaciones ejecutadas por los administradores que contravienen los deberes inherentes al desempeño de su cargo y que lesionan directamente los derechos de la actora como acreedora de la sociedad. La sociedad, integrada exclusivamente por los dos administradores codemandados, incumplió la obligación de entrega en diciembre de 2006. Desde al menos el 1 de septiembre de 2007, la sociedad reconoce la imposibilidad de entregar la vivienda y ofrece el pago de la indemnización pactada en el contrato. Desde al menos esta fecha, los administradores conocen la existencia de una obligación de la sociedad con la actora, como mínimo por un importe de 48.950 €. Pese a ello, el día 27 de noviembre de 2007 adoptan un acuerdo de reducción del capital social en la cuantía de 27.450 €, quedando fijado el mismo en 3.050 €, sin que conste motivo alguno que justifique dicha reducción. En el año 2008 extraen del patrimonio social la cantidad de 50.769,36 €, quedando reducido el activo a 53,31 €. El 13 de diciembre de 2007, los codemandados constituyen la Sociedad PATAO Y VILLAR, S. L. de la que son únicos socios y administradores sociales y que al igual que la sociedad MORAS VERDES, S. L. (sociedad deudora), se dedica a las actividades relativas a la construcción e inmobiliarias. Puede inferirse claramente que todas estas operaciones obedecen a un propósito de descapitalizar la sociedad MORAS VERDES, S. L. y desviar la actividad a la nueva sociedad PATAO Y VILLAR, S. L. Las justificaciones dadas por los recurrentes para la constitución de la nueva mercantil no son convincentes. Nada impedía que la primitiva sociedad cesase en la actividad relacionada con la explotación de máquinas recreativas en cumplimiento de los acuerdos alcanzados con otra empresa del sector y continuase exclusivamente con la actividad inmobiliaria, ya que dicha posibilidad estaba prevista en los estatutos de la sociedad. Alegan los recurrentes que los fondos (50.769,36 €) que salieron del patrimonio de la mercantil MORAS VERDES, S. L., lo fueron en concepto de inversión en empresas del grupo (inversión en la empresa PATAO Y VILLAR, S. L.). Las sociedades MORAS VERDES, S. L., y PATAO Y VILLAR, S. L., no forman un grupo de empresa. Ninguna de las sociedades está participada por la otra. No existe en los estatutos, ni en la contabilidad de ambas empresas, dato alguno del que pueda inferirse que forman un grupo de empresas, ni apariencia de unidad económica entre ellas. PATAO Y VILLAR, S. L., funciona como una sociedad autónoma e independiente de MORAS VERDAS S. L. y en la contabilidad de MORAS VERDES, S. L., el traspaso de fondos no se refleja como inversión en una empresa del grupo (casilla 12.400) sino como inversión financiera a corto plazo (casilla 12.500). Según el perito autor del informe pericial acompañado con la demanda, señor Andrés, las cantidades reflejadas en dicho epígrafe deben corresponderse con préstamos a socios o productos bancarios. En la memoria acompañada a las cuentas anuales, no se menciona ni la existencia de créditos a socios ni se identifican los productos bancarios en los que se invirtieron los fondos, lo que induce a pensar que se trata de una maniobra *"de ingeniería financiera"* que encubre una retirada injustificada de fondos por parte de los socios.

Estos actos sí se encuentran en relación causal con el daño sufrido por Doña Apolonia, ya que a consecuencia de ellos la actora, aquí apelada, no pudo realizar forzosamente su crédito contra la sociedad, consolidándose así un daño directo en su patrimonio.

Esta conducta es antijurídica e imputable a ambos administradores. La participación de Doña María del Pilar no era meramente anecdótica como se indica en el recurso. Doña María del Pilar intervino personalmente en la adopción del acuerdo social de reducción de capital, ya que Don Damaso y ella son los dos únicos socios de la sociedad. Junto con el otro administrador presentaba las cuentas de la sociedad y suscribía la memoria que las acompañaba. Otorgó junto con su esposo la escritura de constitución de la nueva mercantil, de la que también fue administradora. Y por ser ambos administradores cónyuges y los socios únicos de ambas sociedades, resulta difícil creer que no tuviese conocimiento del crédito de la actora, de la descapitalización de la sociedad y el desvío de su actividad a la nueva mercantil; en cualquier caso, la ignorancia no le exime de responsabilidad ya que para que el daño le sea imputable no se precisa dolo, el daño le sería igualmente imputable por dejación en el ejercicio de sus funciones de administrador.

El daño que reclama el actor, por impago de la deuda por parte de la entidad demandada, proviene exclusivamente de la insolvencia de esta, no siendo ocasionado por actos del administrador, se desestima la acción individual de responsabilidad

AP Barcelona, Sec. 15.ª, 178/2016, de 21 de julio. Recurso 340/2015

SP/SENT/871323

Valoración del tribunal

12. El TS ha venido entendiendo que la acción individual de responsabilidad de los administradores "*supone una especial aplicación de responsabilidad extracontractual integrada en un marco societario, que cuenta con una regulación propia (art. 135 TRLSA, y en la actualidad art. 241 LSC), que la especializa respecto de la genérica prevista en el art. 1902 CC (SSTS de 6 de abril de 2006, 7 de mayo de 2004, 24 de marzo de 2004, entre otras). Se trata de una responsabilidad por «ilícito orgánico», entendida como la contraída en el desempeño de sus funciones del cargo*" (Sentencias 242/2014, de 23 de mayo, y 737/2014, de 22 de diciembre).

Para su apreciación, la jurisprudencia requiere del cumplimiento de los siguientes requisitos: i) un comportamiento activo o pasivo de los administradores; ii) que tal comportamiento sea imputable al órgano de administración en cuanto tal; iii) que la conducta del administrador sea antijurídica por infringir la ley, los estatutos o no ajustarse al estándar o patrón de diligencia exigible a un ordenado empresario y a un representante leal; iv) que la conducta antijurídica, culposa o negligente, sea susceptible de producir un daño; (v) que el daño que se infiera sea directo al tercero que contrata, sin necesidad de lesionar los intereses de la sociedad; y (v) la relación de causalidad entre la conducta antijurídica del administrador y el daño directo ocasionado al tercero (sentencias 131/2016, de 3 de marzo; 396/2013, de 20 de junio; 395/2012, de 18 de junio; 312/2010, de 1 de junio; y 667/2009, de 23 de octubre, entre otras).

13. La STS 18 de abril de 2016 (ROJ: STS 1650/2016) recuerda que, con carácter general, "*no puede recurrirse indiscriminadamente a la vía de la responsabilidad individual de los administradores por cualquier incumplimiento contractual de la sociedad. De otro modo supondría contrariar los principios fundamentales de las sociedades de capital, como son la personalidad jurídica de las mismas, su autonomía patrimonial y su exclusiva responsabilidad por las deudas sociales, u olvidar el principio de que los contratos solo producen efecto entre las partes que los otorgan, como proclama el art. 1.257 CC (sentencias 131/2016, de 3 de marzo; y 242/2014, de 23 de mayo).*

De ahí que resulte tan importante, en un supuesto como este, que se identifique bien la conducta del administrador a la que se imputa el daño ocasionado al acreedor, y que este daño sea directo, no indirecto como consecuencia de la insolvencia de la sociedad".

14. En el supuesto que enjuiciamos creemos que el daño que se reclama es exclusivamente imputable a la insolvencia de la sociedad, no directamente a los actos del administrador, lo que impide que pueda prosperar la acción de responsabilidad ejercitada.

Con su pasividad en la disolución social, ulterior venta de las participaciones y cesión de la administración social, los demandados incurrieron en una conducta culposa que determinó la producción del daño, haciendo imposible el cobro de la deuda

AP Zaragoza, Sec. 5.ª, 406/2016, de 20 de julio. Recurso 312/2016

SP/SENT/870488

A) No se depositaron en plazo las cuentas anuales del año 2010 en el Registro Mercantil, privando a los terceros de verificar el estado de las cuentas sociales y en su caso, exigir el pago de las cantidades debidas judicialmente, si su solvencia no es satisfactoria.

B) De las declaraciones sobre el IVA unidas a autos se desprende que en el año 2011 la base imponible del impuesto devengado es sustancialmente inferior (370.453,82 euros) frente a la del año 2010 (1.152.796,32 euros).

C) A partir del primer trimestre de 2012 empiezan a existir incidencias con la Seguridad Social, notificaciones de ejecución, que terminan con una declaración de insolvencia en el ámbito laboral el 5 de diciembre de 2012.

D) A todo ello se une que el adquirente de las participaciones sociales y nuevo administrador de la entidad es una persona física que desempeña la administración de numerosas sociedades que permanecen inactivas.

De todo lo anterior se concluye que la entidad administrada por los Sres. Milagros Iván indiciariamente cesó en su actividad a finales de 2011 de tal manera que los administradores, en vez de acudir a su ordenada liquidación, procedieron a vender las participaciones sociales y ceder la administración de la sociedad a tercera persona para asumir esta la responsabilidad de la actuación social.

En consecuencia, con su pasividad en la disolución social en el año 2011 y su ulterior venta al Sr. Millán de la participaciones sociales y cesión de la administración social, los demandados incurrieron en una conducta culposa que determinó la producción del daño causado en mayor o menor medida y que, dado que no se ha acreditado en cuál, debe imputarse la totalidad de este en cuanto con su actuación hicieron imposible el cobro de la deuda por parte del actor. Por ello, la acción *ex* art. 236 de la LSC ha de ser estimada respecto a estos demandados.

Se estima la responsabilidad de pago de las deudas no satisfechas a la sociedad anónima por la sociedad limitada, pero no existe responsabilidad del administrador por el impago de los pagarés por falta de nexo causal entre este perjuicio y la no atención del requerimiento

AP Barcelona, Sec. 15.ª, 176/2016, de 20 de julio. Recurso 122/2015

SP/SENT/871671

El punto fundamental de la sentencia y el punto fundamental del recurso es el referido a si existía nexo causal entre la negligencia del administrador de la sociedad y el daño causado a la parte demandante. No hay duda alguna de que la sociedad ONPLAST EXPRESS incumplió con las obligaciones de pago, así consta en la sentencia como probado; la parte demandante cifra el daño causado en el impago de una parte de los pagarés firmados en el documento de reconocimiento de deuda (documento n.º 1 de la demanda, folio 22 y siguientes de los autos).

No resulta controvertido que la sociedad cumplió con los primeros pagos, cuatro pagarés. Destaca la parte demandada que esos pagarés se correspondían a los meses de junio, julio, septiembre y octubre de 2009, por cuanto en la propia escritura de reconocimiento de deuda se establece expresamente que en el mes de agosto no se libraría pagaré (así puede observarse en el mencionado documento n.º 1 en el que literalmente se indica que se entregan en ese mismo acto 14 pagarés con vencimientos el día 30 de cada mes, salvando agosto). Por lo tanto, el primer incumplimiento por parte de la sociedad no se habría producido el 30 de septiembre de 2009, sino en noviembre de 200 9. La fecha es importante porque la entidad demandada realizó pedidos a la actora tras firmar el reconocimiento y aplazamiento de pagos, pero esos pedidos no se realizan después del incumplimiento, se realizan antes.

La sentencia recurrida hace exhaustiva referencia a la jurisprudencia que desarrolla los requisitos para que prospere la acción individual. No se constata nexo causal alguno entre el incumplimiento del deber de depósito de cuentas y el impago de los pagarés (el depósito de cuentas puede ser trascendente para apreciar la responsabilidad derivada del artículo 367 de la LSC, que no es objeto del recurso).

El segundo de los hechos imputable al Sr. Marco Antonio es el de la desaparición y cierre de la empresa sin comunicárselo a los acreedores y sin adoptar ninguna medida en el marco de la sociedad para afrontar una posible causa de disolución. Este hecho, trascendente para el ejercicio de la acción de responsabilidad quasiobjetiva del artículo 367 LSC, no determina la concurrencia de nexo causal alguno con el daño reclamado.

El tercero de los hechos imputable es el de no atender al requerimiento de pago extrajudicial. Si la sociedad carecía de recursos económicos para hacer frente a sus deudas, la no atención al requerimiento de pagos no puede determinar por sí sola una falta de diligencia del administrador de la sociedad, tampoco se constata el nexo causal entre la no atención a ese requerimiento y el daño reclamado.

La jurisprudencia del Tribunal Supremo ha ido matizando el alcance de la acción individual de responsabilidad de los administradores de las sociedades mercantiles, en los supuestos de pequeñas y medianas empresas ha considerado que los incumplimientos de la sociedad pueden identificarse también con incumplimientos de las obligaciones propias de los órganos de administración de dichas sociedades. Sin embargo, en el supuesto de autos la cuestión no es de determinación de la falta de diligencia del administrador, sino de determinación del nexo causal.

Debe considerarse acreditado que la sociedad demandada dejó de cumplir con las obligaciones de pago vinculadas al reconocimiento de deuda a partir del 30 de noviembre de 2009 (fecha de vencimiento del primero de los pagarés librados y no pagados). La sociedad demandada no realizó nuevos pedidos después de esa fecha, la sociedad incumplió sus obligaciones, IRPEN sufrió el perjuicio derivado del impago, pero el mismo no puede imputarse en modo alguno a la actuación del administrador de la compañía. Por lo tanto, debe desestimarse el recurso de apelación.

Se estima la acción individual de responsabilidad, por la actuación negligente del administrador demandado, que, aun conociendo que no contaba con capacidad económica, contrató el suministro de material eléctrico, resultando el mismo impagado

AP Vizcaya, Sec. 4.ª, 351/2016, de 8 de junio. Recurso 138/2016

SP/SENT/870526

---

1. Sobre la base de tales premisas procede analizar el supuesto litigioso, pues incuestionado el daño sufrido por la actora y representado por el impago de la deuda social (no abono de parte del precio de suministro de diverso material, pedido en enero de 2013, efectuado en diversas entregas subsiguientes a su pedido, según facturas que aporta de marzo a diciembre de 2013, especificándose en las mismas las fechas de albaranes de julio a diciembre de 2013 "*folios 50 a 85 de autos*") quedaría pendiente de justificación la concurrencia de los otros dos elementos, a saber, de una conducta del administrador carente de diligencia en el desempeño de su cargo y de la existencia de un nexo de causalidad entre tal conducta y el daño producido.

2. Confirmamos la concurrencia de la actuación negligente y contraria a la diligencia exigible a las funciones y competencias que la ley le atribuye en materia de gestión y representación al administrador Sr. Faustino, representada por el hecho de que al tiempo de contratar con la demandante ocultó la verdadera situación económica de su grupo empresarial, de verdadera crisis económica irreversible, con la subsiguiente imposibilidad de cumplir con las obligaciones sociales que iba a asumir.

El demandado Sr. Faustino, como administrador único de la sociedad filial-demandada Sumenor Electric, y de la sociedad matriz y titular de capital social, Sumenor S. L., era plenamente consciente de la crisis económica irreversible del grupo empresarial que regentaba, presentado una situación técnica de insolvencia desde el año 2012, y que conllevaba que no se podrían atender los pagos que generaría el suministro del material eléctrico.

a) Prueba de ello es que, al tiempo de la contratación de autos, no estaban depositadas en el Registro Mercantil las cuentas anuales de la sociedad matriz Sumenor S. L., de las que no pudo conocer la demandante. Las Cuentas Anuales de los ejercicios 2011 y 2012 se depositaron el 24 de julio de 2014 y la Cuentas Anuales del ejercicio 2013 el 19 de septiembre de 2014, es decir, extemporáneamente, y en fechas coincidentes con la solicitud de concurso de acreedores del grupo empresarial "*folios 42 de autos*".

Y según las Cuentas Anuales de 2012 de la sociedad matriz Sumenor S. L. ya tenía un patrimonio negativo de 1.273.332 euros, siendo su capital social de 30.006 euros "*folio 95 de autos*".

b) Es cierto que las Cuentas Anuales de la sociedad filial-demandada Sumenor Electric de los ejercicios 2009 y 2011 fueron presentadas también extemporáneamente el 11 de enero de 2013 y las del ejercicio 2012 fueron presentadas dentro del plazo legal el 26 de julio de 2013 *"folios 33 y 34 de autos"*.

Ahora bien, resulta del análisis de estas cuentas anuales del ejercicio 2012 que más de un 67 % de su activo constituye un crédito de *"otros deudores"* por importe de 796.960,95.000.000 euros, que, en el ejercicio de 2013, se pasa a *"inversiones en empresas del gripo y asociadas a corto plazo" "folio 111"*, y que es de la sociedad matriz, que, como hemos dicho, en dicho ejercicio económico se encontraba en situación de fondos propios negativos.

c) A tales efectos, analizando la memoria que el propio Sr. Faustino presenta con la solicitud de concurso de su grupo societario, se comprueba la exteriorización de dicha situación contable, padeciendo una crisis financiera que arranca en el año 2011 y lleva al sobreseimiento de pago en el año 2013, que acredita negligente actuación del demandado en la función de la gestión de las sociedades que administraba, susceptible de exigencia de responsabilidad al amparo del art. 241 LSC.

Así: *"Consta reflejado que desde finales de 2008 y 2009 dicha facturación cae casi un 50 %, los ingresos no podían cubrir las deudas acumuladas con proveedores"; "teniendo en cuenta las deudas acumuladas con los proveedores, se llegó a una situación en 2012 en que era preciso reducir la deuda para evitar que dejaran de suministrar material"* y *"firmó un acuerdo de préstamo con Ormazabal por importe de 2 millones de euros a Sumenor Electric, que se destinó a pagar a un proveedor del grupo– a fin de que continuara el suministro de material. El citado acuerdo establecía unos plazos de amortización que eran de difícil cumplimiento. Durante 2012 se pudieron afrontar, pero no así en el 2013 con lo que fue creando una bolsa de impagos. A todo ello se unió que, durante el 2013, otros proveedores empezaron a solicitar una reducción de los plazos medios de pago y de la deuda" "folios 218 y 219 de autos"*.

d) Se demuestra que al momento de contratar Sumenor se encontraban ya en situación de insolvencia, que se venía arrastrando desde al menos el año 2011 (aun reconociéndose que se inicia a finales de 2008 los problemas de tesorería, los préstamos, y problemas de suministro de proveedores), con un problema de iliquidez y de insolvencia irreversible en el año 2012.

Se tiene por justificado el indiligente desempeño por el demandado de su cargo de administrador de la sociedad, en los términos atribuidos por la actora, contratando cuando su empresa no tenía capacidad para cumplir son sus obligaciones, sin informar de ello al proveedor e incurriendo en ocultación contable.

3. También concurren el nexo causal, puesto que el daño (impago de las facturas objeto de valoración) es consecuencia directa de la conducta dolosa o negligente del administrador demandado.

A tenor del resultado de la prueba practicada ha quedado acreditada la relación de causalidad entre el comportamiento del administrador demandado y la lesión económica padecida por la mercantil demandante, porque, como se razona en la sentencia recurrida, la negligencia del administrador conlleva a no haber atendido el pago frente a la demandante en los suministros de material eléctrico, conociendo desde su contratación que no tenía capacidad económica para ello, como así se ha demostrado en el proceso concursal, que ha concluido por auto de declaración y simultanea conclusión el concurso de acreedores por insuficiencia de masa "*folios 131 y ss. de autos*", por lo que consideramos que en el supuesto enjuiciado media la necesaria relación de causalidad entre la omisión del demandado y el resultado dañoso cuyo resarcimiento pretende la mercantil demandante.

Si bien consta que el administrador social ha hecho dejación absoluta de sus funciones, no hay razón para concluir que una ordenada disolución hubiera permitido el cobro del crédito del actor, desestimándose la acción individual de responsabilidad

Juzgado de lo Mercantil Bilbao, n.º 2, 53/2017, de 4 de abril. Recurso 173/2016

SP/SENT/910896

"(...) No obstante, en alguna ocasión, la Sala ha admitido que se ejercite la acción individual de responsabilidad para solicitar la indemnización del daño que suponía para un acreedor el impago de sus créditos como consecuencia del cierre de facto de la actividad empresarial de la sociedad (por ejemplo, la Sentencia 261/2007, de 14 de marzo).

Para ajustar de forma más adecuada el ejercicio de la acción individual en estos casos de cierre de hecho, resulta conveniente realizar algunas matizaciones en relación con el daño directo y la relación de causalidad.

2. En primer lugar, no debe obviarse que la acción individual de responsabilidad presupone, en contraposición con la acción social de responsabilidad, la existencia de un daño directo al tercero que la ejercita (en este caso un acreedor). Al respecto, sirva la distinción que respecto de una y otra acción se contiene en la sentencia 396/2013, de 20 de junio:

«La jurisprudencia y la doctrina han distinguido en el sistema legal de responsabilidad de los administradores sociales que los daños se causen a la sociedad, o se causen a socios o terceros, generalmente acreedores; y en este último caso, que la lesión sea directa, o que sea indirecta, en cuanto refleja de la causada directamente a la sociedad. [...]

La exigencia de responsabilidad por daños causados directamente a los socios o a terceros (señaladamente, a los acreedores) se hace a través de la denominada acción individual, que está regulada en el art. 135 del Texto Refundido de la Ley de Sociedades Anónimas (actualmente, art. 241 del Texto Refundido de la Ley de Sociedades de Capital).

El texto del precepto explicita claramente el requisito del carácter directo de la lesión resarcible mediante el ejercicio de dicha acción, al disponer: '[n]o obstante lo dispuesto en los artículos precedentes, quedan a salvo las acciones de indemnización que puedan corresponder a los socios y a terceros por actos de los administradores que lesionen directamente los intereses de aquellos'.

Por esa razón, doctrina y jurisprudencia han excluido que mediante la acción individual pueda el socio exigir al administrador social responsabilidad por los daños que se produzcan de modo reflejo en su patrimonio como consecuencia del daño causado directamente a la sociedad. Para que pueda aplicarse el art. 135 del Texto Refundido de la Ley de Sociedades Anónimas se requiere la existencia de un daño directo a los socios o a terceros. Si el daño al socio es reflejo del daño al patrimonio social solo puede ejercitarse la acción social de responsabilidad. En tal caso, la indemnización que se obtenga reparará el patrimonio social y, de reflejo, el individual de socios o terceros. [...]

Como resumen de lo expuesto, cuando la actuación ilícita del administrador social ha perjudicado directamente a la sociedad, produciendo un quebranto en su patrimonio social o incluso su desaparición de hecho, la acción que puede ejercitarse es la acción social del art. 134 del Texto Refundido de la Ley de Sociedades Anónimas, dirigida a la reconstitución del patrimonio social, en los términos previstos en tal precepto legal en cuanto a legitimación activa, esto es, legitimación directa de la sociedad y subsidiaria, cumpliéndose ciertos requisitos, de la minoría social o de los acreedores».

De acuerdo con la reseñada distinción lógica, para que el ilícito orgánico que supone el cierre de hecho (incumplimiento de los deberes de disolución y liquidación de la sociedad) pueda dar lugar a una acción individual es preciso que el daño ocasionado sea directo al acreedor que la ejercita. Esto es: es necesario que el ilícito orgánico incida directamente en la insatisfacción del crédito.

3. En este contexto, como ya hemos adelantado al resolver el recurso extraordinario por infracción procesal, para que pueda imputarse al administrador el impago de una deuda social, como daño ocasionado directamente a la acreedora demandante, debe existir un incumplimiento nítido de un deber legal al que pueda anudarse de forma directa el impago de la deuda social.

Es indudable que el incumplimiento de los deberes legales relativos a la disolución de la sociedad y a su liquidación, constituye un ilícito orgánico grave del administrador y, en su caso, del liquidador. Pero, para que prospere la acción individual en estos casos, no basta con que la sociedad hubiera estado en causa de disolución y no hubiera sido formalmente disuelta, sino que es preciso acreditar algo más, que de haberse realizado la correcta disolución y liquidación sí hubiera sido posible al acreedor hacerse cobro de su crédito, total o parcialmente. Dicho de otro modo, más general, que el cierre de hecho impidió el pago del crédito.

Como ya hemos adelantado en el fundamento jurídico anterior, esto exige del acreedor social que ejercite la acción individual frente al administrador un mínimo esfuerzo argumentativo, sin perjuicio de trasladarle a los administradores las consecuencias de la carga de la prueba de la situación patrimonial de la sociedad en cada momento (sentencia 253/2016, de 18 de abril)".

2. En el presente caso, el demandante se limita a fundar la responsabilidad de los administradores demandados respecto del impago de los créditos de la demandante en la falta de disolución y liquidación de la sociedad deudora. En efecto, en el hecho sexto de la demanda concluye que "*pese al cuadro procesal, mercantil y financiero, que hemos expuesto*", en definitiva, situación de insolvencia, imposibilidad de conseguir el fin social y cierre del establecimiento, los demandados "*han hecho dejación absoluta de las obliga-*

ciones que la legislación mercantil impone. Sucede que en lugar de dar cauce a una ordenada disolución y liquidación de la sociedad, o a su concurso, han optado por declinar toda su responsabilidad, han abandonado a la sociedad y a sus legítimos acreedores, de modo y manera que sin domicilio, sin patrimonio, y sin actividad, se ha convertido en un ente con vida meramente registral, conculcando con todo ello lo prevenido en el vigente artículo 362 y ss. de la Ley de Sociedades de Capital". Es decir, ninguna razón arguye el demandante para concluir que una disolución y liquidación ordenadas habrían permitido el cobro parcial o total de su crédito. Consecuentemente, no puede prosperar la acción ejercitada.

Al no haber acreditado el actor que, en caso de haberse efectuado una ordenada liquidación, él podría haber cobrado su crédito, se desestima la acción individual de responsabilidad ejercitada contra el administrador demandado

Juzgado de lo Mercantil Bilbao, n.º 2, 30/2017, de 17 de marzo. Recurso 562/2015

SP/SENT/905638

En tal caso, la indemnización que se obtenga reparará el patrimonio social y, de reflejo, el individual de socios o terceros. [...] "*Como resumen de lo expuesto, cuando la actuación ilícita del administrador social ha perjudicado directamente a la sociedad, produciendo un quebranto en su patrimonio social o incluso su desaparición de hecho, la acción que puede ejercitarse es la acción social del art. 134 del Texto Refundido de la Ley de Sociedades Anónimas, dirigida a la reconstitución del patrimonio social, en los términos previstos en tal precepto legal en cuanto a legitimación activa, esto es, legitimación directa de la sociedad y subsidiaria, cumpliéndose ciertos requisitos, de la minoría social o de los acreedores*".

De acuerdo con la reseñada distinción lógica, para que el ilícito orgánico que supone el cierre de hecho (incumplimiento de los deberes de disolución y liquidación de la sociedad) pueda dar lugar a una acción individual es preciso que el daño ocasionado sea directo al acreedor que la ejercita. Esto es: es necesario que el ilícito orgánico incida directamente en la insatisfacción del crédito.

En este contexto, (¿) para que pueda imputarse al administrador el impago de una deuda social, como daño ocasionado directamente a la acreedora demandante, debe existir un incumplimiento nítido de un deber legal al que pueda anudarse de forma directa el impago de la deuda social. Es indudable que el incumplimiento de los deberes legales relativos a la disolución de la sociedad y a su liquidación, constituye un ilícito orgánico grave del administrador y, en su caso, del liquidador. Pero, para que prospere la acción individual en estos casos, no basta con que la sociedad hubiera estado en causa de disolución y no hubiera sido formalmente disuelta, sino que es preciso acreditar algo más, que de haberse realizado la correcta disolución y liquidación sí hubiera sido posible al acreedor hacerse cobro de su crédito, total o parcialmente.

Dicho de otro modo, más general, que el cierre de hecho impidió el pago del crédito.

(¿) esto exige del acreedor social que ejercite la acción individual frente al administrador un mínimo esfuerzo argumentativo, sin perjuicio de trasladarle a los administradores las consecuencias de la carga de la prueba de la situación patrimonial de la sociedad en cada momento (sentencia 253/2016, de 18 de abril).

En atención a lo expuesto, resulta esencial identificar la concreta conducta que se imputa a ambos administradores y a la que se imputa el daño ocasionado al acreedor, y que este daño sea directo, no indirecto como consecuencia de la insolvencia de la sociedad.

En el caso que nos ocupa, se imputa al administrador único Alejandro que contrata con la sociedad actora estando incursa en causa de disolución (i) con los elementos Patrimonio Neto, fondo de maniobra, tesorería y resultados en negativo, (ii) con los órganos sociales paralizados y (iii) sin poder cumplir el fin social por lo indicado.

Al administrador único Basilio porque (i) conocía el estado de la sociedad y (ii) cerró de facto la sociedad antes de recibir la solicitud de concurso.

Esta pluralidad de causas ilustra que, en realidad, se está imputando a ambos administradores el impago de las deudas sociales, pero sin que tal impago sea directamente imputable, con carácter general, a ninguno de los administradores.

Ni siquiera cuando la sociedad deviene en causa de disolución por pérdidas y no es formalmente disuelta, a no ser que conste que caso de haberlo sido, sí hubiera sido posible al acreedor hacerse cobro de su crédito. Para ello la parte actora debería haber realizado un esfuerzo argumentativo de que una liquidación ordenada de los activos de la sociedad (que desconoce) hubiera permitido el pago de las deudas sociales pendientes con el resultado de la liquidación, y este incumplimiento del administrador social hubiera permitido entender el incumplimiento de este deber legal por el administrador social, contribuyendo, con su conducta, al impago de los créditos de la parte actora.

En consecuencia, no ha lugar a estimar la acción individual de responsabilidad.

Hay responsabilidad individual de los administradores cuando, existiendo sentencia de condena a su sociedad, no reflejan dicho importe en la contabilidad y liquidan la sociedad con claro perjuicio para el acreedor

Juzgado de lo Mercantil Bilbao, n.º 1, 72/2017, de 21 de febrero. Recurso 446/2016

SP/SENT/903461

La omisión consciente del reflejo contable de la deuda social y la posterior liquidación societaria dejándola impagada. Desde el año 2009, fecha en la que se presenta la demanda judicial en reclamación de la reparación de los desperfectos, los demandados debieron recoger esta deuda (de hacer, de reparar los desperfectos, incluso liquidada con carácter subsidiario) en la contabilidad de su empresa, *"como pasivo en el balance de situación y en la cuenta de resultados"*. Los demandados, incumplimiento su obligación como administradores sociales, no solo omitieron cualquier referencia a esta deuda en la contabilidad societaria, sino que incluso llegaron a disolver a disolver y liquidar la empresa, en el año 2015, sin constancia alguna de ella.

Dicen, en este pleito, que no tenían obligación alguna de reflejar dicha deuda, porque se trataba de trabajos propios de la actividad de la empresa: pero no lo demuestran, presentando prueba pericial técnica que ponga en duda el criterio expuesto en su informe y en el juicio por el perito de la demandante, quien, apoyándose en la probabilidad de estimación de la reclamación y en la necesidad de que las cuentas anuales reflejen la verdadera situación económica y financiera de la empresa, afirma que la deuda social debió reflejarse ya desde la interposición de la demanda, en el año 2009, como pasivo en el balance anual y en la cuenta de pérdidas y ganancias. Este parecer pericial, razonable y ajustado la normativa contable, es íntegramente asumido por quien ahora resuelve, al no resultar puesto en cuestión por prueba alguna contradictoria.

(ii) La relación de causalidad entre esta omisión antijurídica y el daño provocado (el impago de la deuda social). Si se hubiese reflejado contablemente la deuda social tendría que haber sido pagada, en todo o en parte, con el patrimonio social positivo que reflejan las cuentas del ejercicio 2014.

Así lo afirma también el perito de la demandante en el juicio, y, en cualquier caso, por tener en su mano la facilidad probatoria, correspondía a los demandados acreditar, con pruebas, no solo con alegaciones, que, incluso aunque hubiesen reflejado esta deuda en la contabilidad, a la postre hubiese resultado insatisfecha. Y no lo han hecho. Los demandados no han articulado prueba alguna en este pleito que les exima de responsabilidad.

Dados estos presupuestos, debe afirmarse que concurren, en este caso, los requisitos jurisprudencialmente exigidos para el éxito de la acción individual de responsabilidad prevista en el art. 241 de la LSC, en concordancia con el 397 del mismo texto legal (y STS 04.10.11, recogida por las SSJM8 de Madrid de 10.05.12 y SJM1 Palma de 26.09.2016): omisión consciente de la deuda por parte los administradores y posterior liquidación societaria, provocando un daño "directo" por su actuación, a terceros, en este caso, a la demandante, que vio como los constructores contratados para la reforma de su vivienda primero la ejecutan con desperfectos, y luego, tras la condena judicial y años de pleitos, disuelven la mercantil a través de la cual llevan a cabo su actividad empresarial sin reparar dichos desperfectos y sin hacerse cargo del importe económico de los mismos.

El administrador, para evitar la responsabilidad que se pudiera derivar de su gestión, creó una nueva mercantil, sin disolver ordenadamente la anterior, privando al actor de su derecho de cobro, estimándose la acción individual de responsabilidad

Juzgado de lo Mercantil Girona, n.º 1, 5/2017, de 12 de enero. Recurso 442/2014

SP/SENT/906850

Es cierto, que en el presente supuesto no se exige responsabilidad por una deuda contraída en nombre de la sociedad, sino por gastos comunes para el sostenimiento de inmuebles, cuya naturaleza no es propiamente la de una obligación social de una sociedad de capital, sino una obligación *propter rem*, que tiene su origen en la cosa misma, de tal manera que está vinculada a ella. En este caso al inmueble sometido al régimen de propiedad horizontal y, en consecuencia, no se trata de una obligación contraída en nombre de una sociedad, sino como consecuencia de la titularidad dominical de un inmueble, caracterizándose igualmente, por su ambulatoriedad, de tal suerte, que con un régimen de preferencias responde además del propietario inclusive terceros adquirentes en relación con un tramo temporal. En resumidas cuentas, una obligación *propter rem*, no es un supuesto de responsabilidad por deuda contraída en nombre de la sociedad, en tanto no se contrae en nombre de ninguna sociedad de capital, sino que se impone legalmente al propietario de un inmueble.

Es por tanto discutido, si procedería la declaración de responsabilidad del administrador de la sociedad de capital con fundamentos de responsabilidad objetiva en base a lo dispuesto en el artículo 367.1 RDL 1/2000, de 12 de julio, en cuanto tal responsabilidad se impone a modo de sanción (aunque no se acepte tal calificación) por el incumplimiento de la obligación de convocar en el plazo de dos meses la junta general para que adopte, en su caso, el acuerdo de disolución, si concurriera causa legal de disolución, pero solo y, exclusivamente, en relación a obligaciones sociales contraídas con posterioridad. Y en el presente caso, una obligación por gastos de sostenimiento del inmueble no se trata de una obligación social, sino una obligación impuesta por ley.

No obstante, a fin de cuentas, la imputación de responsabilidad debe ser analizada de forma global y no debemos olvidar que se atribuye la responsabilidad solidaria también con fundamentos de responsabilidad por daño. Y desde luego, como es el caso y resulta probado en base a la *ficta confessio*, mantener en el tráfico activa una sociedad de capital con bienes inmuebles en su patrimonio sin estructura ni capacidad para generar ingresos y, por tanto, cumplir con las obligaciones *propter rem*, genera un daño incuestionable a la comunidad de propietarios. Daño que, a su vez, debería generar responsabilidad sobre la base de los presupuestos de la acción del art. 241 LSC en atención al incumplimiento de deberes disolutorios, en tanto ante un abandono de hecho con activos constatados en las últimas cuentas anuales presentadas a depósito, debe acogerse la doctrina establecida en el fundamento de derecho tercero de la STS de 13 de julio de 2016, "Si partimos de la base de que el administrador venía obligado a practicar una liquidación ordenada de los activos de la sociedad y al pago de las deudas sociales pendientes con el resultado de la liquidación, y consta que existían algunos activos que hubieran permito pagar por lo menos una parte de los créditos, mientras el administrador no demuestre lo contrario, debemos concluir que el incumplimiento de aquel deber legal ha contribuido al impago de los créditos del demandante. En consecuencia, resulta procedente la estimación la acción de responsabilidad y condenar al administrador demandado al pago del perjuicio sufrido por la demandada como consecuencia del cierre de hecho de la sociedad deudora, que ha supuesto el incumplimiento de los deberes de liquidación ordenada de la sociedad. Perjuicio que, en este caso, a falta de prueba en contrario, viene representado por el importe de los créditos que, como consecuencia de aquel ilícito orgánico, la demandante no pudo cobrar.

Por consiguiente, procede la estimación íntegra de la demanda.

Al incumplir el administrador demandado la obligación de realizar una ordenada disolución frustró las expectativas de cobro del actor, debiendo estimarse la acción individual de responsabilidad

Juzgado de lo Mercantil Girona, n.º 1, 3/2017, de 11 de enero. Recurso 1305/2015

SP/SENT/896562

Por tanto, con independencia de que la jurisprudencia del Tribunal Supremo ha tenido a atemperar la responsabilidad exigible a los administradores de las sociedades de capital valorando a efectos de exoneración la buena fe en el ejercicio de la acción y el conocimiento de los acreedores de la situación de extremas dificultades económicas de la sociedad. Con la limitación de la objetividad en la responsabilidad por deudas a las obligaciones sociales contraídas con posterioridad a la concurrencia de la causa legal de disolución, fuera de los casos en los que existe con claridad daño directo, relación de causalidad y reproche culpabilístico en relación a obligaciones contraídas con anterioridad a la causa legal de disolución, los problemas en relación a la acción de responsabilidad individual del artículo 241 LSC se presentan en aquellos casos en que la obligación social es anterior, pero se ha abandonado a su suerte a los acreedores haciendo desaparecer del tráfico mercantil a la sociedad, o en las que concurren causas de disolución o respecto de las cuales se han presentado los deberes concursales (arts. 5 y 165 LC) por no poder atender regularmente a sus obligaciones, y no se haya procedido a disolver la sociedad o reordenar la situación de crisis o liquidarla ordenadamente por el procedimiento concursal.

Como hemos visto, en cualquier caso, a diferencia de la acción de responsabilidad por deudas prevista en el artículo 367.2 LSC que establece una responsabilidad ex lege y objetiva, de carácter sancionador y no indemnizatorio, sin necesidad de acreditar daño alguno, sino simplemente la causa legal de disolución, la infracción del deber de convocar, y la contracción de una obligación social posterior. En la responsabilidad subjetiva o por daño, en relación al ejercicio de la acción individual del artículo 241 LSC, en caso de obligaciones anteriores en las que no se aprecie un daño directo, en caso de incumplimiento de los deberes disolutorios o concursales, a efecto de carga formal (art. 217 LEC), se exigirá la prueba de un daño directo a los acreedores anteriores en relación causal con el incumplimiento imputado a los administradores, mediante la acreditación que en caso de haberse disuelto y liquidado ordenadamente el patrimonio social de la sociedad el acreedor demandante habría visto satisfecho su crédito (STS 20 de noviembre de 2003).

En relación a la acción individual de responsabilidad ejercitada, cuya fundamentación se halla los hechos y fundamentos de derecho de la demanda, en concreto en el hecho octavo de la demanda, la parte actora atribuye la responsabilidad al administrador en base a los artículos 236 y 241 de la Ley de Sociedades de Capital. Si bien, tan solo se alegan vaguedades e imprecisiones que difícilmente puede considerarse la descripción de una conducta ilícita de un administrador en relación causal con un daño directo al acreedor. Circunstancia que unido al hecho que no se ha practicado prueba alguna a excepción de la documental difícilmente se podría considerar que el demandante, respecto del cual pesa la carga formal de la prueba, ha cumplido con la misma.

No obstante, aun sin un desarrollo específico ni un mínimo esfuerzo probatorio ni argumentativo en relación a cuál y en qué cantidad se hubiera producido el daño por conculcarse la par *conditio creditorum* en caso de situación concursal, se hace alusión a la existencia de una desaparición de hecho de la sociedad, con mención clara al incumplimiento de deberes disolutorios o concursales.

Llegados a este punto, debe reconocerse que no puede exigirse una extrema diligencia al actor a la hora de relatar los hechos y su prueba en relación con el actuar ilícito que hubiera causado un daño directo en su patrimonio por la situación de impago, al no haberse depositado en el Registro Mercantil las cuentas anuales de los ejercicios de 2012 en adelante. Y en este sentido, debiera traerse a colación la doctrina que se condensa en el fundamento de derecho tercero de la STS de 13 de julio de 2016, "*Si partimos de la base de que el administrador venía obligado a practicar una liquidación ordenada de los activos de la sociedad y al pago de las deudas sociales pendientes con el resultado de la liquidación, y consta que existían algunos activos que hubieran permito pagar por lo menos una parte de los créditos, mientras el administrador no demuestre lo contrario, debemos concluir que el incumplimiento de aquel deber legal ha contribuido al impago de los créditos del demandante. En consecuencia, resulta procedente la estimación la acción de responsabilidad y condenar al administrador demandado al pago del perjuicio sufrido por la demandada como consecuencia del cierre de hecho de la sociedad deudora, que ha supuesto el incumplimiento de los deberes de liquidación ordenada de la sociedad. Perjuicio que, en este caso, a falta de prueba en contrario, viene representado por el importe de los créditos que, como consecuencia de aquel ilícito orgánico, la demandante no pudo cobrar*".

No obstante, no practicada prueba alguna, llegándose incluso a desconocer si efectivamente la sociedad está o no abandonada de hecho e, incluso, inactiva, puesto que la falta de presentación de cuentas anuales a depósito no puede presuponerlo, del examen de las últimas cuentas anuales depositadas no se evidencian activos que permitan acoger la indicada doctrina. En consecuencia, no existen argumentos para condenar a los administradores en base a estos fundamentos de responsabilidad subjetiva o por daño.

Existe responsabilidad individual, porque la desaparición *de facto* de la sociedad sin proceder a la liquidación ordenada o al concurso perjudicó el crédito del actor

Juzgado de lo Mercantil Murcia, n.º 2, 165/2016, de 30 de junio. Recurso 432/2013

SP/SENT/871477

Pues bien, en este caso, queda probado que la sociedad a la que administra el demandado, no presentó las cuentas anuales de los ejercicios 2009 en adelante, la deuda es de fecha 2009, pero no existe más indicios que puedan probar que se dan las causas de disolución que alega el actor en su demanda cuando contrató la deuda, pues la mera no presentación de las cuentas no supone que se haya concluido la empresa, o no se pueda conseguir el fin social o la paralización de órganos sociales, ni la existencia de pérdidas, es un indicio que no se cumple con las obligaciones contables pero no que exista causa de disolución.

En cuanto a la otra acción ejercitada acción individual de responsabilidad, art. 241 LSC, se trata de una acción de responsabilidad del administrador basada en la existencia de una acción u omisión negligente que causa un daño a la sociedad reclamante. Pues bien, en este caso donde consta que la empresa a partir del año 2009 no presenta las cuentas, y no tiene bien ninguno a su nombre, está claro que está desaparecida de facto, que lejos de liquidar la empresa o acudir a un proceso concursal, dio la callada por respuesta, ha causado un perjuicio a la demandante que hace que se estime la acción.

El administrador hizo desaparecer la sociedad sin proceder a una ordenada liquidación, estando la empresa ilocalizable, y generando un daño directo al actor, que vio impagada su deuda, estimándose la acción individual de responsabilidad

Juzgado de lo Mercantil Murcia, n.º 1, 173/2016, de 13 de junio. Recurso 436/2014

SP/SENT/863835

En cuanto a la acción individual de responsabilidad, son requisitos de esta acción SAP de Zaragoza, Sección 5.ª, núm. 220/2013 de 22 abril, "acción resarcitoria para la que están legitimados los terceros (y entre ellos los acreedores sociales) que exige una conducta o actitud –hechos, actos u omisiones– de los administradores contraria a la Ley o a los Estatutos, o carente de la diligencia de un ordenado comerciante –bastando la negligencia simple–, que dé lugar a un daño, de tal modo que el accionante perjudicado ha de probar (SS 21 septiembre 1999, 30 marzo y 27 de julio de 2001, y 25 de febrero de 2002) que el acto se ha realizado en concepto de administrador y existe un nexo causal entre los actos u omisiones de este y el daño producido al actor". En este caso queda constancia que las últimas cuentas que se depositan en el registro mercantil son las del año 2010, siendo la deuda de esa fecha, y con posterioridad se acudió a la vía judicial reclamando la deuda, y la mercantil administrada por el demandado ni pagó, ni existen bienes para cobrarse, es más la empresa está ilocalizable en fecha diciembre de 2012. Por lo tanto, existe un daño, en cuanto que no se ha liquidado la empresa, se ha dejado la deuda sin pagar, con la desaparición de facto de esta, ahora bien no se pueden incluir las cantidades por intereses y costas, pues estas no se han liquidado, son indeterminadas, y están expuestas a su aprobación y determinación, debiendo pues estimarse por parte de la deuda.

La sociedad demandada se encontraba inactiva antes de generarse la deuda reclamada, causando un daño directo al actor, que vio impagada su deuda, estimándose la acción individual de responsabilidad

Juzgado de lo Mercantil Murcia, n.º 1, 177/2016, de 7 de junio. Recurso 140/2016

SP/SENT/863827

Pues bien, en este caso, no queda probada la existencia de causa de disolución anterior al nacimiento de la deuda, que es de 2009. Es a partir de esa fecha con la no presentación de las cuentas e impago de la misma cuando se prueba la desaparición de facto de la empresa. Por lo tanto y teniendo que ser anterior la causa de disolución al nacimiento de la sociedad, no ha lugar a estimar la responsabilidad del admón. Por esta causa.

En cuanto a la otra acción ejercitada acción individual de responsabilidad, art. 241 LSC, se trata de una acción de responsabilidad del administrador basada en la existencia de una acción u omisión negligente que causa un daño a la sociedad reclamante. Pues bien en este caso donde consta que la empresa se encuentra sin depositar las cuentas desde el año 2009, que no ha pagado la deuda a fecha 2 de marzo de 2016, ni consta actividad alguna de dicha mercantil, de tal forma que se prueba una desaparición de facto de la sociedad que administraban el demandado, y por lo tanto no se ha acudido a un proceso de disolución ordenado de la misma y por lo tanto de liquidación, generando un daño a la actora que no puede cobrar la deuda, debiendo pues estimar la demanda por esta acción individual.

El administrador demandado ha dejado morir a la sociedad sin proceder a una ordenada liquidación, causando un daño al actor, quien vio frustrada la expectativa de cobro de su crédito, por lo que se estima la acción individual de responsabilidad

Juzgado de lo Mercantil Zaragoza, n.º 1, 154/2016, de 6 de junio. Recurso 626/2015

SP/SENT/869460

En consecuencia, por un lado, procede estimar la responsabilidad solidaria de la Sra. María Esther por la vía de los artículos 363 y ss. de la LSC, siendo innecesario el análisis de las restantes causas de responsabilidad que se imputan a la misma y por otro, procede excluir de dicha responsabilidad a Benedicto, analizando si concurre en el mismo la responsabilidad del artículo 241 de la LSC.

A diferencia de la responsabilidad del artículo 367 de la LSC, la responsabilidad del artículo 241 de la LSC es una responsabilidad de carácter subjetivo, que no tiene la limitación relativa a la fecha en que surgen las obligaciones que existe en la redacción del citado artículo 367 sino que requiere de la concurrencia de tres presupuestos: Actuación negligente del administrador, concurrencia de daño que lesione directamente los intereses de la actora y nexo causal entre aquella y este.

1) Actuación negligente del administrador, que ha de relacionarse con el deber genérico o abstracto de diligencia de los administradores que se resume en que los administradores desempeñarán su cargo con la diligencia de un ordenado empresario y de un representante leal.

En primer lugar, no resulta un hecho discutido la consideración del demandado como administrador de la sociedad desde 2012. En segundo lugar, no consta que la sociedad demandada haya continuado con la actividad que constituye el objeto social. Además, son significativas las manifestaciones del codemandado en la ETJ mediante comparecencia, donde reconoce el cierre de la empresa.

Aun cuando la jurisprudencia del TS no considera suficiente para apreciar la negligencia del administrador la simple falta de depósito de las cuentas (STS 17 junio 2004), se considera que dicha circunstancia, cuando concurre en unión de otras como la actuación meramente pasiva del administrador y el cierre fáctico de la empresa, permiten colegir la actuación negligente del administrador. En este caso, la actuación negligente resulta evidente respecto al codemandado, que debía formular y presentar las cuentas anuales para su depósito y que no consta que haya realizado actuación alguna para la ordenada disolución y liquidación de la sociedad, dejando "morir" la sociedad en perjuicio de los acreedores, sin dar explicación alguna de donde ha ido a parar sus bienes. La no adopción de las soluciones legales como el concurso o la disolución con la consiguiente liquidación ordenada debe implicar la existencia de una omisión negligente y en ese sentido podemos citar la reciente sentencia de la AP de Zaragoza de 10 de octubre de 2012, máxime si se tiene en cuenta que no se justifica como se ha liquidado el patrimonio de la sociedad.

2) Concurrencia de daño que lesione directamente los intereses de la actora y relación de causalidad entre el daño sufrido y el acto o acuerdo lesivo de los administradores. Se estima probado por la falta de pago de las facturas a su vencimiento que han debido ser objeto de reclamación en procedimiento monitorio. Si bien es cierto que el daño no se puede equiparar a la situación de insolvencia, lo cierto es que la conducta del demandado, cesando en la actividad sin una ordenada liquidación, ha impedido que la demandante pudiera ver satisfecho su crédito, o la posibilidad de un pago aunque fuera meramente parcial, por lo que se le ha causado con su conducta un daño concreto, que se equipara a la deuda existente y sin que conste que la sociedad cuenta con la solvencia suficiente para el pago de su deudas, prueba que por su facilidad corresponde a la demandada.

Por ello, estimándose acreditados los presupuestos para el ejercicio de la acción individual de responsabilidad y en consecuencia, con estimación de la demanda, procede también la condena del administrador Benedicto.

El demandado ha incumplido sus obligaciones como administrador social, contratando con el actor aun sabiendo que la sociedad estaba incursa en causa de disolución, generándole un daño, debiendo estimarse la acción individual de responsabilidad

Juzgado de lo Mercantil Zaragoza, n.º 1, 143/2016, de 1 de junio. Recurso 65/2016

SP/SENT/868866

SEGUNDO. En segundo lugar, respecto a la acción de responsabilidad solidaria del administrador, Alberto, por las deudas sociales, por la vía de los artículos 236 y ss. de la LSC, debe indicarse que deberá partirse del hecho no discutido de la condición de administrador de dicho demandado. Sentado lo anterior, respecto a la responsabilidad por la vía del artículo mencionado, debe decirse que, a diferencia de la responsabilidad del artículo 367 de la LSC, se trata de una responsabilidad de carácter subjetivo, que no tiene la limitación relativa a la fecha en que surgen las obligaciones que existe en la actual redacción del artículo 367 sino que requiere de la concurrencia de tres presupuestos:

1) Concurrencia de daño que lesione directamente los intereses de la actora. Se estima probado por la falta de pago de cumplimiento de las obligaciones contraídas con la demandante y que ha obligado a su reclamación judicial con resultado estimatorio.

2) Actuación negligente del administrador en relación con su deber genérico o abstracto de diligencia de los administradores, al estar obligados a desempeñar su cargo con la diligencia de un ordenado empresario y de un representante leal. En primer lugar, no consta ni la elaboración ni depósito de las cuentas anuales, obligación que le impone la LSC ni procedimiento alguno para la disolución social. Aun cuando la jurisprudencia del TS no considera suficiente para apreciar la negligencia del administrador la simple falta de depósito de las cuentas (STS 17 junio 2004), se considera que dicha circunstancia, cuando concurre en unión de otras como la actuación meramente pasiva del administrador y el cierre fáctico de la empresa, permiten colegir la actuación negligente del administrador. En este caso, la parte demandada no prueba que tenga actividad o patrimonio para cubrir la cantidad reclamada.

3) Relación de causalidad entre el daño sufrido y el acto o acuerdo lesivo de los administradores. Así mismo se estima probado este presupuesto, ya que sin constar la continuación de su actividad y sin que conste que hubiera iniciado un procedimiento para una liquidación ordenada de la sociedad y sin que conste que la sociedad cuenta con la solvencia suficiente para el pago de sus deudas, prueba que corresponde a la demandada, ha ocasionado el daño a la actora que ha visto imposibilitado el pago de su prestación.

Por ello, estimándose acreditados los presupuestos para el ejercicio de la acción individual de responsabilidad, con estimación de la demanda, procede la condena de la parte demandada, acogiendo la fundamentación jurídica alegada por la demandante, que se da por reproducida.

Existe responsabilidad personal del administrador nuevo por deudas anteriores cuando no realiza un proceso de liquidación ordenado llamando a los acreedores para el pago de sus créditos

Juzgado de lo Mercantil Zaragoza, n.º 1, 138/2016, de 25 de mayo. Recurso 432/2014

SP/SENT/869459

Concurrencia de daño que lesione directamente los intereses de la actora y relación de causalidad entre el daño sufrido y el acto o acuerdo lesivo de los administradores. Se estima probado por la falta de pago de las facturas a su vencimiento que han debido ser objeto de reclamación en procedimiento ordinario. Si bien es cierto que el daño no se puede equiparar a la situación de insolvencia, lo cierto es que la conducta del demandado, cesando en la actividad sin una ordenada liquidación, ha impedido que la demandante pudiera ver satisfecho su crédito, o la posibilidad de un pago aunque fuera meramente parcial, por lo que se le ha causado con su conducta un daño concreto, que se equipara a la deuda existente y sin que conste que la sociedad cuenta con la solvencia suficiente para el pago de su deudas, prueba que por su facilidad corresponde a la demandada.

Concurrencia de causas de disolución

No se exime al administrador de la responsabilidad por la deuda social cuando concurre causa de disolución y no se insta la junta para solucionar o liquidar en el plazo legal, aunque posteriormente la causa de disolución haya sido removida

TS, Sala Primera, de lo Civil, 777/2022, de 16 de noviembre. Recurso 2259/2019

SP/SENT/1164544

Procede estimar el motivo por las razones que exponemos a continuación.

2. Estimación del motivo. La sentencia recurrida confirma que cuando surgió el crédito de la demandante, en septiembre de 2012, la sociedad deudora (Asistel) se encontraba en la causa de disolución prevista en el art. 363.1 e) LSC, pues al cierre del años 2012 tenía unos fondos propios negativos de 49.853,71 euros. Esa causa de disolución había aflorado, como deja constancia la sentencia de primera instancia y no contradice la de apelación, en los ejercicios anteriores 2010 y 2011.

Pero la sentencia de apelación considera acreditado que el año siguiente al nacimiento del crédito, en el 2013, se superó la causa de disolución, porque el patrimonio neto contable se situó por encima de la mitad del capital social, y que así se mantuvo durante los años posteriores. Apoyada en lo anterior, la Audiencia ha venido a entender que la remoción de la causa de disolución, ligada al comportamiento de la sociedad demandante que no ejercitó en su día la acción (cuando la sociedad estaba en causa de disolución), impiden que pueda prosperar la acción de responsabilidad del administrador. Esta interpretación de la sentencia recurrida es contraria a la doctrina sentada por esta sala en la sentencia 585/2013, de 14 de octubre, invocada en el recurso, en la que razonamos lo siguiente:

"La remoción de la causa de disolución de la compañía no extinguió la posible responsabilidad en que hubiera podido incurrir el administrador durante el tiempo en que incumplió el deber de promover la disolución, respecto de los créditos existentes entonces, pero sí evita que a partir del momento en que cesa la causa de disolución puedan surgir nuevas responsabilidades derivadas de aquel incumplimiento. Esto es, los acreedores de las deudas sociales surgidas después de que la compañía hubiera superado la causa de disolución (...) carecen de legitimación para reclamar la condena solidaria del administrador basada en un incumplimiento anterior".

En nuestro caso, en que consta que el crédito de la demandante nació cuando Asistel estaba incursa en causa de disolución (septiembre de 2012), sin que el administrador hubiera cumplido el deber de instar la disolución de la sociedad o removido la causa de disolución por alguno de los mecanismos legales; el hecho de que, más tarde, al cierre del ejercicio 2013 se hubiera superado la causa de disolución porque el patrimonio neto contable era superior a la mitad del capital social, no exime al administrador de la responsabilidad contraída frente a las deudas sociales nacidas durante el periodo en que la sociedad estaba en causa de disolución sin que él hubiera instado la disolución o removido la causa de disolución.

Debemos reiterar la doctrina contenida en la sentencia 585/2013, de 14 de octubre, de que la remoción de la causa de disolución, en este caso porque se supera la situación de pérdidas que reducen el patrimonio neto por debajo de la mitad del capital social, no exime al administrador de la responsabilidad por las deudas sociales surgidas antes de la remoción de la causa y mientras él era administrador.

Por otra parte, el que la acreedora social no hubiera instado la acción de responsabilidad durante el tiempo en que la sociedad deudora estaba incursa en causa de disolución, resulta irrelevante mientras no se aprecie la prescripción de la acción.

En consecuencia, procede estimar el motivo, casar la sentencia de apelación y confirmar la de primera instancia.

Responsabilidad solidaria de administrador de sociedad de capital: es necesaria insolvencia de la sociedad y verificar el incumplimiento de deberes legales, además de justificar la existencia de una causa legal de disolución de la sociedad

TS, Sala Tercera, de lo Contencioso-Administrativo, Sec. 3.ª, 1101/2022, de 27 de julio. Recurso 934/2020

SP/SENT/1157249

En el presente procedimiento la sentencia de instancia dice lo siguiente sobre la concurrencia de causa de disolución:

"QUINTO. No cabe hablar de indefensión material ni formal, pues en el oficio de inicio de procedimiento de derivación, se indicaba ... «la deuda generada por la empresa comprende los períodos de liquidación de diciembre de 2015 hasta junio de 2016, por importe a día de hoy de 55. 694.41 euros, que incluyen principal, recargos, intereses y costas, sin perjuicio de la deuda que se genere con posterioridad a dicho período, así como la que resulte de actuaciones de comprobación o investigación al respecto». Como indica la resolución impugnada desde un principio se explicaba al interesado que la deuda era provisional, debido a que el procedimiento se estaba tramitando en cuanto a la recaudación. Efectivamente cuando se dicta la resolución recurrida, los dos códigos de cuenta de cotización abiertos de la empresa, habían incrementado su deuda con las cotizaciones correspondientes a los meses de julio y agosto de 2016, en tanto que el período correspondiente al mes de diciembre de 2015 del código de cuenta de cotización 11 116941341, había sido liqui-

dado el 21 de octubre de 2016. En la propia demanda se desliza la anterior afirmación, por lo que no es coherente la argumentación referente a la variación a lo largo del procedimiento de la cantidad adeudada, precisamente porque la Administración avisó en el oficio de iniciación de la provisionalidad de la deuda y evidentemente el hoy actor, como interesado, conocía el abono parcial de la deuda.

La causa de derivación de responsabilidad solidaria es clara y meridiana, pues al inicio de operaciones en el año 1992, el capital social de la empresa Distribuciones Herolsa, S. L. era de 222.374.48 euros, en tanto que en el año 2014 se constató un patrimonio negativo de −108.353.13 euros y en el año 2015 de -1.225.173.75 euros.

La razón de la derivación estriba en la existencia de deudas durante el período de febrero a agosto del 2016, sin que el pago parcial de diciembre de 2015 y de enero de 2016, pueda exonerar de responsabilidad, pues concurren los requisitos de derivación recogidos en la normativa más arriba expuesta, en la medida en que no se promovió la disolución de la sociedad y la declaración de concurso fue solicitada dos años después de la causa de disolución. En definitiva concurrían los requisitos de los arts. 18.3 del Real Decreto Legislativo 8/2015, de 30 de octubre y 363 y siguientes del Real Decreto Legislativo 1/2010, de 2 de julio, lo que supone la corrección de la derivación de responsabilidad solidaria.

A mayor abundamiento la declaración de fortuito del concurso no anubla la resolución administrativa de derivación de responsabilidad solidaria, debido a la compatibilidad de ambas exigencias de responsabilidad apuntada anteriormente, a lo que debe añadirse que la normativa reguladora de la derivación de responsabilidad solidaria, no la hace depender de la calificación fortuita o culpable del concurso, sino en la diligencia o falta de la misma en la solicitud del procedimiento concursal.

En base a lo anteriormente expuesto procede la desestimación del recurso" (fundamento de derecho quinto).

Como puede comprobarse la Sala juzgadora establece con toda claridad cono cuestión de hecho que no es posible revisar en casación que concurría la causa de disolución establecida en el artículo 363.1 e) de la referida Ley de Sociedades de Capital, por lo que la derivación de la responsabilidad acordada por la Administración resultaba conforme a derecho y a la doctrina establecida al respecto por esta Sala. Las razones alegadas por la parte recurrente negando que se pudiera afirmar la existencia de la causa de disolución no desvirtúan lo establecido por la sentencia combatida, que asume como hechos probados la existencia de pérdidas que suponen la existencia de la causa de disolución mencionada, sin que en sede casacional se posible discutir tales cuestiones fácticas.

Procede en consecuencia desestimar el recurso de casación.

CUARTO. Conclusión y costas.

De acuerdo con lo razonado en los anteriores fundamentos de derecho, no ha lugar al recurso de casación interpuesto por don Francisco contra la sentencia de 28 de noviembre de 2019 de la Sala de lo Contencioso- Administrativo del Tribunal Superior de Justicia de Andalucía con sede en Sevilla (Sección Segunda).

En congruencia con lo anterior, no procede aclarar ni modificar la doctrina de interés casacional ya sentada en los casos precedentes sobre la materia y que se resume en que para derivar la responsabilidad solidaria del administrador de una sociedad de capital resulta necesario "*no solo constatar una situación fáctica de insolvencia de la sociedad y verificar que dicho administrador no ha cumplido los deberes legales a que se refiere el artículo 367.1 de la Ley de Sociedades de Capital (RD Legislativo 1/2010), sino también y además, justificar la efectiva existencia de una causa legal de disolución de la sociedad*".

Responsabilidad solidaria de administrador de sociedad de capital: es necesaria insolvencia de la sociedad y verificar el incumplimiento de deberes legales, además de justificar la existencia de una causa legal de disolución de la sociedad

TS, Sala Tercera, de lo Contencioso-Administrativo, Sec. 3.ª, 1101/2022, de 27 de julio. Recurso 934/2020

SP/SENT/1157249

En el presente procedimiento la sentencia de instancia dice lo siguiente sobre la concurrencia de causa de disolución:

"*QUINTO. No cabe hablar de indefensión material ni formal, pues en el oficio de inicio de procedimiento de derivación, se indicaba ... «la deuda generada por la empresa comprende los períodos de liquidación de diciembre de 2015 hasta junio de 2016, por importe a día de hoy de 55.694,41 euros, que incluyen principal, recargos, intereses y costas, sin perjuicio de la deuda que se genere con posterioridad a dicho período, así como la que resulte de actuaciones de comprobación o investigación al respecto». Como indica la resolución impugnada desde un principio se explicaba al interesado que la deuda era provisional, debido a que el procedimiento se estaba tramitando en cuanto a la recaudación. Efectivamente cuando se dicta la resolución recurrida, los dos códigos de cuenta de cotización abiertos de la empresa, habían incrementado su deuda con las cotizaciones correspondientes a los meses de julio y agosto de 2016, en tanto que el período correspondiente al mes de diciembre de 2015 del código de cuenta de cotización 11.116941341, había sido liquidado el 21 de octubre de 2016. En la propia demanda se desliza la anterior afirmación, por lo que no es coherente la argumentación referente a la variación a lo largo del procedimiento de la cantidad adeudada, precisamente porque la Administración avisó en el oficio de iniciación de la provisionalidad de la deuda y evidentemente el hoy actor, como interesado, conocía el abono parcial de la deuda.*

La causa de derivación de responsabilidad solidaria es clara y meridiana, pues al inicio de operaciones en el año 1992, el capital social de la empresa Distribuciones Herolsa, S. L. era de 222.374.48 euros, en tanto que en el año 2014 se constató un patrimonio negativo de -108.353.13 euros y en el año 2015 de -1.225.173.75 euros.

La razón de la derivación estriba en la existencia de deudas durante el período de febrero a agosto del 2016, sin que el pago parcial de diciembre de 2015 y de enero de 2016, pueda exonerar de responsabilidad, pues concurren los requisitos de derivación recogidos en la normativa más arriba expuesta, en la medida en que no se promovió la disolución de la sociedad y la declaración de concurso fue solicitada dos años después de la causa de disolución. En definitiva concurrían los requisitos de los art. 18.3 del Real Decreto Legislativo 8/2015, de 30 de octubre y 363 y siguientes del Real Decreto Legislativo 1/2010, de 2 de julio, lo que supone la corrección de la derivación de responsabilidad solidaria.

A mayor abundamiento la declaración de fortuito del concurso no anubla la resolución administrativa de derivación de responsabilidad solidaria, debido a la compatibilidad de ambas exigencias de responsabilidad apuntada anteriormente, a lo que debe añadirse que la normativa reguladora de la derivación de responsabilidad solidaria, no la hace depender de la calificación fortuita o culpable del concurso, sino en la diligencia o falta de la misma en la solicitud del procedimiento concursal.

En base a lo anteriormente expuesto procede la desestimación del recurso" (fundamento de derecho quinto).

Como puede comprobarse la Sala juzgadora establece con toda claridad cono cuestión de hecho que no es posible revisar en casación que concurría la causa de disolución establecida en el artículo 363.1 e) de la referida Ley de Sociedades de Capital, por lo que la derivación de la responsabilidad acordada por la Administración resultaba conforme a derecho y a la doctrina establecida al respecto por esta Sala. Las razones alegadas por la parte recurrente negando que se pudiera afirmar la existencia de la causa de disolución no desvirtúan lo establecido por la sentencia combatida, que asume como hechos probados la existencia de pérdidas que suponen la existencia de la causa de disolución mencionada, sin que en sede casacional se posible discutir tales cuestiones fácticas.

Procede en consecuencia desestimar el recurso de casación.

CUARTO. Conclusión y costas.

De acuerdo con lo razonado en los anteriores fundamentos de derecho, no ha lugar al recurso de casación interpuesto por don Francisco contra la sentencia de 28 de noviembre de 2019 de la Sala de lo Contencioso-Administrativo del Tribunal Superior de Justicia de Andalucía con sede en Sevilla (Sección Segunda).

En congruencia con lo anterior, no procede aclarar ni modificar la doctrina de interés casacional ya sentada en los casos precedentes sobre la materia y que se resume en que para derivar la responsabilidad solidaria del administrador de una sociedad de capital resulta necesario "*no solo constatar una situación fáctica de insolvencia de la sociedad y verificar que dicho administrador no ha cumplido los deberes legales a que se refiere el artículo 367.1 de la Ley de Sociedades de Capital (RD Legislativo 1/2010), sino también y además, justificar la efectiva existencia de una causa legal de disolución de la sociedad*".

Doctrina casacional: para derivar la responsabilidad solidaria del administrador resulta necesario no solo constatar la insolvencia y verificar que no ha cumplido los deberes legales, sino también justificar la existencia de causa de disolución

TS, Sala Tercera, de lo Contencioso-Administrativo, Sec. 3.ª, 556/2022, de 11 de mayo. Recurso 934/2020

SP/SENT/1147645

En consecuencia reiteramos como doctrina de interés casacional que para derivar la responsabilidad solidaria del administrador de una sociedad de capital resulta necesario "*no solo constatar una situación fáctica de insolvencia de la sociedad y verificar que dicho administrador no ha cumplido los deberes legales a que se refiere el artículo 367.1 de la Ley de Sociedades de Capital (RD Legislativo 1/2010), sino también y además, justificar la efectiva existencia de una causa legal de disolución de la sociedad*".

La causa de disolución queda fijada a final del año en el que concurren las pérdidas mientras que la deuda nace cuando se entrega la obra ejecutada y surge la obligación de pago

TS, Sala Primera, de lo Civil, 652/2021, de 29 de septiembre. Recurso 5133/2018

SP/SENT/1115986

El motivo parte de la afirmación de que la sentencia recurrida no fijó cuándo concurrió la causa de disolución (la existencia de pérdidas agravadas) cuando ello no es así. Si la sentencia concluyó que se deducía la existencia de tales pérdidas porque a finales de 2013 Bioderolive tenía unos fondos propios negativos de 22.168,71 €, es claro que determinó que fue a últimos de ese año 2013 cuando la sociedad estaba incursa en causa legal de disolución.

3. Como el pago se instrumentó mediante la entrega de títulos cambiarios, podría surgir la duda de si la deuda social se generó por la desatención de los pagarés cambiarios entregados para el abono de los trabajos contratados, cuyas fechas de vencimiento eran de 12 de enero de 2014 y 5 de febrero de 2014, respectivamente, para lo cual debe tenerse en cuenta lo previsto en el art. 1170.II y III CC, que establece:

"*La entrega de pagarés a la orden, o letras de cambio u otros documentos mercantiles, solo producirá los efectos del pago cuando hubiesen sido realizados, o cuando por culpa del acreedor se hubiesen perjudicado.*

«Entre tanto la acción derivada de la obligación primitiva quedará en suspenso» (...)".

(...) En consecuencia, la obligación nació cuando se entregaron las obras, que es cuando debe hacerse el pago en el contrato de obra (art. 1599 CC), es decir, en noviembre de 2013; y no en la fecha de vencimiento de los pagarés entregados como medio de pago, pues como hemos visto, conforme al art. 1170.II y III CC debe distinguirse entre nacimiento de la obligación y momento del pago.

Fecha de nacimiento de la obligación que, aparentemente, coincide en el tiempo con la fijada por la Audiencia Provincial como momento en que la sociedad quedó incursa en causa de disolución, por lo que supuestamente no podría afirmarse que dicha causa de disolución fuera anterior a la generación de la deuda social, como exige el art. 367 LSC para declarar la responsabilidad solidaria del administrador social.

Sin embargo, debe tenerse presente que, aunque como regla general el conocimiento de la situación de pérdidas constitutiva de causa de disolución coincidirá con el cierre del ejercicio social (sentencia 716/2018, de 19 de diciembre), también ha de tenerse en cuenta, como resaltó la sentencia 986/2008, de 23 de octubre, con cita de otras muchas, que los administradores tienen *"una obligación de atención ininterrumpida a la evolución patrimonial y financiera de la sociedad"*. De tal manera que la obligación de disolución comienza cuando los administradores conocen o pueden conocer con un mínimo de diligencia la situación de desequilibrio patrimonial (sentencias 195/2006, de 9 de marzo, y 14/2010, de 12 de febrero). Máxime cuando con los actuales sistemas de información la situación contable puede ser conocida por los administradores en cualquier momento.

Es por ello que en la sentencia 212/2020, de 29 de mayo, en un caso en que constaba probado que el ejercicio económico se cerró con un patrimonio neto contable negativo afirmamos que:

"[e]n ese momento, la causa de disolución era muy clara, pero, obviamente, debía haber surgido antes, en el momento en que el patrimonio neto contable devino inferior a la mitad de la cifra del capital social. Algo que es seguro que ocurrió antes del 31 de diciembre de 2008. Ante la duda de si fue antes o después del 31 de julio de 2008 (fecha de la deuda social), procede aplicar la presunción contenida en el apartado segundo del artículo 367 LSC".

7. En este caso, la existencia de unos fondos negativos de tal magnitud que septuplicaban el capital social no podía ser ignorada por el administrador, ni cabe considerar que surgiera de manera sorpresiva y abrupta, sino que, al contrario, puede presumirse que era bastante anterior al momento en que, conforme a lo antes expuesto, nació la deuda social. Lo que concuerda plenamente con la previsión del art. 367.2 LSC.

8. En consecuencia, el segundo motivo de casación también debe ser desestimado.

La responsabilidad solidaria alcanza todas las deudas sociales surgidas mientras se es administrador y estando la sociedad en causa de disolución, pero no a las anteriores al nombramiento

TS, Sala Primera, de lo Civil, 601/2019, de 8 de noviembre. Recurso 596/2017

SP/SENT/1024338

La cuestión que suscita el presente recurso es respecto de qué deudas sociales responde un administrador, como Evelio, que asumió el cargo después de que, estando la sociedad en causa de disolución y sin que el administrador anterior hubiera instado su disolución, hubieran surgido deudas sociales posteriores a la aparición de la causa de disolución y anteriores a su nombramiento como administrador.

El nuevo administrador, desde que asumió la administración de la sociedad (el 5 de mayo de 2014), como seguía incursa en la causa de disolución de pérdidas que dejaban el patrimonio neto contable por debajo de la mitad del capital social, estaba afectado por los reseñados deberes legales de promover la disolución. La duda es respecto de qué deudas sociales responde solidariamente. Para resolverla debe acudirse a la ratio del precepto.

En el art. 367 LSC la responsabilidad del administrador se anuda al incumplimiento del deber de promover la disolución. El reproche jurídico que subyace a la responsabilidad del art. 367 LSC se funda en el incumplimiento de un deber legal (de promover la disolución de la sociedad o, en su caso, de instar el concurso de acreedores). La Ley en esos casos, estando la sociedad incursa en una de las causas legales de disolución, constituye al administrador en garante solidario de las deudas surgidas a partir de entonces, si incumple el deber legal de disolver dentro del plazo legal. La justificación de esta responsabilidad radica en el riesgo que se ha generado para los acreedores posteriores que han contratado sin gozar de la garantía patrimonial suficiente por parte de la sociedad del cumplimiento de su obligación de pago.

Esta razón que llevó al legislador a ceñir el alcance de la responsabilidad a las deudas posteriores a la aparición de la causa de disolución, nos debe llevar a concluir que en caso de cambio de administrador, desde que asume la administración, para él nace un nuevo plazo de dos meses para promover la disolución, cuyo incumplimiento le hará responsable solidario de las deudas sociales posteriores al momento en que asumió la administración de la sociedad. Esto es, su responsabilidad alcanza a todas las deudas sociales surgidas mientras él era administrador y estando la sociedad en causa de disolución, pero no a las anteriores a su nombramiento ni a las posteriores a su cese.

En la medida en que el criterio seguido por la Audiencia para determinar la responsabilidad de Evelio no se acomoda a esta doctrina, procede estimar el recurso de casación y, al asumir la instancia, desestimar el recurso de apelación

El administrador de la sociedad estuvo en el cargo dos meses y medio desde la causa de disolución, se estima la acción de responsabilidad frente al administrador debiendo responder de las facturas impagadas durante el tiempo en que ejerció cargo

AP Barcelona, Sec. 15.ª, 94/2024, de 20 de marzo. Recurso 428/2023

SP/SENT/1224135

La cuestión que se plantea en este caso es si el administrador Sr. Alberto debe quedar exonerado de responsabilidad al haber permanecido en el cargo escasamente dos meses y medio, desde el 3 de agosto de 2017, hasta el 18 de octubre del mismo año.

12. Debemos traer a colación la STS 601/2019, de 8 de noviembre de 2019 (ECLI:ES:TS:2019:3526) por la que debemos proceder a limitar la responsabilidad del demandado a las deudas contraídas durante el tiempo en que fue administrador. Se afirma en la referida resolución:

"En el art. 367 LSC la responsabilidad del administrador se anuda al incumplimiento del deber de promover la disolución. El reproche jurídico que subyace a la responsabilidad del art. 367 LSC se funda en el incumplimiento de un deber legal (de promover la disolución de la sociedad o, en su caso, de instar el concurso de acreedores). La Ley en esos casos, estando la sociedad incursa en una de las causas legales de disolución, constituye al administrador en garante solidario de las deudas surgidas a partir de entonces, si incumple el deber legal de disolver dentro del plazo legal. La justificación de esta responsabilidad radica en el riesgo que se ha generado para los acreedores posteriores que han contratado sin gozar de la garantía patrimonial suficiente por parte de la sociedad del cumplimiento de su obligación de pago.

Esta razón que llevó al legislador a ceñir el alcance de la responsabilidad a las deudas posteriores a la aparición de la causa de disolución, nos debe llevar a concluir que en caso de cambio de administrador, desde que asume la administración, para él nace un nuevo plazo de dos meses para promover la disolución, cuyo incumplimiento le hará responsable solidario de las deudas sociales posteriores al momento en que asumió la administración de la sociedad. Esto es, su responsabilidad alcanza a todas las deudas sociales surgidas mientras él era administrador y estando la sociedad en causa de disolución, pero no a las anteriores a su nombramiento ni a las posteriores a su cese".

13. Es por ello que procede revocar la sentencia de instancia y estimar la acción de responsabilidad frente al administrador demandado debiendo responder de las facturas impagadas durante el tiempo en que ejerció cargo que aparecen detalladas en el bloque documental 3 de la demanda y que, tras aplicar el abono practicado por la actora antes del cierre, ascienden a 8.627,66 euros, sin que proceda la reclamación en cuanto a los intereses y costas generados en el procedimiento de reclamación de cantidad seguido contra la sociedad, al haber cesado ya en el cargo el administrador Sr. Alberto en el momento en que nacieron dichas obligaciones.

Al instar responsabilidad solidaria de administrador, deuda contraída tras causa de disolución, condición de administrador y concurrencia de causa de disolución, no se alegaron pérdidas cualificadas y no presentar cuentas es mero indicio

AP A Coruña, Sec. 4.ª, 647/2023, de 18 de octubre. Recurso 576/2022

SP/SENT/1204886

La lectura de la sentencia de instancia nos permite ver que el fundamento para no estimar la acción de responsabilidad es que se invocan las causas objetivas del artículo 363.1 a), c) y d) por cese de actividad, imposibilidad manifiesta de conseguir el fin social y paralización de órganos sociales que hacen imposible su funcionamiento, pero no la causa del aparatado e) que es la que concurriría. Lo que unido a la jurisprudencia citada, STS 202/2020, que considera la falta de presentación de cuentas como un simple indicio de perdidas cualificadas, supone una clara parquedad argumentativa de la actora. Entiende que con una mercantil dedicada a la construcción y con factura de suministros de ventanas y cortinas del año 2019, no es posible presumir el cese de actividad de la mercantil, ni la imposibilidad de conseguir su fin social, ni la paralización de sus órganos sociales, de manera que no concurriendo ninguna de las causas alegadas, tampoco es posible hacer uso de la presunción prevista en el artículo 367.2 de la LSC.

SEGUNDO. Acción de responsabilidad del administrador por deudas sociales. 4. La acción ejercitada en la demanda es la prevista en el artículo 367.1 del TRLSC dice que "*Responderán solidariamente de las obligaciones sociales posteriores al acaecimiento de la causa legal de disolución los administradores que incumplan la obligación de convocar en el plazo de dos meses la junta general para que adopte, en su caso, el acuerdo de disolución, así como los administradores que no soliciten la disolución judicial o, si procediere, el concurso de la sociedad, en el plazo de dos meses a contar desde la fecha prevista para la celebración de la junta, cuando esta no se haya constituido, o desde el día de la junta, cuando el acuerdo hubiera sido contrario a la disolución*". Son requisitos del éxito de la acción que el actor pruebe:

a) La existencia de una deuda a cargo de la sociedad demandada.

b) La condición de administrador del demandado.

c) La concurrencia de causa de disolución.

d) Que la obligación de la que se pretende responda el administrador ha nacido con posterioridad al acaecimiento de la causa de disolución.

Se desvirtúa la presunción de estar la sociedad incursa en causa de disolución cuando empezó las relaciones comerciales con la otra mercantil y se generó la deuda

AP Badajoz, Sec. 2.ª, 515/2023, de 27 de julio. Recurso 1367/2021

SP/SENT/1197050

El éxito de la acción deducida por la Mercantil actora está asegurado desde el momento que el propio demandado tiene reconocido expresamente que la Sociedad que él administraba estaba incursa en causa legal de disolución, por lo cual el actor perfectamente podía invocar el art. 367.2 de la Ley de Sociedades de Capital, según la cual las obligaciones sociales reclamadas se presumirán de fecha posterior al acaecimiento de la causa legal de disolución social, salvo que los administradores acreditasen que eran de fecha anterior; trasladándose así, una vez acreditada la causa de disolución, al administrador la carga de acreditar que la obligación surgió con anterioridad a ese acaecimiento.

En el supuesto de autos, el hoy demandado/apelante no ha desvirtuado la presunción antes mencionada, sino que toda la prueba indica que la Sociedad se encontraba incursa en causa legal de disolución (pérdidas que dejaban reducido el patrimonio neto a menos de la mitad del capital social y falta de convocatoria a Junta para el acuerdo de disolución y ausencia de promoción de la solicitud de concurso), cuando se establecieron las relaciones comerciales con la Actora. El Administrador demandado conocía que cuando estableció esas relaciones de negocio con la Actora, la Sociedad por él administrada, no podría afrontar esa deuda, engañando así con una apariencia de solvencia al otro contratante; incumpliendo, también, su obligación de convocar, en el plazo de dos meses, desde la aparición de la causa de disolución (art. 363.1 e) LSC), la Junta General para la adopción del Acuerdo de disolución; en ese caso, según el art. 367 LSC se presume que la obligación social reclamada es posterior a la causa de disolución.

Hay responsabilidad de los administradores por la deuda reclamada que se presume posterior a la causa de disolución probada de pérdidas cualificadas, siendo irrelevante que en el ejercicio posterior haya sido removida dicha causa

AP Almería, Sec. 1.ª, 518/2023, de 16 de mayo. Recurso 2134/2021

SP/SENT/1196983

Vemos que se presumirá que las deudas surgieron con posterioridad al acaecimiento de la causa de disolución y que tanto las deudas como la causa de disolución concurren en el ejercicio 2012, pues como acertadamente recoge la sentencia de instancia en el referido ejercicio, el patrimonio neto pasa de ser positivo en el ejercicio 2011 por importe de 33.602,89 € a ser negativo por el importe de 26.118,68 €.

Ninguna de las alegaciones realizadas por el apelante tiene relevancia a la hora de enervar la acción contra los administradores dirigida, ya que en modo alguno concurre indefensión dado que a su alcance estuvo la posibilidad de acreditar que el patrimonio en el año 2013 ya no era inferior a la mitad del capital social, si transmitieron la empresa y cesaron como administradores en el año 2014. No obstante siendo el ejercicio posterior al surgimiento de las deudas hubiera sido irrelevante una regularización posterior en el año 2013 tal y como recientemente ha declarado el Tribunal Supremo en STS de 16 de noviembre de 2022 que ratifica su doctrina anterior:

Pero la sentencia de apelación considera acreditado que el año siguiente al nacimiento del crédito, en el 2013, se superó la causa de disolución, porque el patrimonio neto contable se situó por encima de la mitad del capital social, y que así se mantuvo durante los años posteriores. Apoyada en lo anterior, la Audiencia ha venido a entender que la remoción de la causa de disolución, ligada al comportamiento de la sociedad demandante que no ejercitó en su día la acción (cuando la sociedad estaba en causa de disolución), impiden que pueda prosperar la acción de responsabilidad del administrador. Esta interpretación de la sentencia recurrida es contraria a la doctrina sentada por esta sala en la sentencia 585/2013, de 14 de octubre, invocada en el recurso, en la que razonamos lo siguiente:

"La remoción de la causa de disolución de la compañía no extinguió la posible responsabilidad en que hubiera podido incurrir el administrador durante el tiempo en que incumplió el deber de promover la disolución, respecto de los créditos existentes entonces, pero sí evita que a partir del momento en que cesa la causa de disolución puedan surgir nuevas responsabilidades derivadas de aquel incumplimiento. Esto es, los acreedores de las deudas sociales surgidas después de que la compañía hubiera superado la causa de disolución (...) carecen de legitimación para reclamar la condena solidaria del administrador basada en un incumplimiento anterior".

Tampoco tiene trascendencia alguna que la empresa tuviera un "funcionamiento normal" o un volumen de facturación elevado ya que la causa del 367 LSC nada tiene que ver con la responsabilidad por dolo o culpa, en la que se incluye el cierre de hecho del 241 LSC, ni con la acción por deudas pero por el cese de actividad del apdo. a) del art. 363 LSC, ya que en la presente se procede por el apartado e) del mismo precepto, en donde se recoge como causa de disolución tener un patrimonio inferior a la mitad del capital social, disponiéndose la obligación de disolver o remediar esta situación con ampliaciones o reducciones de capital en su caso, lo que no se hizo en el presente.

Se presume, salvo prueba en contrario, que, la causa de disolución, pérdidas cualificadas, existía al nacer la deuda reclamada sin que el administrador realice prueba para desvirtuar tal presunción

AP Barcelona, Sec. 15.ª, 193/2023, de 6 de marzo. Recurso 2925/2022

SP/SENT/1188240

En nuestro caso, no se discute que al término del ejercicio 2018 la situación financiera de la sociedad era saneada, siendo el patrimonio neto positivo 169.271,97 euros, para un capital de 6.000 euros y que la causa legal de disolución de pérdidas cualificadas (art. 363.1 e/ TRLSC) concurría al cierre del ejercicio 2019, esto es, en 31 de diciembre de 2019. Y tampoco se discute que la deuda social es anterior a ese momento por unos meses (entre septiembre y diciembre de 2019). Podría pensarse que ello excluiría la responsabilidad al amparo de lo previsto en el art. 367 TRLSC en relación con esta causa legal de disolución, pero no necesariamente es así porque el apartado 2 de ese precepto establece lo siguiente:

"*2. Salvo prueba en contrario, las obligaciones sociales cuyo cumplimiento sea reclamado judicialmente por acreedores legítimos se presumirán de fecha posterior al acaecimiento de la causa de disolución o a la aceptación del nombramiento por el administrador*".

10. Lo establecido en esa norma nos obliga a considerar, salvo prueba en contrario, que la causa legal de disolución en examen concurría ya en el momento en el que la sociedad contrajo la deuda que se le reclama. El administrador ha tenido la oportunidad de enervar la eficacia de esa presunción acreditando, mediante la aportación de los balances trimestrales de comprobación que está obligado a formular, que la sociedad no se encontraba incursa en causa legal de disolución durante todo el año 2019 y, en concreto, en el momento inmediatamente anterior a que se contrajera la obligación. Pero no ha aportado medio de prueba alguno que nos permita considerar enervada esa eficacia, de forma que hemos de considerar que la sociedad se encontraba presuntamente en la causa legal de disolución que examinamos en el momento de contraer la deuda en los meses de noviembre y diciembre de 2019. Esa orfandad probatoria es muy significativa cuando para el demandado hubiera resultado fácil aportar los balances trimestrales de comprobación correspondientes al ejercicio 2019 y, particularmente, cuando al menos desde el mes de septiembre ya se habían evidenciado las dificultades económicas por las que pasaba la sociedad.

Hay responsabilidad del administrador por la deuda social cuando concurriendo la causa de disolución no activa en plazo mecanismo para resolver, liquidar o instar el concurso

AP Murcia, Sec. 4.ª, 231/2023, de 2 de marzo. Recurso 113/2022

SP/SENT/1185640

Al no haber activado el mecanismo disolutorio, el administrador demandado no atendió en tiempo y forma los deberes impuestos en el art 365 LSC y, en consecuencia, con lo dispuesto en el artículo 367 LSC, incurre en responsabilidad solidaria, por lo que debe ser condenado a abonar la deuda contraída por la mercantil administrada, ya fijada en varias resoluciones judiciales, que asciende a 6.454,26 €, con los intereses legales desde la presente reclamación judicial (arts. 1.100 y 1108 CC), incrementados en dos puntos desde la fecha de esta sentencia.

Los administradores responden de la deuda reclamada en parte al concurrir causa de disolución como son las pérdidas antes de nacer una, pero no respecto a otra, que es anterior y no existían fondos propios negativos cuando se contrajo

AP Badajoz, Sec. 2.ª, 937/2022, de 12 de diciembre. Recurso 660/2021

SP/SENT/1171498

En 2010 la causa de disolución era muy evidente, pero la deuda derivada de los contratos de ejecución de obra (168.473,04 euros) no nació entonces. Esa deuda es anterior al convenio del mes de julio de 2010. Este convenio, pese a su carácter novatorio y siquiera en parte, lo que hizo fue fijar una deuda preexistente. El reconocimiento de deuda no supone la extinción de la deuda anterior o su sustitución por una obligación de distinta naturaleza (sentencia del Tribunal Supremo 271/2021, de 10 de mayo). El reconocimiento contiene una voluntad negocial de asumir y fijar la relación obligatoria preexistente (sentencia del Tribunal Supremo 445/2019, de 18 de julio). Se trataba de una deuda procedente de los contratos firmados en 2007. Y en esa fecha la sociedad no estaba en causa de disolución.

Cosa distinta ocurre con la deuda derivada de la resolución de uno de los contratos de compraventa. El reembolso de los 64.372 euros surgió justamente en virtud del mencionado convenio. Y en esa fecha el patrimonio neto contable era inferior a la mitad de la cifra del capital social. Los documentos traídos a los autos confirman que la sociedad "Iterum Urbana, S. L." estaba entonces incursa en la causa de disolución prevista en el artículo 363.1 e) LSC. Es una deuda social sobrevenida a la situación legal de disolución.

Dicha sociedad se constituyó el 24 de enero de 2007 con un capital social de 60.000 euros. Y según las declaraciones del impuesto de sociedades, presentaba patrimonio neto negativo en estos términos: 196.122,55 euros en 2008, de 377.496,93 euros en el 2009, de 477.861,78 euros en el 2010 y de 855.470,70 euros en el 2011.

En 2010, cuando se firmó contrato de 29 de junio, "Iterum Urbana, S. L." cerró el ejercicio con un patrimonio neto negativo de más de casi 500.000 euros. Y por supuesto, ni siquiera se niega, los administradores no instaron la disolución de la sociedad, ni tampoco promovieron su concurso. Obligación de disolución que comenzó cuando los administradores conocieron o pudieron conocer con un mínimo de diligencia la situación de desequilibrio patrimonial. Ellos mismos han reconocido que no pudieron venderse las viviendas.

En consecuencia, tenemos que revocar en parte la sentencia de instancia en cuanto a la responsabilidad de los administradores, que deberán responder solo de la suma de 64.372 euros, más sus intereses.

Hay responsabilidad del administrador por la deuda reclamada cuando la sociedad estaba en causa de disolución al tener fondos propios negativos en los dos ejercicios anteriores a nacer la deuda sin que instar el concurso después le exonere

AP Barcelona, Sec. 15.ª, 1689/2022, de 30 de noviembre. Recurso 3579/2022

SP/SENT/1171607

En el caso de autos, consta acreditado que la sociedad demandada presenta fondos propios negativos en los dos ejercicios anteriores a contraer la deuda que se reclama (en el ejercicio 2015 los fondos propios son de −26.467,12 euros y en el ejercicio 2016 −82.201,90 euros), por ello, la sociedad demandada estaba incursa en causa de disolución desde el ejercicio 2015, por lo que cuando se genera la deuda en el ejercicio 2017 el administrador social ya había incurrido en responsabilidad al no haber disuelto ni presentado concurso.

14. La presentación del concurso en el primer trimestre del año 2018 con la consiguiente declaración y archivo no pueden arrogar las consecuencias indicadas en la resolución de instancia, es decir, ser motivo de exoneración de responsabilidad del administrador social que al tiempo de contraer las obligaciones (febrero de 2017) llevaba dos ejercicios en situación de perdidas cualificadas, con incumplimiento reiterado de sus obligaciones. La presentación del concurso casi tres años después de que conste la causa de disolución no exonera de responsabilidad, ni las declaraciones contenidas en el auto de archivo exprés sobre la no apertura de la calificación permiten deducir que no existe retraso en la presentación del concurso.

15. Por ello, constando la concurrencia de la causa de disolución del art. 363.1 e) TRLSC en el momento en el que nacen las obligaciones sociales −ejercicio 2017− y no habiéndose destruido la presunción del art. 367 TRLSC por la demandada es por lo que procede estimar el recurso de apelación y condenar al demandado como responsable solidario de las deudas sociales.

Hay responsabilidad de los administradores por la deuda social reclamada cuando concurre causa de disolución, como son las pérdidas, y no se solucionó ni se instó la liquidación o concurso, no habiendo prueba en contrario ni colaboración alguna

AP Lugo, Sec. 1.ª, 510/2022, de 14 de julio. Recurso 14/2018

SP/SENT/1158482

Dada esta información se desprende que la sociedad tanto en el año 2013, como en el 2014 se encontraba incursa en causa de disolución prevista en el artículo 363.1 e) de la Ley de Sociedades de Capital: por pérdidas que dejen reducido el patrimonio neto a una cantidad inferior a la mitad del capital social, a no ser que este se aumente o se reduzca en la medida suficiente, y siempre que no sea procedente solicitar la declaración de concurso. Las pérdidas acumuladas son superiores al resto de partidas que forman el patrimonio neto, fundamentalmente capital y reservas, ya que el capital social es de 3.100 euros y no consta cantidad alguna en concepto de reservas ni en el ejercicio 2013, ni en el 2014.

Nada aportan los demandados para acreditar que esta afirmación no es correcta, ni que se haya intentado una aumento del capital, ni la suscripción de préstamos participativos, ni aportaciones para compensar pérdidas exigida por la ley. En el Balance de situación abreviado, patrimonio neto, punto VI "*otras aportaciones de socios*" en el año 2013 se refleja una cantidad de 10.874,85 euros y en 2014 de 9.000 euros. Por lo tanto, parece que en el año 2014, las aportaciones de socios se ven reducidas. Si realmente los ingresos realizados por D. Faustino de 16.000 euros, 6.900 euros y 1.640 euros, o al menos una parte de esas cantidades, se destinase a aportaciones de socios, tendría que constar una cantidad superior a los 10.874,85 euros del año anterior, y sin embargo se refleja una cantidad inferior, en concreto 9.000 euros, lo que da a entender, que pese a que el patrimonio neto en el año 2014 es negativo (−84.046,67 euros) por una cifra muy superior al año 2013 (−11.706,27 euros), no solo los socios no hicieron aportación alguna ese año, sino que redujeron la de años anteriores.

Por otro lado, desconocemos si esos 10.874,85 euros que constan en otras aportaciones de socios en el año 2013, realmente se produjeron ese año, o vienen de años anteriores, y si en el 2013 se produjo o no aportación alguna de los socios, o incluso si el importe de las aportaciones de los socios se vio reducido respecto de la cantidad aportada en otros años.

Y si desconocemos toda esta información, es porque carecemos de la contabilidad y demás documentación solicitada a la parte demandada para la realización de prueba contable en segunda instancia por perito judicial, que en ningún momento, pese a los diferentes requerimientos aportó. La falta de colaboración de los demandados con el fin de que la pericial contable se llevase a efecto, de otra forma imposible de realizar con la documentación obrante en autos, no puede jugar en su beneficio, de manera que entendemos que existen indicios suficientes como para considerar que no hubo aportaciones de socios con el objeto de reequilibrar la relación entre el patrimonio neto y el capital social.

Además, la diferencia de patrimonio neto negativo entre ambos ejercicios es de 72.340,4 euros, reflejo de que la situación de la empresa empeoró notablemente en el año 2014.

La falta de colaboración de los demandados para evitar la realización de la pericial contable resulta cuando menos sospechosa, y si bien las reglas de la carga de la prueba indican que es el demandante quien tiene la carga de probar las afirmaciones que sostiene, su rango de actuación es limitado en este caso, pues más allá de presentar las cuentas anuales que la empresa Rocha y Blanco deposita en el Registro, no puede más que solicitar al juez la presentación de una pericial contable que exige la presentación de la documentación contable por parte de los demandados. Atendida tal solicitud, los demandados han ignorado reiteradamente la petición de documentación, pese a la facilidad de su aportación, razón por la que entendemos que han de ser ellos quienes carguen con el perjuicio que su actitud provoca, que solo a ellos ha de perjudicar.

(...) Dichos requisitos concurren en el caso de enjuiciamiento:

1.º) Existencia de un derecho de crédito contra la sociedad: existe una factura por importe de 7.960,42 euros, que no ha sido impugnada de contrario, es más en la contestación a la demanda D. Faustino afirma que "*las fechas de abono de la factura cuyo resarcimiento se pretende fueron fijadas expresamente por la parte actora para los días 15/06/2014 y 15/07/2014; esto es, en momentos posteriores a que el Sr. Fidel ya había cesado en su cargo de administrador de la Sociedad*", con lo que parece que admite la misma.

Ante la falta de pago Zapatelli inició un procedimiento monitorio y posterior ejecución, donde se dictó auto de 9 de marzo de 2015 ordenando la ejecución frente a la Rocha y Blanco, S. L. por importe de 8.119,61 euros. No obstante no llegó a cobrarse la deuda contra la citada empresa por resultar insolvente.

2.º) Tanto D. Faustino como D. Fidel eran administradores de la sociedad Rocha y Blanco, S.L. en la fecha en que se contrajo la obligación y se emitió la factura, el 31 de marzo de 2014. D. Faustino cesó en su cargo de administrador y vendió sus participaciones en la sociedad a su hijo D. Fidel, el 9 de junio de 2014.

3.º) Concurrencia de la causa de disolución: la sociedad Rocha y Blanco, S.L. tanto en el año 2013, como en el 2014 se encontraba incursa en la causa de disolución prevista en el artículo 363.1 e) de la Ley de Sociedades de Capital: por pérdidas que dejen reducido el patrimonio neto a una cantidad inferior a la mitad del capital social, lo que se deduce o intuye de la documentación aportada, a falta de una pericial contable que lo confirme, dado que la misma no se ha podido llevar a cabo por la falta de colaboración de los demandados que en ningún momento aportaron la documentación requerida por el perito judicial.

Los administradores solidarios venían obligados a tener que convocar la junta general en el plazo de dos meses, lo que no hicieron, por lo tanto, el artículo 367 LSC les hace responsables de las deudas generadas con anterioridad, entre las que se encuentra la deuda de la entidad demandante, por importe de 8.119,61 euros.

Se ratifica el contenido de la sentencia apelada en lo relativo a la responsabilidad por deudas del administrador societario, al haber incumplido con el deber legal de promover la disolución de la entidad cuando existía causa legal y falta de cuentas

AP Valencia, Sec. 9.ª, 47/2022, de 25 de enero. Recurso 1096/2021

SP/SENT/1138160

Por tanto, siendo el único recurrente el administrador codemandado, que, como se ha dicho, no ha acreditado el supuesto error sufrido por el juzgador, el planteamiento de la sentencia debe considerarse correcto. La única prueba aportada por el recurrente, además de un documento de presentación telemática de cuentas (que no reseña ninguna identificación asimilable con el demandado, y que no se refleja en la nota registral actualizada) son tres documentos, todos ellos en alemán, sin traducción, cuya relación con el objeto de debate no se ha acreditado, que, en consecuencia, nada acreditan, tal y como acertadamente resolvió la sentencia recurrida.

Tal y como alega la parte demandada recurrente, la STS, Civil sección 1 del 28 de mayo de 2020 (ROJ: STS 1453/2020 - ECLI:ES:TS:2020:1453) en un supuesto similar al presente resolvió sobre las consecuencias de la falta de depósito de las cuentas anuales en el Registro Mercantil y las causas legales de disolución de la sociedad.

Y decía que:

"4.1. El art. 34 del Código de comercio impone a los empresarios el deber de formular las cuentas anuales de la empresa al cierre del ejercicio, cuentas que comprenderán «el balance, la cuenta de pérdidas y ganancias, un estado que refleje los cambios en el patrimonio neto del ejercicio, un estado de flujos de efectivo y la memoria». Estas cuentas, según el mismo precepto, «deben mostrar la imagen fiel del patrimonio, de la situación financiera y de los resultados de la empresa, de conformidad con las disposiciones legales. A tal efecto, en la contabilización de las operaciones se atenderá a su realidad económica y no solo a su forma jurídica».

La importancia que esta información tiene en el tráfico jurídico, y su relevancia para los terceros que contratan con la sociedad, exige de un régimen de depósito y publicidad de las cuentas anuales (vid. arts. 279 a 284 LSC y 365 a 378 del Reglamento del Registro Mercantil) que, en lo que ahora interesa, impone a los administradores de la sociedad el deber de presentar para su depósito en el Registro Mercantil, dentro del mes siguiente a la aprobación de las cuentas anuales, certificación de los acuerdos de la junta de socios de aprobación de dichas cuentas, así como el informe de gestión y el informe del auditor, en su caso (art. 279.1 LSC). Una vez calificados y depositados dicho documentos por el registrador mercantil, «cualquier persona podrá obtener información del Registro Mercantil de todos los documentos depositados» (arts. 280 y 281 LSC).

El incumplimiento de este deber legal de depositar las cuentas provoca un doble efecto. Por un lado, el cierre registral previsto en el art. 282.1 LSC, de forma que no podrá inscribirse en el Registro Mercantil «documento alguno referido a la sociedad mientras el incumplimiento persista» (con las excepciones previstas en el párrafo 2 de dicho precepto). Por otra parte, el incumplimiento de la obligación de depositar está sujeto al régimen sancionador previsto en el art. 283 LSC, que contempla la imposición de multas a la sociedad por el Instituto de Contabilidad y Auditoría de Cuentas.

4.2. Ni en la regulación legal y reglamentaria de la obligación del depósito de las cuentas anuales, ni en la regulación de las causas legales de disolución de las sociedades de capital se prevé (ni se ha previsto en versiones anteriores de la citada normativa) que el incumplimiento de la obligación legal de depositar las cuentas constituya una de dichas causas legales de disolución. Tampoco establece la ley que el incumplimiento por los administradores de la obligación de depósito de cuentas en el Registro Mercantil determine por sí sola la obligación de responder por las deudas sociales, ni que con base en dicha conducta omisiva haya de presumirse la paralización de la sociedad o la imposibilidad de cumplimiento del fin social.

4.3. Lo que sucede es que la prueba de la existencia del déficit patrimonial o de la inactividad social puede verse favorecida por «hechos periféricos», entre los que una parte de la denominada jurisprudencia menor viene considerando la omisión del depósito de cuentas. De manera que la falta de presentación de las cuentas anuales provocaría, al menos, según dicha tesis, una inversión de la carga probatoria, de suerte que sería el demandado el que soportaría la necesidad de acreditar la ausencia de concurrencia de la situación de desbalance.

Esta tesis sostiene tal afirmación sobre el argumento de que con tal comportamiento omisivo los administradores, además de incumplir con un deber legal, imposibilitan a terceros el conocimiento de la situación económica y financiera de la sociedad, lo que genera la apariencia de una voluntad de ocultación de la situación de insolvencia. Y todo ello con invocación de (i) la doctrina del Tribunal Constitucional (sentencia 140/1994, de 4 de mayo) conforme a la cual cuando las fuentes de prueba se encuentran en poder de una de las partes, la obligación constitucional de colaborar con los órganos jurisdiccionales del proceso, conlleva que sea aquella que los posee la que deba acreditar los hechos determinantes de la litis, y (ii) del principio de facilidad probatoria, disponibilidad y proximidad de fuentes de prueba, que la vigente LEC positiviza en el artículo 217.6 (...)".

Los siguientes razonamientos de dicha resolución, parten de que sí se habían presentado las cuentas, situación que, como hemos dicho, no acontece en este caso y que era la que sustentaba la invocación de dicha resolución por la parte recurrente, que, *a contrario sensu*, viene a reforzar la tesis, no desvirtuada, contenida en la sentencia recurrida.

En consecuencia, siendo innecesario abordar, en cuanto consentida su desestimación, la desestimación de la acción de responsabilidad por daño, claro es que procede la desestimación íntegra del recurso del demandado, confirmando la resolución recurrida en los aspectos indicados.

TERCERO. Sobre la impugnación que plantea la parte recurrente.

Ha de prosperar el motivo de impugnación planteado, únicamente respecto de la sociedad codemandada, ya que la Ley 3/2004, de 29 de diciembre (como resulta de sus artículos 1, 3, apartado 1, 4, 5, y 7), establece su devengo en operaciones comerciales hasta el pago total del principal adeudado y tales intereses fueron explícitamente solicitados en la demanda.

Hay responsabilidad del administrador por la deuda social reclamada cuando concurre causa de disolución como son las pérdidas presumidas por falta de depósito de las cuentas y nace luego la deuda sin que se inste la liquidación o el concurso

AP Barcelona, Sec. 15.ª, 2852/2020, de 28 de diciembre. Recurso 2037/2020

SP/SENT/1081937

En el supuesto de autos, no constan depositadas las cuentas a partir del ejercicio 2012, tal y como se constata de la información que facilita el Registro Mercantil (bloque documental 2 de la demanda), donde se indica que las últimas cuentas depositadas son las del ejercicio 2011, cuentas que se depositan en el año 2016, sin que consten las cuentas de ejercicios posteriores.

A partir de esta constatación, hemos de presumir que desde el inicio del ejercicio 2012 la sociedad Gavafels se encontraba en situación de pérdidas, causa de disolución conforme al artículo 363 de la LSC, sin que conste que el Sr. Cesáreo hubiera realizado actuación alguna tendente a afrontar dicha circunstancia, de hecho, en la vista de juicio afirmó en febrero de 2020 que todavía no había solicitado concurso de acreedores.

23. Por lo que hemos considerado probado en el fundamento anterior, la deuda reclamada habría nacido en el año 2012, ejercicio en el que presumimos que la sociedad se encontraba incursa en causa de disolución. Se cumplen, con ello, los requisitos previstos en el artículo 367 de la LSC ya que se entiende acreditada la concurrencia de causa de disolución, la prevista en el artículo 363.1.e/, también hemos considerado que la deuda objeto de los presentes autos era posterior a esta causa de disolución. No se cuestiona que el demandado era administrador de la deudora y el demandado no ha acreditado en modo alguno que la sociedad hubiera superado esa situación en un momento posterior dado que podría haber mantenido su actividad sin por ello abordar la situación de pérdidas continuadas.

En definitiva, debe estimarse el recurso y, con ello, la demanda principal, sin necesidad de tener que analizar la acción de responsabilidad individual, que tiene el mismo objeto que la estimada.

Existe incongruencia *extra petita* de la sentencia que estima la acción de responsabilidad de los administradores por la deuda social reclamada apreciando la concurrencia de una causa de disolución que no es la única alegada en la demanda

AP Madrid, Sec. 28.ª, 517/2020, de 30 de octubre. Recurso 128/2019

SP/SENT/1080361

En la demanda se invocó como única causa de disolución el cese de actividad con apoyo en el apartado a) del artículo 363.1 del texto refundido de la Ley de Sociedades de Capital, en su redacción dada por la Ley 25/2011, de 1 de agosto.

Sin embargo, la sentencia aprecia la responsabilidad de los demandados al considerar que incumplieron sus deberes legales en orden a promover la disolución de la sociedad pero a la vista de otra causa de disolución distinta a la invocada, concretamente, la de pérdidas cualificadas con cita expresa del apartado e) del artículo 363.1 del texto refundido de la Ley de Sociedades de Capital, también en su redacción dada por la Ley 25/2011, de 1 de agosto.

No se trata de un error mecanográfico como apunta la parte apelada en su escrito de oposición al recurso de apelación en tanto que la sentencia lo que afirma es lo siguiente: "*A la vista de la documental aportada en particular la certificación del registro mercantil, donde consta que la entidad «Obras y Construcciones Hemera S. L.» no ha presentado cuentas, desde el año 2006, que no posee bienes, que no resulta que posea actividad alguna sin prueba alguna en relación a dicho extremo. En las circunstancias fácticas descritas, la situación patrimonial de la sociedad hay que entenderla incursa en el supuesto del artículo 363 e) con anterioridad a la concertación de la obligación (...)*".

En la sentencia se hacen alusiones a la desaparición de hecho de la sociedad −con argumentos más propios de la acción individual de responsabilidad del artículo 241 del texto refundido de la Ley de Sociedades de Capital, que no ha sido ejercitada− y al cese de actividad pero como elementos que corroboran la situación patrimonial de la sociedad determinante de la causa de disolución apreciada que es la contemplada en el apartado e) del artículo 363.1 del texto refundido de la Ley de Sociedades de Capital, en su redacción dada por la Ley 25/2011, de 1 de agosto.

En consecuencia, la sentencia incurre en incongruencia *extra petita* y debe ser revocada debiendo el tribunal resolver las cuestiones objeto del proceso por imperativo del artículo 465.3 de la Ley de Enjuiciamiento Civil.

Hay responsabilidad del administrador por la deuda social reclamada reconocida en sentencia firme y posterior a las causas de disolución de inactividad y de pérdidas cualificadas, no realizándose prueba en contrario para desvirtuarlo

AP Barcelona, Sec. 15.ª, 383/2017, de 27 de septiembre. Recurso 377/2016

SP/SENT/923952

La doctrina del Tribunal Supremo establece (sentencias n.º 144/2017, de 1 de marzo, con cita en las sentencias 246/2015, de 14 de mayo y 456/2015, de 4 de septiembre) que "*[...] la responsabilidad de los administradores por las deudas sociales nace: (i) cuando concurre una causa de disolución y no cuando nace la deuda, aunque tal deuda origine posteriormente la causa de disolución por pérdidas (luego el administrador contra el que se dirige la acción no puede ser el que ostentaba el cargo cuando se produjo la deuda, sino el que lo ostentaba cuando se produjo la causa de disolución y no cumplió los deberes de promover la disolución); (ii) no se haya convocado la Junta en el plazo de dos meses para adoptar el acuerdo de disolución o cualquier otro para restablecer el equilibrio patrimonial; y (iii) ni se haya solicitado la disolución judicial en el plazo de dos meses a contar desde aquella fecha. [...]*".

11. En el supuesto de autos, el demandado no ha cuestionado que concurra la causa de disolución de pérdidas agravadas prevista en el art 363.1.e) LSC y, además, la falta de depósito de las cuentas anuales desde el ejercicio 2009, la situación de baja de actividad de la sociedad y el incumplimiento de sus obligaciones tributarias relativas al impuesto de sociedades, el impago de la deuda y cumplimiento de la sentencia condenatoria de la sociedad, permiten concluir la existencia de la causa de disolución por pérdidas invocada en la demanda y, además, que la deuda social objeto de reclamación es posterior al acaecimiento de aquella dado que tampoco este extremo ha sido controvertido en los autos y, por tanto, no se ha desvirtuado la presunción legal establecida en el art. 367.2 LSC (las obligaciones sociales reclamadas se presumirán de fecha posterior al acaecimiento de la causa legal de disolución de la sociedad, salvo que los administradores acrediten que son de fecha anterior).

La sociedad demandada carece de actividad social, habiendo abandonado las instalaciones que explotaba, estando de baja en la Seguridad Social y Hacienda, estimándose la acción de responsabilidad por deudas ejercitada contra su administrador

AP Salamanca, Sec. 1.ª, 123/2017, de 7 de marzo. Recurso 349/2016

SP/SENT/901158

Si la Ley no establece que el incumplimiento por los administradores de la obligación de depósitos de cuentas en el Registro Mercantil determine por si sola la obligación de responder por las deudas sociales, ni tampoco que de dicha conducta omisiva haya de presumir la paralización omisiva haya de presumir la paralización de la sociedad o la imposibilidad de cumplimiento del fin social; debiendo, demostrarse la relación de causalidad entre esta falta de depósitos y el daño causado (Sentencia de la Sala 1.ª del TS 505/2014, de 8 de octubre). Lo que sucede es que la prueba de la existencia del déficit patrimonial o de inactividad social puede verse favorecida en situaciones de dificultad por hechos periféricos, entre los que la denominada jurisprudencia menor viene considerando la omisión del depósito de cuentas (SAP Madrid-Sección 28-339/2011, de 25 de noviembre).

De manera que la falta de presentación de cuentas anuales opera, al menos, una inversión de la carga probatoria, de suerte que será el demandado el que soporte la necesidad de acreditar la ausencia de concurrencia de la situación de desbalance, afirmación que se sostiene sobre el argumento de que con tal comportamiento omisivo, los administradores, además de incumplir con un deber legal, imposibilitan a terceros el conocimiento de la situación económica y fianza de la sociedad, lo que genera la apariencia de una voluntad de ocultación de la situación de insolvencia (SSAAPP Pontevedra, 19 de abril de 2007; La Rioja 29-octubre-2012 y Barcelona 3-mayo-2012).

En atención a lo anterior, resulta que la parte demandada, no aclaró mucho o nada en el acto del juicio; no consta que una relación de amistad o meros conocidos no implica el conocimiento de un dato que pueda implicar seriamente al demandante, como de hecho ha ocurrido. Que fijar el 2010, como momento de conocimiento por el actor, de la situación del demandado, es una mera suposición. Además, la última factura se emitió el 20 de enero de 2010 y después de esto la parte demandada hizo pagos a cuenta de la actora; es más, parece más lógico pensar que el conocimiento de insolvencia de la parte actora, como situación por la que atravesaba la parte demandada, se podría derivar de la presentación del juicio monitorio por la parte actora. De dicho monitorio derivó, ante el impago, la demanda que terminó con una homologación de pagos a plazos. Y fue dentro de esa homologación, la parte demandada llegó a ofrecer un secadero de jamones a los actores; recoge la jurisprudencia, en razones de seguridad intrínseca, suele adjetivarse de aplicación restrictiva; hay que identificar la relación jurídica ejercitada, precisar el diez a quo del cómputo y fijar con precisión el plazo. Por ello, y en el caso objeto del recurso, cabe revocar el pronunciamiento relativo a la aplicación de la prescripción de la acción.

TERCERO. Respecto al error en la valoración de la prueba y puesto que como tal motivo ha sido invocada por la parte apelante hay que señalar que es evidente que la valoración es una cuestión que nuestro ordenamiento deja al libre arbitrio del juez de instancia, en cuanto que la actividad intelectual de valoración de la pruebas se incardina en el ámbito propio de las facultades del juzgador, que resulta soberano en la evaluación de las mismas conforme a los rectos principio de la sana crítica, favorecido como se encuentra por la ... por la inmediación que le permitió presentar personalmente el desarrollo de aquellos, de modo que la revisión de la sentencia deberá centrarse en comprobar que aquella aparece suficientemente expresada en la resolución recurrida y que no adolece de error, arbitrariedad, insuficiencia, incongruencia o contradicción sin que por lo demás resulta lícito sustituir el criterio independiente y objetivo del magistrado-juez de instancia por el criterio personal e interesado de la parte recurrente, ya que el alcance del control jurisdiccional que supone la segunda instancia, en cuanto a la legalidad de la producción de las pruebas, la observancia de los principio rectores de la carga de la misma y la racionalidad de los razonamientos no puede extenderse al mayor o menor grado de credibilidad de los elementos probatorios porque ello es una cuestión directamente relacionada con la inmediación del juzgados sentenciador en la 1.ª instancia.

CUARTO. Lo cierto es que en el acto del juicio se han desarrollado los interrogatorios de las partes, siendo el resto de la prueba documental.

Respecto a la responsabilidad social, procede reseñar lo siguiente; los artículos 367 y 363.1 del texto refundido de la Ley de Sociedades de capital (TRLSC) establecen una serie de supuestos de responsabilidad objetiva del administrador, cuando ante la inactividad de la Sociedad, la imposibilidad de obtener el fin social, o la existencia de pérdidas que reduzcan el patrimonio neto a una cantidad inferior a la mitad del patrimonio del capital social, no realiza ninguna.

También hay que señalar que el demandado no promovió la disolución de la sociedad que demanda (art. 363 LSC): a) imposibilidad manifiesta de conseguir el fin social; b) paralización de los órganos sociales de modo que resulte imposible su funcionamiento; c) por pérdidas que dejen reducido el patrimonio neto a una cantidad inferior a la mitad del capital social, a no ser que este se aumente o se reduzca en la medida suficiente y siempre que no sea procedente solicitar la declaración de concurso. Vemos que la sociedad demandada carece de actividad social, abandonó las instalaciones que explotaba, está dada de baja en la Seguridad Social desde el 25-11-00, también en Hacienda, con incumplimiento de sus obligaciones fiscales; tampoco convocó a Junta; por ello, conforme al art. 363 en relación con el artículo 367 LSC, cabría la estimación de la acción planteada.

Ante la ausencia de libros contables oficiales, debidamente legalizados, acreditada la deuda reclamada y la falta de actividad de la sociedad, se entiende que existía causa de disolución sin que su administrador la instara

AP Salamanca, Sec. 1.ª, 62/2017, de 14 de febrero. Recurso 343/2016

SP/SENT/896163

La ley no establece que el incumplimiento por los administradores de la obligación de depósito de cuentas en el Registro Mercantil determine por sí sola la obligación de responder por las deudas sociales, ni tampoco que de dicha conducta omisiva haya de presumirse la paralización de la sociedad o la imposibilidad de cumplimiento del fin social; debiendo demostrarse la relación de causalidad entre esta falta de depósito y el daño causado (Sentencia de la Sala Primera del Tribunal Supremo 505/2014, de 8 de octubre. Lo que sucede es que la prueba de la existencia del déficit patrimonial o de inactividad social puede verse favorecida en situaciones de dificultad por los hechos periféricos, entre los que la denominada jurisprudencia menor viene considerando la omisión del depósito de cuantas (SAP Madrid –Sección 28– 339/2011, de 25 de noviembre).

De manera que la falta de presentación de cuentas anuales opera, al menos, una inversión de la carga probatoria, de suerte que será el demandado el que soporte la necesidad de acreditar la ausencia de concurrencia de la situación de desbalance, afirmación que se sostiene sobre el argumento de que con tal comportamiento omisivo los administradores, además de incumplir con un deber legal, imposibilitan a terceros el conocimiento de la situación económica y financiera de la sociedad, lo que genera la apariencia de una voluntad de ocultación de la situación de insolvencia (SSAAPP Pontevedra 19 abril 2007, La Rioja 29 octubre 2012 y Barcelona 3 de mayo de 2012).

QUINTO. Lleva razón tanto la sentencia de la juez a quo como la parte apelada, demandante en el litigio. La empresa demandada se creó en el año 2011, donde ya tuvo pérdidas, siendo su patrimonio neto reducido a -2.655 euros; habiendo iniciado con un capital global de 3.000 euros; a la fecha de la demanda toda la información disponible en el Registro acreditaba que había desaparecido del tráfico mercantil. A instancia de la parte actora se hizo petición de requerimiento de balances de situación de los años 2011, 2012, 2013 y 2014; cuenta de pérdidas y ganancias de 2011, 2012, 2013 y 2014; Libros Diarios de los años 2011, 2012, 2013 y 2014, todos ellos debidamente diligenciados y en soporte papel; documentos soporte de libros (facturas, albaranes..., etc.) de los años 2011, 2012, 2013 y 2014; liquidaciones tributarias; modelos 347; se pidió la misma documental; faltan pues libros oficiales, debidamente legalizados ya que lo presentado no está legalizado. Esto, unido a las declaraciones en juicio de los socios-administradores demandados han dado lugar a la valoración probatoria, que la Sala comparte, respecto de su actuación como tales, en la sociedad y respecto a la contratación con la parte actora. Por todo ello, procede la integra confirmación de la sentencia apelada.

La sociedad demandada ha desaparecido de su domicilio social, no presentando cuentas de los últimos cuatro años, siendo responsable solidario de la deuda reclamada el administrador demandado, quien incumplió sus deberes de disolución

AP A Coruña, Sec. 4.ª, 47/2017, de 8 de febrero. Recurso 28/2017

SP/SENT/896381

Sobre la valoración del tribunal con respecto a la acción individual ejercitada.

Pues bien, en este caso, el administrador demandado no ha procedido a la disolución de la sociedad, ni a la consiguiente liquidación ordenada de sus activos. No había depositado las cuentas sociales de los ejercicios 2009, 2010, 2011, 2012 y 2013 en tiempo y forma en el Registro Mercantil, sino que las deposita junto con las correspondientes al año 2014, en este último ejercicio se encuentra en causa de disolución con un patrimonio neto negativo de 25.371,47 euros, hasta el 20 de agosto de 2015, lo que permite dudar seriamente de que la sociedad que administra el demandado, y de la que es socio único, contase con una contabilidad real y no reconstruida ad hoc, de manera que el administrador pudiera controlar la gestión social.

Por otra parte, expresamente requerido al respecto no aporta los soportes contables de tales cuentas como los balances trimestrales de sumas y saldos, ni el Libro Mayor desde el ejercicio 2011, ni las justificaciones de las inversiones financieras a corto y largo plazo, que figuran en las cuentas de los ejercicios 2011-2014, además de las periodificaciones a corto plazo de los mismos ejercicios, ni tan siquiera acude al acto del juicio para rendir la declaración requerida por la parte contraria.

Si examinamos las cuentas de la sociedad de los ejercicios 2012 y 2013, tal y como figuran en el Registro Mercantil, resulta que, en el primero de los mentados ejercicios, constan unos activos de 561.734,78 euros, que, en el año 2013, pasan a 364.506,32 euros, sin que el demandado, que cuenta con una privilegiada posición para acreditar tales extremos en virtud del principio de facilidad y disponibilidad probatoria consagrado en el art. 217.7 de la Ley de Enjuiciamiento Civil (LEC), nos dé una explicación mínimamente satisfactoria del destino de los mismos, lo que posibilitaría el cobro de la deuda por parte del acreedor demandante, al menos de forma sustancial.

Es más oculta la información que le es requerida para determinar que las cuentas respondiesen a la realidad. Por otra parte, no olvidemos que deja de pagar la renta tan solo cuatro meses después de subrogarse en el contrato de arrendamiento, y cuando se pretende la ejecución de la deuda devengada deviene imposible. Incluso en el domicilio de la sociedad figura un letrero de cerrado.

Como señala la STS 472/2016, de 13 de julio, tantas veces citada "*correspondía al administrador justificar que la disolución y liquidación ordenada de la sociedad no hubiera servido para pagar los créditos de la demandante, ordinariamente por la insuficiencia de activo"* y añade que: "*Si partimos de la base de que el administrador venía obligado a practicar una liquidación ordenada de los activos de la sociedad y al pago de las deudas sociales pendientes con el resultado de la liquidación, y consta que existían algunos activos que hubieran permitido pagar por lo menos una parte de los créditos, mientras el administrador no demuestre lo contrario, debemos concluir que el incumplimiento de aquel deber legal ha contribuido al impago de los créditos del demandante*".

En consecuencia, resulta procedente la estimación la acción de responsabilidad y condenar al administrador demandado al pago del perjuicio sufrido por la demandada, como consecuencia del cierre de hecho de la sociedad deudora, que ha supuesto el incumplimiento de los deberes de liquidación ordenada de la sociedad. Perjuicio que, en este caso, a falta de prueba en contrario, viene representado por el importe de los créditos que, como consecuencia de aquel ilícito orgánico, la demandante no pudo cobrar, en este sentido STS 472/2016, de 13 de julio.

De igual forma, en el caso de desaparición de hecho de la sociedad, podemos citar, declarando la responsabilidad del administrador, las SSAP Barcelona, sección 3.ª, de 23 de julio de 2014, Madrid, sección 28, de 9 de mayo de 2014, o Navarra, sección 3.ª, de 13 de febrero de 2013 entre otras.

No quedando probada la falta de actividad de la sociedad ni la existencia de pérdidas cualificadas, se desestima la acción de responsabilidad por deudas ejercitada

AP Toledo, Sec. 1.ª, 33/2017, de 6 de febrero. Recurso 163/2016

SP/SENT/896033

Desde otro punto de vista podemos añadir, que el informe pericial explica las razones por las que las cuentas de la sociedad no acreditan una situación de estar incursa en causa de disolución, con lo que en realidad falta la base para que pueda ser estimada la acción, pero hemos de añadir que el Tribunal Supremo ha acentuado el rigor a la hora de establecer la responsabilidad de los administradores.

La más reciente jurisprudencia, de la que es ejemplo la sentencia 472/2016 de 13 de julio establece la exigencia de una mayor rigor, a la hora de argumentar sobre la responsabilidad de los administradores sin que el simple hecho de aducir la existencia de una causa de disolución, En concreto afirma Respecto de la acción ejercitada, la acción individual de responsabilidad del administrador de la sociedad deudora, basada en el cierre de hecho de esta que ha impedido el cobro del crédito del demandante, hemos declarado recientemente, en la sentencia 253/2016, de 18 de abril, algo que tiene relevancia respecto del presente motivo: "*Para que pueda imputarse a la administradora el impago de una deuda social, como daño ocasionado directamente a la sociedad acreedora, [...] debe existir un incumplimiento más nítido de un deber legal al que pueda anudarse de forma directa el impago de la deuda social*". De otro modo, si los tribunales no afinan en esta exigencia, corremos el riesgo de atribuir a los administradores la responsabilidad por el impago de las deudas sociales en caso de insolvencia de la compañía, cuando no es esta la *mens legis*. La ley, cuando ha querido imputar a los administradores la responsabilidad solidaria por el impago de las deudas sociales en caso de incumplimiento del deber de promover la disolución de la sociedad, ha restringido esta responsabilidad a los créditos posteriores a la aparición de la causa de disolución (art. 367 LSC). Si fuera de estos casos, se pretende, como hace la demandante en su demanda, reclamar de la administradora la responsabilidad por el impago de sus créditos frente a la sociedad, debe hacerse un esfuerzo argumentativo, del que carece la demanda, por mostrar la incidencia directa del incumplimiento de un deber legal cualificado en la falta de cobro de aquellos créditos. [...]. En nuestro caso, en realidad, se está imputando al administrador el impago de las deudas sociales con la demandada, sin que tal impago sea directamente imputable, con carácter general, al administrador. Ni siquiera cuando la sociedad deviene en causa de disolución por pérdidas y no es formalmente disuelta, a no ser que conste que caso de haberlo sido, sí hubiera sido posible al acreedor hacerse cobro de su crédito. Para ello hay que hacer un esfuerzo cuando menos argumentativo (sin perjuicio de trasladarle a los administradores las consecuencias de la carga de la prueba de la situación patrimonial de la sociedad en cada momento) [...].

Si esa doctrina la trasladamos al caso presente resulta, que salvo la argumentación de que existen unos datos contables que no parecen ser acordes con la realidad no se hace un esfuerzo superior que permita deducir que por parte de los administradores existe la responsabilidad que se les reclamaba.

Tampoco se argumenta que en el supuesto de haberse procedido por los demandados a la disolución de la sociedad habría sido posible a la recurrente el cobro de su crédito.

Pero sobre todo es que si consta, por la prueba pericial, que no ha sido contradicha por informe de igual naturaleza, que el patrimonio social en el año dos mil nueve era de doscientos noventa y nueve mil treinta y tres con setenta y un euros y en el año dos mil diez doscientos setenta y seis mil seiscientos setenta y siete con diecisiete, se trata en ambos casos de cifras superiores al total que se debe por lo que estaba en manos de la recurrente poder intentar el cobro por medio del ejercicio de acciones directas contra la mercantil.

En definitiva, invocada como causa de disolución la falta de actividad durante un tiempo superior a un año, lo que no ha quedado probado, y no concurriendo en modo alguno la segunda, la existencia de pérdidas que reduzcan el patrimonio por debajo de la mitad del capital social, resulta la falla del elemento básico que hace surgir la responsabilidad de los administradores.

Concurre causa de disolución anterior al nacimiento de la deuda cuando la sociedad no tenía en los años anteriores presentadas las cuentas anuales, se presumen las pérdidas y la falta de actividad por la baja en bancos y en Seguridad Social

AP Pontevedra, Sec. 1.ª, 32/2017, de 26 de enero. Recurso 938/2016

SP/SENT/893166

A la hora de especificar cuáles son las causas de disolución de la sociedad que obligaban al administrador D. Máximo a actuar de conformidad con el deber legal impuesto en el art. 363.1 LSC, la parte actora alude a los apartados a), c) y e) del precepto, esto es, al cese en el ejercicio de la actividad o actividades que constituyan el objeto social, la imposibilidad manifiesta de conseguir el fin social y la existencia de pérdidas que dejen reducido el patrimonio neto a una cantidad inferior a la mitad del capital social, a no ser que este se aumente o se reduzca en la medida suficiente, y siempre que no sea procedente solicitar la declaración de concurso.

Pues bien, a juicio de la Sala, el análisis de la prueba permite afirmar la concurrencia de las causas de disolución apuntadas a lo largo de hasta siete ejercicios sucesivos (desde 2009 a 2015), y, al menos de la prevista en el art. 363.1 c) LSC desde el 2007, sin que durante este dilatado período se adoptaran las medidas necesarias para restaurar el equilibrio patrimonial o promover el concurso.

De entrada, la averiguación patrimonial practicada a través del Punto Neutro Judicial con ocasión del procedimiento de ejecución revela que, en el año 2008, la sociedad "Construcciones Regume, S. L." únicamente tenía una cuenta corriente en el Banco Popular Español con un saldo que en el último trimestre ascendía a 847,23 € (folio 33), pero que en el año 2009 ya había sido cancelada (cfr. el informe de la AEAT en relación con las certificaciones del Banco Popular Español (folios 34 y ss.), careciendo de bien alguno a su nombre en el catastro (cfr. la certificación –folio 39–).

Asimismo, la referida entidad fue dada de baja en el censo de la TGSS con efectos del 3 de diciembre de 2008 (folio 42), y, en enero de 2010, el domicilio social estaba cerrado y la sociedad había desaparecido de su domicilio social, sin dejar indicación alguna (cfr. la diligencia de intento de requerimiento de pago –folios 40 y 41–).

Y lo cierto es que, ya con fecha 14 de noviembre de 2008, la TGSS había abierto procedimiento ejecutivo por impago de las cuotas correspondientes (folio 43).

Si las facturas obedecen al alquiler de maquinaria durante los meses de enero a abril de 2008 y, si en pago de dicha prestación, se emitió con fecha 11 de junio de 2008 un pagaré, por importe de 3.712 € y vencimiento el 2 de noviembre de 2008, cabe fundadamente suponer que, cuando se libró el efecto, ya concurría la causa de disolución apuntada, pues no de otra se entiende que apenas un mes después ya hubiese sido dada de baja, que, a lo largo de 2008, los ingresos tributarios fuesen muy inferiores a las compensaciones (cfr. el listado de autoliquidaciones –folio 32–) y, finalmente, que a finales de ese año ya se incoasen los primeros procedimientos ejecutivos por impago de cuotas de la TGSS.

Pero es que, además de este dato, referido al año 2008, la ausencia de cuentas conduce a presumir que la situación de insolvencia se remontaba a un estadio anterior (...).

7. A falta de unas cuentas anuales debidamente aprobadas y presentadas en el Registro Mercantil, el administrador debía haber aportado al menos los libros de comercio de los que pudieran deducirse las cifras clave de su actividad y, por ende, cuál era su capacidad real cuando contrajo la obligación; o, en todo caso, la documentación que constituyera el soporte contable (listado mecanizado de operaciones, facturas de compras y ventas, extractos de movimientos bancarios...), la testifical de la persona encargada de la contabilidad o del asesor fiscal o, incluso, de los trabajadores de la empresa o de otros clientes habituales (...).

En estas condiciones, teniendo en cuenta la presunción establecida en el art. 367.2 LSC (*"las obligaciones sociales reclamadas se presumirán de fecha posterior al acaecimiento de la causa legal de disolución de la sociedad, salvo que los administradores acrediten que son de fecha anterior"*) no ha sido desvirtuada, no cabe sino tener por acreditado que, al tiempo de contraer la deuda, la sociedad se hallaba incursa en la causa de disolución invocada en la demanda sin que el administrador hubiera adoptado las medidas pertinentes para restablecer el equilibrio patrimonial, o convocar junta para acordar la disolución de la sociedad o presentar solicitud de concurso voluntario de acreedores.

Las pruebas aportadas por el actor demuestran el cierre y cese de la actividad del establecimiento comercial del demandado, pero no que dicho cierre se haya producido antes de generarse la deuda reclamada, desestimándose la acción de responsabilidad

AP Granada, Sec. 3.ª, 311/2016, de 30 de diciembre. Recurso 279/2016

SP/SENT/894967

En el caso de autos, se alega por la actora-apelada que, tras la firma del documento de finiquito laboral de fecha 6 de Octubre de 2009 entre el actor y por el representante de la entidad Ferretera Granadina S. L., ascendente a la suma de 21.680 €, se dejaron de satisfacer la cantidad de 12.700 €, firmándose el documento de fecha 21 de Septiembre de 2011 entre la representante en esa fecha de la mercantil, citada, Dña. Jacinta y el actor, en el que, tras referir las contiendas judiciales seguidas en reclamación de la cantidad adeudada, se reconoce por la citada sociedad mantener una deuda con el actor 11.200 €, estableciéndose unas fechas para efectuar el pago de dicha cantidad, y acordándose por el actor suspender la tramitación de los procedimientos judiciales en marcha.

Ante el incumplimiento de dicho acuerdo, se instó la ejecución en el procedimiento judicial correspondiente, sin que se acreditara la existencia de patrimonio alguno de la sociedad.

El TS en la sentencia de 10 de marzo de 2016 considera que el art. 367 de la LSC "*establece la responsabilidad solidaria de los administradores sociales respecto de cuantas obligaciones sociales sean posteriores al acaecimiento de la causa legal de disolución, si los administradores incumplen las obligaciones previstas (...) en los arts. 365 a 367 del Texto Refundido de la Ley de Sociedades de Capital, sin circunscribirlas a las de carácter contractual*".

En el caso de autos se está en el caso de revocar la resolución apelada, habida cuenta de que: a) el reportaje fotográfico aportado por la actora acredita el cierre y el cese de la actividad del establecimiento comercial de la sociedad administrada por la demandada, pero no la fecha de dicho cierre ni la fecha del cese de la actividad, fecha que no se ha acreditado por la parte actora, a quien corresponde la carga de la prueba; b) las cuentas presentadas en el año 2014 (último año de presentación de cuentas) se refieren al año 2012, por lo que si en el año 2012 hubo actividad comercial, no puede entenderse, salvo prueba en contrario que no se ha conseguido, que en el año 2011, que es la fecha del acuerdo firmado por la demandada como representante de la sociedad, la actividad empresarial hubiera cesado, como tampoco se ha acreditado que en esa fecha concurriera causa de disolución.

Existe una notable falta de actividad probatoria que acredite la concurrencia de los requisitos exigidos en el artículo 367 de la LSC, como tampoco se ha acreditado que en el año 2011 concurriera causa de disolución de las previstas en el artículo 363 de la LSC.

En igual sentido, no se ha acreditado la existencia de la responsabilidad individual del administrador a que se alude en el artículo 241 de la LSC.

Acreditado que la sociedad demandada había cerrado *de facto*, no teniendo actividad y sufriendo importantes pérdidas, el administrador debía haber instado la disolución, extremo no cumplido, estimándose la acción de responsabilidad por deudas

Juzgado de lo Mercantil San Sebastián, n.º 1, 35/2017, de 2 de febrero. Recurso 520/2016

SP/SENT/904584

La obligación de los administradores de convocar junta general cuando se ha producido una pérdida grave del capital social, para examinar si procede la disolución de la sociedad o la adopción de cualquier otra medida, la podemos encontrar en el art. 105 LSRL que recoge esa obligación de los administradores de convocar junta general para que adopte el acuerdo de disolución.

Es decir, en nuestra legislación, la sociedad que ha sufrido pérdidas que disminuyen el patrimonio a una cantidad inferior a la mitad del capital social no está por ello abocada inexorablemente a la disolución, ya que tanto la LSA como la LSRL, ofrecen soluciones mediante las cuales puede restablecer, al menos en parte, el equilibrio entre su capital y su patrimonio, saliendo así del supuesto de hecho que pueda determinar su disolución, y por ende, salvando los administradores la responsabilidad prevista en el art. 262.5 LSA y en el art. 105.5 LSRL.

En este caso la deuda reclamada se contrae por la sociedad FRUTAS VILLASTRIGO S. L. en el ejercicio 2015.

La mercantil demandada no ha presentado para su depósito en el Registro Mercantil las cuentas anuales correspondientes a los ejercicios 2014 y 2015, como se desprende de la certificación registral que se aporta como doc. N.º 11 de la demanda, lo cual impide que las alegaciones de la actora puedan tener refrendo con su confrontación de las cuentas depositadas y publicitadas en el R. Mercantil correspondientes al tiempo en que se contrae la deuda. Estamos, pues, ante una situación que impide que el acreedor pueda acreditar cuál sea la relación que ha de tomarse en consideración para determinar si la sociedad ha disminuido su patrimonio contable a cantidad inferior al 50 % del capital social y que supone, por elementales razones de facilidad probatoria, que se invierta la carga de la prueba y sea el administrador social demandado, que debe conocer la situación económica de la empresa, el que acredite que no se ha incurrido en la causa de disolución señalada. Así en relación con la causa de disolución 4.ª del art. 260 del Texto Refundido de la Ley de Sociedades Anónimas (equiparable a la causa de disolución prevista para las de Responsabilidad Limitada en el art. 104, 1 apartado e de la Ley de Sociedades de Responsabilidad Limitada), el Tribunal Supremo ha considerado, en su sentencia de 5 de octubre de 2004 que la causa de que la sociedad actora no hubiera podido probar la disminución patrimonial concreta en relación con la causa 4.ª del art. 260 de la Ley de Sociedades Anónimas fue que la sociedad deudora "*incumplió su obligación desde 1992 de depositar sus cuentas anuales en el Registro Mercantil (arts. 218-221 LSA)*", añadiendo que "*es de mala fe y al mismo tiempo irracional pretender que el incumplimiento de una obligación deriva en beneficio para el incumplidor, en cuanto deja sin prueba a la contraparte de datos objetivos muy importantes. Tampoco ha podido servirse de libros de contabilidad por la desaparición de la sociedad de su domicilio social, sin constancia de ningún otro en que efectúe actividad mercantil alguna. La parte actora ha probado lo que en estas circunstancias podía: el cierre de facto del establecimiento social y la desaparición del tráfico sin liquidación alguna. La prueba de que la sociedad no ha sufrido disminución de su patrimonio en términos que obligasen a los administradores a proceder conforma al art. 262.5 de la Ley de Sociedades Anónimas le hubiera correspondido a la parte demandada, por serle más fácil y accesible (hipotéticamente en este caso) que a la actora, supuesto este último (facilidad y accesibilidad de la prueba) que invierte el «onus probandi» hacia la parte que está en esas condiciones, a fin de evitar la indefensión de la contraria*".

En suma, que la no presentación de las cuentas anuales en el Registro Mercantil no constituye por sí causa de disolución de la sociedad, pero sí trae consigo la inversión de la carga de la prueba respecto a la existencia de la causa de disolución invocada, debiendo ser los administradores demandados quienes acrediten que la sociedad no ha incurrido en pérdidas que lleven consigo la disminución del patrimonio neto a cifra inferior a la mitad del capital social.

Tal acreditación no se ha hecho, por lo que tal hecho debe de ser considerado probado.

Por lo expuesto, siendo los demandados administradores, como se prueba por el mismo documento n.º 11, estando la sociedad incursa en causa de disolución y habiendo incumplido con las obligaciones que establece el art. 367 LSC, deben de ser condenados a pagar la suma reclamada.

Cuando el actor vendió la maquinaria, cuyo pago se reclama, la sociedad ya estaba incursa en causa de disolución por inactividad y pérdidas, debiendo responder solidariamente su administrador por no haber instado la disolución

Juzgado de lo Mercantil Zaragoza, n.º 1, 301/2016, de 13 de diciembre. Recurso 633/2015

SP/SENT/887503

El codemandado Teodulfo consta como administrador de GESTIÓN Y EXPLOTACIÓN DE VERTEDEROS, S. L. desde el 28-1-2013 (documento 8 de la demanda), sin haber comparecido al acto del juicio pese a que se interesó su interrogatorio, por lo que es aplicable al respecto de la subsistencia de la deuda y condición de administrador.

Respecto de la acción individual de responsabilidad por daños del administrador, al amparo de los arts. 225, 241 LSC (artículos 236 y ss. de la LSC), debe partirse del hecho no discutido de la condición de administrador de la mercantil del demandado. Sentado lo anterior, respecto a la responsabilidad por la vía del artículo mencionado, debe decirse que, a diferencia de la responsabilidad del artículo 367 de la LSC, se trata de una responsabilidad de carácter subjetivo, que no tiene la limitación relativa a la fecha en que surgen las obligaciones que existe en la actual redacción del artículo 367 sino que requiere de la concurrencia de tres presupuestos:

1) Concurrencia de daño que lesione directamente los intereses de la actora. Se estima probado por la falta de pago de cumplimiento de las obligaciones contraídas con la demandante y que ha obligado a su reclamación judicial con resultado estimatorio.

2) Actuación negligente del administrador en relación con su deber genérico o abstracto de diligencia en el ejercicio de su cargo, al estar obligado a desempeñar el mismo con la diligencia de un ordenado empresario y de un representante leal.

En primer lugar, no consta depósito de las cuentas anuales de 2013 en adelante (documento n.º 8), obligación que le impone la LSC, ni procedimiento alguno para la disolución social. Aun cuando la jurisprudencia del TS no considera suficiente para apreciar la negligencia del administrador la simple falta de depósito de las cuentas (STS 17 junio 2004), se considera que dicha circunstancia, cuando concurre en unión de otras como la actuación meramente pasiva del administrador y el cierre fáctico de la empresa, permiten colegir la actuación negligente del administrador. En este caso, no consta actividad, constando intentos negativos de notificación de demandas de juicio monitorio en los domicilios que constan en los registros públicos (documentos 5 a 7), sin que tampoco conste gestión alguna para la liquidación ordenada del patrimonio mediante el correspondiente proceso. Su no solicitud no puede considerarse como adecuada o diligente pues la no adopción de las soluciones legales como el concurso o la disolución con la consiguiente liquidación ordenada debe implicar la existencia de una omisión negligente y en ese sentido podemos citar la sentencia de la AP de Zaragoza de 10 de octubre de 2012, máxime si se tiene en cuenta que no se justifica como se ha liquidado el patrimonio de la sociedad.

3) Relación de causalidad entre el daño sufrido y el acto o acuerdo lesivo del administrador. Asimismo, se estima probado este presupuesto, ya que, sin constar la continuación de su

actividad y sin que conste que hubiera iniciado un procedimiento para una liquidación ordenada de la sociedad, sin que conste que la sociedad cuenta con la solvencia suficiente para el pago de sus deudas, prueba que corresponde a la demandada, ha ocasionado el daño a la actora que ha visto imposibilitado el pago de su prestación. Por todo ello, estimándose acreditados los presupuestos para el ejercicio de la acción individual de responsabilidad, con estimación de la demanda, procede la condena de la parte demandada.

Hay responsabilidad del administrador por deudas sociales cuando concurre causa de disolución, pérdidas presumidas por falta de depósito de cuentas y falta de actividad y no se insta la disolución ni el concurso

Juzgado de lo Mercantil Zaragoza, n.º 1, 286/2016, de 23 de noviembre. Recurso 179/2016

SP/SENT/882796

En segundo lugar, respecto a la acción de responsabilidad solidaria del administrador, Melchor, por las deudas sociales, por la vía de los artículos 363 y ss. de la LSC, debe indicarse que deberá partirse del hecho no discutido de la condición de administrador de dicho demandado y que, además, resulta acreditado documentalmente por las certificaciones registrales. Igualmente, debe indicarse que resulta probado que la entidad demandada se encuentra en causa de disolución dado que no consta que en la misma se realice actividad alguna, ni la presentación de las cuentas anuales desde el año 2006 y sin que se acredite que la sociedad está dotada de patrimonio suficiente para cubrir la responsabilidad reclamada, lo que implicaría la concurrencia de las causas de disolución del apartado e del n.º 1 del artículo 363 de la LSC, y sin que se acredite que se hubiera articulado un procedimiento de disolución en la forma prevista en los artículos 366 y ss. de la LSC. Como principio general, es la demandante quien debe probar que concurre la causa de disolución que invoca (le es exigible, en particular, cuando las cuentas anuales están debidamente depositadas) pero dicho principio general, en aplicación del artículo 217.6 de la LEC, debe ceder cuando la causa invocada se fundamenta en la existencia de pérdidas y las cuentas anuales no están depositadas en el registro, no se prueba que han sido aprobadas en junta y no se aportan en forma a los autos, pues ello implicaría beneficiar al incumplidor frente a quien cumple con sus obligaciones, debiendo primar la facilidad probatoria de la demandada, que es quien debe tener las cuentas y quien no las hace o no las quiere hacer públicas. No se le puede exigir al demandante que pruebe una causa de disolución basada en las cuentas anuales cuando no puede tener acceso a las mismas porque no están depositadas. Ello tiene una consecuencia inmediata. Como se ha señalado, la inversión de la carga probatoria derivada de la ausencia de cuentas aprobadas y depositadas implicaría la presunción de concurrencia de la citada causa de disolución, sin que conste haber llegado a convocar la junta pertinente en el plazo de dos meses o la adopción de las medidas previstas en la ley. Por todo ello, deberá prosperar la demanda, acogiendo plenamente la fundamentación jurídica alegada por la demandante.

Aun conociendo la imposibilidad de conseguir el fin social, la paralización de sus órganos sociales y la inactividad, el administrador no procedió a disolver la sociedad, debiendo responder solidariamente de la deuda reclamada

Juzgado de lo Mercantil Zaragoza, n.º 2, 257/2016, de 2 de noviembre. Recurso 121/2016

SP/SENT/880178

SEGUNDO: La parte actora acredita mediante la documental aportada junto a su escrito de demanda (documentos números dos a quince) el pedimento de la misma; esto es, que la mercantil FRANVI HOSTELERA, S. L. adeuda a la actora la cantidad de ocho mil trescientos cuarenta y dos euros con veintiocho céntimos (8.342,28 €) correspondientes a facturas (documentos números cinco a doce) que traen causa de las relaciones comerciales mantenidas entre la mercantil demandante y la demandada (documentos números tres y cuatro), cantidad que ha podido ser cobrada. Estos documentos no han sido impugnados por la demandada al no haber contestado a la demanda ni haberlo hecho en el acto de la audiencia previa.

TERCERO: Existen igualmente indicios suficientes, en cuanto a la responsabilidad de Efraín, en su condición de administrador único de la mercantil FRANVI HOSTELERA, S. L. sin necesidad de indagar si cumplió o no con los deberes inherentes al ejercicio de su cargo, a los efectos establecidos en los artículos 363 y 367 de la Ley de Sociedades de Capital, al concurrir en la mercantil FRANVI HOSTELERA, S. L. las causas de disolución establecidas en el artículo 363 a) b) c) y e), dada la imposibilidad manifiesta de conseguir el fin social y la paralización de sus órganos sociales al no realizar actividad alguna además de haber acreditado la parte actora que dicha mercantil no ha procedido a depositar las cuentas anuales desde el ejercicio 2014 (documento número dos) pues si bien presentó concurso de acreedores este se presentó conforme al artículo 176 bis 4 Ley Concursal declarando y archivando por insuficiencia de masa activa, por lo que la demanda ha de prosperar.

CUARTO: Que igualmente deberá ser condenada la parte demandada al pago de los intereses conforme a la Ley 3/2004, de 29 de diciembre, sobre medidas de lucha contra la morosidad en las operaciones comerciales de conformidad con lo establecido en el artículo 7.

Es responsable el administrador por las deudas sociales cuando concurre causa de disolución, pérdidas presumidas por falta de depósito de cuentas, cierre de domicilio e inactividad sin proceder conforme a la ley ni probar la solvencia de la sociedad

Juzgado de lo Mercantil Zaragoza, n.º 1, 205/2016, de 12 de septiembre. Recurso 148/2013

SP/SENT/873708

Se ejercita en el presente caso acción de responsabilidad frente a la administradora de TUDELA&CASA, S. L. Del conjunto de la prueba practicada, en particular la documental aportada con el escrito de demanda (documento n.º 7), que no ha sido impugnada de contrario, se desprende la condición de administradora de la demandada respecto de la mercantil deudora desde 2004, sin que conste su cese en el momento de presentación de la demanda.

De la documental presentada por la parte actora se desprende que el último depósito contable de TUDELA&CASA, S. L. es del ejercicio 2009 (documento n.º 7). No existiendo por tanto cuentas depositadas desde el ejercicio 2009, salvo prueba en contrario acerca de capacidad patrimonial de la sociedad, que no se ha dado, ello implica la concurrencia de la causa de disolución del artículo 363 de la LSC invocada en la demanda, sin que se acredite que se hubiera articulado un procedimiento de disolución en la forma prevista en el artículo 367 de dicho texto legal. Como principio general, es la demandante quien debe probar que concurre la causa de disolución que invoca (le es exigible, en particular, cuando las cuentas anuales están debidamente depositadas) pero dicho principio general, en aplicación del artículo 217.6 de la LEC, debe ceder cuando la causa invocada se fundamenta en la existencia de pérdidas y las cuentas anuales no están depositadas en el registro, no se prueba que han sido aprobadas en junta y no se aportan en forma a los autos, pues ello implicaría beneficiar al incumplidor frente a quien cumple con sus obligaciones, debiendo primar la facilidad probatoria de la demandada, que es quien debe tener las cuentas y quien no las hace o no las quiere hacer públicas. No se le puede exigir al demandante que pruebe una causa de disolución basada en las cuentas anuales cuando no puede tener acceso a las mismas porque no están depositadas. Ello tiene una consecuencia inmediata: la inversión de la carga probatoria derivada de la ausencia de cuentas aprobadas y depositadas con anterioridad al nacimiento de la deuda, dado que la misma se habría devengado, como consecuencia de las relaciones continuadas entre las sociedades (desde 2005 hasta 2011, continuando por tanto con posterioridad a la concurrencia de la causa de disolución), en este caso implicaría la presunción de concurrencia de la citada causa de disolución, sin que conste haber llegado a convocar la junta pertinente en el plazo de dos meses o la adopción de las medidas previstas en la ley. Por todo ello, deberá ser estimada la demanda, acogiendo la fundamentación jurídica alegada por la demandante, estimándose que concurre la causa de disolución recogida en el art. 363.1 e) de la LSC ("*Por pérdidas que dejen reducido el patrimonio neto a una cantidad inferior a la mitad del capital social, a no ser que este se aumente o se reduzca en la medida suficiente, y siempre que no sea procedente solicitar la declaración de concurso*"), sin que conste que se hubiera articulado un procedimiento de disolución en la forma prevista en el artículo 367 de dicho texto legal.

Es responsable el administrador por las deudas sociales reclamadas cuando concurre causa de disolución, pérdidas y desaparición *de facto*, lo que se presume por la falta de depósito de cuentas y no comparecer para probar la solvencia de la sociedad

Juzgado de lo Mercantil Valladolid, n.º 1, 507/2016, de 4 de julio. Recurso 1292/2015

SP/SENT/869526

Desprendiéndose de la documental acompañada a la demanda que la sociedad estaba incursa en causa de disolución al no depositar cuentas anuales desde las últimas de 2011 no constando ni acuerdo de disolución ni liquidación, resultando una paralización de sus órganos, no acreditando capital por encima del establecido en la letra e) de del 363.1 LSC, y, en definitiva, desapareciendo de facto de la sociedad del tráfico jurídico, invirtiéndose la carga de la prueba debiéndose por parte del demandado probar que no está incursa la sociedad en causa de disolución, a falta de prueba en contrario desplegada por el demandado dada su situación de rebeldía, su incomparecencia para el interrogatorio y teniendo en cuenta además que no compareció a las diligencias preliminares de exhibición que fueron instadas, por todo ello, ha de responder solidariamente dicho administrador demandado al no haber promovido la disolución ni el concurso en el plazo legalmente marcado.

Constatada la responsabilidad objetiva, no es preciso tratar la responsabilidad por daño (sentencia del TS de 4 de diciembre de 2013).

La sociedad demandada no ha depositado las cuentas desde su constitución, evidenciándose un cierre de hecho sin que su administrador haya instado la disolución, debiendo estimarse la acción de responsabilidad por deudas ejercitada

Juzgado de lo Mercantil Bilbao, n.º 2, 205/2016, de 24 de junio. Recurso 214/2016

SP/SENT/870558

Igualmente, la SAP Valladolid, sec. 3.ª, de 8 de mayo de 2015, declaraba: "k".

Y la SAP Murcia, sec. 4.ª, de 30 de abril de 2015, insiste: "*(...) como ya este Tribunal ha manifestado en precedentes sentencias que la ausencia del correspondiente depósito de cuentas es justificativa de un evidente oscurantismo en relación con el funcionamiento económico de la sociedad y asimismo de la falta de transparencia de su contabilidad, lo que vendría a reforzar esa situación de insostenibilidad financiera. Y ello aún en mayor medida cuando es precisamente dicha mercantil, conforme al principio de facilidad y disponibilidad probatoria previsto en el art. 217.6 Lec, quién vendría obligada a acreditar que su situación económica no responde a los términos que hechos señalado. Y es que como dice la Sentencia del Tribunal Supremo de 4 octubre 2004*" ... la prueba de que la sociedad no ha sufrido disminución de su patrimonio en términos que obligasen a sus administradores a proceder conforme al artículo 262.5 LSA, le hubiera correspondido a la parte demandada, por serle más fácil y accesible que a la actora, supuesto este último que invierte el "onus probandi" hacia la parte que está en esas condiciones a fin de evitar la indefensión de la contraria.

Finalmente, las SSAP Valencia, sec. 9.ª, de 1 de abril y 16 de marzo de 2015, se pronuncian en el mismo sentido: "*No está recogida en la colación legal (artículo 363 de la Ley de Sociedades de capital) como causa de disolución, la falta de presentación de las cuentas sociales, por lo que tal ausencia no implica que la entidad que no las ha presentado o carezca de su depósito, esté de por si en causa de disolución; cuestión diferente es que el incumplimiento de tal obligación, signifique caso de abanderar como causa de disolución la del artículo 363,1 apartado e) de la citada Ley, (déficit patrimonial por pérdidas sociales) una presunción de tal situación (que no su justificación) y es en tal sentido cuando surge la inversión de la regla de la carga probatoria pues con la omisión de ese deber se priva a la parte que tiene que justificar tal déficit de la prueba documental directa para su acreditación, entrando en juego el artículo 217-7 de la Ley Enjuiciamiento Civil porque en esa situación quien tiene a su fácil disponibilidad y los medios para fijar que no concurre ese déficit patrimonial es el administrador demandado".*

TERCERO. Valoración de la prueba

Acreditada la deuda con la documentación aportada (docs. 3 a 53) y la condición de administrador único del codemandado (doc. 2), y constando que la mercantil demandada no depositó las cuentas anuales en ninguno de los ejercicios desde que inició su actividad en octubre de 2012 (doc. 2), cabe presumir, en aplicación del 367.2 LSC y de la doctrina jurisprudencial expuesta, su situación de déficit patrimonial al tiempo de contraer las obligaciones con la actora, no constando que cumpliera el administrador con ninguno de los deberes previstos en el artículo 367 LSC (convocatoria de la junta general para adoptar, en su caso, el acuerdo de disolución o el concurso de la sociedad), debiéndose por tal razón estimar la demanda.

No constando actividad alguna de la sociedad demandada ni presentarse cuentas anuales desde el año 2011, se entiende que existía causa de disolución al generarse la deuda reclamada, estimándose la acción de responsabilidad por deudas

Juzgado de lo Mercantil Zaragoza, n.º 1, 167/2016, de 22 de junio. Recurso 115/2016

SP/SENT/868316

SEGUNDO. En segundo lugar, respecto a la acción de responsabilidad solidaria del administrador, Pío, por las deudas sociales, por la vía de los artículos 363 y ss. de la LSC, debe indicarse que deberá partirse del hecho no discutido de la condición de administrador de dicho demandado y que, además, resulta acreditado documentalmente por las certificaciones registrales. Igualmente, debe indicarse que resulta probado que la entidad demandada se encuentra en causa de disolución dado que no consta que en la misma se realice actividad alguna, ni la presentación de las cuentas anuales desde el año 2011 y sin que se acredite que la sociedad está dotada de patrimonio suficiente para cubrir la responsabilidad reclamada, lo que implicaría la concurrencia de las causas de disolución del apartado e del n.º 1 del artículo 363 de la LSC, y sin que se acredite que se hubiera articulado un procedimiento de disolución en la forma prevista en los artículos 366 y ss. de la LSC. Como principio general, es la demandante quien debe probar que concurre la causa de disolución que invoca (le es exigible, en particular, cuando las cuentas anuales están debidamente depositadas) pero dicho principio general, en aplicación del artículo 217.6 de la LEC, debe ceder cuando la causa invocada se fundamenta en la existencia de pérdidas y las cuentas anuales no están depositadas en el registro, no se prueba que han sido aprobadas en junta y no se aportan en forma a los autos, pues ello implicaría beneficiar al incumplidor frente a quien cumple con sus obligaciones, debiendo primar la facilidad probatoria de la demandada, que es quien debe tener las cuentas y quien no las hace o no las quiere hacer públicas. No se le puede exigir al demandante que pruebe una causa de disolución basada en las cuentas anuales cuando no puede tener acceso a las mismas porque no están depositadas. Ello tiene una consecuencia inmediata. Como se ha señalado, la inversión de la carga probatoria derivada de la ausencia de cuentas aprobadas y depositadas implicaría la presunción de concurrencia de la citada causa de disolución, sin que conste haber llegado a convocar la junta pertinente en el plazo de dos meses o la adopción de las medidas previstas en la ley. Por todo ello, deberá prosperar la demanda, acogiendo plenamente la fundamentación jurídica alegada por la demandante.

Aun sabiendo la imposibilidad de conseguir su fin social y la falta de actividad alguna, la sociedad contrató con el actor, por lo que procede la responsabilidad solidaria por deudas del administrador

Juzgado de lo Mercantil Zaragoza, n.º 2, 169/2016, de 22 de junio. Recurso 63/2016

SP/SENT/869439

SEGUNDO: La parte actora acredita mediante la documental aportada junto a su escrito de demanda (documentos números 1 a 442) el pedimento de esta; esto es, que la mercantil RECTIFICADOS ALMARCEGUI, S. L. adeuda a la actora la cantidad reclamada correspondiente a la condena en los autos de juicio monitorio n.º 301/2015 del Juzgado de Primera Instancia número Once de Zaragoza (documento n.º tres). Hay indicios suficientes para considerar que la mercantil RECTIFICADOS ALMARCEGUI, S. L. ha incumplido la obligación de convocar Junta General o solicitar la disolución judicial o, si procediera, el concurso de acreedores de la sociedad al amparo de los artículos 362 a 367 de la Ley de Sociedades de Capital con fundamento en las causas de disolución. Estos documentos no han sido impugnados por la demandada al no haber contestado a la demanda ni haberlo hecho en el acto de la audiencia previa.

TERCERO: Existen igualmente indicios suficientes, en cuanto a la responsabilidad de Lorenzo, en su condición de administrador único de la mercantil RECTIFICADOS ALMARCEGUI, S. L. sin necesidad de indagar si cumplió o no con los deberes inherentes al ejercicio de su cargo, a los efectos establecidos en los artículos 363 y 367 de la Ley de Sociedades de Capital, al concurrir en la mercantil VIVIENDAS TORRES QUEVEDO, S. L. las causas de disolución establecidas en el artículo 363 a) b) c) y e), dada la imposibilidad manifiesta de conseguir el fin social y la paralización de sus órganos sociales al haber la empresa desaparecido del tráfico mercantil y no realizar actividad alguna además de, haber acreditado la parte actora, que dicha mercantil no ha procedido a depositar las cuentas anuales, al menos, desde el ejercicio 2007, teniendo incluso cerrada provisionalmente su hoja registral, pues si bien la falta de presentación de cuentas anuales no constituye causa de disolución, ello no obstante, constando que la demandada no ha depositado las cuentas anuales desde el ejercicio 2007 (documental número 442) debe considerarse, atendiendo al artículo 217.6 de la LEC, que dada la facilidad probatoria para la demandada se produce una inversión de la carga de la prueba correspondiendo a la parte demandada acreditar que no concurre la causa de disolución invocada y esta no ha contestado a la demanda ni comparecido a juicio por lo que no ha probado, en el supuesto de autos, que no se encontrara incurso en causa de disolución, por lo que la demanda ha de prosperar.

La sociedad de la cual el demandado es administrador único ha cesado en su actividad, ya que no presentó cuentas anuales, cerrándose su hoja registral y no se la localiza en su domicilio social, concurre responsabilidad solidaria por deudas

Juzgado de lo Mercantil Zaragoza, n.º 2, 162/2016, de 15 de junio. Recurso 107/2016

SP/SENT/863872

No se discute que Evaristo es administrador único de la mercantil LAS CAMPANAS DE FLORENCIA, S. L. (documento n.º seis). Hay indicios suficientes para considerar que dicha mercantil ha cesado en su actividad ya que no ha presentado las cuentas anuales (documento n.º seis: certificación del Registro Mercantil de Zaragoza) habiéndose producido el cierre de hoja por falta de depósito de cuentas. Estos documentos no han sido impugnados por la parte demandada.

TERCERO: Hay indicios suficientes para considerar que la mercantil demandada ha cesado en su actividad mercantil al encontrarse su domicilio social cerrado, no haber presentado cuentas anuales habiéndose producido el cierre de hoja por falta de depósito de cuentas anuales (documento n.º seis) y considerar que la mercantil LAS CAMPANAS DE FLORENCIA, S. L. ha incumplido la obligación de convocar junta general o solicitar la disolución judicial o, si procediera, el concurso de acreedores de la sociedad al amparo del actual artículo 363.1.a), b) y c), dada la imposibilidad manifiesta de conseguir el fin social y la paralización de sus órganos sociales al haber la empresa desaparecido del tráfico mercantil y no realizar actividad alguna además de, haber acreditado la parte actora, que dicha mercantil no ha procedido a depositar las cuentas anuales pues si bien la falta de presentación de cuentas anuales no constituye causa de disolución, ello no obstante, debe considerarse, atendiendo al artículo 217.6 de la LEC, que dada la facilidad probatoria para la demandada se produce una inversión de la carga de la prueba correspondiendo a la parte demandada acreditar que no concurre la causa de disolución invocada y esta no ha contestado a la demanda ni comparecido a juicio por lo que no ha probado, en el supuesto de autos, que no se encontrara incurso en causa de disolución, por lo que la demanda ha de prosperar.

Por la conclusión de la empresa, la paralización de los órganos sociales, la inactividad social, la ausencia de cuentas anuales y la falta de prueba en contrario, se entiende que existía causa de disolución

Juzgado de lo Mercantil Murcia, n.º 2, 143/2016, de 14 de junio. Recurso 278/2015

SP/SENT/863862

Y en el presente caso con la prueba documental obrante en autos, en los términos que se indican en el antecedente de hecho tercero, ha quedado acreditado que el demandado, como administrador de la sociedad, ha incurrido en el supuesto previsto en el artículo 367 anteriormente transcrito, ya que, por un lado, consta acreditada la conclusión de la empresa, la paralización de los órganos sociales y la falta de ejercicio de la actividad o actividades que constituyen el objeto social de la misma, y, por otro lado, ante la falta de depósito de cuentas y de contraprueba por quien tiene en su poder y disposición los medios probatorios, hay que afirmar que ante la deudas acreditadas y en las circunstancias fácticas descritas, la situación patrimonial de la sociedad hay que entenderla incursa en el supuesto del artículo 363 e) transcrito con anterioridad a la concertación de la obligación con la actora, sin que pueda imponerse mayor prueba a la actora, en este sentido SAP de Madrid de 15/9/2005 y de Barcelona de 20/1/2004 y por ende debía el administrador activar los mecanismos legalmente previstos.

En base a todo lo anterior, y sin necesidad de entrar a resolver sobre la concurrencia de un posible supuesto de responsabilidad subjetiva, la demanda debe ser estimada en los términos que se establecen en la parte dispositiva de la presente resolución.

La sociedad demandada ha desaparecido *de facto*, no ha depositado sus cuentas y constan acreditadas importantes deudas sin que su administrador haya instado una ordenada disolución

Juzgado de lo Mercantil Murcia, n.º 2, 142/2016, de 14 de junio. Recurso 48/2013

SP/SENT/863877

Se establece, por tanto, con la indicada regulación la responsabilidad de los administradores por las deudas sociales cuando concurra una causa de disolución de las previstas en el artículo 105.1 párrafos c) a g) de la Ley de Sociedades de Responsabilidad Limitada y no se proceda por dichos administradores a convocar la Junta General o a solicitar la disolución judicial de la entidad o el concurso de la sociedad. Siendo la responsabilidad establecida por estos artículos una responsabilidad objetiva en la que no es necesario probar la culpa sino que se produce cuando concurre el supuesto objetivo que determina la ley, en este sentido la sentencia del TS de 23-2-2004, indica que *"la acción «ex» art. 265 no requiere ninguna culpa en el administrador, ni relación de causalidad alguna con el daño, basta el hecho objetivo del incumplimiento de las obligaciones que la LSA impone específicamente al administrador social para que se desencadene el efecto sancionador"* (en idéntico sentido, SSTS de 29-4-99, 20-7-2001, 14-11-2002).

Y en el presente caso con la prueba documental obrante en autos, en los términos que se indican en el antecedente de hecho cuarto, ha quedado acreditado que el demandado, como administrador de la sociedad, ha incurrido en el supuesto previsto en el artículo 104.5 anteriormente transcrito, ya que acreditada la desaparición de la sociedad y ante la falta de depósito de cuentas y de contraprueba por quien tiene en su poder y disposición los medios probatorios, hay que afirmar que ante la deudas acreditadas y en las circunstancias fácticas descritas, la situación patrimonial de la sociedad hay que entenderla incursa en el supuesto del artículo 104.1 e) con anterioridad a la existencia de la deuda, sin que pueda imponerse mayor prueba a la actora, en este sentido SAP de Madrid de 15/9/2005 y de Barcelona de 20/1/2004 y por ende debía el administrador activar los mecanismos legalmente previstos.

En base a todo lo anterior, y siendo que la existencia de la deuda frente a la sociedad que se reclama en la demanda resulta con claridad de la documentación obrante en autos, la demanda debe ser estimada en los términos que se establecen en la parte dispositiva de la presente resolución.

e) Por consecuencia de pérdidas que dejen reducido el patrimonio contable a menos de la mitad del capital social, a no ser que este se aumente o se reduzca en la medida suficiente, y siempre que no sea procedente solicitar la declaración de concurso conforme a lo dispuesto en la Ley Concursal.

Dos años antes de que el actor suministrara la mercancía a la demandada esta ya presentaba fondos propios negativos por más de un millón de euros, habiendo desaparecido del tráfico mercantil

Juzgado de lo Mercantil Asturias, n.º 2, 60/2016, de 6 de junio. Recurso 249/2015

SP/SENT/864940

SEGUNDO. En el caso de autos se reclama una deuda derivada del impago de ciertas cantidades derivadas de un contrato de suministro que fueron reclamadas por medio de juicio verbal en el que se despachó ejecución definitivamente por importe de 8.579,50 euros. Despachada ejecución, la deudora Instalaciones Eléctricas del Principado de Asturias, S. L., de la que los hoy demandados eran sus administradores solidarios, no hizo frente al pago, no existiendo bienes de su propiedad para hacer frente a los pagos. Ello fija el régimen normativo aplicable a los administradores en el primero de los arriba explicados.

Constatada, pues, la existencia de una deuda social, resta por determinar si concurre la causa de disolución por pérdidas, a lo que ha de responderse afirmativamente, pues, según resulta de la documental que se acompaña con la demanda, siendo las deudas contraídas reconocidas por sentencia de 21 de noviembre de 2011 la deudora no habría presentado las cuentas correspondientes al ejercicio 2010 ni a los posteriores, habiéndose acordado el cierre del registro en el año 2013 por este motivo. Asimismo, de dicha documental resulta acreditado como es cierto que la mercantil deudora ya presentaba fondos propio negativos por más de un millón de euros en el ejercicio 2009 y habría desaparecido de hecho del tráfico mercantil sin haber procedido a su disolución o declaración de concurso.

En este sentido, los demandados, en su condición de administradores de la misma, en vez de contraer nuevas obligaciones, debían haber convocado Junta para aumentar el capital social o acordar la disolución dentro de los dos meses siguientes a la comprobación de su situación de insolvencia, cosa que no hicieron en el plazo fatal de 2 meses que prescribe la LSC, dilatando la precaria situación económica de la mercantil por el administrada, inactividad que le ha de hacer responder de las deudas sociales existentes, como la reclamada a través de los presentes autos, sin que sea dable atender al argumento exculpativo alegado por el demandado Ezequiel relativo a la inexistencia de actividad de administración alguna por parte de este, toda vez que, el hecho de que dichas labores de administración fueran llevadas a cabo, de hecho, por el administrador declarado en rebeldía en estos autos, ello no exime al oponente a la demanda de sus responsabilidades como tal administrador desde el momento en que este ostentaba tal condición solidariamente con su codemandado sin que conste desconocimiento de tal circunstancia por su parte debiendo, en su consecuencia, asumir las consecuencias de tal nombramiento, sin perjuicio de poder repetir contra el codemandado rebelde, en su caso.

Antes de contraerse la deuda reclamada, el domicilio social de la sociedad se encontraba cerrado y estaba incursa en pérdidas cualificadas, por lo que debe estimarse la acción de responsabilidad solidaria por deudas

Juzgado de lo Mercantil Zaragoza, n.º 2, 138/2016, de 31 de mayo. Recurso 490/2014

SP/SENT/864167

TERCERO: La parte actora acredita mediante la documental aportada junto a su escrito de demanda (documentos n.º dos) el pedimento de esta; esto es, que la mercantil ÁLVAREZ DECORACIÓN 2010, S. L. adeuda a la entidad actora la cantidad reclamada correspondiente a la condena en los autos de juicio cambiario n.º 1416/2009 y ejecución de títulos judiciales n.º 1969/2010 derivado del anterior del Juzgado de Primera Instancia número Nueve de Zaragoza en cuantía de 23.273,46 €. Hay indicios suficientes para considerar que la mercantil demandada ha cesado en su actividad mercantil al encontrarse su domicilio social cerrado desde el ejercicio 2009, no ha presentado las cuentas anuales desde el ejercicio 2007 (documentos seis y siete), además de mantener importantes deudas con diversos organismos —Agencia Tributaria, Seguridad Social y administración local— y en Juzgado de lo Social (documento siete) y considerar que la mercantil ÁLVAREZ DECORACIÓN 2010, S. L. ha incumplido la obligación de convocar Junta General o solicitar la disolución judicial o, si procediera, el concurso de acreedores de la sociedad al amparo del artículo 363.1 a), b) y c), dada la imposibilidad manifiesta de conseguir el fin social y la paralización de sus órganos sociales al haber la empresa desaparecido del tráfico mercantil y no realizar actividad alguna además de haber acreditado la parte actora que dicha mercantil no ha procedido a depositar las cuentas anuales desde el ejercicio 2007 y sí que, cesada su actividad, ha constituido otra sociedad dedicada a idéntico objeto social en la que continúa ejerciendo actividad sin abonar las deudas sociales contraídas por la anterior: interrogatorio de los testigos Don Marcial (después he trabajado para otra sociedad en la que me llamaba el demandado, a preguntas del letrado del demandante) y Don Romeo (después no me llamó para trabajar con él, me dejó bastantes facturas de abonar de los años 2008 y siguientes, a preguntas del letrado del demandante), por lo que la demanda ha de prosperar.

Hay responsabilidad del administrador social por las deudas al concurrir las causas de disolución, de pérdidas e inactividad y no proceder conforme a la ley, por lo que se presume que las deudas reclamadas son posteriores a dichas causas

Juzgado de lo Mercantil Murcia, n.º 2, 128/2016, de 26 de mayo. Recurso 345/2012

SP/SENT/865010

Y en el presente caso con la prueba documental obrante en autos, en los términos que se indican en el antecedente de hecho cuarto, ha quedado acreditado que el demandado, como administrador de la sociedad, ha incurrido en el supuesto previsto en el artículo 104 anteriormente transcrito, ya que, por un lado, consta acreditada la conclusión de la empresa, la paralización de los órganos sociales y la falta de ejercicio de la actividad o actividades que constituyen el objeto social de la misma, y, por otro lado, consta ya en el ejercicio 2010 la existencia de pérdidas que dejan reducido el patrimonio neto a una cantidad inferior a la mitad del capital social sin que se hubiese corregido dicha situación o activado los mecanismos de disolución.

Y todo ello sin que pueda considerarse que la deuda es anterior a la concurrencia de la causa de disolución conforme a lo indicado por SAP Murcia de 15 de abril de 2010 sobre la presunción del artículo 104 cuando afirma *"Acreditada la concurrencia de las causas de disolución previstas en el artículo 104.1 c) y e) en base a la conclusión obtenida de los datos indiciarios antes referidos, debe presumirse que el nacimiento de la obligación que se reclama surgió con posterioridad al acaecimiento de la causa legal de disolución, y ello en virtud de la presunción que se establece en el propio artículo 105.5 de la LSRL y en tanto que la misma no resulta desvirtuada de manera clara y terminante por los datos obrantes en los autos, resultante de la documentación aportada por la mercantil actora, pues de acuerdo con dicho precepto es el administrador el que debe acreditar que la deuda social es anterior al nacimiento de la causa legal de disolución, lo que no ha ocurrido en el presente caso, pues el administrador y demandado fue declarado en rebeldía en el procedimiento, sin que haya comparecido ni desplegado actividad probatoria con la finalidad de enervar la presunción referida, no aceptándose en este particular lo razonado en instancia, pues en aplicación de la presunción prevista en el artículo 105.5 de la LSRL cualquier duda que pudiera surgir en cuanto al acaecimiento de la causa legal de disolución debe perjudicar al administrador"*.

Con base en todo lo anterior, y siendo que la existencia de la deuda frente a la sociedad que se reclama en la demanda resulta con claridad de la documental obrante en autos, la demanda debe ser estimada en los términos que se establecen en la parte dispositiva de la presente resolución.

e) Por consecuencia de pérdidas que dejen reducido el patrimonio contable a menos de la mitad del capital social, a no ser que este se aumente o se reduzca en la medida suficiente, y siempre que no sea procedente solicitar la declaración de concurso conforme a lo dispuesto en la Ley Concursal.

Existe responsabilidad por deudas del administrador social cuando concurre causa de disolución, como es la falta de actividad y de establecimiento abierto y no ha instado la disolución ni el concurso y no se prueba lo contrario

Juzgado de lo Mercantil Baleares, n.º 2, 186/2016, de 20 de mayo. Recurso 636/2015

SP/SENT/865759

En cuanto al primero de los requisitos es obvio que en este caso se da por cuanto la existencia de la deuda está acreditada mediante el auto del Juzgado de Primera Instancia n.º 11 de Palma de Mallorca, de 7 de julio de 2015, despachando ejecución contra STOIL BALEARES, S. L., por 21.795,53 € en concepto de principal e intereses ordinarios y moratorios vencidos, más otros 6.538,65 euros provisionales en concepto de intereses y costas.

Por lo que se refiere al segundo de los requisitos, la actora ha hecho todo lo que estaba en su mano para acreditar la concurrencia de las causas de disolución invocadas. En primer lugar, la actora ha acreditado la existencia de la deuda impagada que reclama mediante la aportación de toda la documentación relativa a los procedimientos seguidos ante el Juzgado de Primera Instancia n.º 11 de Palma: Juicio Cambiario 813/2014 y ETJ 219/2015 (documentos 3 a 13, 17 y 18; y 14 a 16, respectivamente). En segundo lugar, la cuantía de la deuda reclamada (21.795,53 €) es de un importe bastante superior al capital social de la entidad STOIL BALEARES S. L. (3.100,00 €). En tercer lugar, ha verificado que STOIL BALEARES S. L. no deposita las cuentas anuales desde el ejercicio 2013 (documento n.º 2). En cuarto lugar, ha acreditado la inexistencia de actividad, de solvencia y de establecimiento abierto al público a través de la resolución judicial en virtud de la cual se lleva a cabo la averiguación patrimonial de STOIL BALEARES S. L. (documento 16) unida al hecho de que solo fue posible notificar la demanda de juicio cambiario a STOIL BALEARES S.L., tras varios intentos infructuosos, en el domicilio particular de su administrador (documentos 6 a 12). En quinto lugar, la parte actora ha aportado un informe de la empresa AXESOR (documento n.º 20) que acredita que la entidad STOIL BALEARES S. L. no está al tanto en el cumplimiento de sus obligaciones con las administraciones públicas y los organismos oficiales. Y, por último, otro indicio que lleva a pensar que la sociedad STOIL BALEARES S. L. se hallaba incursa en las causas de disolución invocadas es, no solo la propia declaración de rebeldía de su administrador en el presente procedimiento, sino también su incomparecencia en el Juzgado de Primera Instancia n.º 11 de Palma en el Juicio Cambiario 813/2014.

Volviendo a nuestro caso, es obvio que el demandado tenía una mayor facilidad probatoria para aportar al proceso los elementos necesarios para acreditar que STOIL BALEARES S. L. no estuvo incursa en las causas de disolución que la actora ha esgrimido con su demanda, sin embargo, el demandado, a pesar de haber sido citado correctamente, no se ha personado en el presente procedimiento, por lo que no ha podido aportar ningún medio de prueba que desvirtúe lo probado por la actora.

Con respecto al tercer requisito a pesar de haber probado la actora que STOIL BALEARES S. L. incurrió en las causas de disolución invocadas en la demanda, sin embargo, en su escrito no fija ninguna fecha de acaecimiento de estas. No obstante, de acuerdo con la presunción establecida en el artículo 367.2 TRLSC 1/2010 hemos de entender que la deuda reclamada es posterior al acaecimiento de la causa legal de disolución, ya que el demandado no ha acreditado que fuera de fecha anterior al no haber podido aportar ningún medio de prueba debido a su incomparecencia al acto de la audiencia previa.

Y en relación al cuarto requisito tampoco consta que el administrador de STOIL BALEARES S. L., D. Prudencio, hubiera convocado la Junta General para que, en su caso, esta acordase la disolución de la entidad, o, si procediere, el concurso de la sociedad, en el plazo de dos meses a contar desde la fecha prevista para la celebración de la junta, cuando esta no se hubiese constituido, o desde el día de la junta, cuando el acuerdo hubiera sido contrario a la disolución.

Por tanto, con base en lo dicho, en este caso concurren los requisitos necesarios para que prospere la acción.

Cuentas anuales

En la acción de responsabilidad por deudas frente al administrador, la falta de depósito de las cuentas anuales no es prueba de la causa de disolución, sino presunción de la misma, salvo prueba en contrario y unido a otras circunstancias concurrentes

TS, Sala Primera, de lo Civil, 652/2021, de 29 de septiembre. Recurso 5133/2018

SP/SENT/1115986

En todo caso, la sentencia recurrida no concluyó que Bioderolive estuviera incursa en causa de disolución porque no hubiera depositado las cuentas anuales, sino que combinó ese dato con otro mucho más determinante, en el que residenció realmente la situación que debía dar lugar a la disolución, y que fue la existencia de unos importantes fondos propios negativos, de los que dedujo razonadamente la existencia de pérdidas que dejaban reducido el patrimonio neto a una cantidad inferior a la mitad del capital social, a no ser que este se aumentara o se redujera en la medida suficiente. Y, en consecuencia, afirmó que concurría la causa de disolución prevista en el art. 363.1 e) LSC.

4. Como quiera que la razón de la decisión de la Audiencia Provincial para entender concurrente la causa legal de disolución no fue que la sociedad demandada no hubiera depositado las cuentas anuales, sino que había incurrido en pérdidas agravadas, y únicamente tuvo en cuenta el dato de la omisión de depósito como un elemento coadyuvante, no infringió los preceptos legales citados en el motivo.

La falta de depósito de cuentas no determina la existencia de pérdidas cualificadas ni la responsabilidad solidaria por deudas del administrador social, sino que genera la presunción de su existencia sin más

TS, Sala Primera, de lo Civil, 202/2020, de 28 de mayo. Recurso 3365/2017

SP/SENT/1053583

El incumplimiento de este deber legal de depositar las cuentas provoca un doble efecto. Por un lado, el cierre registral previsto en el art. 282.1 LSC, de forma que no podrá inscribirse en el Registro Mercantil "*documento alguno referido a la sociedad mientras el incumplimiento persista*" (con las excepciones previstas en el párrafo 2 de dicho precepto). Por otra parte, el incumplimiento de la obligación de depositar está sujeto al régimen sancionador previsto en el art. 283 LSC, que contempla la imposición de multas a la sociedad por el Instituto de Contabilidad y Auditoría de Cuentas.

4.2. Ni en la regulación legal y reglamentaria de la obligación del depósito de las cuentas anuales, ni en la regulación de las causas legales de disolución de las sociedades de capital se prevé (ni se ha previsto en versiones anteriores de la citada normativa) que el incumplimiento de la obligación legal de depositar las cuentas constituya una de dichas causas legales de disolución. Tampoco establece la ley que el incumplimiento por los administradores de la obligación de depósito de cuentas en el Registro Mercantil determine por sí sola la obligación de responder por las deudas sociales, ni que con base en dicha conducta omisiva haya de presumirse la paralización de la sociedad o la imposibilidad de cumplimiento del fin social.

4.3. Lo que sucede es que la prueba de la existencia del déficit patrimonial o de la inactividad social puede verse favorecida por "hechos periféricos", entre los que una parte de la denominada jurisprudencia menor viene considerando la omisión del depósito de cuentas. De manera que la falta de presentación de las cuentas anuales provocaría, al menos, según dicha tesis, una inversión de la carga probatoria, de suerte que sería el demandado el que soportaría la necesidad de acreditar la ausencia de concurrencia de la situación de desbalance.

Esta tesis sostiene tal afirmación sobre el argumento de que con tal comportamiento omisivo los administradores, además de incumplir con un deber legal, imposibilitan a terceros el conocimiento de la situación económica y financiera de la sociedad, lo que genera la apariencia de una voluntad de ocultación de la situación de insolvencia. Y todo ello con invocación de (i) la doctrina del Tribunal Constitucional (sentencia 140/1994, de 4 de mayo) conforme a la cual cuando las fuentes de prueba se encuentran en poder de una de las partes, la obligación constitucional de colaborar con los órganos jurisdiccionales del proceso, conlleva que sea aquella que los posee la que deba acreditar los hechos determinantes de la litis, y (ii) del principio de facilidad probatoria, disponibilidad y proximidad de fuentes de prueba, que la vigente LEC positiviza en el artículo 217.6.

4.4. Es cierto que la falta de formulación de las cuentas anuales, aprobación y depósito en el Registro Mercantil privan a los terceros del conocimiento de la situación patrimonial y contable de la compañía, y que ello puede ser apreciado como un indicio que pudiera generar dudas sobre la existencia de pérdidas o de falta de actividad de la sociedad. Pero por sí solo, como sostienen incluso las sentencias de las Audiencias que se adscriben a la reseñada tesis, no constituye una prueba directa de la concurrencia de la situación de pérdidas.

En el presente caso resulta, además, ocioso entrar en el debate sobre si concurren adicionalmente otros indicios, como el impago de las deudas reclamadas, que pudieran servir para abonar una conclusión probatoria distinta sobre tal extremo, o para imponer una inversión de la carga de la prueba, pues aunque las cuentas de la sociedad deudora correspondientes al ejercicio del año 2007 no se depositaron dentro del plazo legal, lo cierto es que, aunque extemporáneamente, dichas cuentas se depositaron el 8 de enero de 2009. Por tanto, antes de la fecha de interposición de la demanda rectora del presente pleito, momento en el que aquellas cuentas estaban ya publicadas en el Registro Mercantil (art. 281 LSC), decayendo con ello la base argumental del demandante, apoyada en la imposibilidad de conocimiento de la situación contable y patrimonial de la sociedad deudora. A ello se añade, finalmente, el hecho de que la sociedad fue disuelta en 2012 por causa distinta a la prevista en el art. 363.1 e) LSC.

Por lo anterior, resulta innecesario ahora analizar el momento del nacimiento de la deuda en el supuesto de hecho de la litis y su relación cronológica con la fecha en que se produjo la supuesta causa legal de disolución.

En consecuencia, la Audiencia Provincial infringió el precepto cuya vulneración se denuncia y, por consiguiente, debemos estimar el recurso de casación y, al hacerlo, revocar la sentencia de apelación y asumir la instancia.

Además de cierre de hoja registral, concursos presentados que, reveladores de clara insolvencia y pérdidas cualificadas, el administrador no liquidó ordenadamente; responde solidariamente con la S. L. por las deudas, *ex* art. 367 LSC

AP Ciudad Real, Sec. 2.ª, 325/2023, de 17 de octubre. Recurso 484/2021

SP/SENT/1204825

La condena que se solicita del administrador codemandado se articula tanto en sede de responsabilidad individual como social. Las actuaciones y las propias alegaciones de la defensa técnica del apelante, han puesto de manifiesto que la mercantil deudora de la suma que se reclama –acción no discutida además de acreditada con la documental aportada con el escrito rector–, de la que es administrador el Sr. Urbano (hecho incontrovertido y documentalmente probado), la sociedad limitada "Multiagro Frutas", se dice, se encuentra inactiva desde hace cinco años, en 2015 se presentó un concurso voluntario (248/2015, que terminó archivado por no subsanarse el defecto de poder advertido; presentado ese mismo año un concurso necesario por un acreedor (350/2015), se cerró igualmente por desistimiento, en el que, según la letrada del recurrente, se pagó a quien lo presentó. Además del cierre de la hoja registral por falta de presentación de cuentas –las últimas presentadas son las del ejercicio 2014–, los concursos presentados en 2015 ponen de manifiesto una clara insolvencia de la sociedad deudora, pese a lo cual el administrador no liquidó como hubiera correspondido a un administrador diligente. En resumen, incursa la sociedad en causa de disolución, deviene la responsabilidad solidaria del administrador *ex* art. 367 LSC, de acuerdo con constante doctrina jurisprudencial con la que "*cuando se invoca como causa de responsabilidad del administrador la falta disolución social ante la situación de desbalance a que se refiere el art. 367 en relación con el art. 363.1 e) de la Ley de Sociedades de Capital la no presentación por los administradores de las cuentas anuales representa un indicio de la existencia de la causa de disolución de la que puede derivar la responsabilidad solidaria del administrador social. Corresponde entonces a la parte demandada acreditar la inexistencia de dicha causa de disolución, ya que así lo imponen, no solo los principios de disponibilidad y facilidad probatoria que establece el art. 217.7 de la Ley de Enjuiciamiento Civil (...), sino además la presunción que establece el art. 367 de la Ley de Sociedades de Capital, en cuanto a que las obligaciones sociales se presumirán de fecha posterior al acaecimiento de la causa de legal de disolución, salvo que los administradores acrediten que son de fecha anterior (...)*" (ATS 27 octubre 2021). Por lo que el recurso, acabando, no puede prosperar.

Responsabilidad del administrador de la sociedad que al liquidarla impidió que con el remanente del activo que restara se atendiera en todo o en parte la deuda mantenida frente a la demandante

AP Ciudad Real, Sec. 2.ª, 209/2023, de 12 de junio. Recurso 482/2021

SP/SENT/1192520

De la prueba practicada a instancias exclusivamente de la mercantil demandante resulta que la actora mantuvo relaciones comerciales con la empresa de la que el fallecido Sr. Alejandro era administrador generándose una deuda a favor de la primera documentada en una serie de facturas emitidas entre el 15/07/2022 y el 05/03/2022 por un importe total de 6.409,58 euros y que la mercantil deudora presentó por última vez sus cuentas en el Registro en el ejercicio 2011 cuando, según también la documental aportada por la actora, contaba con un patrimonio neto de 250.028 euros y, lo que es más importante, con un inmovilizado material de 1.018.475 euros y con un activo total de 1.637,275,20 euros superior al pasivo, sin que con posterioridad se presentaran nuevas cuentas, desapareciendo de hecho la sociedad como lo demuestra la circunstancia de que en los procedimientos con la administración pública se le haya tenido que notificar mediante anuncios publicados en el BOE; por edictos el Juzgado de lo social en el procedimiento por despido de alguno de sus trabajadores (tenía diez en el año 2011), por haber sido declarada rebelde en el procedimiento ordinario que se siguió para el cobro de la deuda y que generó para la acreedora unas cotas que también reclama, como ha sido declarada rebelde en el presente procedimiento, sin que el administrador procediera a una liquidación ordenada en la que hubiera podido hacer frente, en todo o en parte, a las deudas contraídas entre otros con nuestra recurrente.

En ese contexto, hemos de concluir en la responsabilidad del demandado, que ha sido sucedido procesalmente por su herencia yacente al haber fallecido, que con una actuación poco diligente por su parte en su condición de administrador (en orden a cumplir su obligación de proceder a la liquidación ordenada de la sociedad), impidió que con el remanente del activo que restara, se atendiera en todo o en parte la deuda que mantenía frente a la demandante, concurriendo todos los requisitos exigidos en el art. 236 de la LSC, incumplimiento de su obligación de liquidación de la sociedad, generación de un daño –el impago total de la deuda– y la relación de causalidad entre la actuación y el daño –pues con la liquidación se debía de haber abonado, al menos, una parte de la deuda–.

Hay responsabilidad del administrador por la deuda reclamada al concurrir causa de disolución, pérdidas presumidas por la falta de depósito de las cuentas unidas a otros indicios, siendo anteriores a la deuda que se reclama

AP Barcelona, Sec. 15.ª, 372/2023, de 2 de junio. Recurso 70/2023

SP/SENT/1190075

La sentencia declara la responsabilidad del demandado de acuerdo con el artículo 367 del Texto Refundido de la Ley de Sociedades de Capital (en su redacción aplicable al caso), por el que "*responderán solidariamente de las obligaciones sociales posteriores al acaecimiento de la causa legal de disolución los administradores que incumplan la obligación de convocar en el plazo de dos meses la junta general para que adopte, en su caso, el acuerdo de disolución, así como los administradores que no soliciten la disolución judicial o, si procediere, el concurso de la sociedad, en el plazo de dos meses a contar desde la fecha prevista para la celebración de la junta, cuando esta no se haya constituido, o desde el día de la junta, cuando el acuerdo hubiera sido contrario a la disolución*". Dicho precepto, conforme reiterada doctrina jurisprudencial, establece una responsabilidad *ex lege* o de carácter objetivo cuyo fundamento descansa en el incumplimiento por los administradores del deber que les impone la Ley de convocar la junta de socios en el plazo de dos meses desde que se constata la causa de disolución imperativa, no precisando la producción de un daño ni la relación de causalidad y no requiriendo, por ello, la demostración de culpa del administrador demandado. Para que se aplique la consecuencia legal basta con que la sociedad incurra en causa de disolución imperativa y que el administrador, incumpliendo el deber legal, no convoque junta para disolver la sociedad en el plazo de dos meses. Si esto sucede, la consecuencia es la responsabilidad solidaria de los administradores de las obligaciones sociales posteriores al acaecimiento de la causa legal de disolución.

8. Aun cuando el art. 367 del TRLSC limite la responsabilidad a las "*obligaciones sociales posteriores*" al acaecimiento de la causa legal de disolución, la Ley presume, salvo prueba en contrario, que las obligaciones reclamadas son de fecha posterior a la causa de disolución.

9. Por todo ello, para que prospere la acción de responsabilidad, será necesario: a) que se acredite la existencia de una deuda a cargo de la sociedad y a favor del acreedor demandante; b) que se pruebe que, como mínimo, dos meses antes de la presentación de la demanda se manifestó y debió ser conocida por el administrador la causa de disolución imperativa; c) que el administrador demandado lo fuera al tiempo de manifestarse la causa de disolución y durante los dos meses siguientes; d) que el administrador deje transcurrir ese plazo sin convocar junta general para que acuerde la disolución o remueva la causa; y e) con el favorecimiento por la presunción indicada, que la obligación o deuda reclamada se haya contraído o haya nacido con posterioridad al acaecimiento de la causa de disolución.

10. Pues bien, coincidimos en este caso con los argumentos y la valoración de la prueba que realiza el juez de instancia. La demandada no cuestiona que al menos al cierre del primer trimestre del año 2019 ABACUS se encontraba incursa en la causa de disolución por pérdidas e, incluso, en situación de insolvencia concursal, lo que le llevó a solicitar el concurso el 4 de junio de 2019, que se declaró y concluyó por falta de masa mediante auto de 11 de julio de 2019 del Juzgado de lo Mercantil 1 de Barcelona. Considera, ello no obstante, que en el momento en que se contrajo la obligación (entre los meses de agosto de 2018 a enero de 2019) el patrimonio neto contable era positivo, y, en consecuencia, que la causa de disolución acaeció con posterioridad al nacimiento de las deudas. Sin embargo, no es controvertido que las cuentas del año 2018 ni se formularon ni se depositaron en el Registro Mercantil. Recordemos que la Sentencia del Tribunal Supremo de 28 de mayo de 2020 (ECLI ES:TS:2020:1453) sienta como criterio que la falta de depósito de las cuentas anuales no constituye prueba directa de una situación de pérdidas graves, aunque sí puede considerarse como un indicio de la existencia de un déficit patrimonial que, conjuntamente con otros

hechos relevantes o indicios, permite invertir la carga de la prueba, correspondiendo al demandado probar que no concurre la causa de disolución. En el supuesto enjuiciado, junto a la falta del depósito de cuentas y el propio incumplimiento con la demandante, consta que muy poco tiempo después, en junio de 2019, ABACUS solicitó el concurso de acreedores, que concluyó en la misma resolución en el que se declaraba, por cuanto la propia solicitante manifestó en la solicitud que carecía de tesorería y de cualquier bien o derecho, afirmando que no disponía de cantidad alguna con la que atender los créditos contra la masa que pudieran generarse.

11. A partir de ahí, entra en juego la presunción legal del último inciso del artículo 367, por la que ha de entenderse, salvo prueba en contrario, que la causa de disolución es anterior al nacimiento de la obligación. Contrariamente a lo afirmado por el recurrente, la presunción legal no ha sido desvirtuada. El hecho de que al cierre del ejercicio 2017 los fondos propios fueran positivos (82.372.01 euros) no permite colegir que en el segundo semestre del 2018 o en los primeros meses de 2019 la causa de disolución no concurriera. Tampoco es relevante, a estos efectos, que ABACUS cumpliera con la Agencia Tributaria y la Tesorería General de la Seguridad Social o que la deuda con WOW, de poco más de 5.000 euros, representara un porcentaje ínfimo en relación con la cifra de negocios de aquella. La demandada, para deshacer la presunción legal, debería haber aportado los balances trimestrales elaborados durante los ejercicios 2018 y 2019, cosa que no ha hecho. Por lo que se refiere al balance de situación a 13 de febrero de 2019 (documento cinco de la contestación), que refleja unos fondos propios de 6.960,74 euros (el capital social es de 3.000 euros), como bien indica la resolución apelada no deja de ser un documento privado sin ninguna fiabilidad, que la propia demandada reconoce que fue reformulado días después para provisionar deudas con terceros de casi 100.000 euros que califica como "incobrables".

Hay responsabilidad de los administradores por las deudas sociales reclamadas cuando concurre la causa de disolución, pérdidas, presumida por la falta de depósito de cuentas e impagos y no se soluciona o insta liquidación o concurso

AP Madrid, Sec. 28.ª, 554/2022, de 11 de julio. Recurso 593/2020

SP/SENT/1158473

En este caso, no consta el depósito de las cuentas del ejercicio 2013. Además, el recurrente alude a otras circunstancias que pueden valorarse a nivel indiciario respecto a una situación de pérdidas cualificadas. Así, se alude a los impagos de las nóminas y cuotas a la Seguridad Social desde el año 2012.

9. Las cuentas del ejercicio 2012 sí están depositadas, pero su presentación y depósito fue puramente formal. Tal y como señaló la actora en su demanda, el balance se limita a reproducir miméticamente todas las partidas del ejercicio anterior, lo que no es conciliable con la generación de deudas laborales y de Seguridad Social en 2012. Ello es así porque la cuenta de pérdidas y ganancias, donde deberían figurar las mencionadas deudas, figura totalmente en blanco. En esa tesitura, ningún valor podemos atribuir a tales documentos.

10. En definitiva, el recurso también debe prosperar en este punto, toda vez que los demandados no han desvirtuado la presunción existente sobre la existencia de pérdidas cualificadas, al menos desde el año 2012. Además, hemos de presumir que la causa de disolución es anterior al nacimiento de la obligación, a tenor de lo dispuesto en el artículo 367.2 LEC. Todo ello, unido a la falta de cumplimiento de los requisitos legales en orden a una adecuada disolución y liquidación de la empresa, hace nacer la responsabilidad a que se refiere el artículo 367 LEC.

11. La consecuencia de todo lo expuesto es que procede rectificar el fallo de la sentencia de primera instancia en el sentido de hacer extensiva la condena a ambos codemandados, don Anibal y don Basilio.

Según las cuentas anuales, cuando se generó la deuda reclamada la sociedad demandada tenía un patrimonio neto muy superior al capital social, desestimándose la acción de responsabilidad por deudas del Administrador

AP Badajoz, Sec. 2.ª, 136/2022, de 17 de febrero. Recurso 930/2020

SP/SENT/1146276

Sí, vistas las pruebas documentales aportadas, observamos que cuando "Oil Albera, S. L." llevó a cabo el suministro de combustible con "Laytrans Operadora Internacional, S. L." esta última sociedad no se encontraba en causa de disolución. Como muy bien apunta la juez de instancia, según las cuentas anuales de 2017 y 2018, "Laytrans Operadora Internacional, S. L." tenía un patrimonio neto muy superior al capital social.

Es muy llamativo además que "Oil Albera, S. L." haya encadenado la demanda contra la sociedad con la demanda a la administradora. La sentencia contra "Laytrans Operadora Internacional, S. L." se dictó el 2 de enero de 2020 y la demanda que ha dado lugar a este procedimiento se presentó en el Juzgado de los Mercantil el 21 de enero de 2020.

La acción individual de responsabilidad del art. 241 LSC no es, ni mucho menos, una especie de responsabilidad personal subsidiaria, ni tampoco una suerte de aval por disposición legal.

Nos encontramos aquí con una responsabilidad excepcional por ilícito orgánico, propia de los administradores societarios y regulada en el art. 241 LSC (sentencia del Tribunal Supremo 850/2021, de 9 de diciembre). No obstante, la formulación del principio de responsabilidad del administrador social está contenida en el art. 236.1 del mismo texto legal.

La jurisprudencia Tribunal Supremo, para el éxito de esta acción, exige: i) un comportamiento activo o pasivo de los administradores; ii) que tal comportamiento sea imputable al órgano de administración en cuanto tal; iii) que la conducta del administrador sea antijurídica por infringir la ley, los estatutos o no ajustarse al estándar o patrón de diligencia exigible a un ordenado empresario y a un representante leal; iv) que la conducta antijurídica, culposa o negligente, sea susceptible de producir un daño; v) que exista daño, que debe ser directo al tercero, sin necesidad de lesionar los intereses de la sociedad; y vi) que concurra relación de causalidad entre la conducta antijurídica del administrador y el daño directo ocasionado al tercero.

En este supuesto, insistimos, cuando se generó la deuda social, "Laytrans Operadora Internacional, S. L." no estaba en causa legal de disolución. No podemos hablar de administración social gravemente culposa cuando resulta que, en 2018, la sociedad no era insolvente.

Como señala la sentencia de instancia, con carácter general, no puede recurrirse indiscriminadamente a la vía de la responsabilidad individual de los administradores por cualquier incumplimiento contractual de la sociedad o por el impago de cualquier deuda social, aunque tenga otro origen. De lo contrario vulneraríamos los principios fundamentales de las sociedades de capital, como son su personalidad jurídica diferenciadas, su autonomía patrimonial y su exclusiva responsabilidad por deudas sociales.

De ahí que sea fundamental concretar bien la conducta del administrador a la que se imputa el daño ocasionado al acreedor, y que este daño sea directo, no indirecto como consecuencia de la insolvencia de la sociedad. No puede identificarse la actuación antijurídica de la sociedad que no abona sus deudas y cuyos acreedores se ven impedidos para cobrarlas porque la sociedad deudora es insolvente, con la infracción por su administrador de la ley o los estatutos, o de los deberes inherentes a su cargo. Esta concepción de la responsabilidad de los administradores sociales convertiría tal responsabilidad en objetiva y produciría una confusión entre la actuación en el tráfico jurídico de la sociedad y la actuación de su administrador: cuando la sociedad resulte deudora por haber incumplido un contrato, haber infringido una obligación legal o haber causado un daño extracontractual, su administrador sería responsable por ser él quien habría infringido la ley o sus deberes inherentes al cargo, entre otros, el de diligente administración (sentencia del Tribunal Supremo 679//2021, de 6 de octubre).

Esta objetivación de la responsabilidad y la equiparación del incumplimiento contractual de la sociedad con la actuación negligente de su administrador no son correctas, puesto que no resultan de la legislación societaria ni de la jurisprudencia que la desarrolla. El impago de las deudas sociales no puede equivaler de modo necesario a un daño directamente causado a los acreedores sociales por los administradores de la sociedad deudora, a menos que el riesgo comercial quiera eliminarse por completo del tráfico entre empresas o se pretenda desvirtuar el principio básico de que los socios no responden personalmente de las deudas sociales. De ahí que se exija al demandante, además de la prueba del daño, tanto la prueba de la conducta del administrador, ilegal o carente de la diligencia de un ordenado empresario, como la del nexo causal entre conducta y daño, sin que el incumplimiento de una obligación social sea demostrativo por sí mismo de la culpa del administrador, ni determine sin más su responsabilidad.

Y como ya hemos dicho, como regla general, no cabe atribuir a los administradores la responsabilidad por el impago de las deudas sociales de una sociedad que ha entrado en una situación de insolvencia que impide a sus acreedores cobrar sus deudas. La ley solo extiende a los administradores la responsabilidad solidaria por el impago de las deudas sociales, cuando además del incumplimiento del deber de promover la disolución de la sociedad o solicitar el concurso, se trate de créditos posteriores a la aparición de la causa de disolución (art. 367 LSC). Pero, como ya hemos destacado, no es aquí el supuesto.

La falta de depósito de cuentas anuales y de legalización de libros no guardan relación causal con la generación del daño causado por el impago de la deuda, desestimándose la acción individual de responsabilidad

AP Madrid, Sec. 28.ª, 416/2021, de 12 de noviembre. Recurso 552/2019

SP/SENT/1130106

---

4. Según aparece en el histórico de acuerdos, no se ha inscrito la formalización de ninguna junta desde 2010 ni el nombramiento de nuevos consejeros, ni el depósito de cuentas desde el año 2009, ni la legalización de los libros de contabilidad.

Alegaciones de los apelados

5. La falta de depósito de cuentas o la falta de convocatorias de Juntas Generales o reuniones del Consejo no guardan una relación causal con la generación del daño y además la actora no enuncia la temporalidad de este supuesto hecho.

6. No está acreditado el abandono del domicilio social. Los Sres. Epifanio y Elías señalan que existen elementos probatorios en sentido contrario (Documento n.º 2 de la Contestación de dicha parte; o Documento n.º 67 de la propia demanda —auto de despacho de ejecución derivado del procedimiento monitorio referenciado—). Además, indican que tampoco se concreta en el tiempo este abandono.

7. La recurrente se refiere a los datos del balance y parece atribuir una conducta omisiva de los administradores consistente en no reclamar deuda de terceros con la sociedad SWD. Sin embargo, la partida de "Inversiones" a la que se refiere el Balance no comporta necesariamente la presencia de créditos exigibles.

8. La representación del Sr. Eulogio refiere que consta en autos (documento 8 de la contestación del Sr. Eulogio y documento 2 de la contestación de los Sres. Epifanio y Elías), un escrito de contestación a la demanda en el procedimiento ordinario 604/2012, seguido ante el Juzgado de lo Mercantil n.º 3 de Madrid, en el que la representación procesal de S.W.D. contestaba a una demanda presentada por la sociedad HISPACUN S. L., estando fechada la mencionada contestación el día 30 de septiembre de 2013.

9. La representación del Sr. Eulogio también alega que se desvinculó del Consejo de Administración de la sociedad S.W.D., desde el día 2 de julio de 2010, cuando GRUPO PROCONSOL S. L., la empresa a la que representaba en el mencionado órgano vendió todas sus participaciones sociales a la empresa AURUM TIME S. L. Ello es así porque el Sr. Eulogio era un empleado de la mercantil GRUPO PROCONSOL S. L.

Valoración de la Sala

10. La STS 472/2016 de 13 de julio, reproduce el criterio manifestado en la STS núm. 253/2016 de 18 de abril, que a su vez es reiterado en otras sentencias posteriores, como la STS 129/2017 de 27 de febrero. A tenor de la indicada jurisprudencia, la constatación del cierre de hecho acreditaría una conducta no diligente del administrador, pero el éxito de la acción de responsabilidad ex artículo 241 LSC requiere algo más: que se acredite la relación causal entre la conducta imputada y el daño (impago de la deuda). Por eso la

jurisprudencia exige que el actor haga un esfuerzo por "*mostrar la incidencia directa del incumplimiento de un deber legal cualificado en la falta de cobro de aquellos créditos*". Ese esfuerzo ha de ser "*cuando menos argumentativo (sin perjuicio de trasladarle a los administradores las consecuencias de la carga de la prueba de la situación patrimonial de la sociedad en cada momento)*".

11. Debemos aclarar que el esfuerzo argumentativo a que se refiere la jurisprudencia, afecta a la relación causal entre la conducta no diligente imputada al administrador y el resultado producido (impago de la deuda). En este aspecto, la dificultad probatoria que pesa sobre el actor, se resuelve atribuyendo la carga probatoria a los demandados. Sin embargo, en lo que se refiere a la conducta no diligente imputada a los demandados, que en este caso es el cierre de hecho, el esfuerzo que tiene que realizar el actor no es solo argumentativo, sino también probatorio (artículo 217.2 LEC) sin perjuicio de que la convicción pueda alcanzarse a partir de la valoración de elementos indiciarios (artículo 386 LEC).

12. En este sentido, los elementos indiciarios a que se refiere el apelante, valorados en su conjunto, no son plenamente concluyentes del cierre de hecho de la sociedad en un momento inmediatamente posterior al nacimiento de la obligación. Además, compartimos lo afirmado en la sentencia recurrida en lo referente a que la demanda no explica razonablemente los indicios existentes al respecto.

13. Es cierto que consta en el documento 76 de la demanda y 3 de la contestación de los Sres. Cosme y Daniel (historial registral de SWD), que los Sres. Serafín y Elías no pudieron notificar su renuncia por conducto notarial en el domicilio social en octubre de 2012, sito en la calle A Interior del Polígono Europolis de Las Rozas. La misma imposibilidad consta en cuanto a la notificación de la renuncia del Sr. Eulogio en abril de 2014. También es cierto que en presente procedimiento, el emplazamiento de SWD se ha realizado por edictos.

14. Sin embargo, consta en el historial registral de SWD que en julio de 2012, los Sres. Cosme y Daniel sí pudieron notificar a la empresa su renuncia al cargo por conducto notarial. Cabe destacar que la notificación se practicó en la calle Brisol, tras comprobar que era la nueva denominación de la calle A Interior del Polígono Europolis de las Rozas.

15. Por otro lado, en noviembre de 2012 FREIXENET interpuso reclamación frente a SWD mediante procedimiento monitorio. En ese procedimiento, SWD pudo ser emplazada, pues seguidamente se dictó auto despachando ejecución. Es irrelevante quién recogiera materialmente la notificación, ni la demanda se refiere se esta circunstancia.

16. Asimismo, cabe destacar que SWD contestó en septiembre de 2013 a la demanda planteada en el procedimiento ordinario 604/2012 (documento núm. 2 de la contestación de los Sres. Epifanio y Elías).

17. Por otro lado, la demanda resulta inconsistente en relación al esfuerzo alegatorio exigido por la jurisprudencia para justificar la relación causal entre el cierre de hecho y el impago. En el hecho quinto del escrito rector (página 2 de la demanda) y en los fundamentos (página 8 de la demanda) se indica que existe relación causal, pero no se aporta ninguna explicación sobre el modo en que dicha relación causal opera en este caso.

18. En los Fundamentos de la demanda (página 7), lo que podemos leer es que SWD desapareció de su domicilio, dejando de pagar a sus acreedores "*sin que se les conozcan bienes de ninguna clase*". En esa tesitura, es obvio que aunque la liquidación hubiera sido ordenada, los acreedores tampoco habrían cobrado sus créditos. Por ello, consideramos que la demanda adolece del esfuerzo argumentativo suficiente, en los términos exigidos por la jurisprudencia. A tales efectos, resulta intempestivo el argumento introducido en el recurso sobre la falta de gestiones realizadas por los administradores para el cobro de las deudas pendientes. Tampoco queda acreditado que esas gestiones hubieran podido arrojar un resultado satisfactorio.

19. La falta de depósito de cuentas y de legalización de libros o la falta de convocatorias de Juntas Generales o reuniones del Consejo tampoco guardan relación causal con la generación del daño o al menos en la demanda tampoco se ha efectuado un mínimo esfuerzo alegatorio para justificar esa relación causal.

20. Por todo lo expuesto, procede desestimar también la acción de responsabilidad individual de los administradores, por lo que el recurso ha de ser íntegramente desestimado.

La sociedad no realizó actividad alguna entre 2013 y 2016 ni presentó cuentas anuales, solo se inscribió en el Registro Mercantil. Ello supone cierre de hoja registral y obligación de disolver la sociedad por los administradores, cabe responsabilidad

AP Ávila, Sec. 1.ª, 214/2017, de 27 de octubre. Recurso 328/2017

SP/SENT/931061

La parte que recurre invoca que la sociedad Truck Siglo XXI no se encontraba incursa en causa de disolución, ya que era el primer año de funcionamiento de la sociedad.

El motivo de recurso es inasumible cuando no se acredita (ver informe de Iberinform) que dicha entidad en los años 2013, 2014, 2015 y 2016 tuviera actividad alguna. No consta más que la inscripción de dicha sociedad en el Registro Mercantil en fecha 20 de Julio de 2012, estando constituida el 16 de mayo de 2011, siendo la petición y suministro de gasóleo el 21 de noviembre de 2011, cuando la citada mercantil ni siquiera había comenzado a funcionar. No consta el depósito de las cuentas anuales en todos los años citados, provocando el cierre de la hoja registral. Consta que ya no tiene el domicilio social en Vicolozano (Ávila). No consta que se haya celebrado Junta alguna, etc.

La causa de disolución aplicando los arts. 360 y 361 de la Ley citada es más que evidente, corriendo a cargo del recurrente la prueba en contrario, por aplicación de lo que dispone el art. 367.2 de la misma Ley.

La Jurisprudencia del TS sobre este particular es uniforme (*vid.* Ss TS de 3 de marzo de 2016, 10 de septiembre de 2012 y Auto de 29 de junio de 2016). En todas ellas se establece la responsabilidad de los administradores sociales por la no promoción tempestiva de la disolución o el concurso de la sociedad.

En el presente caso, correspondía probar a los administradores demandados el funcionamiento de la sociedad, pérdidas y ganancias, libres de comercio o soporte contable, etc., incluso testifical de los clientes, etc.

Por todo ello, se desestima en su integridad el motivo y el recurso de apelación y se confirma la Sentencia recurrida por sus propios fundamentos.

Las cuentas no fueron presentadas en plazo y la situación de pérdidas era clara, el administrador omite la grave situación de la empresa y con ello que está incursa en causa de disolución, de todo ello deriva su responsabilidad solidaria por deudas

AP Barcelona, Sec. 15.ª, 393/2017, de 9 de octubre. Recurso 430/2016

SP/SENT/923649

En consecuencia, dada la falta de formulación y depósito de las cuentas en plazo, y de todo tipo de prueba sobre la contabilidad de la deudora, esta situación debe perjudicar obviamente, en este caso, a quien por su condición de administrador de la compañía tiene acceso directo a dichas fuentes de prueba, conforme a la regla del artículo 217.7 de la LEC, especialmente cuando los indicios (embargos infructuosos) de que se dispone apuntan a que los activos realizables de la compañía no cubren las obligaciones exigibles que mantiene impagadas. Son la deudora y los administradores societarios quienes, por no formular las cuentas anuales, soportan la carga de acreditar que las pérdidas acumuladas no han reducido el patrimonio neto de la compañía a valores inferiores a la cifra del capital social; pueden hacerlo fácilmente, proponiendo prueba —normalmente con apoyo pericial— sobre la contabilidad que tienen o deben tener a su disposición, y si no lo hacen es lícito concluir lo que, por otra parte, apuntan los indicios que se conocen, es decir, que la sociedad está efectivamente incursa en causa de disolución por pérdidas cualificadas del artículo 363.1 e) del TRLSC.

10. No existe, por tanto, error en la sentencia de instancia cuando afirma que la falta de formulación de las cuentas es motivo suficiente como para derivar la responsabilidad por impago de las deudas sociales al administrador de la sociedad. El incumplimiento absoluto, como es el caso, de las obligaciones contables de un ordenado y diligente empresario (arts. 25 y ss. del Código de Comercio y art. 253 LSC), y la evidente facilidad probatoria de la que dispone el administrador social (art. 217.6 LEC), debe conllevar una inversión de la carga de la prueba, siendo el administrador quien deba acreditar el estado de solvencia de la sociedad por él administrada, o el equilibrio patrimonial exigido por la norma, debiendo pechar con las consecuencias negativas de la falta de prueba de tales hechos en caso contrario, y de ahí que deba confirmarse la sentencia recurrida.

11. Como bien dice la sentencia recurrida, las cuentas del ejercicio 2013 no se presentaron en el plazo legalmente habilitado para ello, y durante dicho ejercicio se produjo la obligación contractual que ahora se pretende reclamar al administrador, por lo que siendo la situación de pérdidas extensible a dicho ejercicio en su totalidad y dado que el administrador omite toda prueba de que tales pérdidas se hayan generado en un momento determinado a lo largo de dicho ejercicio, la sentencia de instancia debe ser confirmada.

De la no presentación de las cuentas anuales del ejercicio solo cabría deducir la existencia de pérdidas con posterioridad a la deuda reclamada y no que antes de contratar ya existiera la causa de disolución

AP Barcelona, Sec. 15.ª, 378/2017, de 22 de septiembre. Recurso 206/2016

SP/SENT/922693

En el supuesto de autos no concurren los referidos presupuestos dado que la demandante no realiza ningún esfuerzo probatorio sobre la concurrencia de la causa legal de disolución, que ni tan siquiera concreta en la demanda sino en la audiencia previa, en la que apoya su acción ni, tampoco, hace referencia alguna a si la misma es anterior o posterior al acaecimiento de las obligaciones sociales, limitándose a fijar el origen de la deuda, respecto a una parte de la cantidad reclamada, en el año 2009 y, respecto a la otra parte, en el año 2010 y a aducir, respecto de la causa de disolución, que no constan en el Registro Mercantil las cuentas anuales del ejercicio social 2011 de lo que, a su juicio, debe inferirse la concurrencia de la causa prevista en la letra e) del art 363.1 LSC (La sociedad de capital deberá disolverse: e) Por pérdidas que dejen reducido el patrimonio neto a una cantidad inferior a la mitad del capital social, a no ser que este se aumente o se reduzcan en la medida suficiente, y siempre que no sea procedente solicitar la declaración de concurso). Ha resultado probado en autos que las cuentas anuales de la sociedad de todos los ejercicios sociales anteriores al de 2011 han sido presentadas anualmente para su depósito en el Registro Mercantil (documento n.º 4 de la demanda).

Por tanto, aun cuando, siguiendo la alegación de la demandante, se fijase el origen de la deuda reclamada en el año 2009 y 2010, de la no presentación de las cuentas anuales del ejercicio social del 2011 solo cabría, en su caso, deducir la existencia de las pérdidas del art. 363.1 e) LSC para el ejercicio 2011, esto es, con posterioridad a la deuda reclamada. De tal suerte, no cabe estimar que se cumpla el presupuesto de la responsabilidad del art. 367 LSC de que las obligaciones sociales reclamadas sean posteriores a la causa legal de disolución de la sociedad.

8. De tal suerte, no acreditada la concurrencia de la causa de disolución invocada en el momento en que se contraen las obligaciones sociales, debe desestimarse la acción de responsabilidad del art. 367 LSC.

Ante la ausencia de datos contables de la sociedad demandada y la falta de prueba en contrario, se presume que existía causa de disolución al generarse la deuda reclamada, estimándose la acción de responsabilidad por deudas

AP Madrid, Sec. 28.ª, 295/2017, de 12 de junio. Recurso 234/2015

SP/SENT/919452

La parte actora ha acudido al Registro Mercantil y ha aportado la información que ha podido extraer del mismo sobre la situación contable de la entidad ALTA GESTIÓN EJECUTIVOS RELACIONES PÚBLICAS, S. L., donde solo se han publicado sus cuentas hasta las del ejercicio 2005. A partir de ahí a la demandante no le ha sido posible obtener información contable más actualizada, en concreto, la relativa a los ejercicios 2006 y primera mitad del 2007, que es la que hubiera precisado para constatar cuál era la situación económica de la entidad ALTA GESTIÓN EJECUTIVOS RELACIONES PÚBLICAS, S. L. justo antes de endeudarse con las entidades actoras, en la segunda mitad del año 2007. La parte actora se ha esforzado, sin embargo, en tratar de obtener la documentación precisa para intentar demostrar su planteamiento, pues ha requerido formalmente a la contraparte, en la fase probatoria de este proceso, para que la exhibiese (al amparo de lo previsto en el artículo 328 de la LEC). La respuesta de la demandada ha resultado, sin embargo, elusiva, pues no ha atendido el requerimiento judicial que se le realizó al efecto y ni siquiera acude al acto de la vista para la práctica del interrogatorio de parte admitido como prueba. Así es porque siendo la vigente administradora social tenía la obligación, en primer lugar, de haber elaborado en tiempo y forma la contabilidad social y las cuentas anuales (artículos 25 y 34 del C. de Comercio y artículo 171 del TRLSA, al que se remitía el artículo 84 de la LSRL) y, luego, de conservar todo ello a su alcance (artículo 30 del C. de Comercio). Tanto si está bloqueando el acceso a esa fuente de prueba, que para ella debería ser pleno, como si ha incumplido la obligación legal de llevar la contabilidad y de elaborar las cuentas anuales, la consecuencia debe ser similar desde el punto de vista procesal, cual es que tal conducta en modo alguno puede favorecerle (así lo prevé el artículo 329 de la LEC, que permite en caso de negativa injustificada a la exhibición dar por buena la versión de la contraparte). Si combinamos este reconocimiento, con la situación de opacidad absoluta que pesa sobre cuál fuera el estado económico concreto de la sociedad desde entonces (no consta que se aprobaran cuentas correspondientes a los ejercicios 2006 y 2007, ni se depositó información alguna al respecto en el Registro Mercantil), y los claros síntomas de desaparición del domicilio social, podemos considerar como razonable la presunción de que la causa de disolución por razones económicas ya pesaba sobre la entidad ALTA GESTIÓN EJECUTIVOS RELACIONES PÚBLICAS, S. L. antes de endeudarse, lo que hizo ya avanzado el año 2007. Lo cual entronca con el lógico entendimiento de las consecuencias que se derivan de la presunción legal de posterioridad entre el advenimiento de la causa de disolución y el endeudamiento que está prevista, desde la reforma por Ley 19/2005, de 14 de noviembre, en el párrafo segundo del apartado n.º 5 del artículo 105.5 de la LSRL (que se corresponde con el vigente artículo 367.2 del TRLSC), que incumbe desvirtuar a la administradora demandada mediante la facilitación de prueba en contrario, lo que, en este caso, no se ha producido.

En cuanto a la concurrencia de los presupuestos que serían precisos para poder justificar el éxito en su contra de la acción individual de responsabilidad (artículo 69 de la LSRL), tal esfuerzo resulta ya baldío, en la medida en que la condena se funda, principalmente, en la apreciación de la responsabilidad "ex lege" por deudas sociales (prevista en los artículos 105.5 de la LSRL y 262.5 del TRLSA, que ha pasado al texto del artículo 367 del Texto Refundido de la Ley de Sociedades de Capital, aprobado por Real Decreto Legislativo 1/2010, de 2 de julio –TRLSC–, tras la entrada en vigor de esta) y los presupuestos se muestran evidentes tras ser reexaminados por este tribunal, en la medida de lo preciso a tenor de los términos de la apelación. Así pues, no es necesario que se identifique ningún otro comportamiento negligente diferente de la omisión en la promoción, en tiempo y forma, de la disolución social, ni tampoco tiene sentido la necesidad de apreciar la concurrencia de un nexo causal entre el daño sufrido por la parte demandante y la actuación negligente de la administradora.

La denominada responsabilidad ex lege del administrador le obliga a responder con su propio patrimonio de las deudas sociales insatisfechas si no cumplió, en tiempo y forma, con la obligación que le incumbía de impulsar la disolución social cuando concurriría causa legal que así lo exigía (artículos 105 de la LSRL y 262 del TRLSA –artículo 367 del vigente TRLSC–). Es al constatar la concurrencia de esta última (en este caso las razones económicas que, como dedujo el juzgador, habrían llevado a una erosión del patrimonio más allá de lo legalmente permitido –artículos 260.1.4 del TRLSA y 104.1.e de la LSRL–) cuando el administrador debería haber impulsado, en determinado plazo legalmente establecido (artículos 262 del TRLSA y 105 de la LSRL), la disolución social o la adopción de medidas para salir de ella.

Responsabilidad solidaria por deudas del administrador, pues, desde la falta de presentación de cuentas, se presume la concurrencia de pérdidas cualificadas, que el administrador no desvirtúa

AP Asturias, Oviedo, Sec. 1.ª, 119/2017, de 2 de mayo. Recurso 91/2017

SP/SENT/908418

Desde el momento en que la falta de presentación de las cuentas de 2014 determina la presunción de insolvencia de la empresa del demandado en el momento en que surgió la deuda, invirtiéndose la carga de la prueba, con la obligación del demandado de probar fehacientemente que la situación de la misma era de solvencia en dicho momento, prueba que en momento alguno ha pretendido facilitar, se cumplen rigurosamente los requisitos que fija el artículo 367 LSC pues transcurrió el plazo previsto en el mismo sin que el administrador convocara la correspondiente junta para disolver la sociedad, y la deuda a la que se refiere la demanda surgió con posterioridad al momento en que la sociedad se encontrara ya en situación de insolvencia, pues la fecha anteriormente señalada ni se puso en duda por el demandado, por lo que no es de aplicación el contenido del apartado 2 del mismo precepto reseñado.

Ante la falta de prueba en contrario, la no presentación de cuentas anuales es indicio suficiente para entender que la sociedad se encontraba en causa de disolución cuando se generó la deuda con el actor

AP Málaga, Sec. 6.ª, 160/2017, de 20 de febrero. Recurso 345/2014

SP/SENT/925383

En el presente caso, no constan depositadas las cuentas anuales de los ejercicios 2007/2008 en el acto de la audiencia previa se presentó documental acreditativa de la presentación en fecha 21 de marzo de 2013, de las cuentas con cierre de ejercicio a 31/08/2008 (f. 296); a fecha 8 de abril de 2013 con cierre de ejercicio de 31/08/2009 (f. 294); a fecha 17 de abril de 2013, con cierre de ejercicio de 31/08/2010 (f. 292), por lo que la sociedad ha incumplido la obligación de depósito de cuentas que le imponía el art. 218 LSA al que remite el art. 84 LSRL, y el art. 279 LSC, con lo que se ha producido el cierre del Registro, conforme al art. 378 RRM. Al respecto se ha de indicar que estamos ante una responsabilidad nacida de la Ley de naturaleza cuasi objetiva, aunque no exenta de cierto matiz subjetivo, y claro carácter sancionador. La parte demandada, apelante, en virtud del principio de facilidad probatoria, disponibilidad y proximidad de fuentes de prueba, tenía a su disposición fuentes de prueba contradictorias para acreditar que no estaba incursa en causa de disolución en el momento de obligarse con la parte actora. Es de reseñar que el medio normal, adecuado, suficiente y legalmente habilitado para acreditar el estado económico-patrimonial de una sociedad de capital es, precisamente, la aportación al procedimiento de las cuentas anuales depositadas en el Registro Mercantil. Estas reflejan, con cierta exhaustividad, la totalidad de la contabilidad social y permiten conocer el alcance real del estado financiero de una sociedad o cuando menos, proporcionan la información suficiente para apreciar la situación patrimonial. Todo ello lleva a concluir, que la parte apelante no ha cumplido con el deber procesal de aportar un medio probatorio idóneo, y de entidad suficiente, para destruir la presunción legal establecida en el art. 367 de la LSC, y es el demandado el que debe soportar esa ausencia probatoria, de manera que debemos considerar acreditada la causa de disolución. Como señala la STS de 5 de octubre de 2004, "es de mala fe y al mismo tiempo irracional pretender que el incumplimiento de una obligación deriva en beneficio para el *incumplidor, en cuanto deja sin prueba a la contraparte de datos objetivos muy importantes*". En este caso, la actora ha probado la falta de depósito de las cuentas. No le puede ser exigido a la parte demandante un mayor esfuerzo probatorio, resultando de aplicación el art. 217.6 LEC, conforme al cual, el tribunal deberá tener presente la disponibilidad y facilidad probatoria que corresponde a cada una de las partes en el litigio. En esta línea, la citada Sentencia continúa diciendo que "*la prueba de que la sociedad no ha sufrido disminución de su patrimonio en términos que obligasen*" a los administradores "*a proceder conforme al art. 105.5 LSRL le hubiera correspondido a la parte demandada, por serle más fácil y accesible (hipotéticamente en este caso) que a la actora, supuesto este último (facilidad y accesibilidad de la prueba) que invierte el «onus probandi» hacia la parte que está en esas condiciones, a fin de evitar la indefensión de la contraria*". Pero es más, en el presente caso, a los administradores demandados les hubiera bastado con aportar documentación que acreditara que la sociedad no estaba incursa en causa legal de disolución; debiendo decaer toda la argumentación del recurso relativa a la necesidad de acreditar el nexo causal, porque se les ha condenado con base en el art. 105.5 en relación con el 104.1 e) LSRL, y no con base en los arts. 133 y 135 LSA, a los que remite el art. 69 LSRL, responsabilidad que sí exige la acreditación del nexo causal entre la conducta del administrador y el daño, requisito que no es exigido para la aplicación del art. 105.5 LSRL, por lo que este motivo de recurso ha de decaer. Por todo lo expuesto, debemos desestimar el recurso de apelación y confirmar la Sentencia recurrida.

La falta de depósito de las cuentas anuales no determina que la sociedad se encontrara incursa en la causa de disolución de imposibilidad de alcanzar el fin social, desestimándose la acción de responsabilidad por deudas

AP Valladolid, Sec. 3.ª, 186/2016, de 16 de junio. Recurso 140/2016

SP/SENT/868499

En todo caso, y sin perjuicio de lo anterior, no ha resultado acreditado que la sociedad administrada por el demandado se encontrara en situación de insolvencia con anterioridad a la fecha en que se contrajo la deuda, ni tampoco se ha probado que las pérdidas reconocidas por la demandado durante el ejercicio 2011 (según la liquidación del impuesto de sociedades aportada junto con la demanda) sean cualificadas, esto es, que han dejado reducido el patrimonio neto de la sociedad en una cantidad inferior a la mitad del capital social, sin que la sola valoración del capital que realiza el apelante sea suficiente a estos efectos, pues no considera otras partidas del patrimonio neto (reservas legales, voluntarias, resultados de ejercicios anteriores, etc.). Por otro lado, tampoco la falta de depósito de las cuentas anuales es motivo suficiente para justificar la concurrencia de la causa de disolución identificada en sede de apelación, pues se trata de una obligación legal de los administradores, pero en ningún caso una causa de disolución, y no determina en modo alguno una imposibilidad manifiesta de cumplir su fin social.

En definitiva, esta Sala estima que la causa de disolución en la que inicialmente se fundamentó la acción de responsabilidad por deudas sociales del art. 367 LSC era la contemplada en la letra a), a pesar de no haberla explicitado en la demanda el actor, en base a los argumentos jurídicos ofrecidos y los documentos aportados en la propia demanda. A la vista de la contestación, el letrado modificó parcialmente la pretensión "aclarando" que la causa de disolución societaria se encontraba referida en el hecho 4.º y que se correspondía con la situación de insolvencia y despatrimonialización de la sociedad, lo cual no permitía despejar las dudas por él mismo creadas en su imprecisa y genérica demanda. Y, finalmente, en sede de apelación, por primera vez se concreta la causa de disolución, diciendo que se trataba de la prevista en la letra c), la cual no resulta de aplicación, no solo por la vulneración que supondría tomar en consideración la misma conforme al principio de preclusión y contradicción (prohibición de la "mutatio libelli", y de la variación del objeto del pleito en la segunda instancia –"pendente apellatione nihil innovetur"–), sino también porque ni la falta de depósito de las cuentas en el Registro Mercantil, ni la existencia de pérdidas (cuya trascendencia patrimonial no ha sido probada), ni la insolvencia (tampoco acreditada *ex* art. 2 LC) suponen per se una imposibilidad manifiesta de alcanzar el fin social.

Por último, respecto al posible error en la valoración de la prueba, estimamos que el juzgador de instancia ha valorado correctamente los documentos presentados pues, por un lado, la diligencia de 18.12.2012 no permite colegir que haya transcurrido un año desde el cese de actividad con anterioridad a la generación de la deuda. Y, por otro, ni la falta de depósito de las cuentas anuales, ni tampoco las deudas contraídas durante el ejercicio 2011 extraídas del impuesto de sociedades, determinan la concurrencia de la causa de disolución alegada en el recurso de la letra c) del art. 363.1 LSC.

Ante la falta de prueba en contrario, la ausencia de cuentas anuales es indicio suficiente para entender que cuando se generó la deuda reclamada la sociedad sufría pérdidas cualificadas

Juzgado de lo Mercantil San Sebastián, n.º 1, 101/2017, de 6 de abril. Recurso 499/2016

SP/SENT/911677

La mercantil demandada no ha presentado para su depósito en el Registro Mercantil cuentas anuales desde el ejercicio dos mil seis, tal como alega la parte actora y no se discute de contrario, lo cual impide que las alegaciones de la actora puedan tener refrendo con su confrontación de las cuentas depositadas y publicitadas en el R. Mercantil. Estamos, pues, ante una situación que impide que el acreedor pueda acreditar cuál sea la relación que ha de tomarse en consideración para determinar si la sociedad ha disminuido su patrimonio contable a cantidad inferior al 50 % del capital social y que supone, por elementales razones de facilidad probatoria, que se invierta la carga de la prueba y sean los administradores sociales demandados, que deben conocer la situación económica de la empresa, los que acrediten que no se ha incurrido en la causa de disolución señalada. Así en relación con la causa de disolución 4.ª del art. 260 del Texto Refundido de la Ley de Sociedades Anónimas (equiparable a la causa de disolución prevista para las de Responsabilidad Limitada en el art. 104, 1 apartado e de la Ley de Sociedades de Responsabilidad Limitada), el Tribunal Supremo ha considerado, en su sentencia de 5 de octubre de 2004 que la causa de que la sociedad actora no hubiera podido probar la disminución patrimonial concreta en relación con la causa 4.ª del art. 260 de la Ley de Sociedades Anónimas fue que la sociedad deudora "*incumplió su obligación desde 1992 de depositar sus cuentas anuales en el Registro Mercantil (arts. 218-221 LSA)*", añadiendo que "*es de mala fe y al mismo tiempo irracional pretender que el incumplimiento de una obligación deriva en beneficio para el incumplidor, en cuanto deja sin prueba a la contraparte de datos objetivos muy importantes. Tampoco ha podido servirse de libros de contabilidad por la desaparición de la sociedad de su domicilio social, sin constancia de ningún otro en que efectúe actividad mercantil alguna. La parte actora ha probado lo que en estas circunstancias podía: el cierre de facto del establecimiento social y la desaparición del tráfico sin liquidación alguna. La prueba de que la sociedad no ha sufrido disminución de su patrimonio en términos que obligasen a los administradores a proceder conforma al art. 262.5 de la Ley de Sociedades Anónimas le hubiera correspondido a la parte demandada, por serle más fácil y accesible (hipotéticamente en este caso) que a la actora, supuesto este último (facilidad y accesibilidad de la prueba) que invierte el «onus probandi» hacia la parte que está en esas condiciones, a fin de evitar la indefensión de la contraria*".

En suma, que la no presentación de las cuentas anuales en el Registro Mercantil no constituye por sí causa de disolución de la sociedad pero sí trae consigo la inversión de la carga de la prueba respecto a la existencia de la causa de disolución 4.ª del art. 260 de la Ley de Sociedades Anónimas, debiendo ser los administradores demandados quienes acrediten que la sociedad no ha incurrido en pérdidas que lleven consigo la disminución del patrimonio neto a cifra inferior a la mitad del capital social.

Dicho lo anterior, atendiendo a la falta de prueba de su situación contable en el momento anterior a contraer la deuda que ahora se reclama por parte del demandado y, sin acreditar, con arreglo a las normas de la carga probatoria indicadas, que la mercantil codemandada no se encontraba ya entonces en causa de disolución por perdidas, ese defecto probatorio debe de imputarse a la parte demandada. Por lo demás, el hecho de que no pudieran trabarse bienes de la demandada en el proceso de ejecución para cubrir toda la deuda.

Por ello, debemos dar por sentado que la existencia de pérdidas que dejaron reducido el patrimonio neto a cifra inferior a la mitad del capital social debe presumirse racionalmente existente cuando se generó la deuda que ahora se reclama.

La falta de depósito de cuentas anuales, sin ir acompañado de ninguna otra prueba, es insuficiente para acreditar que existía causa de disolución por imposibilidad de conseguir el fin social

Juzgado de lo Mercantil Girona, n.º 1, 51/2017, de 8 de febrero. Recurso 225/2016

SP/SENT/905815

En definitiva, y siguiendo en este punto la doctrina del Tribunal Supremo, nos encontramos ante una responsabilidad *ex lege*, sea o no cuasi objetiva, que dimana del incumplimiento de los deberes legales impuestos a los administradores sociales, en este caso, de convocar en el plazo de dos meses la Junta General desde que tengan noticia de la concurrencia de la causa de disolución, bien para adoptar el acuerdo de disolución, bien para solicitar la declaración de concurso. Si la Junta no se reuniera o no se adoptase el pertinente acuerdo, los administradores sociales están obligados individualmente a solicitar el concurso o judicialmente la disolución de la sociedad, en un plazo de dos meses desde que se celebró o se debió celebrar la Junta.

De esta forma, conociendo los administradores que la entidad que administran se encuentra en situación legal de insolvencia y que no podrá hacer frente a las obligaciones futuras, al no actuar diligentemente para superar dicho obstáculo, bien convocando Junta General para que en su seno se adopten las medidas adecuadas, bien adoptando las medidas que permitan superar la situación de insolvencia, abocan con su actuación a la sociedad a no responder de los créditos que se contraigan posteriormente a la mencionada situación. Podríamos concluir que nos encontramos ante una institución preconcursal que trata de proteger el crédito de los acreedores que contratan con una sociedad cuya solvencia económica permite augurar la insatisfacción del crédito a su vencimiento. Es por ello que el momento relevante para atender al nacimiento de la responsabilidad sea el del nacimiento del crédito, como defiende constantemente la AP Madrid (Sección 28.ª) y el TS, y no el del momento de la emisión de la factura ni el momento del vencimiento (por ejemplo, la STS de 18 de junio de 2012).

Por parte de la actora se alegan varias causas legales de disolución, aunque en realidad la única que tendría visos de prosperar sería la contemplada en el artículo 363.1 e) LSC, siempre y cuando las obligaciones sociales contraídas fuesen posteriores a la concurrencia de pérdidas que hubieran dejado reducido el patrimonio neto a una cantidad inferior a la mitad del capital social. Es un sin sentido, con independencia que no se ha practicado prueba alguna para acreditar su concurrencia, afirmar que en el momento en que se contraen obligaciones sociales propias del objeto social, la mercantil estuviera imposibilitada para la "*realización del fin social*" [art. 363.1 b) LSC], o estuvieran "*paralizados sus órganos sociales*" [art. 363 c) LSC], especialmente cuando todos los administradores prestan su consentimiento a hipotecar un bien inmueble al tomar dinero a préstamo.

No obstante, sí podría concurrir, como es habitual en la estimación de acciones con base en el artículo 367.2 LSC, que con carácter previo a asumir las obligaciones sociales cuya responsabilidad solidaria se insta, la entidad IMAS, 2001, S. L. hubiera incurrido en pérdidas que hubieran conducido a la concurrencia de la causa legal de disolución contemplada en el artículo 363.1 e).

Sin embargo, tal circunstancia es un hecho constitutivo de la pretensión, que, sin duda alguna un hecho que compete formalmente probar a la parte actora. Sin perjuicio, claro está de su modulación en atención al principio de facilidad probatoria especialmente en casos de falta de publicidad formal en el Registro Mercantil de las cuentas anuales de la mercantil.

Por parte de la actora, aun alegando de forma imprecisa la eventual concurrencia del presupuesto objetivo del concurso de acreedores y exigiendo la responsabilidad *ex* art. 367 LSC en base a ello, cuando la concurrencia de la causa legal de disolución del art. 363.1 d) por pérdidas es algo bastante diferente a no poder cumplir regularmente con las obligaciones exigibles, alega como fundamente de su pretensión de condena la falta de depósito de las cuentas anuales del ejercicio 2008 (docs. n.os 7 y 8, Certificado del Registro Mercantil). Y ciertamente, ante la ausencia de publicidad formal de las cuentas anuales, no hay duda alguna que al tratarse de un indicio de singular relevancia, en atención al principio de facilidad probatoria puede acudirse a la presunción judicial prevista como medio de prueba excepcional en el art. 386 LEC para considerar probado que el patrimonio neto de la entidad mercantil administrada por los demandados, a consecuencia de las pérdidas sufridas, estaba por debajo de la mitad social del capital escriturado de garantía.

No obstante, no se considera procedente en el presente caso acudir a la presunción judicial prevista en el indicado artículo, para sustituir la pasividad probatoria de la demandante, puesto que, de lo contrario, conduciría a asentar la regla que la falta de depósito de cuentas anuales lleva aparejada la responsabilidad automática del art. 367 LSC o que, a fin de cuentas, la falta de publicidad formal conduce a considerar probado que existe causa legal de disolución. Y, ciertamente, ni esta es la voluntad del legislador, que en modo alguno contempla el régimen del art. 367 LSC a modo de "*responsabilidad* ex lege" ante la falta de publicación de las cuentas anuales, ni la jurisprudencia considerar que la falta de elaboración y presentación a depósito de las cuentas anuales equivale a situación de causa legal de disolución por la existencia de pérdidas [art. 363 d) LSC].

No se puede acudir de forma inmediata a la presunción judicial ante la falta de presentación a depósito de las cuentas anuales del ejercicio en que se contraen las obligaciones sociales cuya responsabilidad solidaria se insta, sino que el recurso a la presunción judicial, al ser excepcional y potestativo para el Juez según determina expresamente el art. 386 LEC, implica calibrar con prudencia y equidad el principio de facilidad probatoria y las reglas formales de base de la carga de la prueba que impone de forma imperativa el art. 217 LEC.

En el presente caso, concurren circunstancias que no permiten que del hecho probado de la falta de publicidad formal de las cuentas anuales del ejercicio 2008, en atención al principio de facilidad probatoria, se pueda argumentar que exista un *"enlace preciso y directo según las reglas del criterio humano"* para concluir de forma razonable que presuntamente la sociedad estaba en agosto de 2008 incursa en causa legal de disolución por la existencia de pérdidas.

No debemos olvidar, que la entidad BBVA al conceder el 29 de agosto de 2008 un préstamo por importe de 110.000 euros de capital y exigir garantía hipotecaria gravando un inmueble de la entidad IMAS 2001, S. L. sometería la aprobación al comité de riesgos de la entidad y, por tanto, en su expediente, con total probabilidad contaría con datos que permitirían calibrar la situación patrimonial de la sociedad. Y, a su vez, la actora estaba en condiciones de aportar las últimas cuentas anuales presentadas a depósito en el Registro Mercantil, que según el certificado del Registro Mercantil son las del ejercicio inmediatamente anterior, el 2007, que permitirían tener datos de la evolución de la entidad y, por tanto, imprimir coherencia a la presunción judicial si la tendencia era negativa. Igualmente, no se ha solicitado interrogatorio alguno ni práctica de testifical. Y, por consiguiente, no se considera procedente articular la indicada presunción judicial, lo que conduce a considerar que no ha resultado probada la causa legal de disolución invocada.

A pesar de que la sociedad demandada no ha presentado las cuentas de los dos últimos años, no existe prueba que acredite que existiese una situación de insolvencia cuando se generó la deuda reclamada

Juzgado de lo Mercantil Asturias, n.º 2, 122/2016, de 23 de diciembre. Recurso 133/2016

SP/SENT/886869

En el caso de autos se reclama una deuda derivada del impago de ciertas cantidades que traen causa de las relaciones comerciales existentes entre la demandante y Ovin Electricidad, S. L. administrada por el demandado, cantidades que habrían sido objeto de reclamación por medio de demanda de procedimiento cambiario seguido con el n.º 493/2015 ante el Juzgado de 1.ª Instancia n.º 2 de Siero, que daría lugar al dictado del auto de 16 de enero de 2013 en el cual se ordena el despacho de ejecución por la cantidad de 19.680 euros de principal más 6.000 euros presupuestados para intereses y costas, así como por procedimiento monitorio seguido con el n.º 495/2015 ante el juzgado de 1.ª Instancia n.º 4 de Siero y procedimiento verbal seguido con el n.º 518/2015 ante el juzgado de 1.ª Instancia n.º 4 de Siero, constando en todas ellas el despacho de ejecución, no llegándose a hacer efectivo el crédito sobre ningún bien de la mercantil deudora.

A la vista de la oposición formulada por el demandado, y no resultando controvertida sino parcialmente en cuanto a las costas la cantidad cuya reclamación se deduce en el escrito rector de este procedimiento, se ha de decir que de la documental que obra unida a las actuaciones resulta acreditado de la documental aportada y de las manifestaciones de la administradora de la parte actora, que la mercantil administrada por el ahora demandado y la mercantil demandante mantenían relaciones comerciales de forma continuada, habiendo facturado la actora a la demandada cantidades muy superiores a la ahora reclamada como principal. En relación con la deuda que ahora se reclama, resulta igualmente acreditado que el demandado habría firmado un reconocimiento de deuda a favor de la parte actora y habría manifestado su intención de liquidar la deuda. Consta igualmente acreditado que el principal cliente de la demandada habría entrado en concurso habiendo dejado a Electricidad Ovin una deuda cuantiosa sin abonar y sujeta a dicho procedimiento. Resulta acreditado igualmente que las facturas pendientes y en virtud de las cuales se formula la presente reclamación fueron emitidas entre los meses de enero y junio de 2015 y que la mercantil Electricidad Ovin no abonó dichas facturas ni compareció en los procedimientos en los que fue demandada para reclamar cuanto esta debía. Resulta igualmente acreditado que la mercantil deudora no habría presentado cuentas durante los ejercicios 2014 y 2015.

No obstante, ello, de la documental aportada a los autos y de las manifestaciones de la parte demandada sin oposición de la parte actora resulta acreditado que de las cuentas formuladas en el ejercicio 2013 no resulta que la mercantil se encontrara en situación de insolvencia. Resulta igualmente acreditado que no existe más reclamación contra la mercantil deudora que la que ahora nos ocupa con lo que no puede hablarse de situación de insolvencia derivada del sobreseimiento generalizado de pagos. Asimismo, y aun cuando efectivamente haya resultado impagada de la deuda que ahora se reclama, no consta que la mercantil deudora haya paralizado su actividad, manteniendo trabajadores en activo. Asimismo, resulta acreditado que la imposibilidad de pago de la deuda que ahora se reclama viene provocada por la entrada en concurso del principal cliente de la deudora y no por la actuación negligente del demandado en su calidad de administrador de la mercantil Electricidad Ovin, S. L. Queda igualmente acreditado de los extractos de cuenta aportados, que esta mercantil continúa con su actividad, no constando que haya cesado de hecho en el tráfico mercantil.

En consecuencia de cuanto ha quedado expuesto, y pese a que la mercantil deudora no ha presentado las cuentas de los ejercicios 2014 y 2015 no puede decirse que se haya desplegado prueba suficiente que acredite ni el incumplimiento del demandado de sus obligaciones como un diligente administrador, ni la existencia de causa de disolución a la fecha del nacimiento de la deuda que obligara al demandado a proceder a la solicitud de concurso, a la disolución de la mercantil o a la ampliación de capital, no pudiendo en este sentido conceder valor probatorio alguno a la pericial aportada al limitarse el perito a extraer sus conclusiones de la inexistencia de formulación de cuentas, hecho que posee un mero valor indiciario y no determinante en modo alguno de la concurrencia de la insolvencia.

La sociedad demandada no presenta cuentas anuales desde 2011, y, ante la falta de prueba en contrario, es indicio suficiente para entender que existía causa de disolución al generarse la deuda

Juzgado de lo Mercantil Murcia, n.º 1, 175/2016, de 14 de junio. Recurso 399/2015

SP/SENT/863831

CUARTO. Sentado, pues, que existe el primero de los requisitos precisos para que la acción objetiva de responsabilidad del administrador deba prosperar, debe procederse al análisis de los otros dos requisitos, a saber:

– La concurrencia de alguna de las causas de disolución de la sociedad prevista artículo 363.1 Texto refundido de la Ley de Sociedades de Capital.

El artículo 363.1 de la Ley indica las causas de disolución señalando que "*La sociedad de capital deberá disolverse:*

a. Por el cese en el ejercicio de la actividad o actividades que constituyan el objeto social. En particular, se entenderá que se ha producido el cese tras un período de inactividad superior a un año.

b. Por la conclusión de la empresa que constituya su objeto.

c. Por la imposibilidad manifiesta de conseguir el fin social.

d. Por la paralización de los órganos sociales de modo que resulte imposible su funcionamiento.

e. Por pérdidas que dejen reducido el patrimonio neto a una cantidad inferior a la mitad del capital social, a no ser que este se aumente o se reduzca en la medida suficiente, y siempre que no sea procedente solicitar la declaración de concurso.

f. Por reducción del capital social por debajo del mínimo legal, que no sea consecuencia del cumplimiento de una Ley.

g. Porque el valor nominal de las participaciones sociales sin voto o de las acciones sin voto excediera de la mitad del capital social desembolsado y no se restableciera la proporción en el plazo de dos años.

h. Por cualquier otra causa establecida en los estatutos".

En el presente el caso, la parte actora fundamenta la responsabilidad del administrador demandado en la concurrencia de la causa de disolución prevista en las letras a), del artículo anteriormente trascrito (cese en el ejercicio de la actividad o actividades que constituyan el objeto social).

De la prueba documental acompañada a la demanda resulta acreditado que la mercantil demandada no presenta cuentas desde el año 2011, y ante la falta de depósito de cuentas y de contraprueba por quien tiene en su poder y disposición los medios probatorios, hay que afirmar que ante la deudas acreditadas y en las circunstancias fácticas descritas, la situación patrimonial de la sociedad hay que entenderla incursa en el supuesto del artículo

363 a) transcrito con anterioridad a la concertación de la obligación con la actora que es del año 2014, sin que pueda imponerse mayor prueba a la actora, en este sentido SAP de Madrid de 15/9/2005 y de Barcelona de 20/1/2004 y por ende debía el administrador activar los mecanismos legalmente previstos, sin que conste haya procedido a su disolución o liquidación, ni haya instado la declaración de concurso de la mercantil codemandada de la que es administrador.

En base a todo lo anterior, la demanda debe ser íntegramente estimada.

La sociedad no presenta las cuentas anuales desde el año 2007, encontrándose el administrador en situación de rebeldía y no aportando prueba en contrario, se entiende que existía causa de disolución cuando se generó la deuda reclamada

Juzgado de lo Mercantil Zaragoza, n.º 2, 155/2016, de 7 de junio. Recurso 45/2016

SP/SENT/869440

SEGUNDO: La parte actora acredita mediante la documental aportada junto a su escrito de demanda (documentos n.º uno a cinco) el pedimento de esta; esto es, que la mercantil VIVIENDAS TORRES QUEVEDO, S. L., adeuda a la actora la cantidad reclamada correspondiente a la condena en los autos de juicio ordinario n.º 518/2006 del Juzgado de Primera Instancia número Siete de Zaragoza (documento n.º tres). Hay indicios suficientes para considerar que la mercantil VIVIENDAS TORRES QUEVEDO, S. L. ha incumplido la obligación de convocar Junta General o solicitar la disolución judicial o, si procediera, el concurso de acreedores de la sociedad al amparo de los artículos 362 a 367 de la Ley de Sociedades de Capital con fundamento en las causas de disolución. Estos documentos no han sido impugnados por la demandada al no haber contestado a la demanda ni haberlo hecho en el acto de la audiencia previa.

TERCERO: Existen igualmente indicios suficientes, en cuanto a la responsabilidad de Julián, en su condición de administrador único de VIVIENDAS TORRES QUEVEDO, S. L. sin necesidad de indagar si cumplieron o no con los deberes inherentes al ejercicio de su cargo, a los efectos establecidos en los artículos 363 y 367 de la Ley de Sociedades de Capital, al concurrir en la mercantil VIVIENDAS TORRES QUEVEDO, S. L. las causas de disolución establecidas en el artículo 363 a) b) c) y e), dada la imposibilidad manifiesta de conseguir el fin social y la paralización de sus órganos sociales al haber la empresa desaparecido del tráfico mercantil y no realizar actividad alguna además de haber acreditado la parte actora que dicha mercantil no ha procedido a depositar las cuentas anuales, al menos, desde el ejercicio 2007 pues si bien la falta de presentación de cuentas anuales no constituye causa de disolución, ello no obstante, constando que la demandada no ha depositado las cuentas anuales desde el ejercicio 2007 (documental n.º cuatro) debe considerarse, atendiendo al artículo 217.6 de la LEC, que dada la facilidad probatoria para la demandada se produce una inversión de la carga de la prueba correspondiendo a la parte demandada acreditar que no concurre la causa de disolución invocada y esta no ha contestado a la demanda ni comparecido a juicio por lo que no ha probado, en el supuesto de autos, que no se encontrara incurso en causa de disolución, por lo que la demanda ha de prosperar.

La ausencia de depósito de las cuentas anuales con su consecuente cierre de hoja registral y la falta de prueba en contrario acreditan que existía causa de disolución

Juzgado de lo Mercantil Asturias, n.º 1, 65/2016, de 6 de junio. Recurso 220/2015

SP/SENT/866270

SEGUNDO. En el caso de autos se reclama una deuda por suministros judicialmente reconocida en el previo procedimiento declarativo seguido contra la sociedad.

De la prueba practicada resulta que la sociedad administrada por el demandado no deposita las cuentas, habiéndose procedido de oficio por el Registro Mercantil al cierre de la hoja en Enero de 2012, lo que fija el régimen normativo en el tercero o cuarto de los aludidos, pues lo que fija la norma a aplicar es el momento del incumplimiento, circunstancia que, no obstante, no altera en absoluto el resultado estimatorio de la demanda, ya es reiterada la jurisprudencia acerca de que la falta de depósito de las cuentas produce una suerte de inversión de la carga probatoria, permitiendo presumir la concurrencia de loa causa de disolución por pérdidas cualificadas. No constando que el administrador demandado convocare Junta para acordar la disolución en el plazo fatal de 2 meses que prescribe la LSRL, dicha inactividad le ha de hacer responder, solidariamente con la sociedad, de las deudas sociales existentes, como la reclamada a través de los presentes autos, pues tanto la normativa derogada como el actual art. 367 presumen que las deudas son de fecha posterior al acaecimiento de la causa de disolución salvo que el administrador demandado acredite lo contrario, lo que en el caso de autos no ha acontecido.

La cantidad objeto de condena devengará el interés legal desde la intimación al pago representada por la demanda (art. 1.100 Cc) hasta esta sentencia, desplegando desde entonces sus efectos el art. 576 LEC.

Ante la falta de depósito de cuentas anuales y la ausencia de prueba en contrario, se entiende que existía causa de disolución al generarse la deuda sin que su administrador la haya instado

Juzgado de lo Mercantil Murcia, n.º 2, 137/2016, de 2 de junio. Recurso 117/2014

SP/SENT/867610

La quiebra de la sociedad determinará su disolución cuando se acuerde expresamente como consecuencia de la resolución judicial que la declare.

Se establece, por tanto, con la indicada regulación la responsabilidad de los administradores por las deudas sociales cuando concurra una causa de disolución de las previstas en el artículo 363 de la Ley de Sociedades de Capital y no se proceda por dichos administradores a convocar la Junta General o a solicitar la disolución judicial de la entidad o el concurso de la sociedad. Siendo la responsabilidad establecida por estos artículos una responsabilidad objetiva en la que no es necesario probar la culpa sino que se produce cuando concurre el supuesto objetivo que determina la ley, en este sentido la sentencia del TS de 23-2-2004, indica que "*la acción «ex» art. 265 no requiere ninguna culpa en el administrador, ni relación de causalidad alguna con el daño, basta el hecho objetivo del incumplimiento de las obligaciones que la LSA impone específicamente al administrador social para que se desencadene el efecto sancionador*" (en idéntico sentido, SSTS de 29-4-99, 20-7-2001, 14-11-2002).

Y en el presente caso con la prueba documental obrante en autos, en los términos que se indican en el antecedente de hecho cuarto, ha quedado acreditado que el demandado, como administrador de la sociedad, ha incurrido en el supuesto previsto en el artículo 367 anteriormente transcrito, ya que, ante la falta de depósito de cuentas desde la constitución de la sociedad y de contraprueba por quien tiene en su poder y disposición los medios probatorios, hay que afirmar que ante la deudas acreditadas y en las circunstancias fácticas descritas, la situación patrimonial de la sociedad hay que entenderla incursa en el supuesto del artículo 363 e) con anterioridad a la contratación con la actora, sin que pueda imponerse mayor prueba a la actora, en este sentido SAP de Madrid de 15/9/2005 y de Barcelona de 20/1/2004 y por ende debía el administrador activar los mecanismos legalmente previstos.

En base a todo lo anterior, y sin necesidad de entrar a resolver sobre la concurrencia de un posible supuesto de responsabilidad subjetiva, y siendo que la deuda reclamada se desprende con claridad de la documental obrante en autos, la demanda debe ser estimada.

La sociedad no ha presentado cuentas anuales desde su constitución, no aportando el demandado prueba en contrario, se entiende que ya existía causa de disolución al generarse la deuda reclamada

Juzgado de lo Mercantil Asturias, n.º 1, 57/2016, de 1 de junio. Recurso 291/2015

SP/SENT/866273

La doctrina se encargó de poner de manifiesto la incongruencia de mantener un régimen más severo en sede societaria que en concursal. En efecto, si las pérdidas no llegaran a producir insolvencia, la pasividad del administrador llevaría a declarar *ex* arts. 262.5 LSA o 105.5 LSRL su responsabilidad solidaria con la sociedad por todas las deudas sociales, mientras que si la llegan a generar el art. 172.3 de la Ley Concursal solo prevé para los administradores una responsabilidad residual de la social por esas mismas deudas. Consciente de ello, el legislador, siguiendo las orientaciones de Derecho Comparado (art. 2449 Código Civil italiano) ha corregido tal incongruencia a medio de la Ley 19/2005 de 14 de noviembre, sobre la sociedad anónima europea domiciliada en España, que en sus Disposiciones Finales 1.ª y 2.ª modifica los arts. 262.5 LSA y 105.5 LSRL, que pasan a tener idéntica redacción: "5. *Responderán solidariamente de las obligaciones sociales posteriores al acaecimiento de la causa legal de disolución los administradores que incumplan la obligación de convocar en el plazo de dos meses la junta general para que adopte, en su caso, el acuerdo de disolución, así como los administradores que no soliciten la disolución judicial o, si procediere, el concurso de la sociedad, en el plazo de dos meses a contar desde la fecha prevista para la celebración de la junta, cuando esta no se haya constituido, o desde el día de la junta, cuando el acuerdo hubiera sido contrario a la disolución o al concurso.*

En estos casos las obligaciones sociales reclamadas se presumirán de fecha posterior al acaecimiento de la causa legal de disolución de la sociedad, salvo que los administradores acrediten que son de fecha anterior".

Por último, el Texto Refundido de la Ley de Sociedades de Capital de 2 de Julio de 2010, que entró en vigor el 1 de septiembre de 2010 dispone:

"Artículo 367. Responsabilidad solidaria de los administradores.

1. Responderán solidariamente de las obligaciones sociales posteriores al acaecimiento de la causa legal de disolución los administradores que incumplan la obligación de convocar en el plazo de dos meses la junta general para que adopte, en su caso, el acuerdo de disolución, así como los administradores que no soliciten la disolución judicial o, si procediere, el concurso de la sociedad, en el plazo de dos meses a contar desde la fecha prevista para la celebración de la junta, cuando esta no se haya constituido, o desde el día de la junta, cuando el acuerdo hubiera sido contrario a la disolución.

2. En estos casos las obligaciones sociales reclamadas se presumirán de fecha posterior al acaecimiento de la causa legal de disolución de la sociedad, salvo que los administradores acrediten que son de fecha anterior".

Delimitado el marco legal aplicable según el momento en que haya tenido lugar el incumplimiento de los administradores, resta examinar la naturaleza de la responsabilidad que proclaman dichos preceptos. A este respecto es suficientemente expresiva la sentencia del TS de 23-2-2004, que recalca que *"la acción* ex *art. 265 no requiere ninguna culpa en el administrador, ni relación de causalidad alguna con el daño, basta el hecho objetivo del incumplimiento de las obligaciones que la LSA impone específicamente al administrador social para que se desencadene el efecto sancionador"* (en idéntico sentido, SSTS de 29-4-99, 20-7-2001, 14-11-2002).

SEGUNDO. En el caso de autos se reclama una deuda de 2.374,35 €, de los cuales 135,29 € se adeudan a MADERAS GALLART CABO S. L., 1.858,82 € a GALLART CABO CONSTRUCCIÓN S. L., y 380,24 € se corresponden con las costas tasadas del procedimiento monitorio seguido por ambas mercantiles contra la sociedad ALEMAR DEL PRINCIPADO S. L. L., administrada por el demandado y que no ha presentado cuentas anuales desde su constitución. Teniendo en cuenta la reiterada jurisprudencia acerca de que la falta de presentación de las cuentas supone una inversión de la carga probatoria de la existencia de causa de disolución por pérdidas cualificadas, que no ha sido levantada por el demandado, en rebeldía, no cabe sino concluir que el mismo debió, tan pronto como le constó su existencia, convocar Junta para acordar la disolución, cosa que no consta que hiciere en el plazo fatal de 2 meses que prescribe la LSC, inactividad que le ha de hacer responder solidariamente con la sociedad de las deudas sociales existentes, como la reclamada a través de los presentes autos, pues tanto la normativa derogada como el actual art. 367 presumen que las deudas son de fecha posterior al acaecimiento de la causa de disolución salvo que el administrador demandado acredite lo contrario, lo que en el caso de autos no ha acontecido.

Acreditadas las deudas de la sociedad, la falta de depósito de las cuentas anuales, así como la ausencia de prueba en contrario, demuestran que existía causa de disolución al generarse la deuda

Juzgado de lo Mercantil Murcia, n.º 1, 162/2016, de 30 de mayo. Recurso 274/2015

SP/SENT/866365

Concurre en el caso el primero de los presupuestos precisos para que pueda ser acogida la acción, esto es, la existencia de una deuda de la sociedad, como queda acreditado en las actuaciones. Por tanto, para que la acción objetiva de responsabilidad del administrador deba prosperar, debe procederse al análisis de los otros dos requisitos, a saber:

– La concurrencia de alguna de las causas de disolución de la sociedad prevista artículo 363.1 Texto refundido de la Ley de Sociedades de Capital.

El artículo 363.1 de la Ley indica las causas de disolución señalando que "*La sociedad de capital deberá disolverse:*

a. Por el cese en el ejercicio de la actividad o actividades que constituyan el objeto social. En particular, se entenderá que se ha producido el cese tras un período de inactividad superior a un año.

b. Por la conclusión de la empresa que constituya su objeto.

c. Por la imposibilidad manifiesta de conseguir el fin social.

d. Por la paralización de los órganos sociales de modo que resulte imposible su funcionamiento.

e. Por pérdidas que dejen reducido el patrimonio neto a una cantidad inferior a la mitad del capital social, a no ser que este se aumente o se reduzca en la medida suficiente, y siempre que no sea procedente solicitar la declaración de concurso.

f. Por reducción del capital social por debajo del mínimo legal, que no sea consecuencia del cumplimiento de una Ley.

g. Porque el valor nominal de las participaciones sociales sin voto o de las acciones sin voto excediera de la mitad del capital social desembolsado y no se restableciera la proporción en el plazo de dos años.

h. Por cualquier otra causa establecida en los estatutos".

2. La quiebra de la sociedad determinará su disolución cuando se acuerde expresamente como consecuencia de la resolución judicial que la declare.

En el presente el caso, la parte actora fundamenta la responsabilidad del administrador demandado en la concurrencia de las causas de disolución previstas en las letras a-f en el artículo anteriormente transcrito, y de la prueba documental acompañada a la demanda resulta acreditado que la mercantil demandada no presenta cuentas desde el año 2008, y ante la falta de depósito de cuentas y de contraprueba por quien tiene en su poder y disposición los medios probatorios, hay que afirmar que ante la deudas acreditadas y en las circunstancias fácticas descritas, la situación patrimonial de la sociedad hay que entenderla incursa en el supuesto del artículo 363 e) transcrito con anterioridad a la concertación de la obligación con la actora, sin que pueda imponerse mayor prueba a la actora, en este sentido SAP de Madrid de 15/9/2005 y de Barcelona de 20/1/2004 y por ende debía el administrador activar los mecanismos legalmente previstos, sin que conste haya procedido a su disolución o liquidación, ni haya instado la declaración de concurso de la mercantil codemandada de la que es administrador.

Además, y de conformidad con lo prevenido en el artículo 304 de la Ley de Enjuiciamiento Civil, procede tener por reconocido por el demandado en los hechos aducidos por la actora toda vez que no ha comparecido a la vista pese a que en la cédula de citación que le fue entregada al efecto se le advertía expresamente que de no asistir al acto y de admitirse su interrogatorio, como efectivamente ha acontecido, podría producirse aquel efecto.

En base a todo lo anterior, y sin necesidad de analizar la concurrencia de un supuesto de responsabilidad subjetiva o por daños, la demanda debe ser íntegramente estimada en los términos que se establecen en la parte dispositiva de la presente resolución.

Existe responsabilidad solidaria del administrador y la sociedad por las deudas sociales, cuando concurre causa de disolución, que se presume por la falta de depósito de las cuentas anuales

Juzgado de lo Mercantil Badajoz, n.º 1, 224/2016, de 27 de mayo. Recurso 1/2016

SP/SENT/864473

En el caso que nos ocupa, ha quedado acreditado que la mercantil citada, PRODUCTOS CÁRNICOS SÁNCHEZ GORDILLO S. L., cuyo administrador es el demandado en el presente procedimiento, Don Lucio, mantienen una deuda con la actora por importe de 4.074,97 (documentos n.os 3 a 7).

Dicha empresa, según el documento n.º 9, consistente en informe de AXESOR, no presenta las cuentas anuales desde el 2012, últimas presentadas, teniendo reclamaciones en el Juzgado de lo Social, y un impago registrado en el RAI, declarando un riesgo máximo de impago, valorado en un 100 %, constando publicado en Boletines Oficiales el acto de "declaración de insolvencia" de la entidad.

En consecuencia, se dan los requisitos de la acción objetiva y subjetiva de responsabilidad, habida cuenta que no se realiza ninguna prueba por el administrador que acredite la solvencia de la empresa, o que la ausencia de depósito de la documentación en el Registro se deba a causas ajenas a la existencia de pérdidas, de lo que se deduce que concurriendo causas de disolución no se realiza la misma por el administrador en el plazo legal, ni se solicita la declaración de concurso, causando un daño al actor, por lo que el administrador debe responder con su patrimonio personal y solidariamente con la entidad, de las deudas contraídas.

Se presume la causa de disolución por pérdidas cuando no se presentan las cuentas anuales en registro varios ejercicios y se acredita la deuda, respondiendo el administrador social por no instar disolución o concurso en plazo y no probar lo contrario

Juzgado de lo Mercantil Murcia, n.º 1, 155/2016, de 24 de mayo. Recurso 39/2015

SP/SENT/866366

En el presente el caso, la parte actora fundamenta la responsabilidad del administrador demandado en la concurrencia de las causas de disolución previstas en las letras a-f en el artículo anteriormente transcrito, y de la prueba documental acompañada a la demanda resulta acreditado que la mercantil demandada no presenta cuentas desde que fuera constituida en el año 2008, y ante la falta de depósito de cuentas y de contraprueba por quien tiene en su poder y disposición los medios probatorios, hay que afirmar que ante la deudas acreditadas y en las circunstancias fácticas descritas, la situación patrimonial de la sociedad hay que entenderla incursa en el supuesto del artículo 363 e) transcrito con anterioridad a la concertación de la obligación con la actora, sin que pueda imponerse mayor prueba a la actora, en este sentido SAP de Madrid de 15/9/2005 y de Barcelona de 20/1/2004 y por ende debía el administrador activar los mecanismos legalmente previstos, sin que conste haya procedido a su disolución o liquidación, ni haya instado la declaración de concurso de la mercantil codemandada de la que es administrador.

Por la falta de depósito de cuentas anuales y la ausencia de prueba en contrario, se entiende que, al momento de generarse la deuda, la sociedad estaba incursa en causa de disolución

Juzgado de lo Mercantil Murcia, n.º 1, 154/2016, de 17 de mayo. Recurso 767/2015

SP/SENT/860168

En el presente el caso, la parte actora fundamenta la responsabilidad del administrador demandado en la concurrencia de las causas de disolución previstas en las letras a-f en el artículo anteriormente transcrito, y de la prueba documental acompañada a la demanda resulta acreditado que la mercantil demandada no presenta cuentas desde el año 2005, y ante la falta de depósito de cuentas y de contraprueba por quien tiene en su poder y disposición los medios probatorios, hay que afirmar que ante la deudas acreditadas y en las circunstancias fácticas descritas, la situación patrimonial de la sociedad hay que entenderla incursa en el supuesto del artículo 363 e) transcrito con anterioridad a la concertación de la obligación con la actora, sin que pueda imponerse mayor prueba a la actora, en este sentido SAP de Madrid de 15/9/2005 y de Barcelona de 20/1/2004 y por ende debía el administrador activar los mecanismos legalmente previstos, sin que conste haya procedido a su disolución o liquidación, ni haya instado la declaración de concurso de la mercantil codemandada de la que es administrador.

Además, la parte actora afirma que la empresa administrada por los demandados desapareció de hecho, cesando su actividad y desapareciendo del domicilio social. Y esta circunstancia resulta acreditada ante la imposibilidad de ser localizada en las actuaciones judiciales previas llevadas a cabo entre el Juzgado de Primera instancia n.º 5 de Cartagena.

Analizando las Sentencias del Tribunal Supremo relativas a supuestos de "desapariciones de hecho", es decir, cuando una sociedad anónima o limitada simplemente deja de tener actividad real en el mercado, abandonando toda actividad económica y su domicilio social, encontramos, por un lado, sentencias como la SSTS de 19 de abril de 2001 y de 5 de noviembre de 2003 en las que parece indicarse que basta con que la sociedad haya desaparecido para apreciar la responsabilidad del administrador, y, por otro lado, sentencias como la SSTS de 21 de septiembre de 1999 y de 20 de noviembre de 2003 en las que se establece que no basta con el mero cierre, sino que es necesario acreditar, en aras a configurar el nexo de causalidad, que si la disolución se hubiese realizado ordenadamente y conforme a la legislación vigente, el acreedor hubiera podido cobrar en todo o en parte su deuda. Estas últimas resoluciones que, más allá de un mero automatismo, tratan de colmar los requisitos propios de la responsabilidad civil subjetiva. Pero habida cuenta de que estamos analizando la acción objetiva o por deudas del art. 237 de la LSC, y dado que como se decía anteriormente, en el presente caso resulta acreditado que la sociedad demandada cesó en su actividad a mediados de 2008, y si bien posteriormente se declaró su concurso de acreedores, este lo fue a instancias de un acreedor y fue declarado en junio de 2010, es decir, dos años después del cese de actividad sin que sus administradores hubieran cumplido con las obligaciones que la ley les impone en tales supuestos de cese.

Con base en todo lo anterior, y sin necesidad de analizar la concurrencia de un supuesto de responsabilidad subjetiva o por daños, la demanda debe ser íntegramente estimada en los términos que se establecen en la parte dispositiva de la presente resolución.

Levantamiento del velo

Las circunstancias que pueden llegar a justificar, siempre con carácter excepcional, el levantamiento del velo, son muy variadas y no constituyen *numerus clausus,* pero deben ser debida y suficientemente acreditadas, lo que no ocurre en el presente caso

TS, Sala Primera, de lo Civil, 1071/2024, de 26 de julio. Recurso 4722/2023

SP/SENT/1228996

Los dos primeros motivos se van a examinar conjuntamente, ya que, como los propios recurrentes admiten, están vinculados, y en ambos se sostiene que procede desestimar la excepción de falta de legitimación pasiva aplicando la doctrina del levantamiento del velo.

Es cierto que en numerosas resoluciones nos hemos referido a la técnica del levantamiento del velo para evitar que el respeto absoluto a la personalidad provoque de forma injustificada el desconocimiento de legítimos derechos e intereses de terceros (por todas, sentencia 1284/2023, de 21 de septiembre).

Ahora bien, la mera invocación de la doctrina del levantamiento del velo no conlleva su automática aplicación. Las circunstancias que pueden llegar a justificar, siempre con carácter excepcional, el levantamiento del velo son muy variadas y no constituyen numerus clausus, pero deben ser debida y suficientemente acreditadas, lo que no ocurre en el presente caso.

No hay duda que la asociación querellante (Asociación Europea de Arbitraje de Derecho y Equidad) es distinta formalmente de la que ha sido demandada en este proceso (Asociación Europea de Arbitraje Comercial Inmobiliario) y que lo que la Audiencia Provincial razona al respecto, a partir de los datos facilitados por los recurrentes en la demanda, atendidos su encabezamiento y suplico, y teniendo en cuenta las diferencias que dichas asociaciones presentan en el nombre, el CIF, el número de registro y el domicilio, no merece objeción o reproche algunos.

Además, en la sentencia recurrida no hay base fáctica para justificar la legitimación pasiva de la Asociación Europea de Arbitraje y Equidad en el levantamiento del velo de la Asociación Europea de Arbitraje Comercial e Inmobiliario. De ahí lo que señala el fiscal con indudable acierto:

"[l]o relevante es que no existe dato alguno en la sentencia acerca de la composición de los miembros de la junta directiva de cada asociación y su posible coincidencia, de las actividades de cada una o de si, en definitiva, una es de facto sucesora de la otra. Ni tampoco

aparece que la Asociación Europea de Arbitraje Comercial e Inmobiliario haya sido creada fraudulentamente para eludir responsabilidades de la otra asociación, defraudando a terceros o con la finalidad de esconderse «una detrás de otra generando un equívoco deliberado» como afirman los recurrentes.

Por otro lado, hubiera bastado una consulta previa al Registro de Asociaciones para identificar correctamente en la demanda a la asociación que se querelló contra los demandantes, sin que conste tampoco acreditado que el equívoco pudiera venir provocado por una deficiente información en la página web de la entidad que fue demandada".

En definitiva, en el presente caso no se dan las circunstancias necesarias para aplicar la doctrina del levantamiento del velo y, por tanto, apreciar que la asociación demandada está legitimada pasivamente, lo que determina la desestimación de los dos primeros motivos, que arrastra la del tercero, y supone la del recurso de casación.

Acreditado que entre las sociedades existe identidad de socios, gestores, objeto social y actividad, se estima la acción de levantamiento del velo para decretar la responsabilidad de la sociedad demandada

AP Zamora, Sec. 1.ª, 212/2017, de 31 de julio. Recurso 376/2016

SP/SENT/924966

Además, debemos partir de las siguientes ideas que deben presidir la aplicación de la doctrina del levantamiento del velo:

1) Dentro de la jurisprudencia se ha ido abriendo camino la idea de la subsidiariedad, como instrumento de aplicación restrictiva, únicamente es razonable acudir a ella cuando otros instrumentos más específicos no permitan alcanzar el fin pretendido a través de ella.

2) No puede perderse de vista de que la limitación de la responsabilidad de los socios es un principio que el legislador admite y tutela, de forma que la mera existencia de deudas de una persona jurídica creada no puede ser la que justifique la aplicación de la doctrina del levantamiento del velo.

3) Es preciso que exista un abuso de la forma societaria, abuso que puede concretarse de diversos modos; a) Se busca el amparo de una sociedad como mero instrumento a través del cual evitar el principio de la responsabilidad personal; b) Utilización de personas jurídicas interpuestas pretendiendo que la propiedad de bienes sometidos a un proceso de ejecución les pertenece en lugar de a los ejecutados; c) Se acude a la utilización de personas jurídicas para eludir el cumplimiento de obligaciones que surjan del contrato; d) Los supuestos en los que se intenta evitar la responsabilidad civil dimanante de culpa extracontractual; e) Cuando se trata de eludir la aplicación de normas imperativas.

Los grupos de casos en que se puede aplicar la doctrina del levantamiento del velo son 1) la confusión de patrimonio o esferas (entre las distintas empresas o estas y sus socios; 2) uso de la sociedad como pantalla para llevar a cabo iniciativas particulares del socio; empleo de unos mismos trabajadores por parte de la sociedad y el socio o bien por sociedades diversas; 3) la contratación de forma indistinta con los clientes por parte de sociedades diversas integrantes del mismo grupo; 4) uso de unas instalaciones comunes, por sociedades diversas o por la sociedad y el socio; 5) utilización de la sociedad para proporcionar trabajo o servicios al socio o a otra sociedad distinta; 6) la dirección externa (la unidad de dirección con perjuicio para tercero); 7) la insuficiencia de capital y el abuso de la personalidad jurídica.

La doctrina del "levantamiento del velo", es una construcción jurisprudencial que permite al juzgador penetrar en el sustrato de las sociedades para percibir su auténtica realidad y poder así averiguar si la autonomía patrimonial consustancial a la personalidad jurídica es o no utilizada como una ficción con uno fraudulento o abusivo con el propositivo de perjudicar a tercero, lo que abre un gran abanico de posibilidades como el incumplimiento contractual, aparentar insolvencia, sustraer bienes de la ejecución forzosa, soslayar o hacer prevalecer ciertos derechos o eludir la responsabilidad contractual o extracontractual (Sentencias del T. Supremo de 17 de octubre y 22 de noviembre de 2000, 5 y 7 de abril y 8 de mayo de 2001). La idea esencial que constituye el substrato de la doctrina del levantamiento del velo de las personas jurídicas radica en que no puede separarse el patrimonio de una persona jurídica y el de una o varias personas físicas, cuando en realidad se trata de un único patrimonio, para conseguir un fin fraudulento (SAP La Coruña, Sección 1.ª, 325/2004, de 8 de noviembre). Pues bien, en el caso enjuiciado, tal y como sostiene la parte recurrente, se dan las condiciones necesarias a la aplicación de la doctrina del levantamiento del velo.

Pues bien, aunque la actuación bajo una misma dirección y con un mismo domicilio social, por sí solas no determinaría la aplicación de la referida doctrina, pues no resulta ilícito que la sociedad se revele como una forma de actuar en el tráfico, incluso en el que caso de que se trate de un socio único, que quiere limitar así su responsabilidad a los bienes aportados a la sociedad, no puede soslayarse que todas ellas vienen actuando en el tráfico mercantil como una sola.

Como hemos tenido ocasión de recoger en la relación de hechos probados las dos sociedades, la deudora, Aserraderos Ferreras, y la demandada Miñocuervo, constituida el 26 de mayo de 2011, es decir un año y medio después de haberse generado parte de la deuda a favor de la actora, compartes los dos únicos socios, uno de los cuales también es socio único de la sociedad Ferreras Lorenzo a partir 12 de junio de 2009.

También podemos concluir que las tres sociedades tienen al menos alguno o varios objetos sociales idénticos, el mismo domicilio social e incluso usan el mismo teléfono en la publicidad.

Por otro lado, uno de los demandados es administrador único de dos de las tres sociedades, mientras la demandada es administradora de la otra sociedad y fue administradora de la sociedad deudora cuando se generó la deuda, si bien quedó demostrado que cuando la sociedad deudora estaba administrada por la codemandada, quien de hecho realizaba gestiones en la sociedad era el otro socio, codemandado.

En definitiva, podemos concluir que existe entre las tres sociedades identidad de socios, gestores, objeto social, actividad desarrollada y domicilio social.

Por otro lado, es evidente la confusión de patrimonios entre las sociedades Aserradero Ferreras y Ferreras Lorenzo, de la primera es socio el demandado Argimiro desde el nacimiento de la deuda, y, de la segunda, es socio a partir de junio de 2009, en cuya fecha, si bien había nacido ya parte de la deuda a cargo de Aserradero Ferreras, también se generó otras parte de la deuda, teniendo la condición de administrador desde junio de 2009 de Ferreras Lorenzo y del mes de noviembre de 2011 de Aserraderos Ferreras, pues siendo socio y administrador de ambas sociedades, parte de las cuotas de un préstamo que se amortizaba en una cuenta bancaria a nombre de la sociedad Ferreras Lorenzo, por lo que debe presumirse que era un préstamo concedido a dicha sociedad, pues no se aportan justificantes bancarios del préstamo concedido, amortizaciones realizadas, identidad de la persona que las realizaba y la procedencia de los fondos que servía para amortizar las cuotas, se pagaron con trasferencias bancarias que se realizaron desde una cuenta a nombre de la sociedad deudora Aserraderos Ferreras.

Además, sin que consten justificantes documentales de la operaciones de compra, venta, prestaciones de servicios recíprocos, etc., cuya prueba incumbirían a la sociedad deudora y a la sociedad demandada Ferreras Lorenzo, pues tienen la facilitad y disponibilidad probatoria, hubo traspasos de fondos dinerarios recíprocos entre ambas sociedades, a favor de Ferreras Lorenzo de 14.000 €, y a favor de Aserraderos Ferreras de 116.139,16 €, y traspasos de dinero a favor del demandado don Argimiro por importe de 26.388,89 €.

Por todo lo cual, es evidente la identidad de objetos sociales, domicilios, administradores, actividad y socios y confusión de patrimonios entre Aserraderos Ferreras y Aserraderos Lorenzo, levantando el velo en relación a la sociedad Ferreras Lorenzo y su administrador, pues recibía de dicha sociedad cantidades dinerarias de la que no aparece justificada su causa.

Para eludir la deuda que mantenían con el actor, los demandados han despatrimonializado la sociedad, creando una nueva, debiendo esta nueva entidad responder del importe reclamado

AP León, Sec. 2.ª, 195/2017, de 13 de julio. Recurso 175/2017

SP/SENT/918907

Por lo tanto, es claro que ambos perdieron el beneficio del plazo y resulta legal la reclamación pecuniaria contra ellos formulada.

En cuanto a la segunda cuestión, esto es, la posibilidad de aplicar al caso la doctrina del levantamiento del velo para permitir trasladar la deuda de la primera sociedad a la segunda y al socio codemandado, no nos cabe la menor duda.

Dicha doctrina, de creación jurisprudencial tiene su sustento en los artículos 7.2 del Código Civil, que regula el abuso de derecho y 6.4 del mismo cuerpo legal, relativo al fraude de Ley. Está la misma pensada para los supuestos de aprovechamiento abusivo de la personalidad jurídica de la sociedad independiente de la de sus socios, a fin de lograr objetivos que perjudiquen los legítimos intereses y derechos de terceros que hubieren contratado con la sociedad. Su fin es precisamente desproveer a la sociedad de personalidad jurídica y extender a los socios la responsabilidad por las deudas contraídas por aquella con terceros. Entre los diversos supuestos de instrumentalización abusiva que los socios hacen de la propia sociedad para eludir responsabilidades, es uno de los más típicos el trasvase fraudulento de activos patrimoniales de una sociedad a otra en claro perjuicio de terceros acreedores, generando con dicha conducta una situación de deliberada insolvencia para todos aquellos acreedores que entablaron relaciones contractuales con la sociedad inicial.

Aunque de aplicación excepcional, pues exige evidencias claras del empleo abusivo y fraudulento de la personalidad jurídica de la sociedad en perjuicio de terceros, las mismas no faltan en el supuesto que nos ocupa, pues para empezar y como ya hemos dicho, está acreditado que la primera mercantil y su Administrador son insolventes. Por otra parte, en la referida declaración prestada por D. Alexander en el procedimiento penal manifestó que "*puso la empresa nueva a nombre de sus hijos para no tener que hacer papeleo en lo sucesivo, así bien el sigue desempeñando el cargo de Administrador*", que "*incluso los trabajadores de la antigua empresa han sido absorbidos por la nueva que explota la gasolinera*", para terminar reconociendo que la nueva empresa asumía la deuda de la anterior. Finalmente, la declaración en dicho procedimiento del codemandado D. Casiano, hijo de D. Alexander y socio de la segunda mercantil, evidencia los tejemanejes de su padre para eludir responsabilidades propias y de la primera entidad al poner de manifiesto su desconocimiento de todo lo relacionado con la constitución y funcionamiento de ambas entidades y con la explotación de la gasolinera, pese a que la misma o al menos los terrenos sobre los que se asienta aparecen en el Registro de la Propiedad a su nombre, según se desprende de la certificación registral adjuntada a la demanda como documento n.º 37, se refiere en la propia demanda y no ha sido negado por la representación del propio D. Casiano al contratar la demanda o al formalizar su recurso de apelación.

Por lo tanto, los razonamientos de la resolución recurrida que condujeron al resultado final de permitir la condena de la segunda mercantil y de su socio, pese a, en principio, no ser las deudas propias, deben ser mantenidos y desestimado el motivo del recurso de apelación.

No procede el levantamiento del velo en la acción de responsabilidad social ejercitada por los socios de una matriz que controla a aquella entidad, pues no son socios ni acreedores de esta

AP Alicante, Sec. 8.ª, 138/2017, de 2 de marzo. Recurso 21/2017

SP/SENT/901296

Los demandantes son socios de Eslinga, sociedad que controla, como única titular del capital social, el 100 % de Centro Médico.

La administradora única de Eslinga lo es también de Centro Médico.

Es en este marco en el que los actores, como socios de Eslinga, ejercitan acción de responsabilidad social contra la administradora, dirigiéndola tanto por su gestión en Eslinga como en Centro Médico, rechazándose sin embargo la legitimación pretendida en la instancia respecto de Centro Médico al no ser socios de esta entidad societaria ni Nacavi ni Brassey.

Pues bien, el primer motivo del recurso se dirige, precisamente, a determinar si es dable jurídicamente considerar que los socios de Eslinga, hoy apelantes, son sujetos legitimados para deducir su acción frente a la administradora en tanto gestora de Centro Médico y por tanto dable un examen de los hechos que imputan a la Sra. Marisol como perjudiciales para Centro Médico.

La solución que han ofrecido los demandantes –y que ahora reiteran– para obtener la legitimación requerida en el art. 239.1 LSC ha sido la de acudir a la doctrina del levantamiento del velo y proyectarla sobre Centro Médico con el fin de considerarla, vía confusión patrimonial, como parte misma y no separable de Eslinga.

La Sentencia de instancia ha desestimado sin embargo tal posibilidad (y con ello la acción deducida) al considerar que los demandantes no son terceros respecto de Eslinga y Centro Médico, negando en consecuencia la aplicabilidad de la doctrina del levantamiento del velo para rasgar la personalidad del sujeto del que, como partícipes capitalistas, forman parte los demandantes, rechazando de forma consecuencial a ello la legitimación de los demandantes, no socios de Centro Médico, para el ejercicio de la acción de responsabilidad social.

Nuestra apreciación, sin embargo, procura valorar, más allá del planteamiento de la apelante, la posición de los socios de Eslinga respecto de Centro Médico.

Formalmente y desde el punto de vista la vinculación que hay entre los demandantes, Eslinga y Centro Médico, es fácil deducir que los únicos sujetos de derecho legitimados para formular acción de responsabilidad social serían, por este orden y en la hipótesis de cumplimiento de los requisitos legales, la sociedad Centro Médico –art. 238 LSC– de la que es administradora la demandada, en segundo lugar, la entidad Eslinga –art. 239-1 LSC– como socia de Centro Médico y, en tercer lugar, los acreedores –art. 240 LSC– en su caso, de Centro Médico.

Consecuente a este esquema, la conclusión que se alcanza prima facie –y que sin duda es la de la parte demandante– es que los socios de Eslinga están excluidos de dicha legitimación al carecer de la condición de socios de Centro Médico de la que es socia única Eslinga.

Pues bien, ha sido con toda probabilidad esta apreciación formal lo que explica la introducción por los demandantes de la doctrina del levantamiento de velo como medio de lograr una posición de legitimación, en suma, para hacer aparecer a los demandantes como socios de Eslinga *versus* Centro Médico, entendiendo que como forma societaria Centro Médico no sería más que una metáfora jurídica contradictoria con la realidad patrimonial, financiera y personal concurrentes en ambas entidades demostrativa, en la tesis de los demandantes, de que son una sola entidad.

Sin embargo, entiende este Tribunal que no es preciso acudir a la doctrina del levantamiento del velo para apreciar legitimación.

En efecto, ante lo que estamos es ante un grupo de base societaria o financiera sustentado en la participación de la matriz o dominante en el capital social de otra sociedad, en este caso, y por lo que hace a Centro Médico, del 100 % de su capital social, sociedad que a su vez es titular del 99,99 % del capital social de Beanaca S. A. y del 66,67 % de INESCAR, siendo Beanaca S. A., titular a su vez del 33,33 % del restante capital social de INESCAR.

Este solo hecho —pues se podría adicionar con la coincidencia de administradores comunes en los órganos de Eslinga y Centro Médico— permite afirmar, más que presumir, que hay dominio de Eslinga respecto de Centro Médico pues aun cuando la posesión de una mayoría de capital no se menciona ni en el art. 42 CCo ni en el art. 18 LSC como instrumento generador de la dependencia, resulta evidente que con la integridad del capital social, la dependencia de Centro Médico respecto de Eslinga es un hecho consustancial a tal titularidad pues el 100 % del derecho de voto corresponde a Eslinga lo que determina, por un lado, la composición del órgano de administración de la dominada y, por otro, el contenido de los acuerdos sociales adoptados en Junta de esta filial.

A nuestro entender, exactamente esto es lo que describe el apelante cuando hace referencia en su motivo a que hay confusión de personalidades entre las sociedades Eslinga y Centro Médico con el argumento de que "*en las juntas de socios de la primera se tratan asuntos relativos a la segunda, tal y como puede comprobarse en el acta de junta de socios celebrada el día 18 de noviembre de 2014*". Sin embargo, yerran los demandantes cuando califican relación societaria acudiendo al concepto de "*confusión de personalidades*" pues en realidad estamos ante una explícita manifestación del ejercicio de poder o dominio de Eslinga, tal cual se ha descrito al definir el tipo grupal de que se trata y la relación de titularidad financiera que tiene Eslinga, respecto de Centro Médico, a través de la cual ejercitan, además, el dominio sobre otras dos sociedades del grupo.

En este contexto, "levantar el velo" de Centro Médico como persona jurídica significaría, en términos técnicos, prescindir o inaplicar el principio de separación entre una parte del patrimonio de Eslinga (con referencia a la titularidad del capital de Centro Médico) y Eslinga misma por el solo hecho de la titularidad plena del capital social de una filial, lo que no es admisible —sin mayores aditamentos— como criterio para desconocer la personalidad jurídica diferenciada cuando la regla en el Derecho de sociedades presupone la alteración de la imputación sobre los socios de la regla de responsabilidad del deudor con todo su patrimonio art. 1.911 CC, permitiendo la separación e incluso aislamiento de patrimonios limitando, consiguientemente, las responsabilidades mediante el recurso a formas societarias para el ejercicio de actividades económicas.

Por tanto y desde esta perspectiva, no es de apreciar la confusión patrimonial pretendida, además de que no yerra la Sentencia de instancia al negarse a aplicar la doctrina del levantamiento del velo por no ser los socios de la sociedad matriz terceros respecto de la sociedad filial pues, como señala la STS 429/2014, de 17 de julio "*(...) no pueden ser las propias personas jurídicas integradas en el grupo las que, en un momento determinado, puedan «levantar el velo» y decidir que, frente a un tercero ajeno al grupo, es improcedente la diferenciación de su personalidad jurídica y que frente a él han de aparecer y ser consideradas como si de una sola persona jurídica se tratara*". Declara en este sentido la sentencia de esta sala núm. 212/2013, de 5 de abril: "*[...] nuestro sistema reconoce la personalidad jurídica de las sociedades como centros de imputación de relaciones jurídicas, y si bien tanto la legislación como la jurisprudencia han reaccionado articulando mecanismos dirigidos a evitar que el respeto absoluto a dicha regla provoque disfunciones mediante la técnica del llamado «levantamiento del velo», no son los propios socios los que pueden optar por utilizar la personalidad o desconocerla a su arbitrio*".

Procede el levantamiento del velo y la extensión de la responsabilidad patrimonial reclamada a la nueva sociedad que se creó traspasando la actividad de la anterior deudora para evitar el pago, al probarse numerosas coincidencias al respecto

AP Madrid, Sec. 28.ª, 36/2017, de 25 de enero. Recurso 649/2014

SP/SENT/893846

En este caso, la regla o concreción normativa que nos revela la doctrina del levantamiento del velo queda referenciada en la protección del derecho de crédito y su necesario entronque con el plano de la responsabilidad patrimonial del deudor, pues se trata de evitar que el abuso de la personalidad jurídica pueda perjudicar el legítimo pago de la deuda existente.

83. La aplicación siempre restrictiva de la figura ha llevado a la jurisprudencia a considerar que las sociedades que pertenecen al mismo grupo familiar y comparten domicilio y objeto social no tienen por qué considerarse fraudulentas por este solo hecho, salvo que se acrediten determinadas circunstancias que conduzcan a pensar que ha habido abuso de personalidad societaria (*v. gr.* STS de 29 de septiembre de 2016).

84. Descendiendo al supuesto de autos, el análisis comienza por el hecho de que la abultada cifra de clientes que luce el activo de DELIVERIE se ha revelado irreal, a raíz de las gestiones hechas en el seno del procedimiento de ejecución de títulos judiciales a que se ha hecho referencia con anterioridad; al menos, su administrador no ha dado cumplida cuenta del destino de esos créditos. Tampoco se ha localizado metálico en las cuentas corrientes y no se ha acreditado que el bien inmueble existente tenga valor de realización suficiente para atender la deuda que aquí se reclama.

85. Consta asimismo que el Sr. Teodulfo ha sido requerido de pago de la deuda (folio 202) y no consta respuesta por su parte. El Sr. Teodulfo no ha acreditado su situación patrimonial, ya que se encuentra en rebeldía. De nuevo hemos de traer a colación el artículo 217.7 LEC, pues la carga de la prueba de esta acreditación le correspondía al Sr. Teodulfo.

86. Lo único que consta al respecto es que los cónyuges Sres. Teodulfo y Brígida otorgaron escritura de capitulaciones matrimoniales en fecha 22 de abril de 2008, por la que acordaron sustituir el régimen de gananciales por el de separación de bienes; y que en fecha 11 de septiembre de 2009 otorgaron escritura de liquidación de gananciales, en la que se adjudicó a la esposa el único bien ganancial existente, una vivienda sita en la CALLEOOO NÚMOOO de Torres de la Alameda (Madrid), que fue valorada en cero euros debido a las cargas hipotecarias que tenía.

87. PACKAGES se constituyó en un momento muy próximo a la reclamación efectuada por AVALON, haciendo constar las siglas OC al inicio de la denominación, al igual que ocurre con la denominación de DELIVERIE.

88. PACKAGES tiene el carácter de sociedad unipersonal pues el capital ha sido íntegramente suscrito y desembolsado por la Sra. Brígida, esposa del Sr. Teodulfo, que a su vez era apoderada de DELIVERIE, mientras que el Sr. Teodulfo también era socio único de esta última entidad a partir de octubre de 2006.

89. El domicilio social de PACKAGES inicialmente se residenció en la misma ubicación que DELIVERIE, pero el ritmo de su respectiva actividad ha sido inversamente proporcional. DELIVERE fue disminuyendo su actividad en los meses sucesivos a la constitución de PACKAGES, hasta quedarse al año siguiente con una actividad mínima o testimonial. En cambio, PACKAGES ha incrementado notablemente su cifra de negocios.

90. En fin, se ha acreditado que una parte importante de los clientes de DELIVERIE han pasado a PACKAGES, que desarrolla el mismo o muy parecido objeto social. Parte de los trabajadores también han pasado sin solución de continuidad de una a otra empresa.

91. Con estos mimbres, la Sala considera que la constitución de PACKAGES responde a un fin defraudatorio, cuyo designio fue eludir el pago de la deuda a favor de la actora.

92. El efecto que las apelantes pretenden con la aplicación de la doctrina del levantamiento del velo consiste en dar lugar a una comunicación de responsabilidad patrimonial, que inicialmente correspondía a DELIVERIE y al Sr. Teodulfo, al objeto de que se extienda a PACKAGES y a su administradora.

93. La Sala considera justificada la extensión de responsabilidad de la deuda reclamada a PACKAGES, de modo que responda por la deuda de DELIVERIE y de su administrador.

Hay responsabilidad personal y objetiva de los administradores cuando no atienden deudas y dejan morir la sociedad sin presentar cuentas ni tener actividad, desarrollando esta a través de otra sociedad, procede aplicar la doctrina del levantamiento del velo

AP Salamanca, Sec. 1.ª, 315/2016, de 29 de junio. Recurso 346/2016

SP/SENT/871074

Pues bien, en el caso que nos ocupa, es claro que concurren, en efecto, los requisitos previstos en el artículo 241 LSC, como con total acierto se ha dicho en la sentencia impugnada. Ya que se ha producido un daño al aquí el actor, que ni siquiera discute la parte demandada, cuál es la imposibilidad del cobro de su crédito con la entidad administrada por los demandados. Dicho crédito nació en 2002 por razón de los efectos en la construcción cometidos por la sociedad constructora administrada por los demandados, CORESA, en la obra, una vivienda unifamiliar, encargada por el demandante. Dicho crédito fue reconocido expresamente por la sociedad en Julio de 2011 y declarado judicialmente en diciembre de 2011. Asimismo consta la concurrencia de una omisión culposa de los administradores contraria a la ley, como es el incumplimiento desde el año 2006 de su deber legal de depósito de las cuentas en el Registro Mercantil, así como el deber de formular las cuentas anuales mediante documentos redactados con claridad y que muestren una imagen fiel del patrimonio de la sociedad, hasta el punto de que en los años 2006 y 2007 el Registro Mercantil rechazo el depósito realizado por no cumplir los requisitos legales. Consta igualmente que de las declaraciones del impuesto de sociedades aportadas al procedimiento por la parte demandada, en una adecuada valoración actual de los bienes —fundamentalmente inmueble— de la sociedad, como también se desprende de las manifestaciones del administrador de la sociedad en la vista oral, la entidad estaba en causa de disolución, puesto que de haber tenido en cuenta una correcta valoración al hacer esas declaraciones –valoración que no se sometió a la fiscalización del R.º M, ni al conocimiento de terceros, pues, como hemos dicho, no se depositaron desde 2006 las cuentas sociales– el auténtico valor de los inmuebles, muy inferior al declarado, habría revelado la existencia de pérdidas superiores al capital social, pese a lo cual los administradores no iniciaron la liquidación de la sociedad, ni permitieron a los terceros conocer tal realidad y reaccionar frente a ella, solicitando embargos o el concurso necesario, etc.

Es más, no solo no cumplieron los administradores con su obligación legal de depósito y llevanza de unas cuentas claras y fieles, ni la de liquidación de la sociedad, sino que asimismo tras dejar inactiva dicha sociedad, CORESA, a la vez los mismos socios continuaron la misma actividad social, la construcción de viviendas, pero mediante otra entidad en la que sí que cumplieron con sus obligaciones, entregaron las viviendas, llevaron las cuentas etc. Mientras que, por el contrario, la sociedad mediante la cual construyeron los mismos socios la vivienda del demandante se mantuvo sin cuentas y vacía de actividad en el tráfico mercantil.

Por consiguiente, es razonable en términos de imputación objetiva considerar que existe una clara relación causal entre el daño del demandante y la actuación negligente e ilícita de los administradores sociales demandados, no solo porque con el abandono de su sociedad por tales socios administradores dejaron impagado y convirtieron en incobrable el crédito del actor, pese a continuar su actividad mercantil mediante otra sociedad con el mismo objeto social; sino también porque al no depositar las cuentas anuales de la 1.ª sociedad, CORESA, los administradores demandados impidieron a los acreedores sociales, y, por tanto, al aquí actor conocer la verdadera situación de pérdidas de la sociedad, y así instar medidas de garantía de su deuda –embargos, etc.– o el concurso de la sociedad. En definitiva, habrían intentado cobrar su crédito de dicha entidad o, previo levantamiento del velo social, de la otra entidad que abrieron los mismos socios con idéntico objeto social, en la sí cumplieron sus fines, tras lo cual, eso sí, la disolvieron.

Aplicando la doctrina del levantamiento del velo, se acredita el abuso de personalidad jurídica realizado por los demandados, quienes crearon nuevas sociedades para eludir las responsabilidades contraídas con el actor

AP Lleida, Sec. 2.ª, 254/2016, de 31 de mayo. Recurso 257/2015

SP/SENT/871897

Por lo demás, aunque también es cierto que Construcciones Lujano SCCL siguió figurando como tal hasta el año 2009 en que se jubiló el Sr. Secundino, de forma que siquiera formalmente coexistieron las tres sociedades, no puede obviarse el hecho de que "los remiendos" y pequeños trabajos que, según dice, fue ejecutando entre 2006 y 2009, no han quedado acreditados y las declaraciones del impuesto de sociedades tampoco revelan la actividad que dice tener, constando por el contrario en la cuenta de La Caixa el progresivo descenso de sus movimientos y en el impuesto de sociedades de 2007 un solo asalariado fijo, Don

Secundino (no consta presentado impuesto de sociedades de los ejercicios 2008 y 2009) siendo por otro lado evidente que no continuó con las obras de la denominada primera fase una vez que los hijos constituyeron las dos sociedades (como reiteró el Sr. Secundino en el juicio) porque el final de la obra data de meses antes (15-9-2005) resultando muy significativo que en el curso del procedimiento de ejecución se manifestara, en junio de 2010, al intentar notificar el despacho de ejecución en el domicilio social de Construcciones Lujano SCCL (que coincide con el domicilio particular del Sr. Secundino) que la empresa se disolvió hace más de dos años y que no ejerce su actividad. En realidad, no existió tal disolución y liquidación ordenada sino únicamente la solicitud de baja de la actividad de la empresa, presentada al tiempo de la jubilación del Sr. Secundino, si bien, desde el momento en que los hijos constituyeron las dos sociedades dejaron de trabajar para la SCCL, incurriendo en causa de baja forzosa, que habría determinado que la sociedad quedaba incursa en causa legal de disolución [art. 73.1 d) en relación con el art. 3 del Real Decreto Legislativo 1/1992, de 10 de febrero, y modificaciones posteriores, así como art. 51 b) de los Estatutos de la cooperativa] estando previsto en sus Estatutos que se trata de una sociedad cooperativa de trabajo asociado y que solo pueden ser socios quienes puedan prestar su trabajo de cara a realizar el objeto social.

El devenir de la SCCL que queda pormenorizadamente expuesto en la sentencia de instancia deja clara su inactividad y descapitalización, al tiempo que la actividad constructiva que constituía su objeto social se trasladó a las dos sociedades de nueva creación, sin que sea obstáculo para ello el que no conste la total transmisión de los trabajadores y medios materiales pues, al margen de que quien tenía a su alcance los medios de prueba no ha acreditado el destino de los medios con los que la SCCL venía desarrollando su objeto social desde hacía años (sí consta, en cambio, que los principales proveedores de materiales pasaron a facturar a las nuevas sociedades) ni la extinción o continuación de los contratos laborales, es preciso recordar en este punto que la aplicación de la doctrina del levantamiento del velo exige que se acrediten las circunstancias que ponen en evidencia de forma clara el abuso de la personalidad de la sociedad, y como dice la STS de 30-5-2012, estas circunstancias pueden ser muy variadas, lo que ha dado lugar en la práctica a una tipología de supuestos muy amplia que justificarían el levantamiento del velo, sin que constituyan "numerus clausus".

Tampoco es atendible el argumento de que la SCCL no tenía ninguna deuda ni obligación con la demandante al tiempo en que se constituyeron las dos sociedades en febrero de 2006. La primera reclamación de la actora no data del mes de julio de 2006 sino de diciembre de 2005 (junto con otra propietaria) y en enero de 2006 se presentó queja formal ante la oficina de Consumo, remitiendo a continuación la SCCL a la actora un burofax el 2-2-2006 en el que le dice estar llevando a cabo una campaña difamatoria y de desprestigio. En cualquier caso, no puede afirmarse que la obligación no surgió hasta la que se dictó sentencia en el procedimiento ordinario n.º 328/2007, el 22-1-2008. Las obligaciones contraídas por la SCCL frente a la actora (y los demás adquirentes de las viviendas) derivan del contrato de compraventa celebrado el 26-9-2005 y de la condición en que interviene la parte vendedora, como promotora y constructora de los inmuebles, con todo lo que ello comporta en orden, por un lado, a la responsabilidad contractual inherente al contrato de compraventa y, por otro, a las garantías y responsabilidades de los agentes de la edificación conforme a lo dispuesto en la Ley de Ordenación de la Edificación (LOE), en especial art. 17, que establece la responsabilidad solidaria del promotor "*en todo caso*".

Por consiguiente, teniendo en cuenta todos los datos objetivos expuestos y retomando la doctrina jurisprudencial sobre la materia, la conclusión que se obtiene es que las alegaciones de los recurrentes carecen de la suficiente entidad para desvirtuar la conclusión jurídica obtenida en la resolución recurrida, que se funda en las pruebas practicadas, está debidamente razonada, es coherente y se ajusta debidamente a la doctrina jurisprudencial sobre la materia, debiendo incidir en la progresiva objetivación del requisito subjetivo y en las matizaciones jurisprudenciales en torno al propósito o finalidad fraudulenta como presupuesto de la aplicación de esta figura, de modo que con los datos ya expuestos se está en el caso de considerar correcta la aplicación de la doctrina del levantamiento del velo, como mecanismo jurídico para corregir las consecuencias dañosas sufridas por la actora, que no ha podido hacer efectivos sus legítimos derechos como consecuencia del ejercicio abusivo de la personalidad jurídica societaria, sin que sea precisa la intención fraudulenta y el deliberado propósito de causar daño a terceros en los estrictos términos que propugnan los apelantes en su recurso, pues al igual que sucedía en la STS de 18-2-2016, aunque se entendiera que en el presente caso los datos y circunstancias ya mencionados no revelan un propósito deliberado e intencional de perjudicar (siempre de difícil prueba), sí que proyectan, de un modo objetivable, que los codemandados tuvieron o debieron tener un conocimiento tanto del perjuicio causado como del incumplimiento de sus propias responsabilidades al respecto, lo que determina en suma, la desestimación del recurso.

No hay responsabilidad del administrador

Se confirma la desestimación de la demanda porque no se aprecia que concurran los requisitos de la acción social de responsabilidad, no por la ausencia de buena fe de los recurrentes

TS, Sala Primera, de lo Civil, 889/2021, de 21 de diciembre. Recurso 986/2019

SP/SENT/1124255

Formulación del motivo primero. El motivo denuncia la infracción del art. 7.1 CC, que consagra la buena fe como principio general del derecho y por aplicación de la doctrina de los actos propios y la jurisprudencia que la interpreta (Sentencias de la Sala 1.ª del Tribunal Supremo de 19 de septiembre de 2013 y 27 de febrero de 2014).

En el desarrollo del motivo se argumenta que "*la sentencia reconoce el daño ocasionado a la sociedad por los administradores, aunque también haga partícipes del mismo a los demandantes; reconoce que el cargo de administrador es gratuito; admite que ni los acuerdos de la junta, ni los pactos parasociales pueden haber amparado la actuación de los administradores; afirma que el modo en el que se han gestionado los pagos en el seno de la entidad GEDOENSA puede no resultar modélico, pues las cosas podrían haberse hecho de un modo más ortodoxo y confiesa que le ha resultado costoso plantearse la posibilidad de imponer condenas dinerarias a los administradores sociales*". Y añade que "*todos los hechos que configuran la responsabilidad social imputada a los administradores concurren, en este caso. Solo el manto protector constituido por el principio general de la buena fe (doctrina de los actos propios), que sobre tales hechos extiende la sentencia ha posibilitado al juez a quo la desestimación de la acción ejercitada*".

Y más adelante, vuelve a insistir en que "*la sentencia no discute los hechos esenciales acreditados en el proceso. Los admite, pero fundamenta la decisión en la carencia de buena fe que imputa a los demandantes (art. 7.1 CC). Se apoya así en un principio general del derecho para omitir la aplicación de las normas contenidas en la Ley de Sociedades de Capital (LSC) reguladoras de la responsabilidad de los administradores*".

Procede desestimar el motivo por las razones que exponemos a continuación.

2. Desestimación del motivo primero. Como hemos hecho al contestar al motivo tercero del otro recurso de casación, hemos de advertir que la sentencia recurrida, si bien comienza

resaltando la ausencia de buena fe de los demandantes al ejercitar la acción social de responsabilidad, la razón por la que confirma su desestimación no se basa exclusivamente en tal ausencia de buena fe.

La Audiencia dedica el fundamento cuarto de su sentencia a justificar por qué los demandantes carecen de buena fe para ejercitar esa acción de responsabilidad, en la medida en que ellos mismos o han participado en la conducta denunciada o se han visto directamente beneficiados, en cuanto que han sido destinatarios de alguno de los pagos, a la par que pone en evidencia las paradojas de la demanda, entre las que destaca: que algunos de los demandantes han sido miembros del consejo de administración durante los periodos temporales en que se realizaron los pagos que se tachan de indebidos; y que al daño que se denuncia causado a la sociedad por los demandados, al efectuar pagos con cargo a los fondos sociales, habrían contribuido de alguna manera los propios demandantes al haber recibido parte de esos pagos y no haber hecho nada efectivo para devolver ese dinero al patrimonio social.

Pero la Audiencia después de hacer "*estas reflexiones generales que ensombrecen el modo de actuación de los demandantes*", no deja de analizar a continuación la procedencia de la acción social de responsabilidad en los siguientes fundamentos jurídicos. De modo que si confirma la desestimación de la demanda es porque no aprecia que concurran los requisitos de la acción social de responsabilidad. En relación con los pagos, a la vista del contexto en que se produjeron esos movimientos, la sentencia recurrida declara que "*no responden a una mera derivación dineraria por una libérrima voluntad de los demandados con el fin de distraer activo del patrimonio social, sino que existen poderosas razones que explican que se haya podido producir esa disposición de fondos con destino a pagar a administradores y socios*". Y en relación con el préstamo de 600.000 euros, además de negar que hubiera conllevado la causación de un perjuicio a la sociedad, expresamente declara que el dinero fue destinado a pagar los impuestos pendientes y luego fue amortizado.

No hay responsabilidad del administrador por la deuda reclamada pues dicha deuda nace cuando se perfecciona el contrato de permuta de solar por inmueble no concurriendo causa de disolución y no nace cuando se ejercita la facultad resolutoria luego

TS, Sala Primera, de lo Civil, 291/2021, de 11 de mayo. Recurso 4324/2018

SP/SENT/1098100

El art. 367 de la Ley de Sociedades de Capital prevé que los administradores sociales responderán solidariamente de las obligaciones sociales posteriores al acaecimiento de la causa legal de disolución cuando incumplan las obligaciones relativas a la disolución de la sociedad cuando esta esté incursa en una causa legal de disolución.

8. El art. 1124 del Código Civil prevé los remedios que el contratante cumplidor tiene frente al incumplimiento de su obligación por el otro contratante en los contratos sinalagmáticos:

"*El perjudicado podrá escoger entre exigir el cumplimiento o la resolución de la obligación, con el resarcimiento de daños y abono de intereses en ambos casos. También podrá pedir la resolución, aun después de haber optado por el cumplimiento, cuando este resultare imposible".*

9. Si el acreedor social opta por exigir a la sociedad deudora el cumplimiento de la obligación social derivada de un contrato, cuando esta obligación ha sido incumplida, no cabe duda de que la fecha de perfeccionamiento del contrato determina la fecha de la obligación social a efectos de decidir, en aplicación del art. 367 de la Ley de Sociedades de Capital, si es posterior a la concurrencia de la causa legal de disolución y, por tanto, para decidir si el administrador social responde solidariamente de la obligación social.

10. La fecha de nacimiento de la obligación del contratante incumplidor no puede depender de que el contratante cumplidor opte por uno u otro remedio de los previstos en el art. 1124 del Código Civil. En ambos casos, a efectos del art. 367 de la Ley de Sociedades de Capital, hemos de entender que la obligación ha nacido cuando se suscribió el contrato. No puede ser de peor condición el contratante que opta por exigir el cumplimiento de la obligación que el que opta por exigir la resolución y la consiguiente restitución de prestaciones. Tanto más cuando el contratante cumplidor puede optar por exigir al incumplidor el cumplimiento de la obligación y, si este resultare imposible, ejercitar el ius variandi y optar por la resolución. Resulta absurdo que esta última opción supusiera una mejora de su situación en la aplicación del art. 367 de la Ley de Sociedades de Capital respecto del que se ha limitado a ejercitar la acción para exigir el cumplimiento de la obligación contractual.

11. Además de lo anterior, la naturaleza de la resolución resultante del ejercicio de la facultad prevista en el art. 1124 del Código Civil es diferente de la que resulta del cumplimiento de una condición resolutoria. En el régimen del art. 1124 del Código Civil no existe propiamente un "hecho resolutorio" que determina automáticamente el cumplimiento de una condición y la consiguiente resolución de la obligación condicional. El supuesto de hecho del art. 1124 del Código Civil es la existencia de una obligación preexistente derivada de un contrato sinalagmático, que resulta incumplida, y dos remedios distintos que se conceden al contratante cumplidor frente al incumplimiento de esa obligación: exigir el cumplimiento o ejercitar la facultad resolutoria.

12. La resolución con base en el art. 1124 del Código Civil no es consecuencia automática del acaecimiento de un hecho futuro e incierto, como ocurre con la condición resolutoria expresa, sino que es una consecuencia directa, por más que sea facultativa, del incumplimiento de la obligación prevista en un contrato sinalagmático, del que constituye un efecto natural, como lo constituye también la facultad de exigir el cumplimiento de la obligación en forma específica.

13. A la vista de lo anterior, no resulta razonable otorgar un régimen diverso a una y otra opción, en el sentido de que si se opta por exigir el cumplimiento se entiende que la obligación nació cuando se suscribió el contrato y si se opta por exigir la resolución del contrato, con la consiguiente restitución (y, en su caso, indemnización), entender que la obligación nace cuando se ejercita la facultad resolutoria, por la vinculación directa de ambos remedios con la obligación nacida del contrato.

14. El supuesto de este recurso es, por tanto, diferente del que fue objeto de la Sentencia 151/2016, de 10 de marzo, y la solución ha de ser también diferente. En el caso objeto de esa anterior sentencia, se trataba de una condición resolutoria contenida en el contrato, dependiente de un hecho futuro e incierto, y solo cuando este acontece se produce la resolución del contrato y nace la obligación de restituir, derivada directamente del hecho resolutorio y no del incumplimiento de la obligación que hubiera nacido con la perfección del contrato en que tal condición resolutoria se contenía, como ocurre en el supuesto de ejercicio de la facultad resolutoria del art. 1124 del Código Civil, que es el objeto de la presente sentencia.

15. En el caso objeto del presente recurso, el evento futuro, que es el incumplimiento de la obligación contractual, no puede considerarse como un evento condicional, no dependiente de la exclusiva voluntad del deudor, cuyo acaecimiento haga nacer la obligación derivada del acaecimiento de la condición (la de cumplir la prestación contractual como consecuencia de la plena eficacia de la obligación, en el caso de la condición suspensiva, o la de restituir lo recibido, en el caso de la condición resolutoria). El cumplimiento es un acto debido y las consecuencias del incumplimiento (facultad del contratante cumplidor de optar entre exigir el cumplimiento específico o ejercitar la facultad resolutoria) no entran en juego por efecto de una condición negocial, incierta, sino como consecuencia de la aplicación del ordenamiento jurídico en defensa del interés del contratante cumplidor derivado del contrato.

16. Que en el caso objeto del recurso el incumplimiento resolutorio haya venido determinado por la imposibilidad sobrevenida de la prestación no es relevante, pues se trata de un subtipo dentro del extenso género del incumplimiento definitivo.

17. La consecuencia de lo anterior es que la obligación social de restitución debe entenderse originada, a efectos de la aplicación del art. 367 de la Ley de Sociedades de Capital, cuando se suscribió el contrato entre la sociedad Llorias Collar S.L. y la parte demandante. Dado que en ese momento esta sociedad no se hallaba incursa en causa de disolución, el administrador social no responde solidariamente de la obligación social. El recurso de casación debe ser estimado y la sentencia de la Audiencia Provincial, revocada, por lo que el recurso de apelación interpuesto por D. Paulino debe ser estimado y su condena en primera instancia, revocada.

No hay responsabilidad individual del administrador que emitió certificado preventivo de insolvencia por falta de tesorería y, aunque no instara concurso voluntario, nada aseguraría al acreedor cobrar, dados los créditos de acreedores preferentes

AP Asturias, Oviedo, Sec. 1.ª, 434/2023, de 21 de junio. Recurso 210/2023

SP/SENT/1194888

En el presente caso la conducta que se reprocha al administrador es no haber disuelto y liquidado la sociedad cuando debía haberlo hecho o no haber instado el concurso voluntario de acreedores a pesar de no poder pagar sus deudas, habiendo abandonado la sede social y habiendo cesado en su actividad, sin que se sepa cuál fue el destino dado al patrimonio con el que contaba la compañía. La sociedad administrada por el demandado explotaba un hotel en régimen de arrendamiento, como acredita la prueba documental, y es un a hecho notorio, que no precisa prueba, que en el año 2020, por efecto de la pandemia sanitaria, se decretó el cierre de los negocios abiertos al público, lo que afectó muy negativamente al sector de la hostelería que, de forma abrupta, quedó privada de ingresos. Como muestra el documento por el que se rescindió el contrato de arrendamiento, esta fue la causa del cese de la actividad y del abandono de la sede social que estaba ubicada en el propio hotel. En consecuencia, no se trata de que se haya dejado a la sociedad abandonada a su suerte a todos los efectos. Por el contrario, aunque cesó en su actividad mercantil, continuó con su actividad jurídica, pues la prueba documental acredita lo siguiente: a). Se gestionó ante la demandante la baja en el contrato de suministro eléctrico; b). Se propició que los empleados pidiesen cobrar sus débitos salariales llegando en algunos casos a acuerdos indemnizatorios; y c). Se abonaron las deudas tributarias por el concepto de impuesto de sociedades. Por otra parte, la documentación contable, en conexión con el contenido del informe pericial que milita en la causa, acreditan que el líquido disponible se empleó en pagar salarios y proveedores. Pero también demuestran que la sociedad no estaba incursa en causa de disolución ya que según refleja el balance de 2020, último ejercicio en que la sociedad desarrolló su actividad productiva, la cifra de patrimonio neto (95.515,86 €) se encontraba por encima de la cifra de capital (85.000 €). Ha de añadirse que la sociedad era de dimensiones reducidas, con menos de doce empleados, y que siempre depositó en el Registro Mercantil sus cuentas anuales. Todos los hechos anteriores son incompatibles con un actuar negligente por parte del administrador, o con el empleo de los activos sociales en fines distintos del abono de deudas, o con el incumplimiento de deberes legales. Nótese, por ejemplo, que el abono de las deudas preferentes, de tipo social y tributario, superaban ampliamente el débito que aquí se reclama, que, además, el demandado considera controvertido pues es cierto que la mayor parte de las facturas enjuiciadas se refieren a consumos hechos después de rescindirse el contrato de arrendamiento que permitía el uso del inmueble en que tales consumos se causaron.

QUINTO. Dada la insuficiencia de tesorería, el administrador emitió el certificado preventivo de insolvencia que figura en autos y es cierto que no instó la declaración voluntaria de concurso, pero no puede darse por probado que en el contexto de un concurso instado oportunamente la entidad demandante tuviese garantizado el cobro de su deuda, pues los acreedores preferentes (empleados y Administración Tributaria) tenían a su favor unos créditos muy superiores a la deuda que aquí se reclama y los activos del balance, a favor de la sociedad, estaban referidos a un escaso inmovilizado, a maquinaria de hostelería y equipos informáticos de rápida devaluación y a créditos a favor que fueron compensados con lo que se debía a los propios deudores, como aclaró el perito que intervino en el juicio. La partida más relevante, por importe de 40.000 €, era ilíquida pues se refiere a una fianza parcial constituida a favor de la sociedad propietaria del hotel para afrontar las responsabilidades que pudieran quedar pendientes al finalizar la relación contractual, sin que conste que tal fianza no pueda ser devuelta. Hemos de añadir que el facultativo aludido dejó muy claro que el inmovilizado sigue existiendo en la sociedad al igual que la mencionada fianza, lo que desmiente la desaparición patrimonial que invoca la parte actora, y no permite excluir que la sociedad administrada por el demandado pueda en el futuro abonar la deuda que aquí se reclama. De manera que no puede darse por correctamente acreditado el nexo causal entre la única conducta antijurídica que cabría imputar al interpelado (no instar el concurso de acreedores) y el impago de la deuda controvertida. Y ello dadas las cautelas con las que siempre ha de enjuiciarse la acción de responsabilidad individual en orden a evitar contrariar principios fundamentales de las sociedades de capital como son la personalidad jurídica de las mismas, su autonomía patrimonial y su exclusiva responsabilidad por deudas sociales, sin olvidar el principio de que los contratos solo producen efecto entre las partes que los otorgan (*cfr.* STS de 18.4.16). La sentencia de instancia no entra a analizar el conjunto de los elementos probatorios que aquí hemos examinado y deduce de manera genérica que la deuda podría haberse abonado si la sociedad se hubiese liquidado de forma ordenada, bien cumpliendo el procedimiento de disolución y liquidación bien en el seno de un concurso de acreedores, lo que no se desprende de los elementos de convicción analizados, concurriendo el error en la valoración de la prueba que denuncia el recurrente. Por todo ello el recurso debe ser estimado con la consiguiente revocación de la sentencia, habiéndose pronunciado en un caso similar la sentencia de la Audiencia Provincial de Madrid (Sección 28.ª) de 17 de febrero de 2023.

No prospera la acción de responsabilidad individual del administrador al no acreditarse que con una ordenada disolución y liquidación social se habría pagado a la actora y evitado el daño, no hay prueba alguna al respecto

AP Ciudad Real, Sec. 2.ª, 206/2023, de 12 de junio. Recurso 175/2022

SP/SENT/1190210

No se ha demostrado por la entidad actora que de haberse realizado la correcta liquidación y disolución de la sociedad hubiera podido cobrar parte de su crédito, teniendo en cuenta que no reclama la deuda hasta 2.019, es decir, diez años después de generarse las facturas y siete de que apareciesen los primeros elementos de que la sociedad podía encontrarse en situación que justificase su disolución.

Es verdad que la carga de esa prueba no corresponde por completo, de acuerdo con lo señalado, a la parte demandada que se vería en la tesitura de tener que acreditar un hecho negativo lo que presenta ciertas dificultades. La conclusión al respecto hay que obtenerla en función de las circunstancias concurrentes y el esfuerzo argumentativo del acreedor al que alude la jurisprudencia antes mencionada.

Pero es que tampoco se ha demostrado cuando se produjo el cierre definitivo de la empresa o el cese de su actividad pues nada se ha probado acerca de su baja provisional o definitiva a efectos tributarios y las incidencias que aparecen documentadas por notificaciones de ejecuciones, embargos, etc.,. o son anteriores a la presentación de las cuentas o transcurridos varios años, sin llegar a acreditar ni cuando se produce. Nada se dice al respecto acerca de un vaciamiento definitivo de la sociedad o a la constitución paralela o simultánea de otras por el administrador con idéntico o similar objeto.

Tan solo se funda el recurso y la pretensión en el hecho de que en las últimas cuentas presentadas en el año 2012 de la entidad deudora pese a tener una situación de balance equilibrado y pérdidas, figuraban unos activos por importe de más de más de ciento cincuenta y cuatro mil euros, de los que más de ochenta y seis mil eran en existencias, pero no podemos olvidar que la situación patrimonial de una empresa mercantil, por su propia actividad, es dinámica, y así ocurría en la limitada de la que es administrador el demandado, lo que se pone de manifiesto es que, como se avanzó, en el supuesto no se acredita que el daño -por la deuda no cobrada-, guarde relación causal con la negligencia que se imputa al administrador, cuya obligación de disolver la sociedad, recordemos, es la de instarla en el plazo de dos meses desde que concurre la causa, exigiéndose un incumplimiento más nítido del deber legal al que se anuda de forma directa el impago de la deuda social; en otro caso, se atribuye a los administradores la responsabilidad por impago de deudas en supuestos de insolvencia de la compañía, siempre que no se haya procedido a su liquidación, aun cuando no haya prueba, salvo la derivada de la propia contabilidad, que constate que con ese modo de actuar se ha generado un daño consistente en impedir el cobro de parte de su crédito.

La acción de responsabilidad individual no puede acogerse; la debida relación de causalidad entre la conducta negligente del administrador, falta de depósito de cuentas y el daño causado a los acreedores por impago de las deudas, no se probó

AP Toledo, Sec. 1.ª, 407/2023, de 25 de mayo. Recurso 419/2021

SP/SENT/1191101

Así, se parte de una acción individual de responsabilidad ejercitada por la parte apelante, que basa en la falta de cumplimiento por la entidad CAFOSA SL del pago de las deudas contraídas con la apelante, y en la responsabilidad de los administradores demandados por su negligencia en el ejercicio de sus funciones.

La denominada acción individual de responsabilidad está regulada en el art. 241 LSC, si bien la formulación general del principio de responsabilidad del administrador social está contenida en el art. 236.1 del mismo Texto legal. El Tribunal Supremo en sentencia 253/2016, de 18 de abril, fija los requisitos de la acción individual de responsabilidad "*Esta Sala viene entendiendo que la acción individual de responsabilidad de los administradores «supone una especial aplicación de responsabilidad extracontractual integrada en un marco societario, que cuenta con una regulación propia (art. 135 TRLSA, y en la actualidad art. 241 LSC), que la especializa respecto de la genérica prevista en el art. 1902 CC (SSTS de 6 de abril de 2006, 7 de mayo de 2004, 24 de marzo de 2004, entre otras). Se trata de una responsabilidad por «ilícito orgánico», entendida como la contraída en el desempeño de sus funciones del cargo*" (Sentencias 242/2014, de 23 de mayo y 737/2014, de 22 de diciembre).

Para su apreciación, la jurisprudencia requiere del cumplimiento de los siguientes requisitos: i) un comportamiento activo o pasivo de los administradores; ii) que tal comportamiento sea imputable al órgano de administración en cuanto tal; iii) que la conducta del administrador sea antijurídica por infringir la ley, los estatutos o no ajustarse al estándar o patrón de diligencia exigible a un ordenado empresario y a un representante leal; iv) que la conducta antijurídica, culposa o negligente, sea susceptible de producir un daño; (v) el daño que se infiere sea directo al tercero que contrata, sin necesidad de lesionar los intereses de la sociedad; y (vi) la relación de causalidad entre la conducta antijurídica del administrador y el daño directo ocasionado al tercero (Sentencias 131/2016, de 3 de marzo; 396/2013, de 20 de junio; 395/2012, de 18 de junio; 312/2010, de 1 de junio; y 667/2009, de 23 de octubre, entre otras).

Asimismo, añade la citada STS 253/2016, de 18 de abril, con carácter general, no puede recurrirse indiscriminadamente a la vía de la responsabilidad individual de los administradores por cualquier incumplimiento contractual de la sociedad. De otro modo supondría contrariar los principios fundamentales de las sociedades de capital, como son la personalidad jurídica de las mismas, su autonomía patrimonial y su exclusiva responsabilidad por las deudas sociales, u olvidar el principio de que los contratos solo producen efecto entre las partes que los otorgan, como proclama el art. 1257 CC (con referencia a sus Sentencias 131/2016, de 3 de marzo; y 242/2014, de 23 de mayo).

Así pues, no puede identificarse la actuación antijurídica de la sociedad que no abona sus deudas y cuyos acreedores se ven impedidos para cobrarlas porque la sociedad deudora es insolvente, con la infracción por su administrador de la ley o los estatutos, o de los deberes inherentes a su cargo. Esta concepción de la responsabilidad de los administradores sociales convertiría tal responsabilidad en objetiva y produciría una confusión entre la actuación en el tráfico jurídico de la sociedad y la actuación de su administrador: cuando la sociedad resulte deudora por haber incumplido un contrato, haber infringido una obligación legal o haber causado un daño extracontractual, su administrador sería responsable por ser él quien habría infringido la ley o sus deberes inherentes al cargo, entre otros, el de diligente administración. Esta objetivación de la responsabilidad y la equiparación del incumplimiento contractual de la sociedad con la actuación negligente de su administrador no son correctas, puesto que no resultan de la legislación societaria ni de la jurisprudencia que la desarrolla.

El impago de las deudas sociales no puede equivaler necesariamente a un daño directamente causado a los acreedores sociales por los administradores de la sociedad deudora, a menos que el riesgo comercial quiera eliminarse por completo del tráfico entre empresas o se pretenda desvirtuar el principio básico de que los socios no responden personalmente de las deudas sociales. De ahí que se exija al demandante, además de la prueba del daño, tanto la prueba de la conducta del administrador, ilegal o carente de la diligencia de un ordenado empresario, como la del nexo causal entre conducta y daño, sin que el incumplimiento de una obligación social sea demostrativo por sí mismo de la culpa del administrador, ni determinante sin más de su responsabilidad.

Asimismo, como regla general, no cabe atribuir a los administradores la responsabilidad por el impago de las deudas sociales de una sociedad que ha entrado en una situación de insolvencia que impide a sus acreedores cobrar sus deudas. Por el contrario, cuando la LSC ha querido imputar a los administradores la responsabilidad solidaria por el impago de las deudas sociales, ha exigido el incumplimiento del deber de promover la disolución de la sociedad o solicitar el concurso, y ha restringido esta responsabilidad a los créditos posteriores a la aparición de la causa de disolución (art. 367 LSC).

En la STS 3606/2021, de 6 de octubre, el TS afirma que *"incluso en el caso de que los administradores sociales no hubieran sido diligentes en la gestión social y hubieran llevado a la sociedad a la insolvencia, el daño directo se habría causado a la sociedad administrada por ellos, que habría incurrido en pérdidas, no a los acreedores sociales, que solo habrían sufrido el daño de modo indirecto, al no poder cobrar sus créditos de la sociedad. Así pues, los daños sufridos por el acreedor no serían daños directos o primarios, sino reflejos o secundarios, derivados de la insolvencia de la sociedad.*

Para que el administrador responda frente al socio o frente al acreedor que ejercita una acción individual de responsabilidad del art. 241 TRLSC, es necesario que el patrimonio receptor del daño directo sea el de quien ejercita la acción. Y no es directo, sino indirecto, el daño sufrido por el patrimonio de la sociedad que repercute en los socios o acreedores".

De ahí que resulte tan importante que se identifique bien la conducta del administrador a la que se imputa el daño ocasionado al acreedor, y que este daño sea directo, no indirecto como consecuencia de la insolvencia de la sociedad.

Examinadas las pruebas concurrentes, resulta que, de los argumentos expuestos por el juzgador de instancia en relación con las pruebas existentes, que son correctamente valoradas, no se desprende la existencia de nexo causal entre la conducta antijurídica y el daño causado que pueda fundamentar la responsabilidad individual de los administradores.

En efecto, el órgano *a quo* considera probada la prexistencia de la deuda de CAFOSA frente a la recurrente, con fundamento en los documentos 1 a 9 por dicha parte aportados.

Por otra parte, respecto de la conducta antijurídica o negligente, alega la actora que se han producido dos: la falta de depósito de las cuentas anuales correspondientes a los ejercicios 2014 y siguientes, hecho que se considera acreditado con el documento 2 que acompaña a la demanda; y, la omisión del deber de iniciar los trámites de liquidación, produciéndose el cierre de hecho de la sociedad, extremos que también se acredita con el auto de declaración del concurso necesario que obra unido a las actuaciones.

Sin embargo, no se considera acreditada la relación de causalidad entre la omisión antijurídica y el daño. Como señala el órgano a quo, la parte demandante no acredita el nexo causal existente entre la falta de depósito de las cuentas y el daño a la parte actora que, sin embargo, mantiene la tesis que es el impago de la deuda. La capacidad de la sociedad para satisfacer la deuda es independiente del depósito de las cuentas, sin que este hecho pueda considerarse por sí solo determinante de la responsabilidad del administrador. No consta que la operación que dio lugar a la deuda, fuera fraudulenta, extraordinaria o se alejara de las pautas habituales de contratación de la sociedad.

Tampoco considera acreditado el Juzgador la existencia de nexo de causalidad entre la insolvencia y el incumplimiento por los administradores del deber de disolver ordenadamente la sociedad, lo que es conforme con la jurisprudencia anteriormente citada. Ni se ha alegado ni acreditado la existencia de un reproche subjetivo, basado en el dolo, culpa o negligencia, que no puede deducirse automáticamente del hecho de no haber presentado las cuentas, ni se ha justificado siquiera que el retraso en la declaración del concurso haya podido incidir en la frustración del cobro.

En definitiva, de los argumentos expuestos por el juzgador de instancia en relación con las pruebas existentes, esta Sala considera que son correctamente valoradas, por lo que procede mantener la decisión.

La acción de responsabilidad por deudas no puede acogerse; la deuda nació cuando ya se había acordado la disolución de la sociedad, cese del administrador y nombramiento liquidador; no se incumplió con la obligación de promover disolución ordenada

AP Albacete, Sec. 1.ª, 278/2023, de 19 de mayo. Recurso 911/2022

SP/SENT/1189908

Dispone el artículo 367 LSC, en su redacción aplicable al momento en que se desarrollaron los hechos generadores de responsabilidad (STS 669/2021, de 5 de octubre) que "*(r)esponderán solidariamente de las obligaciones sociales posteriores al acaecimiento de la causa legal de disolución los administradores que incumplan la obligación de convocar en el plazo de dos meses la junta general para que adopte, en su caso, el acuerdo de disolución, así como los administradores que no soliciten la disolución judicial o, si procediere, el concurso de la sociedad, en el plazo de dos meses a contar desde la fecha prevista para la celebración de la junta, cuando esta no se haya constituido, o desde el día de la junta, cuando el acuerdo hubiera sido contrario a la disolución. 2. En estos casos las obligaciones sociales reclamadas se presumirán de fecha posterior al acaecimiento de la causa legal de disolución de la sociedad, salvo que los administradores acrediten que son de fecha anterior*".

Conforme a reiterada y constante jurisprudencia (por todas, STS 532/2021, de 14 de julio de la que aquí nos nutrimos), para que los administradores sociales deban responder conforme a lo dispuesto en el artículo 367 LSC se requieren los siguientes requisitos (SSTS 942/2011, de 29 de diciembre y 395/2012, de 18 de junio): 1) la concurrencia de alguna de las causas de disolución de la sociedad previstas en el art. 363.1 LSC; 2) la omisión por los administradores de la convocatoria de junta general para la adopción de acuerdos de disolución o de remoción de sus causas, o de la solicitud de concurso, o la disolución judicial; 3) el transcurso de dos meses desde que concurre la causa de disolución o desde la fecha de la junta contraria a la disolución; 4) la imputabilidad al administrador de la conducta pasiva; y 5) la inexistencia de causa justificadora de la omisión.

Como recuerda la STS 650/2017, de 29 de noviembre, se trata de una responsabilidad por deuda ajena, *ex lege*, en cuanto que su fuente —hecho determinante— es su previsión legal. Se fundamenta en una conducta omisiva del sujeto al que, por su específica condición de administrador, se le exige un determinado hacer y cuya inactividad se presume imputable, salvo que acredite una causa razonable que justifique o explique adecuadamente el no hacer. Es decir, esta responsabilidad se funda en el incumplimiento de un deber legal por parte del administrador social, al que se anuda, como consecuencia, la responsabilidad solidaria de este administrador por las deudas sociales posteriores a la concurrencia de la causa de disolución. Con ello se pretende garantizar los derechos de los acreedores y de los socios.

La determinación de esta responsabilidad requiere, presupuesto el incumplimiento de los deberes legales señalados, que las obligaciones sociales sean "*posteriores al acaecimiento de la causa legal de disolución*" (art. 367 LSC). Para dirimir y concretar esta relación temporal entre la obligación incumplida y el acaecimiento de la causa legal de disolución debe tenerse en cuenta la presunción legal de que "*en estos casos las obligaciones sociales reclamadas se presumirán de fecha posterior al acaecimiento de la causa legal de disolución de la sociedad, salvo que los acreedores acrediten que son de fecha anterior*". Se trata, por tanto, de una presunción *iuris tantum* que provoca el efecto de trasladar la carga de la prueba al administrador demandado.

Para la fijación del momento del origen de las deudas sociales a los efectos del artículo 367 LSC el hito temporal que ha de cotejarse con el del acaecimiento de la causa de disolución (para determinar su carácter anterior o posterior) se identifica con el del nacimiento de la obligación incumplida, no con el de su vencimiento, exigibilidad y liquidez, ni con el del nacimiento de la relación jurídica previa de la que traiga causa (SSTS 246/2015, de 14 de mayo, 151/2016, de 10 de marzo, 144/2017, de 1 de marzo, 225/2019, de 10 de abril, y las que con posterioridad las recogen). Concretamente la jurisprudencia ha identificado el momento del nacimiento de la obligación en el caso de las certificaciones de obra con el momento de la realización de los trabajos (STS 716/2018, de 19 de diciembre); en el arrendamiento con el periodo de su devengo (SSTS 225/2019, de 10 de abril y 215/2020, de 15 de julio); en el crédito por costas, la fecha de la sentencia que las impone (STS 532/2021, de 11 de mayo); en el caso de accidente laboral, la fecha del accidente (STS 193/2020, de 25 de mayo); en el crédito de reembolso del fiador, en la fecha de la constitución de la fianza y no el pago (STS 22/2020, de 16 de enero); en la obligación restitutoria de la condición resolutoria, al momento del acaecimiento del hecho resolutorio y el ejercicio de la resolución, no el momento de celebración del contrato (SSTS 505/2014, de 8 de octubre, 151/2016, de 10 de marzo, 225/2019, de 10 de abril y 291/2021, de 11 de mayo), etc.

En cuanto al ámbito temporal de la responsabilidad, los administradores responden por las obligaciones sociales nacidas estando vigente su cargo, pero no se les atribuye responsabilidad por las obligaciones nacidas con posterioridad a que haya cesado en su cargo, pese a que el incumplimiento del deber de promover la disolución y liquidación de la sociedad por concurrir causa legal de disolución se haya producido estando vigente su nombramiento (STS 585/2013, de 14 de octubre, 731/2013, de 2 de diciembre y 212/2020, de 29 de mayo). En caso de nombramiento de nuevo administrador cuando ya existe causa de disolución, este tiene un nuevo plazo de dos meses y a partir de ahí, si incumple, responde de las deudas nacidas después de aceptar el cargo, no de las anteriores (STS 601/2019, de 8 de noviembre, y hoy, actual redacción del artículo 367.1 LSC).

Sobre tales premisas el motivo de apelación sostenido por el actor contra la desestimación de la responsabilidad del artículo 367 LSC debe desestimarse, por ser acorde lo resuelto con la normativa y jurisprudencia de aplicación. La juzgadora de instancia acierta, y la Sala refrenda, la fijación de la fecha del nacimiento de la obligación que se reclama en un momento anterior a la disolución de la mercantil que fue acordada el 28 de septiembre de 2018 (doc. 6 contestación). Se reclama el pago de la mejora que, ligada a la declaración de incapacidad permanente total por enfermedad profesional y por importe de 28.000 euros, recoge el artículo 43 del convenio colectivo de aplicación, derecho a la mejora que fue reconocido al actor, frente a MÁRMOLES ALBUJER, S. L., por sentencia de 30 de noviembre de 2021 en relación con una incapacidad permanente total reconocida en resolución administrativa de 1 de abril de 2019, con efectos prestacionales al 23 de octubre de 2018.

Una cosa es que, tratándose de una enfermedad profesional reconocida con posterioridad a la extinción del contrato de trabajo del actor, el Juzgado de lo Social haya tenido que conectar la enfermedad con el puesto de trabajo para reconocer la mejora prevista en el convenio colectivo solo para incapacidades permanentes derivadas de enfermedades que fueran profesionales, y otra bien distinta que, a los efectos que nos ocupan, haya de entenderse que el momento del nacimiento de la obligación de pagar una mejora convencional por la declaración de incapacidad permanente total pueda ser anterior al de tal declaración. Resulta claramente insostenible: solo con la declaración administrativa de incapacidad permanente, si deriva de accidente de trabajo o enfermedad profesional, nace automáticamente, como efecto del convenio colectivo, la obligación de atender la mejora económica establecida con cargo a la empresa; y no antes del momento de la resolución, o incluso de sus efectos retroactivos, ha de considerarse que se sitúa el momento del nacimiento de la obligación que en el presente se reclama. Esa deuda no nace de la relación laboral, sino que lo hace del reconocimiento administrativo de la situación prestacional de incapacidad permanente total por enfermedad profesional.

En este sentido de no conectar a estos efectos la fecha del nacimiento y desarrollo de la relación laboral con toda deuda que tenga su origen en la misma, cabe analógicamente la cita de la STS N.º 455/2017, de 18 de julio que sostuvo "*con relación al nacimiento de la obligación, hay que precisar que el concreto derecho de crédito a la indemnización por despido no nace con el contrato de trabajo. La contraprestación a la prestación de los servicios laborales es el salario (art. 26 del Estatuto de los Trabajadores), mientras que la indemnización por despido nace una vez que el mismo es declarado judicialmente improcedente y la empresa opta por la no readmisión (art. 56 del Estatuto de los Trabajadores). En el caso de autos, el nacimiento de la obligación indemnizatoria tuvo lugar cuando la sociedad estaba ya en causa legal de disolución*". En nuestro caso, la deuda no nació del contrato, ni del incumplimiento de deberes de vigilancia de la salud, sino de la declaración administrativa de que la enfermedad que padece el actor, vinculada con su puesto de trabajo conforme al catálogo legal de enfermedades profesionales, le ha producido una incapacidad permanente total para la que está prevista en el convenio una mejora económica a cargo de la empresa empleadora.

Si, cuando nació la obligación del pago de la mejora (no antes del 23 de octubre de 2018) ya había sido acordada en junta la disolución de la sociedad, el cese de los administradores y el nombramiento de liquidador, no concurre el presupuesto de incumplimiento por los administradores de los deberes legales asociados a una causa de disolución que se encuentra en la base de la responsabilidad del artículo 367 LSC que se exige de los demandados con carácter principal.

Procede, pues, la desestimación de este motivo en torno al artículo 367 LSC del recurso de apelación interpuesto por el actor, confirmando la desestimación de las pretensiones en dicho precepto basadas.

Tampoco se estima responsabilidad individual; no existía obligación legal ni convencional de contratar seguro de enfermedad profesional por el liquidador que cubriera la contingencia y abonar con ello a los acreedores; no hay falta de diligencia

AP Albacete, Sec. 1.ª, 278/2023, de 19 de mayo. Recurso 911/2022

SP/SENT/1189908

El artículo 241 LSC contempla la acción individual de responsabilidad a favor de socios y terceros para quedar resarcidos de los daños que los actos de los administradores hayan producido directamente a sus intereses.

La acción individual de responsabilidad de los administradores "*supone una especial aplicación de responsabilidad extracontractual integrada en un marco societario, que cuenta con una regulación propia (art. 241 LSC), que la especializa respecto de la genérica prevista en el art. 1902 CC (SSTS de 6 de abril de 2006, 7 de mayo de 2004, 24 de marzo de 2004, entre otras). Se trata de una responsabilidad por «ilícito orgánico», entendida como la contraída en el desempeño de sus funciones del cargo*" (SSTS 242/2014, de 23 de mayo; 737/2014, de 22 de diciembre; 253/2016, de 18 de abril). Para su apreciación, la jurisprudencia requiere del cumplimiento de los siguientes requisitos: "*i) un comportamiento activo o pasivo de los administradores; ii) que tal comportamiento sea imputable al órgano de administración en cuanto tal; iii) que la conducta del administrador sea antijurídica por infringir la Ley, los estatutos o no ajustarse al estándar o patrón de diligencia exigible a un ordenado empresario y a un representante leal; iv) que la conducta antijurídica, culposa o negligente, sea susceptible de producir un daño; (v) el daño que se infiere debe ser directo al tercero que contrata, sin necesidad de lesionar los intereses de la sociedad; y (v) la relación de causalidad entre la conducta antijurídica del administrador y el daño directo ocasionado al tercero (SSTS 131/2016, de 3 de marzo; 396/2013, de 20 de junio; 15 de octubre de 2013; 395/2012, de 18 de junio; 312/2010, de 1 de junio; y 667/2009, de 23 de octubre, entre otras)*". STS núm. 253/2016, de 18 de abril.

La diferencia fundamental entre la acción social y la individual es que en la primera se produce con la conducta un daño en el patrimonio social y con la segunda el daño es directo en los intereses de los terceros, siendo que no cabe por la vía de la acción individual reclamar daños que no son directos, sino indirectos o reflejos al daño causado al patrimonio social (SSTS 396/2013, de 20 de junio, 472/2016, de 13 de julio, 129/2017, de 27 de febrero, 87/2019, de 13 de febrero, 665/2020, de 10 de diciembre, entre otras).

Desde la STS 472/2016, de 13 de julio, del Pleno de la Sala Primera, viene establecida doctrina sobre el tratamiento de los supuestos, como el de autos, en el que el daño consiste en la imposibilidad del acreedor de percibir sus créditos de la sociedad deudora, atribuyendo la responsabilidad del impago a sus administradores. No puede recurrirse indiscriminadamente a la vía de la responsabilidad individual de los administradores por cualquier incumplimiento contractual. No basta el incumplimiento de la sociedad para presumir la responsabilidad de los administradores, pues sería contrario a los principios fundamentales de las sociedades de capital, como son la personalidad jurídica de las mismas, su autonomía patrimonial y su exclusiva responsabilidad por las deudas sociales (STS 253/2016, de 18 de abril), u olvidar el principio de que los contratos solo producen efecto entre las partes que los otorgan, como proclama el art. 1257 CC (STS 242/2014, de 23 de mayo, con cita de la anterior sentencia de 30 de mayo de 2008). No obstante, bajo ciertas circunstancias cabe la acción individual para resarcir el daño causado al acreedor como consecuencia del cierre de facto, siempre que haya daño directo y nexo causal: que el ilícito orgánico incida directamente en la insatisfacción del crédito. No basta con no liquidar ordenadamente, es necesario que no haberlo hecho sea lo que haya motivado que el acreedor no cobre. Este tiene que hacer un mínimo esfuerzo argumentativo al respecto, sin perjuicio de trasladarse a los administradores la carga de la prueba de la situación patrimonial de la sociedad en cada momento.

Para esta responsabilidad de los administradores hace falta algo más que el mero impago por la sociedad insolvente de sus créditos, haciendo falta que concurra, entre otros, un ilícito orgánico (STS 150/2017, de 2 de marzo, 274/2017, de 5 de mayo y 571/2019, de 4 de noviembre): no cabe equiparar incumplimiento legal o contractual de la sociedad con actuación negligente del administrador, siendo que el mero incumplimiento de una obligación social no es demostrativo, por sí mismo, de la culpa del administrador ni determinante, sin más, de su responsabilidad: el artículo 241 LSC no convierte a los administradores en garantes de la sociedad (SSTS 417/2006, de 28 de abril y 665/2020, de 10 de diciembre). De esta última:

"No puede identificarse la actuación antijurídica de la sociedad que no abona sus deudas y cuyos acreedores se ven impedidos para cobrarlas porque la sociedad deudora es insolvente, con la infracción por su administrador de la ley o los estatutos, o de los deberes inherentes a su cargo. Esta concepción de la responsabilidad de los administradores sociales convertiría tal responsabilidad en objetiva y se produciría una confusión entre la actuación en el tráfico jurídico de la sociedad y la actuación de su administrador: cuando la sociedad resulte deudora por haber incumplido un contrato, haber infringido una obligación legal o haber causado un daño extracontractual, su administrador sería responsable por ser él quien habría infringido la ley o sus deberes inherentes al cargo, entre otros el de diligente administración.

La objetivación de la responsabilidad y la equiparación del incumplimiento contractual de la sociedad con la actuación negligente de su administrador no son correctas, puesto que no resulta de la legislación societaria ni de la jurisprudencia que la desarrolla. Esta sala ha declarado que el impago de las deudas sociales no puede equivaler necesariamente a un daño directamente causado a los acreedores sociales por los administradores de la sociedad deudora, a menos que el riesgo comercial quiera eliminarse por completo del tráfico entre empresas o se pretenda desvirtuar el principio básico de que los socios no responden personalmente de las deudas sociales. De ahí que este tribunal exija al demandante, además de la prueba del daño, tanto la prueba de la conducta del administrador, ilegal o carente de la diligencia de un ordenado empresario, como la del nexo causal entre conducta y daño, sin que el incumplimiento de una obligación social sea demostrativo por sí mismo de la culpa del administrador ni determinante sin más de su responsabilidad.

En definitiva, como ha sostenido la doctrina y afirmamos en la Sentencia 417/2006, de 28 de abril, el art. 241 LSC no convierte a los administradores en garantes de la sociedad.

5. Como afirmamos en las sentencias 242/2014, de 23 de mayo, y 131/2016, de 3 de marzo, la acción individual de responsabilidad de los administradores por actos llevados a cabo en el ejercicio de su actividad orgánica plantea especiales dificultades para delimitar los comportamientos de los que deba responder directamente frente a terceros, a fin de distinguir entre el ámbito de responsabilidad que incumbe a la sociedad, con quien contrata el tercero perjudicado, y la responsabilidad de los administradores que actúan en su nombre y representación.

6. De otro modo, si los tribunales no afinan en esta exigencia, como advertimos en la Sentencia 253/2016, de 18 de abril, corremos el riesgo de atribuir a los administradores la responsabilidad por el impago de las deudas sociales en caso de insolvencia de la compañía, cuando no es esta la mens legis. *La ley, cuando ha querido imputar a los administradores la responsabilidad solidaria por el impago de las deudas sociales en caso de incumplimiento del deber de promover la disolución de la sociedad, ha restringido esta responsabilidad a los créditos posteriores a la aparición de la causa de disolución (art. 367 LSC). Si, fuera de estos casos, se pretende reclamar del administrador la responsabilidad por el impago de sus créditos frente a la sociedad, debe hacerse un esfuerzo argumentativo por mostrar la incidencia directa del incumplimiento de un deber legal cualificado en la falta de cobro de aquellos créditos.*

De ahí que resulte tan importante, en un supuesto como este, que se identifique bien la conducta del administrador a la que se imputa el daño ocasionado al acreedor (acto, acuerdo o mera omisión), que esta conducta pueda ser calificada como infractora de un «deber cualificado» del administrador, y que aquel daño sea directo, no indirecto como consecuencia de la insolvencia de la sociedad (STS 253/2016, de 18 de abril).

7. En orden a delimitar el ámbito de los deberes legales cuyo incumplimiento es susceptible de generar la responsabilidad individual del administrador, dado el carácter genérico y abierto del precepto que impone esa responsabilidad, resultan relevantes los precedentes de esta sala que lo han ido concretando. En particular:

(i) En las sentencias 131/2016, de 3 de marzo, y 242/2014, de 23 de mayo, apreciamos la acción individual porque el incumplimiento de una obligación legal de garantizar la devolución de las cantidades entregadas a cuenta por el comprador de una vivienda habitual (prevista en el art. 1 Ley 57/1968, produce un daño directo «a la compradora, que, al optar, de acuerdo con el art. 3 de la Ley 57/1968, entre la prórroga del contrato o su resolución con devolución de las cantidades anticipadas, no puede obtener la satisfacción de esta última pretensión, al no hallarse garantizadas las sumas entregadas [...]. El incumplimiento de aquella norma legal sectorial, de ius cogens, cuyo cumplimiento se impone como deber de diligencia del administrador, se conecta con el ámbito de sus funciones arts. 225, y 241 LSC), por lo que le es directamente imputable».

(ii) En caso de que el acreedor haya sufrido daños como consecuencia de la insolvencia de la sociedad deudora, la acción que puede ejercitarse no es por regla general la individual, sino la social, que permite reintegrar el patrimonio de la sociedad. Pero en algunos

precedentes hemos admitido que la imposibilidad del cobro de sus créditos por los acreedores sociales es un daño directo imputable a los administradores sociales. Pero para ello hemos apreciado que es preciso que concurran «circunstancias muy excepcionales y cualificadas». Así, en la sentencia 150/2017, de 2 de marzo, identificamos ad exemplum *algunas de estas situaciones excepcionales:*

«[...] sociedades que por la realización de embargos han quedado sin bienes y han desaparecido de hecho, pese a lo cual los administradores, en su nombre, han seguido contrayendo créditos; concertación de servicios económicos por importe muy elevado justo antes de la desaparición de la empresa; desaparición de facto de la sociedad con actuación de los administradores que ha impedido directamente la satisfacción de los créditos de los acreedores; vaciamiento patrimonial fraudulento en beneficio de los administradores o de sociedades o personas con ellos vinculados que imposibilitan directamente el cobro de los créditos contra la sociedad, etc.[...]».

(iii) Otro supuesto análogo fue el de la sentencia 274/2017, de 5 de mayo, que estimó también la acción en un caso en que se identificó como conducta negligente la salida injustificada del activo social de una elevada suma (en relación al patrimonio de la sociedad), en un contexto de liquidación de hecho, que privó de facto a la sociedad de cualquier posibilidad de pagar el crédito reclamado".

Aplicando todo lo anterior al caso de autos la Sala no comparte la decisión de la juzgadora de instancia y no considera acreditado el incumplimiento por el liquidador de deber legal cualificado alguno, ni conducta antijurídica que haya causado daño directo al acreedor. Ni se alega ni acredita que exista obligación legal ni convencional de tener concertado seguro que amparara la cobertura de la mejora por enfermedad profesional cuya omisión fundamenta la condena de la instancia (ello no resulta de disposición alguna), ni tampoco ello supone, como sostiene el apelante en su oposición a la impugnación, una infracción de la diligencia exigible. Es de destacar que la mercantil tenía concertado desde 2010 un seguro de accidentes que cubría los accidentes laborales, pero este contrato no amparó la paralela contingencia de enfermedad profesional, de cuya cobertura podían haber quedado convencidos los administradores. Claro que de haberse contratado un seguro que cubriera esta contingencia el actor habría cobrado de la aseguradora, pero la clave está en que dicha contratación ni era exigible legal o convencionalmente, ni lo era enmarcada en la diligencia profesional exigible a los administradores. No concurre ninguna conducta antijurídica, ninguna omisión o incumplimiento de un deber cualificado, dolosa ni culposa, que pueda derivar en responsabilidad del liquidador, ni en la de los administradores.

Por ello, desestimando el recurso del actor que pretendía extender la condena en base al artículo 241 LSC a todos los demandados, y estimando la impugnación del condenado, debemos revocar la sentencia de instancia dejando sin efecto la condena y absolviendo a los demandados de todas las pretensiones en su contra deducidas.

Tal íntegra desestimación de la demanda interpuesta debe implicar también la revocación del pronunciamiento de costas en la instancia, y en aplicación del criterio objetivo del vencimiento establecido en el artículo 394 de la Ley de Enjuiciamiento Civil (LEC), deben imponerse al demandante las costas causadas en la instancia.

No obstante, no puede imputarse al administrador la responsabilidad por deudas cuyo origen es anterior a su nombramiento como nuevo gestor de la entidad deudora

AP A Coruña, Sec. 4.ª, 215/2023, de 29 de marzo. Recurso 578/2021

SP/SENT/1185063

Descartado que la sentencia de la Sección Sexta de la AP de A Coruña el 16 de marzo de 2015 tuviera efectos constitutivos sobre la resolución contractual o sobre la obligación restitutoria que impuso a la sociedad demandada, tanto si tomamos la fecha de la interposición de la demanda (septiembre de 2011) como si, como corresponde al funcionamiento propio de una condición resolutoria expresa, tomamos la fecha en que la parte compradora hizo uso de su derecho potestativo resolutorio (septiembre de 2010), en los dos casos se trata de una obligación social de fecha anterior al nombramiento del Sr. Jerónimo como administrador único de COSTA BARBANZA, S. L., que tuvo lugar el 2 de noviembre de 2011 según resulta de la información registral proporcionada por el actor con el documento n.º 10 de su demanda.

9. En el régimen del artículo 367 del TRLSC vigente al tiempo del planteamiento de la demanda no se contemplaba la posición del administrador de una sociedad incursa en una causa de disolución cuando su nombramiento es posterior al nacimiento de la obligación incumplida, esto es, cuando el administrador no ha tenido ninguna intervención en la génesis de la obligación social nacida con posterioridad al acaecimiento de la causa de disolución. Esa cuestión fue tratada, sin embargo, en la STS 601/2019, de 8 de noviembre, a tenor de la cual en casos de cambio de administrador se ha de computar un nuevo plazo de dos meses para que el recién nombrado dé cumplimiento a los deberes que la ley le impone cuando una sociedad está incursa en causa de disolución; el incumplimiento de esos deberes le hará responsable solidario de las deudas sociales posteriores al momento en que asumió la administración de la sociedad; esto es, su responsabilidad alcanza a todas las deudas sociales surgidas mientras él era administrador y estando la sociedad en causa de disolución, pero no a las anteriores a su nombramiento ni a las posteriores a su cese. Esa doctrina ha pasado al contenido actual del artículo 367 TRLSC, tras la Ley 16/2022, de 5 de septiembre.

10. Así las cosas, en este caso no es posible imputar al administrador demandado la responsabilidad solidaria por una deuda social que, aun en el caso de que pudiera entenderse nacida cuando la sociedad ya estaba incursa en causa de disolución, es sin duda anterior a su nombramiento como nuevo administrador único de la compañía deudora (no consta que ya integrase con anterioridad el órgano de administración de la sociedad). El recurso debe ser, por ello, desestimado.

No hay responsabilidad individual, el mero incumplimiento con un proveedor no acredita conducta antijuridica imputable al administrador

AP Álava, Sec. 1.ª, 117/2023, de 13 de febrero. Recurso 2405/2022

SP/SENT/1189865

Si se pretende una responsabilidad individualizada por daño, el Juzgado sentenciador, y esta propia Sala, debe valorar aquellos hechos de los que inferir que se daban los examinados presupuestos de la acción que se ejercita.

Era necesario, por tanto, valor la existencia de un comportamiento activo, o pasivo, de las administradoras de la mercantil, imputable al órgano de administración de la mercantil en cuanto tal, si la conducta del administrador era antijurídica por infringir la ley, los estatutos o no ajustarse al estándar o patrón de diligencia exigible a un ordenado empresario y a un representante leal, y, además, susceptible de daño directo a la actora, al tiempo que comprobar si se había acreditado una relación de causalidad entre la conducta antijurídica del administrador y el daño directo ocasionado a esta, tercera respecto de la sociedad.

Y, en ese aspecto, la exigencia de cautela en el análisis de las circunstancias concurrentes nos lleva a considerar que lo alegado en la demanda y reproducido en el recurso no son sino meras hipótesis argumentativas que carecen del necesario respaldo probatorio, porque el mero incumplimiento de las obligaciones de pago respecto de un proveedor no es asimilable a una causa de disolución de la mercantil codemandada, ni las afirmaciones que se recogen en la demanda, soportadas por presupuestos fácticos que son desconocidos en autos, llevan a concluir que el codemandado sea responsable de una situación social difusa y desmentida en su evolución con el paso del tiempo desde ese año 2015.

En definitiva, desestimamos la acción acumulada, ratificando el pronunciamiento implícito recogido en la sentencia recogida, y, en cuanto a la primera, la estimamos en lo que responde al principal reclamado y a sus intereses.

No hay responsabilidad del administrador por la deuda reclamada al nacer esta cuando se entregó la obra y no cuando se documentó en pagarés. En la fecha de nacimiento de la deuda conforme a las cuentas, el patrimonio neto es positivo

AP Madrid, Sec. 28.ª, 135/2023, de 10 de febrero. Recurso 159/2022

SP/SENT/1176325

Conforme a reiterada jurisprudencia, a tenor del art. 1170.II CC, la entrega de títulos cambiarios por el deudor no equivale al pago, por lo que el deudor solo quedará liberado cuando resulten abonados; de tal manera que el pago mediante documento cambiario queda subordinado a la condición de que efectivamente los títulos se transformen en dinero (Sentencias 1150/1992, de 11 de diciembre; y 304/2013, de 25 de abril). En palabras de la Sentencia 146/1946, de 21 de junio, "*la entrega de las letras de cambio no extingue la obligación primitiva, sino que únicamente la deja en suspenso, volviendo a tener pleno vigor cuando no se hubiesen realizado por el deudor*".

5. En conexión con esta jurisprudencia interpretativa del art. 1170 CC y a los fines que ahora nos ocupan, en la Sentencia 151/2016, de 16 de marzo, declaramos que lo relevante para decidir si la obligación es anterior o posterior al acaecimiento de la causa legal de disolución es la fecha de nacimiento de la obligación, no su completo devengo o exigibilidad ni la fecha de la sentencia que la declara.

6. En consecuencia, la obligación nació cuando se entregaron las obras, que es cuando debe hacerse el pago en el contrato de obra (art. 1599 CC), es decir, en noviembre de 2013; y no en la fecha de vencimiento de los pagarés entregados como medio de pago, pues como hemos visto, conforme al art. 1170.II y III CC debe distinguirse entre nacimiento de la obligación y momento del pago.

NOVENO. Por lo tanto, según la jurisprudencia indicada, en el caso que nos ocupa la fecha de nacimiento de la obligación sería el año 2016, ejercicio en el que, según las cuentas anuales aportadas por el demandado, la sociedad no se encontraba incursa en causa de disolución al amparo del artículo 363.1 e) de la Ley de Sociedades de Capital ya que presentaba un patrimonio neto positivo de 31.070,45 euros.

Tampoco cabe apreciar responsabilidad de los administradores; la causa de disolución de la entidad, por resultados negativos, fue posterior al nacimiento de las obligaciones adquiridas, por lo que no concurren los requisitos legales para exigirla

AP Granada, Sec. 3.ª, 632/2022, de 15 de septiembre. Recurso 1165/2021

SP/SENT/1167652

Procede a continuación el análisis del segundo motivo de impugnación. Concurrencia o no de los requisitos para determinar la responsabilidad de los administradores. La resolución impugnada concluye como las cuentas anuales del año 2008, la cifra del patrimonio neto de la mercantil Andaluza Protección y Mantenimiento SL, era positiva por lo que no cabe apreciar la concurrencia de causa de disolución por pérdidas. En cuanto al cese de la actividad consta la presentación de las cuentas anuales del año 2009 en julio de 2010, continuando en esa fecha su actividad. Tal criterio es combatido por la apelante, al considerar que tal hecho no supone indicio de actividad.

En el ejercicio en el que se genera la obligación social, tenía un patrimonio neto de 86.883,09 €, una cifra de negocios de 729.471,46 €, un activo corriente de 163.395,80 € y un activo no corriente de 793.566,97 €; las cuentas anuales estaban presentadas.

Las causas que se alegan como motivos por los que los administradores demandados deberían haber procedido conforme a la normativa de aplicación ante una situación de crisis o insolvencia societaria son producidas con fecha posterior cuyo importe ahora se reclama de forma solidaria a los administradores, tal y como se desprende de las propios documentos que se aportan a la demanda, donde se refleja que dicha Mercantil prácticamente no tiene actividad registrada desde el ejercicio económico de 2010.

Por ello, no resulta de aplicación el artículo 367 de la LSC, ni el artículo 105,5 de la LSRL al no darse el supuesto de hecho que se regula en el mismo, es decir, que las obligaciones sociales surjan con posterioridad al acaecimiento de la causa legal de disolución.

A mayor abundamiento traer a colación la STS de fecha 19/12/2.018 dictada en el recurso de casación n.º 3648/2015 (Ponente Excmo. Sr. D. Ignacio Sancho Gargallo) en cuyo FD 4.º.4, se indica: "*Es cierto que en alguna ocasión hemos admitido que pudiera prosperar la acción individual, a instancia de un acreedor de la sociedad, cuando el perjuicio, que es el impago del crédito, era debido a un comportamiento del administrador que perseguía directamente evitar la satisfacción de ese crédito con cargo al patrimonio social, mediante el incumplimiento de los deberes legales de liquidación*". En este sentido nos pronunciamos en la sentencia 253/2016, de 18 de abril: "*Para que pueda imputarse a la administradora el impago de una deuda social, como daño ocasionado directamente a la sociedad acreedora, [...] debe existir un incumplimiento más nítido de un deber legal al que pueda anudarse de forma directa el impago de la deuda social*".

En esa misma sentencia advertíamos expresamente del riesgo derivado de una aplicación indiscriminada de esta responsabilidad, lo que se traduce en la exigencia de un rigor en el ejercicio de la acción que, mediante un esfuerzo argumentativo, muestre el cumplimiento de los requisitos propios de la acción individual: "*(...) si los tribunales no afinan en esta exigencia, corremos el riesgo de atribuir a los administradores la responsabilidad por el impago de las deudas sociales en caso de insolvencia de la compañía, cuando no es esta la* mens legis.

La ley, cuando ha querido imputar a los administradores la responsabilidad solidaria por el impago de las deudas sociales en caso de incumplimiento del deber de promover la disolución de la sociedad, ha restringido esta responsabilidad a los créditos posteriores a la aparición de la causa de disolución (art. 367 LSC). Si fuera de estos casos, se pretende, como hace la demandante en su demanda, reclamar de la administradora la responsabilidad por el impago de sus créditos frente a la sociedad, debe hacerse un esfuerzo argumentativo, del que carece la demanda, por mostrar la incidencia directa del incumplimiento de un deber legal cualificado en la falta de cobro de aquellos créditos. [...]

(...) en realidad, se está imputando al administrador el impago de las deudas sociales (...), sin que tal impago sea directamente imputable, con carácter general, al administrador. Ni siquiera cuando la sociedad deviene en causa de disolución por pérdidas y no es formalmente disuelta, a no ser que conste que caso de haberlo sido, sí hubiera sido posible al acreedor hacerse cobro de su crédito".

Teniendo en cuenta los datos económicos aportados, la causa de disolución consistente en las pérdidas que reducen el patrimonio neto a una cifra inferior no puede datarse en una fecha anterior al fin del ejercicio económico, que en el caso que nos ocupa sería el 31 de diciembre de 2009.

No concurre la causa de disolución previsto en la letra e) del art. 363.1 de la Ley de Sociedades de Capital ya que el patrimonio neto se redujo a -48.460,09 € y el capital social era de 60.101,21 € efectivamente aparece que el patrimonio neto de la empresa era de

-48.460,09 € y concreta la fecha en que lo era en el día 31 de diciembre de 2009, sin que la parte demandante, a quien le incumbe la prueba haya acreditado que dicha circunstancia concurría en fecha anterior.

Por tanto la causa de disolución siempre sería posterior al nacimiento de la obligación económica imputada a los demandados siendo esta en julio de 2009.

Y partiendo de que la obligación nació en fecha 2 de octubre de 2008, queda acreditado que a dicha fecha la mercantil estaba activa (lo que excluye la causa de disolución consistente en el cese de actividad) y su patrimonio neto a fecha 31 de octubre de 2008 (finalización del ejercicio económico en el que nace la obligación) ascendía a 86.883,09 € siendo su capital social de 60.101,21 € (es decir un patrimonio neto superior al capital social) lo que igualmente excluye que a la fecha de nacimiento de la obligación concurriese la causa de disolución consistente en pérdidas que reducen el patrimonio neto a menos de la mitad del capital social.

Y por último ninguna virtualidad debe atribuírsele a la invocación de una inversión de la carga de la prueba puesta en relación con el principio de disponibilidad de la prueba ya que, sea por la documental aportada por una u otra parte, lo cierto es que constan perfectamente acreditados todos y cada uno de los hitos trascendentes para la resolución de esta litis, a saber: fecha de nacimiento de la obligación (2 de octubre de 2008) a través del burofax y del contrato de *renting*;

Y con base en dichos datos lo cierto es que la causa de disolución de la mercantil fue posterior al nacimiento de la obligación por lo que no concurren las causas exigidas legalmente para atribuir responsabilidad a los administradores de aquella mercantil, lo que determina la desestimación del recurso de apelación y consiguiente confirmación de la resolución impugnada.

No cabe estimar, sin embargo, la acción de responsabilidad por deudas dirigida al administrador; la deuda tributaria nació en los ejercicios sociales 2010 y 2011, con anterioridad a la causa de disolución, según el art. 363.1 a) LSC

AP Barcelona, Sec. 15.ª, 1276/2022, de 28 de julio. Recurso 529/2022

SP/SENT/1159939

No procede estimar la acción de responsabilidad por deudas sociales del art. 367 LSC ejercitada contra Onésimo.

El art. 367 TRLSC dispone que "*responderán solidariamente de las obligaciones sociales posteriores al acaecimiento de la causa legal de disolución los administradores que incumplan la obligación de convocar en el plazo de dos meses la junta general para que adopte, en su caso, el acuerdo de disolución, así como los administradores que no soliciten la disolución judicial o, si procediere, el concurso de la sociedad, en el plazo de dos meses a contar desde la fecha prevista para la celebración de la junta, cuando esta no se haya constituido, o desde el día de la junta, cuando el acuerdo hubiera sido contrario a la disolución*".

12. Es doctrina jurisprudencial reiterada que los requisitos para que los administradores sociales deban responder al amparo de lo dispuesto en el art. 367 LSC son los siguientes: la concurrencia de alguna de las causas de disolución de la sociedad previstas en el art. 363.1 LSC; 2) la omisión por los administradores de la convocatoria de junta general para la adopción de acuerdos de disolución o de remoción de sus causas, o de la solicitud de concurso, o la disolución judicial; 3) el transcurso de dos meses desde que concurre la causa de disolución o desde la fecha de la junta contraria a la disolución; 4) la imputabilidad al administrador de la conducta pasiva; y 5) la inexistencia de causa justificadora de la omisión.

Como explica la STS 420/2019, de 15 de julio (ECLI:ES:TS:2019:2387), [e]l análisis comparativo de los requisitos exigibles para las acciones individual y social pone en evidencia que la responsabilidad solidaria frente a los acreedores por deuda social regulada en el art. 367 LSC genera una acción diferente de las previstas en la propia LSC en los artículos 238 –acción social por daño a la sociedad– y 241 –acción individual por daño a socios y terceros– (sentencia 669/2011, de 4 de octubre). En concreto, cuando se trata de la acción prevista en el art. 367 LSC no es precisa la existencia de daño. Más aún, su objeto no es la indemnización por daño –por más que en ocasiones se identifiquen el daño con el importe de la deuda impagada– y ni siquiera es preciso que la sociedad esté en situación de insolvencia –de hecho, se trata de una institución preconcursal dirigida a la liquidación societaria–.

Se trata, como recuerda la citada STS, de una responsabilidad por deuda ajena, *ex lege*, en cuanto que su fuente -hecho determinante- es su previsión legal. Se fundamenta en una conducta omisiva del sujeto al que, por su específica condición de administrador, se le exige un determinado hacer y cuya inactividad se presume imputable –reprochable–, salvo que acredite una causa razonable que justifique o explique adecuadamente el no hacer. Es decir, este género de responsabilidad se funda en el incumplimiento de un deber legal por parte del administrador social, al que se anuda, como consecuencia, la responsabilidad solidaria de este administrador por las deudas sociales posteriores a la concurrencia de la causa de disolución. Con lo que se pretende garantizar los derechos de los acreedores y de los socios.

CUARTO. Mala fe del demandante.

13. Además, debe significarse que, como declara el Tribunal Supremo, la buena fe es exigible en el ejercicio de la acción de responsabilidad por deudas, por lo que no cabe exigir responsabilidad a los administradores cuando la pretensión rebasa los límites de aquella (STS 395/2012, de 18 de junio –ECLI:ES:TS:2012:6099–).

14. En el supuesto de autos, también estimamos, como la sentencia recurrida, la falta de legitimación activa para el ejercicio de la acción de responsabilidad por deudas sociales.

15. En efecto, el ejercicio por Miguel de la acción de responsabilidad del art. 367 LSC constituye un acto contrario a las exigencias de la buena fe por cuanto es corresponsable de la deuda reclamada, ya que ha participado en la ocultación de los bienes del deudor principal, y, además, por concurrir en la actora la condición de administrador de hecho de la sociedad. También en ese extremo compartimos el pronunciamiento de la resolución recurrida.

Conforme a la doctrina del Tribunal Supremo, por todas STS 421/2015, de 22 de julio (ECLI:ES:TS:2015:3442), con remisión a la Sentencia 721/2012, de 4 de diciembre (ECLI:ES:TS:2012:9191), son administradores de hecho "*quienes, sin ostentar formalmente el nombramiento de administrador y demás requisitos exigibles, ejercen la función como si estuviesen legitimados prescindiendo de tales formalidades, pero no a quienes actúan regularmente por mandato de los administradores o como gestores de estos, pues la característica del administrador de hecho no es la realización material de determinadas funciones, sino la actuación en la condición de administrador con inobservancia de las formalidades mínimas que la Ley o los estatutos exigen para adquirir tal condición*" (Sentencias 261/2007, de 14 de marzo; 55/2008, de 8 de febrero; 79/2009, de 4 de febrero; 240/2009, de 14 de abril; y 261/2007, de 14 de marzo). Es decir, cuando la actuación supone el ejercicio efectivo de funciones propias del órgano de administración de forma continuada y sin sujeción a otras directrices que las que derivan de su configuración como órgano de ejecución de los acuerdos adoptados por la junta general. Conforme a esta jurisprudencia, la noción de administrador de hecho presupone un elemento negativo (carecer de la designación formal de administrador, con independencia de que lo hubiera sido antes, o de que lo fuera después), y se configura en torno a tres elementos caracterizadores: i) debe desarrollar una actividad de gestión sobre materias propias del administrador de la sociedad; ii) esta actividad tiene que haberse realizado de forma sistemática y continuada, esto es, el ejercicio de la gestión ha de tener una intensidad cualitativa y cuantitativa; y iii) se ha de prestar de forma independiente, con poder autónomo de decisión, y con respaldo de la sociedad.

En nuestro caso, el demandante carece de la designación formal de administrador, que la ostenta desde octubre de 2010 su hijo menor de edad emancipado. El Tribunal Económico Administrativo Regional, conforme resulta del expediente de liquidación de la AEAT (documento 11 de la demanda) ha detallado varios hechos resultado de la valoración exhaustiva de las pruebas enjuiciadas, que permiten tener por acreditado que desarrollaba de forma continuada y con independencia las actividades propias del administrador de la sociedad y ello no ha sido desvirtuado en modo alguno por la recurrente.

Así resulta de los siguientes hechos en los que se basa la AEAT para concluir que era administrador de hecho en el momento de la comisión de las infracciones tributarias: "*Miguel (...) tenía los mecanismos apropiados para ejercer el control efectivo de la misma. Por un lado, primero la sociedad nombra administrador único a su hijo Onésimo a la edad de 17 años, siendo aún menor de edad. No puede presumirse que Onésimo disponga a su edad de la capacidad técnica suficiente para poder desarrollar de un modo autónomo la gestión o administración efectiva de una empresa sin contar con el concurso de su padre Miguel. (...) Esos extractos también confirman que Miguel utilizaba una tarjeta de crédito del Banco de Sabadell a nombre de la empresa (...) teniendo acceso de este modo a los fondos de la misma aunque no estuviese autorizado a sus cuentas bancarias. Con ello, una vez acabada la labor inspectora (que recordemos tuvo la conformidad de la sociedad inspeccionada), Miguel tiene poder suficiente para elaborar la conducta engañosa confirmada por el TEAR para ocultar un bien inmueble de la acción recaudatoria de la AEAT. (...) Además, deteniéndonos en las declaraciones de IRPF de Miguel desde el ejercicio 2007 al*

2012, suma un importe total de ingresos declarados de 72.605,14 €, que está lejos del importe de los trabajos supuestamente realizados a DIRECCIÓN 000 que generaron las comisiones adeudadas de 180.000 €. Las comisiones en caso de existir no se encuentran declaradas ni por la empresa en sus declaraciones de retenciones por trabajo personal ni en su contabilidad (...). Ese control efectivo se demuestra repasando los hechos que demuestran cómo se adjudicó un inmueble que estaba a nombre de la sociedad utilizando a esta y su administrador de derecho (su hijo) para conseguirlo, hechos reafirmados por el TEAR (...). El poder concedido por el obligado tributario a Miguel es para pleitos, pero ello constituye un indicio más de su condición de administrador de hecho (...) un simple empleado de la sociedad difícilmente podría haber podido incurrir en la ocultación del inmueble referido de la sociedad. La simulación de una deuda entre esta y Miguel más los hechos posteriores no serían posibles sin que Miguel tuviese facultades suficientes como administrador de hecho en la sociedad. El efecto final de que el inmueble se quedase finalmente en el patrimonio de Miguel es un indicio definitivo de su posición en la sociedad deudora como administrador de hecho".

Por todo ello, debemos concluir que el demandante ha incurrido en mala fe en el ejercicio de la acción del art. 367 LSC y que carece de legitimación activa para su ejercicio, procediendo la confirmación de la resolución recurrida.

16. A mayor abundamiento, tampoco procede la estimación de la acción ejercitada por no concurrir el presupuesto necesario de que la deuda social sea posterior a la causa de disolución, conforme argumentamos en el fundamento de derecho siguiente.

QUINTO. Deuda social anterior a la causa de disolución.

17. Debe insistirse en que, como recuerda la STS 22/2020, de 16 de enero [ECLI:ES:TS:2020:24], la responsabilidad del art. 367 LSC lo es respecto de las deudas sociales posteriores a la aparición de la causa de disolución, esto es, las que hubieran nacido después del acaecimiento de la causa de disolución.

En el presente caso, ese presupuesto constitutivo de la responsabilidad por deudas no se cumple y ello impide estimar la acción ejercitada frente al administrador de derecho demandado.

18. No es controvertido que la sociedad está incursa en la causa de disolución prevista en la letra a) del art. 363.1 LSC [Por el cese en el ejercicio de la actividad o actividades que constituyan el objeto social. En particular, se entenderá que se ha producido el cese tras un período de inactividad superior a un año].

La deuda social se corresponde con las cantidades que el actor ha abonado a la AEAT debido a la derivación de responsabilidad por impago de cantidades reclamadas a la sociedad por el impuesto de sociedades de los ejercicios 2010 y 2011.

19. Pues bien, como hemos indicado, para que proceda la estimación de la responsabilidad *ex* art. 367 LSC es necesario que la deuda social sea posterior a la causa de disolución. En nuestro caso, el actor sitúa la deuda en el momento del pago de las cantidades que le fueron derivadas por la AEAT por cantidades reclamadas a la sociedad en concepto del impuesto de sociedades de los ejercicios 2010 y 2011, esto es, entre el 23 de diciembre de

2015 y el 5 de febrero de 2019. Y, respecto a la causa de disolución, señala que *"el último día del mes de febrero de 2014"* el administrador incumplió con su deber legal de convocar junta para la adopción del acuerdo de disolución en el plazo de dos meses desde el acaecimiento de la causa de disolución. La AEAT estableció que la actividad económica de la sociedad cesó en el último trimestre del ejercicio 2013 (así consta en el Acuerdo de declaración de responsabilidad subsidiaria, acompañado como documento 11 de la demanda).

No podemos compartir con la actora que la fecha del pago sea la fecha en que nació la deuda que reclama. Pues, como ha declarado el Tribunal Supremo en Sentencia 664/2020, de 10 de diciembre [ECLI:ES:TS:2020:4069], en relación con la calificación concursal de un crédito resultante de la derivación de responsabilidad tributaria, [e]l sujeto infractor deviene *ex lege* responsable de una deuda tributaria ajena. Es decir, no se trata de un crédito tributario nuevo, autónomo e independiente, sino del mismo crédito, reforzado o garantizado con un patrimonio adicional. Del art. 41.5 LGT se desprende que el acto administrativo de derivación es declarativo de responsabilidad respecto de una deuda que ya existía, y no constitutivo, puesto que no crea un crédito *ex novo*.

De este modo, la derivación de responsabilidad tributaria tiene una función meramente garantizadora de la recaudación, por lo que el sujeto responsable no sustituye al sujeto principal, sino que se sitúa junto a él como garante del crédito adeudado.

La antes citada sentencia 1033/2019, de 10 de julio, de la Sala Tercera, de lo contencioso-administrativo, de este Tribunal Supremo, resaltó el carácter de garante del responsable tributario, al declarar:

"Y es que, cuando el art. 41.1 LCT declara que «la ley podrá configurar como responsables [...] de la deuda tributaria, junto a los deudores principales, a otras personas o entidades [...]», no está definiendo una categoría jurídica, sino describiendo la posición jurídica que ocupa un responsable como garante personal del crédito tributario".

También, en relación con la determinación de cuándo nació la deuda social reclamada por el fiador en relación con el régimen de responsabilidad del art. 367 LSC, la citada STS 22/2020 afirma que [s]i la deuda social afianzada es anterior a la aparición de la causa de disolución, el posterior pago por el fiador no supone contraer una nueva deuda por la sociedad estando ya incursa en causa de disolución que justifique la responsabilidad solidaria del administrador que incumple el deber legal de disolver. A estos efectos, el derecho del fiador a reclamar de la sociedad deudora lo pagado no es propiamente una nueva deuda social, sino una modificación subjetiva de la obligación originaria, un cambio de acreedor (...). Aunque el fiador asuma la condición de acreedor frente a la sociedad deudora principal, respecto de lo pagado al acreedor principal, como consecuencia de la fianza, a los efectos previstos en el art. 367 LSC no cabe hablar del nacimiento de una nueva deuda social, sino más bien de que la existente persiste, sin perjuicio de que ahora sea el fiador el legitimado para reclamarla.

20. La deuda social reclamada en las presentes actuaciones no nace con el pago a la AEAT por el actor, en cuanto responsable tributario por derivación de los arts. 42.2 a) y 43.1 a) LGT, al concluir la AEAT que concurría en el actor la condición de administrador de hecho durante los ejercicios 2010 y 2011 en los que se cometieron las infracciones tributarias,

sino con el nacimiento de las obligaciones tributarias de la sociedad por hechos acaecidos en los ejercicios 2010 y 2011. La deuda nació al finalizar los respectivos ejercicios sociales 2010 y 2011 (art. 28 de la Ley 27/2014, de 27 de noviembre, del Impuesto de Sociedades, "*el impuesto se devengará el último día del período impositivo*") y, por tanto, es anterior a la causa de disolución del art. 363.1.a LSC invocada por la actora.

Por consiguiente, procede desestimar la acción de responsabilidad del art. 367 LSC ejercitada frente a Onésimo.

No puede declararse la responsabilidad del administrador de la sociedad cuando, al momento de firmarse la venta de las viviendas, la mercantil no estaba incursa en causa alguna de insolvencia

AP Toledo, Sec. 1.ª, 570/2022, de 12 de mayo. Recurso 344/2020

SP/SENT/1154778

Pues bien, de acuerdo con lo que se acaba de señalar en cuanto a la doctrina jurisprudencial es a esa fecha, la del otorgamiento de la escritura pública de permuta a la que se ha de retrotraer la existencia de la causa de disolución, es decir, si ya antes del cinco de mayo de dos mil seis la mercantil demandada estaba o no incursa en causa que obligase a su disolución y ello porque la novación que tiene lugar el 11 de octubre de 2007 en nada cambió la obligación, solo se alteró o concreto las viviendas que debían ser entregadas.

En el hecho décimo de la demanda se dice "*Lo expuesto implica que al tiempo del cumplimiento de su obligación Construcciones Villa Juez SL se encontraba en situación de insolvencia:*

1.º A fecha 9 de marzo de 2.007 debía entregar a los actores 5 viviendas y 4 plazas de garaje libres de cargas.

2.º A fecha 9 de marzo de 2.007, todas los inmuebles que había construido estaban hipotecados por cantidades superiores al valor real de los mismos.

3.º A fecha 9 de marzo de 2007, adeudaba otras cantidades a otros acreedores, hasta el punto de que entregó dos viviendas a dichos acreedores en pago de sus deudas.

4.º Asimismo adeudaba dinero a la Seguridad Social, deuda que motivó que posteriormente dicho organismo embargase los inmuebles construidos.

5.º No consta que Construcciones Villa Juez S. L. tuviera otros activos, hay que tener en cuenta que una vez ejecutados los referidos inmuebles en las averiguaciones patrimoniales efectuadas por el juzgado no consta que dicha sociedad tenga ni inmuebles, ni dinero depositado en bancos, ni vehículos, ni cantidades pendientes de devolución en la Agencia Tributaria, siendo una sociedad totalmente insolvente".

Es decir, que la propia parte acora sitúa el momento en el que debió procederse a la disolución el 9 de marzo de 2007 pero, como se ha dicho, en realidad la obligación nació el 5 de mayo de 2006, momento en el que se celebró el contrato, y en esa fecha no se dice que la sociedad estuviera incursa en una situación de falta de valor patrimonial que obligase a su disolución.

Es por ello por lo que el recurso ha de ser estimado y revocada la sentencia de instancia.

No hay responsabilidad individual, pues el administrador societario probó que, aunque hubiera instado el concurso, el acreedor no hubiese cobrado la deuda por la falta total de actividad y de patrimonio

AP Murcia, Sec. 4.ª, 446/2022, de 28 de abril. Recurso 1079/2021

SP/SENT/1156399

La respuesta a la cuestión suscitada en esta alzada exige primero dejar constancia del marco jurisprudencial de referencia. Para ello traemos a colación la STS de 13 de julio de 2016, de Pleno, que se hace eco de la previa de 14 de abril de 2016, reiterada con posterioridad, entre otras, en las SSTS 580/2019, de 5 de noviembre y 612/2019, de 14 de noviembre en las que se insiste que *"para que pueda prosperar la acción individual es necesario identificar una conducta propia del administrador, distinta de no haber pagado el crédito, que pueda calificarse de ilícito orgánico y a la cual pueda atribuirse la causa de no haber sido satisfecho el crédito (Sentencia 580/2019, de 5 de noviembre).*

Es desde esta perspectiva, desde la que la jurisprudencia ha admitido el impago de un crédito como daño o perjuicio susceptible de ser indemnizado por una acción individual. En este caso el ilícito orgánico denunciado ha sido realizar un cierre de hecho sin practicar operaciones de liquidación y una denuncia genérica de distracción de activos. En un supuesto como este la dificultad radica en apreciar una relación de causalidad entre esta conducta y el impago de la deuda, pues se precisa la constatación de la existencia de concretos activos cuya realización hubiera permitido abonar total o parcialmente la deuda. Algo que realizado hubiera servido para pagar el crédito".

Como hemos dicho en nuestras sentencias de 27 de febrero de 2020 y 21 de octubre de 2021:

"ese «mínimo esfuerzo argumentativo» se puede reconducir al planteamiento por el actor de que la sociedad disponía, antes del cierre «de facto», de recursos cuya desaparición o su liquidación desordenada hayan podido producir causalmente la frustración del crédito del actor. O dicho de forma, la desaparición de hecho de la sociedad, cuando la misma aún tenía algún patrimonio para el pago de sus deudas, ha contribuido causalmente al daño, porque su alternativa –la liquidación ordenada– hubiera permitido atender la expectativa de cobro de la deuda, en todo o en parte".

4. La primera línea de ataque del recurso es la indebida estimación de los activos de la sociedad. En el ejercicio de la soberanía plena que la LEC atribuye al órgano de apelación para verificar el acierto o desacierto de lo valorado en primera instancia (art. 456 y STC 212/2000, de 18 de septiembre y SSTS 1 de octubre de 2012 y 4 de diciembre de 2015) no apreciamos el error en la valoración de la prueba imputado en el recurso por las razones siguientes:

En primer lugar, lo relevante no son los activos existentes en 2011 o 2012, sino al tiempo del cese efectivo (mayo de 2013, no controvertido), pues lo que constituye el ilícito orgánico no es el impago de la deuda social, sino la omisión de su liquidación ordenada y ausencia de explicación del destino de esos activos con el cese fáctico. Por tanto, debemos centrarnos en los datos de 2013.

En segundo lugar, no basta con acudir solo a los datos de las cuentas anuales. Procede su análisis, y el mismo ya refleja que una buena parte de los activos de VIFEMUR, S. L., eran activos por impuesto diferido procedente de pérdidas a compensar con impuesto sobre beneficios futuros (106.974,35 €) y créditos frente a CONTRATAS Y TELECOMUNICACIONES, S. L. (126.635,58 €). Los primeros carecen de valor de realización y los segundos no consta que fueran malbaratados ni distraídos por el demandado, sino que resultaron finalmente carentes de valor, al no poder recuperar nada en el concurso. Era un activo disponible para la actora que no consta que instara en su día su traba en la ejecución seguida por la misma contra VIFEMUR, S. L.

En tercer lugar, las alegaciones para restar credibilidad al dictamen pericial de la parte demandada no son atendibles

No basta con indicar que se basa en la documental facilitada por el propio demandado, pues lo lógico es que sea este el que disponga de ella (balance de sumas y saldos de cuentas específicas, facturación, etc.), con las dificultades añadidas aquí que la prueba documental y pericial de descargo se practica en 2019 respecto de hecho acaecidos en 2013. No se puede restar valor por ello al dictamen cuando no se impugna la documental adjuntada al informe pericial, siendo ajeno a la parte demandada que la actora afirme que no ha podido verificar la venta del vehículo con los registros actuales de DGT cuando ha sido la actora la que ha demorado tantos años la exigencia de responsabilidad del administrador de la mercantil deudora. Consta su baja en 2013 por una empresa de desguace, que, unido a su elevada antigüedad, concuerda con el relativo importe obtenido con ellos.

Tampoco es válida la queja de que el perito se limite a trascribir lo que le manifiesta la parte que lo propone. En lo relativo a valoración de mobiliario de oficina, equipos informáticos básicos y pequeña maquinaria o utillaje de obra en el dictamen se efectúan estimaciones y valoraciones extraídas de la experiencia del perito, apoyadas en el examen de detalle de la contabilidad y estadísticas concursales, que resultan consistentes, pues todos los que han tenido contacto profesional con la realidad concursal son conocedores de la enorme depreciación de los activos y del minúsculo, por desgracia, margen de recuperación que se obtiene en el concurso de activos análogos a los que son objeto de dictamen (mobiliario de oficina, equipos informáticos básicos y pequeña maquinaria o utillaje de obra). Bienes que con el paso de tiempo se han ido devaluando, como aclara el perito en el acto del juicio, tras su comprobación física, sin que tampoco conste que en su día en el procedimiento de ejecución entablado por la actora contra la mercantil se intentara la traba de esos activos, valorados en el informe en cerca de 4.000 €, pero que a fecha del juicio el perito indica que han devenido sin valor.

También es lógico que el valor contable de instalaciones que se encontraran en un local arrendado no se corresponda después con su valor de realización, que es nulo, pues muchos de ellos al abandonarse dicha sede ya se dejan en ella, al no poderse separar del inmueble, o de ser posible, carecer de valor fuera del mismo.

Por ello la invocación en el recurso del precedente de este Tribunal no es trasladable, pues la consistencia y robustez de las pruebas periciales en uno y otro caso son distintas. En consecuencia, la afirmación del recurrente de que el valor real del activo de la empresa en la fecha en que se produjo el cierre de hecho era muy superior al otorgado en el informe pericial, no deja de ser una mera manifestación sin soporte probatorio.

Por último, en cuanto a las inversiones financieras a corto y largo plazo, en el informe se estiman en 11.497,47 € y 8.954,45 € (que es el recogido en las cuentas). No obstante, después se aclara en el juicio que los depósitos y fianzas eran exigibles a CONTRATAS Y TELECOMUNICACIONES, S. L., empresa en concurso, de modo que su valor de realización no coincidía con el contable, y en realidad había devenido nulo, por lo que tampoco consta respecto de estas partidas malbaratamiento ni ausencia de explicación de su destino. Queda el valor real de estos activos reducido, según la documentación de Caja Rural Central aportada en periodo probatorio (documento número 11 del escrito de 5 de junio de 2020) a 6.010 euros, que fue lo que se pudo recuperar de esas inversiones. Ello explica que en el acto de la vista el perito rectificara parcialmente su dictamen.

En todo caso, aun teniendo en cuenta en vía de hipótesis las iniciales valoraciones de las inversiones a largo y corto plazo, no hay prueba que permita otorgar al conjunto de los activos un valor de realización superior al propuesto inicialmente por el perito (27.770,29 €); importe que se presenta insuficiente para atender créditos laborales y públicos de pago preferente al del actor en situación de insolvencia, dado que a las sumas recogidas en el dictamen (20.444,33 € por pagos a trabajadores y 19.038,68 € aplazados a AEAT) hay que añadir otros que relucen de las actuaciones (créditos a otros trabajadores por importe superior a 50.000 €, según información judicial recogida en doc. n.º 4 de la demanda).

5. La segunda línea argumental del recurso sostiene que procede la estimación de la acción del art. 241 LSC porque ha tenido lugar una elección unilateral por el deudor respecto del destino del activo remanente de la sociedad.

Esta tesis no se ajusta a lo que dice la sentencia apelada, que entendemos que no se aparta del criterio jurisprudencial antes expuesto. La aplicación de lo obtenido por los activos realizados a pagar salarios e indemnizaciones a trabajadores (no cuestionado en esta alzada), unido a la existencia de crédito público —que parece después que fue atendido, al no identificarse apremio administrativo en el bloque documental n.º 4 de la demanda— así como la existencia de otros créditos laborales pendiente de cobro en los términos indicados, impide predicar relación causal. Ello es así porque el que no se atendiera el crédito comercial de la actora no deriva de la falta de una liquidación ordenada, sino de la insolvencia de la mercantil deudora.

De la prueba practicada se desprende que en una situación de liquidación concursal, que es la debería haber instado el administrador demandado al no poder la mercantil deudora cumplir regularmente sus obligaciones exigibles, la actora no hubiera tampoco cobrado siquiera parcialmente su crédito. En esa hipotética liquidación ordenada, sometida a la *par condictio creditorum*, el numerario obtenido por esos escasos activos habrían sido aplicados a atender los créditos contra la masa (inherentes unos al propio proceso concursal, como retribuciones de profesionales jurídicos y de la administración concursal) y al pago de créditos preferentes a los de la actora (los créditos de trabajadores y los públicos), de modo que, en realidad, al ser atendidos estos antes que los de la actora materialmente no ha habido respecto de la actora quiebra de la "par condictio", pues en una situación de insolvencia los atendidos no tienen igual trato que los del actor, además de que aún han quedado pendientes otros de cobro preferente

Desde la óptica que aquí interesa lo determinante es probar que la liquidación desordenada de activos es la causante de la frustración del crédito del actor. Y ello no consta, pues se ha acreditado, de forma razonable y contrastable, que la alternativa omitida —la liquidación ordenada— no hubiera servido para atender la expectativa de cobro de la deuda, en todo o en parte. No compartimos por ello el parecer del apelante (apoyado en la SAP de Navarra n.º 125/2016, de 23 de mayo), de que al no haber procedido a instar el concurso debe responder automáticamente el demandado porque es imposible saber si la actora hubiera podido cobrar o no. Otra cosa es que la carga de la prueba sea del demandado, que es lo que dice la STS 472/2016, de 13 de julio citada por el propio actor "*corresponderá al administrador justificar que la disolución y liquidación ordenada de la sociedad no hubiera servido para pagar los créditos de la demandante, ordinariamente por la insuficiencia de activo*".

En definitiva, la "pérdida de oportunidad" que representa el proceso concursal no tiene aquí, atendida la prueba practicada y circunstancias concurrentes, trascendencia en los daños sufridos porque estos hubieran tenido lugar de igual modo. A ello apunta la STS n.º 809/2021, de 24 de noviembre, que ante una resolución que estima el perjuicio causado por impago de la deuda social en un porcentaje de lo que se habría cobrado en sede concursal, dice "*Si la conducta hubiera quedado reducida a que, considerado correcto el precio obtenido con la liquidación, no se procedió al pago ordenado de los créditos en un concurso de acreedores, el razonamiento de la Audiencia sobre lo que presumiblemente hubieran podido cobrar en el concurso los demandantes podría tener cierto sentido. Pero la conducta ilícita apreciada en la instancia abarcaba también que con la venta apresurada de los bienes se había obtenido un precio muy inferior al que se hubiera podido lograr de otra forma, y que hubiera permitido pagar el crédito de los demandantes*".

El nuevo administrador asumió la administración de la sociedad estando esta incursa en causa de disolución y siendo la deuda reclamada anterior a su nombramiento, por lo que no cabe estimar la acción de responsabilidad por deudas sociales

AP Baleares, Sec. 5.ª, 226/2022, de 7 de marzo. Recurso 1120/2021

SP/SENT/1149491

El nuevo administrador, desde que asumió la administración de la sociedad (el 5 de mayo de 2014), como seguía incursa en la causa de disolución de pérdidas que dejaban el patrimonio neto contable por debajo de la mitad del capital social, estaba afectado por los reseñados deberes legales de promover la disolución. La duda es respecto de qué deudas sociales responde solidariamente. Para resolverla debe acudirse a la ratio del precepto.

En el art. 367 LSC la responsabilidad del administrador se anuda al incumplimiento del deber de promover la disolución. El reproche jurídico que subyace a la responsabilidad del art. 367 LSC se funda en el incumplimiento de un deber legal (de promover la disolución de la sociedad o, en su caso, de instar el concurso de acreedores). La Ley en esos casos, estando la sociedad incursa en una de las causas legales de disolución, constituye al administrador en garante solidario de las deudas surgidas a partir de entonces, si incumple el deber legal de disolver dentro del plazo legal. La justificación de esta responsabilidad radica en el riesgo que se ha generado para los acreedores posteriores que han contratado sin gozar de la garantía patrimonial suficiente por parte de la sociedad del cumplimiento de su obligación de pago.

Esta razón que llevó al legislador a ceñir el alcance de la responsabilidad a las deudas posteriores a la aparición de la causa de disolución, nos debe llevar a concluir que en caso de cambio de administrador, desde que asume la administración, para él nace un nuevo plazo de dos meses para promover la disolución, cuyo incumplimiento le hará responsable solidario de las deudas sociales posteriores al momento en que asumió la administración de la sociedad. Esto es, su responsabilidad alcanza a todas las deudas sociales surgidas mientras él era administrador y estando la sociedad en causa de disolución, pero no a las anteriores a su nombramiento ni a las posteriores a su cese.

Y este es el criterio que se viene aplicando por las Audiencias Provinciales, siendo muestra de ello las SAP Madrid 27 noviembre 2019, SAP Córdoba 9 noviembre 2020, SAP Badajoz 9 marzo 2021, SAP Murcia 14 octubre 2021 y SAP Barcelona 18 octubre 2021.

Conforme a ello, acogiendo la Sala el criterio expuesto, siendo la deuda anterior en el tiempo al nombramiento del administrador social, debe estimarse el recurso y excluir su responsabilidad, lo que hace innecesario el examen del resto de motivos de recurso.

El administrador incumplió su deber de disolver la compañía o presentar el concurso; sin embargo, como la sociedad no estuvo incursa en causa de disolución hasta 2013, no tiene que responder por las deudas sociales

AP Barcelona, Sec. 15.ª, 443/2017, de 2 de noviembre. Recurso 535/2016

SP/SENT/932693

El art. 236.1 Real Decreto Legislativo 1/2010, de 2 de julio, por el que se aprueba el texto refundido de la Ley de Sociedades de Capital (LSC) comienza diciendo que "*los administradores responderán frente a la sociedad, frente a los socios y frente a los acreedores sociales, del daño que causen por actos u omisiones contrarios a la ley o a los estatutos o por los realizados incumpliendo los deberes inherentes al desempeño del cargo, siempre y cuando haya intervenido dolo o culpa. La culpabilidad se presumirá, salvo prueba en contrario, cuando el acto sea contrario a la ley o a los estatutos sociales*".

16. Como resumen la sentencia del Tribunal Supremo 131/2016, 3 de marzo (ROJ: STS 959/2016), enumera los siguientes presupuestos para que deba de prosperar la acción individual:

"(...) (i) incumplimiento de una norma (...); (ii) imputabilidad de tal conducta omisiva a los administradores, como órgano social; (iii) que la conducta antijurídica, culposa o negligente, sea susceptible de producir un daño; (iv) el daño que se infiere debe ser directo al tercero que contrata, en este caso, al acreedor, sin necesidad de lesionar los intereses de la sociedad; y (v) relación de causalidad entre la conducta contraria a la ley y el daño directo ocasionado al tercero".

17. Ahora bien, el Alto Tribunal recuerda que *"no obstante, como hicimos en la sentencia 242/2014, de 23 de mayo, debemos advertir que no puede recurrirse indiscriminadamente a la vía de la responsabilidad individual de los administradores por cualquier incumplimiento contractual. Porque, como habíamos afirmado en la sentencia de 30 de mayo de 2008, ello supondría contrariar los principios fundamentales de las sociedades de capital, como son la personalidad jurídica de las mismas, su autonomía patrimonial y su exclusiva responsabilidad por las deudas sociales, u olvidar el principio de que los contratos solo producen efecto entre las partes que los otorgan, como proclama el art. 1257 CC".*

18. En el caso enjuiciado, la negligencia que alega el actor y que imputa al demandado es el incumplimiento de su obligación de disolver la compañía o de presentar concurso. Como hemos visto, la sociedad no está incursa en causa de disolución hasta el 2013, por lo tanto, el administrador no tiene que responder de las deudas sociales, conforme a lo dispuesto en el citado art. 367 LSC. Para que de esa indudable falta de diligencia pudiera derivarse el impago de la deuda, correspondía al actor alegar y después probar que en el caso de que se hubiera disuelto la sociedad en el año 2013, año en el que no se formulan las cuentas anuales, el acreedor hubiera tenido la posibilidad real de cobrar. Sin embargo, ni el actor ha alegado tal hecho ni hay evidencia alguna que permita alcanzar aquella conclusión. Por lo que también por ese motivo ha de confirmarse la sentencia y desestimarse la demanda.

La asunción de la obligación contractual por la sociedad administrada se produjo antes del acaecimiento de la causa legal de disolución, por lo que no cabe responsabilidad de los administradores ex art. 367 LSC en relación con el art. 363 LSC

AP La Rioja, Sec. 1.ª, 179/2017, de 31 de octubre. Recurso 517/2016

SP/SENT/931850

Por tanto, la asunción de la obligación contractual por la sociedad administrada por el recurrente se produjo en una fecha anterior al acaecimiento de la causa legal de disolución.

Aplicando la anterior doctrina al caso de autos, la obligación social debe entenderse que nació en febrero de 2012 que fue cuando RIBEREBRO, S. A. y C REATIVE ISSUES, S. L. garantizaron con un aval que, posteriormente, fue ejecutado, las obligaciones derivadas de sus relaciones comerciales y en tal fecha, tal y como sostiene la Sentencia apelada, no está acreditado que concurriera causa de disolución alguna pues la sociedad estaba en funcionamiento, de hecho, el administrador único demandado había sido nombrado dos meses antes y las cuentas anuales correspondientes al año 2011 fueron depositadas en el Registro Mercantil en agosto de 2012.

Es más, aun cuando a efectos meramente dialécticos se entendiera que la obligación social surgió cuando el aval fue ejecutado, en febrero de 2013, momento en que la deuda era vencida, líquida y exigible, la conclusión es la misma porque las cuentas a tomar en cuenta en ese momento serían las de 2012 que fueron depositadas en el Registro Mercantil en agosto de 2013, hecho este que implica que, al menos, hasta agosto de 2013 el administrador cumplió con parte de las obligaciones que legalmente tiene asignadas. El alegato del actor de que en febrero de 2012 deberíamos atender a las cuentas del 2012 y no a las de 2011 como señala la sentencia y que en febrero de 2013 deberíamos fijarnos en las del 2013 y no en las del 2012 como apunta la sentencia, no merece favorable acogida porque si lo que pretendía el recurrente era probar que había pérdidas en la sociedad que dejaban el patrimonio neto reducido a una cantidad inferior a la mitad del capital social, estas pérdidas debería figurar en las cuentas de la sociedad, como mínimo, desde diciembre de 2011 o desde diciembre de 2012 para que, transcurridos dos meses sin convocar junta, surja la responsabilidad del administrador.

Por todo lo expuesto, debe confirmarse el pronunciamiento del juez de instancia respecto a la ausencia de responsabilidad de los administradores del art. 367 de la LSC en relación con el art. 363 pues el actor no ha probado la causa de disolución ni se aprecia error en la sentencia respecto al momento en que surge la obligación social y las cuentas a tener en cuenta.

No hay responsabilidad del administrador por deudas sociales en acción ejercitada por un socio y no por un tercero, al carecer de legitimación activa

AP Asturias, Oviedo, Sec. 1.ª, 254/2017, de 23 de octubre. Recurso 121/2017

SP/SENT/929985

La petición de responsabilidad del demandado como administrador de C. G. Línea Verde S. L., sustentada directa y expresamente en demanda en el artículo 367 LEC, ha de decaer de plano por falta de legitimación ad causam de la demandante, socia y por ello integrante de la sociedad, cuando el precepto, trasunto del artículo 105.5 LSRL, confiere legitimación por las deudas sociales únicamente a los acreedores de la sociedad, terceros a la misma, cuando concurran las circunstancias previstas en la norma.

No hay responsabilidad del administrador por deuda social cuando el derecho del acreedor es posterior en su nacimiento al acuerdo de disolución y al cese del administrador demandado

AP Barcelona, Sec. 15.ª, 421/2017, de 20 de octubre. Recurso 123/2016

SP/SENT/927432

Como hemos adelantado, la parte actora señala que a finales del año 2010 o a principios del 2011 la sociedad se encontraba incursa en situación de insolvencia con arreglo a lo dispuesto en los artículos 2 y 5 de la Ley Concursal, y que, por tanto, el demandado debió haber convocado junta para promover la disolución de la sociedad o solicitar la declaración de concurso. Pues bien, tal y como acertadamente señala el juez a quo, no debe confundirse la situación de insolvencia que obliga al deudor a solicitar el concurso, descrita en el artículo 2 de la Ley Concursal, con las causas legales de disolución del artículo 363 de la Ley de Sociedades de Capital que obligan al administrador a promover la disolución de la sociedad. En concreto y por lo que a la situación patrimonial se refiere, el apartado e) del artículo 363 de la LSC establece como causa legal de disolución la existencia de "*pérdidas que dejen reducido el patrimonio contable a una cantidad inferior a la mitad del capital social, a no ser que este se aumente o se reduzca en la medida suficiente y siempre que no sea procedente solicitar la declaración de concurso*".

15. Aunque en la demanda no se identifica con claridad ninguna causa de disolución, haciendo un esfuerzo de integración cabría entender que se invoca, siquiera de forma implícita, la existencia de pérdidas graves, máxime teniendo en cuenta el análisis contable que realiza el perito de la demanda en su informe (documento 23 de la demanda). En este sentido, consta que a 4 de diciembre de 2012 los fondos propios de SUN RACE eran negativos (4.412.349,60 euros), como consecuencia de las abultadas pérdidas que afloraron en ese ejercicio. Por tanto, la causa de disolución del apartado e/ del artículo 363 debe ubicarse, al menos, en un momento indeterminado del año 2012. La deuda de SUN RACE con los demandantes nace con el pago en junio de 2013 de la deuda principal, pago que es presupuesto del derecho al reembolso. En definitiva, la obligación es posterior al acaecimiento de la causa de disolución. Sin embargo, como bien señala la sentencia apelada, el derecho de crédito de los demandantes también es posterior al acuerdo de disolución –el 4 de diciembre de 2012– y al cese del Sr. Pascual como administrador. No cabe, en consecuencia, declarar la responsabilidad de acuerdo con el artículo 367 de la LSC, pues solo es exigible al administrador y por obligaciones contraídas durante la vigencia del cargo.

El incumplimiento de una deuda social que resulta impagada no supone la responsabilidad automática del administrador social, pues deben darse los requisitos propios que exige la ley para la responsabilidad solidaria por deudas

AP A Coruña, Sec. 3.ª, 301/2017, de 20 de octubre. Recurso 165/2017

SP/SENT/928597

Se fundamenta la causa de disolución de la sociedad, en primer lugar, en «la conclusión de la empresa que constituya su objeto» [artículo 104.1 c) de la Ley de Sociedades de

Responsabilidad Limitada]. Esta causa no es aplicable. "Ovimar E.C., S. L." se constituyó como empresa constructora, si bien en el acto del juicio se puntualizó que principalmente se dedicaba a ser subcontratada para la ejecución de obra pública. No se crea para una obra concreta y determinada, que se haya culminado. Por lo que no concluyó una empresa específica para la que hubiese sido creada.

3.º También se alude a «la paralización de los órganos sociales de modo que resulte imposible su funcionamiento» [artículo 104.1 c) de la Ley de Sociedades de Responsabilidad Limitada]. Los órganos sociales –administrador y junta– en modo alguno estaban paralizados. Siguieron funcionando. Distinto es que pueda cuestionarse su forma de actuar, su acierto o desacierto en la gestión. Pero no hubo tal paralización de los órganos societarios.

4.º La falta de depósito de las cuentas es una irregularidad, que tiene aparejadas sus específicas sanciones. Pero no es causa de obligada convocatoria de la junta para disolver la sociedad.

5.º Para que la falta de ejercicio de la actividad que constituye el objeto social de la mercantil [artículo 104.1 d)] sea causa para convocar la junta a que se refiere el artículo 105, es preciso que esa falta de actividad se produzca durante tres años consecutivos. Plazo que se cumpliría varios años después de la renuncia de doña Ángela en octubre de 2002.

6.º Realmente, el basamento de la reclamación a doña Ángela es por el cierre de la oficina que "Ovimar E.C., S. L." tenía en Monterroso, según la diligencia extendida por el secretario del Juzgado de Paz; y porque cuando se pretende llevar a cabo el embargo ya no hay patrimonio social.

Ante todo, debe indicarse el carácter excepcional de la responsabilidad de los administradores por deudas sociales. Aunque referido a la acción individual de responsabilidad, la sentencia de la Sala Primera número 274/2017, de 5 de mayo (Roj: STS 1660/2017, recurso 3298/2014) recuerda los principios básicos de las sociedades de capital cuando indique que "*Con carácter general, no puede recurrirse indiscriminadamente a la vía de la responsabilidad individual de los administradores por cualquier incumplimiento contractual de la sociedad o por cualquier deuda social, aunque tenga otro origen, que resulte impagada. Lo contrario supondría contrariar los principios fundamentales de las sociedades de capital, como son la personalidad jurídica de las mismas, su autonomía patrimonial y su exclusiva responsabilidad por las deudas sociales, u olvidar el principio de que los contratos solo producen efecto entre las partes que los otorgan, como proclama el artículo 1.257 del Código Civil (...). No puede identificarse la actuación antijurídica de la sociedad que no abona sus deudas y cuyos acreedores se ven impedidos para cobrarlas porque la sociedad deudora es insolvente, con la infracción por su administrador de la ley o los estatutos, o de los deberes inherentes a su cargo. Esta concepción de la responsabilidad de los administradores sociales convertiría tal responsabilidad en objetiva y se produciría una confusión entre la actuación en el tráfico jurídico de la sociedad y la actuación de su administrador: cuando la sociedad resulte deudora por haber incumplido un contrato, haber infringido una obligación legal o haber causado un daño extracontractual, su administrador sería responsable por ser él quien habría infringido la ley o sus deberes inherentes al cargo, entre otros el de diligente administración (...). La objetivación de la responsabilidad y la equiparación del incumplimiento contractual de la sociedad con la actuación negligente de su administrador no son correctas".*

No existe responsabilidad personal del administrador cuando la sociedad no emite factura por el pago recibido y retrasa la ejecución de la obra contratada en interés de ambas partes, para ello se requiere, además del daño, un acto u omisión imputable

AP León, Sec. 1.ª, 338/2017, de 21 de septiembre. Recurso 235/2017

SP/SENT/926405

La proyección de la anterior doctrina jurisprudencial al caso examinado lleva a desestimar este motivo de recurso. No puede sostenerse esta objetivización de la responsabilidad equiparando el incumplimiento contractual de la entidad demandada con la actuación negligente del administrador. Reiteradamente se ha pronunciado la jurisprudencia en el sentido de que el impago de las deudas sociales no puede equivaler necesariamente a un daño directamente causado a los acreedores sociales por los administradores de la sociedad deudora. Se exige al demandante además de la prueba del daño, la prueba de la conducta del administrador, ilegal o carente de la diligencia de un ordenado empresario, como la del nexo causal entre conducta y daño, sin que el incumplimiento de una obligación social sea demostrativo por sí mismo de la culpa del administrador ni determinante sin más de su responsabilidad. Aquí no estamos en un caso de incumplimiento del deber de promover la disolución de la sociedad o solicitar el concurso, ciñéndose la responsabilidad del administrador a los créditos posteriores a la aparición de la causa de disolución (art. 367 LSC).

Ya la sentencia razona que no se ha producido un abandono de la ejecución de los trabajos por parte del demandado, sino que la ralentización de estos, vino provocada por la incidencia de la crisis inmobiliaria y los propios intereses de la entidad actora. Por otro lado, la emisión y cobro de las facturas antes de ejecutar los trabajos no integran una conducta incardinable en el precepto antes citado, dada la dinámica de ejecución de aquellos y de la forma de materialización de los pagos, faltando el nexo causal entre el daño y la acción culposa (el dinero lo recibía la sociedad no el administrador). Compartiendo los demás argumentos de la sentencia sobre este particular, se desestima el motivo de recurso.

Se alega en el recurso que el comportamiento del administrador de la demandada justifica no se impongan las costas de la demanda dirigida contra él, no obstante desestimarse la misma. No se aprecian razones fundadas para revocar este pronunciamiento de la sentencia en tanto se desestima la petición de condena para el administrador lo que no ha suscitado dudas ni en la primera instancia ni en esta alzada según se ha razonado previamente.

Al no lograr demostrar el actor la razones por las que se podría considerar que la falta de una liquidación ordenada ha derivado en la insatisfacción de la deuda reclamada, se desestima la acción individual de responsabilidad

AP Barcelona, Sec. 15.ª, 339/2017, de 5 de septiembre. Recurso 400/2016

SP/SENT/922935

Afirma el TS que es indudable que el incumplimiento de los deberes legales relativos a la disolución de la sociedad y a su liquidación, constituye un ilícito orgánico grave del administrador y, en su caso, del liquidador. Pero, para que prospere la acción individual en estos casos, no basta con que la sociedad hubiera estado en causa de disolución y no hubiera sido formalmente disuelta, sino que es preciso acreditar algo más, que de haberse realizado la correcta disolución y liquidación sí hubiera sido posible al acreedor hacerse cobro de su crédito, total o parcialmente. Dicho de otro modo, más general, que el cierre de hecho impidió el pago del crédito.

Y reitera el TS en la Sentencia de 13 de julio de 2016 la idea de que esto exige del acreedor social que ejercite la acción individual frente al administrador un mínimo esfuerzo argumentativo, sin perjuicio de trasladarle a los administradores las consecuencias de la carga de la prueba de la situación patrimonial de la sociedad en cada momento (sentencia 253/2016, de 18 de abril). Lo que el TS afirma es que la carga probatoria de la situación patrimonial en la que se encontraba la sociedad no corresponde a la parte actora sino a los administradores. Por tanto, podemos deducir que lo que ha querido decir el TS es que pesa sobre la parte actora la carga de la justificación (lo que no comporta en sentido propio una prueba) del nexo y sobre la parte demandada la carga de la prueba de la acreditación de circunstancias que permitan excluirlo.

Dejando de lado la interesante cuestión que plantea esta sentencia respecto de si ese "esfuerzo argumentativo" que estima suficiente ilustra una relación de daño directo o indirecto, esto es, si el daño se produce a la sociedad (supuesto en el que no podría prosperar la acción individual sino únicamente la social) o bien al acreedor, lo cierto es que no creemos que tal esfuerzo argumentativo que justifique la existencia de relación causal entre el cierre de hecho y la insatisfacción del crédito esté hecho en la demanda a partir de los escasos datos facilitados en la misma. La demanda no ofrece un solo argumento que nos permita comprender las razones concretas por las que considera que de la falta de una liquidación ordenada se ha derivado el daño que expresa, esto es, la insatisfacción de la deuda reclamada.

Por tanto, no podemos compartir el argumento con el que la resolución recurrida ha justificado la existencia de nexo, esto es, que cabe presumir el mismo porque la carga probatoria corresponde al administrador. Las reglas de la carga de la prueba no se pueden referir a juicios de inferencia (en eso consiste la valoración de si existe o no nexo causal), como ha hecho la resolución recurrida, sino que ha de ser referida a los hechos a partir de los cuales se han de construir esos juicios de inferencia. Y el problema es que la parte actora no ha aportado hechos que permitan construir ese juicio de inferencia que permita establecer que existe una relación causal concreta entre la falta de una disolución ordenada y la insatisfacción del crédito de la demandante.

Por tanto, debemos estimar el recurso y con ello desestimar íntegramente la demanda.

La sociedad demandada se encuentra activa, con sus cuentas depositadas en el Registro Mercantil, las cuales arrojan fondos propios positivos, no apreciándose causa de disolución que justifique la estimación de la acción de responsabilidad

AP Barcelona, Sec. 15.ª, 336/2017, de 1 de septiembre. Recurso 158/2016

SP/SENT/923070

En el supuesto de autos ha resultado acreditada la existencia de una deuda social que trae causa de las relaciones comerciales que tuvieron la demandante y la sociedad codemandada durante el primer semestre del año 2014, constando en autos los albaranes de entrega de las mercancías y facturas de fechas comprendidas en el período que abarca desde el 13 de marzo de 2014 y el 4 de mayo de 2014, sin embargo, como acertadamente afirma la sentencia de primera instancia, "*el nacimiento de la obligación social hay que vincularlo con la emisión de los consentimientos de oferta y demanda, cuando se formalizaron los pedidos y en este sentido considero de aplicación lo dispuesto en el citado art. 304 LEC y concluir que las obligaciones sociales reclamadas son de fecha anterior al cese del Sr. Bernardo, que incompareció al interrogatorio judicial*".

Ahora bien, consideramos que ello no es suficiente para estimar la acción individual de responsabilidad. Pues no se ha acreditado el incumplimiento del deber legal que se alega, el cierre de f acto de la sociedad, y, por tanto, no puede anudarse el impago de la deuda social al mismo.

Constan inscritos en el Registro Mercantil, con fecha 30 de diciembre de 2014, los siguientes acuerdos de junta general de la sociedad demandada, elevados a público mediante escritura pública de fecha 20 de marzo de 2014: traslado de domicilio social, cese del administrador-apelante y nombramiento de nuevo administrador único. Con posterioridad a esos acuerdos, se mantuvo el contacto entre la demandante y la sociedad codemandada, como lo acreditan los emails intercambiados (email de fecha 25 de agosto de 2014, remitido por la sociedad codemandada), e incluso recibió la demandante con fecha 3 de septiembre de 2014 la entrega de varios pagarés por un importe de 800 euros (según resulta del email remitido por la demandante a la sociedad codemandada, al folio 32). Las cuentas anuales de la sociedad del ejercicio social 2013 (cerrado a 31 de diciembre) están depositadas en el Registro Mercantil y arrojan unos fondos propios positivos y no consta ninguna liquidación de activos de la sociedad. Todo ello, nos lleva a no estimar acreditado el cierre de facto de la sociedad durante la vigencia en el cargo de administrador del apelante y, en consecuencia, el incumplimiento del referido deber legal imputable al administrador-apelante.

Además, debe significarse que, el éxito de la acción individual de responsabilidad por el impago de los créditos de la acreedora contra la sociedad por el cierre de facto de esta exige que concurra, además del incumplimiento de un deber legal por parte del administrador de la sociedad deudora, un daño directo al patrimonio del acreedor que ejercita la acción, esto es, que el cierre de hecho impidió el pago al demandante o, en otras términos, que el demandante hubiera podido cobrar su crédito, total o parcialmente, de haberse realizado la correcta disolución y liquidación de la sociedad (como declara la citada STS 472/2016). En el supuesto de autos, nada de ello se ha justificado en autos por lo que debe desestimarse la acción *ex* art. 241 LSC ejercitada en la demanda frente al administrador Bernardo.

10. Por todo ello, procede estimar el recurso de apelación y, con él, desestimar la pretensión ejercitada en la demanda frente al apelante.

Al no acreditarse el nexo causal entre la conducta de los administradores y el impago de la deuda del actor, se desestima la acción individual de responsabilidad ejercitada

AP La Rioja, Sec. 1.ª, 125/2017, de 28 de julio. Recurso 585/2016

SP/SENT/921877

QUINTO. Se alega, asimismo, en el recurso (folio 376.), vulneración de lo dispuesto en el artículo 241 LSC –acción individual de responsabilidad de los administradores– y la responsabilidad que lo desarrolla, conforme a la jurisprudencia que expone y que debía dar lugar a conocimiento de la acción de responsabilidad subjetiva de la pelada, lo que había sido rechazado en la instancia en el penúltimo párrafo del tercer fundamento de derecho (tercera alegación).

En efecto, el Juzgador de instancia entiende que no existe prueba alguna que acredite la relación causal entre la actuación de los administradores demandados y el impago de la deuda de la actora, siendo que incluso existían discrepancias en referencia a la propia existencia de la deuda y de las acciones comerciales habidas entre ambas y mucho menos por la ocultación contable de dato alguno, con referencia a los requisitos exigibles relativos a daño al socio acreedor y que se han producido actos u omisiones negligentes por parte de los administradores a causa del incumplimiento de la obligación de proceder como un ordenado empresario, si bien no era necesario que se hubiese producido un acto contrario a la Ley o a los Estatutos, además de existir la necesaria relación causal entre conducta y daño.

Se pretende en el recurso que la pasividad de los administradores que en lugar de liquidar de forma ordenada la sociedad, decidieron continuar endeudando la mercantil, a sabiendas de sus efectos, pues un mayor endeudamiento conllevaría una insolvencia total que privaba a los acreedores de cobrar, aunque fuese en parte su crédito, pues la liquidación en tiempo y forma, hubiera supuesto satisfacción de las obligaciones sociales pendientes, con referencia a la creación de señor Hernández –representante de BATTERIES– que había manifestado que el administrador de la parte contraria, don Demetrio, llevó a indicarle que tenían las cuentas bancarias bloqueadas.

No se ha desvirtuado el tenor de la sentencia impugnada, pues no se ha acreditado que los mismos, que los administradores demandados, fuese la causa de la situación, es decir, como indica la sentencia de instancia, no existe prueba alguna de la relación causal entre la actuación de los administradores demandados y el impago de la deuda de la actora, como se refiere en ese penúltimo párrafo del tercer fundamento de derecho.

La sociedad se encontraba activa cuando se generó la deuda reclamada, con patrimonio neto positivo, no concurriendo en dicho momento causa de disolución, se desestima la acción de responsabilidad por deudas

AP Badajoz, Mérida, Sec. 3.ª, 83/2017, de 10 de abril. Recurso 234/2016

SP/SENT/906386

En nuestro caso, no concurren los mentados requisitos: la obligación legal de formular cuentas anuales y depositarlas en el Registro Mercantil, incumbe a los administradores y la deben cumplir con la diligencia exigible a un ordenado empresario; lógicamente, tal obligación solo puede exigirse a quienes ostenten el cargo de administrador, y si el demandado Sr. Victorino cesó en el cargo de administrador solidario en junio de 2008, la obligación de formular y presentar las cuentas incumbía, a partir de dicha fecha, a la administradora única Doña Josefina hasta el momento de su cese, por fallecimiento; y luego, a partir del 30 de enero de 2013, a la nueva administradora Doña Mónica. Pero es que, a mayor abundamiento, ni siquiera del incumplimiento de la obligación de presentar las cuentas anuales en el Registro Mercantil por parte de las dos administradoras antes reseñadas podemos derivar, como consecuencia, el daño que, para el demandante, supone el no haber podido cobrar íntegramente las indemnizaciones por despido a que fue condenada la mercantil "CRUCE DE LAS HERRERÍAS, S. L.".

Por otro lado, el art. 367 de la LSC impone a los administradores la responsabilidad solidaria por las deudas de la sociedad como consecuencia del incumplimiento de los deberes legales específicamente dispuestos para conseguir la disolución de la sociedad o la declaración de concurso, en los supuestos contemplados en el art. 363 de la misma ley.

La responsabilidad de los administradores por las deudas sociales nace cuando concurre una causa de disolución y no cuando nace la deuda, aunque tal deuda origine posteriormente la causa de disolución por pérdidas; en consecuencia, el administrador contra el que se dirige la acción no puede ser el que ostentaba el cargo cuando se produjo la deuda, sino el que lo ostentaba cuando se produjo la causa de disolución y no cumplió los deberes de promover la disolución.

Pues bien, cuando se produce el cese de D. Victorino, en junio de 2008, no consta que la sociedad de la que era administrador solidario estuviera incursa en causa de disolución; es más, si tenemos en cuenta que, desde el 2008 hasta finales de 2013 la mercantil "CRUCE DE LAS HERRERÍAS S. L." mantuvo su actividad y siguió pagando a sus trabajadores hasta que, en enero de 2014, procedió a su despido por causas económicas —al menos de algunos de ellos, entre ellos el demandante—, resulta contrario a la lógica presumir que la situación de insolvencia viniera arrastrándose desde casi seis años atrás; ni siquiera una mala gestión puede imputarse al aquí demandado; más bien resulta del conjunto de la documental presentada por la parte demandada que fue tras el fallecimiento de la madre de dicho demandado (quien hasta dicho fallecimiento ostentó el cargo de administradora única), cuando se produjeron disfunciones en la administración y gestión social. Por otra parte, tampoco de los datos económicos que aparecen en la documentación contable de la sociedad que obra en autos, y que, de modo resumido, se comunicó a los trabajadores de despedidos junto con la carta de despido, se desprende, al menos en el año 2012, las pérdidas de la empresa dejaran reducido el capital social a menos de la mitad (hemos reseñado anteriormente que la sociedad declara unas pérdidas en 2012 de apenas 260 euros). En definitiva, mientras se mantuvo en el cargo el hoy demandado, la sociedad no estaba incursa en causa de disolución que obligara a su administrador al cumplimiento del deber legal de liquidar la sociedad o instar su disolución.

Cuando se generó la deuda, la sociedad no estaba incursa en causa de disolución, no apreciándose ningún comportamiento negligente de los administradores demandados ni relación de causalidad entre su gestión y el impago de la deuda reclamada

AP Huesca, Sec. 1.ª, 64/2017, de 24 de marzo. Recurso 30/2015

SP/SENT/903874

---

1. De la prueba practicada resulta que la sociedad Reycons Hábitat, S. L., se constituyó en febrero de 2007 con un capital social de 3.006 euros por tres socios, Felipe, que se separó el 14 de noviembre de 2007 –folio 128–, y los demandados Carlos María y Pedro Enrique, que fueron los administradores de la sociedad hasta la venta de sus participaciones en escritura pública otorgada el 17 de julio de 2008 a Ángel –folio 134–, que pasó a ser administrador único de la sociedad –folio 262–.

2. La promotora Busines & Building Osca, S.L. encargó a Reycons la construcción de un edificio de doce viviendas en Binéfar, y Reycons, empresa contratista, subcontrató con la demandante Encofrados la cimentación y estructura, por lo que contrajo una deuda por importe de 263.254,84 euros para cuyo pago se emitieron ocho pagarés, que han resultado devueltos ocasionando gastos por valor de 6.519'69 euros. La obra ejecutada por Encofrados presentaba un defecto en uno de los pilares, según el certificado del 25 de abril de 2008 emitido por Qualibérica, empresa encargada del control de calidad –folio 149–, para lo que los arquitectos directores de la obra habían propuesto una corrección –folio 148–. Estos mismos arquitectos certificaron el 5 de agosto de 2008, poco después de la venta de las participaciones, que se había ejecutado el 100 % de la estructura y el 95 % de la cimentación –folio 151–.

3. Encofrados reclama los administradores de la demandada por negligencia al haber incurrido Reycons en causa de disolución lo que le ha causado un daño cifrado en la suma que reclama. Son varias las causas en que se basa la imputación de negligencia de los administradores, el incumplimiento del depósito de cuentas, la paralización de órganos sociales, la inactividad de la sociedad, que el patrimonio era inferior a la mitad del capital social y la existencia de incidencias con organismos públicos.

4. La sentencia rechaza alguno de estos motivos, como la inactividad de la empresa o las incidencias con organismos públicos por ser posteriores al cese de los administradores. Sin embargo, considera probado que Reycons no era solvente cuando se contrajo la deuda, y a tal efecto no tiene en cuenta el crédito de más de 200.000 euros reconocido en escritura pública por Panelhouse, S. L., cuando en el párrafo anterior aludía al otorgamiento de la escritura de reconocimiento de deuda para afirmar que la sociedad no estaba inactiva. El rechazo de este crédito se produce porque el administrador de la sociedad deudora, Panelhouse, es Ángel, persona a la que los demandados vendieron sus participaciones y que ha sido imposible localizar, según se afirma en la sentencia. Si bien esta coincidencia, unida al hecho de que no se le ha podido localizar, puede ser un indicio de la dificultad para cobrar esta deuda, lo cierto es que no hay datos ciertos para pensar que Reycons no hizo el trabajo que generó ese crédito. En efecto, en escritura pública otorgada el 21 de abril de 2008 Panelhouse, S. L. reconoció una deuda de 222.569 euros a favor de Reycons –folios 180 y 266–, ignorándose las vicisitudes que se hayan podido ocasionar para su pago. De la misma forma que no se ha tenido en cuenta el crédito que Reycons tiene con Busines por el trabajo realizado, para lo que esta contaba con la suficiente financiación dado que la Caixa d'Estalvis del Penedés la había concedido un préstamo de 1.780.610 euros para la financiación de la promoción, como puede comprobarse con los documentos unidos a las actuaciones –folios 339–.

5. La falta de presentación de las cuentas anuales de 2007 no se revela como una conducta negligente de entidad suficiente para causar el daño por el que se reclama. Y tampoco se ha demostrado que, en julio de 2008, cuando los demandados vendieron sus participaciones en la empresa, estuviera incursa en causa de disolución. En definitiva, en contra de lo que sostiene la sentencia recurrida, no apreciamos un comportamiento negligente de los demandados ni relación de causalidad entre su gestión como administradores y el impago de la deuda que se les reclama, por lo que el recurso interpuesto por los demandados ha de prosperar, a la par que se desestima el de la demandante, para desestimar íntegramente la demanda con la consiguiente condena en costas de la primera instancia a la demandante, art. 394 LEC.

CUARTO. Al estimarse los recursos interpuestos por los demandados, procede omitir un particular pronunciamiento sobre el pago de las costas causadas en esta alzada, en cumplimiento del art. 398 LEC. Asimismo, disponemos la devolución a la parte apelante del depósito que formalizó para recurrir, en cumplimiento de la disposición adicional decimoquinta de la Ley Orgánica del Poder Judicial. Por contra, la desestimación del recurso interpuesto por el demandante formalizado por vía de impugnación, art. 461 LEC, da lugar a la condena del apelante al pago de las costas causadas en esta alzada, en cumplimiento del artículo 398 LEC y a la pérdida del depósito formalizado para recurrir.

No existe prueba que acredite que la sociedad sufriera pérdidas cualificadas al momento de contraer la deuda reclamada, desestimándose la acción de responsabilidad por deudas ejercitada contra el administrador

AP Teruel, Sec. 1.ª, 27/2017, de 15 de marzo. Recurso 41/2017

SP/SENT/902926

Si examinamos las cuentas inmediatamente anteriores, como valora el juez, no puede predicarse que concurra la causa pues de ellas no se desprende que la cifra de patrimonio neto sea inferior al capital social escriturado.

Sin embargo, casi a renglón seguido, negando en parte su eficacia a dichas cuentas depositadas en el registro mercantil, por el procedimiento de afirmar que son incorrectas, lo que basa el Juez en un solo hecho: haberse producido siete meses después una ampliación de capital hasta 120.100 euros; se afirma con ello la concurrencia de la causa, por no haber probado los demandados que en la fecha de la compraventa de las acciones (4-7-2014), la cifra de patrimonio neto superaba la cifra de 60.050 euros, mitad de la cifra de capital social.

El argumento es incompleto complejo y no puede ser confirmado por este Tribunal.

En primer lugar, porque no explica por qué el hecho de haberse aumentado el capital necesariamente implica la incorrección de las cuentas del 2012, depositadas el 30-7-2013 (ver folio 37). Se trata de una conclusión que no se puede extraer por el mero hecho de haberse producido una ampliación de capital que es de fecha posterior al cierre del ejercicio correspondiente.

Tal salto argumental, –pues no explicita otra razón, que no sea apuntar el hecho en sí– no puede ser validado por este Tribunal, pues el hecho del incremento del capital social, por sí solo, no es significativo, es decir no implica necesariamente que las cuentas inmediatamente anteriores sean incorrectas. Parece evidente que por su fecha habrá de contabilizarse con posterioridad al cierre del ejercicio correspondiente al año 2012 es decir en las cuentas correspondientes al ejercicio 2013.

Ello sitúa la cuestión en márgenes temporales distintos a los propuestos en la sentencia, puesto que la causa identificada ha de concurrir en el período comprendido entre el 1 de enero de 2013 y el 12 de agosto de 2013.

Y no obstante la dificultad teórica señalada por la parte apelante de poder identificarla en períodos inferiores al año, cuando los conceptos contables que se barajan en la norma a aplicar vienen referidos a los que se determinan en las cuentas correspondientes al ejercicio anual, y ello parece lo razonable, máxime tomando en consideración la naturaleza totalmente objetiva de la causa.

Aun considerando la posibilidad teórica y práctica de abordar esos períodos, en contra de lo anterior, lo cierto es que, en nuestro caso, con el solo dato de una ampliación de capital (apenas quince días anterior al nacimiento de la deuda que se reclama), sin otro argumento jurídico, no se puede trasladar la carga de probar los hechos constitutivos de la pretensión del demandante a los demandados.

La inversión de la carga de la prueba que efectúa el juez de instancia no tiene fundamento legal, pues este no puede reconocerse en la mención al párrafo segundo del art. 367.2 de la Ley de Sociedades de Capital a cuyo tenor las obligaciones sociales reclamadas se presumirán de fecha posterior al acaecimiento de la causa legal de disolución, salvo que los administradores acrediten que son de fecha anterior. Pues claramente de su texto no se infiere que establezca presunción alguna a favor del acreedor, que enerve la obligación procesal de probar la causa de disolución alegada, generadora de las obligaciones incumplidas, en las que se ancla la responsabilidad.

Es más, el juez ha desconsiderado toda razón en contra o a favor de sus argumentos que pueda instalarse en los documentos aportados en los autos o en la testifical practicada.

Con ello este Tribunal, no puede considerar probado, con los argumentos del juzgador de instancia, que en el período comprendido entre el 1 de enero de 2012 hasta el 12-8-2013, se hayan probado ni directa ni indirectamente, unas pérdidas en la sociedad demandada que situaran la cifra de su patrimonio neto por debajo de la mitad de la cifra de su capital social.

Si no se aprecia la causa, no puede reconocerse anudado a ello, incumplimiento alguno por parte de los administradores sociales, en relación con la deuda que se reclama, por lo que resultan ociosas las declaraciones sobre el incumplimiento contenidas en la sentencia al folio 164, fundamento primero, extremo 2.

No hay responsabilidad personal del administrador en la acción individual ejercitada por acreedor no socio cuando no prueba los requisitos para poder imputársela, no siendo automática dicha derivación ante el incumplimiento social

AP Asturias, Oviedo, Sec. 1.ª, 68/2017, de 3 de marzo. Recurso 454/2016

SP/SENT/900519

En el caso presente quien acciona es una acreedora, no socia de Proyectos e Instalaciones Hermanos Gutiérrez S. L., motivo por el cual estaría perfectamente legitimada para el ejercicio de la acción que instó, la individual con la finalidad de ser resarcida de las cantidades que debió abonar como garante de las pólizas de crédito reseñadas en su escrito de demanda, ahora bien, siempre que se cumplieran los requisitos que para el éxito de este tipo de acciones tiene fijados la jurisprudencia del TS, pudiendo citarse la fechada el 3 de marzo de 2016 que señala: "*La responsabilidad de los administradores en ningún caso se puede conectar al hecho objetivo del incumplimiento o defectuoso cumplimiento de las relaciones contractuales, convirtiéndolos en garantes de las deudas sociales o en supuestos de fracasos de empresa que han derivado en desarreglos económicos que, en caso de insolvencia, pueden desencadenar otro tipo de responsabilidades en el marco de otra u otras normas*". Y más adelante: "*(...) ha de tenerse presente y resaltarse que la conducta imputable a los administradores sociales demandados no es el incumplimiento de una obligación contractual de la sociedad que administran, sino la infracción de un deber legal de carácter imperativo. No puede olvidarse que la acción ejercitada era la individual de responsabilidad ... por actos llevados a cabo en el ejercicio de su actividad orgánica —y no en el ámbito de su esfera personal, en cuyo supuesto entraría en juego la responsabilidad extracontractual, del art. 1.902 CC*", debiendo delimitarse "*los comportamientos de los que deba responder directamente frente a terceros, a fin de distinguir entre el ámbito de responsabilidad que incumbe a la sociedad con quien contrata el tercero perjudicado y la responsabilidad de los administradores que actúan en su nombre y representación. Y aclaramos que la acción individual de responsabilidad, como modalidad de responsabilidad por ilícito orgánico, entendida como la contraída por los administradores en el desempeño de sus funciones del cargo, constituye un supuesto especial de responsabilidad extracontractual integrada en un marco societario, que cuenta con una regulación propia (art. 135 LSA-241 LSC), que la especializa respecto de la genérica prevista en el art. 1.902 CC (sentencias de esta Sala de 4 de marzo y 7 de mayo de 2004 y 6 de abril de 2006, entre otras)*". A renglón seguido continúa: "Es indudable que el incumplimiento de los deberes legales relativos a la disolución de la sociedad y a su liquidación, constituye un ilícito orgánico grave del administrador y, en su caso, del liquidador. Pero, para que prospere la acción individual en estos casos, no basta con que la sociedad hubiera estado en causa de disolución y no hubiera sido formalmente disuelta, sino que es preciso acreditar algo más, que de haberse realizado la correcta disolución y liquidación sí hubiera sido posible al acreedor hacerse cobro de su crédito, total o parcialmente. Dicho de otro modo, más general, que el cierre de hecho impidió el pago del crédito"; y termina diciendo: "*Como ya hemos adelantado en el fundamento jurídico anterior, esto exige del acreedor social que ejercite la acción individual frente al administrador un mínimo esfuerzo argumentativo, sin perjuicio de trasladarle a los administradores las consecuencias de la carga de la prueba de la situación patrimonial de la sociedad en cada momento (sentencia 253/2016, de 18 de abril)*". Y a renglón seguido: "*Si partimos de la base de que el administrador venía obligado a practicar una liquidación ordenada de los activos de la sociedad y al pago de las deudas sociales pendientes con el resultado de la liquidación, y consta que existían algunos activos que hubieran permito pagar por lo menos una parte de los créditos, mientras el administrador no demuestre lo contrario, debemos concluir que el incumplimiento de aquel deber legal ha contribuido al impago de los créditos del demandante*".

El planteamiento de la demanda señala que las últimas cuentas presentadas en el Registro Mercantil por la sociedad de la que el demandado es administrador fueron las del año 2006; desde el 1 de marzo de dicha anualidad los impagos de dicha sociedad se generalizaron afectando no solo a las entidades bancarias Bilbao Vizcaya Argentaria y Santander Central Hispano, cesando de hecho en su actividad y haciendo imposible notificación alguna en los procedimientos de ejecución instados desde el año 2008, señalando que el importe de las deudas desatendidas era superior a su patrimonio neto a 31 de diciembre de 2006. Es decir, todas las circunstancias que se relacionan en la demanda sitúan el comienzo de tal situación en el año 2006, debiendo tenerse en cuenta que la obligación data de 2004 o 2005. Y a ello se une que ni se alegó la existencia de bienes en un momento determinado, concretamente en aquel en el que concurría la causa de disolución que hubiera podido permitir hacer frente a la obligación frente a la fiadora,, o que el cierre de hecho impidió el pago del crédito ni tampoco hubo referencia alguna a la infracción de un deber legal de carácter imperativo, lo que supone que el accionante no hizo el esfuerzo argumentativo que exige el Tribunal Supremo en el marco de este tipo de acción individual, y ello además porque con la presencia de los dos testigos propuestos por esta parte: d. Bernabé y d. Cipriano, asesor fiscal de la empresa Proyectos e Instalaciones Hermanos Gutiérrez S. L. y quien subcontrataba obras a dicha empresa entre los años 2005 y 2007, tampoco ha sido posible acreditar el cumplimiento de tales requisitos porque el primero señaló que la empresa tenía problemas como consecuencia de la crisis pero ni tenía pérdidas cualificadas ni sobreseimiento en sus pagos, mientras el segundo aseguró que las obras se ejecutaban normalmente y que sabe que durante aquellos años estaba al corriente en sus pagos, constando en los autos que el cierre efectivo fue en el año 2008, pero ninguna otra circunstancia destacable.

No hay responsabilidad derivada de acción individual al no probarse que los actos realizados por el administrador perjudiquen los intereses de la trabajadora que prestaba servicios de defensa letrada

AP Salamanca, Sec. 1.ª, 107/2017, de 2 de marzo. Recurso 503/2016

SP/SENT/904851

Dicha pretensión no merece de mayores consideraciones, siendo válida y ajustada a Derecho la contestación otorgada por la juzgadora de primera instancia, pues es claro que —en conexión con lo expuesto en el fundamento de derecho quinto— no se aprecia en los hechos enjuiciados un acto de administración societaria que perjudique directamente los intereses de la actora (art. 241 TRLSC). El objeto fundamental del pleito no nace de la relación de colaboración profesional entre la actora y CHC, S. L., sino del contrato de prestación de servicios de defensa letrada concertado con el Sr. Everardo a título personal. La relación de colaboración profesional entre la Dra. Bibiana y CHC no influye en la solución final de la pretensión principal, por más que pretenda la actora entremezclar las cláusulas de su contrato con CHC en la relación de servicios de defensa letrada establecida previamente con el Sr. Everardo; más aún si, como se desprende de los hechos probados, el contrato con CHC fue resuelto unilateralmente a petición de la propia demandante.

En cualquier caso, no se ha acreditado ningún acto societario de administración propiamente dicho del que se derivase un daño o perjuicio para los intereses de la actora y del que pudiera ser responsable el Sr. Everardo como administrador de hecho, de acuerdo con lo establecido para la acción individual de responsabilidad en los arts. 236, 237 y 241 TRLSC.

No hay responsabilidad de los administradores sociales por sentencia condenatoria a la sociedad en cuanto al principal solo por las costas, al ser la obligación anterior a la causa de disolución, pues nació a la firma del contrato y no por sentencia

AP Albacete, Sec. 1.ª, 25/2017, de 1 de febrero. Recurso 658/2016

SP/SENT/894685

No se comparte la idea de que quepa retrasar el momento del nacimiento de la obligación hasta cuando recayó la sentencia aludida, esto es, el 23 de diciembre de 2013, y menos aún hasta cuando alcanzó firmeza en enero de 2014, al menos respecto de la parte principal de la deuda, porque esta resolución no constituye la obligación, sino que únicamente se limita a declararla. Por consiguiente, si la resolución judicial no hace otra cosa que declarar la existencia de la obligación, resulta claro que la misma existe desde mucho antes de iniciarse el proceso, desde la firma del contrato en el año 2006. Solo en el caso de pronunciamientos judiciales de carácter constitutivo puede sostenerse que el origen de la obligación se encuentra en ellos y no hay duda de que no tiene ese carácter el que puso fin al proceso iniciado por los demandantes contra "Juan Amores e Hijos, S. L.", al menos respecto de la deuda principal que esos pronunciamientos declararon.

En la sentencia del Juzgado de Hellín se condenó a la entidad al pago de 158.129,58 € por la parte del precio o contraprestación incumplida y de 15.812,96 € por la cláusula penal, y además se le condenó al pago de las costas, que se cifraron en la cantidad de 24.582,24 €.

Ya se ha dicho que de la cantidad "por principal" no deben responder los administradores sociales demandados. Y la misma conclusión resulta aplicable a la deuda derivada de la aplicación de la cláusula penal, siendo ello así porque al ser dicha obligación accesoria de la principal debe seguir su misma suerte a estos efectos, esto es, considerarla como obligación anterior si también se considera anterior la principal, de forma que la responsabilidad de los administradores no se podría extender ni a una ni a la otra. Por tanto, únicamente en el caso de que la obligación principal fuera considerada posterior responderían los administradores de la deuda derivada de la aplicación de la cláusula penal.

No ocurre lo mismo, sin embargo, con la obligación relativa a las costas, que no es propiamente una obligación accesoria, sino que tiene autonomía respecto de la principal. Por consiguiente, responderán de ellas los administradores siempre que quede acreditado que la causa de disolución concurría antes del nacimiento de esa obligación, siendo así que, como se verá, es irrelevante si el nacimiento de la deuda por costas debe situarse en el momento de dictarse la sentencia que las impone o bien en el momento en el que se inició el proceso, pues ambos momentos son posteriores al de acaecimiento de la causa de disolución.

La sociedad de la que los demandados eran administradores dejó de presentar las cuentas anuales de los ejercicios 2008 y 2009, aunque con posterioridad, en el año 2011, las presentó.

No consta la presentación de cuentas posteriores.

El litigio en el que se generaron las costas a cuyo pago se condenó a la sociedad se incoó en el año 2012, y por ello tanto la decisión de la indicada sociedad de oponerse a la demanda como la condena en costas son posteriores a la cesación en la presentación de las cuentas anuales. Es, igualmente, posterior la sentencia que incluyó la condena en costas.

La falta de presentación de las cuentas anuales desde el ejercicio 2010 permite presumir el cese en el ejercicio de la actividad o actividades que constituían el objeto social, (circunstancia que el artículo 363 de la Ley de Sociedades de Capital contempla como una de las causas que obligan a disolver la sociedad de capital), aunque ciertamente ello no excluye que se pueda probar que esa apariencia no es real.

Los demandados quisieron acreditar que la sociedad, dedicada a la promoción inmobiliaria, realmente tenía actividad mediante la aportación de varias escrituras de compraventa de enero y diciembre de 2011, mayo de 2013, y abril y mayo de 2014, así como un certificado de eficiencia energética obtenido en julio de 2014 para una vivienda de Elche de la Sierra, y una licencia de primera ocupación de diciembre de 2013.

Pero al respecto hay que decir que es significativo que no se haya aportado prueba más rica sobre la actividad de la empresa, a pesar de que, como es notorio, es ingente el rastro documental que deja cualquier negocio en funcionamiento (nóminas, seguros sociales, contratos con arquitectos y aparejadores, contratos de compra de solares, etc.).

Todo ello permite concluir que lo que reflejan los documentos aportados son operaciones de tipo liquidatorio, de entrega de bienes inmuebles en cumplimiento de contratos concertados cuando aún no concurría la causa de disolución.

Al momento de generarse la deuda reclamada, la sociedad contaba con un capital social positivo, presentando deudas insignificantes y teniendo actividad, y no estaba incursa en causa de disolución, se desestima la acción de responsabilidad por deudas

AP Ciudad Real, Sec. 2.ª, 13/2017, de 11 de enero. Recurso 168/2016

SP/SENT/894714

Asumíamos en nuestra Sentencia de 17 de julio de 2013 (ROJ: SAP CR 776/2013 - ECLI: ES: APCR: 2013:776) el criterio de flexibilidad asumido por algunas Audiencias Provinciales a la hora de dar contenido real a la expresión desaparición de hecho de una empresa y así recordábamos la Sentencia de la Sección 28.ª de la Audiencia Provincial de Madrid (ROJ: SAP M 9845/2013. Recurso: 52/2012 | Ponente: ALBERTO ARRIBAS HERNÁNDEZ) cuando expresaba que "*La desaparición de hecho de una sociedad eliminándola de la vida comercial o industrial sin que sus administradores hubiesen tomado las medidas oportunas para su disolución y ordenada liquidación en cualquiera de las formas prevenidas legalmente constituye una negligencia grave de la que causalmente se deriva un daño, aquí representado por el crédito exigible y no satisfecho por la sociedad al demandante (...). Tal conducta incurre en una vía de hecho, al realizarse al margen de los intereses de los acreedores, que tienen derecho a que sus créditos sean atendidos en la medida de lo posible y en cualquier caso de modo ordenado, lo que solo se garantiza bien mediante un procedimiento liquidatorio o bien acudiendo al proceso concursal. Basta con demostrar el daño sufrido por la parte acreedora demandante, inherente al hecho de cercenársele la posibilidad de cobrar su crédito, y el cierre de facto del establecimiento en el que radicaba la empresa deudora para que el nexo causal entre uno y otro se presuma, salvo prueba en contra del administrador demandado (...). En definitiva, como señala la sentencia del Tribunal Supremo de 14 de Marzo de 2007, la desaparición de empresas sin haberse practicado la oportuna liquidación comporta una vulneración de la ley y puede llevar consigo un perjuicio para los titulares de créditos pendientes que no han podido controlar la liquidación de la mercantil ni el destino final de su patrimonio. La vulneración de un deber legal tan esencial comporta la existencia de culpa, salvo prueba por parte de los administradores de que su actuar individual no fue negligente. En el supuesto de autos, siguiendo a la citada sentencia del Tribunal Supremo de 14 de marzo de 2007, existe una lesión directa a los intereses de la actora consistente en la imposibilidad de cobro de una deuda que, como resulta patente, no ha podido ser cobrada, sin que conste ahora la existencia de bienes para satisfacerla y sin que el demandado haya procedido a la ordenada disolución y liquidación de la sociedad cercenando cualquier posibilidad de cobro del crédito del demandante, lo que genera la responsabilidad del administrador en virtud del artículo 135 de la Ley de Sociedades Anónimas, aplicable al supuesto de autos por expresa remisión del artículo 69 de la Ley de Sociedades de Responsabilidad Limitada".*

La aplicación al caso concreto.

9. Partiendo de las anteriores bases jurisprudenciales habrá de adelantarse el fracaso del recurso, al entender la Sala, con la instancia, la falta de acreditación de las exigencias mínimas para las acciones emprendidas.

10. En primer término, si situamos la deuda en 2011 lo cierto y verdad es que, pese a lo afirmado por el apelante, se presentaron y depositaron las cuentas sociales de la entidad, según se desprende de la propia Información General Mercantil acompañada con la demanda (Documento 2, fs. 69 y ss.). Por tanto, a la fecha de contracción de deuda se cumplía con tal requisito, momento que ha de valorarse en la acción de responsabilidad, y así señalamos en nuestra Sentencia de 21 de octubre de 2014 (ROJ: SAP CR 962/2014 - ECLI: ES: APCR: 2014:962) *"por lo que no puede afirmarse que la contracción de obligaciones para con la entidad apelante viniera a ser concomitante o posterior a una situación de ausencia de actividad respecto del objeto social".*

11. Lo que avala el hecho de que con posterioridad se vinieron haciendo pagos parciales que redujeron la cantidad adeudada, según se reconoce en la propia demanda (Hecho Segundo), en cuantía de 5.000 € durante 2012, esto es, prácticamente la mitad de la deuda contraída, que no incide sino en la actividad empresarial y el claro intento de mitigar la cantidad adeudada.

12. Que en el propio informe acompañado con la demanda emitido por la entidad "AXESOR" se documenta un capital social de 73.600 €, muy superior a la deuda contraída, que en 2011contaba con empleados (en términos muy similares a 2010), pese a la existencia de pagos irregulares y que entre 2009 y 2015 presentaba dos impagados por importe de 8.926,82 €, cantidad que no es significativa, que pese a un resultado negativo, en 2011 presentaba una cifra de negocio de caso 1.500.000 €, con una ratio de solvencia similar a 2010 y muy superior a 2009 y de endeudamiento a la par en esas tres anualidades.

13. Consta igualmente la presentación de las autoliquidaciones del IVA del ejercicio 2015, lo que no viene sino a avalar la continuidad en el funcionamiento de la mercantil (fs. 215 y ss.).

14. Igualmente se han aportado (fs. 227 y ss.) facturas de relaciones comerciales que datan de 2009, lo que acredita lo dilatado de las mismas y su mantenimiento normalizado hasta 2011, lo que se traduce que a fecha de contracción de la deuda no existía alguna de las causas de responsabilidad esgrimidas por cuanto el funcionamiento social se representado normalizado sin perjuicio de que puedan surgir problemas de impagos.

No existe responsabilidad del órgano de administración por incumplimiento del deber de diligencia en la compra de solar a precio de mercado, al no probarse que se compró a precio superior, ni culpa o negligencia en la actuación de estos

AP Zaragoza, Sec. 5.ª, 646/2016, de 28 de diciembre. Recurso 243/2016

SP/SENT/887507

En el supuesto presente, la cuestión que principalmente se enjuicia reviste un cierto carácter técnico, como es el de determinar si el valor de adquisición del solar respondía al normal del mercado de terrenos semejantes, preferentemente ubicados en la misma zona –dentro de la cual el precio no ha de variar, al menos de forma considerable–, o si por el contrario existió un desfase importante. Y, al partir de esta consideración, se ha de considerar muy principalmente que, en el año 2007, es decir, tres años antes de ocurrir la venta que se examina en las actuaciones, en el año 2010, el anterior propietario del terreno –"Repsol"– vende, todo él, a la entidad que luego lo trasmite a la sociedad de la que son parte los demandados, por precio de 727.634 euros, y que más tarde, en el año dicho, la sociedad segunda lo adquiere, pero ahora en su mitad, por 629.169. 26 euros, diferencia de precio desde luego muy importante. Pero tampoco es de obviar que entidad de sólido prestigio en este ámbito de valoraciones de terreno, como es "Tasaciones del Nordeste, S. L.", cuya imparcialidad no admite duda alguna, o al menos no se ha puesto en entredicho, admite que el precio de compra, que ahora se discute, es enteramente correcto y corresponde a una correcta valoración. Las respuestas de los Sres. Gonzalo y Pelayo confirman cuanto acaba de exponerse. Es de considerar que la diferencia de precio entre la primera venta y esta segunda que es objeto principal de este pleito puede justificarse por la caída de los precios, que afectó principalmente a solares y edificaciones en general, que, por motivos del deterioro económico, sufrió este país en aquel trienio, constituyendo este hecho notorio, y que como tal debe admitirse a los efectos consiguientes de prueba. Pero tampoco debe desatenderse el hecho que por la parte actora se aporta otro informe pericial realizado por otra entidad, también experta en este tema de tasaciones inmobiliarias –"Tinsa"–, que del mismo modo es de considerar independiente, que valora el terreno en cuestión en muy diferente y menor precio. Como es obvio, la actora formula su recurso de apelación contra la Sentencia del Juzgado que le es desfavorable, haciendo especial hincapié en este segundo informe pericial. Y considera, de modo principal, la construcción que se proyectaba realizar sobre el solar, destinada a la explotación como hotel, reflexionando sobre múltiples facetas, como tiempo de duración de tal industria, inversiones generales a realizar, gastos normales de conservación y rendimientos posibles, no coincidiendo sus apreciaciones con los de la parte contraria, de modo particular respecto del tiempo probable de explotación del negocio, y por ello de obtención de beneficios, con sus normales repercusiones en el precio de compra del solar que es objeto del presente debate, que es mayor o menor según las opiniones. Son todas estas circunstancias que debían haber sido objeto de un más amplio estudio en los informes periciales practicados, que no lo han sido, y objeto de todo tipo de aclaraciones, en cuyo cálculo interviene por fuerza un cierto factor de probabilidad en cuanto que recae sobre hechos futuros, de incierto acaecimiento, hipotéticos respecto a su real valoración. Por estas apreciaciones, es de entender que en la fijación del precio del solar se ha de atender al valor que presentaba cuando se efectuó la compra, desdeñando hechos futuros, siempre inseguros, y así, de modo muy principal, se ha de acudir al informe aportado por "Comercial Plaza", que es la entidad gestora de los solares existentes en la zona, ratificado en juicio por los Sres. Marco Antonio y Damaso, en el que se sostiene que el precio del metro cuadrado de la parcela se cotizaba en aquel tiempo a 350 euros, en lugar de los 330 euros en que se efectuó la operación, diferencia que es –claro– mínima e inapreciable. Y en todo caso, aun cuando resulte de superflua explicación por lo que acaba de decirse, el precepto en que se fundamenta la responsabilidad de los administradores sociales ha de basarse en todo caso en conceptos de culpa o negligencia en su actuación en tal función gestora, que no queda patente de las pruebas obrantes en las actuaciones, al menos en la redacción del precepto vigente al tiempo de realizarse la venta, debiendo ser contraria a la diligencia requerida a un ordenado empresario, lo que no ha sido bien probado en el caso. Y tampoco resulta admisible que se afirme que los actores carecieron de la necesaria documentación para conocer las circunstancias en que se desarrolló la venta, pues la tuvieron, y en todo caso la pudieron obtener recurriendo al derecho de información que la Ley, cada vez también con mayor amplitud, dedica a su regulación, como derecho esencial de todo socio para la adecuada defensa de sus derechos.

No existe responsabilidad del miembro del consejo de administración que renunció a su cargo antes de que naciera la deuda, que es posterior, al no realizar ninguna conducta que le pueda ser imputable

AP Barcelona, Sec. 15.ª, 227/2016, de 17 de octubre. Recurso 433/2015

SP/SENT/876810

La deuda surge del contrato de arrendamiento financiero suscrito entre las partes, pero las dudas surgen a la hora de determinar cuándo nace el contrato. Como resulta del art. 1.254 CC los contratos existen "*desde que una o varias personas consienten en obligarse, respecto de otra u otras, a dar alguna cosa o prestar algún servicio*". Pues bien, "el consentimiento, como dispone el art. 1.262 CC, se manifiesta por el concurso de la oferta y de la aceptación sobre la cosa y la causa que han de constituir el contrato", en este caso, el objeto del arrendamiento y la renta (cuotas), no están definitivamente determinadas hasta que se firmó el último de los documentos, por lo tanto, es en ese momento donde nació el contrato.

7. En esa situación no se puede hacer responsable de la deuda que deriva de un contrato al administrador que ha renunciado (fecha fehaciente 29 de octubre de 2008) antes de que naciera (30 de noviembre de 2008), aunque estuviera muy avanzado el proceso de negociación. En primer lugar, en relación con la responsabilidad que le imponía el art. 135 RDLeg. 1564/1989, de 23 de diciembre o el actual art. 241 del Real Decreto Legislativo 1/2010, de 2 de julio, por el que se aprueba el texto refundido de la Ley de Sociedades de Capital (LSC), porque como tal no ha podido incurrir en ningún comportamiento doloso o negligente que le haga responsable en relación a un contrato suscrito después de haber cesado. En segundo lugar, en relación a la responsabilidad que le imponía el art. 262 TRLSA o actualmente el art. 367 LSC, al haber cesado antes del nacimiento de la deuda. Así pues, procede estimar el recurso y desestimar la demanda en este punto y absolver al recurrente.

No existe responsabilidad personal de los administradores al no probarse el daño reclamado con la supuesta actuación de los primeros, no se acredita irregularidad alguna en la compra de las participaciones sociales y se realizó *due diligence*

AP Barcelona, Sec. 15.ª, 150/2016, de 30 de junio. Recurso 150/2015

SP/SENT/871675

En el supuesto de autos no puede considerarse ni admitido ni probado que se hubieran producido irregularidades con anterioridad a la fecha en la que la entidad actora adquirió las participaciones de Grafos, tampoco hay prueba directa que permita considerar acreditado que la sociedad o sus administradores ocultaran o falsearan datos a la actora, datos que fueran determinantes de su inversión.

No hay ningún elemento de juicio determinante para considerar acreditado que la mercantil CNP Investment Limited no existiera antes de 2006, más bien al contrario, en los autos constan elementos de prueba (no solo las facturas) que permiten considerar que CNP era un cliente histórico de Grafos, así consta en la contabilidad y así consta en documentación bancaria originada por entidades vinculadas a la hoy demandante. Por lo tanto, el hecho de que hubiera podido constituirse en Panamá una sociedad anónima en 2006 no determina que no existiera una sociedad con denominación similar que antes de esa fecha operara en el tráfico mercantil y fuera cliente de Grafos.

No debe olvidarse que la entidad actora era una sociedad de inversión, una sociedad capital/riesgo, vinculada a una entidad financiera. Como tal entidad de inversión disponía, en abstracto, de los medios adecuados para analizar sus posibles inversiones. En el caso concreto de Grafos consta acreditado que la sociedad demandante realizó unas diligencias de comprobación previas a la realización de una importante inversión, en esas diligencias accedió o pudo acceder a cuanta información consideró necesaria para tomar la decisión definitiva de compra. La empresa que realizó esas diligencias fue, a la postre, la auditora de la compañía en la que realizó la inversión.

Además, AURICA se integró en el consejo de administración de Grafos durante 12 años y, como miembro del consejo de administración, accedió o pudo acceder a la información histórica de la compañía que le permitiera desde 2002 a 2014 constatar si su inversión había sido o no acertada.

Estas circunstancias llevaron al juez de instancia a concluir que no había nexo causal entre las acciones u omisiones de los Sres. José Francisco Ambrosio y el perjuicio reclamado en los presentes autos, vinculados a la inversión efectuada en junio de 2002, por no considerarse acreditado que esa falta de diligencia de los administradores se produjera en 2002 o en fecha anterior.

En el recurso de apelación no se aportan nuevos datos ni nuevas perspectivas para revocar la sentencia de instancia. Irregularidades que se pudieron cometer en los años 2010/2011 no pueden proyectarse o retrotraer su origen a los años 2001/2002, ni puede considerarse realmente acreditado que uno de los principales clientes de Grafos no existiera antes de

2006 cuando el conjunto de medios de prueba documentales analizados en primera instancia y revisados en esta segunda instancia acreditan que existió esa relación comercial y que la actora comprobó o pudo comprobar con facilidad la realidad de esta.

En el momento de generarse la deuda reclamada, si bien existía una falta de liquidez momentánea, la sociedad no se encontraba en situación de insolvencia por contar con reservas que superaban las pérdidas, desestimándose la acción de responsabilidad

AP Salamanca, Sec. 1.ª, 307/2016, de 23 de junio. Recurso 340/2016

SP/SENT/869172

TERCERO. En nuestro caso, sin perjuicio de que, en efecto, al amparo de lo establecido en el artículo 1.144 del Código Civil no es necesario traer al presente juicio a la sociedad de la que los aquí demandados eran administradores sociales, por cuanto la responsabilidad de tales administradores es declarada por el art. 367 de la LSC como una responsabilidad de naturaleza solidaria, de manera que el acreedor social puede demandar a ambos deudores solidarios, la sociedad y sus administradores, o solo a alguno o a algunos de ellos; sin perjuicio de lo anterior, decimos, lo cierto es que en el momento de generarse en el caso que nos ocupa, la deuda con la actora, la entidad mercantil Promotora Martin Viclan SL no estaba en situación de insolvencia, al tener reservas que superaban las pérdidas, por lo que a pesar de su falta de liquidez momentánea no incurría en la obligación de solicitar la declaración en concurso de acreedores. Asimismo, consta acreditado que hasta el ejercicio 2011 se presentaron las cuentas anuales para su depósito en el Registro Mercantil, y aunque durante los ejercicios 2008 y 2009 las cuentas anuales reflejaban pérdidas, no dejaban reducido el patrimonio neto a menos de la mitad del capital social al disponer de existencias y reservas.

Todo ello sobre la base de la pericial de don Romeo, documento número cinco aportado con la contestación y unido al folio 120 de los autos, y su declaración en juicio.

Por tanto, como con total acierto se dice en la sentencia impugnada, la actora no ha acreditado los hechos constitutivos de la demanda, y al contrario, la parte demandada ha acreditado los hechos que determinan su falta de responsabilidad como administradores sociales.

Sin que obsten a tal conclusión las manifestaciones de la parte de apelante en la alegación cuarta del escrito del recurso de apelación, donde viene a considerar la prueba pericial practicada a instancia de la parte demandada-apelada como meramente una testifical, para sobre la base de argumentaciones contables discrepar de las conclusiones de dicha prueba. Pues para ello debió haber solicitado la práctica en tiempo y forma legal de una prueba pericial de tal naturaleza económico-contable, como exige el artículo 335 LEC, que habría sido sometida a la contradicción de las demás partes del juicio y tras ello valorada judicialmente. Y no limitarse, como ha hecho, a criticar y valorar en su recurso, desde su inevitablemente parcial punto de vista la prueba pericial sí practicada por la parte demandada.

En definitiva, pues, por la parte actora-apelante en realidad de verdad se está imputando a los administradores demandados el impago de las deudas sociales, sin que tal impago sea directamente imputable, con carácter general, al administrador. Ni siquiera cuando la sociedad deviene en causa de disolución por pérdidas y no es formalmente disuelta, a no ser que conste que caso de haberlo sido, sí hubiera sido posible al acreedor hacerse cobro de su crédito. Para ello debió hacer un esfuerzo cuando menos argumentativo, además de probatorio, (sin perjuicio de trasladarle a los administradores las consecuencias de la carga de la prueba de la situación patrimonial de la sociedad en cada momento), que no ha realizado la demandante-apelante.

Al no existir prueba que acredite que el impago del crédito del actor fue debido a la conducta negligente del administrador demandado por no haber instado oportunamente la disolución, se desestima la acción individual de responsabilidad ejercitada

AP Barcelona, Sec. 15.ª, 133/2016, de 6 de junio. Recurso 138/2015

SP/SENT/864362

---

9. La STS n.º 253/2016, de 18 de abril, reitera los requisitos que precisa el éxito de la acción individual de responsabilidad y precisa el alcance de esta responsabilidad. Para su estimación se requiere:

i) un comportamiento activo o pasivo de los administradores;

ii) que tal comportamiento sea imputable al órgano de administración en cuanto tal;

iii) que la conducta del administrador sea antijurídica por infringir la ley, los estatutos o no ajustarse al estándar o patrón de diligencia exigible a un ordenado empresario y a un representante leal;

iv) que la conducta antijurídica, culposa o negligente, sea susceptible de producir un daño;

(v) que el daño que se infiere sea directo al tercero que contrata, sin necesidad de lesionar los intereses de la sociedad; y

(v) la relación de causalidad entre la conducta antijurídica del administrador y el daño directo ocasionado al tercero (Sentencias 131/2016, de 3 de marzo; 396/2013, de 20 de junio; 395/2012, de 18 de junio; 312/2010, de 1 de junio; y 667/2009, de 23 de octubre, entre otras).

Advierte esta Sentencia que, con carácter general, no puede recurrirse indiscriminadamente a la vía de la responsabilidad individual de los administradores por cualquier incumplimiento contractual de la sociedad. De otro modo supondría contrariar los principios fundamentales de las sociedades de capital, como son la personalidad jurídica de las mismas, su autonomía patrimonial y su exclusiva responsabilidad por las deudas sociales, u olvidar el principio de que los contratos solo producen efecto entre las partes que los otorgan, como proclama el art. 1.257 CC (Sentencias 131/2016, de 3 de marzo; y 242/2014, de 23 de mayo).

De ahí que resulte tan importante –prosigue– que se identifique bien la conducta del administrador a la que se imputa el daño ocasionado al acreedor, y que este daño sea directo, no indirecto, como consecuencia de la insolvencia de la sociedad.

En este contexto, para que pueda imputarse a la administradora el impago de una deuda social, como daño ocasionado directamente a la sociedad acreedora, no basta con afirmar que (...) la sociedad era insolvente y la administradora dejó de cumplir con el deber de liquidar de forma ordenada la sociedad. Debe existir un incumplimiento más nítido de un deber legal al que pueda anudarse de forma directa el impago de la deuda social.

De otro modo –continúa–, si los tribunales no afinan en esta exigencia, se corre el riesgo de atribuir a los administradores la responsabilidad por el impago de las deudas sociales en caso de insolvencia de la compañía, cuando no es esta la *mens legis*. La ley, cuando ha querido imputar a los administradores la responsabilidad solidaria por el impago de las deudas sociales en caso de incumplimiento del deber de promover la disolución de la sociedad, ha restringido esta responsabilidad a los créditos posteriores a la aparición de la causa de disolución (art. 367 LSC). Si fuera de estos casos, se pretende, como hace la demandante en su demanda, reclamar de la administradora la responsabilidad por el impago de sus créditos frente a la sociedad, debe hacerse un esfuerzo argumentativo, del que carece la demanda, por mostrar la incidencia directa del incumplimiento de un deber legal cualificado.

Concluye señalando que "*en nuestro caso, en realidad, se está imputando al administrador el impago de las deudas sociales con la demandada, sin que tal impago sea directamente imputable, con carácter general, al administrador. Ni siquiera cuando la sociedad deviene en causa de disolución por pérdidas y no es formalmente disuelta, a no ser que conste que caso de haberlo sido, sí hubiera sido posible al acreedor hacerse cobro de su crédito. Para ello hay que hacer un esfuerzo cuando menos argumentativo (sin perjuicio de trasladarle a los administradores las consecuencias de la carga de la prueba de la situación patrimonial de la sociedad en cada momento), que no han realizado ni la demandante, ni los tribunales de instancia*".

10. Es indispensable, asimismo, como se ha visto, la apreciación, conforme a las reglas de la lógica y la razón, de un nexo o relación de causalidad entre el daño causado al tercero y la actuación antijurídica que se imputa al administrador. Requiere demostrar que el daño alegado es consecuencia lógica, adecuada y directa de la actuación reprochada en cuanto administrador de una sociedad de capital.

La conducta negligente que se imputa a la administradora, y así lo confirma el recurso, es haber incumplido la obligación de promover la disolución de la sociedad ante la manifestación de la situación de insolvencia, y propiciar la desaparición de hecho del tráfico mercantil sin atender la deuda contraída.

Pero, aun admitiendo que la situación de insolvencia sobrevino durante 2010, como propone la demanda, coincidimos con la sentencia apelada en que no se ha probado el necesario nexo de causalidad entre la conducta negligente imputada y el daño causado, pues no hay prueba alguna, ni enlace lógico, que permita deducir que el impago del crédito deriva, en relación causa-efecto, del incumplimiento por la administradora del deber de convocar la junta general en el plazo de dos meses desde que se manifestó la causa de disolución señalada (o cualquier otra, que la demanda no precisa), o de que no lo haya hecho en tiempo alguno, optando por un cierre y liquidación de hecho. El enunciado del que parte la demanda no se deriva, razonablemente (tampoco de la prueba practicada, inexistente al respecto), con un mínimo enlace causal lógico, que si la administradora hubiese promovido la disolución oportunamente el crédito reclamado hubiera sido pagado. Más bien resulta lo contrario, porque la actora afirma que la sociedad carece de patrimonio, de modo que debemos presumir que si desapareció de hecho fue debido a su estado de insolvencia, y que este estado es lo que ha motivado el impago, no así el hecho de que la administradora no promoviera a tiempo la disolución de la sociedad.

El momento que se ha de tener en cuenta es el de la celebración del contrato, no el de la posterior ejecución de la obra y exigibilidad del precio, de este modo, la obligación es anterior al afloramiento de la causa de disolución

Juzgado de lo Mercantil Santander, n.º 1, 284/2017, de 13 de octubre. Recurso 40/2015

SP/SENT/924122

Pese a que los demandados no justifican la anterioridad de la obligación, la cuestión es dudosa por los datos que las partes aportan al proceso. No nos encontramos ante una deuda derivada de la resolución contractual (declarada de forma privada o judicial), de una sentencia constitutiva o del acaecimiento de un "*hecho resolutorio y ejercicio de la facultad resolutoria*" (momento tenido en cuenta por la STS de 10 de marzo de 2016). Pese a que en muchas ocasiones se atienda al momento de prestación de servicio de forma efectiva y a la emisión de la factura, entiendo que en nuestro caso la obligación estaba determinada en su objeto y precio en los presupuestos arriba descritos, y que la posterior ejecución de los trabajos supuso un acto de ejecución de la obligación asumida cuya contraprestación era el pago del precio. Es decir, el deudor se obligó en aquel momento, sin perjuicio de que no fuera exigible entonces el pago de ese precio, y probablemente —no se ha discutido— tampoco fuera exigible el registro contable o la provisión de la obligación (la STS de 29 de marzo de 2017, en una calificación culpable, fijó la causa de la insolvencia en no haber contabilizado la obligación de dar de la compañía que en el momento en que esta recibió el precio).

8. La esencia de la acción ejercitada es reaccionar frente al administrador que asume obligaciones, actúa en el tráfico en una situación de desbalance desatendida, y considero que el momento a tener en cuenta es el de la celebración del contrato, negocio generador de la obligación, no el de la posterior ejecución de la obra y exigibilidad del precio. La SAP Barcelona, sección 15.ª de 1-9-2017 dijo en este sentido que "*ha resultado acreditada la existencia de una deuda social que trae causa de las relaciones comerciales que tuvieron la demandante y la sociedad codemandada durante el primer semestre del año 2014, constando en autos los albaranes de entrega de las mercancías y facturas de fechas comprendidas en el período que abarca desde el 13 de marzo de 2014 y el 4 de mayo de 2014, sin embargo, como acertadamente afirma la sentencia de primera instancia, el nacimiento de*

la obligación social hay que vincularlo con la emisión de los consentimientos de oferta y demanda, cuando se formalizaron los pedidos".

9. De este modo la obligación es anterior al afloramiento de la causa de disolución, por lo que debe desestimarse la demanda. La obligación de la administradora es orgánica sin que quepa en una acción objetiva como la presente vinculada al incumplimiento de los deberes que como administrador le incumben, alegar desconocimiento o desentendimiento respecto de la administración de la S. L.

No existe responsabilidad solidaria del administrador social por las deudas cuando no se prueba la causa de disolución alegada, al tener actividad la empresa y dar beneficios en el año en el que se originó la deuda

Juzgado de lo Mercantil Murcia, n.º 1, 198/2016, de 27 de junio. Recurso 524/2012

SP/SENT/871478

Del elenco de causas de disolución que se relacionan en el artículo 363.1 de la LSC, y que sirven de fundamento al ejercicio de responsabilidad objetiva o por deudas, la parte actora alega que concurre la prevista en la letra b (conclusión de la empresa que constituya su objeto), c (imposibilidad manifiesta de conseguir el fin social) d (paralización de los órganos sociales) d (pérdidas que dejen reducido el patrimonio neto a una cantidad inferior a la mitad del capital social).

Y en el presente caso con la prueba obrante en autos, no resulta acreditado la concurrencia de esas causas esgrimidas en la demanda de las que derivaría la responsabilidad del administrador único de la sociedad deudora, pues resulta que la empresa mantiene su actividad, y si en el año en el que se contrajo la obligación social que se reclama, 2008, la empresa obtuvo beneficios, como admite la propia actora en el hecho cuarto de su demanda.

El daño cuya indemnización pretende la actora no es un daño directo, sino que es consecuencia del supuesto detrimento patrimonial que sufrió la sociedad por no haber gestionado la cooperativa, por lo que no puede imputarse responsabilidad al administrador

Juzgado de lo Mercantil Bilbao, n.º 2, 200/2016, de 22 de junio. Recurso 90/2016

SP/SENT/871354

En este caso, el daño cuya indemnización se pretende se corresponde con el supuesto "porcentaje económico" que la demandante, en su condición de socia de AVITAREPOOC, habría obtenido de la gestión de la cooperativa URDÚLIZ DOS si esta no hubiera sido gestionada finalmente por HABITARE. Más concretamente, cifra la demandante tal porcentaje en un 40 % del 10 % que de las partidas que figuran en el documento n.º 21 de la demanda habría recibido AVITAREPOOC como sociedad gestora (hecho vigésimo tercero de la demanda).

No es, por lo tanto, el daño cuya indemnización pretende la actora un daño directo, pues el mismo es consecuencia del detrimento patrimonial supuestamente sufrido por la sociedad (AVITAREPOOC) por no haber gestionado la cooperativa referida. Y ello se ve claramente si tenemos en cuenta que entre los derechos del socio no se encuentra el de percibir automáticamente un porcentaje del precio de los contratos que celebra la sociedad, ni equivalente a su participación ni de otro tipo. Ello dependerá del acuerdo que la sociedad adopte en relación con la distribución de beneficios, y en su defecto, deberá estar el socio a la liquidación de la sociedad.

Pero es que, además, la propia demandante considera en su escrito de demanda el daño que invoca consecuencia de la lesión patrimonial a la sociedad.

En efecto, en el HECHO VIGÉSIMO SEGUNDO expresa la demandante:

"A la vista de los expositivos anteriores, parece evidente que el Sr. Mateo, en el ejercicio de su cargo de administrador de la mercantil «Gestión Avitarepooc, S. L.» incurrió en incompatibilidades propias de su cargo, generando un grave perjuicio a la propia sociedad y consecuencia de ello a mi mandante, el cual dejó de percibir el porcentaje económico que le correspondía como socio de tal compañía por la gestión del proyecto Urdúliz II".

En el hecho VIGÉSIMO TERCERO de su demanda, penúltimo párrafo, expresa la actora:

"Por último, y en cuanto a los criterios a considerar para su determinación, considera esta parte de importancia mencionar que la cuantía indemnizatoria lo será según lo que «Gestión Residencia Habitare, S. L.» hubiese percibido por la gestión de la cooperativa «Centro Habitare Urdúliz Dos». Más concretamente y por corresponder dicho importe a la sociedad de la cual mi mandante es socio, a este último le correspondería un 40 % de la mencionada cantidad".

Consta, por otra parte, que la hoy actora propuso como orden del día de la junta celebrada el 12 de diciembre de 2014 (doc. 19 de la demanda), el ejercicio de la acción social de responsabilidad frente al hoy demandado por los mismos hechos objeto del procedimiento. El tenor del acta en lo que aquí interesa es el siguiente (página número 2364347):

"Toma la palabra Don Evaristo quien cede el uso de la misma a Don Ismael, en la representación que ostenta del socio SYLVER-HANSEN IBÉRICA, S. L., en cuanto que el presente punto del Orden del Día se incluyó a requerimiento suyo.

Don Ismael, expone que su representada considera que en interés de la Sociedad procedería, conforme al Artículo 239 de la Ley de Sociedades de Capital, por infracción del deber de lealtad, la acción social de responsabilidad contra el Administrador de la Compañía y, en todo caso, quiere adelantar que, en el supuesto previsible de que tal acción no se acuerde por esta Junta y en aras a defender los intereses de la Sociedad, se reserva el ejercicio de aquella.

Se dirige a los asistentes el Letrado Don Alfonso Hernández Angulo quien indica que para que un acuerdo de estas características pueda ser debidamente adoptado han de indicarse actuaciones u omisiones concretas y determinadas del Administrador, realizadas en contra de la Ley, los Estatutos Sociales o la diligencia que le es exigible, que hayan generado un daño a la Sociedad, daño que ha de estar concretado y cuantificado.

El Sr. Ismael, señala que con arreglo a lo expuesto por el Letrado, efectivamente el ejercicio de la acción lo es por vulneración por parte del órgano de administración, de lo dispuesto en los Artículos 227 y 228 de la Ley de Sociedades de Capital conforme a las actuaciones ya adelantadas en la Junta de 4 de Septiembre pasado, relativas a Gestión Residencial Habitare, S. L., constituida y gestionada por los socios de esta sociedad a excepción de SILVER-HANSEN IBÉRICA, S. L., en la promoción URDÚLIZ II, previamente iniciada por esta Sociedad (Gestión Avitarecoop, S. L.). Asimismo, y conforme al Artículo 239 de la referida Ley, vistas las previas actuaciones que constan mencionadas en el Acta de 4 de septiembre de 2014, las cuales son tendentes a perjudicar los derechos e intereses de SYLVER HANSEN IBÉRICA, S. L., y más concretamente, a que esta perciba finalmente la cuota de liquidación conforme a lo previsto por los socios constituyentes, tal y como se puede deducir a la vista de las cuentas anuales de la Sociedad".

En definitiva, el daño reclamado por la actora no es un daño directo, siendo ello bastante para desestimar la demanda sin entrar en el examen de las restantes cuestiones planteadas.

El administrador intentó la continuación de la actividad de la mercantil, haciendo aportaciones de capital, no pudiendo abonarse la indemnización reclamada por razones objetivas, desestimándose la acción individual de responsabilidad

Juzgado de lo Mercantil Asturias, n.º 2, 61/2016, de 7 de junio. Recurso 22/2016

SP/SENT/863848

SEGUNDO. En el caso de autos se reclama del demandado, en su condición de administrador de la mercantil Carrocerías Pevi, S. L., la cuantía no asumida por el FOGASA de la indemnización por despido improcedente que le fuera reconocida al demandante en sentencia dictada por el juzgado de lo social n.º 5 de Oviedo con fecha de 6 de octubre de 2014, y en este sentido se ha de decir, no siendo objeto de controversia entre las partes, que pese a que la mercantil deudora presentaba fondos propios negativos crecientes desde el ejercicio 2011, es lo cierto que la deudora en ningún momento mantuvo posiciones deudoras toda vez que las mismas eran cubiertas mediante aportaciones del hoy demandado. Tal es así que la propia parte actora reconoce que, pese a que la deudora cesó en su actividad definitivamente en el ejercicio 2014, la única deuda pendiente es la derivada del despido del demandante, así como la última nómina y el prorrateo de pagas extra. Y prueba de que dicha circunstancia es cierta es la propia sentencia de despido, en la cual no se considera acreditada la causa de crisis económica, de lo cual se ha de deducir, en buena lógica, que las cuentas no reflejan la verdadera situación financiera de la deudora o, si la reflejan, no se cohonesta con la actuación de su administrador, quien cubría todo el pasivo de la misma. Cierto es que si tales aportaciones se hubieran contabilizado debidamente mediante anotaciones de aportaciones del socio, las cuentas no reflejarían fondos propios negativos. Y tal realidad fue puesta de manifiesto por el propio juzgado de lo social, la cual, evidentemente, hubo de asumir tal conclusión al denegar la procedencia del despido del hoy demandante.

En su consecuencia, no puede sostenerse que las cuentas reflejen la verdadera situación financiera de la mercantil frente a sus acreedores y, por tanto, tampoco es sostenible que la mercantil hubiera de acudir a la disolución, la ampliación de capital o el concurso, ya que no tenía acreedores.

El único reproche que puede hacerse al demandado es haber sostenido con sus propios fondos la actividad de la mercantil por él administrada durante años y no haber procedido, ya en el año 2011, a dar por incumplidas sus obligaciones con los acreedores y presentar concurso, con lo que el demandado no habría visto reducido su patrimonio y la indemnización del hoy demandado, en sede concursal, habría importado la mitad de la cantidad que hoy se reclama, y la misma habría sido toda ella asumida por el FOGASA.

Cabe así concluir, siguiendo la doctrina sentada por el TS en ST de 18 de abril de 2016-06-06, que el hecho de que el demandado hubiera procedido a solicitar declaración de concurso o a liquidar ordenadamente el patrimonio de la deudora, encontrándose esta en fondos negativos desde varios ejercicios antes del nacimiento de la deuda que ahora se reclama, en ningún caso esta deuda hubiera podido ser atendida, con lo que ningún reproche puede hacerse al demandado en su condición de administrador en cuanto al desempeño de sus funciones, ni ninguna responsabilidad puede alcanzarle por no haber procedido a disolver, aumentar capital o solicitar el concurso de acreedores por cuanto, si bien la salida fácil para el demandado hubiera sido esta, fue su esfuerzo personal, a medio de aportaciones de capital, el que permitió la continuidad de la actividad de la mercantil, incluyendo el pago de los salarios del hoy demandante, restando como única deuda la indemnización que, en buena lógica, le correspondía por un despido por causas objetivas que estaba más que justificado y cuya cuantía habría cubierto en su práctica totalidad del Fondo de Garantía Salarial.

No existe responsabilidad de los administradores salientes cuando hay acta donde se renuncia a esta acción porque el nuevo socio conocía la situación de esta al ser su administrador gerente de otra sociedad participada por aquella

Juzgado de lo Mercantil Murcia, n.º 2, 124/2016, de 25 de mayo. Recurso 431/2014

SP/SENT/865012

En este punto, para probar si es verdad o no el acta que se aporta junto al mail, y que luego se certificó, y sobre todo para probar si es verdad lo que allí se dice, hay que analizar otras pruebas aportadas en autos, que corroboran dicha veracidad, veámoslas:

No se puede decir que la mercantil Paul Gunter no conociera la situación patrimonial de LTRE antes de la ampliación de capital, existen correos aportados por el codemandado Sr. Juan Ramón que acreditan la existencia de una total transparencia en la transmisión de información entre Paul Gunter y LTRE antes de la ampliación de capital, y en concreto se da explicación en varios mails del pago de LTRE a sampompasa por importe de 37.470,36 euros, que es uno de los motivos de responsabilidad que aquí se esgrime, en concreto mail de fecha 26 de septiembre de 2012, en dicho correo aparece bien claro que la Sra. María

Cristina, empleada de Paul Gunter, conocía bien el alcance de la operación, a la sazón era administrativa de Paul Gunter que se encargó de recibir y estudiar la información contable de LTRE. Pero además hay un mail de fecha 27 de septiembre de 2012 donde el admón. Solidario de Paul Gunter, Sr. Felipe, pide actualizar datos de facturas etc., en la línea del correo de la Sra. María Cristina, por lo que s sí hubo una información puntual acerca de esta operación.

Pero por si ello fuera poco, como se ha indicado antes, el admón. De Paul Gunter Sr. Justino, era además gerente de LT Rental GMBH, uno de los fundadores de LTRE, por lo que difícil puede decir ahora Paul Gunter que desconocía las operaciones de LTRE, máxime cuando su administrador era gerente de uno de los propietarios de LTRE.

En lo referente a las retribuciones de los admón., ello era conocido por la mercantil Paul Gunter por los motivos indicados, pues dicha retribución constaba en la documentación, pero sobre todo a la vista de los mails que se cruzó el Sr. Juan Ramón con el Sr. Felipe admón. Solidario de Paul Gunter, le queda claro al Sr. Felipe que el Sr. Juan Ramón era director comercial de la mercantil y aprobaba sus funciones, pues le va haciendo encargos al mismo, en otro caso y de considerar que dichas funciones y emolumentos se le han ocultado, no daría el Ok para estas funciones, sino que hubiese sido relevado en su puesto una vez conocidas las mismas, y no son nada sorpresivas, hasta el punto de tener que esperar hasta 2014 para interponer la demanda. Así hay que destacar el mail de fecha 27 de septiembre de 2012 donde el Sr. Juan Ramón le dice claramente al Sr. Felipe, que él tiene una relación laboral además de la relación como administrador, y quiere pactar las condiciones de su despido, por lo que da por sentado que conocen dicho extremos los dirigentes de Paul Gunter y que piensan continuar con ellas, y otros correos con fecha posterior en los términos ya vistos, donde el Sr. Felipe coadministrador de la actora no solo conoce la labor comercial del Sr. Juan Ramón sino que da instrucciones, aprobando la misma, dando por sentada la relación más que de admón. De jefe del departamento comercial de la empresa, y eso al menos hasta el 4 de diciembre de 2012.

Hay correos del Sr. Justino al Sr. Valentín de fecha 5 de diciembre de 2011, donde conoce que el Sr. Valentín realiza labores propias de contratación, y no es un mero admón., así como el correo de 3 de julio de 2012 en un sentido similar. También el correo de fecha 14 de febrero de 2012 a Felipe, coadministración de Paul Gunter adjuntando estudio económico y patrimonial de la LTRE, información que fue suficiente para conocer la empresa, la prueba es que se culminó la operación de ampliación de capital. Lo mismo con un correo de fecha 26 de marzo de 2012, pidiendo balance de situación, cuenta explotación, o el de fecha 13 de abril de 2012 donde se envía balance de situación y cuenta de pérdidas y ganancias de LRTE del primer trimestre del ejercicio fiscal de 2012, o el correo de fecha 27 de abril de 2012 donde se reconoce por Felipe que se ha revisado información contable y se pide más. O un correo del Sr. Justino de fecha 3 julio de 2012 al Sr. Valentín donde aquel le envía a este un extracto de cuenta de la sociedad.

Pues bien, ante toda esta batería de documentos, es difícil mantener la versión del actor, que desconocía los pagos a los admón. Como remuneración por sus trabajos en la empresa, que todo apunta a que excedían de su condición de administrador, en cuanto su relación también era laboral. Pero en este tema no se entrará hasta que no se entre en su caso a analizar dicha responsabilidad.

El último elemento probatorio, que apoya la veracidad del acta aportada por los demandados y que contienen la renuncia de responsabilidad, es la no asistencia a juicio del legal representante de la actora Sr. Justino y la aplicación del art.304 Lec. En cuanto a la asistencia personal al acto del juicio es un tema que ha sido objeto de varias resoluciones, no solo en la audiencia previa, sino providencia de fecha 17 noviembre de 2015, de 21 de enero de 2016 y auto de fecha 11 de marzo de 2016. En ellos se pone de relieve la necesidad que el Sr. Justino acuda a declarar a este juzgado, y ello porque es el legal representante de la actora, ahora denominada Krone Fleet España s. l.

Había y hay muchos motivos para no acudir a la aplicación del art. 313 Lec, auxilio judicial. Primero no se aporta ningún documento que impida viajar al Sr. Justino, es su empresa, la que él dirige, la que ha instado este procedimiento, y es una carga del actor el acudir al juicio si la otra parte lo pide, es paradójico que uno inste el juicio y sin causa justificada se niegue a comparecer en el mismo, para someterse a las preguntas de la parte. Acudir al auxilio judicial mediante preguntas escritas le quita frescura y vivacidad al juicio, máxime cuando es un protagonista fundamental, y además es el legal representante de la actora.

La importancia del testimonio del Sr. Justino se ha explicado ya en esta sentencia, no solo es legal representante de la actora, sino gerente de Leader Trailer Rental GMBH una de las propietarias de LTRE. Aparece en numerosos correos enviados con los demandados, en la fase en la que Paul Gunter iba a entrar en LTRE. Por lo tanto, su inasistencia injustificada no puede sino interpretarse en el sentido de dar validez al resto de pruebas, que hacen concluir que la actora conocía la situación real de LTRE, y que lejos de condenar las conductas que hoy son motivo de responsabilidad, las aprobó con el acta enviada por Felipe y luego certificada. La actitud del Sr. Justino que, en tres veces, audiencia previa, y dos resoluciones se le dice expresamente que debe comparecer en juicio, y aun así no comparece, sin motivo justificado, es claramente obstaculizadora y merece la aplicación del art. 304 LEC.

Se podría alegar que expresamente no se le advierte de las consecuencias de este artículo en la citación, como exige el mismo, pero esa exigencia expresa, simplemente formal, viene salvada con las distintas resoluciones que indican la necesidad de comparecer en juicio, además hay que entender que dicha exigencia del art. 304.2 Lec, viene exigida para supuestos donde el actor no viene representado por abogado y procurador, y pudiendo ser persona lega en derecho, se le tenga que advertir estos extremos, no para personas que está debidamente comparecidas en autos, a través de abogado y procurador, y que saben las consecuencias de este acto.

Por consiguiente, a través de todas las pruebas analizadas, se puede concluir que el archivo que venía adjunto al mail de fecha 8 de octubre de 2012, es cierto, que en la junta del día 1 de octubre, de ampliación de capital, se exoneró de responsabilidad a los admón. Salientes, actores, conociéndose los motivos, debiendo pues desestimar la demanda.

No concurre la responsabilidad personal del administrador social cuando no se prueba el nexo causal entre sus actos y el daño ocasionado, sin perjuicio de que exista responsabilidad por las deudas sociales

Juzgado de lo Mercantil Baleares, n.º 2, 185/2016, de 20 de mayo. Recurso 673/2013

SP/SENT/865757

En cuanto a los requisitos de esta acción no puede decirse que concurran los presupuestos necesarios para la imputación de responsabilidad. Cierto que ha quedado demostrado el daño al patrimonio de la demandante, equivalente al impago de la deuda social, pero no el comportamiento ilícito imputable a la administradora social más allá del incumplimiento de la obligación de convocar la junta prevista en el artículo 367 TRLSC 1/2010 y no depositar las cuantas anuales. Esto es, no ha quedado acreditado que la administradora actuase con el ánimo de expoliar a la actora en sus derechos, o que fuese previsible que no se fueran a poder cumplir los compromisos que se adquirían con la demandante (en este punto cabe recordar que el Ayuntamiento de Alaró le adjudicó un contrato de obra menor el 3 de diciembre de 2012), entre una variada gama de argumentos que vienen utilizándose cuando del ejercicio de la acción de responsabilidad por daño se trata. Tampoco ha quedado acreditado el nexo causal: esto es, que haya sido la administradora, con su conducta (y no la situación de crisis empresarial), la que hubiese provocado directamente el acaecimiento de la causa de disolución, y el consiguiente daño al patrimonio de la demandante (SAP Madrid, Sec. 28.ª, de 17.09.2010, recurso 435/09).

Responsabilidad solidaria por cierre o por desaparición *de facto* de la sociedad

_Ex_ art. 3.3 b) de la Directiva 82/891, la regla de responsabilidad solidaria de las sociedades beneficiarias aplica también a elementos de naturaleza indeterminada, tales como los costes de saneamiento y daños medioambientales anteriores a la escisión

TJCE/TJUE, Sala Gran Sala, de 29 de julio de 2024. Recurso C-713/22

SP/SENT/1228747

Si no se adoptara tal interpretación del concepto de "*elementos del patrimonio pasivo*", contemplado en el artículo 3, apartado 3, letra b), primera frase, de la Directiva 82/891, una escisión podría constituir un medio para que una empresa escapara de las consecuencias de las infracciones que hubiera cometido, en perjuicio del Estado miembro de que se trata o de otros eventuales interesados (véase, por analogía, la sentencia de 5 de marzo de 2015, Modelo Continente Hipermercados, C-343/13, EU:C:2015:146, apartado 33). En efecto, a tal fin, bastaría con que dicha empresa llevase a cabo una operación de escisión antes de que se hayan evaluado los costes de saneamiento y los daños medioambientales derivados de comportamientos anteriores a dicha escisión. Pues bien, de los considerandos mencionados en el apartado 65 de la presente sentencia se desprende asimismo que la Directiva 82/891 pretende precisamente evitar que una empresa eluda sus obligaciones frente a sus partes interesadas, tales como sus socios, sus accionistas, sus acreedores o incluso los terceros afectados como consecuencia de la escisión de una sociedad anónima bajo su control.

70 Por otra parte, cabe señalar que esta interpretación no confiere a los terceros una protección excesiva en perjuicio de las sociedades de nueva constitución, puesto que la segunda frase del artículo 3, apartado 3, letra b), de la Directiva 82/891 permite a los Estados miembros limitar la responsabilidad solidaria de estas últimas al importe del activo que se les haya atribuido en el proyecto de escisión de que se trate.

71 Por lo demás, cabe señalar que esta interpretación del concepto de «elementos del patrimonio pasivo», a que se refiere el artículo 3, apartado 3, letra b), primera frase, de la Directiva 82/891 es conforme con el artículo 11 TFUE, ya que pretende evitar que la empresa, que es la causante de la actividad contaminante, pueda eludir sus obligaciones frente a sus partes interesadas como consecuencia de la escisión de una sociedad anónima sujeta a su control.

72. De lo anterior resulta que el concepto de "elementos del patrimonio pasivo", recogido en el artículo 3, apartado 3, letra b), primera frase, de la Directiva 82/891, abarca no solo los pasivos de naturaleza determinada, sino también los de naturaleza indeterminada, como los costes de saneamiento y los daños medioambientales que hayan sido constatados, valorados o consolidados después de la escisión de que se trate, resultantes de comportamientos anteriores a dicha escisión.

73. En cambio, por lo que respecta a comportamientos posteriores a la operación de escisión que son el desarrollo de comportamientos de la sociedad escindida anteriores a esa operación, del apartado 64 de la presente sentencia resulta que el concepto de "elemento del patrimonio pasivo", en el sentido del artículo 3, apartado 3, letra b), de la Directiva 82/891, solo abarca los costes de saneamiento y los daños medioambientales derivados de comportamientos de la sociedad escindida ya ocasionados en la fecha de esa escisión.

74. La Directiva 82/891 solo establece un sistema mínimo de protección de los intereses de terceros, mencionados en el apartado 67 de la presente sentencia, para los elementos del patrimonio pasivo que resulten de comportamientos anteriores a la escisión de que se trate (véase, por analogía, la sentencia de 30 de enero de 2020, I.G.I., C-394/18, EU:C:2020:56, apartados 67 y 74). La cuestión de si pueden imputarse a la sociedad escindida comportamientos posteriores a dicha escisión, pero que son el desarrollo de comportamientos anteriores de dicha sociedad, con la consecuencia de que la obligación de reparar los daños así ocasionados, como elementos del patrimonio pasivo, se transferirá a las sociedades beneficiarias según las modalidades definidas por la Directiva 82/891, debe determinarse, por tanto, sobre la base del Derecho nacional (véase, en este sentido, la sentencia de 13 de julio de 2017, Túrkevei Tejtermelo Kft., C-129/16, EU:C:2017:547, apartado 45 y jurisprudencia citada).

75. De todo lo anterior resulta que procede responder a la cuestión planteada que el artículo 3, apartado 3, letra b), de la Directiva 82/891 debe interpretarse en el sentido de que la regla de responsabilidad solidaria de las sociedades beneficiarias establecida en esa disposición se aplica no solo a los elementos de naturaleza determinada del patrimonio pasivo no atribuidos en un proyecto de escisión, sino también a aquellos elementos de naturaleza indeterminada, tales como los costes de saneamiento y los daños medioambientales que hayan sido constatados, valorados o consolidados tras la escisión de que se trate, siempre que resulten de comportamientos de la sociedad escindida anteriores a la operación de escisión.

Rechazo de nulidad de actuaciones, se desconoce de qué manera el procedimiento penal vincula la responsabilidad por cierre de hecho de la empresa o por no disolución concurriendo causa para ello

AP Alicante, Sec. 8.ª, 166/2024, de 22 de marzo. Recurso 132/2022

SP/SENT/1223993

Por ello, y sin que ello suponga participar del argumentario judicial en cuanto a la prejudicialidad civil, debe ser rechazada la nulidad de actuaciones pretendida en el recurso, y en consecuencia, al limitarse a esto el mismo, confirmada en este punto la sentencia.

3. En cuanto a la prejudicialidad penal, lo que contempla el art. 41.2 LEC en caso de denegación es la posibilidad de recurrir en reposición, como sí se hizo, y, al no ser estimada, su reproducción en segunda instancia, si lo entendía procedente y que hubiera dado lugar al dictado del auto correspondiente a tal incidencia (art. 206.1.2.ª LEC). Aquí ello no se insta, sin que proceda la retroacción de actuación por una nulidad que no se aprecia, pues el remedio procesal ante la denegación es diverso al planteado.

En todo caso la jurisprudencia ha precisado que para que resulte procedente la suspensión por prejudicialidad penal el art. 40.2 LEC "*no solo exige, en el apartado 1.º, la existencia de una causa criminal por unos hechos de apariencia delictiva que fundamenten las pretensión del proceso civil, sino también, en el 2.º, que la decisión del tribunal penal acerca del hecho por el que procede la causa criminal pueda tener un influencia decisiva en la resolución sobre el asunto civil*" (STS 209/2013, de 4 de abril).

El recurso se limita a afirmar que concurren esos presupuestos, pero sin explicación alguno de tal aserto, limitándose a referir el auto de admisión de la denuncia y otro dictado por el juzgado mercantil en otro asunto en el que sí se accedió a la suspensión.

Ello resulta manifiestamente insuficiente: de una parte, es evidente que el precedente del juzgado no vincula a este tribunal, además de que se desconoce si concurre identidad de circunstancias relevantes en uno y otro caso, y de lo restante obrante en el expediente (el auto de incoación de diligencias previas) no se aprecian motivos para tal suspensión al desconocerse los hechos investigados y de qué modo podrían predeterminar este procedimiento civil al no contener el referido auto dictado por el Juzgado de Instrucción relato fáctico alguno, salvo la nominación típica (estafa).

En definitiva, se desconoce de qué manera ese procedimiento penal vincula y predetermina lo aquí enjuiciado, que es la responsabilidad por cierre de hecho de la empresa o por no disolución concurriendo causa para ello, no el engaño en la emisión de títulos cambiarios, que es a lo que se refirió la letrada en el recurso *in voce* formulado en la audiencia previa.

En conclusión, el rechazo de la nulidad de actuaciones pretendida en el recurso provoca, al limitarse a ello la apelación, la confirmación de la sentencia.

El cierre de facto de la sociedad deudora generó daño directo equivalente al importe del crédito del acreedor, hay responsabilidad individual de la administradora pues al no realizar una ordenada liquidación frustró dicho crédito

AP A Coruña, Sec. 4.ª, 94/2023, de 10 de febrero. Recurso 996/2021

SP/SENT/1176573

Cuando la acción individual de responsabilidad pretende la indemnización de un daño que consiste en la inefectividad de un derecho de crédito contra la sociedad, a su vez por causa de un cierre de hecho sin liquidación, la prueba ha de revelar nítidamente (STS 253/2016, de 18 de abril) que una conducta del administrador arreglada a derecho habría servido para hacer efectivo el crédito, en todo o en parte (la parte hipotéticamente cubierta por el patrimonio de la sociedad en liquidación o en concurso sería, en tal caso, la medida del daño). Está por ver si la confrontación de esa doctrina con el artículo 19, letra c), de la Directiva 2019/1023, sobre marcos de reestructuración preventiva, sigue permitiendo un planteamiento tan riguroso; pero, en todo caso, el propio TS ya advirtió en su STS 472/2016, de 13 de julio, que la prueba de la inexistencia de bienes y derechos o el destino de lo adquirido con la liquidación de los existentes, corresponde al administrador y no puede imputarse al acreedor demandante, en aplicación de la regla contenida en el apartado 7 del art. 217 LEC. Añade la referida sentencia del TS que "*frente a la dificultad del acreedor demandante de probar lo contrario (que había bienes y que fueron distraídos o liquidados sin que se destinara lo obtenido al pago de las deudas), dificultad agravada por el incumplimiento del administrador de sus deberes legales de llevar a cabo una correcta liquidación, con la información correspondiente sobre las operaciones de liquidación, el administrador tiene facilidad para probar lo ocurrido, pues se refiere a su ámbito de actuación*".

9. En este caso estaba en manos de la administradora demandada la prueba de la inutilidad de una liquidación ordenada, o de la observancia de su deber de solicitar el concurso, desde la perspectiva de la efectividad total o parcial del derecho de crédito de POOLBACK, S. A., a partir de su vencimiento y exigibilidad; esto es, la prueba de que, desde que el crédito de POOLBACK, S. A., fue exigible, la sociedad carecía de bienes o derechos realizables, de manera que el incumplimiento de los deberes que incumben a la administrador de una compañía a las puertas de —o en situación de— la insolvencia, no ha tenido en este caso ninguna incidencia causal en el resultado dañoso. Es la administradora demandada -no el acreedor, cuando su deudora ni siquiera ha depositado las cuentas correspondientes a los ejercicios de 2016 y ss. la que está en disposición de proporcionar información sobre los activos de la compañía; sobre, por ejemplo, qué ha sucedido con los activos financieros que por importe de 87.295,23 €; reseña la página 14 de la memoria de las cuentas anuales de 2015, o sobre el resto de los activos (inmovilizado, existencias, derechos de cobro, etc.) que presumiblemente debía registrar a finales de 2015 la contabilidad de una sociedad que, todavía por entonces, tenía actividad y presencia en el mercado.

10. En tales circunstancias —que son las del artículo 217. 7 LEC, o las que valoró la STC 140/1994, de 4 de mayo, con cita de la STC 227/1991, para declarar que las consecuencias de la falta de demostración de un hecho recaen sobre la parte en cuyo exclusivo poder se encuentran las fuentes de prueba—, hemos de concluir que el cierre de hecho de la compañía deudora ocasionó en este caso al actor un daño directo equivalente al importe de su crédito, un daño del que es personalmente responsable la administradora demandada y a cuya indemnización ha de ser condenada en los términos interesados en la demanda en aplicación de lo dispuesto en el artículo 241 del TRLSC. El recurso de apelación debe ser, por ello, estimado.

No se acredita que, como consecuencia del cierre *de facto* de la sociedad y del incumplimiento del administrador de convocar la junta para proceder a la disolución y liquidación de la sociedad, el socio acreedor viese insatisfecho su crédito

AP La Rioja, Sec. 1.ª, 179/2017, de 31 de octubre. Recurso 517/2016

SP/SENT/931850

Aplicando lo anteriormente expuesto al supuesto de autos se constata que ni en la demanda ni en el recurso de apelación se ha realizado esfuerzo argumentativo alguno tendente a acreditar ni que como consecuencia del cierre de facto de la sociedad y del incumplimiento por parte del administrador de su deber de convocar junta para proceder a la disolución de la sociedad y ulterior liquidación, el socio acreedor no pudo ver satisfecho su derecho de crédito ni, lo que es más importante, que en caso de haberse procedido al cumplimiento de tales obligaciones hubiera podido satisfacer su derecho de crédito. Es más, el cierre de hecho de la empresa, como razonó la sentencia y como se ha confirmado en esta alzada, no se produjo en febrero de 2013 sino con posterioridad y la deuda surgió con anterioridad. Además, el crédito del actor frente a la empresa como consecuencia del aval ejecutado ascendía a 35.191,91 euros y antes de presentar demanda la mercantil le hizo dos pagos de 3.900 euros y 500 euros. Durante la tramitación del PO 1346/2013 seguido en el Juzgado de Primera Instancia n.º 5 el actor obtuvo de la mercantil un nuevo pago parcial de 10.000 euros lo que denota que el administrador pudo incumplir la obligación esencial de convocar junta para proceder a la disolución pero que su voluntad fue pagar al socio acreedor lo que le correspondía en la medida en que las posibilidades económicas de la empresa se lo permitían. No existe ningún dato en el procedimiento del que se desprenda directa o indirectamente que, de haber procedido el administrador a la correcta disolución y ulterior liquidación de la empresa, el Sr. Celestino hubiera podido ver satisfecho su derecho de crédito, lo que supone que no concurren los requisitos para que la acción del art. 241 de la LSC pueda ser viable.

La desaparición de la empresa sin que sus administradores hayan llevado a cabo la oportuna disolución y liquidación, cercenando cualquier posibilidad de cobro de los acreedores, genera la debida responsabilidad

AP Ciudad Real, Sec. 2.ª, 187/2017, de 19 de junio. Recurso 119/2017

SP/SENT/917594

Pues bien, sobre esas bases, ciertamente un mero examen de lo actuado en autos, teniendo en cuenta la exigua y parca actividad probatoria desarrollada, pero sin desconocer las reglas que esta materia imperan acerca de la carga de la prueba, en base a los principios de disponibilidad y facilidad probatoria, unido al tipo y al carácter de la acción de responsabilidad ejercitada, de marcado carácter objetivo, nos llevan necesariamente a considerar que es un hecho innegable y acreditado que la sociedad demandada desde el año 2009 no ha presentado sus cuentas anuales en el Registro Mercantil, no hay atisbo alguno de actividad económica, se desconoce su situación patrimonial, carece de establecimiento en el que ejercita actividad y de bienes, no ha participado en la ejecución de la condena y frente a esas circunstancias fácticas documentalmente acreditadas, los demandados, en cuyo poder estaba desvanecer esos extremos, no solo no ha practicado sino que ni siquiera han comparecido están declarados en rebeldía y no han propuesto ningún elemento de prueba dirigido a contrarrestar los ciertamente exiguos pero suficientes elementos probatorios que adveran que pese a que concurría causa de disolución de la citada mercantil no la han instado, máxime cuando las deudas sociales consta que eran posteriores a la causa de disolución como admite la propia resolución impugnada.

Por ello, el recurso ha de ser estimado, no sin señalar, que hemos asumido en Sentencia de 11 de enero de 2017 el criterio de flexibilidad manifestado por algunas Audiencias Provinciales a la hora de dar contenido real a la expresión desaparición de hecho de una empresa y así recordábamos la Sentencia de la Sección 28.ª de la Audiencia Provincial de Madrid cuando expresaba que La desaparición de hecho de una sociedad eliminándola de la vida comercial o industrial sin que sus administradores hubiesen tomado las medidas oportunas para su disolución y ordenada liquidación en cualquiera de las formas prevenidas legalmente constituye una negligencia grave de la que causalmente se deriva un daño, aquí representado por el crédito exigible y no satisfecho por la sociedad al demandante (...). Tal conducta incurre en una vía de hecho, al realizarse al margen de los intereses de los acreedores, que tienen derecho a que sus créditos sean atendidos en la medida de lo posible y en cualquier caso de modo ordenado, lo que solo se garantiza bien mediante un procedimiento liquidatorio o bien acudiendo al proceso concursal. Basta con demostrar el daño sufrido por la parte acreedora demandante, inherente al hecho de cercenársele la posibilidad de cobrar su crédito, y el cierre de facto del establecimiento en el que radicaba la empresa deudora para que el nexo causal entre uno y otro se presuma, salvo prueba en contra del administrador demandado (...). En definitiva, como señala la sentencia del Tribunal Supremo de 14 de marzo de 2007, la desaparición de empresas sin haberse practicado la oportuna liquidación comporta una vulneración de la ley y puede llevar consigo un perjuicio para los titulares de créditos pendientes que no han podido controlar la liquidación de la mercantil ni el destino final de su patrimonio. La vulneración de un deber legal tan esencial comporta la existencia de culpa, salvo prueba por parte de los administradores de que su actuar individual no fue negligente. En el supuesto de autos, siguiendo a la citada sentencia del Tribunal Supremo de 14 de marzo de 200, existe una lesión directa a los intereses de la actora consistente en la imposibilidad de cobro de una deuda que, como resulta patente, no ha podido ser cobrada, sin que conste ahora la existencia de bienes para satisfacerla y sin que el demandado haya procedido a la ordenada disolución y liquidación de la sociedad cercenando cualquier posibilidad de cobro del crédito del demandante, lo que genera la responsabilidad del administrador en virtud del artículo 135 de la Ley de Sociedades Anónimas, aplicable al supuesto de autos por expresa remisión del artículo 69 de la Ley de Sociedades de Responsabilidad Limitada.

Procede declarar la responsabilidad de los administradores de la sociedad que ha cerrado dejando una deuda pendiente con la Comunidad de Propietarios por los inmuebles de los que es titular

AP Asturias, Oviedo, Sec. 1.ª, 141/2017, de 18 de mayo. Recurso 33/2017

SP/SENT/910845

Ningún dato consta en el proceso que revele una actividad de la sociedad desde 2012, careciendo de semejante carácter dinámico la decisión interna y contable de abril de 2013 de conversión de los préstamos concedidos por los socios a la sociedad en préstamos participativos, por lo que ha de confirmarse la situación de cierre de hecho de la sociedad y el presupuesto de la acción individual de responsabilidad, el incumplimiento de los deberes legales y del patrón de diligencia exigibles a los administradores causaron como daño directo a la Comunidad actora el impago de las cuotas comunitarias correspondientes a Argia, conclusión que dimana no solo de la presunción iuris tantum expuesta por el Juez, la mayor probabilidad de aquella de cobrar el crédito por las cuotas de haber instado los administradores oportunamente el concurso o la disolución de la sociedad, 2010/2011 respectivamente, sino de que las cuentas de 2011 muestran una relación de pasivo y activo corriente indicativa de que Argia contaba con fondo de maniobra, f. 272, es decir de que en 2012 podían haber acometido el cierre de la sociedad satisfaciendo las cuotas devengadas a partir de mediados de este año.

Antes de generarse la deuda, la sociedad ya había desaparecido de su domicilio social, constando embargos de la TGSS y de AEAT, siendo indicio suficiente para entender que existía causa de disolución

AP Madrid, Sec. 28.ª, 129/2017, de 10 de marzo. Recurso 197/2015

SP/SENT/901411

Tras la reforma del artículo 105.5 de la Ley de Sociedades de Responsabilidad Limitada operada por la Disposición Final segunda de la Ley de 14 de noviembre de 2005, sobre la Sociedad Anónima Europea, que entró en vigor el 16 de noviembre de 2005, la responsabilidad de los administradores se limita a las obligaciones sociales posteriores al acaecimiento de la causa legal de disolución.

Como consecuencia de lo anterior, no podemos compartir que la responsabilidad de demandado se fundamente en la concurrencia de la causa de disolución consistente en la imposibilidad manifiesta de conseguir el fin social contemplada en el artículo 104.1 c) de la Ley de Sociedades de Responsabilidad Limitada (actualmente, apartado c del artículo 363.1 del texto refundido de la Ley de Sociedades de Capital).

En la demanda se sostenía esta causa de disolución en el hecho de que la sociedad deudora había desaparecido de su domicilio social. La sentencia, incurriendo en incongruencia no denunciada, señala que no se ha acreditado esa desaparición pero que debe apreciarse la imposibilidad manifiesta de conseguir el fin social con apoyo en las propias alegaciones efectuadas en la contestación a la demanda cuando se reconoce que la sociedad deudora padeció un descenso de la clientela por el mal servicio prestado por la demandante que supuso serias trabas al fin social de la entidad "OPOSICIÓN SIGLO XXI, S. L.", obstaculizando e impidiendo su actividad.

Al margen de que la mera desaparición del domicilio social o de la existencia de trabas para el desarrollo del fin social no supone la concurrencia de la causa de disolución ahora analizada —lo que exigiría que se constatara la imposibilidad clara, definitiva e irreversible de conseguir el fin social—, lo cierto es que, en todo caso, la invocada causa de disolución habría acaecido con posterioridad al nacimiento de la obligación (mayo-junio de 2010), pues esta misma evidencia que en esa época la sociedad no estaba imposibilitada para la consecución del fin social.

Sí compartimos con la resolución apelada la declaración de responsabilidad con fundamento en la causa de disolución por pérdidas cualificadas (artículo 104.1 e de la Ley de Sociedades de Responsabilidad Limitada, actualmente, artículo 363.1e del texto refundido de la Ley de Sociedades de Capital).

La sociedad deudora tiene un exiguo capital social de 3.006 euros (documento n.º 11 de la demanda), siendo las últimas cuentas depositadas las correspondientes al ejercicio 2008 (documento n.º 12 de la demanda). Ya en junio de 2010 sufrió un embargo de un vehículo por la Tesorería General de la Seguridad Social por importe de 4.182,09 euros, más 978,52 euros de intereses, evidentemente, de una deuda generada con anterioridad a esa fecha (documento n.º 7 de la demanda). Paralelamente, la Agencia Estatal de la Administración Tributaria (AEAT) notificó a la deudora mediante el BOE publicado el día 26 de marzo de 2010, cuatro liquidaciones en vía ejecutiva derivadas de cuatro expedientes seguidos por la AEAT.

Los anteriores indicios permiten tener por acreditada la concurrencia de la causa de disolución por pérdidas, al menos, dos meses antes del origen de la deuda, sobre todo si consideramos que la parte demandada no ha acreditado que fuera titular de bien o derecho alguno, más allá del vehículo embargado, que permitiera desvirtuar los indicios señalados, cuando no tenía dificultad alguna para identificar su patrimonio o aportar las cuentas de la sociedad en la fecha relevante y justificar así que no se encontraba en causa de disolución por pérdidas.

En este sentido, la sentencia del Tribunal Supremo de 5 de octubre de 2004 señala lo siguiente: "*Es de mala fe y al mismo tiempo irracional pretender que el incumplimiento de una obligación deriva en beneficio para el incumplidor, en cuanto deja sin prueba a la contraparte de datos objetivos muy importantes. (...) La prueba de que la sociedad no ha sufrido disminución de su patrimonio en términos que obligasen a los [administradores] a proceder conforme al art. 262.5 Ley de Sociedades Anónimas le hubiera correspondido a la parte demandada, por serle más fácil y accesible (hipotéticamente en este caso) que a la actora, supuesto este último (facilidad y accesibilidad de la prueba) que invierte el* onus probandi *hacia la parte que está en esas condiciones, a fin de evitar la indefensión de la contraria*".

En similar sentido, con relación a la acción individual de responsabilidad, el Tribunal Supremo, de forma contundente, ha señalado en su sentencia de 18 de abril de 2016, seguida por la de 13 de julio de 2016, que debe trasladarse a los administradores las consecuencias de la carga de la prueba de la situación patrimonial de la sociedad en cada momento.

Ello es mera consecuencia del principio de facilidad probatoria (artículo 217.6 de la Ley de Enjuiciamiento Civil) por lo que no existe razón alguna para no aplicar esa doctrina también a la acción de responsabilidad por deudas, una vez que la parte actora ha efectuado un mínimo esfuerzo probatorio que de forma indiciaria hace verosímil la concurrencia de la causa de disolución ahora examinada.

El suministro realizado por el actor fue posterior a que acaeciese la causa de disolución por desaparición fáctica de la empresa, motivo por el cual se estima la acción de responsabilidad por deudas

AP Baleares, Sec. 5.ª, 353/2016, de 25 de noviembre. Recurso 380/2016

SP/SENT/885667

El recurso de apelación censura que la sentencia estime la demanda porque no consta identificada la acción que ejercita. Si bien es cierto que fue escueto el fundamento segundo, párrafo sexto de la misma da cuenta de las causas que identifica como imputables a los codemandados.

En cuanto al objeto de este recurso derivado de la causa legal concretada en no haber convocado la junta de socios, ni solicitado el concurso voluntario en los dos meses siguientes a conocer (o deber conocer) que se hallaba en causa de disolución procede también su desestimación.

No es hecho discutido que en las últimas cuentas anuales publicadas correspondientes al ejercicio del año 2010 concurría dicha causa.

Los hechos admitidos permiten aplicar la presunción de que el nacimiento de la deuda es posterior a la causa de disolución.

No se niega la relación mercantil, ni la existencia de la deuda derivada del suministro. Asiste razón al recurrente cuando afirma que no se puede identificar la fecha de las facturas con la del nacimiento de la obligación social, pero si esta fue anterior a marzo de 2011 debió probarlo el Sr. Bernardo que tiene conocimiento de esta reclamación desde antes de ser requerid en el juicio monitorio (año 2013) y de acuerdo con el art. 217.7 LEC puede fácilmente acreditar cuando recibió el material.

En otro orden de cosas, el recurrente niega su responsabilidad por la causa derivada de la imposibilidad de la empresa de realizar el objeto social porque el suministro de género no puede ser posterior al cierre del establecimiento que causaría la responsabilidad *ex* art. 363.1.c LSC.

Dado que la sentencia estima la acción por la causa prevista en el art. 363.1.e) LSC y menciona la desaparición fáctica de la empresa solo como argumento de refuerzo porque no se han cumplido las obligaciones legales de disolución y liquidación no procede estimarlo como motivo de apelación.

En conclusión, pese a que no disponemos de los albaranes de entrega que sí parecen aportados en el proceso monitorio en el que fue requerido de pago como administrador de la sociedad (deuda no discutida) esta Sala considera aplicable la presunción prevista en el art. 367.2 LSC. La facilidad probatoria para acreditar que la entrega del suministro —que no niega— fue posterior a junio de 2012 es enteramente reclamable de quien pretende que el nacimiento de la deuda es posterior a la causa que impone la responsabilidad.

Se prueba existencia de causa de disolución, debiendo el administrador aportar prueba de que esta no existía en el momento en que nació la obligación de la que se le pretende hacer responsable, cosa que no hace. La sociedad está desaparecida *de facto*

Juzgado de lo Mercantil Vigo, n.º 3, 328/2016, de 20 de diciembre. Recurso 117/2014

SP/SENT/928472

En estos casos las obligaciones sociales reclamadas se presumirán de fecha posterior al acaecimiento de la causa legal de disolución de la sociedad, salvo que los administradores acrediten que son de fecha anterior.

Dicho precepto debe ser puesto en relación con lo dispuesto en el artículo 363 del mismo texto legal que establece las causas de disolución y que, concretamente en el apartado d) dispone que procederá cuando la sociedad tuviere "*pérdidas que dejen reducido el patrimonio neto a una cantidad inferior a la mitad del capital social, a no ser que este se aumente o se reduzca en la medida suficiente, y siempre que no sea procedente solicitar la declaración de concurso*".

Para el caso de que los administradores incumplan esta obligación, la ley establece que, transcurridos dos meses, pasarán a ser responsables de las nuevas obligaciones contraídas tras la constatación del desequilibrio patrimonial.

Como señala la Sentencia del Tribunal Supremo de 26 de septiembre de 2007 la norma tiene por objeto la protección de los intereses de los acreedores sociales, que ven correlativamente ampliada la esfera de sus facultades de cobro mediante un incremento del número de sus deudores —solidarios—, ante el peligro que representa para sus créditos el que una sociedad que está sometida a la regla de limitación de responsabilidad subsista sin disolverse —y liquidarse—, cuando ello era lo procedente "*y la más reciente de 23 de febrero de 2012 puntualiza que la responsabilidad solidaria*" constituye una reacción del ordenamiento ante una conducta considerada antijurídica, que se traduce en una medida aflictiva para su autor o la más reciente de 16 de julio de 2012 señala que tiene por objeto establecer "*mecanismos dirigidos a tutelar directamente los intereses de los acreedores, imponiendo en determinados supuestos la responsabilidad solidaria por deuda ajena*".

La presunción establecida en el 367.2 determina que, en la práctica, probada la existencia de la causa de disolución, sea el administrador el que deba aportar la prueba de que no existía en el momento en que nació de la obligación de la que se le pretende hacer responsable.

Habrá de examinarse si, en el presente caso, concurre la causa de disolución que se invoca en la demanda: encontramos del examen de las cuentas anuales del año 2008 fondos propios negativos por valor de 171.427,68 euros. En la actualidad se encuentra de facto desaparecida del tráfico jurídico, sin que se haya procedido a disolver o liquidar la sociedad.

Que la entidad demandada haya desaparecido de su domicilio social y no haya presentado cuentas anuales es indicio suficiente para entender que existía causa de disolución

Juzgado de lo Mercantil Zaragoza, n.º 2, 303/2016, de 1 de diciembre. Recurso 284/2016

SP/SENT/885497

No se discute que Bernardino es administrador único de la mercantil ZŽ08 EMPRESA CONSTRUCTORA, S. L. (documento número dos). Hay indicios suficientes para considerar que dicha mercantil ha cesado en su actividad ya que no ha presentado las cuentas anuales desde el ejercicio 2013 y ha desaparecido de su domicilio social (documento números dos y nueve: certificación del Registro Mercantil de Zaragoza y diligencia judicial de intento de notificación y requerimiento). Estos documentos no han sido impugnados por la demandada al no haber contestado a la demanda y solicitada celebración de vista.

TERCERO: Hay indicios suficientes para considerar que la mercantil demandada ha cesado en su actividad mercantil al encontrarse su domicilio social cerrado (documento número nueve), no haber presentado cuentas anuales (documento número dos) y considerar que la mercantil ZŽ08 EMPRESA CONSTRUTORA, S. L. ha incumplido la obligación de convocar junta general o solicitar la disolución judicial o, si procediera, el concurso de acreedores de la sociedad al amparo del actual artículo 363.1 a), b) y c), dada la imposibilidad manifiesta de conseguir el fin social y la paralización de sus órganos sociales al haber la empresa desaparecido del tráfico mercantil y no realizar actividad alguna además de, haber acreditado la parte actora, que dicha mercantil no ha procedido a depositar las cuentas anuales pues si bien la falta de presentación de cuentas anuales no constituye causa de disolución, ello no obstante, debe considerarse, atendiendo al artículo 217.6 de la LEC, que dada la facilidad probatoria para la demandada se produce una inversión de la carga de la prueba correspondiendo a la parte demandada acreditar que no concurre la causa de disolución invocada y esta no ha contestado a la demanda ni comparecido a juicio por lo que no ha probado, en el supuesto de autos, que no se encontrara incurso en causa de disolución, por lo que la demanda ha de prosperar.

Antes de generarse la deuda reclamada, la sociedad había procedido al cierre *de facto*, sin haber procedido a una ordenada liquidación, debiendo responder el administrador como responsable solidario

Juzgado de lo Mercantil Zaragoza, n.º 2, 259/2016, de 3 de noviembre. Recurso 217/2016

SP/SENT/879743

TERCERO. Ha quedado probado con la documental aportada por la actora que Vicente constaba como administrador único de la mercantil PROMOCIONES HOSTELERAS MARIVAN, S. L. (documento número diez: certificación del registro mercantil) y la fecha en que se contrajo la deuda lo es de los años 2011 y 2012 así como que la parte actora ejercita acción de responsabilidad subjetiva y objetiva al amparo de los artículos 225, 236, 237, 241 y 363 a 367 del Real Decreto Legislativo 1/2010, de 2 de julio por el que se aprueba el texto refundido de la Ley de Sociedades de Capital, con fundamento en las causas de disolución.

En el supuesto de autos debe tenerse por acreditado que la sociedad demandada ha cesado en su actividad económica sin proceder a una liquidación ordenada de su patrimonio y sin acudir a los expedientes concursales correspondientes por lo que se aprecian los requisitos exigidos para que sea apreciada la responsabilidad del administrador social pues existe un daño efectivo para la acreedora reclamante, CELQUISA, S. L., quien ha visto insatisfecho su crédito en tanto que la falta de diligencia de aquellos y su relación causal con el daño se deriva del hecho de haber llevado a cabo el cierre *de facto* del establecimiento social y la desaparición material de la empresa sin entrar en contacto con sus acreedores constituyendo tal actuación una infracción notoria de la ley de la diligencia con la que debía desempeñar su cargo impidiendo al eludir un ordenado y transparente proceso de liquidación del patrimonio social cualquier posibilidad de realización de los créditos; el codemandado no ha probado que la relación de causalidad entre las referidas omisiones y el impago del crédito no existió.

A mayor abundamiento concurre el supuesto de responsabilidad objetiva del artículo 363.1 a), b) y c), dada la imposibilidad manifiesta de conseguir el fin social y la paralización de sus órganos sociales al haber la empresa desaparecido del tráfico mercantil al haber desaparecido del domicilio social que constaba en el Registro Mercantil y no realizar actividad alguna además de, haber acreditado la parte actora, que dicha mercantil no ha procedido a depositar las cuentas anuales desde el ejercicio 2014 habiéndose producido el cierre provisional de hoja por falta de depósito de cuentas (documento número diez), pues si bien la falta de presentación de cuentas anuales no constituye causa de disolución, ello no obstante, debe considerarse, atendiendo al artículo 217.6 de la LEC, que dada la facilidad probatoria para la demandada se produce una inversión de la carga de la prueba correspondiendo a la parte demandada acreditar que no concurre la causa de disolución invocada y esta no ha probado, en el supuesto de autos, que no se encontrara incurso en causa de disolución resultando por ello el administrador objetiva y solidariamente responsable de las obligaciones sociales, lo que conlleva a la estimación total de la demanda.

Resulta acreditado el cierre de la empresa cuando está probado el cierre registral y no resulta posible practicar las notificaciones en ningún domicilio

Juzgado de lo Mercantil Madrid, n.º 6, de 5 de septiembre de 2016. Recurso 1072/2013

SP/SENT/872670

Haciendo aplicación de tal doctrina al presente supuesto de hecho, de la documental aportada a las actuaciones puede tenerse por acreditada dicha desaparición societaria y la alegada cesación de actividad o cierre de facto sin cumplir para ello las exigencias legales; y ello porque intentada de modo reiterado la reclamación extrajudicial en su domicilio de Santa Cruz de Tenerife y en su establecimiento de Villaviciosa de Odón no fue posible realizar los mismos; circunstancia de cierre y desaparición que se evidenció al intentar la notificación y emplazamiento de la demandada persona física, la cual tuvo que realizarse a través de su administrador social.

Si a ello unimos que la mercantil demandada tiene sus hojas registrales cerradas por no depositar sus cuentas desde 2011 y no presenta actividad empresarial conocida con efectos contables desde entonces, procede la estimación de la pretensión por tal causa.

La sociedad demandada ha desaparecido, sin haber podido ser localizada en su domicilio social, sin que conste un procedimiento de disolución, debiendo responder solidariamente el administrador

Juzgado de lo Mercantil Murcia, n.º 1, 180/2016, de 15 de junio. Recurso 741/2015

SP/SENT/863817

La parte actora afirma en su demanda empresa administrada por el demandado desapareció de hecho al no haber podido ser localiza en el procedimiento seguido en el Juzgado de Primera Instancia n.º 5 de San Javier (documento 4 de la demanda).

En casos de disolución de una sociedad por desaparición de la empresa sin haberse practicado la oportuna liquidación, se produce una violación de la ley con un evidente perjuicio tanto a socios como, en este caso, a acreedores que no pueden controlar la liquidación ni el destino final del patrimonio. Tal violación de la ley presupone la existencia de culpa, correspondiendo al administrador, en este caso, demostrar que su actuación no fue negligente.

Al respecto constituye doctrina consolidada del Tribunal Supremo (SSTS 04 de noviembre de 1991, 22 de abril 1994, 6 de noviembre de 1997, 4 de febrero de 1999 y 14 de marzo de 2007) la consideración de que los administradores no pueden limitarse a eliminar la sociedad sin más, sino que han de liquidarla en cualquiera de las formas prevenidas legalmente, que están precisamente orientadas a salvaguardar los intereses de los terceros en el patrimonio social (SAP Albacete 12/07/1993; SAP Pontevedra 15/02/1993, 19/04/1993; SAP Málaga 20/03/1993, SAP Valencia 08/04/1993, 07/12/1993; SAP Guipúzcoa 07/03/1994, SAP Barcelona 12/04/1994, SAP Girona 27/12/13 entre otras).

Como señala el Tribunal Supremo mediante Sentencia de 16 de octubre de 2003 "*puede existir la responsabilidad de dichos administradores cuando se incumple la obligación de convocar junta general para tomar las decisiones legales oportunas en torno a una posible disolución de la sociedad cuando concurra alguna de las circunstancias del art. 363 de dicha Ley y siempre que afecte a terceros. Pues bien, en su caso, esta responsabilidad sui generis antedicha, tiene su fundamento o ratio, en que con su conducta omisiva los administradores han inducido a error a un determinado tercero contratante con el ente social, que creyendo en una situación normal desde un punto de vista económico y financiero de la sociedad, ha realizado operaciones mercantiles con él, llevándose con el transcurso del tiempo una desagradable sorpresa que afecta gravemente a su posición patrimonial por mor de dicha contratación (...)*".

En el presente caso, es de aplicación al demandado los preceptos legales indicados, así como la jurisprudencia citada, por su actuación como administrador de la mercantil demandada, desaparecida y no disuelta ni liquidada, de tal forma que al no haberlo realizado procede aplicarle la responsabilidad solidaria prevista en el art. 367 de la Ley de Sociedades de Capital.

El administrador demandado ha hecho desaparecer *de facto* a la sociedad, sin realizar una ordenada disolución, debiendo estimarse la acción de responsabilidad por deudas

Juzgado de lo Mercantil Murcia, n.º 1, 182/2016, de 15 de junio. Recurso 23/2016

SP/SENT/863846

En relación a la presunción "iuris tantum" a que se refiere el apartado segundo de ese artículo cabe destacar lo indicado recientemente por la Audiencia Provincial de Castellón, en su Sentencia de 7 de mayo y 10 de junio de 2013:

"*Que acreditada la existencia de la deuda y concurrencia de la causa de disolución por el acreedor, corresponde a los administradores probar que su obligación es anterior para que no rija la presunción, lo que inevitablemente exige proceder a cierta determinación del período temporal en que hubo de devenir aquella, con mayor o menor precisión según requieran las circunstancias de cada caso, por estar, en principio, en mejores condiciones que nadie los administradores al respecto en relación con el principio de facilidad probatoria*".

La parte actora afirma en su demanda empresa administrada por la demandada desapareció de hecho al no haber podido ser localiza en el procedimiento seguido en el Juzgado de Primera Instancia n.º 13 de Murcia (extremo que acredita con el documento 11 de la demanda), afirmando además que no tiene bienes y que ceso en su actividad (acreditado con el documento n.os 12 y 13).

En casos de disolución de una sociedad por desaparición de la empresa sin haberse practicado la oportuna liquidación, se produce una violación de la ley con un evidente perjuicio tanto a socios como, en este caso, a acreedores que no pueden controlar la liquidación ni el destino final del patrimonio. Tal violación de la ley presupone la existencia de culpa, correspondiendo al administrador, en este caso, demostrar que su actuación no fue negligente.

Al respecto constituye doctrina consolidada del Tribunal Supremo (SSTS 04 de noviembre de 1991, 22 de abril 1994, 6 de noviembre de 1997, 4 de febrero de 1999 y 14 de marzo de 2007) la consideración de que los administradores no pueden limitarse a eliminar la sociedad sin más, sino que han de liquidarla en cualquiera de las formas prevenidas legalmente, que están precisamente orientadas a salvaguardar los intereses de los terceros en el patrimonio social (SAP Albacete 12/07/1993; SAP Pontevedra 15/02/1993, 19/04/1993; SAP Málaga 20/03/1993, SAP Valencia 08/04/1993, 07/12/1993; SAP Guipúzcoa 07/03/1994, SAP Barcelona 12/04/1994, SAP Girona 27/12/13 entre otras).

Como señala el Tribunal Supremo mediante Sentencia de 16 de octubre de 2003 "*puede existir la responsabilidad de dichos administradores cuando se incumple la obligación de convocar junta general para tomar las decisiones legales oportunas en torno a una posible disolución de la sociedad cuando concurra alguna de las circunstancias del art. 363 de dicha Ley y siempre que afecte a terceros. Pues bien, en su caso, esta responsabilidad sui generis antedicha, tiene su fundamento o ratio, en que con su conducta omisiva los administradores han inducido a error a un determinado tercero contratante con el ente social, que creyendo en una situación normal desde un punto de vista económico y financiero de la sociedad, ha realizado operaciones mercantiles con él, llevándose con el transcurso del tiempo una desagradable sorpresa que afecta gravemente a su posición patrimonial por mor de dicha contratación (...)*".

En el presente caso, es de aplicación a la demandada los preceptos legales indicados, así como la jurisprudencia citada, por su actuación como administrador de la mercantil demandada, desaparecida y no disuelta ni liquidada, de tal forma que al no haberlo realizado procede aplicarle la responsabilidad solidaria prevista en el art. 367 de la Ley de Sociedades de Capital.

Antes de generarse la deuda reclamada, la sociedad había procedido a su cierre de hecho, abandonando su domicilio social y no presentando cuentas desde hacía varios ejercicios

Juzgado de lo Mercantil Asturias, n.º 1, 66/2016, de 6 de junio. Recurso 221/2015

SP/SENT/864942

SEGUNDO. En el caso de autos se reclama una deuda que motivó un procedimiento monitorio previo ante el Juzgado de Primera Instancia n.º 2 de Siero. Infructuoso el requerimiento de pago, por Auto de 21-5-2012 se despachó ejecución por 7.726'76 € de principal e intereses ordinarios y moratorios vencidos, más otros 2.318 € fijados provisionalmente para intereses, costas y gastos de la ejecución. La suma de esas dos cantidades constituye el *petitum* de la demanda rectora.

De la prueba practicada resulta que la sociedad administrada por el demandado ha procedido a un cierre de hecho, pues no presenta cuentas desde hace varios ejercicios y ha abandonado su domicilio social sin que exista constancia alguna de actividad ni de bienes a su nombre, circunstancias constitutivas de las causas de disolución previstas en las letras c) y d) del art. 104 de la Ley 2/1995 de Sociedades de Responsabilidad Limitada y concordantes del TRLSC.

En suma, concurriendo las causas de disolución expresadas, el administrador demandado debió, tan pronto como le constó su existencia, convocar Junta para acordar la disolución, cosa que no hizo en el plazo fatal de 2 meses que prescribe la LSRL y LSC, inactividad que le ha de hacer responder solidariamente con la sociedad, de las deudas sociales existentes, como parte de la reclamada a través de los presentes autos, pues tanto la normativa derogada como el actual art. 367 presumen que las deudas son de fecha posterior al acaecimiento de la causa de disolución salvo que el administrador demandado acredite lo contrario, lo que en el caso de autos no ha acontecido.

No obstante lo anterior, de la cantidad objeto de condena debe excluirse, en primer lugar, los 681'33 € en que le fueron adjudicados los bienes embargados a la mercantil administrada por el demandado en el seno de la ejecución (*cfr.* Decreto de 5-5-2015); debe también excluirse la cantidad fijada provisionalmente para intereses, costas y gastos de la ejecución, toda vez que en tanto los intereses y costas no se liquiden o tasen por resolución procesal o judicial firme no se presentan como líquidos ni vencidos ni alcanzan, por ende, dimensión de exigibilidad, sí que puedan extenderse hasta entonces a los administradores dado el régimen de solidaridad impropia que deriva del art. 367 LSC (SSAP, Sección 1.ª, de 3-2-2009 y 24-2-2014). Ello no empece, en modo alguno, a que la demandante solicite del Juzgado de 1.ª Instancia la correspondiente liquidación para su ulterior reclamación en procedimiento aparte.

En dicho procedimiento, si conviene al interés de la parte, podrá también reclamar los 762,63 € correspondientes a costas tasadas e intereses liquidados del monitorio, que, pese a ser líquidos, no han sido incluidos como objeto de reclamación en el presente procedimiento (*cfr.* hecho séptimo de la demanda).

El hecho de encontrarse cerrados su domicilio social y su hoja registral por falta de depósito de las cuentas son indicios suficientes para entender que la sociedad estaba incursa en causa de disolución

Juzgado de lo Mercantil Zaragoza, n.º 2, 147/2016, de 3 de junio. Recurso 109/2016

SP/SENT/865340

SEGUNDO: La parte actora acredita mediante la documental aportada junto a la demanda el pedimento de la misma: esto es que la mercantil LOS DALTON HOSTELERÍA, S. L. adeuda a la actora la cantidad de ochocientos once euros con cuatro céntimos (811,04 €) derivada de la condena en los autos de juicio verbal n.º 1009/2014-B así como pieza de tasación de costas n.º 41/2015 y pieza de liquidación de daños y perjuicios n.º 10/2015 dimanantes del anterior del Juzgado de Primera Instancia número Cuatro de Zaragoza (documentos n.º siete a once).

No se discute que Máximo es administrador único de la mercantil LOS DALTON HOSTELERÍA, S. L. (documento n.º doce). Hay indicios suficientes para considerar que dicha mercantil ha cesado en su actividad ya que no ha presentado las cuentas anuales (documento n.º doce: certificación del Registro Mercantil de Zaragoza) habiéndose producido el cierre de hoja por falta de depósito de cuentas. Estos documentos no han sido impugnados por la demandada al no haber comparecido al acto de la vista.

TERCERO: Hay indicios suficientes para considerar que la mercantil demandada ha cesado en su actividad mercantil al encontrarse su domicilio social cerrado (documento n.º once), no haber presentado cuentas anuales habiéndose producido el cierre de hoja por falta de depósito de cuentas anuales (documento n.º doce) y considerar que la mercantil LOS DALTON HOSTELERÍA, S. L. ha incumplido la obligación de convocar junta general o solicitar la disolución judicial o, si procediera, el concurso de acreedores de la sociedad al amparo del actual artículo 363.1 a), b) y c), dada la imposibilidad manifiesta de conseguir el fin social y la paralización de sus órganos sociales al haber la empresa desaparecido del tráfico mercantil y no realizar actividad alguna además de, haber acreditado la parte actora, que dicha mercantil no ha procedido a depositar las cuentas anuales pues si bien la falta de presentación de cuentas anuales no constituye causa de disolución, ello no obstante, debe considerarse, atendiendo al artículo 217.6 de la LEC, que dada la facilidad probatoria para la demandada se produce una inversión de la carga de la prueba correspondiendo a la parte demandada acreditar que no concurre la causa de disolución invocada y esta no ha contestado a la demanda ni comparecido a juicio por lo que no ha probado, en el supuesto de autos, que no se encontrara incurso en causa de disolución, por lo que la demanda ha de prosperar.

Es responsable el administrador social por las deudas, cuando concurre causa de disolución, acreditada por la insolvencia, falta de depósito de cuentas y cierre de la empresa sin convocar junta, remover las causas o en su caso instar concurso

Juzgado de lo Mercantil Baleares, n.º 2, 184/2016, de 19 de mayo. Recurso 601/2015

SP/SENT/866591

Por lo que se refiere al segundo de los requisitos, la actora ha hecho todo lo que estaba en su mano para acreditar la concurrencia de la causa de disolución invocada. En primer lugar, ha verificado que no se depositan las cuentas anuales desde el ejercicio 2006 (documento n.º 3, folios 36 a 38). En segundo lugar, la actora ha acreditado la existencia de la deuda impagada que reclama mediante la aportación de las resoluciones judiciales dictadas por el Juzgado de Primera Instancia n.º 4 de Ibiza, correspondientes al Juicio Monitorio 135/2010 y ETJ 629/2010 (documento 3). En tercer lugar, ha acreditado la insolvencia de la entidad a través de la averiguación patrimonial llevada a cabo por el Juzgado de Primera Instancia n.º 4 de Ibiza y que resultó infructuosa (folios 18 a 34 del documento n.º 3). En cuarto lugar, ha acreditado el cierre de la empresa a través de las sucesivas diligencias negativas de comunicación practicadas judicialmente, como se pone de manifiesto en el folio 28 del documento n.º 3 de la demanda. Hay que decir que ninguno de los documentos aportados por la actora ha sido impugnados, y, por tanto, alcanzan pleno valor probatorio. Y, por último, otro indicio que lleva a pensar que la sociedad CLUB CALIFORNIA IBIZA S. L. se hallaba incursa en las causas de disolución invocadas es la declaración de rebeldía de su administrador en el presente procedimiento.

Volviendo a nuestro caso, es obvio que el demandado tenía una mayor facilidad probatoria para aportar al proceso los elementos necesarios para acreditar que CLUB CALIFORNIA IBIZA S. L. no estuvo incursa en las causas de disolución que la actora ha esgrimido con su demanda, sin embargo, el demandado, a pesar de haber sido citado correctamente, no se ha personado en el presente juicio, por lo que no ha podido aportar ningún medio de prueba que desvirtúe lo probado por la actora.

Con respecto al tercer requisito, consta que las facturas que dan origen a las deudas que se reclaman se expiden en marzo y abril de 2009, y debemos considerar que al menos el 31 de diciembre de 2007 la sociedad estaba incursa en las causas de disolución invocadas en la demanda, por lo que la deuda habría nacido con posterioridad al acaecimiento de la causa legal de disolución, y por tanto también se cumpliría este presupuesto.

Y en relación al cuarto requisito tampoco consta que el administrador de CLUB CALIFORNIA IBIZA S. L., D. Gerónimo, hubiera convocado la Junta General para que, en su caso, esta acordase la disolución de la entidad, o, si procediere, el concurso de la sociedad, en el plazo de dos meses a contar desde la fecha prevista para la celebración de la junta, cuando esta no se hubiese constituido, o desde el día de la junta, cuando el acuerdo hubiera sido contrario a la disolución.

Responsabilidad solidaria por inactividad de la sociedad

Se confirma también la estimación de la acción de responsabilidad por deudas dirigida contra el administrador; la demandada era una empresa sin actividad en el momento del contrato; la constancia del dato en el Registro no exonera de responsabilidad

AP Murcia, Sec. 4.ª, 1011/2022, de 13 de octubre. Recurso 1870/2021

SP/SENT/1167258

No es impugnado en esta alzada el rechazo de la responsabilidad por la causa del art. 363.1 e) LSC (por lo que es prescindible lo referido a ello en el recurso, al no ser apreciada en sentencia la responsabilidad por ello) ni tampoco se cuestiona por la apelante condenada la concurrencia de la causa de disolución del art. 363.1 a) LSC ni que la misma es anterior al nacimiento de la deuda social, que indicamos nosotros que se genera el 16 de agosto de 2018, pues como dice la STS 291/2021, de 11 de mayo *"la obligación social de restitución debe entenderse originada, a efectos de la aplicación del art. 367 de la Ley de Sociedades de Capital, cuando se suscribió el contrato"*.

4. Queda, pues, reducida la controversia en esta alzada a determinar si la circunstancia invocada en el recurso (imposibilidad de solicitar el concurso de acreedores de la mercantil y de disolverla por encontrarse la misma en situación de insolvencia con un único acreedor), impide apreciar la responsabilidad solidaria del art. 367 LSC, y ya adelantamos que el alegato defensivo no es atendible por lo siguiente:

4.1. En primer lugar, la deuda con TGSS podría ser, en su caso, un obstáculo para otorgar la escritura de extinción [al no poder manifestar que se ha pagado a todos los acreedores, art. 395.1 b) LSC], pero no impide atender el deber de promover la disolución, que es lo que impone los arts. 365-366 LSC, cuyo incumplimiento genera la responsabilidad del art. 367 LSC.

No olvidemos que la disolución implica la liquidación de la mercantil (art. 371 LSC), debiéndose limitar los liquidadores a concluir las operaciones pendientes y solo las nuevas que sean necesarias para esa liquidación (art. 384 LSC); situación que hubiera impedido –en una adecuada actuación del liquidador– la concertación de la operación que da lugar al presente litigio. Precisamente, el que la deuda contraída por la sociedad haya nacido tras la causa de disolución es lo que permite extender la responsabilidad al administrador.

4.2. En segundo lugar, la administradora omitió el deber de promover la disolución de la mercantil cuando se cumplió un año de inactividad (y lo está desde el 31 de diciembre de 2016 hasta el 16 de junio de 2018, no controvertido en esta alzada) y en ese momento (principios de 2018) no consta que la mercantil tuviera la deuda con TGSS. No solo no se data, sino que, al no figurar reflejada en las cuentas de 2017 (que no incluye pasivo alguno) debemos entender que surgió después, presumimos que en el intervalo en que estuvo de nuevo de alta (desde el 16 de julio de 2018 al 31 de diciembre de 2018). Nada impedía, pues, la extinción de la sociedad si la administradora hubiera atendido sus deberes y promovido la disolución de la mercantil en su día.

4.3. En todo caso, con ánimo de exhaustividad, y sin dejar de reconocer que es una cuestión controvertida qué tratamiento debe darse al problema de la liquidación societaria con un solo acreedor impagado, no se participa de la tesis del recurso según la cual ello impide la extinción de la sociedad.

Entendemos que al ser uno solo el acreedor pendiente de pago, según la doctrina jurisprudencial y científica mayoritaria la vía concursal está cerrada, puesto que el concurso de acreedores precisa la pluralidad de acreedores (STS 9 de enero de 1994 y autos de AP de Las Palmas, de 4 de diciembre de 2009; AP de Castellón, de 25 de noviembre de 2009; AP de Barcelona, de 12 de septiembre de 2008 o AP de Madrid, de 10 de abril de 2008).

La postura de la DGRN se ha mostrado vacilante. En un primer momento, admitía la suficiencia de la solución societaria, sin precisar acudir a la vía concursal, al permitir la cancelación de la hoja registral, no obstante la subsistencia de un solo acreedor. Así se pronuncia la resolución de 13 de abril de 2000, seguida por la de 29 de abril de 2011, que mantienen que las disposiciones relativas al pago de los acreedores o consignación de sus créditos (arts. 385, 390 y 395 LSC) presuponen necesariamente una disponibilidad patrimonial que permita el cumplimiento de tales obligaciones, de suerte que acreditada por el liquidador la inexistencia de haber social, no puede impedirse la cancelación de los asientos registrales de la sociedad. Es cierto que esta línea se abandona posteriormente con la resolución de 2 de julio de 2012, reiterada en la de 4 de octubre de mismo año, que ciega la vía societaria y remite a la sociedad a la concursal, no obstante la falta de pluralidad de acreedores, al considerar que resulta imposible el otorgamiento de la escritura pública de extinción de la sociedad y la consiguiente cancelación de los asientos registrales de la misma, si existen acreedores pendientes de pago, siendo indiferente a estos efectos que exista una pluralidad de acreedores o que las deudas de la sociedad las ostente un único acreedor. Ahora bien, las resoluciones de 1 y 22 de agosto de 2016 han vuelto a la doctrina inicial, por lo que se permite la liquidación societaria con un solo acreedor. Doctrina que se reitera en la resolución de 19 de diciembre de 2018 que admite la inscripción de los acuerdos adoptados por unanimidad por los que se disolvía la sociedad, se aprobaba el balance de liquidación, del que resultaba que no existía activo alguno que liquidar; se nombraba liquidador; y se declaraba liquidada y extinguida la sociedad, con solicitud de la correspondiente cancelación de su hoja registral, es decir, de unos acuerdos en los que se expresaba que la sociedad no tenía acreedores ni deudores y no existía haber partible. Y no considera que sea obstáculo la constancia de la declaración de insolvencia en el procedimiento laboral, pues que ello «*no significa que existan acreedores sociales pues, si los únicos que existían en el momento de esa declaración de insolvencia son los trabajadores, estos créditos han sido asumidos por el Fondo de Garantía Salarial, como ha quedado expuesto. Además, si no existe activo patrimonial carece de sentido la declaración de concurso y, según la doctrina de esta Dirección General antes referida, el hecho de que la sociedad se encuentre vacía de patrimonio no impide que se pueda hacer constar en el Registro Mercantil la extinción de la sociedad, con la consiguiente cancelación de su hoja registral*».

5. El argumento secundario según el cual no procede la responsabilidad solidaria del art. 367 LSC porque la actora ha sido conocedora en todo momento de que la demandada era una empresa sin actividad, al ser información de acceso a terceros publicada en el Registro Mercantil, y que debe pechar con las consecuencias de celebrar un contrato de compraventa con la misma en esas condiciones, no es atendible al haber sido descartado por la jurisprudencia, en especial con motivo de la causa de pérdidas cualificadas, pero cuya ratio es trasladable. Así, la STS 583/2008, de 24 de junio puntualiza que la publicidad registral del desequilibrio patrimonial no constituye una causa de exención de la responsabilidad, a modo de excepción no contemplada en la norma, apuntando la posterior STS 826/2011, de 23 de noviembre la exigencia de una previa advertencia, al decir que «*no cabe exigir responsabilidad a los administradores cuando la pretensión rebasa los límites de la buena fe, por tratarse de supuestos en los que las circunstancias concurrentes permiten concluir que el acreedor asume libre y voluntariamente el riesgo de conceder crédito a la sociedad después de haber sido oportuna y lealmente advertidos desde la propia sociedad deudora...*».

Evolución que culmina por entender irrelevante el conocimiento de la situación económica de la sociedad por parte de los acreedores demandantes, de la que son buen ejemplo las SSTS 22/2012, de 13 de abril y 395/2012, de 18 de junio y remarca la posterior STS 733/2013, de 4 de diciembre, que se reitera en la STS 207/2018, de 11 de abril, que remacha que la posibilidad de que el acreedor que ejercita la acción lo hiciera contraviniendo las exigencias de la buena fe precisa, además del conocimiento de la mala situación económica o insolvencia del deudor, la concurrencia de otro tipo de circunstanciales adicionales que «*van ligadas a que el acreedor demandante al conceder crédito a la sociedad gozaba no solo de una situación de conocimiento, sino, sobre todo, de control de la sociedad deudora que ponía en evidencia el riesgo que asumía de la insolvencia de esta. Lo que concurre, por ejemplo, cuando el acreedor es un socio dominante o relevante de la sociedad deudora*».

6. Se desestima la impugnación a la estimación de la responsabilidad solidaria del administrador.

No existe una responsabilidad individual y automática del administrador por el cese de actividad de la sociedad sin acuerdo de disolución y liquidación respecto a las deudas no pagadas de la sociedad

AP Granada, Sec. 3.ª, 463/2022, de 27 de junio. Recurso 406/2021

SP/SENT/1161339

De su escrito de demanda y del recurso de apelación interpuesto se infiere que la parte apelante entiende que el demandado rebelde, como administrador de la mercantil ICOPY

211 S. L., ha provocado o consentido la desaparición fáctica de la sociedad sin acudir a los mecanismos previstos en la legislación societaria y concursal para proceder a la liquidación ordenada de la sociedad, ocasionando un daño a la actora consistente en la imposibilidad de poder hacer efectivo el cobro de la deuda con cargo al patrimonio social con la consiguiente repercusión lesiva para el patrimonio de la mercantil actora.

Entiende la parte apelante que concurren todos y cada uno de los requisitos establecidos por la jurisprudencia para apreciar la responsabilidad individual por daño de los administradores sociales, pues se ha producido: a) una desaparición de facto de la sociedad, que ha sido abandonada por el demandado, con numerosas incidencias relativas a la imposibilidad de notificación judicial a la mercantil; b) un cierre registral por falta del depósito de las cuentas anuales; c) se ha acreditado 2 impagos registrados en ASNEF; d) existían algunos activos en las cuentas presentadas en el año 2016; e) lleva la sociedad más de seis años sin presentar las cuentas; f) no se ha procedido a la disolución y liquidación de la sociedad, ni tan si quiera a convocar Junta para proceder a instar el concurso.

La realidad de la deuda impagada por la sociedad administrada por el demandado es indiscutible, al venir corroboradas por las resoluciones judiciales recaídas en los autos de juicio cambiario 838/2006, seguidos ante el juzgado de Primera Instancia número 8 de Granada, y en el juicio ordinario 109/2018, tramitado ante el Juzgado de Primera Instancia n.º 57 de Barcelona, y su posterior ejecución, más las costas devengadas, ascendiendo la deuda impagada a la suma de 59.051,57 €.

Aun cuando no puede discutirse la existencia, liquidez y exigencia de la deuda reclamada no compartimos la afirmación que se hace en el recurso de que el impago de deudas contraídas por la sociedad supone un daño efectivo imputable a los administradores a los fines del artículo 241 de la LSC, y frente a la sentencia del TS del año 2003 que cita la parte apelante debemos remitirnos a la que hemos recogido nosotros en esta resolución (extensamente recogida) que es del año 2020, y que no vamos a reproducir, en la que se determinan los presupuestos para la exigencia de responsabilidad individual a los administradores sociales.

Y es que el hecho de que la sociedad haya cesado en su actividad sin haber procedido a adoptar el acuerdo de disolución y proceder a la liquidación de la sociedad, no supone, sin más, que se haya producido el daño que se reclama, o sea, el impago de la deuda.

No concurre la causa de disolución alegada para exigir responsabilidad al administrador social basándose en la inactividad cuando no ha pasado el plazo legal desde el nacimiento de la obligación

AP Madrid, Sec. 28.ª, 423/2017, de 26 de septiembre. Recurso 594/2015

SP/SENT/923935

Como antes se indicó, la LSRL es el texto normativo al que, por razones de vigencia temporal, hay que estar en la resolución del caso. La anterior apreciación fuerza a una primera puntualización en relación con la primera de las causas de disolución invocadas por la promotora del expediente como fundamento de sus peticiones.

11. Cabe observar a este respecto que en la demanda se invoca el artículo 363 a) LSC, cuya aplicación se justifica más adelante señalando que la sociedad permaneció inactiva más de un año. Tal previsión normativa se corresponde con la de la letra d) del artículo 104.1 LSRL, mediando sin embargo una diferencia que aquí no resulta baladí, toda vez que lo que se tipificaba en este otro cuerpo legal como causa de disolución era la falta de ejercicio de la actividad que constituya el objeto social durante tres años consecutivos, escenario que por ningún lado aparece incorporado al relato fáctico de la demandante.

12. En todo caso, siendo el momento en que la obligación se contrae el que debe tenerse en cuenta para valorar si la sociedad se hallaba incursa en causa de disolución, el propio discurso de la demanda evidencia la falta de base para considerar que la causa de disolución objeto de consideración concurría al tiempo del nacimiento de las deudas que pretenden hacerse efectivas en el procedimiento. En efecto, como fundamento de su reclamación la demandante nos indica que fue despedida el 5 de noviembre de 2008. Por lo que, tratándose de la reclamación de créditos salariales y de la indemnización y salarios de tramitación fijados por la sentencia de fecha 27 de marzo de 2009 que declaró improcedente el despido, resulta patente, con independencia de las distinciones que impone la diferente naturaleza de las deudas reclamadas, que la situación de inactividad por más de un año no concurría al tiempo en que aquellas nacieron.

13. Por todo ello, no habría lugar a aplicar el régimen de responsabilidad que nos ocupa con sustento en la primera de las causas de disolución invocadas por la aquí apelada.

Hay responsabilidad solidaria de los administradores por la deuda cuando está reconocida en sentencia firme y concurre causa de disolución, como es la inactividad, no procediendo conforme a la ley convocando junta general para disolver o declarando concurso

AP Albacete, Sec. 1.ª, 279/2017, de 26 de septiembre. Recurso 367/2017

SP/SENT/924218

La sentencia dictada por el Ilustrísimo Magistrado-Juez del Juzgado de Primera Instancia n.º 3 de Albacete en fecha 3 de Enero de 2017 estima la demanda interpuesta por la representación de Roberto ejercitando acción en reclamación de 22.898,40 euros por responsabilidad de los demandados que como administradores de la mercantil Construcciones Atencia Flores S. L. habrían dejado de satisfacer la referida cantidad declarada judicialmente en virtud de sentencia dictada en autos de juicio ordinario 1084/2009 del Juzgado de Primera instancia de La Roda en fecha 2 de Diciembre de 2011 posteriormente confirmada por la Audiencia Provincial de Albacete ganando firmeza el 8 de Junio de 2012.

Reconocen en su interrogatorio los demandados Eugenio y Jenaro que su fallecido padre Celso pese a que estaba jubilado desde 2003 realizabas gestiones propias de administrador siguiendo aunque fuera en menor medida vinculado a la empresa siendo de otra parte obvio que el juicio ordinario 1084/2009 del Juzgado de Primera instancia de La Roda se inició en el año 2009, por lo que no resulta sorpresiva que la empresa tuviera que pagar la deuda que derivaba de trabajos realizados a dicha mercantil y que se le reclamaba judicialmente y de cuyo montante tenían perfecto conocimiento por la factura impagada siendo obvio que los administradores no provisionaron contablemente en ningún momento la referida deuda con el actor ni realizaron actuación alguna para restablecer el desequilibrio patrimonial que suponía la casi certera deuda que representaba la factura reclamada en el juicio ordinario 1084/2009 y que ignoraron por completo sin incluirla como exigía una liquidación ordenada que contemplara el conjunto de deudas optando por cobrar las propias con el remanente existente procediendo al cierre, de hecho, de la empresa dejando de depositar las cuenta de la misma.

Es obvio en base a lo expuesto que han incurrido en la responsabilidad objetiva del artículo 367 de la ley de Sociedades de Capital (1. Responderán solidariamente de las obligaciones sociales posteriores al acaecimiento de la causa legal de disolución los administradores que incumplan la obligación de convocar en el plazo de dos meses la junta general para que adopte, en su caso, el acuerdo de disolución, así como los administradores que no soliciten la disolución judicial o, si procediere, el concurso de la sociedad, en el plazo de dos meses a contar desde la fecha prevista para la celebración de la junta, cuando esta no se haya constituido, o desde el día de la junta, cuando el acuerdo hubiera sido contrario a la disolución. 2. En estos casos las obligaciones sociales reclamadas se presumirán de fecha posterior al acaecimiento de la causa legal de disolución de la sociedad, salvo que los administradores acrediten que son de fecha anterior) ya que los administradores demandados han incumplido la obligación de convocar en el plazo de dos meses la junta general para que adopte, en su caso, el acuerdo de disolución sin que tampoco solicitaran la disolución judicial o, si procediere, el concurso de la sociedad y, por tanto, resulta correcta la resolución dictada en la instancia al exigirle la responsabilidad personal por la indicada deuda.

Al momento de generarse la deuda reclamada, la sociedad se encontraba sin actividad, debiendo responder solidariamente su administrador por no haber gestionado una ordenada disolución

AP Alicante, Sec. 8.ª, 308/2017, de 3 de julio. Recurso 188/2017

SP/SENT/922328

Pues bien, a estas tres cuestiones contesta la propia demandada en su recurso de apelación cuando afirma que la sociedad que gestionaba estaba al tiempo de la adquisición de la máquina "*sin actividad, sin cuentas*", afirmación fáctica que informa, reconoce y por tanto acredita, que cuando se realiza el negocio jurídico que genera la deuda había causa de disolución societaria y por tanto, obligación de promover la disolución, y que al no hacerlo así en los términos previstos en la ley, surge la acción de responsabilidad por deudas prevista en la norma que regula aquella obligación, viabilidad derivada de la concurrencia, como dice entre otras, la STS núm. 27/2017, de los tres requisitos exigidos por la ley para dicha viabilidad a saber: (i) la existencia de la causa legal de disolución, (ii) de la no promoción por parte de los administradores de la disolución en el plazo legal de dos meses y (iii) de que las obligaciones reclamadas en el procedimiento fueran posteriores a la causa de disolución.

En nada obsta el cumplimiento de los deberes propios del administrador en tales casos ni el conocimiento que de la situación tuviera el acreedor, que en todo caso, de ser así, asumía el riesgo pero no subsanaba ni eximía de sus deberes legales al administrador, ni tanto menos se eluden por hacer intento de reintegrar la máquina objeto del contrato, lo que en la hipótesis de ser así, no sería un ofrecimiento de pago del art. 1176 CC sino una resolución contractual del art. 1124 CC que no supone una forma de cumplimiento de la obligación sino la crisis del contrato.

Es por todo lo anterior que no cabe sino confirmar la Sentencia de instancia, desestimando el recurso de apelación.

Si la actora estuvo suministrando a la sociedad demandada materiales de construcción durante un año, no se aprecia la existencia de causa de disolución por falta de actividad, desestimándose la acción de responsabilidad por deudas

AP Barcelona, Sec. 15.ª, 257/2017, de 15 de junio. Recurso 653/2015

SP/SENT/913626

---

12. En el caso enjuiciado, la actora alega las cinco primeras causas del art. 363 LSC citadas. Conviene recordar que la deuda ha de ser posterior a la concurrencia de la causa de disolución. Pues bien, la primera de dichas causas es, en los términos explicados, incompatible con la deuda generada. Entendemos que no puede mantenerse lógicamente, sin mayor argumentación, que la sociedad deudora había cesado en su actividad y que, al mismo tiempo, la actora le seguía suministrando materiales propios para la construcción durante casi un año, de julio de 2012 a junio de 2013, período en el que se devengó la deuda que se reclama. Por lo tanto, no puede entenderse que, por este motivo, la sociedad estuviera incursa en causa legal de disolución antes julio del 2012, fecha en la que se dejan a pagar las primeras facturas reclamadas.

13. El actor alega indebidamente otras tres causas de disolución, la primera la conclusión del objeto social, la segunda, la imposibilidad de conseguir el fin social, y la tercer, la paralización de los órganos sociales. La sociedad Calvei tiene por objeto social, conforme se desprende del documento n.º 9 de la demanda, folio 82, los "*servicios de gestión y almacenamiento para terceros de materias primas y artículos ajenos, servicios de limpieza y mantenimiento de naves industriales y oficinas*". Pues bien, dada la generalidad con la que está definido el objeto social ni puede concluir ni puede ser manifiestamente imposible la consecución del fin social, cosa diferente es que la sociedad haya cesado en su actividad, supuesto contemplado en el apartado anterior.

14. La tercera de las causas alegadas es la parálisis de los órganos sociales por no haber presentado las cuentas anuales a partir del ejercicio 2013. En primer lugar, el Tribunal Supremo en sentencia 653/2014, de 26 de noviembre (ECLI:ES:TS: 2014:5565) afirma que "*la paralización de los órganos sociales para que sea causa de disolución debe ser permanente e insuperable (que "resulte imposible su funcionamiento"), no transitoria o vencible. (FJ 3)*". Por lo tanto, esa parálisis no se puede deducir de la falta de formulación de las cuentas sociales. En segundo lugar, dado que la deuda se generó entre julio del 2012 y

junio del 2013, y que se han formulado las cuentas de esos ejercicios, la falta de las cuentas del ejercicio 2014 en ningún caso permitiría deducir la existencia de esta causa de disolución con anterioridad a la deuda por suministro de materiales.

15. Por último, el actor alega la existencia de pérdidas que dejen reducido el patrimonio neto a una cantidad inferior a la mitad del capital social. En este caso, los fondos propios de la compañía en los años 2012 (documento n.º 6 de la contestación) y 2013 (documento n.º 8 de la contestación) fueron 70.807,14 euros y 24.292,63 euros respectivamente, mientras que su capital social era de 31.700 euros. Por lo tanto, según esas cuentas, la sociedad no estaba incursa en causa legal de disolución antes de generarse la deuda reclamada (julio 2012 a junio 2013). El hecho que no se hayan justificado las aportaciones de los socios durante los años 2011, 2012 y 2013 es irrelevante, ya que el administrador no tiene la obligación de probar ese punto. En principio, salvo prueba en contrario, hemos de partir de que las cuentas anuales formuladas por el administrador y aprobadas por la junta reflejan la imagen fiel de la situación económica de la sociedad. Hubiera correspondido al actor producir prueba en contra de aquella presunción.

16. La actora reclama el principal de la deuda, sus intereses y las costas derivadas de su reclamación judicial. Los intereses son prestaciones accesorias a la principal, por lo que han de seguir su suerte. Si el demandado no es responsable del pago de la deuda principal, tampoco lo es de las obligaciones accesorias a esta, como son los intereses. Cosa diferente sucede con las costas procesales del pleito seguido ante el Juzgado de Granollers, deuda generada con la sentencia de primera instancia que las impuso a la sociedad y que se corresponde al ejercicio 2014, ejercicio respecto del que no se han presentado las cuentas. Esa falta de cuentas permite presumir que la sociedad estaba incursa en causa legal de disolución por pérdidas y, en consecuencia, hacer responsable de esa deuda a su administrador.

Los movimientos que figuran en los extractos bancarios muestran operaciones de tipo liquidatorio, de cobro y pago de facturas, no siendo suficientes para presumir la actividad de la sociedad y evitar que se entienda que existía causa de disolución

AP Albacete, Sec. 1.ª, 5/2017, de 12 de enero. Recurso 686/2016

SP/SENT/888359

Con el recurso de la codemandada Sra. Adoración se pretende no la minoración de su condena sino su absolución, por entender que no concurren las circunstancias que permiten declarar su responsabilidad respecto de la deuda.

La sentencia parte de la circunstancia de que la demandada no procedió a la convocatoria de la junta para proceder a la disolución de la sociedad, tal y como se regula en el artículo 365 de la Ley de Sociedades de Capital, por lo que resultaría de aplicación lo dispuesto en el artículo 367 ("Responsabilidad solidaria de los administradores") que establece que "*respondersán solidariamente de las obligaciones sociales posteriores al acaecimiento de la causa legal de disolución los administradores que incumplan la obligación de convocar en el plazo de dos meses la junta general para que adopte, en su caso, el acuerdo de disolución, así como los administradores que no soliciten la disolución judicial o, si procediere, el concurso de la sociedad, en el plazo de dos meses a contar desde la fecha prevista para la celebración de la junta, cuando esta no se haya constituido, o desde el día de la junta, cuando el acuerdo hubiera sido contrario a la disolución".*

El dato de la falta de convocatoria de junta para adoptar el acuerdo de disolución es indiscutido. Pero no ocurre lo mismo con la concurrencia de la causa de disolución que habría obligado a realizar dicha convocatoria.

En la sentencia se enumeran las varias causas de disolución que se considera que concurrieron:

1) La "*desaparición de hecho*", que vendría a ser la causa contemplada en el apartado 1 a) del artículo 363 de la Ley, "*el cese en el ejercicio de la actividad o actividades que constituyan el objeto social*".

Esta causa la deduce la Sra. Magistrada de la circunstancia de que con anterioridad al proceso del que la apelación trae causa se siguió un juicio monitorio en el que no fue posible la localización de la codemandada, por haber desparecido de su domicilio.

Sucede que según la documentación aportada el domicilio que se designó no era el domicilio social de la sociedad, sino el de su establecimiento, por lo que la deducción que se refleja en la sentencia no se comparte, debiendo en este punto darse la razón a la recurrente.

2) La falta de presentación de las cuentas anuales desde el ejercicio 2011, que se incardinaría en la misma causa de disolución.

Esta circunstancia no es discutida, y permite presumir la falta de actividad de la sociedad, aunque no excluye que se pueda probar que esa apariencia no es real.

La demandada quiso acreditar que realmente tenía actividad mediante la aportación de extractos de sus cuentas bancarias, que reflejan actividad hasta el mes de diciembre de 2014.

Pero al respecto hay que decir, primero, que las cuentas reflejan en general saldos negativos o de cuantía ínfima, y los movimientos que se repiten son ingresos en efectivo o mediante pago de efectos seguidos inmediatamente (normalmente el mismo día) de cargos que vuelven a dejar el saldo a cero o casi a cero. Además, no ha explicado la demandada en qué local llevaba a cabo su actividad a partir del cuatro de noviembre de 2014, fecha del auto de archivo del proceso monitorio, desde la que consta que no usaba el local que venía ocupando en la época en que se sirvieron las mercancías: ello permite inferir que al menos desde esa fecha la "actividad" que reflejan las cuentas bancarias no es la normal propia de la mercantil codemandada. Y los movimientos de esos dos últimos meses de 2014 son similares a los documentados desde abril de 2012. Y, por último, es significativo que no se haya aportado prueba más rica sobre la actividad de la empresa, a pesar de que, como es notorio, es ingente el rastro documental que deja cualquier negocio en funcionamiento (nóminas, seguros sociales, licencias administrativas, albaranes y facturas de compra y venta de mercancías, contratos y facturas de suministros, etc.).

Todo ello permite concluir que lo que reflejan los extractos de las cuentas bancarias aportados son operaciones de tipo liquidatorio, de cobro y pago de facturas pendientes, con aportación quizá en alguna ocasión de fondos por parte de la socia, y no el movimiento propio de una empresa en marcha.

La sociedad tenía trabajadores en alta, luego no había cesado en su actividad cuando se contrajo la deuda, debiendo desestimarse la acción de responsabilidad por deudas ejercitada

AP Toledo, Sec. 1.ª, 190/2016, de 7 de noviembre. Recurso 262/2015

SP/SENT/882880

Sentado ello y en cuanto a la causa de disolución por cese de actividad de la sociedad demandada [art. 363.1.º a) de la LSC] que ha sido alegado esta inactividad societaria tiene que prolongarse un año para que este obligado el administrador a la disolución. De la prueba aportada y de lo que alega el recurso ello no puede acogerse en el presente caso porque en su demanda la ahora apelante reconoció que la sociedad demandada (antecedente de hecho quinto) le siguió proveyendo de productos de papelería hasta mayo de 2013, por lo que descuenta de la suma que sería inicialmente debida la cantidad de 758,28 euros, por lo que es difícil con tal afirmación de la actora apreciar que la demandada actora ceso en su actividad antes de la generación de la deuda reclamada (2011 y 2012). Tampoco puede acogerse porque en sus manifestaciones el recurso admite que la sociedad demandada tuvo de alta trabajadores hasta el 1.11.11 (f. 435) por lo que lo que consta es que no existía inactividad durante un año, es más el recurso admite que hasta septiembre de 2011 la sociedad tuvo actividad y contabilidad diaria así llevada, y por ello la sentencia acoge su reclamación integra de honorarios por efectiva prestación de sus servicios en el primer semestre de 2011, por lo que en el período reclamado en que se generó la deuda todavía no concurría causa de disolución, sino solo había causa a partir como pronto de junio de 2012. En relación a la reducción del patrimonio neto societario en cuantía inferior a la mitad del capital social [art. 363.1.º e) de la LSC] lo que consta de las propias alegaciones del recurso es que el ejercicio de 2010 el balance patrimonial de la sociedad termino positivo, y aunque la falta de presentación de cuentas de la sociedad del ejercicio 2011 produce una inversión de la carga de la prueba, siendo los administradores los que han de probar su solvencia, lo cierto es que el propio apelante de sus alegaciones a lo largo de todo el procedimiento ha sostenido, y así se le ha reconocido que llevo la asesoría contable de la sociedad hasta junio de 2011 con pleno conocimiento de la misma, sin que haya alegado, ni aun menos probado, que al menos en esa fecha (junio 2011) apareciese ya una reducción tan importante del capital que aun dando un resultado positivo el ejercicio anterior pudiera determinar al final de este ejercicio unas pérdidas que dejasen el patrimonio por debajo de la mitad del capital social siendo realmente extraño que no iniciándose la caída del balance en crisis ya patente en el primer semestre, puesto que no se prueba y había de tener tal prueba a su alcance, en solo el segundo semestre se concluyan unas pérdidas de tal calibre como para alcanzar esta consecuencia en cuanto al capital social.

En cualquier caso debe señalarse que en la consideración de los requisitos de prosperabilidad de la acción ejercitada, para la responsabilidad del administrador se exige que concurran los siguientes requisitos 1.º) la existencia de alguna de las causas de disolución de la sociedad, 2.º) omisión por el administrador de la convocatoria de junta general para la adopción del acuerdo de disolución o concurso o de remoción de sus causas) 3.º) transcurso del plazo de dos meses desde que concurría la causa de disolución y 4.º) la imputabilidad al administrador de tal conducta. Pero, además, señala la sentencia de 13.4.12, "*la aplicación de los principios generales del sistema, que no quedan excluidos por la norma especial, permite identificar otros dos requisitos añadidos por la Jurisprudencia: 1) la inexistencia de causa justificadora de la omisión y 2) la buena fe en el ejercicio de la acción*".

Se trata esta de una responsabilidad ex lege y cuasi objetiva y así no cabe supeditar la misma a la concurrencia de un nexo causal entre el incumplimiento de obligaciones del administrador y el daño al acreedor por impago de su crédito, y además no se exige una imputación subjetiva por culpa al administrador más que la que enuncia el propio precepto: el incumplir la obligación de promover la disolución o el concurso, pero si exige una imputabilidad de la conducta omisiva de forma que como señalaba la STS 30.4.08, respecto de esta responsabilidad ex lege, la Jurisprudencia actual entiende la necesidad de templar su apreciación y consecuencias en razón de la valoración de la conducta de los responsables atendiendo a las circunstancias de carácter objetivo y subjetivo concurrentes y, entre las segundas, aunque los administradores soporten la carga de la prueba, considera las que demuestren acciones significativas para evitar el daño o que se encuentren ante la imposibilidad de evitarlo o por encontrarse en situación ya irreversible, o en general (STS 26.6.06) situaciones que resulten tan incompatibles con el concepto de responsabilidad entendido con arreglo a los requisitos de la responsabilidad extracontractual en general.

No existe responsabilidad del administrador por deudas cuando no concurre la causa de disolución alegada de falta de actividad durante tres años ininterrumpidos, pues antes se acordó la disolución y la actora servía sus productos a la sociedad

AP Madrid, Sec. 28.ª, 234/2016, de 13 de junio. Recurso 353/2014

SP/SENT/865499

Por lo que se refiere a quien fuera administrador de la mercantil Don Luciano, es importante también precisar que en la demanda iniciadora del presente proceso solamente se relacionó el Art. 105-5 LSRL con la causa disolución específicamente prevista en el Art. 104-1, d) a cuyo tenor "*La sociedad de responsabilidad limitada se disolverá: d) Por falta de ejercicio de la actividad o actividades que constituyan el objeto social durante tres años consecutivos...*".

Es claro, y se deduce de la mera lectura del precepto, que la referida causa de disolución no concurre por la mera falta de ejercicio de la actividad constitutiva del objeto social, sino que para que pueda apreciarse es menester que esa situación se mantenga en el tiempo de manera ininterrumpida por espacio de tres años consecutivos. Pues bien, si tenemos en cuenta que la mercantil EDERLATZ ZONA SUR S. L. dio comienzo a sus operaciones el día

30 de enero de 2007 (así se desprende del Documento 24 de la demanda, folio 134), y, suponiendo a efectos dialécticos que dicha mercantil hubiera permanecido ininterrumpidamente inactiva desde esa misma fecha, la causa de disolución no podría concurrir hasta el día 30 de enero de 2010, con lo que, si tenemos en cuenta que el acuerdo de disolución de dicha entidad se produce con anterioridad a esta última fecha (el 12 de enero de 2010), no resulta necesario entrar en el examen de la actividad probatoria para concluir, sin ningún género de dudas, que la apreciación de la causa de disolución obligatoria invocada en la demanda resulta ontológicamente imposible. Y ello sin contar con que difícilmente cabría hablar de inactividad cuando hasta un mes anterior a su disolución la actora estuvo suministrando a EDERLANTZ ZONA SUR S. L. productos necesarios, precisamente, para el desarrollo de la actividad mercantil a la que se dedicaba (establecimiento de restauración).

Antes de generarse la deuda reclamada, la sociedad no tenía actividad y no disponía de patrimonio positivo, por lo que existe responsabilidad solidaria por deudas del administrador social

Juzgado de lo Mercantil Zaragoza, n.º 1, 305/2016, de 14 de diciembre. Recurso 195/2016

SP/SENT/886906

En cuanto a la deuda social, en la demanda se reclaman 18.000 euros como precio de venta, sin embargo, el precio que figura en el contrato es 12.000 euros y si bien es cierto que en las declaraciones penales que se adjuntan con la demanda en ningún momento se reconoce por la parte demandada que el precio pagado fuera de 18.000 euros (en la audiencia previa se solicitó aclaración sobre dicho extremo y se manifestó que lo abonado se deducía de las declaraciones prestadas en sede del procedimiento penal), al amparo del artículo 304 de la LEC debe tenerse por acreditado dicho extremo. Por todo ello, debe quedar fijada la deuda social en 18.000 euros.

SEGUNDO. En segundo lugar, respecto a la acción de responsabilidad solidaria del administrador, Arsenio, por las deudas sociales, por la vía de los artículos 363 y ss. de la LSC, debe indicarse que deberá partirse del hecho no discutido de la condición de administrador de dicho demandado y que, además, resulta acreditado documentalmente por las certificaciones registrales. Igualmente, debe indicarse que resulta probado que la entidad demandada se encuentra en causa de disolución dado que no consta que en la misma se realice actividad alguna, ni la presentación de las cuentas anuales desde el año 2008 y sin que se acredite que la sociedad está dotada de patrimonio suficiente para cubrir la responsabilidad reclamada, lo que implicaría la concurrencia de las causas de disolución del apartado e del n.º 1 del artículo 363 de la LSC, y sin que se acredite que se hubiera articulado un procedimiento de disolución en la forma prevista en los artículos 366 y ss. de la LSC. Como principio general, es la demandante quien debe probar que concurre la causa de disolución que invoca (le es exigible, en particular, cuando las cuentas anuales están debidamente depositadas) pero dicho principio general, en aplicación del artículo 217.6 de la LEC, debe ceder cuando la causa invocada se fundamenta en la existencia de pérdidas y las cuentas anuales no están depositadas en el registro, no se prueba que han sido aprobadas en junta y no se aportan en forma a los autos, pues ello implicaría beneficiar al incumplidor frente a quien cumple con sus obligaciones, debiendo primar la facilidad probatoria de la demandada, que es quien debe tener las cuentas y quien no las hace o no las quiere hacer públicas. No se le puede exigir al demandante que pruebe una causa de disolución basada en las cuentas anuales cuando no puede tener acceso a las mismas porque no están depositadas. Ello tiene una consecuencia inmediata. Como se ha señalado, la inversión de la carga probatoria derivada de la ausencia de cuentas aprobadas y depositadas implicaría la presunción de concurrencia de la citada causa de disolución, sin que conste haber llegado a convocar la junta pertinente en el plazo de dos meses o la adopción de las medidas previstas en la ley. Por todo ello, deberá prosperar la demanda, acogiendo plenamente la fundamentación jurídica alegada por la demandante.

La falta de actividad durante más de un año en sus cuentas bancarias es indicio suficiente para entender que la sociedad estaba incursa en causa de disolución sin que su administrador haya instado la misma

Juzgado de lo Mercantil Valladolid, n.º 1, 441/2016, de 16 de junio. Recurso 155/2016

SP/SENT/868919

En lo que se refiere a la responsabilidad por deudas, de índole inicialmente objetiva o cuasi objetiva, a ella se refiere la jurisprudencia menor, pudiendo destacarse la sentencia de la AP de Barcelona de 23 de febrero de 2004, en cuanto a la obligación de promover la disolución de la sociedad en el plazo de dos meses: "*La acción ejercitada en la demanda contra D. Efraín presupone la prueba de la concurrencia de una causa de disolución (en este caso las de las letras c y del apartado 1 del artículo 104 de la misma Ley 2/1995), el incumplimiento por el administrador del deber de convocar la junta general o, en su caso, del deber de solicitar la disolución judicial y la existencia de una deuda social exigible.*

La Jurisprudencia se ha referido reiteradamente a esta responsabilidad. En la STS de 30 de octubre de 2000 se señala que el administrador tiene el deber, una vez conocida la concurrencia de la causa de disolución, de convocar la junta general en el plazo de dos meses. Así lo exige el precepto para que quepa eludir la responsabilidad por las deudas sociales y esta sencilla interpretación es la más coherente con la génesis y ratio teleológica del mismo, con su contenido literal y sistemático... y con la profesionalidad y seriedad que, respectivamente, son exigibles de los administradores y de la sociedad anónima.

No se requiere, por lo tanto, ni nexo causal entre el crédito accionado y la inactividad de los administradores, ni otra negligencia de estos que la que valora o toma en cuenta la propia norma legal".

Y la de nuestra Audiencia Provincial, en cuanto a la naturaleza de esa responsabilidad, de 5 de diciembre de 2005 en Rollo 321/2005, ponente Ilmo. Sr. Salinero Román:

"*... Por lo argumentado es aplicable a la administradora recurrente la sanción de responder solidariamente de la cantidad reclamada por la actora ... de acuerdo a la tesis ya mencionada de esta Sala, aplicando doctrina jurisprudencial (Tribunal Supremo en su sentencia de 22* *de diciembre de 1999) pues dicha responsabilidad no se trata de una responsabilidad extracontractual sino legal por incumplimiento del deber legal de los administradores de disolver cuando la sociedad se encuentre incursa en alguna de las causa del art. 104, para que en protección del interés general, no permanezcan en el tráfico mercantil sociedades afectadas por causas de disolución, y se configura esta responsabilidad legal como una responsabilidad sanción derivada sin más del incumplimiento por los administradores de la obligación de disolver cuando hubiese causa, y ello al margen de que el daño se haya producido en sí, pudiera provenir o no de una conducta de aquellos culposa o negligente".*

Se desprende de la documental acompañada a la demanda que la sociedad estaba incursa ya en 2014 en causa de disolución al tener una clara inactividad por más de un año como demuestran el impago unido a la falta de actividad en sus cuentas bancarias desde el año 2013 al 2014 conforme a las consultas efectuadas a través del Punto Neutro Judicial, su situación patrimonial de acuerdo a las cuentas acompañadas, a las deudas existentes conforme a los informes de impagos acompañados, así como las averiguaciones infructuosas del procedimiento de ejecución. Se desprende de ello también una conclusión de la empresa que constituya su objeto y una imposibilidad de conseguir el fin social, a falta de prueba en contrario desplegada por el demandado, por la desaparición de facto de la sociedad del tráfico jurídico. Por todo ello ha de responder solidariamente dicho administrador demandado al no haber promovido la disolución ni el concurso en el plazo legalmente marcado.

Constatada la responsabilidad objetiva, no es preciso tratar la responsabilidad por daño (sentencia del TS de 4 de diciembre de 2013).

Por la falta de depósito de las cuentas anuales, la sociedad tiene cerrada su hoja registral, constatándose una situación de inactividad desde antes de generarse la deuda

Juzgado de lo Mercantil Baleares, n.º 1, 177/2016, de 7 de junio. Recurso 424/2014

SP/SENT/863881

---

a. *"Existencia de alguna de las causas de disolución de la sociedad, previstas en los números 3, 4, 5 y 7 del apartado uno del artículo 260 de la propia Ley".*

Si atendemos a los documentos incorporados a autos en la demanda, veremos que la entidad mercantil J y S. House Confort Ibiza S. L. se encontraba en incursa en causa legal de disolución. La entidad mercantil no presenta cuentas desde el año 2006, estando su hoja registral cerrada, lo que es poderoso indicio de situación de pérdidas que han dejado reducido su patrimonio neto por debajo de la mitad del capital social paralización de esta. A mayor abundamiento sobre la situación de insolvencia, es significativo el documento número uno aportado junto con la demanda documento no impugnado de contrario, por lo que, conforme al artículo 326 LEC puesto en relación con el artículo 319 LEC, hace prueba plena del estado de cosas que documenta), donde consta numerosas incidencias con la AEAT, así como embargos de la Seguridad Social.

Se de añadir que, de la observancia de las últimas cuentas depositadas de 2006, se aprecian una pérdidas y ganancias de −46.322,38 euros, lo que es significativo de su realidad patrimonial.

De esta forma, se incurre en causa de disolución de las previstas en el artículo 363 LSC, ya que es evidente la paralización de los órganos de administración y la inactividad de la entidad. Dicha circunstancia no ha quedado contradicha por la parte demandada, dado el efecto de la *ficta confessio* en este hecho que le es perjudicial. Conforme al artículo 378 del Reglamento del Registro Mercantil (en adelante, RRM), la falta de depósito en el plazo de un año desde la fecha de cierre del ejercicio social supondrá el cierre de la hoja registral, y, por ende, que no se practicará ningún asiento hasta que la entidad mercantil adopte alguna actividad. Esto nos conduce a pensar que nos encontramos ante una sociedad inactiva y, por ende, ante la causa del artículo 363.1 c) del TRLSC, ya que ni siquiera han llevado a cabo ninguna actuación conducente a desbloquear la situación registral. Por otro lado, la falta de depósito es un poderoso indicio de la situación de despatrimonialización que supone la causa del artículo 363.1 e) del TRLSC. Pero, además, acreditado como lo ha sido el nacimiento del crédito, entra en juego la presunción del artículo 367.2 del TRLSC, y hemos de considerar que el crédito nació con posterioridad al acaecimiento de la causa de disolución. Dicha presunción "iuris tantum" no ha quedado desvirtuada por la práctica de ninguna prueba en contrario.

Lo anterior, si bien es cierto que no acreditan de por sí la situación de insolvencia, constituye un indicio poderoso de la mencionada situación. Por otro lado, la parte demandada no ha desplegado ninguna diligencia probatoria encaminada a acreditar el hecho fundamentador de su resistencia relativa a la situación de solvencia de la entidad mercantil. De esta forma, se incurre en causa de disolución de las previstas en el artículo 362 LSC. Dicha circunstancia no ha quedado contradicha por la parte demandada. Es decir, no se ha aportado ningún otro tipo de documentación por la que se pueda comprobar la situación real de la empresa, y ver si es tal y como se refleja de todos los indicios aquí concurrentes, lo cual pudiera reflejarse por otros medios, y en concreto a través de auditorías, que son las encargadas de verificar si realmente la situación económica y contable de la empresa es otra. A pesar de todo ello, dada la pasividad de los demandados, la realidad contable de la empresa es desconocida, ya que no se ha aportado la contabilidad de esta, a pesar de incumbirle dicha carga al demandado.

Antes de contratar los servicios profesionales del actor, la sociedad demandada ya se encontraba sin actividad, habiéndose producido el cierre de su hoja registral por falta de depósitos de las cuentas anuales

Juzgado de lo Mercantil Zaragoza, n.º 2, 149/2016, de 6 de junio. Recurso 204/2014

SP/SENT/869441

Al respecto es procedente desestimar el motivo de oposición a la cuantía alegada, dado que los criterios establecidos por el Colegio de Aparejadores y Arquitectos Técnicos de Zaragoza tienen carácter orientativo (en este sentido, declaración de Alberto, arquitecto que intervino en la ejecución de las obras en cuestión, por lo que no puede considerarse en el presente caso que los honorarios sean excesivos, considerando además que el presupuesto de la obra se vio aumentado sensiblemente (documento remitido a este Juzgado por el Colegio Oficial de Aparejadores y Arquitectos Técnicos). Por todo lo cual, resultando acreditada la relación profesional entre el actor y GIL BERGES 2, S. A., en virtud de la cual este asumió la dirección facultativa de las obras y labores de oficina, no resultando acreditado el motivo alegado por la demandada en relación al pacto de reducción de honorarios, y resultando acreditada la totalidad de la suma reclamada en virtud de honorarios profesionales por el actor, es procedente estimar la reclamación efectuada en la demanda en relación a la codemandada GIL BERGES 2, S. A.

Tercero. En segundo lugar, respecto de la responsabilidad del administrador y sus sucesores, en el presente caso no se formula motivo alguno de oposición a la demanda no se aporta al respecto medio de prueba que desvirtúe las alegaciones al respecto ni el contenido de los documentos aportados por la demanda. Del conjunto de la prueba practicada, en particular la documental aportada con el escrito de demanda, que no ha sido impugnada de contrario, se desprende la realidad de los hechos aducidos por la demandante: en concreto resulta probada la condición de administrador de Marcos y la condición de sucesores de este de Jorge, Manuela, Inés.

En tercer lugar, de la documental presentada consta que la sociedad demandada lleva sin presentar cuentas anuales en el Registro Mercantil desde 2008 y hasta 2012 cuando se produce el cierre registral provisional. El administrador que consta en el Registro es Marcos, que ha incumplido sus obligaciones al no haber instado ninguna actuación en relación a la situación creada, sin que se haya convocado junta general para acordar la disolución o declaración de concurso de la sociedad en plazo. Salvo prueba en contrario acerca de la capacidad patrimonial de la sociedad, que no se ha dado en este caso, ello implica la concurrencia de la causa de disolución del artículo 363 de la LSC invocada en la demanda, sin que se acredite que se hubiera articulado un procedimiento de disolución en la forma prevista en el artículo 367 de dicho texto legal. Como principio general, es la demandante quien debe probar que concurre la causa de disolución que invoca (le es exigible, en particular, cuando las cuentas anuales están debidamente depositadas) pero dicho principio general, en aplicación del artículo 217.6 de la LEC, debe ceder cuando la causa invocada se fundamenta en la existencia de pérdidas y las cuentas anuales no están depositadas en el Registro, no se prueba que han sido aprobadas en junta y no se aportan en forma a los autos, pues ello implicaría beneficiar al incumplidor frente a quien cumple con sus obligaciones, debiendo primar la facilidad probatoria de la demandada, que es quien debe tener las cuentas y quien no las hace o no las quiere hacer públicas. No se le puede exigir al demandante que pruebe una causa de disolución basada en las cuentas anuales cuando no puede tener acceso a las mismas porque no están depositadas. Como se ha señalado, la inversión de la carga probatoria derivada de la ausencia de cuentas aprobadas y depositadas implicaría la presunción de concurrencia de la citada causa de disolución, sin que conste haber llegado a convocar la junta pertinente en el plazo de dos meses o la adopción de las medidas previstas en la ley. Por todo ello, deberá ser estimada la demanda, acogiendo la fundamentación jurídica alegada por la demandante.

Desde antes de generarse la deuda reclamada la sociedad se hallaba absolutamente inactiva, sin constancia de actividad registral ni presentación alguna de cuentas anuales

Juzgado de lo Mercantil Asturias, n.º 1, 60/2016, de 1 de junio. Recurso 236/2014

SP/SENT/866272

La doctrina se encargó de poner de manifiesto la incongruencia de mantener un régimen más severo en sede societaria que en concursal. En efecto, si las pérdidas no llegaran a producir insolvencia, la pasividad del administrador llevaría a declarar ex arts. 262.5 LSA o 105.5 LSRL su responsabilidad solidaria con la sociedad por todas las deudas sociales, mientras que si la llegan a generar el art. 172.3 de la Ley Concursal solo prevé para los administradores una responsabilidad residual de la social por esas mismas deudas. Consciente de ello, el legislador, siguiendo las orientaciones de Derecho Comparado (art. 2449 Código Civil italiano) ha corregido tal incongruencia a medio de la Ley 19/2005 de 14 de noviembre, sobre la sociedad anónima europea domiciliada en España, que en sus Disposiciones Finales 1.ª y 2.ª modifica los arts. 262.5 LSA y 105.5 LSRL, que pasan a tener idéntica redacción: "5. *Responderán solidariamente de las obligaciones sociales posteriores al acaecimiento de la causa legal de disolución los administradores que incumplan la obligación de convocar en el plazo de dos meses la junta general para que adopte, en su caso, el acuerdo de disolución, así como los administradores que no soliciten la disolución judicial o, si procediere, el concurso de la sociedad, en el plazo de dos meses a contar desde la fecha prevista para la celebración de la junta, cuando esta no se haya constituido, o desde el día de la junta, cuando el acuerdo hubiera sido contrario a la disolución o al concurso.*

En estos casos las obligaciones sociales reclamadas se presumirán de fecha posterior al acaecimiento de la causa legal de disolución de la sociedad, salvo que los administradores acrediten que son de fecha anterior".

Por último, el Texto Refundido de la Ley de Sociedades de Capital de 2 de Julio de 2010, que entró en vigor el 1 de septiembre de 2010 dispone:

"*Artículo 367. Responsabilidad solidaria de los administradores.*

1. Responderán solidariamente de las obligaciones sociales posteriores al acaecimiento de la causa legal de disolución los administradores que incumplan la obligación de convocar en el plazo de dos meses la junta general para que adopte, en su caso, el acuerdo de disolución, así como los administradores que no soliciten la disolución judicial o, si procediere, el concurso de la sociedad, en el plazo de dos meses a contar desde la fecha prevista para la celebración de la junta, cuando esta no se haya constituido, o desde el día de la junta, cuando el acuerdo hubiera sido contrario a la disolución.

2. En estos casos las obligaciones sociales reclamadas se presumirán de fecha posterior al acaecimiento de la causa legal de disolución de la sociedad, salvo que los administradores acrediten que son de fecha anterior".

Delimitado el marco legal aplicable según el momento en que haya tenido lugar el incumplimiento de los administradores, resta examinar la naturaleza de la responsabilidad que proclaman dichos preceptos. A este respecto es suficientemente expresiva la sentencia del TS de 23-2-2004, que recalca que "*la acción* ex *art. 265 no requiere ninguna culpa en el administrador, ni relación de causalidad alguna con el daño, basta el hecho objetivo del incumplimiento de las obligaciones que la LSA impone específicamente al administrador social para que se desencadene el efecto sancionador*" (en idéntico sentido, STS de 29-4-99, 20-7-2001, 14-11-2002).

SEGUNDO. En el caso de autos la sociedad se halla absolutamente inactiva, sin constancia de actividad registral desde 2012 ni presentación alguna de cuentas anuales, lo que constituye causa de disolución por imposibilidad manifiesta de realizar el fin social y paralización de los órganos sociales. A mayor abundamiento, teniendo en cuenta la reiterada jurisprudencia acerca de que la falta de presentación de las cuentas supone una inversión de la carga probatoria de la existencia de causa de disolución por pérdidas cualificadas, que no ha sido levantada por la demandada, en rebeldía, no cabe sino concluir que la misma debió, tan pronto como le constó su existencia, convocar Junta para acordar la disolución, cosa que no consta que hiciere en el plazo fatal de 2 meses que prescribe la LSC, inactividad que le ha de hacer responder solidariamente con la sociedad de las deudas sociales existentes, como la reclamada a través de los presentes autos, pues tanto la normativa derogada como el actual art. 367 presumen que las deudas son de fecha posterior al acaecimiento de la causa de disolución salvo que el administrador demandado acredite lo contrario, lo que en el caso de autos no ha acontecido.

La sociedad demandada carece de actividad y de domicilio social, sin que su administrador haya instado una ordenada disolución

Juzgado de lo Mercantil Zaragoza, n.º 2, 132/2016, de 25 de mayo. Recurso 638/2015

SP/SENT/868854

TERCERO. Ha quedado probado con la documental aportada por la actora que Mariola constaba como administradora única de la mercantil PILAR SUBSIERRA, S. L. (documentos números cuatro y cinco: información del registro mercantil central y página BORME número 205 de veintisiete de octubre de dos mil once) así como que la parte actora ejercita acción de objetiva al amparo de los artículos 363 a 367 del Real Decreto Legislativo 1/2010, de 2 de julio por el que se aprueba el texto refundido de la Ley de Sociedades de Capital, con fundamento en las causas de disolución.

La prueba practicada en autos (documento número cuatro) ha acreditado que la mercantil demandada carece de actividad y ha desaparecido del domicilio social que constaba en el Registro Mercantil habiéndose producido el cierre provisional de hoja. Una sociedad que carece de actividad y de domicilio social, está imposibilitada para realizar el fin social y, en consecuencia, está incursa en causa de disolución, por lo que al no haber procedido la administradora a su disolución entra en juego la sanción del artículo 367 de la Ley de Sociedades de Capital en relación al artículo 363.1 a), b) y c) además de, haber acreditado la parte actora, que dicha mercantil no ha procedido a depositar las cuentas anuales pues si bien la falta de presentación de cuentas anuales no constituye causa de disolución, ello no obstante, debe considerarse, atendiendo al artículo 217.6 de la LEC, que dada la facilidad probatoria para la demandada se produce una inversión de la carga de la prueba correspondiendo a la parte demandada acreditar que no concurre la causa de disolución invocada y esta no ha probado, en el supuesto de autos, que no se encontrara incurso en causa de disolución, por lo que la demanda ha de prosperar.

Responsabilidad solidaria por pérdidas cualificadas

Deudas y cierre *de facto* indican que la S. L. estaba en pérdidas cualificadas: al no formularse cuentas anuales de 2011, se presume causa de disolución y, al no instarse disolución, hay responsabilidad solidaria por deudas de los administradores

TS, Sala Primera, de lo Civil, 94/2024, de 25 de enero. Recurso 6049/2019

SP/SENT/1207749

El motivo denuncia la infracción del párrafo segundo del art. 367 LSC, en relación con la determinación del momento en que se incurre en causa de disolución. Entiende que la presunción contenida en ese precepto de que *"las obligaciones sociales reclamadas se presumirán de fecha posterior al acaecimiento de la causa legal de disolución de la sociedad"*, no es una presunción absoluta o automática, sino que debe operar solo cuando la correlación temporal entre la causa de disolución y el nacimiento de la deuda sea dudosa, de tal modo que no proporciona cobertura a la falta de demostración de la causa y el momento en el que surge. El recurso entiende que la sentencia recurrida ha aplicado de forma automática e indebida la presunción del art. 367.2 LSC, y ha condenado a los demandados por la mera falta de depósito de las cuentas, entendiendo que eran posteriores todas las surgidas después del cierre del ejercicio 2011. 2. Valoración del tribunal. Procede desestimar el motivo por las razones que exponemos a continuación. La responsabilidad solidaria de los administradores de la sociedad por todas las deudas sociales nacidas después de la aparición de la causa de disolución, se basa en el incumplimiento del deber legal de promover la disolución de la sociedad cuando concurra alguna de las causas de disolución previstas en el art. 363 LSC. En este caso, la causa de disolución apreciada en la sentencia recurrida ha sido la de pérdidas que reducen el patrimonio de la sociedad por debajo de la mitad del capital social [art. 363.1.e) LSC]. El párrafo segundo del art. 367 LSC permite presumir que las obligaciones sociales son posteriores a la aparición de la causa de disolución, de forma que recae sobre el administrador la prueba de que la deuda social es anterior. Pero esta previsión legal presupone que antes se ha acreditado por el acreedor la aparición de la causa de disolución. En efecto, al tratarse de un hecho constitutivo de su pretensión, es el acreedor que ejercita esta acción de responsabilidad quien debe probar la concurrencia de la causa de disolución y desde cuándo concurre. Sin perjuicio de que cuando la sociedad no tenga depositadas las cuentas en el Registro Mercantil, y existan indicios de que se encuentra en esa situación de pérdidas, por ejemplo por el cierre de facto o por el impago generalizado de créditos, en esos casos cabe presumir la concurrencia de la causa de disolución. En ese sentido nos hemos pronunciado en sentencias anteriores. Así, la sentencia 652/2021, de 29 de septiembre, después de advertir que el incumplimiento del deber legal del depósito de las cuentas anuales ni es causa legal de disolución de la sociedad, ni determina por sí la obligación de los administradores de responder de las deudas sociales, advierte lo siguiente: "*No obstante, (...) la prueba de la existencia del déficit patrimonial o de la inactividad social puede verse favorecida en situaciones de dificultad probatoria por hechos periféricos, entre los que puede encontrarse la omisión del depósito de cuentas. De manera que la falta de presentación de cuentas anuales opera, al menos, una inversión de la carga probatoria, de suerte que será el demandado el que soporte la necesidad de acreditar la ausencia de concurrencia de la situación de desbalance (sentencia 937/2004, de 5 de octubre). Puesto que no puede ignorarse que, con tal comportamiento omisivo, los administradores, además de incumplir con un deber legal, imposibilitan a terceros el conocimiento de la situación económica y financiera de la sociedad, lo que genera la apariencia de una voluntad de ocultación de la situación de insolvencia*". 3. Esto es lo que ocurre en el presente caso. Las deudas impagadas y el cierre de facto son indicios de que la sociedad debe encontrarse en una situación de pérdidas que habrían reducido su patrimonio por debajo la mitad de su capital social, y no puede acudirse al medio adecuado para verificarlo, que son las cuentas anuales del deudor, porque no han sido depositadas en el Registro Mercantil desde del comienzo, ni tampoco han sido aportadas por su administrador. Esto es: no constan las cuentas anuales del 2011, que hubieran permitido corroborar si la sociedad se encontraba ya entonces en situación de pérdidas. Es el incumplimiento por parte del administrador del deber de formular las cuentas o, en el caso del administrador de hecho, de cerciorarse de que fueran formuladas por la administradora legal, el que impide conocer con certeza si se daba esa situación de pérdidas a 31 de diciembre de 2011. Lo que ha hecho el tribunal de instancia ha sido presumir que así era, atribuyendo al administrador las consecuencias de que, por no formular las cuentas (aprobarlas y depositarlas), no se pueda saber si ya entonces estaba en situación de pérdidas. De tal forma que entiende acreditado que la causa de disolución concurría al cierre del ejercicio de 2011, y como no se promovió la disolución en los dos meses siguientes, los administradores responden de las deudas sociales nacidas con posterioridad, en concreto en los años 2012 y 2013.

Concurriendo causa de disolución de administradora única al nacer su responsabilidad por deudas de su administrada, es responsable junto a los dos administradores mancomunados, pues la responsabilidad de los administradores es simultánea; error de la AP

TS, Sala Primera, de lo Civil, 586/2023, de 21 de abril. Recurso 4897/2019

SP/SENT/1181327

La determinación de esta responsabilidad requiere, presupuesto el incumplimiento de los deberes legales señalados, que las obligaciones sociales sean "*posteriores al acaecimiento de la causa legal de disolución"* (arts. 105.5 LSRL –actual 367 LSC–). Para dirimir y concretar esta relación temporal entre la obligación incumplida y el acaecimiento de la causa legal de disolución debe tenerse en cuenta la presunción legal incorporada al último párrafo de ese precepto: *"En estos casos las obligaciones sociales reclamadas se presumirán de fecha posterior al acaecimiento de la causa legal de disolución de la sociedad, salvo que los acreedores acrediten que son de fecha anterior"*. Se trata de una presunción iuris tantum que provoca el efecto de trasladar la carga de la prueba al administrador demandado.

7.2. La jurisprudencia de esta sala ha concretado como hito temporal que ha de cotejarse con el del acaecimiento de la causa de disolución (para determinar su carácter anterior o posterior) el del nacimiento de la obligación incumplida, no el de su vencimiento, exigibilidad y liquidez, ni el del nacimiento de la relación jurídica previa de la que traiga causa (sentencia 532/2021, de 14 de junio).

En concreto, declaramos en la sentencia 144/2017, de 1 de marzo (con cita de la anterior 246/2015, de 14 de mayo), que:

"5. [...] el momento relevante para decidir sobre si la obligación es posterior a la concurrencia de la causa legal de disolución es el momento en que nace la obligación social de la que se pretende hacer responsable solidario al administrador.

"Este criterio concuerda con el seguido por esta sala para atribuir al administrador social la responsabilidad solidaria por las obligaciones sociales existentes estando vigente su cargo, y, por el contrario, no atribuirle responsabilidad por las obligaciones nacidas con posterioridad a que haya cesado en su cargo, pese a que el incumplimiento del deber de promover la disolución y liquidación de la sociedad por concurrir causa legal de disolución se haya producido estando vigente su nombramiento (sentencias 585/2013, de 14 de octubre, y 731/2013, de 2 de diciembre).

"No es preciso, por tanto, que la deuda esté vencida y sea líquida y exigible, pues si la obligación nació estando vigente el cargo del administrador, el mismo responde solidariamente con la sociedad, aunque hubiera cesado en el cargo antes de que la obligación estuviera vencida y fuera líquida y exigible".

7.3. En el caso, el recurrente sostiene que, dada la naturaleza ex lege, solidaria y cuasi objetiva de la responsabilidad por deudas de los administradores y el carácter declarativo de las sentencias judiciales que la reconocen, la responsabilidad de D. Rogelio y D. Rómulo surgió simultánea o coetáneamente a la responsabilidad de PISUERGA que, a su vez, por las mismas razones, nació de forma coetánea con el nacimiento de la deuda de HACIENDAS (*"responsabilidad en cascada"*), pues PISUERGA sufría el mismo problema de desequilibrio patrimonial que la sociedad que administraba.

La Audiencia cuestiona tanto el carácter de deudora de PISUERGA respecto del demandante, que niega, cuestión ya analizada con el resultado expresado supra, como el carácter declarativo de la sentencia que reconoció esa responsabilidad de PISUERGA por las deudas de HACIENDAS. Tampoco en este segundo aspecto se ajusta la fundamentación de la sentencia de apelación a la jurisprudencia de esta sala.

7.4. Las sentencias que declaran la responsabilidad de los administradores por las deudas sociales no crean una obligación o una responsabilidad nueva, sino que declaran una obligación o una responsabilidad preexistente, derivada directamente de la ley una vez concurren en la realidad extrajudicial los presupuestos que integran el supuesto de hecho previsto en la norma (acaecimiento de una causa de disolución, transcurso del plazo legal sin que los administradores cumplan su deber legal de promover la disolución o remover su causa, y nacimiento de una nueva obligación de cualquier tipo). Las sentencias constitutivas no se limitan a declarar *"la existencia de una situación jurídica anterior en los términos en que preexistiera en la realidad extraprocesal, sino que crean, modifican o extinguen la situación jurídica misma a que se refieren (...) se trata del nacimiento de una situación jurídica nueva que no preexistía a la propia sentencia, una vez firme, sino que se genera por el* imperium *propio de la sentencia"* (sentencia 153/2020, de 5 de marzo). No es el caso de la sentencia que declara la responsabilidad de los administradores sociales que, como sentencia declarativa, no puede determinar la fecha del *"nacimiento de la obligación"* de la que se pretende hacer responsable solidario al administrador, ni el nacimiento de esta misma responsabilidad que, como hemos reiterado, surge por el propio ministerio de la ley (*ex lege*).

El pronunciamiento de condena que contenga esa sentencia tampoco genera una obligación nueva, sino que atribuye al actor un título de ejecución forzosa frente al demandante vencido (sentencia 532/2021, de 14 de julio). Así lo hemos declarado también respecto de las sentencias de condena al cumplimiento de una obligación contractual. Tampoco esas sentencias hacen nacer la obligación de pago al acreedor, sino que condenan al pago de una deuda preexistente (sentencia 144/2017, de 1 de marzo), creando un título ejecutivo judicial que permite su satisfacción a través de la ejecución forzosa (art. 517.1.1.º LEC).

7.5. En el presente caso, si bien no estamos en presencia de una declaración judicial de condena al cumplimiento de obligaciones contractuales, la conclusión anterior es igualmente aplicable. En la litis existe un previo pronunciamiento judicial en primera instancia de declaración de la responsabilidad de PISUERGA, como administradora de HACIENDAS por las deudas de esta, y de condena a su pago, junto con los intereses y costas correspondientes. Este pronunciamiento fue consentido y quedó firme al no ser objeto del recurso de apelación. La responsabilidad del pago de ese pasivo de PISUERGA es la que se imputa y reclama a los codemandados como administradores mancomunados de la sociedad deudora, al haber incurrido en la responsabilidad prevista en el art. 105.5 LSRL. Y esa responsabilidad no fue creada *ex novo* por la sentencia, sino que nació por el ministerio de la ley como consecuencia de la concurrencia en la realidad extraprocesal de los requisitos establecidos por el art. 105.5 LSRL para el nacimiento de la responsabilidad, como garante solidaria, de PISUERGA por las deudas sociales de HACIENDAS.

8. En consecuencia, dado que, en caso de concurrir causa de disolución de PISUERGA en el momento del nacimiento de su responsabilidad social por las deudas de HACIENDAS, la responsabilidad de sus administradores surgió de forma simultánea, la sentencia impugnada incurrió en la infracción legal denunciada, por lo que debe ser casada sin necesidad de entrar a examinar el tercer motivo del recurso.

SÉPTIMO. Remisión de actuaciones para que la Audiencia Provincial dicte sentencia en la que resuelva las cuestiones planteadas en la apelación.

1. Según el art. 487.3.º LEC, cuando el recurso de casación sea de los previstos en el núm. 3.º del apartado 2 del art. 477, si la sentencia considerara fundado el recurso, casará la resolución impugnada y resolverá sobre el caso, declarando lo que corresponda según los términos en que se hubiere producido la oposición a la doctrina jurisprudencial o la contradicción o divergencia de jurisprudencia. Estimándose fundado el recurso, procede, en consecuencia, casar la sentencia recurrida.

2. Ahora bien, la estimación del recurso y consiguiente casación de la sentencia impugnada no determina en este caso que la Sala resuelva sobre el fondo de la reclamación planteada en la demanda, pues la responsabilidad que se reclama a los codemandados D. Rogelio y D. Rómulo depende de un presupuesto previo condicionante: la concurrencia o no de la causa de disolución de PISUERGA alegada por el demandante, esto es, la existencia de pérdidas agravadas que hubieran reducido el patrimonio social neto por debajo de la mitad de su capital social en una fecha en que aquellos tuvieran su cargo vigente y en que surgió la responsabilidad de la esa sociedad por las deudas de HACIENDAS.

En el caso de la litis, la Audiencia no entró a examinar la existencia o no de causa de disolución por pérdidas agravadas de PISUERGA, cuestión que entendió innecesario valorar al partir de la premisa incorrecta de que no existía título de imputación de responsabilidad de los administradores de esa sociedad. Por tanto, al haber desestimado la demanda sin haber entrado a examinar una de las principales cuestiones controvertidas por las partes en la segunda instancia (la concurrencia o no de causa de disolución de PISUERGA en la fecha de los hechos litigiosos), la Audiencia no ha realizado una valoración sobre los medios de prueba relativos a esta cuestión ni ha realizado enjuiciamiento jurídico alguno sobre ella. Tampoco ha entrado a concretar el momento preciso en que surgió la responsabilidad de PISUERGA (y coetáneamente, en su caso la de los codemandados) por cada una de las cantidades exigidas, en función también de la vigencia de los respectivos cargos, especialmente en cuanto a la responsabilidad por las costas procesales (sentencias 418/2017, de 14 de junio, y 532/2021, de 14 de junio).

3. Por tanto, falta en la resolución impugnada el juicio pleno de hecho y de derecho sobre la materia objeto del proceso. Por ello, el pronunciamiento de esta sala, sin necesidad de resolver el recurso extraordinario por infracción procesal, debe limitarse a anular la sentencia recurrida para que el tribunal de apelación, como órgano de instancia plenamente facultado para conocer de todas las cuestiones de hecho y de derecho objeto de la apelación, partiendo de los términos en que se ha resuelto el recurso de casación, las resuelva en sentencia (sentencia del Pleno de esta Sala de 29 de abril de 2009, y sentencias de 7 de octubre de 2009, 899/2011, de 30 de noviembre, y 3/2019, de 8 de enero).

Responsabilidad solidaria del administrador de la sociedad de capital: es preciso constatar la insolvencia de la sociedad, el incumplimiento de deberes legales del administrador y justificar la existencia de causa legal de disolución de la sociedad

TS, Sala Tercera, de lo Contencioso-Administrativo, Sec. 4.ª, 587/2021, de 29 de abril. Recurso 5075/2019

SP/SENT/1170574

El presente recurso de casación es interpuesto por la representación procesal de don Santos y don Serafín contra la sentencia de la Sala de lo Contencioso-Administrativo del Tribunal Superior de Justicia de Cataluña de 5 de abril de 2019.

Los antecedentes del asunto son como sigue. Con fecha 11 de febrero de 2015, la Subdirección Provincial de Procedimientos Especiales de Responsabilidad Solidaria de Barcelona resolvió los expedientes n.º NÚM000 y n.º NÚM001, declarando la responsabilidad solidaria de los ahora recurrentes como administradores de Detursa S.A. y exigiendo a cada uno de ellos 143.994,78 € por la deuda contraída por dicha empresa con la Seguridad Social. Esta resolución fue confirmada en alzada por resolución de la Directora Provincial de Barcelona de la Tesorería General de la Seguridad Social de 14 de abril de 2015.

Disconformes con ello, los ahora recurrentes interpusieron recurso contencioso-administrativo, que fue desestimado por sentencia del Juzgado de lo Contencioso-Administrativo n.º 13 de Barcelona de 2 de febrero de 2017. Interpuesto recurso de apelación, fue desestimado por la sentencia ahora impugnada.

SEGUNDO. Los recurrentes prepararon recurso de casación, que fue admitido por la Sección 1.ª de esta Sala mediante auto de 9 de junio de 2020. En este se indica que la cuestión debatida en este litigio es la misma que ha sido objeto de otros recursos de casación ya admitidos y resueltos por esta Sala, a comenzar por el recurso de casación n.º 2165/2017. En concreto, se trata de dilucidar si para acordar la derivación de responsabilidad solidaria al administrador de una sociedad por las deudas contraídas por esta con la Seguridad Social basta comprobar la situación de insolvencia de la sociedad y el incumplimiento del deber impuesto por el art. 367.1 de la Ley de Sociedades de Capital, o si es preciso además justificar la existencia de una causa de disolución de la sociedad.

TERCERO. Efectivamente, la cuestión que el citado auto de admisión declara de interés casacional objetivo ha sido ya aclarada mediante nuestra sentencia n.º 915/2019, recaída en el referido recurso de casación n.º 2165/2017, cuyo criterio ha sido luego seguido y confirmado por esta Sala al resolver otros recursos de casación similares. Entonces dijimos que:

"[...] para acordar la Administración de la Seguridad Social la derivación de responsabilidad solidaria del administrador de una sociedad de capital resulta necesario, no solo constatar una situación fáctica de insolvencia de la sociedad y verificar que dicho administrador no ha cumplido los deberes legales a que se refiere el artículo 367.1 de la Ley de Sociedades de Capital (RD Legislativo 1/2010), sino también y además, justificar la efectiva existencia de una causa legal de disolución de la sociedad. [...]".

A esta doctrina debe ahora estarse.

CUARTO. Aplicando lo anteriormente expuesto al presente caso, es claro que el recurso de casación debe prosperar, ya que lo debatido en este litigio era si resulta exigible la justificación de una causa legal de disolución de la sociedad para acordar la derivación de responsabilidad al administrador. Debe subrayarse que, en el escrito de oposición presentado por el Letrado de la Administración General de la Seguridad Social no se aporta ninguna razón —de hecho o de Derecho— que pueda enervar la aplicación del referido criterio jurisprudencial a este caso.

Por ello, procede casar la sentencia impugnada, estimar el recurso de apelación promovido contra la sentencia del Juzgado de lo Contencioso-Administrativo n.º 13 de Barcelona de 2 de febrero de 2017 y anularla, así como estimar el recurso contencioso-administrativo interpuesto contra las resoluciones administrativas que declararon la responsabilidad solidaria de los recurrentes por las deudas contraídas por Detursa S. A. con la Seguridad Social y anularlas.

El mero conocimiento de la insolvencia del deudor no supone mala fe en el ejercicio de la acción de responsabilidad solidaria contra el administrador que siguió contratando cuando la sociedad se hallaba en pérdidas cualificadas

TS, Sala Primera, de lo Civil, 207/2018, de 11 de abril. Recurso 2647/2015

SP/SENT/949566

La Audiencia, en el contexto de esta jurisprudencia, entiende que la sociedad demandante contrató con conocimiento claro de un evidente riesgo de impago derivado de la situación de insolvencia del deudor, y lo asumió. Y añade que no contrató «*a expensas de una cobertura subsidiaria de los administradores sociales*».

El punto de diferencia de esta interpretación de la Audiencia con la jurisprudencia de la sala es que esta conclusión se extrae exclusivamente de haber contratado con pleno conocimiento de la situación de insolvencia del deudor, y por lo tanto asumiendo el consiguiente riesgo.

Y la jurisprudencia al respecto no es esta. La sala, en esa sentencia 733/2013, de 4 de diciembre, dejó abierta la posibilidad de que el acreedor que ejercita la acción lo hiciera contraviniendo las exigencias de la buena fe cuando, además del conocimiento de la mala situación económica o insolvencia del deudor, concurrieran otro tipo de circunstanciales adicionales, como las que se reseñan que no concurrían en aquel caso (inciso final del fundamento jurídico 8):

«*Los acreedores demandantes no estaban, al prestar sus créditos a la sociedad, en unas condiciones de conocimiento y control de dicha entidad que pusieran en evidencia que asumían el riesgo de insolvencia de la sociedad deudora, de tal forma que ejercitar después la acción de responsabilidad contra los administradores ex art. 262.5 TRLSA vulneraría las exigencias de la buena fe*».

Esas circunstancias van ligadas a que el acreedor demandante al conceder crédito a la sociedad gozaba no solo de una situación de conocimiento, sino sobre todo, de control de la sociedad deudora que ponía en evidencia el riesgo que asumía de la insolvencia de esta. Lo que concurre, por ejemplo, cuando el acreedor es un socio dominante o relevante de la sociedad deudora. El mero conocimiento de la insolvencia del deudor, que es lo que ocurre en este caso, a tenor de los hechos acreditados en la instancia, no es suficiente.

Por ello, procede estimar el recurso de casación, dejar sin efecto la sentencia de apelación y, en su lugar, por las mismas razones que han servido para estimar la casación, acordar la desestimación del recurso de apelación, con lo que se confirma la sentencia de primera instancia.

No cabe responsabilidad solidaria del administrador y de la sociedad limitada, *ex* art. 105 LSRL, porque la deuda nació al prestar los servicios el abogado y el procurador y, siendo la última actuación procesal de marzo de 2006, la obligación social era anterior a la causa de disolución

TS, Sala Primera, de lo Civil, 144/2017, de 1 de marzo. Recurso 2198/2014

SP/SENT/890499

Dado que la Audiencia Provincial ha fijado como fecha en que acaeció la causa legal de disolución el mes de julio de 2006, y en el recurso no se ha cuestionado tal conclusión, el régimen legal aplicable es el del art. 105.5 de la Ley de Sociedades de Responsabilidad Limitada en la redacción dada por la disposición final 2 de la Ley 19/2005, de 14 de noviembre. Este precepto legal, actualmente sustituido por el art. 367 del Texto Refundido de la Ley de Sociedades de Capital, establecía:

«*Responderán solidariamente de las obligaciones sociales posteriores al acaecimiento de la causa legal de disolución los administradores que incumplan la obligación de convocar en el plazo de dos meses la junta general para que adopte, en su caso, el acuerdo de disolución, así como los administradores que no soliciten la disolución judicial o, si procediere, el concurso de la sociedad, en el plazo de dos meses a contar desde la fecha prevista para la celebración de la junta, cuando esta no se haya constituido, o desde el día de la junta, cuando el acuerdo hubiera sido contrario a la disolución o al concurso.*

»*En estos casos las obligaciones sociales reclamadas se presumirán de fecha posterior al acaecimiento de la causa legal de disolución de la sociedad, salvo que los administradores acrediten que son de fecha anterior*».

3. La cuestión controvertida en el recurso consiste en qué criterio debe emplearse para considerar que la obligación social es anterior o posterior a la causa legal de disolución, si es el momento del nacimiento de la obligación o es el del momento en que la obligación está vencida y es líquida y exigible.

4. Son datos fijados en la instancia que los servicios de la procuradora y el abogado demandantes fueron contratados como muy tarde en 2002 (consta que la provisión de fondos se hizo en septiembre de 2001). Estos servicios se prestaron en el juicio ordinario 254/2002,

proceso de ejecución 485/2004, juicio verbal 630/2004 y proceso de ejecución 441/2005 del Juzgado de Primera Instancia núm. 1 de Paterna, en Valencia, y la apelación de la sentencia dictada en el primero de dichos procesos, seguida ante la Audiencia Provincial. En el auto dictado por dicho juzgado con relación a la jura de cuentas, se dice que la última actuación procesal realizada en dichos procedimientos fue un auto de 22 de febrero de 2006, poniendo fin al proceso, y una providencia de 2 de marzo de 2006 de desglose documental.

5. En la sentencia 246/2015, de 14 de mayo, consideramos que el momento relevante para decidir sobre si la obligación es posterior a la concurrencia de la causa legal de disolución es el momento en que nace la obligación social de la que se pretende hacer responsable solidario al administrador.

Este criterio concuerda con el seguido por esta sala para atribuir al administrador social la responsabilidad solidaria por las obligaciones sociales existentes estando vigente su cargo, y, por el contrario, no atribuirle responsabilidad por las obligaciones nacidas con posterioridad a que haya cesado en su cargo, pese a que el incumplimiento del deber de promover la disolución y liquidación de la sociedad por concurrir causa legal de disolución se haya producido estando vigente su nombramiento (sentencias 585/2013, de 14 de octubre, y 731/2013, de 2 de diciembre).

No es preciso, por tanto, que la deuda esté vencida y sea líquida y exigible, pues si la obligación nació estando vigente el cargo del administrador, el mismo responde solidariamente con la sociedad, aunque hubiera cesado en el cargo antes de que la obligación estuviera vencida y fuera líquida y exigible.

6. Es cierto que esta sala ha limitado la antedatación excesiva de las obligaciones a efectos de determinar la responsabilidad solidaria del administrador social, de modo que aunque la obligación que nació tras el acaecimiento de la causa legal de disolución traiga a su vez causa o esté relacionada con otra relación jurídica anterior, no puede antedatarse su origen al de la relación jurídica previa de la que trae causa o con la que está relacionada, a efectos de la "posterioridad" o "anterioridad" relevante en el precepto legal, salvo que se diera una relación de accesoriedad o subsidiariedad muy pronunciada entre la obligación posterior y la anterior, como era el caso del nacimiento de la obligación de pagar intereses de demora. Así lo declaramos en la sentencia 151/2016, de 10 de marzo.

Pero ese no es el caso objeto del recurso, en el que la obligación de pago nace cuando se prestaron los servicios por los profesionales a la sociedad de la que el recurrente era administrador.

7. En esa sentencia afirmamos que la función de esta norma (el actual art. 367 del Texto Refundido de la Ley de Sociedades de Capital) era incentivar la disolución o la solicitud de concurso de las sociedades cuando concurra causa legal para una u otra solución porque, de no adoptar las medidas pertinentes para conseguir la disolución y liquidación de la sociedad o su declaración en concurso, según los casos, si la sociedad sigue desenvolviendo su actividad social con un patrimonio sustancialmente menor a su capital social y que se presume insuficiente para atender sus obligaciones sociales (o concurriendo otra causa

legal de disolución, aunque la más frecuente en estos casos sea la de pérdidas agravadas), los administradores deberán responder solidariamente de cuantas obligaciones sociales se originen con posterioridad, tanto las de naturaleza contractual como las que tengan otro origen. Dentro de ese ámbito general, como concreción de esta función, tiene efectivamente un efecto desincentivador de la asunción de nuevas obligaciones contractuales por parte de la sociedad, aunque no es su función única dado que la responsabilidad solidaria de los administradores se produce respecto de cualesquiera obligaciones sociales, y no solo de las de origen contractual.

8. En el presente supuesto, la obligación de pago nació cuando se prestaron los servicios a la sociedad por los profesionales que le representaron y defendieron en los procesos relativos a la nulidad del contrato de compraventa de un vehículo. Como se ha dicho, la última actuación procesal se produjo en marzo de 2006. Por tanto, la obligación social nació antes del acaecimiento de la causa legal de disolución, que la Audiencia fijó en julio de 2006.

El auto del Juzgado de Primera Instancia en el que se estimó la solicitud de jura de cuentas y se condenó a la sociedad de la que era administrador el hoy recurrente a pagar a su abogado y a su procuradora las cantidades que restaban por abonarles no hizo nacer la obligación de pago de la sociedad, sino que condenó a esta al pago de la deuda preexistente.

Por tanto, la asunción de la obligación contractual por la sociedad administrada por el recurrente se produjo en una fecha anterior al acaecimiento de la causa legal de disolución.

9. La consecuencia de lo expresado es que la deuda social no puede considerarse posterior al acaecimiento de la causa legal de disolución y, por tanto, no puede condenarse al administrador solidariamente con la sociedad al pago de dicha deuda con base en el art. 105.5 de la Ley de Sociedades de Responsabilidad Limitada.

Responsabilidad solidaria de los administradores al generarse la deuda incursa la S.A.L. en pérdidas cualificadas, ni el ERE que extinguió todos los contratos laborales ni la venta de activos y pasivos justifican no instar la disolución

TS, Sala Primera, de lo Civil, 27/2017, de 18 de enero. Recurso 1422/2014

SP/SENT/886072

Hemos de partir de los hechos acreditados en la instancia, según los cuales Polextrupac, S.A.L. se encontraba en una situación de pérdidas que habían reducido su patrimonio neto por debajo de la mitad del capital social a primeros de octubre de 2009, antes de que nacieran las obligaciones sociales cuyo pago la demandante reclama a los administradores de Polextrupac, S.A.L.

Concurriendo esta causa legal de disolución, los concretos deberes que los arts. 365 y 366 LSC imponían a los administradores eran: i) en primer lugar, convocar la junta general en el plazo de dos meses para que adopte el acuerdo de disolución; ii) en el caso en que no se hubiera podido constituir la junta, solicitar la disolución judicial en el plazo de dos meses a contar desde la fecha prevista para la celebración de la junta; y iii) si se hubiese celebrado la junta, pero no se hubiera adoptado el acuerdo de disolución o el acuerdo hubiese sido contrario, solicitar la disolución judicial en el plazo de dos meses a contar desde el día de la junta.

En la instancia ha quedado acreditado que no se cumplió con estos deberes legales. La consecuencia legal prevista en el art. 367 LSC para el incumplimiento de estos deberes legales, es que los administradores «responderán solidariamente de las obligaciones sociales posteriores al acaecimiento de la causa legal de disolución». Como ya hemos adelantado, también ha quedado probado que en este caso las obligaciones sociales reclamadas son posteriores a la aparición de la causa de disolución.

En realidad, lo que cuestiona el recurso es si cabe amortiguar el rigor de esta responsabilidad cuando consta que los administradores no promovieron la disolución, pero llevaron a cabo actuaciones tendentes a paliar la crisis económica de la compañía.

Propiamente, la ley no establece la ausencia de esta actuación como un requisito negativo para que proceda la responsabilidad del art. 367 LSC. Cuestión distinta es que la jurisprudencia haya tenido en cuenta, en algún caso, la existencia de alguna causa que justificaba el incumplimiento de los deberes de promover la disolución. Esta jurisprudencia que aflora con la sentencia de Pleno de 28 de abril de 2006 trataba de mitigar el rigor de la norma en su redacción anterior a la Ley 19/2005 (en que se respondía solidariamente de todas las deudas sociales anteriores y posteriores), en algunos casos en que concurrían circunstancias que justificaban que no se imputara esa responsabilidad a los administradores cuando habían desarrollado una actuación significativa para evitar el daño. Esta doctrina fue reiterada en las sentencias posteriores de 20 de noviembre de 2008, 1 de junio de 2009 y 12 de febrero de 2010.

No apreciamos que, en este caso, el expediente de regulación de empleo, que acabó con la extinción de todas las relaciones laborales, y la posterior venta de activos y pasivos de la compañía, justificaran la omisión del deber de instar la disolución de la sociedad. Estas medidas no solo eran compatibles con la disolución de la compañía, sino que además conducían a ella. El segundo ERE de extinción de relaciones laborales y la venta de activos y pasivos suponían de facto el cese por parte de la sociedad de su actividad empresarial, lo que ahondaba más en la necesidad de su disolución.

En realidad, y máxime con la regulación actual del art. 367 LSC, que reduce la responsabilidad respecto de las deudas posteriores a la aparición de la causa de disolución, son muy excepcionales las causas que pudieran justificar el incumplimiento del deber legal de promover la disolución. Debe ser algo que ponga en evidencia que, en esas condiciones, a los administradores dejaba de serles exigible el deber de instar la disolución.

Responsabilidad especial objetiva, personal, ilimitada y solidaria del socio único por deudas de la sociedad limitada generadas pasados seis meses desde la unipersonalidad sobrevenida, sin constar inscripción ni publicidad registral en garantía de acreedores

TS, Sala Primera, de lo Civil, 499/2016, de 19 de julio. Recurso 449/2014

SP/SENT/863492

En el caso de la unipersonalidad sobrevenida, esta exigencia de publicidad va ligada a un régimen de responsabilidad en caso de incumplimiento. Así el art. 129 LSRL (actualmente el art. 14 LSC) disponía que, «trascurridos seis meses desde la adquisición por la sociedad de la unipersonalidad sobrevenida sin que esta circunstancia se hubiera inscrito en el Registro Mercantil, el socio único responderá personal, ilimitada y solidariamente de las deudas sociales contraídas durante el período de unipersonalidad». Y desde la inscripción, dejará de responder de las deudas posteriores.

Esta responsabilidad solidaria del socio único afecta únicamente a las deudas sociales surgidas durante el período de unipersonalidad, cumplido el presupuesto de que no se haya inscrito en el Registro Mercantil la situación de unipersonalidad.

En nuestro caso, ha quedado acreditado que transcurrieron seis meses desde la unipersonalidad sobrevenida, ocurrida en marzo de 2002, sin que se practicara la preceptiva inscripción registral, y que en esta situación de falta de publicidad registral nacieron las deudas de la sociedad unipersonal frente a los acreedores ahora demandantes.

En esta situación, el art. 129 LSRL impone la responsabilidad personal, ilimitada y solidaria sobre estas deudas sociales al socio único. El socio único no deviene obligado solidario sino responsable solidario: responde del incumplimiento de la deudora, que es la sociedad, sin perjuicio de que, por su carácter solidario, tras dicho incumplimiento, los acreedores pueden dirigir su reclamación indistintamente frente a la sociedad y frente al socio único, sin que en este último caso se exija la previa excusión de los bienes y derechos de la sociedad. No obstante, como el socio único no es obligado solidario, caso de haber hecho efectiva su responsabilidad frente al acreedor, tendría acción para repetir de la sociedad el importe de lo satisfecho.

Esta responsabilidad del socio único viene anudada, como hemos visto, al incumplimiento del deber de publicidad registral de la condición de unipersonalidad sobrevenida de la sociedad. Este incumplimiento encierra una conducta cuando menos negligente (incumplir un deber legal de publicidad en garantía de los acreedores), por parte del socio único, que lleva aparejada esta responsabilidad solidaria de las deudas sociales contraídas bajo la unipersonalidad no registrada.

Se trata de un régimen propio de responsabilidad, respecto del que no resultan de aplicación los requisitos y principios de la responsabilidad por dolo o culpa grave, contractual o extracontractual, prevista con carácter general en el Código Civil y de forma particular, para los administradores sociales, en la Ley de Sociedades de Capital (antes, en la Ley de Sociedades de Responsabilidad Limitada y en la Ley de Sociedades Anónimas).

Tan solo existe una cierta analogía con la responsabilidad de los administradores de una sociedad de capital por haber incumplido el deber de promover la disolución de la sociedad, estando esta incursa en causa de disolución, prevista en la actualidad en el art. 367 LSC (art. 105.5 LSRL). También en ese caso la responsabilidad solidaria del administrador respecto de las deudas sociales posteriores a la causa de disolución es ex lege, viene impuesta por la ley en caso de incumplimiento del deber legal de promover la disolución de la sociedad.

En contra de lo aducido en la formulación del motivo segundo, en uno y otro caso, no se exige relación de causalidad entre el incumplimiento de la deuda social respecto de la que se impone la responsabilidad, en un caso al socio único y en otro al administrador, y el incumplimiento del deber legal correspondiente, el de publicidad registral de la unipersonalidad para el socio único y el de promover la disolución para el administrador.

En consecuencia, no se advierte que sobre la base de los hechos acreditados en la instancia (el transcurso de los seis meses desde la unipersonalidad sobrevenida sin que se hubiera inscrito en el Registro y el nacimiento posterior de los créditos de los acreedores), la estimación de la responsabilidad solidaria del socio único respecto de dichas deudas sociales haya contravenido el art. 129 LSRL, ni los que de forma más genérica se denunciaban como infringidos en los motivos del recurso de casación.

No hay realidad material y realidad contable de la sociedad, las pérdidas cualificadas se constatan comparando patrimonio social, valorado contablemente, y cifra del capital social, por lo que es irrelevante el informe de auditor y que el concurso fuera fortuito

TS, Sala Primera, de lo Civil, 363/2016, de 1 de junio. Recurso 142/2014

SP/SENT/857614

Decisión de la Sala. Las «pérdidas agravadas» como causa legal de disolución y el empleo de criterios contables para determinar su concurrencia.

1. El art. 260.1.4.º TRLSA, en la redacción vigente cuando sucedieron los hechos relevantes, establecía:

«La sociedad anónima se disolverá:

»1.º Por acuerdo de la junta general, adoptado con arreglo al artículo 103.

»2.º Por cumplimiento del término fijado en los estatutos.

»3.º Por la conclusión de la empresa que constituya su objeto o la imposibilidad manifiesta de realizar el fin social o por la paralización de los órganos sociales, de modo que resulte imposible su funcionamiento.

»4.º Por consecuencia de pérdidas que dejen reducido el patrimonio neto a una cantidad inferior a la mitad del capital social, a no ser que este se aumente o se reduzca en la medida suficiente, y siempre que no sea procedente solicitar la declaración de concurso conforme a lo dispuesto en la Ley 22/2003, de 9 de julio, Concursal».

El vigente art. 363.1.d TRLSC emplea términos prácticamente idénticos.

2. Esta causa de disolución está íntimamente conectada con la función del capital social en las sociedades de capital. La regulación legal del capital social en la normativa societaria persigue una estricta vinculación jurídica de los fondos propios aportados a la empresa social, en tutela de los acreedores y del tráfico jurídico, dada la limitación de la responsabilidad de los socios.

La normativa societaria busca tal fin por varias vías: determinando el quantum del patrimonio afecto (fijación de mínimos legales según el tipo societario), garantizando su conocimiento por parte de terceros (constancia en los estatutos y publicidad registral, arts. 9.f TRLSA, actual 23.d TRLSC, y 115 y 121 del Reglamento del Registro Mercantil), asegurando su correcta formación inicial (garantías de depósito bancario de las aportaciones dinerarias y control y responsabilidad de los aportantes respecto de las aportaciones no dinerarias), su completa integración (arts. 42 y siguientes TRLSA, actuales 81 y siguientes TRLSC) y su mantenimiento efectivo a lo largo de la vida social (obligación de reducir el capital por pérdidas del art. 163.1.II TRLSA, actual art. 327 TRLSC, requisitos de publicidad y posibilidad de oposición de acreedores respecto de la reducción de capital, arts. 165 y siguientes TRLSA, actuales 319 y 334 TRLSC, responsabilidad de los socios por la restitución de bienes integrantes del capital social por las deudas sociales, etc.).

Esta disciplina viene motivada por el principio básico de separación de responsabilidad entre la sociedad y los socios, por el que los socios «no responderán personalmente de las deudas sociales», principio básico de las sociedades capitalistas (art. 1 TRLSA, art. 1 de la Ley de Sociedades de Responsabilidad Limitada, y actual art. 1.2.º y 3.º TRLSC). Si de las deudas sociales solo responde el patrimonio social, hay que garantizar su afección a la empresa, su realidad, su integridad, su permanencia y que exista una correspondencia razonable entre la cifra de capital social que aparece publicitada en el Registro Mercantil y el patrimonio realmente existente, esto es, que el capital social sea un dato real y no ficticio. De ahí la disciplina legal antes indicada.

3. Dentro de esta disciplina se encuadra también la obligación de los administradores societarios de realizar los actos precisos para la disolución de la sociedad (o, en caso de insolvencia, su declaración en concurso) en un plazo breve desde que se constate que las deudas han dejado reducido el patrimonio social a menos de la mitad del capital social, a fin de evitar que una sociedad descapitalizada siga funcionando en el tráfico, endeudándose frente a unos acreedores que confían en la apariencia de suficiencia patrimonial que resulta de la cifra del capital social inscrita en el Registro Mercantil. Y es por ello que la normativa societaria prevé la responsabilidad solidaria de los administradores respecto de las deudas sociales posteriores a la concurrencia de la causa de disolución si no cumplen sus obligaciones cara a la disolución o la declaración de concurso de la sociedad cuando concurre tal causa de disolución (art. 262.5 en relación a 260.1.4.º TRLSA, actual art. 367 TRLSC).

4. Del mismo modo, la valoración del patrimonio de la sociedad, a efectos de compararlo con la cifra del capital social y determinar si concurre la causa legal de disolución, no puede quedar al libre arbitrio de los administradores sociales, sino que ha de realizarse conforme a unas determinadas reglas y principios, de carácter homogéneo, que son los de la contabilidad tal como viene determinada por las normas que la regulan.

Por ello, no es admisible el argumento impugnatorio que pretende diferenciar entre la «realidad material de la sociedad» y la fijada por el perito en base a criterios contables. Solo la situación patrimonial fijada en base a estos criterios contables puede tomarse en consideración para decidir si concurre la causa legal de disolución por pérdidas agravadas.

5. Tampoco pueden tomarse en consideración los argumentos referidos a los informes de auditoría o a la consideración por la AC y el Ministerio Fiscal del concurso de GTD como fortuito. Lo que en realidad hace el recurrente es cuestionar la valoración probatoria realizada por la Audiencia Provincial, que ha otorgado un valor probatorio determinante al informe realizado por el perito judicial, en la ampliación realizada en la segunda instancia, y eso no es admisible en el recurso de casación.

Responsabilidad solidaria del administrador por la deuda reclamada al concurrir disolución cuando la contrajo y no convocar junta para una ordenada liquidación ni presentar concurso de la sociedad

AP Badajoz, Sec. 2.ª, 515/2023, de 27 de julio. Recurso 1367/2021

SP/SENT/1197050

Y es que, en efecto, consta en autos que las relaciones de negocio de las que derivó la deuda reclamada (15 facturas) nacieron en 30 de junio de 2011, para cuya satisfacción se expidieron diversas facturas entre el 30 de agosto y el 3 de diciembre de 2011, cuyo impago dio lugar a que se presentara demanda, el 18 de enero de 2012, que se sustanció como PO n.º 65/2012, que terminó por sentencia de 29/10/2014, condenando a la Sociedad "Flexval Instalaciones, S. L." a pagar 8.168,12 €; y costas; y, posteriormente, por incumplimiento voluntario de la Sentencia, se promovió Procedimiento de Ejecución, en el que se dictó Auto de Ejecución el 28/09/2015, en el que no consiguió cobrarse la deuda.

De lo actuado, se desprende que el Administrador demandado incumplió sus deberes legales relativos a la disolución de la Sociedad y a proceder a su ordenada liquidación, pues según la documentación contable incorporada a los autos, en 2011, la Sociedad arrojaba un balance de pérdidas de −119.791,32 €, siendo su capital social de 3.120 €. Es decir, el Administrador incurrió en un ilícito orgánico grave, que causó un daño director al Acreedor por insatisfacción de su crédito, correspondiéndole al demandado la carga de acreditar que, aunque se hubiera procedido a la disolución y liquidación ordenada de la Sociedad, aun así no se habría podido pagar el crédito del Actor, por insuficiencia de activo.

La mercantil ya arrastraba pérdidas, incursa en causa de disolución, art. 363.1 e) LSC, y consiguiente responsabilidad solidaria por deudas, art. 376 LSC, por lo que declarar posteriormente concurso no exonera de responsabilidad al administrador societario

AP Madrid, Sec. 28.ª, 514/2023, de 14 de julio. Recurso 1123/2022

SP/SENT/1196320

A los solos efectos de determinar la concurrencia de la causa de disolución prevista en el artículo 363.1 e) del texto refundido de la Ley de Sociedades de Capital, aprobado por el Real Decreto Legislativo 1/2010, de 2 de julio, no se tomarán en consideración las pérdidas del presente ejercicio 2020. Si en el resultado del ejercicio 2021 se apreciaran pérdidas que dejen reducido el patrimonio neto a una cantidad inferior a la mitad del capital social, deberá convocarse por los administradores o podrá solicitarse por cualquier socio en el plazo de dos meses a contar desde el cierre del ejercicio conforme al artículo 365 de la citada Ley, la celebración de Junta para proceder a la disolución de la sociedad, a no ser que se aumente o reduzca el capital en la medida suficiente.

2. Lo dispuesto en el apartado anterior se entiende sin perjuicio del deber de solicitar la declaración de concurso de acuerdo con lo establecido en el presente real decreto-ley.

Normativa que después es recogida en el art. 13 de la Ley 3/2020, de 18 de septiembre, y que recoge la llamada moratoria contable.

Sin entrar en más detalles, y en lo que aquí interesa, apuntar que lo que prevé es que no se tomarán en consideración las pérdidas del ejercicio 2020 (después ampliado al 2021) a efectos de determinar la causa legal de disolución por pérdidas cualificadas. Se trata de evitar excepcionalmente las consecuencias que tendría la aplicación de las normas generales sobre disolución de sociedades de capital, y permitir a las empresas ganar tiempo para poder reestructurar su deuda, conseguir liquidez y compensar pérdidas, ya sea por la recuperación de su actividad ordinaria o por el acceso al crédito o a las ayudas públicas, de modo que esas pérdidas de los ejercicios 2020 (después ampliadas al 2021) quedan "encapsuladas" transitoriamente (ahora ya hasta el ejercicio 2024 inclusive); exclusión de las pérdidas de esos ejercicios que es total y abstracta, al no estar causalizadas, de modo que no se precisa la probanza de que estén derivadas de la situación de pandemia, ni directa ni indirectamente.

Pero en lo que aquí interesa, a pesar de que el precepto se rubrica "*suspensión de la causa de disolución*", no hay tal suspensión. Si la sociedad ya arrastraba pérdidas de ejercicios previos que la hacían incurrir en el supuesto del art. 363.1 e) LSC subsisten los deberes previstos en los arts. 364 a 366 LSC y la consiguiente responsabilidad del art. 376 LSC. Esto es lo que acontece aquí, pues al menos a 31.12.2019 la sociedad estaba ya en causa de disolución, y dado que los administradores no actuaron como impone le arts. 365-366 LSC, la consecuencia es su responsabilidad solidaria por las deudas sociales posteriores, como las aquí enjuiciadas

8. Finalmente, tampoco el que instaran la declaración de concurso de la mercantil administrada el 15.3.2021, pendiente la litis, tiene la eficacia exonerante de la responsabilidad

solidaria por deudas sociales que pretenden los apelados, ya que esa petición de concurso de 2021 no sana el previo y manifiesto incumplimiento de sus deberes societarios previstos en los arts. 365-366 LSC y la consiguiente responsabilidad *ex* art. 367LSC.

Probada la causa de disolución, por pérdidas cualificadas, opera la presunción legal de disolución al tiempo de contraer la deuda, derivada del impago de varios servicios de transporte; se acoge la acción de responsabilidad por deudas

AP A Coruña, Sec. 4.ª, 214/2023, de 29 de marzo. Recurso 484/2021

SP/SENT/1185062

La sociedad deudora, que inició sus actividades con un capital social de 3.400,00 € en abril de 2006, no hizo depósito de las cuentas anuales correspondientes al ejercicio de 2006 ni en ninguno de los ejercicios posteriores. Causó baja provisional en febrero de 2011, por causa de deudas/incumplimientos fiscales, y los últimos asientos anteriores a la baja fueron los de nombramiento del administrador único y declaración de unipersonalidad (en abril de 2007, si bien en ejecución de acuerdos sociales de 21 de noviembre de 2006).

8. Si en el marco de la ejecución de títulos judiciales 652/2008, tras un procedimiento monitorio, no se han hallado bienes o derechos de la sociedad deudora susceptibles de embargo, y si en 2011 se acordó la baja provisional de la sociedad a instancia de la AEAT (lo que implica la existencia de débitos tributarios fallidos conforme al Reglamento General de Recaudación o/y falta de presentación de la declaración del impuesto de sociedades durante tres ejercicios consecutivos), es razonable deducir que la sociedad deudora acumuló muy tempranamente pérdidas que consumieron íntegramente su patrimonio neto, situándolo en valores negativos. La falta de presentación a depósito de las cuentas anuales, ya desde el primer ejercicio, es indicio normalmente revelador de una situación contable de "desbalance" y de la falta de reacción por parte de los administradores que, en unión de los datos disponibles, permite establecer la concurrencia de la causa legal de disolución del artículo 104 1 letra e) de la LSRL: "*Por consecuencia de pérdidas que dejen reducido el patrimonio neto a una cantidad inferior a la mitad del capital social, a no ser que este se aumente o se reduzca en la medida suficiente, y siempre que no sea procedente solicitar la declaración de concurso conforme a lo dispuesto en la Ley 22/2003, de 9 de julio, Concursal*". El administrador único de la compañía no promovió la disolución, ni acuerdo alguno del que exista constancia dirigido a enervar la causa de disolución concurrente, ni solicitó tampoco el concurso de acreedores.

9. Probada la causa de disolución, opera la presunción legal de posterioridad de la deuda; es lo mismo que decir que la ley presume que la causa de disolución constatada ya existía al tiempo de nacer las obligaciones incumplidas, salvo que se pruebe o resulte de los autos lo contrario. En este caso, como la sociedad deudora incumplió la obligación de depositar en el registro las cuentas anuales cerradas a 31 de diciembre de 2006 y tampoco se ha propuesto prueba sobre la situación patrimonial y contable de la compañía al tiempo de contraer las obligaciones de pago con la transportista (febrero/marzo de 2007), la conclusión

es que la presunción legal no ha quedado desvirtuada. Así las cosas, la demanda debió ser estimada y ha de serlo el recurso.

10. En cuanto a los intereses, puesto que en la demanda se limita la reclamación a los "*legalmente aplicable(s)*", sin mayor especificación, ceñiremos el pronunciamiento a los legales desde la presentación de la demanda (artículos 1100 y 1108 CC) y a los procesales del artículo 576 de la LEC a partir de la fecha de esta resolución.

Responsabilidad por deudas, pero se reduce su importe; la administración, constatada causa de disolución por pérdidas, no promovió ordenada disolución ni liquidación

AP Vizcaya, Sec. 4.ª, 1262/2022, de 23 de diciembre. Recurso 821/2022

SP/SENT/1182876

El artículo 367 de la Ley de Sociedades de Capital, de conformidad con el texto refundido aprobado por Real Decreto Legislativo 1/2010, anterior a la reforma operada por la Ley 16/2022 de 5 de septiembre, dispone:

"*1. Responderán solidariamente de las obligaciones sociales posteriores al acaecimiento de la causa legal de disolución los administradores que incumplan la obligación de convocar en el plazo de dos meses la junta general para que adopte, en su caso, el acuerdo de disolución, así como los administradores que no soliciten la disolución judicial o, si procediere, el concurso de la sociedad, en el plazo de dos meses a contar desde la fecha prevista para la celebración de la junta, cuando esta no se haya constituido, o desde el día de la junta, cuando el acuerdo hubiera sido contrario a la disolución.*

2. En estos casos las obligaciones sociales reclamadas se presumirán de fecha posterior al acaecimiento de la causa legal de disolución de la sociedad, salvo que los administradores acrediten que son de fecha anterior".

Para la estimación de la acción basada en el art. 367.1 LSC es necesaria la concurrencia de los siguientes requisitos (Sentencia del Tribunal Supremo de 14 de julio de 2021): i) Que exista la deuda social (crédito contra la sociedad) que se reclama, pues se trata de una acción reservada a los acreedores de la sociedad. ii) Que los demandados tengan la condición de administrador social de la mercantil deudora. Responderá de las deudas contraídas mientras es administrador, no tras su cese, pues la responsabilidad cesa con el cese efectivo en el cargo. iii) Que concurra alguna de las causas de disolución de las sociedades de capital previstas en el artículo 363 LSC. iv) Que el administrador social haya quebrantado el mandato del artículo 367 LSC, que impone a los administradores la obligación de convocar junta general para que adopte el acuerdo de disolución o de remoción de sus causas, o (si la sociedad fuera insolvente) la obligación de promover el concurso. Si este acuerdo no puede ser logrado, ello no libera de responsabilidad a los administradores, a quienes el artículo 366 LSC impone la obligación de subsidiaria de solicitar la disolución judicial de la sociedad. v) Que la deuda reclamada haya nacido con posterioridad a la concurrencia de la causa de disolución alegada. Se presume que la deuda social es posterior, salvo que el administrador acredite que es anterior a la causa de disolución. Por tanto, es necesario que la deuda se contraiga (nazca) estando la sociedad incursa en causa de disolución. vi) Que hayan transcurrido dos meses desde la concurrencia de la causa de disolución. El plazo de dos meses debe computarse desde que los administradores tuvieron o debieron tener conocimiento de la situación patrimonial de la sociedad, si hubieran obrado con la diligencia normal de su cargo.

A tales requisitos legales, la jurisprudencia (entre otras STS de 10 de noviembre de 2010) ha añadido otros dos, referidos a la imputación objetiva y subjetiva de la conducta pasiva al administrador. Así se exige: vii) Que no exista causa justificadora del incumplimiento del deber por el administrador, pues cabría exonerar al administrador que demuestre que realizó una acción significativa para evitar o remediar el daño o que se encuentre ante la imposibilidad de evitarlo por haber cesado antes de que se produzca el hecho causante de la disolución o haberse encontrado ante una situación ya irreversible. viii) Que exista buena fe en el ejercicio de la acción, pues si el acreedor demandante contrató con la sociedad a sabiendas de su situación de infracapitalización, no puede luego dirigirse contra sus administradores. Pero para excluir la responsabilidad del administrador no basta el mero conocimiento de la insolvencia por el actor, sino que deben concurrir circunstancias que permitan calificar la reclamación como contraria a la buena fe.

En cuanto a la naturaleza de la acción de responsabilidad por deudas, la doctrina del Tribunal Supremo (entre otras, STS de 10 de noviembre de 2010) argumenta que nos encontramos ante una responsabilidad *ex lege* por incumplimiento de la obligación de convocar la Junta General, cuando la sociedad se encuentra en situación legal de disolución y no proceden los administradores a su disolución. De esta forma, conociendo los administradores que la entidad que administran se encuentra en situación legal de insolvencia y que no podrá hacer frente a las obligaciones futuras, al no ejercitar sus competencias para superar dicho obstáculo, bien mediante convocatoria de Junta General para que en su seno se adopten las medidas adecuadas, bien mediante la adopción de medidas que permitan superar la situación de insolvencia, abocan con su actuación a la sociedad a no responder de los créditos que se contraigan posteriormente a la mencionada situación. Podríamos concluir que nos encontramos ante una situación preconcursal que trata de proteger el crédito de los acreedores que contratan con una sociedad cuya solvencia económica permite augurar la insatisfacción del crédito a su vencimiento.

2. Como se recoge en la Sentencia n.º 420/2019 del Tribunal Supremo de 15 de julio de 2019 "*Como recuerda la sentencia de esta sala 473/2016, de 13 de julio, la jurisprudencia de la Sala de lo Social del Tribunal Supremo ha declarado que la sentencia del juzgado de lo social que acuerda la extinción del contrato de trabajo por incumplimientos graves del empleador reviste carácter constitutivo. Por tal razón, tanto la extinción de la relación laboral como el nacimiento del crédito indemnizatorio correspondiente operan con carácter ex nunc desde la sentencia firme que lo acuerda (sentencias de la Sala de lo Social del Tribunal Supremo 1497/1990, de 21 de diciembre, 22 de junio de 2011, 20 de julio de 2012, y 285/2016, de 13 de abril, y las en ellas citadas). Hasta el momento mismo de dictarse la sentencia, sigue existiendo la relación jurídica laboral entre el empleador y el trabajador;*

de ahí que, para el cálculo de la indemnización, se tome en cuenta el período temporal existente entre el inicio de la relación laboral y el momento en que se dicta la sentencia.

En consecuencia, las obligaciones sociales objeto de litigio eran posteriores a la causa de disolución, por lo que este primer motivo de apelación debe ser desestimado.

3. Respecto a que D. Ginés estuviese retirado de la administración y gestión de la sociedad y fuese, en todo caso, su hijo, nombrado apoderado general, quien gestionara la empresa, no empece a que quien debe asumir las obligaciones legales en orden a la convocatoria de la junta general es el administrador formalmente designado (arts. 166 y 167 LSC). La sentencia 721/2012, de 4 de diciembre, declaró que:

"[a]unque no cabe descartar la posible coexistencia de Administradores de derecho puramente formales con otro u otros de hecho -singularmente cuando se acredita que la designación formal tiene por objeto eludir la responsabilidad de quien realmente asume el control y gestión de la sociedad bajo la cobertura del apoderamiento-, como regla quien debe responder de los daños derivados de la administración lesiva es el administrador de derecho (Sentencias 261/2007, de 14 marzo; 55/2008, de 8 de febrero), ya que, como afirman las Sentencias 509/1999, de 7 de junio, y 222/2004, de 22 de marzo, "al existir un administrador nombrado legalmente es el auténtico responsable de la marcha de la sociedad". Máxime cuando la responsabilidad pretende derivarse de la omisión de una conducta cuyo cumplimiento no está al alcance de la administrador de hecho [...]".

La convocatoria de la junta general para acordar algunas de las medidas enervadoras de la situación de pérdidas cualificadas [arts. 363.1 e) y 365 LSC] corresponde a la administrador social y no al apoderado general...".

3. No ha sido discutida la concurrencia de los requisitos necesarios para la estimación de la acción de responsabilidad por deudas sociales, sino únicamente, en esta segunda instancia, el alcance de la responsabilidad del Sr. Jerónimo en relación con el crédito indemnizatorio por la extinción de la relación laboral que mantenía la Sra. Frida con la Sociedad y que fue reconocida en la sentencia laboral de 14 de mayo de 2018, y que ha sido objeto de impugnación por la parte demandante.

Y aplicando la doctrina jurisprudencial anteriormente expuesta al caso examinado, no cabe duda que el demandado Sr. Jerónimo tenía al tiempo de generarse la deuda, el 14 de mayo de 2018, la condición de administrador social de la mercantil deudora Eryba Estudios de Mercado S. L., siendo que la sentencia que reconoce dicha deuda social adquirió firmeza con anterioridad a la inscripción del cese de su condición de administrador en el Registro Mercantil lo que aconteció el 25 de mayo de 2018.

Lo anterior es así en tanto que tampoco puede apreciarse en este caso que:

i) Exista causa justificadora del incumplimiento del deber por los administradores, pues cabría exonerar al administrador que demuestre que realizó una acción significativa para evitar o remediar el daño o que se encuentre ante la imposibilidad de evitarlo por haber cesado antes de que se produzca el hecho causante de la disolución o haberse encontrado ante una situación ya irreversible, cuestión a la que ya se hizo mención, por lo que doy por reproducido lo ya expuesto a la falta de legitimación pasiva del administrador Sr. jerónimo.

ii) No existe mala fe en el ejercicio de la acción, en modo alguno puede estimarse probado que la actora hubiera prestado servicios laborales por cuenta ajena en la sociedad Eryba Estudio de Mercado S. L., en su condición de empleadora a sabiendas de su situación de infracapitalización. No existe elemento alguno que permita excluir la buena fe de la parte actora en el ejercicio de la acción. Ninguna prueba ha desplegado la parte demandada al respecto, limitándose a realizar meras conjeturas sobre la concurrencia de la mala fe o abuso de derecho carentes de apoyatura probatoria.

La STS n.º 420/2019, de fecha 15 de julio de 2019, señala respecto de este particular: "*La jurisprudencia de esta Sala, representada por la sentencias 557/2010, de 27 de septiembre; 173/2011, de 17 de marzo; 826/2011, de 23 de noviembre; 942/2011, de 29 de diciembre; 225/2012, de 13 de abril; 395/2012, de 18 de junio; y 733/2013, de 4 de diciembre, establece que el mero conocimiento de la situación de crisis económica o de insolvencia de la sociedad por parte del acreedor al tiempo de generarse su crédito no le priva de legitimación para ejercitar la acción de responsabilidad prevista en el art. 367 LSC. Por el contrario, al contratar en estas circunstancias, conoce la garantía legal que supone respecto del cobro de su crédito que el reseñado precepto haga al administrador responsable solidario de su pago por no haber promovido la disolución, si es que concurría causa legal para ello.*

En la citada sentencia 395/2012, de 18 de junio, después de reconocer que "la buena fe es exigible en el ejercicio de la acción de responsabilidad por deudas, por lo que no cabe exigir responsabilidad a los administradores cuando la pretensión rebasa los límites de aquella", se concluye que no cabía "oponer frente al acreedor la mala fe derivada exclusivamente de su conocimiento de la precaria situación de la sociedad". Términos muy similares a los empleados en la sentencia 225/2012, de 13 de abril, al razonar que "para entender concurrente la male no es suficiente que el acreedor tanga conocimiento de que la sociedad se halla incursa en situación delicada".

4. En resumen, con estimación de la impugnación de la sentencia recurrida por la actora Sra. Frida, el Sr. Jerónimo es responsable de la deuda de indemnización por resolución laboral reconocida en la resolución judicial de fecha14 de mayo de 2018, por importe de 72.521,27 euros, resultante de 93.370,07 euros fijados menos 20.848,80 euros abonados por FOGASA, más 2.069,20 euros por crédito salarial desde el 31/12/2017 a la fecha de la sentencia de 14/5/2018, en total, de la suma de 74.590,87 euros. Se mantiene la condena por responsabilidad por deuda social del Sr. Germán al abono de la cantidad de 85.800,50 euros, correspondientes a la totalidad de la deuda social insatisfecha, a excepción de la generada por las prestaciones laborales correspondientes a los años 2009 a 2016, por ser anteriores a la constatación de la causa de disolución por pérdidas (datada al 31/12/2017).

La falta de presentación de cuentas permite presumir pérdidas cualificadas, la cual no ha sido desvirtuada, además, se acredita conducta antijurídica del administrador y nexo causal, concurre responsabilidad individual

AP Barcelona, Sec. 15.ª, 1254/2022, de 20 de julio. Recurso 2189/2022

SP/SENT/1159158

La acción individual de responsabilidad del art. 241 LSC es una acción de responsabilidad civil por daños contra los administradores, para cuyo éxito son presupuestos necesarios los siguientes: (i) una conducta antijurídica imputable al administrador; (ii) un daño directo para los intereses del tercero o del socio; y (iii) un nexo de causalidad directo y preciso entre la conducta ilícita y el daño.

Conforme a la jurisprudencia del Tribunal Supremo [por todas, la STS 679/2021, de 6 de octubre de 2021, ECLI:ES:TS:2021:3606], la acción individual de responsabilidad es una modalidad de responsabilidad por ilícito orgánico, contraída por los administradores en el desempeño de las funciones de su cargo, y que constituye un supuesto especial de responsabilidad extracontractual, con una regulación propia en el Derecho de sociedades (art. 241 LSC), que la especializa dentro de la genérica del art. 1902 CC (sentencias 150/2017, de 2 de marzo; y 665/2020, de 10 de diciembre; y las que en ellas se citan).

7. La delimitación entre el ámbito de responsabilidad de la sociedad frente a los terceros con quienes contrata y el de sus administradores frente a estos por los actos llevados a cabo en el ejercicio de su actividad orgánica requiere precisar claramente la conducta ilícita del administrador que ha ocasionado el daño directo al acreedor y "*que esa conducta pueda ser calificada como infractora de un deber cualificado del administrador*" (STS 253/2016, de 18 de abril). Pues, "*no puede identificarse la actuación antijurídica de la sociedad que no abona sus deudas y cuyos acreedores se ven impedidos para cobrarlas porque la sociedad deudora es insolvente, con la infracción por su administrador de la ley o los estatutos, o de los deberes inherentes a su cargo. Esta concepción de la responsabilidad de los administradores sociales convertiría tal responsabilidad en objetiva y produciría una confusión entre la actuación en el tráfico jurídico de la sociedad y la actuación de su administrador. (...) como regla general, no cabe atribuir a los administradores la responsabilidad por el impago de las deudas sociales de una sociedad que ha entrado en una situación de insolvencia que impide a sus acreedores cobrar sus deudas. Por el contrario, cuando la LSC ha querido imputar a los administradores la responsabilidad solidaria por el impago de las deudas sociales, ha exigido el incumplimiento del deber de promover la disolución de la sociedad o solicitar el concurso, y ha restringido esta responsabilidad a los créditos posteriores a la aparición de la causa de disolución (art. 367 LSC)*" (STS 679/2021, de 6 de octubre, ECLI:ES:TS:2021:3606).

8. En el presente supuesto, la conducta ilícita que se identifica en la demanda es el cierre de hecho con incumplimiento del deber del administrador de disolver y liquidar ordenadamente la sociedad. Si bien es cierto que el incumplimiento de ese deber, que se impone a los administradores para proteger a los acreedores de la sociedad, puede fundar la responsabilidad del art. 241 LSC, es asimismo cierto que para ello es menester establecer el nexo

causal entre esa conducta ilícita y el impago de la deuda social reclamada. Así, en un supuesto análogo al del presente caso, el Tribunal Supremo ha establecido lo siguiente: *"En este caso el ilícito orgánico denunciado ha sido realizar un cierre de hecho sin practicar operaciones de liquidación. En un supuesto como este la dificultad radica en apreciar una relación de causalidad entre esa conducta y el impago de la deuda, pues se precisa la constatación de la existencia de concretos activos cuya realización hubiera permitido abonar total o parcialmente la deuda. Algo que realizado hubiera servido para pagar el crédito"* (STS 580/2019, de 5 de noviembre, ECLI:ES:TS:2019:3625).

9. A ello debemos añadir que, tal y como se afirma en la STS de 13 de julio de 2016, antes referida, es preciso que en la demanda se haya hecho un esfuerzo argumentativo que permita justificar la existencia de nexo causal entre la conducta imputada al administrador como ilícito orgánico y el resultado dañoso producido para el acreedor.

10. Aplicando la anterior doctrina jurisprudencial al supuesto de autos, podemos observar que la demanda hace un esfuerzo argumentativo suficiente acerca de la concurrencia de nexo causal al menos respecto de una de las dos conductas ilícitas que imputa al administrador, la falta de una liquidación ordenada, al haber expresado que las últimas cuentas sociales que le resultaban conocidas al acreedor, las del ejercicio de 2016, mostraban un importante patrimonio social que hubiera permitido cobrar al acreedor en el marco de una liquidación ordenada.

11. Frente a ello el administrador demandado nada opuso, pues se mantuvo en rebeldía, de forma que ello hubiera sido razón suficiente para estimar acreditada la existencia de nexo causal, al no poder conocer el juzgado circunstancias que obstaran a la existencia del referido nexo de causalidad. Ahora en el recurso alega circunstancias nuevas que no podemos tomar en consideración y que, aunque las tomáramos, tampoco acreditan la inexistencia de nexo causal.

12. Aunque el recurso niega que la sociedad se encuentre incursa en causa legal de disolución, lo que justificaría la inexistencia del ilícito referido, no podemos atender tampoco ese argumento. La demanda ofrecía indicios suficientes de que la sociedad se encontraba incursa en la causa legal de disolución de pérdida cualificadas, causa que indiciariamente se deduce del hecho de que en abril de 2021, cuando el acreedor solicitó la certificación registral para presentar su demanda, no hubiera aportado las cuentas anuales correspondientes al ejercicio 2017 y a los posteriores. Así lo deducimos a partir del reiterado criterio que hemos venido siguiendo respecto a que la falta de aportación de las cuentas permite presumir la concurrencia de la causa de disolución de pérdidas cualificadas. Aunque más tarde las haya aportado, según afirma el demandado al oponerse al recurso, aunque no lo acredita (tampoco hubiera podido hacerlo), eso resulta irrelevante.

La administradora no aporta ninguna prueba que permita considerar que la sociedad no estaba incursa en causa de disolución por pérdidas, como demuestran las cuentas anuales

AP Barcelona, Sec. 15.ª, 546/2017, de 13 de diciembre. Recurso 280/2016

SP/SENT/936869

SÉPTIMO. Sobre la fecha en la que se originaría la deuda reclamada al amparo del artículo 367 de la LSC.

17. La acción ejercitada contra la Sra. África se vincula a la concurrencia de una causa de disolución y a que la administración de la compañía no adoptara las medidas tendentes a afrontar dicha causa en el plazo de dos meses.

18. Hemos considerado acreditado que en el ejercicio 2008 Promoqualit 2006 tenía unos fondos propios sensiblemente inferiores a la mitad del capital social (el capital social era ligeramente superior a los 3.000 € y los fondos propios en ese ejercicio se contabilizan en la suma de 466 €.

Es pacífico en la doctrina y en la práctica judicial que en los casos de concurrencia de causa de disolución constatable en las cuentas de la sociedad que la causa concurre durante todo el ejercicio, trasladando a los administradores de la sociedad la carga de acreditar que, pese a esos datos contables, la sociedad no se encontraba en pérdidas.

19. Las cantidades reclamadas en los presentes autos tienen su origen en un contrato de arras firmado por Promoqualit 2006 con las hoy demandantes en julio de 2006. Las arras se vinculaban a la imposibilidad de formalizar la escritura pública de compraventa de los inmuebles.

En el procedimiento seguido ante los juzgados de Martorell por las hoy demandantes con Promoqualit se ha considerado probado que Promoqualit obtuvo la documentación necesaria para formalizar las escrituras públicas el 22 de septiembre de 2008 (la sentencia se incorpora como documento n.º 10 de la demanda).

A los efectos de los presentes autos debemos considerar esa fecha, el 22 de septiembre de 2008, la fecha en la que nacía la obligación de Promoqualit de devolver duplicadas las cantidades entregadas en concepto de arras (así se deriva del contrato y así resulta de la sentencia firme dictada por el Juzgado de Martorell). En ese momento concurría la causa de disolución por pérdidas de la compañía y la Sra. África era uno de los administradores solidarios de la sociedad, por lo tanto, era responsable de las deudas sociales, dado que la causa de disolución concurría desde el inicio del ejercicio 2008 y la obligación reclamada nació en septiembre de 2008.

Opera la presunción del último párrafo del artículo 367 de la LSC. La Sra. África no ha aportado ningún medio de prueba que permita considerar que la sociedad que administraba en aquel momento no estaba incursa en la causa de disolución por pérdidas.

20. Partiendo de todas las consideraciones anteriores, debemos considerar que la sentencia dictada en primera instancia ha actuado correctamente al estimar la demanda dirigida

contra la Sra. África, no se ha producido ninguna irregularidad procesal, se ha dado respuesta a las pretensiones de los demandantes. No se han infringido tampoco las normas sobre carga de la prueba, tampoco las referidas a los requisitos o condicionantes para el ejercicio de la acción del artículo 367 de la LSC.

Hay responsabilidad del administrador social por la deuda reclamada cuando concurre causa de disolución a la fecha, como es el patrimonio inferior a la mitad del capital social y no procede conforme a la ley ni hace prueba en contrario

AP Badajoz, Sec. 2.ª, 397/2017, de 13 de noviembre. Recurso 475/2017

SP/SENT/932015

Por tanto, si la propia Sentencia reconoce que la causa de disolución surge en el ejercicio de 2008 y que las obligaciones sociales reclamadas surgen desde abril de ese año, pero sin poderse determinar el momento exacto en que aparece la causa de disolución, no habiendo acreditado, el Administrador Único que las deudas sociales reclamadas fueran de fecha anterior al propio surgimiento de la causa de disolución, en tal caso entra en juego la presunción de que tales deudas son posteriores, dado que, además, como bien dice el recurrente no parece asumible pensar que ese importante resultado negativo de 660.477,96 euros se hubiese producido en tan solo los últimos veinte días del ejercicio de 2008 (último impago 11/12/08).

En conclusión, pues, si, como ha sucedido, en el caso enjuiciado, el demandante ha acreditado que el Administrador Único demandado, no ha procedido a la disolución o liquidación de "Saneamientos Moreno Reyes de Extremadura, S. L.", ni ha instado la declararon de concurso de esa sociedad, pese a que su patrimonio neto es inferior a la mitad del capital social, ya desde el ejercicio de 2008, [o sea, concurre la causa del Art. 260.4.º de LSA, actual Art. 363.1) de la LSC], correspondía al Sr. Baldomero acreditar que esa deuda era anterior. Es decir, acreditada la concurrencia de la causa de disolución por parte del demandante, correspondía al Administrador demandado acredita que esa causa de disolución surgió en un momento posterior al nacimiento de la obligación de la que se le pretende hacer responsable, o sea, que no existía tal causa en el momento de hacer la obligación de la que se pretende responda.

Como quiera que esa prueba no ha sido proporcionada por el demandado, debemos aplicar la presunción del art. 367.2 citado, con lo que no hacemos sino aplicar la jurisprudencia existente al respecto, acertadamente citada por el apelante (SAP Huelva, 10/5/2013: "*tratándose de una presunción iuris tantum, su aplicación vendrá dada cuenta no exista prueba de las fechas de las deudas en relación con la causa de disolución*"; SAP Pontevedra, 1.ª 13/11/2008: "*más que una presunción iuris tantum, estamos ante una regla sobre la carga de la prueba, de forma que si el Administrador no acredita que la deuda u obligación es anterior a la causa de disolución, se presume posterior y por lo tanto, se genera responsabilidad respecto de la misma*").

No hay responsabilidad objetiva de los administradores por deudas sociales cuando se alegan pérdidas que no resultan en el período en el que se han de pagar las facturas conforme a la contabilidad aportada al proceso

AP Barcelona, Sec. 15.ª, 452/2017, de 9 de noviembre. Recurso 302/2016

SP/SENT/932696

En el supuesto de autos Tiba considera que, aunque no se hubiera ejercitado formalmente la acción del artículo 367 de la LSC, el Tribunal debería haber estimado la demanda si se acreditaban los elementos y circunstancias para el ejercicio de dicha acción.

Considera la recurrente que el juzgado de instancia entró a analizar esa acción y, sin embargo, se equivocó en la valoración de las pruebas practicadas.

15. El punto de partida para examinar si se ha producido un error en la valoración de la prueba debe ser la fecha en la que nacieron las obligaciones reclamadas. Constan en autos las facturas y, por lo tanto, la obligación de pago de las deudas vinculada a esas facturas sería la de vencimiento de estas (la última de ellas vencía el 25 de diciembre de 2008 según consta en la última factura, incorporada a los autos en el folio 77).

16. En el fundamento anterior hemos descartado que SEI Electronics hubiera cesado en su actividad o cerrado a lo largo del último semestre de 2008. La mercancía de ese último envío facturado se entregaba el 6 de noviembre de 2008.

17. Los codemandados incorporan a las actuaciones las cuentas anuales de los años 2008 y 2009, en ellas se constata que la sociedad tenía un patrimonio neto contable positivo en esos dos ejercicios y unos fondos propios positivos (32.475,40 €; en el año 2008 y 38.362,99 €; en el año 2009).

La parte demandante considera que esas cuentas no son fiables, que pudieron ser manipuladas por los administradores. Más allá de esas imputaciones genéricas, lo cierto es que no hay ningún elemento de prueba que permita considerar directa o indirectamente que las cuentas hubieran sido manipuladas o falseadas.

En fase de prueba se aportaron las cuentas del año 2007 (folios 225 y siguientes) en ellas se constata que los fondos propios eran negativos (7.488,61 €). Debe advertirse que las facturas reclamadas no tienen su origen en pedidos o servicios solicitados por la sociedad en el ejercicio 2007. Las deudas objeto de estos autos se generan en el segundo semestre de 2008 y en ese ejercicio la sociedad no tenía pérdidas, contablemente su situación era saneada, por lo tanto, los administradores de la sociedad abordaron a lo largo del año 2008 las actuaciones tendentes a superar esa situación.

Por lo tanto, no puede considerarse acreditado que concurriera ninguna causa de disolución en SEI Electronics en el año 2008. El relato de hechos probados que se incluye en la sentencia debe considerarse correcto y la alternativa que fija la parte apelante en su escrito no debe considerarse realmente acreditado con la prueba obrante en autos, las actuaciones tendentes al cobro de la deuda por parte de Tiba se producen a partir del segundo semestre de 2009, casi seis meses después del vencimiento de la última de las facturas.

Debe, en definitiva, rechazarse la apelación también en este punto.

El préstamo concedido a favor de la sociedad no puede ser considerado como capital ni pasó a formar parte de su patrimonio neto, por lo que no puede tenerse en cuenta para valorar la causa de disolución de pérdidas cualificadas

AP Valladolid, Sec. 3.ª, 367/2017, de 2 de noviembre. Recurso 159/2017

SP/SENT/932738

En este caso, el recurso plantea una aplicación indebida de la regulación sobre responsabilidad de administradores indicando que, partiendo el actor de una pretendida insolvencia de KNETIC FITNESS, S. L. como circunstancia determinante de la derivación de responsabilidad, se desconoce la total liquidación de los pasivos de la sociedad a finales del 2009, con lo que se ha acreditado el cumplimiento regular de las obligaciones exigibles a tal fecha, sin que conste acreditado por el actor la existencia a su favor de una obligación exigible a KNETIC.

Además, en íntima conexión con este motivo de impugnación, nos encontramos con que el recurrente sostiene (motivo 3.º —apartado 10—) la falta de concurrencia de los presupuestos para la derivación de la responsabilidad al administrador. En concreto, se alude a: la existencia de un préstamo de 100.000 €; efectuado por don Torcuato a la sociedad KNETIC en escritura pública de fecha 22.7.2009; acreditación de la liquidación de las deudas con los trabajadores de KNETIC en octubre y noviembre de 2009; factura acreditativa de ajenidad de maquinaria objeto de ulterior liquidación; oficios remitidos al juzgado por la AEAT y la TGSS acreditativos de la liquidación de la deuda con tales organismos estatales; o la contestación de la central de riesgos del Banco de España certificando la inexistencia de ningún acreedor en los registros. A juicio del apelante, se acredita la suficiente solvencia de la sociedad, así como la inexistencia de acreedores concurrentes, habiendo constancia de la puntual liquidación y pago de los que lo fueran a la fecha de la disolución.

Pues bien, no podemos estar más de acuerdo con el razonamiento del juzgador de instancia al señalar que el préstamo por importe de 100.000 €, concedido por el apelante a favor de la sociedad KNETIC FITNESS por él administrada, no puede ser considerado como capital, ni pasó a formar parte del patrimonio neto de la sociedad, por lo que no puede ser tenido en cuenta a los efectos de valorar la causa de disolución del apartado e) del art. 363.1 LSC, pues desde una perspectiva contable pasó a formar parte del pasivo de la sociedad.

Parece oportuno recordar que Don Torcuato concedió un préstamo mercantil (art. 313 CCom) a la sociedad KNETIC, por lo que esta se convirtió en deudora prestataria de su administrador. En ningún caso la operación supuso el aumento del patrimonio neto o recursos propios de la sociedad, pues la mercantil se encontraba obligada a devolver el préstamo en las condiciones pactadas. Nada impedía a los socios constituir la sociedad con un capital social más robusto, en vez de los 3.020 € que figuran en sus cuentas anuales, pero lo que no resulta aceptable en términos contables es pretender equiparar la deuda con tercero (financiación ajena) con los recursos propios (capital más reservas), por más que el préstamo fuera concedido por una persona especialmente relacionada como era su administrador. A mayor abundamiento, también podía el administrador, en caso de concurrir la condición de socio, optar por una ampliación de capital por vía de compensación de créditos (art. 301 LSC), con lo que hubiera podido equilibrar su balance.

Este matiz conceptual tiene su traducción en un distinto tratamiento en sede de liquidación societaria, pues el administrador presenta la condición de acreedor frente la sociedad, lo que le otorga derecho a percibir su crédito en liquidación con preferencia al socio que tiene derecho a la cuota de liquidación, y lo hará en concurrencia con el resto de acreedores sociales sin orden de prelación exhaustivo (es sabido que no existe un criterio de prelación extraconcursal, sin perjuicio de la regulación fragmentada de preferencia al cobro que contempla la normativa estatutaria, la legislación de la seguridad social y tributaria, o el Código Civil).

En consecuencia, puede ser que el préstamo concedido hubiera otorgado mayor solvencia a la sociedad en julio de 2009, pero ello no se tradujo necesariamente en una recapitalización societaria, debiendo recordar que el presupuesto de acción de responsabilidad por deudas sociales descrito por la actora fue la causa de disolución del citado art. 363.1 e) LSC, y no la aparición de un estado de insolvencia actual del art. 367.1 LSC, en relación con el art. 2.2 LC.

En la misma línea argumentativa nos pronunciamos en relación con la irrelevancia a los efectos que ahora nos interesan de la inexistencia de acreedores concurrentes: no se alega el incumplimiento de la obligación de solicitar el concurso pese a la insolvencia, sino la falta de convocatoria de junta de socios a pesar de la concurrencia de una causa de disolución consistente en la existencia de una situación de desbalance patrimonial. Es precisamente esta precisión la que hace inaplicable al caso de autos la doctrina de la DGRN citada en el recurso de apelación (resolución 29.11.2011), pues no nos hallamos ante un supuesto de falta de solicitud del concurso con un solo deudor, sino ante la ausencia de convocatoria de junta para disolver la sociedad por concurrencia de una causa legal.

Tampoco puede admitirse la afirmación del apelante en la que se defiende que la sociedad cumplía regularmente sus obligaciones exigibles a finales del 2009, o que no se hubiera acreditado la existencia a favor de la actora de una obligación exigible a KNETIC FITNESS, S. L., pues confunde nuevamente el recurrente el plano en el que se ejercitó la acción por la demandante, que no fue el estado de insolvencia, sino su infracapitalización societaria, siendo responsable el administrador precisamente de las deudas posteriores *ex* art. 367.2 LSC.

No procede la disolución judicial de la sociedad por causa de pérdidas según contabilidad en acción ejercitada por socios que han sido administradores y cuando no se hace prueba plena al respecto

AP Asturias, Oviedo, Sec. 1.ª, 254/2017, de 23 de octubre. Recurso 121/2017

SP/SENT/929985

Impugna la parte demandada la declaración de disolución social *ex* artículo 363.1 e) y la impugnación ha de ser acogida. El Juez motiva esta causa acudiendo a una inversión de la carga probatoria al no constar legalizadas o aprobadas las cuentas de los ejercicios 2010 a 2012, pero como destaca no solo la impugnación sino el propio recurso de la actora semejante inversión solo sería aplicable ante reclamaciones de terceros, no entre socios y administradores solidarios en aquellos ejercicios, lo que unido a la orfandad expositiva y probatoria sobre las pérdidas que contempla el precepto exige el rechazo de la causa disolutoria.

Se entiende que la causa de disolución concurre el día 1 de enero cuando las cuentas anuales de ese año reflejan fondos propios negativos y los administradores no hacen prueba alguna para acreditar la fecha exacta

AP Barcelona, Sec. 15.ª, 423/2017, de 20 de octubre. Recurso 225/2016

SP/SENT/927436

La parte demandante aporta las cuentas anuales que evidencian la situación de pérdidas en el ejercicio 2011. Son los administradores de la sociedad los que se encuentran en mejor disposición para acceder a los medios de prueba que permitan establecer con precisión cuando concurrió la causa de disolución y cuando conocieron o pudieron conocer la realidad de esta.

Los demandados no aportan medios de prueba que permitan constatar el preciso momento en el que se detectaron las pérdidas de la compañía, pérdidas que determinaron la concurrencia de la causa de disolución alegada.

Tal y como indica el propio Sr. Íñigo en su escrito de apelación, no debe confundirse la concurrencia de una causa de disolución con la apreciación de la situación de insolvencia, por lo tanto, no debe identificarse la fecha en la que la compañía incurrió en dicha situación de insolvencia (cuarto trimestre de 2011), con la fecha de concurrencia de la causa de disolución.

Netsuus arrastraba ya pérdidas en el ejercicio 2010 ya que tenía importantes resultados negativos en ejercicios anteriores, incluso sus reservas eran negativas en 2010. Las cuentas de 2010 además no se presentaron en el plazo legalmente previsto sino varios meses después (la junta de aprobación de cuentas de 2010 se convoca el 22 de noviembre de 2011 –folio 161 de las actuaciones– y se celebra el 13 de diciembre de 2011 –folio 162 –. En esa misma junta en la que se acuerda la solicitud de concurso voluntario).

Con ello, debe considerarse correcta la apreciación del juez de instancia al establecer que, constados los fondos propios negativos en las cuentas de 2011, la concurrencia de la causa de disolución se presume que concurre durante todo el ejercicio y, por lo tanto, los administradores de la compañía deberían haber afrontado dicha situación y sus consecuencias durante el primer trimestre de 2011.

16. Los demandados constataron la concurrencia de causa de disolución en noviembre de 2011 y celebraron junta general el 13 de diciembre de 2011, instando el concurso voluntario a principios de 2012, de decir, casi un año después de que concurra la causa de disolución, por lo tanto, debe apreciarse la responsabilidad de los administradores por no afrontar la concurrencia de causa de liquidación en los dos meses inmediatamente posteriores al momento en el que debieron constatar la causa de disolución.

No existe responsabilidad del administrador por deuda social cuando la situación de pérdidas de la sociedad se produce cuando ya había dimitido de su cargo

AP A Coruña, Sec. 3.ª, 301/2017, de 20 de octubre. Recurso 165/2017

SP/SENT/928597

Aquí no se ejercita la acción social, ni tampoco la acción individual, ni se acredita que un cierre ordenado hubiese permitido cobrar a "Hormigones Sindo Castro, S. L.". La ejercitada es una acción de responsabilidad por deudas.

7.º Como se dijo, la demanda se fundamenta en que, cuando se fue a intentar el embargo, no pudo hacerse traba sobre bien alguno. Con base a ello se establece la responsabilidad de la administradora, por no convocar la junta, cuando concurría la causa de disolución prevista en el apartado c) del artículo 104.1 de la Ley de Sociedades de Responsabilidad Limitada: «*Por consecuencia de pérdidas que dejen reducido el patrimonio contable a menos de la mitad del capital social*». Para establecer la situación de deterioro del patrimonio societario se acude a la doctrina de la facilitad probatoria. Ante la imposibilidad de localizar a los dos socios de "Ovimar E.C., S. L.", al no poder tener acceso a los libros contables de la sociedad, se hace recaer en doña Ángela la ausencia de prueba de una situación patrimonial no deteriorada. Este criterio no puede compartirse en este caso.

No puede obviarse que en el año 2017 estamos dilucidando una demanda presenta en el año 2004 (hace 13 años), sobre unos hechos acaecidos en los años 2001 y 2002, formulada contra una mera empleada laboral, que ejercía más de administrativa que de administradora. Resulta llamativo que se haga recaer la responsabilidad de la administración en un trabajador asalariado. Se ha probado que quien estaba en las obras, quien contrataba, quien encargaba el hormigón y quien figuraba como imagen externa era "el Sr. Miguel". Los socios se desentendieron de la empresa (de ahí que se aluda en la sentencia apelada a que doña Ángela sea una víctima de los socios). La contabilidad no la llevaba doña Ángela, sino que era una asesoría externa, que será quien tenía los libros contables. Los problemas económicos de "Ovimar E.C., S. L." surgen a raíz de la quiebra de "Construcciones Noceda, S. L.", que se declara en noviembre de 2001, y se publicita en diciembre de 2001, cuando ya estaban emitidos los pagarés para pago del hormigón suministrado. "Construcciones Noceda, S. L." representa el 61 % de la facturación de "Ovimar E.C., S. L." en el ejercicio 2001, con casi un millón de euros. El problema es determinar cuándo se produjo el deterioro del patrimonio societario, hasta el punto de dejarlo reducido a menos de la mitad del capital social. Cuando se constató que carecía de patrimonio fue en el año 2003 (intento de embargo). Pero doña Ángela cesó el 22 de octubre de 2002. En el año 2002 lo que había era una reclamación de "Hormigones Sindo Castro, S. L." por poco más de siete mil euros. Por lo que no puede concluirse que durante el período en que doña Ángela fue administradora de "Ovimar E.C., S. L." se hubiese producido una situación de pérdidas que dejasen reducido su patrimonio a menos de la mitad del capital social. Por lo que debe desestimarse la demanda.

El administrador incumplió sus obligaciones al desconocer la situación de pérdidas y el desequilibrio patrimonial de la sociedad, lo que le impidió percibir la concurrencia de causa de disolución; cabe, por tanto, responsabilidad solidaria

AP Barcelona, Sec. 15.ª, 394/2017, de 10 de octubre. Recurso 320/2016

SP/SENT/923827

El recurrente no cuestiona la existencia de la deuda ni tampoco la concurrencia de la causa de disolución, solo se alza alegando que ha cumplido con sus obligaciones ya que durante el escaso tiempo en que fue administrador no le incumbía el deber de presentar las cuentas anuales de la sociedad. Debe significarse que la responsabilidad por deudas sociales del art. 367 LSC no dimana de la ausencia de la presentación de las cuentas anuales sino del incumplimiento de los deberes legales de los arts. 365 y 367 LSC, antes expuestos, cuando concurre una causa de disolución, en este caso, la de pérdidas prevista en el art. 363.1 e) LSC. El recurrente que, ostentó el cargo de administrador único, y de socio único, desde el 15 de abril de 2013 hasta el 27 de marzo de 2014 y durante cuyo período se contrajo la relación comercial y el acuerdo de resolución de controversias con la actora que dio origen a la deuda reclamada, debió conocer la situación de pérdidas agravadas y desequilibrio patrimonial de la sociedad y, por tanto, la concurrencia de la causa de disolución de haber ajustado su comportamiento al de un ordenado empresario —entre cuyos deberes figura el de informarse diligentemente sobre la marcha de la sociedad, según el art. 225 LSC— (como establece la doctrina del Tribunal Supremo recogida en su Sentencia núm. 328/2011, de 19 de mayo) y debió de cumplir con los deberes legales estipulados en los arts. 365 y 367 LSC. No es menester esperar a la presentación de las cuentas anuales para su depósito en el Registro Mercantil, que debe formular el administrador en el plazo máximo de tres meses desde el cierre del ejercicio social, para iniciar el cómputo del plazo bimensual previsto en el art. 367 LSC, sino que ha de estarse al momento en que el administrador conoció o debió conocer la concurrencia de la causa de disolución. Ese incumplimiento es lo que permite concluir su responsabilidad solidaria por la deuda social con base en el art. 367 LSC.

Es responsable el administrador de hecho junto con la administradora única por la deuda reclamada porque aquel fue quien contrató con el acreedor y quien firmó los pagarés, participando en toda la gestión social

AP Asturias, Oviedo, Sec. 1.ª, 230/2017, de 28 de septiembre. Recurso 14/2017

SP/SENT/923658

Efectivamente lo que se alega en la demanda es que Don Teodoro es demandado en su condición de administrador de hecho, afirmando asimismo que fue esta persona quien firmó el contrato de arrendamiento de servicios con la actora "Turisla Asturias, S. L." y quien firmó también los pagarés impagados.

Resulta conocida la STS 22 julio 2015 (como más reciente sobre la materia) cuando declara que *"la noción de administrador de hecho presupone un elemento negativo (carecer de la designación formal de administrador, con independencia de que lo hubiera sido antes, o de que lo fuera después), y se configura en torno a tres elementos caracterizadores: i) debe desarrollar una actividad de gestión sobre materias propias del administrador de la sociedad; ii) esta actividad tiene que haberse realizado de forma sistemática y continuada, esto es, el ejercicio de la gestión ha de tener una intensidad cualitativa y cuantitativa; y iii) se ha de prestar de forma independiente, con poder autónomo de decisión, y con respaldo de la sociedad*". Asimismo, la Ley 31/2014, de 3 de diciembre, por la que se modifica la Ley de Sociedades de Capital para la mejora del gobierno corporativo, ha venido a reformar el art. 236 LSC, para introducir por primera vez una definición legal de esta figura en los siguientes términos: "*tendrá la consideración de administrador de hecho tanto la persona que en la realidad del tráfico desempeñe sin título, con un título nulo o extinguido, o con otro título, las funciones propias de administrador, como, en su caso, aquella bajo cuyas instrucciones actúen los administradores de la sociedad*".

Pues bien, en el caso examinado encontramos como únicos datos a los fines que nos ocupan que la sociedad "Viajes Croma, S. L." está regida por una administradora única, Doña Milagrosa, siendo los únicos titulares de su capital la Sra. Milagrosa y su esposo Don Teodoro. Asimismo, aparece en las actuaciones que el contrato de arrendamiento de servicios de fecha 6 mayo 2010 fue suscrito por el Sr. Teodoro quien afirmaba actuar "*en nombre y representación de la empresa Viajes Croma, S. L.*" (doc. n.º 5 demanda), sin que exista en cambio certeza de que fuera esta misma persona quien firmó también los pagarés impagados (doc. n.º 6 demanda). En principio semejantes elementos resultan insuficientes por sí solos para poder sostener de forma cierta e indubitada que el Sr. Teodoro se arrogaba la gestión social con la autonomía e independencia que son necesarias para poder conformar los requisitos propios de la figura del administrador de hecho. Ahora bien, no cabe obviar que tales datos constituyen un indicio muy poderoso de que o bien la gestión social era llevada a cabo en exclusiva por dicha persona –repárese en que no se hace constar en el contrato la condición del Sr. Teodoro como simple apoderado de Viajes Croma, al contrario de lo que sucede con la persona que firma en nombre de Turisla Asturias quien sí aporta el poder notarial que le había sido conferido por la sociedad– o bien que la toma de decisiones era adoptada conjuntamente con su esposa como administradora de derecho, máxime cuanto ambos son los únicos titulares del capital social, supuesto este último que daría lugar a lo que se ha denominado como gobierno bajo el régimen de mancomunidad oculta, y que no exonera al administrador oculto de responder solidariamente junto con el administrador de derecho. En cualquier caso lo relevante viene a ser que tales indicios se traducen en un desplazamiento de la carga probatoria, de manera tal que no será a la parte actora a quien le incumbe la tarea de probar que concurren en el demandado la totalidad de los requisitos arriba expresados sino que será a Don Teodoro –quien además dispone de la facilidad probatoria (art. 217-7 LEC)– a quien le corresponde acreditar debidamente la forma en que se desarrollaba la gestión social, dando cuenta de porqué fue él quien firmó en nombre de "Viajes Croma, S. L." el contrato que vinculaba a esta sociedad con la demandante, de tal manera que la ausencia de cualquier otra información a este respecto debe conducirnos a concluir que el Sr. Teodoro se encuentra legitimado pasivamente en su condición de administrador de hecho para soportar la reclamación que frente a él se dirige en ejercicio de la acción de responsabilidad por deudas sociales (art. 367 LSC).

Es responsable solidario el administrador por la deuda reclamada cuando contrae nuevas obligaciones conociendo la causa de disolución y no procede convocando la junta general para instar la disolución o la declaración de concurso

AP Barcelona, Sec. 15.ª, 389/2017, de 28 de septiembre. Recurso 374/2016

SP/SENT/924127

En el supuesto de autos no es controvertido que el recurrente, estando vigente su cargo de administrador, realizó pedidos (nacimiento de la deuda) cuando la sociedad estaba incursa en la causa de disolución de pérdidas agravadas del art. 363.1.e LSC (causa de disolución anterior al nacimiento de la deuda, ya que esta concurre desde el ejercicio social 2010, conforme acreditan las cuentas anuales del ejercicio social 2011) y el recurrente, estando la sociedad incursa en la causa de disolución y debiendo conocerlo por haber firmado el día 30 de junio de 2012 las cuentas anuales del ejercicio social 2011, que reflejan fondos propios negativos en los ejercicios sociales 2010 y 2011, y permaneciendo en el cargo hasta el 17 de abril de 2013 no cumplió con los deberes legales que los artículos 365 y 367 LSC le imponen en su condición de administrador de la sociedad demandada. Por ello, le resulta imputable la responsabilidad por las deudas sociales nacidas durante la vigencia de su cargo con arreglo al artículo 367 LSC y conforme ha declarado la sentencia recurrida.

Hay responsabilidad del administrador por la deuda social reclamada cuando concurre causa de disolución de pérdidas, anteriores al nacimiento de la deuda

AP Barcelona, Sec. 15.ª, 388/2017, de 28 de septiembre. Recurso 238/2016

SP/SENT/924262

La sentencia recurrida declara probado, sin que sea controvertido en esta segunda instancia, que (i) las obligaciones sociales objeto de la pretensión de condena datan del período comprendido entre los meses de febrero y abril de 2014 y dimanan de las relaciones comerciales existentes entre las partes litigantes, consistentes en la entrega de mercancías a la demandada por un importe total de 8.175,34 €; y (ii) la demandada ostenta la condición de administradora de la sociedad mercantil deudora de la actora.

Por lo que se refiere a la causa de disolución invocada, las pérdidas agravadas, la demandante acompañó a su demanda (documento n.º 42) las cuentas anuales del ejercicio social del 2010, que son las últimas depositadas por la sociedad, que arrojan unos fondos propios negativos de 27.304,49 €; y en las que consta que los fondos propios del ejercicio 2009 son también negativos por importe de 27.699,36 €;

La prueba obrante en autos permite, pues, concluir que concurren los presupuestos de la responsabilidad civil por deudas sociales ex art. 367 LSC, que refiere la citada doctrina del Tribunal Supremo, y, en concreto, el presupuesto de que las obligaciones sociales sean posteriores a la causa de disolución. En efecto, las cuentas anuales del ejercicio social 2010 permiten acreditar que la sociedad estaba incursa en la causa de disolución del art. 363.1 e) LSC, sin que se haya desvirtuado la presunción legal establecida en el art. 367.2 LSC (las obligaciones sociales reclamadas se presumirán de fecha posterior al acaecimiento de la causa legal de disolución de la sociedad, salvo que los administradores acrediten que son de fecha anterior). Esto es, lo relevante para determinar la responsabilidad de la administradora demandada conforme al art. 367 LSC es que al tiempo de contraer la deuda reclamada la sociedad deudora estuviera incursa en causa de disolución, sin que sea relevante a esos efectos que la demandada dejara de efectuar pedidos tras el embargo de la cuenta corriente de la sociedad y que en la referida cuenta hubiera fondos antes del embargo, como se alega en el recurso de apelación sin desvirtuarse, sin embargo, la existencia de la causa de disolución por pérdidas del art. 363.1 e) LSC.

Son responsables los administradores de la deuda reclamada, aunque no se use la correcta denominación, al concurrir pérdidas cualificadas que existen, pues no resulta contabilizada la deuda de la sociedad y no se procede según la ley

AP Barcelona, Sec. 15.ª, 382/2017, de 27 de septiembre. Recurso 232/2016

SP/SENT/924402

La sentencia recurrida declara probado, sin que sea controvertido en esta segunda instancia, que (i) la deuda social objeto de la pretensión de condena nace con el reconocimiento de deuda de fecha 26 de octubre de 2016. No ha sido un hecho controvertido que los demandados ostentaban la condición de administradores solidarios en esa fecha. En cambio, la controversia radica en esta instancia en el acaecimiento de la causa de disolución. La demanda invoca la causa prevista en la letra e) del art. 360.1 LSC [pérdidas que dejen reducido el patrimonio neto a una cantidad inferior a la mitad del capital social, a no ser que este se aumente o se reduzca en la medida suficiente, y siempre que no sea procedente solicitar la declaración de concurso]. La demandante acompañó con su demanda el balance y cuenta de resultados de las cuentas anuales de los ejercicios sociales 2008, 2009, 2010, 2011 y 2012, que arrojan, todas ellas, unos fondos propios positivos (de un importe que oscila entre 19.001 € y 19.922 € y con un capital social de 12.000 €;) que no reflejan las pérdidas agravadas. Sin embargo, la demandante alega que ello se debe a que la demandada no contabilizó la deuda que ha venido manteniendo con ella, lo que es estimado acreditado por la sentencia recurrida. La propia demandada, a pesar de que ahora en el recurso lo contraviene, lo reconoció en su escrito de contestación a la demanda al afirmar que en noviembre de 2009 adeudaba a la actora una cantidad que *"rondaba los 180.000 €"* y que ello justificaba que se negociara una ampliación de capital de ese importe que debería suscribir íntegramente la actora, añadiendo, *"por esta razón y por ninguna otra es por la que finalmente esta deuda no fuera recogida en la contabilidad de mi principal, dado que como ya se ha dicho, no era tal deuda sino que debería de convertirse en capital social una vez acordada su ampliación"*. También en el acto del juicio el codemandado Sr. Cornelio reconoció en su interrogatorio que no se había recogido en la contabilidad el importe de la deuda de 180.000 euros, justificándolo en que iba destinado a una ampliación de capital. Debe significarse, además, que las cuentas anuales acompañadas a la demanda acreditan que en los ejercicios sociales 2011 a 2013, no consta la deuda con la actora, lo que no es controvertido en esta alzada por la demandada ya que se limita en el recurso a afirmar que la deuda sí quedaba incluida en las cuentas anuales de los ejercicios sociales 2009 y 2010. Tampoco es controvertido que de haberse contabilizado adecuadamente la deuda la sociedad incurriría en la causa de pérdidas agravadas de la letra e) del art. 360.1 LSC. Pues bien, la referida prueba obrante en autos nos debe llevar a concluir la ausencia de contabilización de la deuda en los distintos ejercicios, también en los ejercicios 2009 y 2010, y, en consecuencia, la concurrencia de la causa de disolución con anterioridad al nacimiento de la deuda de fecha 26 de octubre de 2010. Además, dado que la controversia en la segunda instancia se ciñe a si concurre la causa de disolución en los ejercicios 2009 y 2010, y no sobre la propia existencia de esta, y no habiendo la demandada acreditado que la causa no concurría en el año 2010, debemos concluir que es anterior al nacimiento de la deuda por aplicación de la presunción legal establecida en el apartado 2 del art. 367 LSC (las obligaciones sociales reclamadas se presumirán de fecha posterior al acaecimiento de la causa legal de disolución de la sociedad, salvo que los administradores acrediten que son de fecha anterior).

Hay responsabilidad objetiva de los administradores por concurrir causa de disolución, pérdidas, y no proceder conforme a la ley sin que se puedan reformular las cuentas basándose en supuestos derechos de créditos no existentes

AP Barcelona, Sec. 15.ª, 363/2017, de 21 de septiembre. Recurso 68/2016

SP/SENT/922749

En la sentencia recurrida se analiza la responsabilidad de los administradores por las deudas de la sociedad vinculada al artículo 367 del Texto Refundido de la Ley de Sociedades de Capital (LSC).

En el recurso de apelación se afirma que si en las cuentas de JJA Ahorro y Garantía se integraran los 305.312,38 € que Gorenje adeudaba a la demandada la sociedad no estaría incursa en causa de disolución.

11. Tal y como se ha reseñado en el fundamento anterior, esta Sección de la Audiencia ha revocado la sentencia del Juzgado Mercantil 3 en la que se reconocía el derecho de JJA Ahorro y Garantía a ser indemnizada por la resolución del contrato de distribución. Por lo tanto, no es posible incluir la cantidad de referencia como elemento de corrección de las cuentas de JJA Ahorro y Garantía.

Las cuentas del año 2009 no podían incluir cantidad alguna en concepto de indemnización, de hecho, la demanda que dio lugar a dicha reclamación se interpuso tres años después.

Las cuentas del ejercicio 2009 arrojaban pérdidas que determinaban que JJA estuviera incursa en causa de disolución. Se daban todos y cada uno de los requisitos del artículo 367 de la LSC para considerar que los administradores de la sociedad eran responsables solidarios de las deudas de la compañía, sin que sea posible introducir a posteriori ningún factor de corrección de las cuentas sociales dado que no se ha reconocido a la sociedad demandada ningún derecho económico frente a Gorenje.

Hay responsabilidad del administrador social por la deuda reclamada cuando concurren pérdidas cualificadas al no contabilizarse correctamente las existencias, sin proceder según la ley ni hacer prueba en contrario

AP Lleida, Sec. 2.ª, 363/2017, de 14 de septiembre. Recurso 435/2016

SP/SENT/927667

Dice la parte apelante que el juez *a quo* no ha tomado en consideración el citado RDLey y que la pericial se basa fundamentalmente en la situación de las existencias y su crecimiento en la contabilidad que determinarían una situación ficticia y que según este Real Decreto no podrían servir de base para acreditar una situación de desbalance generadora de la obligación de disolución de la sociedad. Resulta pero que el apelante hace una lectura incorrecta e interesada del Real Decreto y de la finalidad que aquel perseguía. Si leemos la exposición de motivos del Decreto veremos que la finalidad de este era subvenir a los problemas de liquidez y falta de crédito de las pequeñas y medianas empresas consecuencia de la situación en que se encontraba nuestro sistema financiero y que les permitió no computar las pérdidas por depreciación de sus activos. Pero una cosa es no computar la depreciación que ha sufrido el inmovilizado, las inversiones inmobiliarias y las existencias, y otra diferente falsear las cuentas incluyendo unas existencias que no son reales, o dicho de otra manera, no es lo mismo decir que se tiene unas existencias que no son reales que no adecuar el importe de las mismas, en la contabilidad, a la realidad. Esta normativa en general si bien era aplicable a toda mediana o pequeña empresa, la concreta Disposición Adicional ahora estudiada nació fundamentalmente para subvenir a la importante caída de precios que sufrió el sector inmobiliario en su inmovilizado material y en sus existencias, y ciertamente que no es aplicable al supuesto de hecho de la parte demandada.

Es a partir de esa y otras aserciones que la parte apelante introduce otro motivo de recurso y critica el resultado de la prueba pericial haciendo una serie de alegaciones al respecto de la forma en que se ha realizado, los documentos utilizados y las conclusiones a las que llega la perito, que dice vulneran las normas NIE, pero sin que, a pesar de ello, se haya practicado otra pericial alternativa que desvirtúe la que aporta la parte actora (era su carga de prueba), pericial que parece quiere llevar a cabo ahora en su escrito de recurso pero sin perito, efectuando toda una serie de valoraciones muchas de ellas huérfanas de prueba. Lo cierto es que la valoración que el juez a quo efectúa de la prueba pericial practicada no aparece como ilógica, arbitraria o contraria a razón y las valoraciones de la parte apelante no dejan de ser valoraciones subjetivas basadas en manifestaciones interesadas y no contradichas por prueba en contra.

En todo caso, nuevamente habrá que recordar que en el régimen de responsabilidad objetiva no se exige que la deuda que se reclama se haya generado en el período en que se es administrador, sino que la base de la responsabilidad se halla en el hecho de que siendo administrador con cargo aceptado la sociedad se halle en una situación de desbalance que obligue según la ley a disolverla, incrementar el capital o solicitar el concurso y nada se haga.

Antes de generarse la deuda reclamada las cuentas anuales ya reflejaban una situación de insolvencia, debiendo estimarse la acción de responsabilidad ejercitada contra el administrador

AP Zaragoza, Sec. 5.ª, 516/2017, de 24 de julio. Recurso 445/2017

SP/SENT/923554

La sentencia de instancia se limita en cuanto a este punto a indicar que ninguna prueba acredita que la sociedad carezca de actividad, haya desaparecido de su domicilio social, o esté imposibilitada para realizar el fin social en base a los documentos 22 a 43, que no son otra cosa que una serie de facturas (3 del año 2012, 3 del año 2013, 3 del año 2014, 5 del 2015 y 3 del año 2016) y el justificante de pago del modelo 115 de la Agencia Tributaria del ejercicio 14 del tercer trimestre referente a retenciones de alquileres.

En primer lugar, la causa de disolución prevista en el apartado e) del artículo 363 LSC sobre la que versa gran parte de la prueba, no ha sido valorada en la sentencia. En segundo lugar, la única documental tenida en cuenta en la sentencia nada acredita, sin que se haya valorado el resto de la prueba que directamente incide sobre el objeto del proceso.

Por tanto, teniendo en cuenta el conjunto de la prueba practicada, examinada la documental contable y de acuerdo con lo expuesto en el anterior fundamento de derecho, cabe concluir que la sociedad MAJACRISTAL, S. L., de la que era administrador social D. Bruno, en el momento de contraer la deuda con la sociedad actora se encontraba incursa en causa de disolución conforme a los siguientes razonamientos:

Las facturas impagadas y adeudas a la parte actora, CBM IBÉRICA, S. L., están datadas entre el 23 de enero de 2013 y 23 de mayo de 2013 (documentos 1 a 18 de la demanda), por lo que período a tener en cuenta para determinar si la sociedad estaba incursa en causa de disolución es el año 2012.

Las últimas cuentas de la sociedad MAJACRISTAL, S. L., depositadas fueron las del año 2011, por tanto, las referentes al año 2012 que desvelarían la situación de la sociedad en el momento inmediatamente anterior a contraer la deuda no se conoce. Como se ha indicado anteriormente, la falta de depósito de las cuentas anuales supone el desplazamiento de la carga de a prueba sobre el demandado porque genera una apariencia de una voluntad de ocultación de la situación de insolvencia.

Por una parte, la demanda ha presentado al respecto únicamente la anterior documentación contable citada que nada acredita en cuanto a la causa de disolución prevista en el artículo 363.1 e) LSC, ya que además de ser documentos unilaterales elaborados por la parte demandada, solo demuestra que la facturación anual de MAJACRITAL desde el 2012 ha sido escasa, y en ningún caso sirve para desvirtuar la situación de la sociedad, teniendo en cuenta que desde el año 2013 la cantidad adeuda a la actora es de 21.523,93 euros.

Generada la apariencia de la voluntad de ocultación de la situación de insolvencia por las dos razones indicadas, ninguna prueba ha presentado que la desvirtúe. Si bien la prueba solicitada por la actora no admitida, son documentos que debería presentar la parte demandada sin necesidad de ser requerida, ya que facilitan poder conocer la situación contable de la sociedad. La carga de la prueba sobre dicha información contable pesa sobre la demandada y su ausencia, y su conformidad con su inadmisión como prueba, contribuye a confirmar la voluntad de ocultar es desbalance de la sociedad, ya que son documentos sobre los que tiene disponibilidad la demandada y reflejan la situación económico-contable de la sociedad.

Por otra parte, existen otros datos periféricos que conducen a concluir que la sociedad MAJACRISTAL, S. L., en el año 2012, es decir, en el momento de contratar con la actora se encontraba incursa en causa de disolución:

Las cuentas de la sociedad de 2011 reflejan que la sociedad tenía unos fondos propios de 39.292,43 euros, y en el 2010 fueron de 79.084,04 euros, lo que significa que en un año los fondos propios cayeron en más del 50 %, y por tanto fueron inferiores respecto del año anterior en 39.791,61 euros. Asimismo, el balance de situación de las cuentas correspondientes al ejercicio 2011 presentan 163.610,21 euros en concepto de deudas a largo plazo, y unas deudas a corto plazo que ascienden a 134.429,43 euros, y suponen un aumento de 76.439,64 euros por este concepto respecto de las establecidas en las cuentas de 2010, ello unido a la disminución de los fondos propios corrobora dicha tendencia a la situación de vaciamiento patrimonial de la sociedad.

Por lo cual es de prever que las cuentas de 2012 siguieron dicha dinámica, como indica la prueba practicada, y por tanto la empresa se encontraba en una situación de pérdidas desde dicho año.

En atención a lo expuesto, acreditada la concurrencia de causa de disolución en la sociedad MAJACRISTAL, S. L., con anterioridad la contraer la deuda con CBM IBÉRICA, S. L., queda acreditada la responsabilidad del administrador el Sr. Bruno, al no cumplir la obligación de convocar en el plazo de dos meses la junta general, ni instar la disolución judicial o, el concurso de la sociedad de acuerdo al artículo 367 LSC, de manera que debe responder de la deuda de la sociedad de manera solidaria con esta frente al acreedor.

Por tanto, debe revocarse la sentencia en cuanto a la absolución del D. Bruno de los pedimentos de la demanda, y condenar a este abonar de forma solidaria con la sociedad la cantidad de 16.307,83 euros, tal y como ha sido solicitado por la actora y de acuerdo con el principio dispositivo y con la debida congruencia con los pedimentos de la demanda.

Hay responsabilidad del administrador por las deudas reclamadas posteriores a la causa de disolución, no las anteriores, como son las pérdidas que se presumen por la falta de depósito de cuentas sin que se haya probado lo contrario

AP Barcelona, Sec. 15.ª, 324/2017, de 21 de julio. Recurso 386/2016

SP/SENT/919469

La sentencia apelada data la deuda en su totalidad en el año 2008. Y como hasta el cierre del ejercicio 2011 el patrimonio neto contable de la sociedad era muy superior a la mitad del capital social, concluye que la obligación se contrajo con anterioridad al acaecimiento de la causa de disolución y, en consecuencia, que no es posible declarar la responsabilidad del administrador con arreglo a lo dispuesto en el artículo 367 del TRLSC, precepto que limita la responsabilidad a las obligaciones posteriores a la causa de disolución.

12. Como hemos dicho de forma reiterada, la falta de depósito de las cuentas anuales permite deducir que la sociedad se encontraba incursa en causa de disolución por pérdidas graves del artículo 363.1.º, apartado e), correspondiendo al administrador demandado acreditar lo contrario. No es necesario, como sostiene la apelada, esperar a que concluya el ejercicio siguiente (en este caso el del 2012). Una cosa es el plazo legal para formular las cuentas anuales y otra, no necesariamente coincidente, el momento en el cual los administradores deben tomar conocimiento del acaecimiento de la causa de disolución. En razón de la diligencia que se exige a los administradores, recae sobre estos una obligación de atención ininterrumpida a la evolución patrimonial y financiera de la sociedad, por lo que deben convocar la junta general en el plazo de dos meses desde que conocieren o hubieren debido conocer, conforme a ese canon de diligencia, la pérdida del patrimonio por debajo de la mitad del capital social.

13. En definitiva, podemos concluir que la causa de disolución acaeció en un momento indeterminado del año 2012, primer ejercicio en el que no se depositaron las cuentas anuales. Y, en atención a la presunción legal del último apartado del artículo 367 del TRLSC, también hemos de presumir que todas las obligaciones contraídas a lo largo del ejercicio 2012 son posteriores a la causa de disolución. En este caso, es cierto que las primeras facturas son del año 2008. Sin embargo, como señala el recurso, también las hay de los años 2012 y 2013. En concreto, revisada la documentación acompañada a la demanda, siete de las facturas giradas por el Sr. Ambrosio (documentos 52 a 58), por un importe total de 5.274 euros, son posteriores al 31 de diciembre de 2011, y seis de las facturas expedidas por el Sr. Eusebio (documento 108 a 103), por importe de 6.800,86 euros, también son posteriores a la feche indicada. Por todo ello, con estimación parcial del recurso, debemos revocar en parte la sentencia apelada y condenar al demandado, por haber incumplido el deber legal de promover la disolución de la sociedad, al pago de 12.074,86 euros.

Constatado que la sociedad sufría importantes pérdidas desde antes de generarse la deuda reclamada sin que su administrador haya instado la misma, se estima la acción de responsabilidad por deudas

AP Barcelona, Sec. 15.ª, 317/2017, de 18 de julio. Recurso 318/2016

SP/SENT/919479

La parte demandada alegó la excepción de compensación (judicial) con fundamento en el incumplimiento contractual y el juzgado la ha sustanciado correctamente por la vía del art. 408 LEC y ha dado respuesta a la misma argumentando que no estaba acreditado el supuesto incumplimiento contractual por parte de la parte actora y argumenta afirmando que tal incumplimiento, alegado por primera vez varios años más tarde y en vía judicial, resulta incompatible con el texto de los correos que las partes se cruzaron.

8. No creemos que el juzgado haya cometido error alguno en la valoración de la prueba respecto de la deuda. Están acreditadas las relaciones por medio de la factura emitida el 11 de enero de 2013 y con albarán de entrega de la misma fecha y también está acreditado el libramiento de dos pagarés, con fecha de expedición 31 de julio de 2013 por un importe de 2.500 euros en cada caso y con vencimiento a 30 de septiembre y 31 de octubre. También está acreditado el impago de tales pagarés a su vencimiento. Y, lo que es más importante, está acreditado que durante ese período intermedio se intercambiaron correos las partes en los cuales el Sr. Conrado reconocía la deuda y la razón de su impago conforme a lo pactado originariamente, que nada tiene que ver con los alegados incumplimientos por parte de la actora, sino con los problemas financieros de la demandada.

9. Y también está acreditado que durante los años siguientes se practicaron requerimientos de pago a la demandada que no fueron atendidos y con ocasión de los cuales tampoco alegó el supuesto incumplimiento defectuoso por parte de Ediciones. Por tanto, creemos, como el juzgado mercantil, que, con ese contexto, no puede considerarse acreditado el alegado incumplimiento defectuoso.

CUARTO. 10. En cuanto a la acción de responsabilidad por deudas, considera acreditado el juzgado mercantil que la sociedad se encontraba incursa en la causa legal de disolución del apartado e/ del art. 363.1 LSC a partir del dato de que la sociedad demandada no aportó las cuentas anuales al Registro a partir de las correspondientes al año 2012, lo que permitía presumir la concurrencia de esta.

11. Frente a ello afirma el recurso que los balances aportados al procedimiento permiten excluir la referida causa. Y la réplica de la recurrida es que las cuentas relevantes son las de 2013, no las de 2012, que son las únicas a las que se refiere el recurso.

12. Compartimos la alegación de la recurrida. Lo relevante no es lo que reflejen las cuentas de 2012 sino que las de 2013, año en el que se contrajo la deuda social, no se habían aportado, lo que justifica la aplicación de la presunción legal de que la deuda es posterior a la concurrencia de la causa legal de disolución. Por consiguiente, también en este punto debemos compartir el punto de vista que expresa la resolución recurrida. La falta de aportación de las cuentas de 2013 al Registro justifica que se aprecie que durante 2013 la sociedad entró en causa legal de disolución. Y la presunción legal nos permite concluir que ese momento debe ser situado antes de la deuda, al no haberse acreditado lo contrario por parte del administrador demandado enervando la presunción legal referida.

Antes de generarse la deuda reclamada la sociedad ya sufría causa de disolución por pérdidas cualificadas, sin que su administrador haya instado la misma

AP Madrid, Sec. 28.ª, 345/2017, de 7 de julio. Recurso 515/2015

SP/SENT/916117

La apelante también alega en su recurso que no se dan los requisitos para el éxito de la acción individual del artículo 241 del texto refundido de la Ley de Sociedades de Capital, sin embargo, la acción estimada es la de responsabilidad por deudas sociales, por lo que son irrelevantes las alegaciones sobre la inexistencia de dolo o culpa en la causación del daño o que comunicaran a los acreedores el cierre de la empresa.

La responsabilidad solidaria que impone a los administradores sociales el artículo 367 del texto refundido de la Ley de Sociedades de Capital, a diferencia de la acción individual o social que son acciones de responsabilidad por daño, no requiere más que la prueba de los hechos que son presupuesto de su efectividad y se configura como una responsabilidad "cuasi objetiva", entendida, desde luego, como una responsabilidad "ex lege" (sentencias del Tribunal Supremo de 29 de abril de 1998, 12 de noviembre de 1999, 30 de octubre y 20 de diciembre de 2000, 26 de octubre de 2001 y 25 de octubre de 2005, entre otras), que no se identifica con la acción fundada en la negligencia del artículo 241 del texto refundido de la Ley de Sociedades de Capital, por no ser necesaria una relación de causalidad entre la omisión de los administradores y la deuda social ni una negligencia distinta de la prevista en el propio precepto, que comenzaría en el momento mismo en que los administradores conocen la situación patrimonial y sin embargo no proceden como disponen los artículos 366 y 367 del texto refundido de la Ley de Sociedades de Capital (sentencias de 22 diciembre de 1999 y 30 de octubre de 2000), de modo que la mera pasividad de los administradores traería aparejada su responsabilidad solidaria por obligaciones sociales a modo de "*consecuencia objetiva*" (sentencias de 14 de abril de 2000), como resume la sentencia de 20 de julio de 2001.

La jurisprudencia posterior, de la que es exponente la sentencia del Tribunal Supremo de 4 de octubre de 2011, señala que constituye "*una responsabilidad "ex lege" impregnada de una importante objetivación (se habla de naturaleza objetiva o cuasi-objetiva: SS 30 de abril y 14 de mayo de 2008, y cita) si bien la más moderna doctrina jurisprudencial viene matizando tal aspecto, atemperando la declaración de responsabilidad a la ponderación de las circunstancias concurrentes (SS 31 de enero de 2007 y 30 de abril de 2008, y las que se citan en las mismas)*".

Por lo demás, el Tribunal Supremo ha abandonado la tesis sancionadora de esta responsabilidad rechazándola expresamente en sentencias de 26 de septiembre de 2007, 30 de junio de 2010 y 23 de febrero de 2011.

En definitiva, el artículo 367 del texto refundido de la Ley de Sociedades de Capital, hace responsable solidario de las deudas sociales posteriores al acaecimiento de la causa de disolución a los administradores de la sociedad cuando, estando incursa en causa de disolución, dejan transcurrir el plazo de dos meses desde que tengan conocimiento de la misma, o debieran tenerlo conforme a la diligencia exigible, sin convocar la junta general para que adopte el correspondiente acuerdo de disolución o las medidas oportunas para su remoción.

Conforme a lo expuesto, las alegaciones de la recurrente sobre la disolución de hecho de la sociedad, la imposibilidad de atender los gastos para disolver la sociedad, la crisis económica o la situación personal de los socios, carecen de la menor virtualidad para enervar la acción de responsabilidad apreciada en la sentencia apelada.

Los anteriores razonamientos determinan la desestimación del recurso de apelación y la confirmación de la resolución apelada.

La deuda reclamada no nace cuando se firmó el contrato de arrendamiento, sino cuando se dejaron de abonar las rentas, existiendo en dicho momento pérdidas cualificadas sin que se haya instado disolución

AP Barcelona, Sec. 15.ª, 297/2017, de 30 de junio. Recurso 748/2015

SP/SENT/919572

Causas de disolución y responsabilidad de administradores.

4. El art. 363 LSC establece las causas de disolución de una sociedad de capital, entre las que se recogen las siguientes:

a) Por el cese en el ejercicio de la actividad o actividades que constituyan el objeto social. En particular, se entenderá que se ha producido el cese tras un período de inactividad superior a un año.

b) Por la conclusión de la empresa que constituya su objeto.

c) Por la imposibilidad manifiesta de conseguir el fin social.

d) Por la paralización de los órganos sociales de modo que resulte imposible su funcionamiento.

e) Por pérdidas que dejen reducido el patrimonio neto a una cantidad inferior a la mitad del capital social, a no ser que este se aumente o se reduzca en la medida suficiente, y siempre que no sea procedente solicitar la declaración de concurso.

5. La actora alega que la sociedad estaba incursa en causa legal de disolución desde el 2008, como resulta de las cuentas anuales de los ejercicios 2008, 2009 y 2010 en las que los fondos propios son negativos. Por el contrario, la demandada niega dicha evidencia y sostiene que dicha causa de disolución era formal y no real, puesto que los socios habían hecho aportaciones que fueron activadas contablemente en el ejercicio 2011, cuando la sociedad deja de estar en fondos propios negativos.

6. Las cuentas de los ejercicios 2008 a 2010 muestran que la sociedad durante los tres ejercicios estaba incursa en causa legal de disolución, como consecuencia de las pérdidas sufridas. Los socios podían haber acordado ampliar el capital para remover dicha causa, pero no lo hicieron. Así pues, el administrador social tenía la obligación de convocar la junta para que esta adopte el acuerdo de disolución (o remover la causa), o, en el caso que la compañía no pudiera pagar puntualmente sus deudas, promover la declaración de concurso, conforme establece el art. 364 LSC. Si los administradores incumplen dicha obligación y la sociedad continúa actuando contrayendo nuevas deudas, como ha ocurrido en este caso, estos responden personalmente de las deudas sociales posteriores a la causa de disolución, según lo dispuesto en el art. 367 LSC, con la particularidad de que la Ley presume que las deudas pendientes son de fecha posterior y, por lo tanto, responsabilidad de los administradores sociales (art. 367.2 LSC).

7. En ese caso, el Sr. Sebastián incumplió su obligación desde el ejercicio 2008, por lo tanto, responde las deudas desde el inicio de dicho ejercicio. Hay que señalar que la deuda no nace a esos efectos cuando se firman los contratos de arrendamiento, sino cuando se

incumplen las obligaciones de pago o cuando se cancela anticipadamente el contrato. En este sentido se ha pronunciado el Tribunal Supremo en Sentencia 151/2016, de 10 de marzo (ECLI:ES:TS: 2016:986). El administrador responde pues del principal reclamado, de los intereses legales de dicha cifra desde el 8 de julio de 2009, de las costas de la primera y de la segunda instancias, una vez que sean tasadas en los Tribunales competentes. La desaparición de la causa de disolución en las cuentas del 2011 al 2013 no está debidamente justificada, como no lo están las aportaciones de los socios. La demandada no identifica o justifica que los créditos de los socios estuvieran contabilizados antes del 2011 ni cómo es posible "activar" las pérdidas de los diversos ejercicios, como se ha hecho desde el 2011. En consecuencia, procede estimar el recurso.

Al momento de generarse la deuda reclamada, la sociedad contaba con un patrimonio de veinte euros, sin que su administrador haya instado la disolución

AP Cantabria, Sec. 4.ª, 336/2017, de 21 de junio. Recurso 637/2016

SP/SENT/912655

De las cuentas anuales del ejercicio de 2006 se extrae que la sociedad administrada por los demandados concluyó el mismo con unos fondos propios de 21,81 euros frente a un capital social de 3.500 euros. Cierto es que la sociedad se había constituido en septiembre de 2006 por lo que se encontraba en los inicios de la puesta en marcha de la actividad. Igualmente, que ordinariamente sobre la sociedad pesan inicialmente unos gastos de constitución que determinan los resultados. Sin embargo, dado que las cuentas anuales del ejercicio de 2006 reflejaban unas pérdidas de 3.478,19 euros, les incumbía a los demandados haber acreditado que el resultado del ejercicio social no tenía como causa pérdidas de la sociedad, lo que fácilmente se encontraba a su alcance como consecuencia de su carácter de administradores de la sociedad.

Por ello, cuando la sociedad adoptó la medida de disolución se actuó extemporáneamente, más allá del plazo de dos meses legalmente establecido en el art. 105 LSRL que determina el nacimiento de la responsabilidad.

Por otro lado, debe deslindarse temporalmente los momentos en que debió conocerse la concurrencia de la causa de disolución apreciada y aquel al que se retrotrae la responsabilidad. Si bien la obligación de proceder a instar la disolución de la sociedad o la adopción de las medidas para superar la causa de disolución surge desde el momento en que se conoce o debe conocer su concurrencia, de incumplirse dichas obligaciones la responsabilidad se retrotrae en relación a todas las deudas posteriores a la concurrencia de la causa de disolución. Traducido lo anterior al presente supuesto, si la fecha en la que se conoció o debió conocer la concurrencia de la causa de disolución coincidiera con la de formulación de las cuentas anuales del ejercicio de 2006, situando la misma en el mejor de los casos para los apelados el 31 de marzo de 2007, al incumplirse por los administradores las obligaciones que para tal caso le impone la ley y no convocar junta para disolver la sociedad o adoptar medidas para superar la causa de disolución o, en su defecto, instar la disolución judicial en el plazo de dos meses, su responsabilidad abarca todas las de la sociedad posteriores a la concurrencia de la causa de disolución y no solamente a las posteriores al momento en que conoció la causa de disolución o al momento en que incumplió las obligaciones legales. En consecuencia, la responsabilidad abarca a todas las deudas, cuanto menos, posteriores al 31 de diciembre de 2006.

La cantidad reclamada se corresponde con una deuda nacida en el año 2007 como consecuencia del vínculo contractual que se celebró entre la sociedad y la actora con independencia de que en dicho momento la obligación no estuviera vencida y fuera líquida y exigible. Cuando nació la obligación los dos demandados eran administradores de la sociedad.

En virtud de ello, y sin necesidad de entrar en el resto de los motivos del recurso, debe ser estimado, revocando la resolución recurrida y en su lugar, estimando la demanda, condenar a los demandados a abonar a la actora la cantidad de 14.145,54 euros más los intereses legales devengados desde la sentencia de la sección segunda de esta Audiencia Provincial dictada en el recurso de apelación 77/2009, hasta su completo pago.

Acreditada la existencia de pérdidas cualificadas desde antes de generarse la deuda reclamada y que la renuncia del administrador a su cargo fue posterior a las mismas, se estima la acción de responsabilidad por deudas

AP Barcelona, Sec. 15.ª, 256/2017, de 15 de junio. Recurso 181/2016

SP/SENT/913625

Por ello, la falta de documentación contable nos lleva a concluir que efectivamente la sociedad INGENIERÍA APLICACIONES A VENTILACIÓN, S. L. se encontraba incursa en la causa de disolución del art. 363.e) TRLSC en el momento de contraer las obligaciones sociales —ejercicio 2007—, no habiéndose destruido la presunción del art. 367.2 TRLSC. Es por ello que no existe ningún error en la valoración de la prueba en la determinación del momento en que la sociedad incurrió en causa de disolución así como tampoco en la derivación de responsabilidad al administrador recurrente, que no ha acreditado que en el ejercicio 2007, fecha en la que estaba en el cargo, hubiera adoptado las medidas pertinentes para restablecer el equilibrio patrimonial, o convocar junta para acordar la disolución de la sociedad o presentar solicitud de concurso voluntario de acreedores.

21. En cuanto al hecho de haber cesado el recurrente en su condición de administración el 5 de septiembre de 2007, en nada altera las conclusiones alcanzadas, puesto que las obligaciones que se le imputan se contraen entre mayo y septiembre de 2007, período durante el cual el recurrente estaba en el ejercicio del cargo. Debemos recordar la reciente STS de 1 de marzo de 2017 (ROJ: STS 727/2017-ECLI:ES:TS:2017:727) en la que el Alto Tribunal recuerda que el momento relevante para la imputación de responsabilidad solidaria al administración social es el momento en que se contrae la obligación, así indica que "*No es preciso, por tanto, que la deuda esté vencida y sea líquida y exigible, pues si la obligación nació estando vigente el cargo del administrador, el mismo responde solidariamente con la sociedad, aunque hubiera cesado en el cargo antes de que la obligación estuviera vencida y fuera líquida y exigible*".

22. Habiendo estimado la concurrencia de la causa de disolución del art. 363 e) TRLSC, no ha lugar a entrar en el estudio del resto de causas de disolución imputadas, concurriendo los requisitos para la estimación de la acción de responsabilidad por deudas en los términos expuestos, lo que lleva a la desestimación del recurso de apelación y confirmar la sentencia recurrida. Además, habiendo estimado la acción del art. 367 LSC no ha lugar a entrar en el estudio de la responsabilidad individual del art. 241 LSC.

Cuando se dictó la sentencia que generó la deuda por costas a favor del actor, la sociedad demandada ya se encontraba en causa de disolución por pérdidas

AP Cuenca, Sec. 1.ª, 39/2017, de 15 de marzo. Recurso 14/2017

SP/SENT/902364

Con respecto al tercer motivo en el que se funda el recurso, partiremos de que el artículo 367 del RDL 1/2010 de 2 julio 2010 por el que se aprueba Ley de Sociedades de Capital, obliga a responder solidariamente de las obligaciones sociales posteriores al acaecimiento de la causa legal de disolución, a los administradores que incumplan la obligación de convocar en el plazo de dos meses la junta general para que adopte, en su caso, el acuerdo de disolución, así como a los administradores que no soliciten la disolución judicial o, si procediere, el concurso de la sociedad, en el plazo de dos meses a contar desde la fecha prevista para la celebración de la junta, cuando esta no se haya constituido, o desde el día de la junta, cuando el acuerdo hubiera sido contrario a la disolución.

Sobre esta base legal, los apelantes consideran que la juez ad quo ha cometido un error al valorar la prueba practicada por cuanto sitúa el momento de nacimiento de la deuda, y, por tanto, el momento a tener presente para determinar si existe o no causa de responsabilidad, al tiempo en el que se dictó la sentencia número 273/2010 por la Audiencia Provincial de Albacete (29-12-2010), siendo que la contraparte, en su demanda, lo había fijado en 2009.

El debate en torno a cuando nace la deuda de la que se quiere hacer responder a los apelantes resulta estéril. Aunque en el escrito rector se dice que fue en 2009 (folio 5 de estas actuaciones), la sentencia lo cifra en 2010, y lo hace acertadamente puesto que la obligación de responder de las costas procesales dimanantes del juicio cambiario se declara en la sentencia dictada por la Audiencia Provincial de Albacete el 2-2-2010; y considera que ya sea en los años 2009 o 2010, la mercantil O.T. HERMANOS MADRIGAL PARREÑO S. L., tenía reducido su patrimonio neto a una cantidad inferior a la mitad del capital social (penúltimo párrafo del fundamento de derecho quinto).

Despejado lo anterior y a la vista de lo alegado en el recurso, conviene insistir en que la responsabilidad que contempla el actual artículo de conformidad con el artículo 367.1 TRLSC (artículos 262.5 de la TRLSA y 105.5 de la LSRL) nace «ex lege» y goza de naturaleza cuasi objetiva, ya que no cabe subordinar o supeditar su apreciación a la concurrencia de un nexo causal entre aquel incumplimiento y el daño que haya de producirse al acreedor social ante el impago del crédito —en el recurso parece invocarse lo contrario—, pues lo que el legislador ha pretendido con ella ha sido añadir a la garantía patrimonial que ofrezca la sociedad, una responsabilidad solidaria, personal e ilimitada de los administradores frente a los acreedores sociales (sentencias de la Audiencia Provincial de Segovia de 26-10-1998 y de la Audiencia Provincial de Burgos, Sección 1.ª, de 25-1-1999), especialmente en aquellos casos en los que la falta de disolución de la mercantil en legal forma pueda suponer un peligro para la seguridad del tráfico mercantil. De aquí que esta responsabilidad no dimana del impago por la sociedad de la deuda contraída, sino del hecho de mantener los administradores una situación aparente de efectiva existencia y solvencia empresarial y no adoptarse las medidas jurídicas, legalmente previstas, para dar constancia pública de la crisis, como medio de tutelar los legítimos derechos de los terceros que contratan con aquella (sentencia de la sección 14.ª de la Audiencia Provincial de Madrid de 21-4-1998).

Dicho esto, se comparten los razonamientos que consigna la sentencia en cuanto a la falta de acreditación de que la mercantil O.T. HERMANOS MADRIGAL PARREÑO S. L., administrada por los apelantes, no estuviese en inmersa en causa de disolución en los años 2009 y 2010.

No se ha discutido que el último depósito de cuentas anuales efectuado por la referida mercantil tuvo lugar el 17 de septiembre de 2009, correspondientes al ejercicio 2008. Esta omisión no genera per se la responsabilidad que contempla el artículo 367 del TRLSC; lo que sí determina es que, ante la imposibilidad de conocer la situación real de la empresa, sean los demandados los obligados a demostrar que la causa de disolución no concurría. No se trata de otra cosa que de aplicar lo previsto en el artículo 217.7 de la LECivil en cuanto a disponibilidad y facilidad probatoria: la falta de cumplimiento de un deber legal –pensado y establecido para garantizar que, a través de un registro público, los terceros que se relaciona con la sociedad conozcan cuál es su situación contable y patrimonial y obrar en consecuencia con el debido conocimiento– no puede beneficiar a quien lo incumple. Consecuentemente, nuestra jurisprudencia menor es unánime al considerar que la mercantil deudora y sus administradores son quienes, por no formular las cuentas anuales, soportan la carga de acreditar que las pérdidas en las que hubiese incurrido la primera, no redujeron el patrimonio neto de la compañía hasta tal punto que debería haberse promovido su disolución.

No hay pruebas que acrediten que el actor conocía la situación de insolvencia cuando contrató con la sociedad demandada, no existiendo mala fe en el ejercicio de la acción de responsabilidad por deudas

AP Castellón, Sec. 3.ª, 364/2016, de 28 de octubre. Recurso 458/2016

SP/SENT/885611

Por una parte, del informe económico elaborado por la entidad Axesor se desprende que ya en el año 2012 la sociedad regida por el apelante atravesaba dificultades de importancia, que dieron lugar a que incurriera en varios impagos. Si los problemas económicos se manifestaron al exterior en el año 2012 y desembocaron en el cese de la actividad en el año 2013, a nadie se escapa que un administrador diligente en el desempeño de sus funciones no debió ignorar la existencia de incidencias y dificultades en el desenvolvimiento de la normal actividad social antes de que trascendieran al exterior y se manifestaran claramente en impagos o incumplimiento de obligaciones. Dicho de otro modo, el administrador demandado supo cuándo, representando a la sociedad, contrató los diversos suministros con la actora, que existía una elevada probabilidad de que no pudiera hacer frente al pago de su precio.

Carece de virtualidad el alegato de que la actuación del demandado no perjudicó a la sociedad actora, pues claro que le causó un perjuicio si, a cambio de la recepción de materiales para la construcción, se comprometió en la representación de la mercantil que administraba al pago de su precio, pero no pagó, pese a que, como ya hemos dicho, la normal responsabilidad en el desempeño de sus funciones tuvo que proporcionarle el conocimiento de que la empresa que dirigía no podría pagar.

Por otra parte, reviste singular importancia que el demandado no acudiera a la práctica de la prueba de interrogatorio, pese a que su presencia en el juicio le hubiera permitido tanto explicar, de viva voz y con todo lujo de detalles, las actuaciones que llevó cabo en el que sostiene recto ejercicio de su responsabilidad, como justificar por qué contrató con la actora pese a la difícil situación de la empresa, o la razón de que no previera los impagos que al cabo se produjeron. Rechazó dicha posibilidad, lo que limitó el acervo probatorio a los documentos traídos al pleito y conduce a que deba tenerse en cuenta que su proximidad al objeto de la prueba (art. 217.7 LEC) y su incomparecencia hurtó al tribunal y a la parte actora el conocimiento de primera mano de su versión.

Tampoco sirve el éxito del recurso la alegación de que la mercantil demandante conocía las dificultades por las que atravesaba Luis Torrejón SL y actuó imprudentemente al contratar con esta.

Dice el Tribunal Supremo en su Sentencia de 4 de diciembre de 2013 (ROJ: STS 6634/2013 -ECLI:ES:TS:2013:6634) que la doctrina jurisprudencial contenida en las SSTS 776/2001, de 20 de julio y 942/2003, de 16 de octubre, en el sentido de que los acreedores que conocían la situación de insolvencia de la sociedad y, a pesar de ello, asumieron el riesgo de contratar con ella, no podían ejercitar la acción de responsabilidad frente a los administradores, pues ello supondría una interpretación del precepto contraria a la buena fe, está superada por la actual jurisprudencia, contenida en las Sentencias 557/2010, de 27 de septiembre; 173/2011, de 17 de marzo; 826/2011, de 23 de noviembre; 942/2011, de 29 de diciembre; 225/2012, de 13 de abril y 395/2012, de 18 de junio.

Precisa la mentada resolución que, sin perjuicio de que en casos singulares pueda apreciarse la mala fe del acreedor, cabe citar la STS 395/2012, de 18 de junio, que dijo no cabía "*oponer frente al acreedor la mala fe derivada exclusivamente de su conocimiento de la precaria situación de la sociedad*". Menciona también la Sentencia 225/2012, de 13 de abril, al razonar que "*para entender concurrente la mala fe no es suficiente que el acreedor tenga conocimiento de que la sociedad se halla en situación delicada*". Concluye, con las SSTS 173/2011, de 17 de marzo, y 826/2011, de 23 de noviembre, que la apreciación de mala fe por parte de los acreedores comporta la concurrencia de dos elementos: "*conocimiento de la insolvencia y concurrencia de circunstancias determinantes de que la reclamación contra los administradores pueda calificarse de contraria a la buena fe*".

No apreciamos tales elementos en el caso de autos ni, por ende, que la actuación de la demandante haya sido contraria a la buena fe.

Algunas irregularidades o ausencia de comprobaciones, pero sin llegar a cuantificar su trascendencia en el patrimonio neto, no demuestran una situación contable de causa de disolución por pérdidas cualificadas

AP Murcia, Sec. 4.ª, 378/2016, de 16 de junio. Recurso 350/2016

SP/SENT/869265

En el caso presente disponemos de las cuentas de la sociedad administrada por el demandado de los ejercicios 2011 y 2012 (tratándose de una deuda social contraída desde agosto 2012 a enero 2013), depositadas las del ejercicio 2011 en fecha 27/09/2012 (folio 189, nota simple registral aportada en la demanda) y las del ejercicio 2012 el 11/09/2013 (folio 361), que arrojan unos fondos propios, respectivamente, de 15.021,01 € (folio 216) y de 19.996,13 € (folio 302), por lo que siendo el capital social de 15.000 € (folio 187), ninguna de ellas arroja la situación contable de causa de disolución.

El perito no es concluyente en las aclaraciones realizadas en acto de la vista acerca del dato esencial relativo a si los fondos propios de la sociedad eran en esos ejercicios negativos, como pretende deducir el recurrente.

Se limita a apuntar algunas irregularidades o ausencia de comprobaciones, pero sin que se llegue a cuantificar su transcendencia en el patrimonio neto, entre otros motivos porque no se solicitó al fijar el objeto de la pericia la actora. Así ocurre con el desfase entre el asiento de cierre de ejercicio de 2010 y el de inicio del ejercicio 2011, que se ignora a cuanto su cuantificación.

Respecto de la ausencia de provisionamiento de créditos por ser de dudoso cobro, el perito si bien no la puede descartar, lo que dice es que no ha comprobado la situación de los clientes, pero que los créditos son de fechas recientes, por lo en principio no son susceptible de provisión, y por ende minorar el activo, cuyo impacto en todo caso se desconoce.

La sociedad se encontraba incursa en causa de disolución cuando contrajo la deuda reclamada y el administrador no convocó junta; por lo tanto, al no declararse la disolución, se eliminó la posibilidad de cobrar dicha deuda

Juzgado de lo Mercantil San Sebastián, n.º 1, 199/2017, de 19 de septiembre. Recurso 187/2017

SP/SENT/930255

Por ello, debemos dar por sentado que la existencia de pérdidas que dejaron reducido el patrimonio neto a cifra inferior a la mitad del capital social debe presumirse racionalmente existente cuando se generó la deuda que ahora se reclama, por lo que no es relevante en qué concreta fecha se cesó en la actividad o desapareció del tráfico mercantil la sociedad codemandada, circunstancias que si tienen relevancia para determinar que la mercantil en cuestión estaba incursa en otra causa de disolución, como es la imposibilidad de conseguir el fin social, la cual se desprende de la falta de actividad y la desaparición del tráfico económico evidenciada en la ejecución despachada contra ella.

Por todo ello, la mencionada inversión de la carga probatoria, que ha de conducir a tener por probada la existencia de las causas de disolución alegadas por la parte actora, ha de suponer la estimación parcial de la demanda de responsabilidad civil del administrador social que no promovió la disolución en los plazos fijados por la ley, habida cuenta que lo era cuando se contrajo la deuda que se reclama y, por ende, cuando se incumplió su obligación de promover la disolución societaria, del mismo modo que le es imputable el incumplimiento reiterado de la obligación de depósito de las cuentas, debiendo ser condenado en términos de solidaridad con la entidad mercantil codemandada.

En definitiva, la sociedad administrada estaba en causa de disolución cuando se contrae la deuda que se reclama; el administrador no convocó Junta para debatir sobre la disolución de la sociedad y, después, cuando el patrimonio empresarial desaparece, como se desprende de la investigación infructuosa de su patrimonio, no se solicita la declaración de concurso, lo cual elimina cualquier posibilidad de cobro de la deuda que se reclama.

Cuando se generó la deuda reclamada la sociedad ya sufría pérdidas cualificadas, debiendo responder solidariamente su administrador por no haber instado oportunamente la disolución

Juzgado de lo Mercantil San Sebastián, n.º 1, 170/2017, de 5 de julio. Recurso 462/2016

SP/SENT/919475

Tratándose de los supuestos en los que la sociedad incurre en pérdidas cualificadas determinantes de la concurrencia de causa legal de disolución, la norma impone a los administradores el deber de promover la liquidación por el procedimiento societario, reorientando el objeto social al reparto entre los socios del remanente existente después de pagadas las deudas sociales; o, alternativamente, la adopción de acuerdos dirigidos a remover la causa de disolución concurrente y reconstruir el patrimonio social; o la reducción del capital social restableciendo el equilibrio entre la cifra de capital y el patrimonio, con la necesaria publicidad que ello conlleva; o, si procediere, el solicitar concurso de la sociedad.

32. Para el caso de incumplimiento de tal obligación, dentro del plazo fijado por la norma, tratándose de disolución por pérdidas, era preciso que concurriesen los siguientes requisitos: a) existencia de la causa de disolución prevista en el art. 105.1 e) de la LSRL, a cuyo tenor "*(l)a sociedad de responsabilidad limitada se disolverá: (...) e) Por consecuencia de pérdidas que dejen reducido el patrimonio neto a una cantidad inferior a la mitad del capital social, a no ser que este se aumente o se reduzca en la medida suficiente, y siempre que no sea procedente solicitar la declaración de concurso conforme a lo dispuesto en la Ley 22/2003, de 9 de julio, Concursal*"; b) la omisión por los administradores de la convocatoria de junta General para la adopción de acuerdos de disolución, la remoción de sus causas; c) el transcurso de dos meses desde que la concurrencia de la causa de disolución fue conocida o pudo serlo; d) la imputabilidad al administrador de la conducta pasiva; e) inexistencia de causa justificadora de la omisión.

33. No requiere, por el contrario, la existencia de daño o perjuicio a terceros —concepto que no coincide con el de asumir las obligaciones de la sociedad frente a acreedores—,

ni, claro está, relación de causalidad directa o indirecta entre el comportamiento omisivo y el supuesto daño.

34. Como ha reiterado la doctrina, se trata de una institución preconcursal por la que los administradores están obligados a promover la disolución y liquidación de la compañía por vía societaria cuando la sociedad aún puede cumplir íntegramente sus obligaciones, sin esperar a que el deterioro del patrimonio la coloque en situación de insolvencia concursal.

La causa de disolución que invoca la actora es la prevista en el art. 363.1 e) de la LSC; es decir, la concurrencia de pérdidas que dejen reducido el patrimonio neto a menos de la mitad del capital social, a no ser que este se aumente o se reduzca en la medida suficiente y siempre que no sea posible solicitar la declaración de concurso.

La Resolución del ICAC de 20 de diciembre de 1996, por la que se fijan criterios generales para determinar el concepto de patrimonio contable a efectos de los supuestos de reducción de capital y disolución de sociedades regulados en la legislación mercantil, equipara la expresión "*patrimonio contable*" a "*valor patrimonial de la empresa*", estableciendo que su cuantificación "*deberá realizarse teniendo como base las magnitudes contenidas en las cuentas anuales de las empresas, y más concretamente en el balance*".

Las pérdidas consisten en una disminución patrimonial y resultan de su formalización en un balance aprobado por la Junta General. Su existencia se aprecia en el saldo de la partida del balance "*A) Fondos propios*", VI "*resultado del ejercicio (pérdida)*" (art. 175, A, VI LSA) y de la cuenta de pérdidas y ganancias (art. 189, B, 10, "*resultado del ejercicio*"); es decir constituyen un resultado negativo contable del ejercicio. Además, la existencia de pérdidas de ejercicios anteriores condiciona el destino del beneficio del ejercicio. Es decir, la constatación de pérdidas de ejercicios anteriores (art. 175.a LSA, V "*resultado de ejercicios anteriores*") que implican que el valor del patrimonio neto es inferior a la cifra del capital social obliga a que el beneficio se destine a la compensación de pérdidas (art. 213.2.2 LSA).

Por su parte, el supuesto de hecho de la norma, es decir, la pérdida de la mitad del capital social se identifica con una situación de desequilibrio entre el patrimonio neto y el capital social, consistente en el hecho de que, como consecuencia de pérdidas, no compensadas en su caso con reservas, el patrimonio neto no cubre la mitad de la cifra del capital suscrito.

Es decir, para la determinación contable de la pérdida del capital, se tienen que comparar dos parámetros:

a) El patrimonio neto que es el resultado de deducir del valor global de las partidas del activo la cifra del pasivo exigible.

b) El capital social suscrito (aunque no esté íntegramente desembolsado).

La obligación de los administradores de convocar junta general cuando se ha producido una pérdida grave del capital social, para examinar si procede la disolución de la sociedad o la adopción de cualquier otra medida, la podemos encontrar en el art. 105 LSRL que recoge esa obligación de los administradores de convocar junta general para que adopte el acuerdo de disolución.

Es decir, en nuestra legislación, la sociedad que ha sufrido pérdidas que disminuyen el patrimonio a una cantidad inferior a la mitad del capital social no está por ello abocada inexorablemente a la disolución, ya que tanto la LSA como la LSRL, ofrecen soluciones mediante las cuales puede restablecer, al menos en parte, el equilibrio entre su capital y su patrimonio, saliendo así del supuesto de hecho que pueda determinar su disolución, y por ende, salvando los administradores la responsabilidad prevista en el art. 262.5 LSA y en el art. 105.5 LSRL.

En este caso la deuda reclamada se contrae por la sociedad FRUTAS KURSAAL S. L., en el ejercicio 2013.

La mercantil demandada tenía unos fondos propios en las cuentas de 2012 de −180.078,93 euros (doc. n.º 18) lo cual constituye prueba clara de que se encontraba incursa en la causa de disolución indicada. Esta causa persiste en el ejercicio 2013 y se agrava hasta −268.406,73 euros.

En suma, se da por cierta la existencia de la causa de disolución invocada.

Por lo expuesto, siendo el demandado administrador, como se prueba por el mismo documento n.º 17 en la fecha en que nació la deuda, estando la sociedad incursa en causa de disolución y habiendo incumplido con las obligaciones que establece el art. 367 LSC, debe de ser condenado a pagar la suma reclamada, sin que sea óbice para ello el que después vendiera las participaciones o dejara de ser administrador pues ya había incumplido sus obligaciones como tal.

Antes de generarse la deuda reclamada, la sociedad ya presentaba un patrimonio neto negativo, con más de medio millón de euros de pérdidas, debiendo estimarse la acción de responsabilidad por deudas ejercitada contra el administrador demandado

Juzgado de lo Mercantil Bilbao, n.º 2, 66/2017, de 12 de abril. Recurso 331/2015

SP/SENT/910377

Dispone el artículo 367 del texto refundido de la Ley de Sociedades de Capital aprobado por Real Decreto Legislativo 1/2010, de 2 de julio:

"1. Responderán solidariamente de las obligaciones sociales posteriores al acaecimiento de la causa legal de disolución los administradores que incumplan la obligación de convocar en el plazo de dos meses la junta general para que adopte, en su caso, el acuerdo de disolución, así como los administradores que no soliciten la disolución judicial o, si procediere, el concurso de la sociedad, en el plazo de dos meses a contar desde la fecha prevista para la celebración de la junta, cuando esta no se haya constituido, o desde el día de la junta, cuando el acuerdo hubiera sido contrario a la disolución.

2. En estos casos las obligaciones sociales reclamadas se presumirán de fecha posterior al acaecimiento de la causa legal de disolución de la sociedad, salvo que los administradores acrediten que son de fecha anterior".

Por su parte, el artículo 363.1 LSC, en lo que aquí interesa, dispone que "*La sociedad de capital deberá disolverse: e) por pérdidas que dejen reducido el patrimonio neto a una cantidad inferior a la mitad del capital social, a no ser que este se aumente o se reduzca en la medida suficiente, y siempre que no sea procedente solicitar la declaración de concurso*".

En definitiva, la acción prevista en el artículo 367 de la Ley de Sociedades de Capital exige la concurrencia de los siguientes requisitos:

a) La realidad de la deuda social que se reclama, lo cual es presupuesto previo para poder trasladar la responsabilidad patrimonial por tal deuda, según el artículo 1.911 del Código Civil, del patrimonio de la sociedad al del administrador.

b) La condición de administrador social de la entidad deudora en el sujeto demandado.

c) La concurrencia de una causa de disolución en la sociedad, según se recoge en el artículo 363 LSC, (antiguo art. 104 de la misma LRSL).

d) La omisión por el administrador del deber de promover el trámite de disolución y liquidación de la sociedad, ajustando así la realidad jurídica registral a la fáctica, ofreciendo con ello una seguridad suficiente en el tráfico jurídico.

e) La fijación del momento de nacimiento de la deuda, en relación con la existencia de la causa de disolución, en cuyo sentido, según lo dispuesto en el artículo 367 LSC, solo responde el administrador de las deudas sociales nacidas con posterioridad a la causa de disolución, presumiéndose, no obstante, la prioridad de la concurrencia de causa de disolución.

TERCERO. Valoración de la prueba

Acreditando el demandante que la mercantil demandada se encontraba incursa en causa de disolución con anterioridad al establecimiento de las relaciones comerciales que derivaron en la deuda reclamada, pues siendo las facturas y pedidos de agosto a diciembre de 2013 (docs. 1 a 11), el patrimonio neto de la sociedad al cierre del ejercicio 2012 era el señalado por la demandante (doc. 12), y constando también la condición de administradores de los demandados (doc. 12), no habiendo sido impugnados los documentos, procede estimar la demanda.

Desde antes de generarse la deuda reclamada la sociedad presentaba importantes pérdidas, que se agravaron con el tiempo, existiendo causa de disolución sin que su administrador inste la misma

Juzgado de lo Mercantil San Sebastián, n.º 1, 98/2017, de 5 de abril. Recurso 115/2016

SP/SENT/910686

La causa de disolución que invoca la actora es la prevista en el art. 363.1 e) de la LSC; es decir, la concurrencia de pérdidas que dejen reducido el patrimonio neto a menos de la mitad del capital social, a no ser que este se aumente o se reduzca en la medida suficiente y siempre que no sea posible solicitar la declaración de concurso.

La Resolución del ICAC de 20 de diciembre de 1996, por la que se fijan criterios generales para determinar el concepto de patrimonio contable a efectos de los supuestos de reducción de capital y disolución de sociedades regulados en la legislación mercantil, equipara la expresión "*patrimonio contable*" a "*valor patrimonial de la empresa*", estableciendo que su cuantificación "*deberá realizarse teniendo como base las magnitudes contenidas en las cuentas anuales de las empresas, y más concretamente en el balance*".

Las pérdidas consisten en una disminución patrimonial y resultan de su formalización en un balance aprobado por la Junta General. Su existencia se aprecia en el saldo de la partida del balance "*A) Fondos propios*", VI "*resultado del ejercicio (pérdida)*" (art. 175, A, VI LSA) y de la cuenta de pérdidas y ganancias (art. 189, B, 10, "*resultado del ejercicio*"); es decir constituyen un resultado negativo contable del ejercicio. Además, la existencia de pérdidas de ejercicios anteriores condiciona el destino del beneficio del ejercicio. Es decir, la constatación de pérdidas de ejercicios anteriores (art. 175.a LSA, V "*resultado de ejercicios anteriores*") que implican que el valor del patrimonio neto es inferior a la cifra del capital social obliga a que el beneficio se destine a la compensación de pérdidas (art. 213.2.2 LSA).

Por su parte, el supuesto de hecho de la norma, es decir, la pérdida de la mitad del capital social se identifica con una situación de desequilibrio entre el patrimonio neto y el capital social, consistente en el hecho de que, como consecuencia de pérdidas, no compensadas en su caso con reservas, el patrimonio neto no cubre la mitad de la cifra del capital suscrito.

Es decir, para la determinación contable de la pérdida del capital, se tienen que comparar dos parámetros:

a) El patrimonio neto que es el resultado de deducir del valor global de las partidas del activo la cifra del pasivo exigible.

b) El capital social suscrito (aunque no esté íntegramente desembolsado).

La obligación de los administradores de convocar junta general cuando se ha producido una pérdida grave del capital social, para examinar si procede la disolución de la sociedad o la adopción de cualquier otra medida, la podemos encontrar en el art. 105 LSRL que recoge esa obligación de los administradores de convocar junta general para que adopte el acuerdo de disolución.

Es decir, en nuestra legislación, la sociedad que ha sufrido pérdidas que disminuyen el patrimonio a una cantidad inferior a la mitad del capital social no está por ello abocada inexorablemente a la disolución, ya que tanto la LSA como la LSRL, ofrecen soluciones mediante las cuales puede restablecer, al menos en parte, el equilibrio entre su capital y su patrimonio, saliendo así del supuesto de hecho que pueda determinar su disolución, y por ende, salvando los administradores la responsabilidad prevista en el art. 262.5 LSA y en el art. 105.5 LSRL.

En este caso la deuda reclamada se contrae por la sociedad FRUTAS KURSAAL S. L., en los ejercicios 2013 y 2014.

La mercantil demandada tenía unos fondos propios en las cuentas de 2012 de −180.078,93 euros (doc. n.º 18) lo cual constituye prueba clara de que se encontraba incursa en la causa de disolución indicada. Esta causa persiste en el ejercicio 2013 y se agrava hasta –268.406,73 euros.

La parte demandada, ante la clara omisión involuntaria de la aportación de las cuentas de estos ejercicios mencionadas y referenciadas en cuanto a las cifras de fondos propios en la demanda, se limita a negar sin dar a su vez las cifras que serían correctas y eliminarían la concurrencia de la causa de disolución, en todo caso, corroborada con los documentos aportados y admitidos por el Juzgado.

En suma, se da por cierta la existencia de la causa de disolución invocada.

Por lo expuesto, siendo el demandado administrador, como se prueba por el mismo documento n.º 17 en la fecha en que nació la deuda, estando la sociedad incursa en causa de disolución y habiendo incumplido con las obligaciones que establece el art. 367 LSC, debe de ser condenado a pagar la suma reclamada, sin que sea óbice para ello el que después vendiera las participaciones o dejara de ser administrador pues ya había incumplido sus obligaciones como tal.

Acreditada la situación de insolvencia de la sociedad, por no tener bienes susceptibles de ser realizados y estar pendientes numerosas ejecuciones administrativas, se estima la acción de responsabilidad por deudas del administrador

Juzgado de lo Mercantil San Sebastián, n.º 1, 71/2017, de 15 de marzo. Recurso 460/2016

SP/SENT/904990

Las últimas cuentas depositadas son las correspondientes a dos mil doce, según se desprende del documento n.º 7, pero no están incorporadas al pleito; la falta de aportación perjudica a la demandante que tenía a su disposición aportar las cuentas correspondientes a los ejercicios 2008-2012, a los efectos de poder apreciar la situación económica de la mercantil demandada en todos esos ejercicios.

De los documentos que se han aportado por la actora, se desprende la falta de bienes de la sociedad administrada; no se encontraron en la ejecución despachada (docs. 2 a 4), en el documento n.º 7 de la demanda aparece, por otro lado, la baja provisional en Hacienda de la mercantil demandada.

De la prueba documental practicada a instancia de la actora se deriva lo siguiente:

– La mercantil administrada por el demandado debe al Ayuntamiento de San Sebastián la suma de 6.231,75 euros, de la que 4.761,89 euros está en diversos expedientes de embargo, los primeros de 2012.

– La deuda con la hacienda foral es de 29.802,69 euros, siendo derivada de los ejercicios 2012 y 2013; se encuentra toda en fase ejecutiva.

– No tiene deudas con la seguridad social.

Todo ello nos lleva a apreciar que la concursada, efectivamente, se encuentra en una situación de insolvencia; no tiene bienes y derechos susceptibles de ser realizados y tiene múltiples ejecuciones administrativas sobre su patrimonio desde el ejercicio 2012, lo cual resulta un hecho revelador de la insolvencia de conformidad con el art. 2.4.4.º LC.

Lo que no ha desarrollado es prueba suficiente para acreditar que esa situación es previa al nacimiento de su deuda, puesto que, como hemos indicado, al contrario, la deuda nace entre abril de 2008 y noviembre de 2013, sin que se haya aportado prueba que nos permita discriminar el nacimiento concreto de cada partida debida.

Por lo expuesto, no se puede atender la responsabilidad por la vía del art. 367.

CUARTO. De lo que no cabe duda es que por parte del administrador, desde el ejercicio dos mil doce se ha incumplido con la obligación de promover el concurso de acreedores, existiendo una situación de insolvencia y que no se ha llevado a cabo una liquidación ordenada de su patrimonio, sin que tengamos ninguna noticia de que es lo que ha pasado con los activos de la empresa, lo que ha impedido que la parte actora pueda haber obtenido el pago en todo o en parte de su crédito en ese procedimiento concursal omitido.

No hay responsabilidad objetiva del administrador por deudas sociales cuando se acredita la solvencia de la sociedad en dicha época y posteriormente, ante las pérdidas, se insta la comunicación del art. 5 de la Ley Concursal y luego el concurso

Juzgado de lo Mercantil Zaragoza, n.º 2, 251/2016, de 26 de octubre. Recurso 61/2012

SP/SENT/878238

De lo actuado y del resultado de la prueba practicada en los presentes autos y de la apreciación conjunta de ella, resulta acreditada la existencia de la deuda de la entidad LORENZO JIMÉNEZ GARCÍA-ALCALÁ, S. L. en la suma reclamada de 57.948,28 €; a favor de la demandante. Deuda que reconoció la propia parte demandada (entidad mercantil) en el acto de la audiencia previa y que ratifica en el trámite de conclusiones.

Hay indicios suficientes para considerar que la mercantil LORENZO JIMÉNEZ GARCÍA-ALCALÁ, S. L. cumplió la obligación de solicitar el concurso de acreedores de la sociedad al amparo de los artículos 362 a 367 de la Ley de Sociedades de Capital con fundamento en las causas de disolución. Así lo ha declarado el testigo-perito Don Aquilino: en cuanto la empresa contacta conmigo en julio de 2011 y vemos que las cuentas no eran válidas en su totalidad por una contabilización errónea a finales de noviembre de 2011 les digo que reformulen las cuentas anuales del ejercicio 2010 que es lo que se hizo y les manifesté la necesidad de plantear la disolución de la sociedad, el concurso de acreedores o reestablecer el equilibrio patrimonial aumentando el capital social (a preguntas del letrado de la parte demandada) planteando la solicitud previa de concurso de acreedores, artículo 5 bis LC. Acredita que a fecha de las facturas que dan lugar a la deuda: marzo de 2010 (documentos n.º dos a cinco) la sociedad no se encontraba incursa en causa de disolución como ha manifestado el Sr. Aquilino: *"En el ejercicio 2009 no se hallaba en causa de disolución dados los fondos propios"* y es a fecha de 30 de marzo de 2010 cuando se formulan las cuentas de 2009. Asimismo, a fecha de presentación de la comunicación del artículo 5 bis Ley

Concursal (documento n.º trece de fecha 25 de enero de 2012) no se había presentado la demanda de GALP. No ha habido negligencia del Sr. José Ramón quien durante los ejercicios 2009, 2010 y 2011 ha efectuado aportaciones dinerarias a la sociedad (documentos n.º dos a doce de la contestación a la demanda), por lo que no resulta objetiva y solidariamente responsable de las obligaciones sociales.

El último balance presentado por la sociedad demandada arrojaba importantes pérdidas, sin que su administrador haya instado una ordenada liquidación

Juzgado de lo Mercantil Murcia, n.º 1, 179/2016, de 14 de junio. Recurso 367/2015

SP/SENT/863796

La parte actora menciona en su demanda una serie de hechos de los que se pudiera derivar responsabilidad, entre ellos que afirma en el último Balance del año 2008 el fondo de maniobra de la mercantil ECOSANAL eran negativo y las deudas comerciales ascendían a 258.843,58 €, –extremo acreditado con el documento n.º 11–, además afirma que la empresa administrada por el demandado ECOSANAL desapareció de hecho, y en su lugar fue creada otra mercantil BUELDING SERVICES DEL SURESTE S. L. con la misma dirección, objeto social y relación comercial, y acredita también ese extremo con albaranes de entrega de una y otra mercantil (documento 12 de la demanda).

En casos de disolución de una sociedad por desaparición de la empresa sin haberse practicado la oportuna liquidación, se produce una violación de la ley con un evidente perjuicio tanto a socios como, en este caso, a acreedores que no pueden controlar la liquidación ni el destino final del patrimonio. Tal violación de la ley presupone la existencia de culpa, correspondiendo al administrador, en este caso, demostrar que su actuación no fue negligente.

Al respecto constituye doctrina consolidada del Tribunal Supremo (SSTS 04 de noviembre de 1991, 22 de abril 1994, 6 de noviembre de 1997, 4 de febrero de 1999 y 14 de marzo de 2007) la consideración de que los administradores no pueden limitarse a eliminar la sociedad sin más, sino que han de liquidarla en cualquiera de las formas prevenidas legalmente, que están precisamente orientadas a salvaguardar los intereses de los terceros en el patrimonio social (SAP Albacete 12/07/1993; SAP Pontevedra 15/02/1993, 19/04/1993; SAP Málaga 20/03/1993, SAP Valencia 08/04/1993, 07/12/1993; SAP Guipúzcoa 07/03/1994, SA P Barcelona 12/04/1994, SAP Girona 27/12/13 entre otras).

Como señala el Tribunal Supremo mediante Sentencia de 16 de octubre de 2003 "*puede existir la responsabilidad de dichos administradores cuando se incumple la obligación de convocar junta general para tomar las decisiones legales oportunas en torno a una posible disolución de la sociedad cuando concurra alguna de las circunstancias del art. 363 de dicha Ley y siempre que afecte a terceros. Pues bien, en su caso, esta responsabilidad* sui generis *antedicha, tiene su fundamento o ratio, en que con su conducta omisiva los administradores han inducido a error a un determinado tercero contratante con el ente social, que creyendo en una situación normal desde un punto de vista económico y financiero de la sociedad, ha realizado operaciones mercantiles con él, llevándose con el transcurso del tiempo una desagradable sorpresa que afecta gravemente a su posición patrimonial por mor de dicha contratación...*".

En el presente caso, es de aplicación al demandado los preceptos legales indicados, así como la jurisprudencia citada, por su actuación como administrador de la mercantil demandada, desaparecida y no disuelta ni liquidada, de tal forma que al no haberlo realizado procede aplicarle la responsabilidad solidaria prevista en el art. 367 de la Ley de Sociedades de Capital.

La sociedad demandada tiene sus cuentas corrientes a cero y varias declaraciones de juzgados sobre su situación de insolvencia, debiendo su administrador haber instado la oportuna liquidación

Juzgado de lo Mercantil Murcia, n.º 1, 174/2016, de 14 de junio. Recurso 264/2015

SP/SENT/863816

En el presente el caso, la parte actora fundamenta la responsabilidad del administrador demandado en la concurrencia de las causa de disolución prevista en las letras a), b), c) y e) del artículo anteriormente trascrito, y de la prueba documental acompañada a la demanda resulta acreditado múltiples impagos por la mercantil demandada a la Agencia Tributaria, trabajadores etc., tal y como se refleja en el informe AXESOR acompañado a la demanda como documento n.º 17, que el resultado de las averiguaciones patrimoniales efectuadas ante Juzgado de Primera Instancia n.º 2 de Murcia ha sido negativo, teniendo todas sus cuentas corrientes a 0, que tiene varias declaraciones de insolvencia de los Juzgados de lo Social, sin que en la certificación del Registro Mercantil figure inscrita la disolución ni la liquidación de la sociedad concurriendo causa para ello.

Hay que afirmar que ante las deudas acreditadas y en las circunstancias fácticas descritas, la situación patrimonial de la sociedad hay que entenderla incursa en los supuestos esgrimidos por la actora, sin que conste que su administrador único y ahora demandado haya procedido a la disolución o liquidación, ni haya instado la declaración de concurso de la mercantil deudora, pues en la certificación del Registro Mercantil no figura inscrita la disolución ni la liquidación de la sociedad concurriendo causa para ello.

En base a todo lo anterior, la demanda debe ser íntegramente estimada frente a al citado administrador sin necesidad de entrar a conocer la acción de responsabilidad subjetiva deducida con carácter subsidiario a la solidaria o por deudas.

Antes de generarse la deuda reclamada la sociedad se encontraba paralizada, con un patrimonio neto negativo sin que su administrador haya instado una ordenada disolución

Juzgado de lo Mercantil Baleares, n.º 1, 176/2016, de 7 de junio. Recurso 252/2015

SP/SENT/863801

Si atendemos a los documentos incorporados a autos en la demanda, veremos que la entidad mercantil Cofave Diseño Arquitectónico y Obras S. L. se encontraba en incursa en causa legal de disolución. La entidad mercantil no presenta cuentas desde el año 2011, lo que es poderoso indicio de situación de paralización de esta. A mayor abundamiento sobre la situación de insolvencia, es significativo lo que reflejan las cuentas anules 2011, donde se puede apreciar la situación, dado que su patrimonio neto es de −2.351,13 euros, mientras que su capital social es de 3.006 euros, pudiendo observar de esta, manera como su patrimonio neto es inferior es inferior a la mitad de su capital social. No se acredita por los demandados que conforme a lo establecido en la legislación hayan realizado ningún acto para aumentar o reducir lo en la deidad suficiente para incurrir en tal situación, ni que se haya solicitado la declaración de concurso.

También existe la presunción de que la entidad ha dejado de ejercer la actividad, es decir de desarrollar su objeto social, pues es ilustrativo el hecho de que se ha producido un cese en la actividad social que conduciría a una desaparición fáctica de la empresa y por ende a una imposibilidad de cumplimiento de su objeto social, ya que no se han vuelto a presentar cuentas anuales posteriores a 2011. Por todo, la situación de desaparición fáctica del tráfico jurídico económico es notoria, sin que se hubiese procedido a cumplir las exigencias legales de disolución y liquidación de la empresa. Se constata tal situación de la información del Registro Mercantil aportada junto con a la demanda que se aprecian las circunstancia expuestas.

Por ello, se pone de manifiesto que el administrador no ha cumplido sus obligaciones legales, a lo que se debe añadir que no se ha aportado ningún otro tipo de documentación por la que se pueda comprobar la situación real de la empresa, y ver si es tal y como se refleja de todos los indicios aquí concurrentes, lo cual pudiera reflejarse por otros medios, y en concreto a través de auditorías, que son las encargadas de verificar si realmente la situación económica y contable de la empresa es otra. A pesar de todo ello, dada la pasividad del demandado, la realidad contable de la empresa es desconocida, ya que no se ha aportado la contabilidad de esta, a pesar de incumbirle dicha carga al demandado.

No obstante, sí que debe tenerse presente la presunción del artículo 367.2 del TRLSC, según la cual, una vez acreditado el nacimiento del crédito, se presume que el mismo es posterior al acaecimiento de la causa de disolución, por lo que se invierte la carga de la prueba, debiendo ser el demandado quien acredite que esto no era así. Con lo expuesto queda acreditada la circunstancia necesaria para que derive la responsabilidad conforme al artículo 367 LSC.

Aun conociendo la imposibilidad para conseguir su fin social y la existencia de fondos propios negativos durante más de dos años, el administrador demandado no ha instado una ordenada disolución

Juzgado de lo Mercantil Valladolid, n.º 1, 351/2016, de 3 de junio. Recurso 336/2015

SP/SENT/865378

Correspondía pues, en virtud de lo visto, a la parte demandante acreditar el nexo causal entre la conducta activa u omisiva de los administradores y el daño producido a la parte demandante ya que no nos encontramos ante una responsabilidad por deudas, de carácter objetiva o cuasi objetiva según reiterada jurisprudencia.

En el presente caso encontramos ese enlace, nexo causal, entre la conducta negligente y el daño producido.

Así, de la documental acompañada a la demanda se desprende la insuficiencia patrimonial de la sociedad administrada por los demandados, dada la ejecución infructuosa acreditada, con numerosas incidencias por impago e imposibilidad de notificación por cierre de facto, habiendo dejado de depositar cuentas desde el ejercicio 2013. El daño es evidente.

Los administradores no promovieron en el plazo legal la disolución pese a la sociedad estaba incursa en varias causas de disolución del art. 363.1 LSC, en cuanto a que al cierre de los ejercicio 2012 y 2013 tenía fondos propios negativos, existía imposibilidad de cumplir el fin social ante las múltiples de reclamaciones por impago, habiendo además desaparecido del domicilio social, lo que habría permitido una ordenada liquidación o el concurso, evitando que se frustraran las legítimas expectativas de cobro de acreedores como la aquí demandante.

Estimamos por tanto que la conducta de la parte demandada ha sido generadora del daño producido a la demandante.

Declarada su responsabilidad por deudas, no es preciso entrar ya a ventilar la responsabilidad por daño (sentencia del TS de 4 de diciembre de 2013).

Todo lo cual ha de conducir a la estimación de la demanda condenando al pago de la suma indicada, más la parte ilíquida correspondiente a intereses y costas generados en los procedimientos seguidos frente a la mercantil por ellos administrada, de manera que ex art. 219 LEC se sumará el importe de las tasaciones de costas y liquidación de intereses mediante una simple operación aritmética, una vez firme la resolución (liquidación y aprobación de tasación) que recaiga.

Antes de celebrarse el contrato de arrendamiento de servicios, cuyas cantidades derivadas se reclaman, la sociedad ya se encontraba incursa en pérdidas cualificadas

Juzgado de lo Mercantil Asturias, n.º 2, 58/2016, de 2 de junio. Recurso 262/2015

SP/SENT/866268

SEGUNDO. En el caso de autos se reclama una deuda derivada del impago de ciertas cantidades derivadas de un contrato de arrendamiento de servicios que fueron reclamadas por medio de procedimiento cambiario en el que se despachó ejecución por importe de 10.659,33 euros. Despachada ejecución, la deudora VIAJES CROMA, S. L., de la que los hoy demandados era sus administradores solidarios, no hizo frente al pago, no existiendo bienes de su propiedad para hacer frente a los pagos. Ello fija el régimen normativo aplicable a los administradores en el primero de los arriba explicados.

Constatada, pues, la existencia de una deuda social, resta por determinar si concurre la causa de disolución por pérdidas, a lo que ha de responderse afirmativamente, pues, según resulta de la documental que se acompaña con la demanda, siendo las deudas contraídas mayo de 2010 la deudora no habría presentado las cuentas correspondientes a este ejercicio ni a los posteriores, habiéndose acordado el cierre del registro en el año 2012 por este motivo. Asimismo, de dicha documental resulta acreditado como es cierto que la mercantil deudora habría desaparecido de hecho del tráfico mercantil sin haber procedido a su disolución o declaración de concurso.

En este sentido, los demandados, en su condición de administradores de la misma, en vez de contraer nuevas obligaciones, debía haber convocado Junta para aumentar el capital social o acordar la disolución dentro de los dos meses siguientes a la comprobación de su situación de insolvencia, cosa que no hizo en el plazo fatal de 2 meses que prescribe la LSC, dilatando la precaria situación económica de la mercantil por el administrada, inactividad que le ha de hacer responder de las deudas sociales existentes, como la reclamada a través de los presentes autos.

Antes de generarse la deuda reclamada la sociedad ya sufría pérdidas que habían reducido su patrimonio neto a una cantidad inferior a la mitad del capital social

Juzgado de lo Mercantil Bilbao, n.º 2, 188/2016, de 2 de junio. Recurso 17/2016

SP/SENT/870559

En cuanto a la responsabilidad como administrador de Conrado el artículo 367 de la Ley de Sociedades de Capital aprobada por el Real Decreto Legislativo 1/2010, de 2 de julio señala que el incumplimiento de la obligación de convocar junta general o solicitar la disolución, en los casos que dispone ese mismo precepto, y el artículo 363 Real Decreto Legislativo 1/2010, determina la responsabilidad solidaria de los administradores por las deudas sociales.

En el presente caso concurre la causa de la letra e) del artículo 363.1 de la Ley de Sociedades de Capital: existencia de pérdidas que dejan reducido el patrimonio neto a una cantidad inferior a la mitad del capital social (nueva numeración por Ley 25/11, de 1 de agosto). Así, no se pagan las deudas y las últimas cuentas anuales depositadas corresponden al Ejercicio 2010.

Hay que tener en cuenta la prueba aportada, y sin que el hecho de que el demandado se halle rebelde conduzca automáticamente a la apreciación de la realidad de los hechos obrantes en autos. Por ello, cabe decir que para la determinación de la concurrencia de la causa de disolución por pérdidas que dejen reducido el patrimonio contable a menos de la mitad del capital social la resolución del ICAC de 20 de diciembre de 1996, por la que se fijan criterios generales para determinar el concepto de patrimonio contable a efectos de los supuestos de reducción de capital y disolución de sociedades regulados en la legislación mercantil, equipara la expresión "*patrimonio contable*" a "*valor patrimonial de la empresa*", estableciendo que su cuantificación deberá realizarse teniendo como base las magnitudes contenidas en las cuentas anuales de las empresas, y más concretamente en el balance. El supuesto de hecho de la norma, es decir, la pérdida de la mitad del capital social se identifica con una situación de desequilibrio entre el patrimonio neto y el capital social, consistente en el hecho de que, como consecuencia de pérdidas, no compensadas en su caso con reservas, el patrimonio neto no cubre la mitad de la cifra del capital suscrito, de modo que para la determinación contable de la pérdida del capital se tienen que comparar dos parámetros:

a) el patrimonio neto que es el resultado de deducir del valor global de las partidas del activo la cifra del pasivo exigible y

b) el capital social suscrito (aunque no esté íntegramente desembolsado).

La referida determinación del desequilibrio patrimonial en orden a promover la disolución de la compañía se contempla, entre otras, en la STS 04.07.2007.

Pues bien, las últimas cuentas anuales depositadas corresponden al ejercicio social 2010, y (i) las rentas reclamadas ascienden provienen una parte hasta septiembre del año 2012 y el resto (3.773 euros/mes) son generadas a partir de esa fecha; (ii) la otra reclamación versa sobre otros conceptos como consecuencia del contrato y el estado de abandono en que la comisión judicial que asistió al lanzamiento se encontró en el pabellón objeto de arriendo. Por tanto, cabe indicar que con posterioridad al último depósito contable se contraen deudas con la parte actora que no son satisfechas, sin que se depositen, ni formulen, cabe entender, las cuentas de ejercicios sociales posteriores, luego cabe inferir que concurre la citada causa de disolución, al tiempo que no puede desconocerse que la sociedad no hace frente a las deudas contraídas y reclamadas en sede judicial, estando de su mano acreditar la situación de solvencia en la que se halle (art. 217 LEC y STS 20.02.2007).

En definitiva, en el presente caso concurre la causa de la letra e) existencia de pérdidas que dejan reducido el patrimonio neto a una cantidad inferior a la mitad del capital social, ambas del artículo 363.1 de la Ley de Sociedades de Capital (nueva numeración por Ley 25/11, de 1 de agosto).

Por ello, el administrador social debería haber convocado junta para debatir sobre la disolución en los dos meses siguientes a que concurriera la circunstancia. No consta que se verificara, por lo que opera la sanción que dispone el artículo 367 de la Ley de Sociedades de Capital, es decir, el administrador incumplidor responderá solidariamente de las deudas sociales; debiendo condenar al demandado al pago de la deuda determinada en el fundamento de derecho primero.

Las cuentas anuales de los dos ejercicios anteriores al que se generó la deuda reclamada reflejaban un patrimonio neto negativo, debiendo responder solidariamente sus administradores por no haber promovido oportunamente la disolución

Juzgado de lo Mercantil Valladolid, n.º 1, 343/2016, de 1 de junio. Recurso 1448/2015

SP/SENT/864207

En lo que se refiere a la responsabilidad por deudas, de índole inicialmente objetiva o cuasiobjetiva, a ella se refiere la jurisprudencia menor, pudiendo destacarse la sentencia de la AP de Barcelona de 23 de febrero de 2004, en cuanto a la obligación de promover la disolución de la sociedad en el plazo de dos meses: "*La acción ejercitada en la demanda contra D. Braulio presupone la prueba de la concurrencia de una causa de disolución (en este caso las de las letras c y del apartado 1 del artículo 104 de la misma Ley 2/1995), el incumplimiento por el administrador del deber de convocar la junta general o, en su caso, del deber de solicitar la disolución judicial y la existencia de una deuda social exigible.*

La Jurisprudencia se ha referido reiteradamente a esta responsabilidad. En la STS de 30 de octubre de 2000 se señala que el administrador tiene el deber, una vez conocida la concurrencia de la causa de disolución, de convocar la junta general en el plazo de dos meses. Así lo exige el precepto para que quepa eludir la responsabilidad por las deudas sociales y esta sencilla interpretación es la más coherente con la génesis y ratio teleológica del mismo, con su contenido literal y sistemático ... y con la profesionalidad y seriedad que, respectivamente, son exigibles de los administradores y de la sociedad anónima.

No se requiere, por lo tanto, ni nexo causal entre el crédito accionado y la inactividad de los administradores, ni otra negligencia de estos que la que valora o toma en cuenta la propia norma legal".

Y la de nuestra Audiencia Provincial, en cuanto a la naturaleza de esa responsabilidad, de 5 de diciembre de 2005 en Rollo 321/2005, ponente Ilmo. Sr. Salinero Román:

"*... Por lo argumentado es aplicable a la administradora recurrente la sanción de responder solidariamente de la cantidad reclamada por la actora... de acuerdo a la tesis ya mencionada de esta Sala, aplicando doctrina jurisprudencial (Tribunal Supremo en su sentencia de 22 de diciembre de 1999) pues dicha responsabilidad no se trata de una responsabilidad extra-contractual sino legal por incumplimiento del deber legal de los administradores de disolver cuando la sociedad se encuentre incursa en alguna de las causa del art.104, para que en protección del interés general, no permanezcan en el tráfico mercantil sociedades afectadas por causas de disolución, y se configura esta responsabilidad legal como una responsabilidad sanción derivada sin más del incumplimiento por los administradores de la obligación de disolver cuando hubiese causa, y ello al margen de que el daño se haya producido en sí, pudiera provenir o no de una conducta de aquellos culposa o negligente*".

Desprendiéndose de la documental acompañada a la demanda que la sociedad estaba incursa en 2008 y 2010 en causa de disolución al tener en las cuentas anuales de ambos períodos un patrimonio neto negativo, (documentos 22 y 24), a falta de prueba en contrario desplegada por el demandado, han de responder solidariamente dichos administradores demandados al no haber promovido la disolución ni el concurso en el plazo legalmente marcado.

Al momento de generarse la deuda reclamada por suministro de petróleo, el administrador demandado ya conocía la situación de insolvencia que sufría la sociedad, debiendo haber instado su disolución

Juzgado de lo Mercantil Asturias, n.º 1, 59/2016, de 1 de junio. Recurso 39/2014

SP/SENT/867527

"Artículo 367. Responsabilidad solidaria de los administradores

1. Responderán solidariamente de las obligaciones sociales posteriores al acaecimiento de la causa legal de disolución los administradores que incumplan la obligación de convocar en el plazo de dos meses la junta general para que adopte, en su caso, el acuerdo de disolución, así como los administradores que no soliciten la disolución judicial o, si procediere, el concurso de la sociedad, en el plazo de dos meses a contar desde la fecha prevista para la celebración de la junta, cuando esta no se haya constituido, o desde el día de la junta, cuando el acuerdo hubiera sido contrario a la disolución.

2. En estos casos las obligaciones sociales reclamadas se presumirán de fecha posterior al acaecimiento de la causa legal de disolución de la sociedad, salvo que los administradores acrediten que son de fecha anterior".

Delimitado el marco legal aplicable según el momento en que haya tenido lugar el incumplimiento de los administradores, resta examinar la naturaleza de la responsabilidad que proclaman dichos preceptos. A este respecto es suficientemente expresiva la sentencia del TS de 23-2-2004, que recalca que *"la acción ex art. 265 no requiere ninguna culpa en el administrador, ni relación de causalidad alguna con el daño, basta el hecho objetivo del incumplimiento de las obligaciones que la LSA impone específicamente al administrador social para que se desencadene el efecto sancionador"* (en idéntico sentido, SSTS de 29-4-99, 20-7-2001, 14-11-2002).

SEGUNDO. En el caso de autos se reclama una deuda de 23.386,92 € por suministros de petróleo entre abril y mayo de 2013, a los que se añaden 60 euros de gastos de devolución y 1.233,48 € por intereses moratorios según liquidación unilateral de la parte actora.

La sociedad ya se hallaba en causa de disolución por pérdidas cualificadas en el ejercicio 2012, con fondos propios negativos. En tal coyuntura, el administrador debió, tan pronto como le constó su existencia, convocar Junta para acordar la disolución, cosa que no consta que hiciere en el plazo fatal de 2 meses que prescribe la LSC, inactividad que le ha de hacer responder solidariamente con la sociedad de las deudas sociales existentes, como la reclamada a través de los presentes autos, pues tanto la normativa derogada como el actual art. 367 presumen que las deudas son de fecha posterior al acaecimiento de la causa de disolución salvo que el administrador demandado acredite lo contrario, lo que en el caso de autos no ha acontecido.

Procede, en suma, la condena de los demandados al pago del principal adeudado más los gastos de devolución, no así de los intereses —tal y como son reclamados— como exponemos a continuación.

Antes de contraerse la deuda reclamada la sociedad ya presentaba un patrimonio neto negativo, sin que su administrador haya instado una ordenada disolución, debiendo estimarse la acción de responsabilidad por deudas contra él ejercitada

Juzgado de lo Mercantil Badajoz, n.º 1, 223/2016, de 30 de mayo. Recurso 694/2015

SP/SENT/866625

En el presente asunto se ejercita por el actor una acción declarativa de responsabilidad contra el administrador social de la de la mercantil DISMOFI S. L. responsabilidad personal al no haber procedido a liquidar la sociedad, ni a presentar las cuentas, y de condena a abonar de forma personal y solidaria la cantidad de 4.515, 84 euros, intereses y costas.

El demandado, no se opone a la demanda ni efectúa alegaciones en su defensa, no obstante, de acuerdo con la regulación contenida en el artículo 496 de la Ley de Enjuiciamiento Civil, la declaración de rebeldía no implica allanamiento ni admisión de los hechos, de forma que el actor sigue manteniendo la misma posición procesal, estando sometido al régimen general de distribución de la carga probatoria contenida en el artículo 217 de la citada norma procesal cuyo apartado segundo dispone que corresponde al actor la carga de probar la certeza de los hechos de los que ordinariamente se desprenda, según las normas jurídicas a ellos aplicables, el efecto jurídico correspondiente a las pretensiones de la demanda.

En el caso que nos ocupa, ha quedado acreditado que la mercantil citada, cuyo administrador es el demandado en el presente procedimiento, Don Bernabé, contrajo una deuda con la demandante, CRISPAT PAPEL S. L., de 4.515, 84 euros, durante el 2013, resultando infructuosas las reclamaciones judiciales efectuadas para el cobro de la deuda. (Documento 4 consistente en auto del Juzgado de Primera Instancia n.º 2 de Mérida, por el que se despacha ejecución por la cantidad citada, tras archivo del procedimiento monitorio, documento n.º 2).

Que del certificado del registro mercantil de Badajoz se desprende que desde su constitución el 24 de mayo de 2006, el administrador único de la sociedad ha sido Don Bernabé, que el mismo no ha procedido a liquidar la sociedad, ni a solicitar el concurso, ni a depositar las cuentas anuales desde el 2012 (Documento n.º 10). A pesar de que consta que la empresa presentaba en los 2011 y 2012 resultados negativos, con un patrimonio neto negativo también.

En consecuencia, se dan los requisitos de la acción objetiva de responsabilidad, habida cuenta que no se realiza ninguna prueba por el administrador que acredite la solvencia de la empresa, o que la ausencia de depósito de la documentación en el Registro se deba a causas ajenas a la existencia de pérdidas, de lo que se deduce que concurriendo causas de disolución no se realiza la misma por el administrador en el plazo legal, ni se solicita la declaración de concurso, causando un daño al actor, por lo que el administrador debe responder con su patrimonio personal y solidariamente, de las deudas contraídas.

Existe responsabilidad del administrador por las deudas sociales cuando se alega la existencia de pérdidas y no consta el depósito de las cuentas anuales, no probando aquel la solvencia de la sociedad en dicha fecha

Juzgado de lo Mercantil Zaragoza, n.º 1, 137/2016, de 25 de mayo. Recurso 80/2014

SP/SENT/868186

Igualmente, de la citada documental, debe entenderse justificada la causa de disolución invocada en la demanda ya que no constan depositadas las cuentas anuales desde 2007. Como principio general, es la demandante quien debe probar que concurre la causa de disolución que invoca (le es exigible, en particular, cuando las cuentas anuales están debidamente depositadas) pero dicho principio general, en aplicación del artículo 217.6 de la LEC, debe ceder cuando la causa invocada se fundamenta en la existencia de pérdidas y las cuentas anuales no están depositadas en el registro, no se prueba que han sido aprobadas en junta y no se aportan en forma a los autos, pues ello implicaría beneficiar al incumplidor frente a quien cumple con sus obligaciones, debiendo primar la facilidad probatoria de la demandada, que es quien debe tener las cuentas y quien no las hace o no las quiere hacer públicas. No se le puede exigir al demandante que pruebe una causa de disolución basada en las cuentas anuales cuando no puede tener acceso a las mismas porque no están depositadas. Ello tiene una consecuencia inmediata. Como se ha señalado, la inversión de la carga probatoria derivada de la ausencia de cuentas aprobadas y depositadas implicaría la presunción de concurrencia de la citada causa de disolución, sin que conste haber llegado a convocar la junta pertinente en el plazo de dos meses o la adopción de las medidas previstas en la ley.

Visto lo anterior, siendo que la responsabilidad del artículo 367 de la LSC únicamente está condicionada por el hecho de que concurran las causas de disolución previstas en el artículo anterior, siendo irrelevante el origen de la causa de disolución o la diligencia del administrador y siendo que no se acredita que se hubiera cumplido por el administrador demandado con lo dispuesto en los artículos citados, deberá estimarse la demanda en su integridad, acogiendo la fundamentación de la demandante en todos sus extremos y sin que sea preciso el análisis de las restantes causas de responsabilidad invocadas.